현대소설 잘쓰기 지침서

일러두기

1. 본문의 내용 중 다시 강조해둘 만한 대목은 각 장 중 매절 뒤쪽에 '요약'으로 간추려두었다. 복습과 동시에 거꾸로도 '응용'할 만한 소설론/소설작법론의 골자다.
2. 이 책에는 기왕의 문장/문단들과는 달라서 독해에 좀 번거로운 부호가 자주 쓰이고 있다. 가령 대립하거나 대응하거나 대등한 어휘를 함께 씀으로써 재빠른 이해를 도와주는 부호인 빗금(세상사/인간사, 말/글, 생업/일), 그 대목에서만 비슷한 의미로 쓰일 수 있는 단어의 군집으로서의 같음표(인생=삶=일상, 이야기=내용), 거의 같은 뜻으로 호환이 가능한 어휘의 병기에 쓴 괄호 속의 상등표(유행(=대세)), 말을 줄이면서 가독성을 높여주는 화살표(이해→해석→평가) 등이 그것이다. 다소 무리가 있더라도 이해의 신속, 편리를 위해서 만부득이했고, 또 '입말'로는 흔히 그렇게 설명하고 있으므로 그것을 '글말'로 줄이자면 어쩔 수 없었다. 눈에 익으니 그런대로 독해에 유익한 점도 대번에 드러났다. 더욱이나 말과 지면의 낭비를 대폭 줄이는 이점도 크다.
3. 번다하게 강조(플롯은 이야기 '들'의 인과와 연쇄를 주목한다) 및 비유('가슴'으로 읽는다) 표시를 많이 활용한 것 역시 다른 부호의 용도와 같은 맥락이다.
4. 단어, 구/절, 문장 등을 괄호로 묶어서 문장/문단 속에 끼워넣는 글쓰기는 이 책만의 특징이 아니라 요즘에는 장르를 불문하고 폭넓게 상용하고 있는 추세다. 보다시피 그것은 강조, 해학, 조롱, 비난 따위의 어감을 힌꺼번에 버무려내면서, 부연 설명의 역할도 도맡곤 한다. 보기에 따라서는 다른 '음색'으로 글 내용의 단조로움을 다소 덜어준다. 물론 제2의 서술자가 대수롭지 않게 곁말을 덧대서 서술을 방해하고 있는 것 같기도 하지만, 역시 익숙해지면 잠시 화두를 건너뛰는 묘미와 더불어 이해의 폭도 넓힐뿐더러 지면의 낭비를 줄일 수 있다.
5. 제10장의 인용문에는 일부러 그 출처를 밝히지 않았으나, 이 책의 '참고서적 목록' 뒤쪽에 (출판사나 저자/역자에게 누가 되지 않는 범위 안에서) 그 근거를 부기해두었다. 양해를 바란다.

현대소설 잘쓰기 지침서

김원우 문학선집 10

개미

머리말

 우리 소설이 대개 다 너무 '재미없다'(=잘못 지은 엉터리 작품이고, 술술 읽히지 않는다)라는 일반적인 독후감은 이제 거의 통설로 굳어지지 않았나 싶다. (그래서 '소설 쓰시네'라는 빈정거림이 난무해도 곱다시 감수, 수긍하는 형편에 이르러 있다.) 실제로도 한 계절에 단편 한 편도 제대로 못 꾸려내는 예비 소설가 지망생의 습작이나 해마다 책을 한 권꼴로 묶어내는 기성 작가의 작품을 읽어봐도 대번에, 뻑뻑하니 안 읽히네, 이건 좀 심하다, 나무토막처럼 왜 이렇게 뻣뻣할까, 실상이 이렇지는 않은데 위증이라고 봐야지, 말이 될 듯 말 듯 하다 만 것 아닌가와 같은 소감이 속속 차올라서 난감해진다. 하기로 들면 품평만큼 장황해지는 화두도 달리 없을 테고, 내친김에 그 일단을 조금 더 골라내보면 이렇다.
 "어째 이렇게도 못 썼나. 쓴 작자는 이게 재미있다고 생각한단 말인가. 말맛도 모르고, 말발/말밥의 분별도 시원찮고, 우선 술술 읽히지도 않잖아. 고속도로를 쌩쌩 달려대는 승용차도 안 보고 사나, 자갈밭도 밭인가라더니 그 위를 털털거리며 내빼는 경운기도 이것보다는 속도감이 낫겠다. 요즘도 이런 말씨를 대화랍시고 주거니 받거니 하는

동네가 있을라나. 딴에는 연속방송극의 그 지지배배를 착실히 베끼고 있는 모양이야. 인물이랍시고 화장 독만 잔뜩 처발라놨네. 사람이 아니라 무슨 탈바가지를 뒤집어쓴 괴물 같긴 하다. 사람살이/세상살이가 원래 다 신경전이고, 정문이 있으면 뒷문도 있는 법인데, 왜 하필 꼭 정면만 쳐다봐. 그러나저러나 게릴라들처럼 가족과도 떨어져서 숨어 사는가 본데, 이게 언제 적 이야기야. 도대체 숫구멍도 덜 여문 비행 소년이 지 할매보다 시건머리가 낫다니 이런 세상이 어디 있나. 이게 요즘 대세란 말이지, 텔레비전 화면에서는 더러 보여주는갑대, 그 지저분한 애들 방구석도 무슨 볼거리라고, 꼭 그 짝 아닌가. 이게 소설이라면 분명히 어느 한쪽이 잘못 알고 있는 것 아닌가. 이쯤 되면 아무래도 구제 불능이라고 봐야 맞을걸. 내남없이 엔간히도 무식하네. 이러고도 제때 밥을 먹고 사니 제 복이 덩굴째 굴러온 거지. 작가든 주인공이든 웬만큼 정직하고, 세상 문리를 반만이라도 꿰차야 소설이 되든 말든 할 텐데, 큰일이네. 이 어릿광대 짓거리를 언제까지 하려나, 그동안 망신살을 어떻게 배겨낼까."

아무리 툴툴거려봐도 성에 찰 리도 없고, 생산자(=작가)와 소비자(=독자)가 서로 딴살림을 차리고 있으니 함께 쓰기 편하고, 오래 쓰면 쓸수록 씹는 맛이 더 나고 남들이 봐도 공들인 물건인 줄 알아보게 만들어보자고 의논을 맞출 수도 없다. (실은 '말맞추기'가 어렵지도 않은데, 어느 쪽이든 '장사를 길게 내다보며' 할 줄 모르고, 단숨에 단물이나 빼먹자고 덤비니 어영부영 좋은 세월만 흘려보내고 있는 형세다.) 그래도 읽느라고 들인 품이 아까워서라도 자리를 뜨기도 전에 나름의 물음이 떠들고 일어서는 것을 막을 수는 없다.

"과연 나 혼자만 이처럼 괴벽스러운 시각을 가졌을까. 이 까탈이 정녕 집안 망친다는 그 반풍수 짓에 불과할까. 사람 눈이야 검기도 하고 파랗기도 할 테지만, 세상사/인생사를 보는 눈씨야 매일반 아닐까. 어떤 수치, 지표, 계수를 들이대더라도 선진 제국의 턱밑까지 와있고, 모든 분야가 나날이 눈부신 발전과 빛나는 세련을 거듭하고 있는 우리 형편에 왜 하필 소설만 그 질이 이처럼 한껏 촌스럽고, 그것도 한결같이 제자리 뜀뛰기나 하고 있을까. 틀림없이 소설을 엔간히도 못 쓰는 무슨 문화적 '내림'(='밈')이 있든가, 내남없이 머리가 나쁜 것(=둔한 것)을 인정하든지 좋은 소설을 못 쓰게 만드는 어떤 강제적 '풍토성'이 있다고 봐야 하지 않을까."

이 책은 위의 여러 타당한/부당한 물음과 의구심, 자성에 대해 나름의 대답을 내놓느라고 씌어졌다. 모든 대답은 특정의 질문에 바른말로 부응하면서 동시에 또 다른 문제를 제기하고 있듯이 이 책도 그 점에서 예외는 아니다. 가령 다음과 같은 응답과 질의가 그것이다.

현대소설은 일상극/일인극/일생극에 대한 주도면밀한 추구다. 한쪽에는 거시적 시각을 '세상사'에 겨누고, 다른 한쪽에는 미시적 시선을 '일상사/인생사'에 들이대는 모순적인 장르가 현대소설인데, 이 소설 '공화국'은 현대성 자체의 그 명멸감, 찰나감, 착종감으로 어수선하기 짝이 없다.(제1장) 소설이 이야기들의 집적물임은 공지의 사실이지만, 그 속에는 이야깃거리와 이야기들이 제멋대로 뒤섞여 있다. 이야깃거리/이야기에는 정보와 지식이 마구 헝클어진 상태로 들어 있기도 한데, 그것에 대한 분별에 미숙해서 작품마다에는 정보 편식증과 지식 무분별증이 우심하다. 소설이 재미있다/없다는 판정은 결국 정보/

지식에 대한 개별 독자들의 반응에 불과하며, 그 잣대를 엉뚱한 데다 들이맞추고 있다.(제2장) 이야기를 꾸려가는 주체는 인물과 그 주변에서 일어나는 사건/사고가 아니라 어느 특정인의 '일=생업'과 그에 딸린 동선이다. 따라서 모든 이야기는 근본적으로 일상을 그리고, 한 사람의 생활세계를 쫓아갈 수밖에 없으며, 일생의 한 자락을 축소해서 비출 수밖에 없다.(제3장) 뿔뿔이 흩어져 있는 이야깃거리 '들'을 꾸리고 엮는 소위 플롯은 '현재'와 '과거'의 교직에 최선을 다하는 것이며, 그 베 조각에다 '묘사/논평/인용'을 덧붙임으로써 쓸모에 맞는 옷감 짜기다. 물론 무지 옷감을 짤 수도 있고, 화려한 무늬의 비단옷을 겨냥할 수도 있겠으나, 어느 것을 홀하게 취급하든, 다른 것을 극진히 모시든 그런 편중은 전적으로 개별 작가의 몫일 수 있다. 소설을 마무리 짓는 방법은 크게 네 가지로 나눌 수 있는데, 세칭 '대단원의 막'을 의식하는 자세는 시대착오적이다.(제4장) 소설 속에는 시간대라는 빗장이 반드시 질러져 있어야 하고, 시간 '들'에도 빠르고 느리거나 꼼짝하지도 않는 나름의 개성적 보폭이 있다. 시간의 밀도야말로 좋거나 나쁜 소설을 갈라놓는 유일한 줄자다.(제5장) 사람은 사회화 과정을 밟기 전에 '공간 감각'을 익힘으로써 인물/사물의 '자리'를 의식화한다. 모든 공간은 만들기 나름이고, 만들어질 뿐이며, 만들어짐으로써 만든 사람(=조작자)의 욕망, 의식, 이상 등이 투영, 발광체로서 드러난다.(제6장) 소설 속에서 활약하는 모든 인물=캐릭터에는 반드시 개인별 특징/허물을 점지, 새겨놓아야 이야기에 생동감이 살아난다. 외모, 성격, 복장 따위를 비롯한 캐릭터화의 여러 요소가 어느 한쪽으로 지나치게 기울어져버리면 통속화로, 평면화로, 권선징악화로 치달을 수 있다. 개성을 살리려다가 '괴물'을 띄워 올리는 사례가 흔한 것은 시사적이다.(제7장) 남용하고 있는 주제 또는 주제 의식이라는 말은 부적절하다. 이야깃거리에는 '정보'가 내장되어 있고, 이야기들의 이합집산에는 득의의 '가락'(=작가의 고유한 세계관/역사의식/세태관)이 흘러나오면서 최소한의 상식과 그것들의 화학적 반응에 따라 특이한 생활감정, 곧 특별한 감각/지식을 전해줄 수 있지만, 그것이 '주제'라기에는 무리가 있다. 이야기들의 집합에는 작의가 있는데, 정보/지식의 편중에 따라 그 작의가 나름의 반응을 일으킨다. 통속소설에도 '정보'는 많으나 '지식'이 역동적이지 못함은 이야깃거리 속의 '정보'만이 과도하게 동어반복을 거듭하고 있기 때문이다.(제8장) 제목은 작품의 얼굴이므로 잘나든 못나든 우선 사람다워야 한다. 작의의 일부를 살리든가 이야깃거리(=소재) 중 하나를 골라내든가 아니면 함의를 드러내는 말/문장을 골라낼 수 있다.(제9장) 모든 소설의 성취 정도는 문장/문체가 좌우한다. 좋은 문장/나쁜 문장이 있는 게 아니라 개별 작가들의 문체 감각/취향이 해당 작품에 어떻게 밀착되어 있고, 그 상태가 과연 어떤 '조화'를 빚어내고 있느냐가 관건이다.(제10장) 작가가 되는 길은 활짝 열려 있고, 제자리를 차지하고 있는 작가로서의 자기 관리는 각자가 하기 나름이지만, 정필(停筆)/절필 시기에 대비하면서 자기 갱신을 도와주는 제2의 살길, 곧 생업은 미리 마련해두어야한다. 이 땅의 고질적 '풍토성'과 싸우는 일은 힘겨운 게 사실이지만, 소설(=문학)의 '신상(神像)' 앞에서는 '욥의 인내력'을 좌우명으로 삼고 정진을 거듭할 수밖에 없다.(제11장)

  이상의 간략한 기술은 이 책의 골자에 해당하는 관점이지만, 보는 바대로 반 이상은 시빗거리를 증폭시킬 뿐만 아니라 나머지 반도 지나친 '갈래짓기'로 말미암아 예외성이나 독보성을 선양해야 하는 소설 쓰기의 갈 길을 지레 틀어막고 있는 것으로 비칠지도 모르겠다. 아주 상투적인 대응이긴 하겠으나, 문학은 그런 시비, 선악을 조장함으로써 어떤 지양을 모색한다. 그것이야말로 이 책의 집필 의도 중 일부이기도 하다. 모르긴 해도 우리의 견고한 '풍토성'은 워낙 단선적/일방적이기도 해서 숙고거리를 제공하는 데도 무능한 냉소벽을, 천착에의 나태벽을 꾸준히 일삼을 게 틀림없다.

아무려나 그런 눈치보기를 무시해버린다면 이 책의 논지는 우리 소설의 항시적 미달 상태를 하루빨리 개선해보려는 것이고, 그런 의사표시를 항목별로 제법 일목요연하게 또는 열렬하게 제시하고 있다. 물론 개중에는 다소 엉성한 논조도 있을 테고, '과연 그럴까, 가당키나 하려나, 천부당만부당한 소리지'와 같은 지탄이 즉각 터뜨려지기도 할 것이다. 그렇긴 해도 모든 시론(試論)이 그렇듯이 '일반론'을 기조로 삼고, 그것의 시대적 효용 가치를 따져보는 것 역시 이 책의 합당한 소임임을 잊어버리지는 않고 있다. 따라서 소설 쓰기 자체에 당장 써먹음으로써 어떤 실효를 거두기에는 무리다 싶은 지론도 더러 적바림해두었으므로 응용력을 발휘하기에 따라서, 반골처럼 이 책의 지론/소신에 반기를 듦으로서 소기의 성과를 거두기를 바랄뿐이다.

그런저런 서술 기조를 감안할 때, 자세한 설명을 덧붙여야 할 대목에서는 건너뛰거나 빼먹어버리는가 하면, 흑백을 분명히 갈라놓아야 할 자리에는 구렁이 담 넘어가듯 얼버무린 부분도 없지 않을 것이다. 아마도 그런 허물 찾기는 일일이 타당할 테고, 아무리 둔하다고 해도 그것까지 모르지는 않는다. 그러나 어떤 장르라 ('우주/미래/괴물'을 다루는 세칭 'SF' 소설이나 '장르' 소설이 '리얼리즘 소설'보다 더 활성화되어 있는 추세다) 할지라도 문학에서 정답은 있을 수 없고, 어떤 독단도 무사통과되어서는 안 된다는 점 역시 차제에 음미할 만하다. (그러나 이때껏 보아온 대로 우리의 '풍토성'은 추수주의자들의 무능한 '침묵'으로 대개의 독단을 수용함으로써 가짜 이념, 부실한 관념이 온 누리를 위선의 세계로 두텁게 싸발라 놓아서, 지금도 그런 얄궂은 위선적/위악적 '현상=현실'은 완강히 버티고 있다)

어쨌든 크게는 문학을 제대로 이해하기에, 작게는 소설 쓰기에 관한 한 누구도 '족집게 과외선생'이 될 수는 없을진대, 하물며 그 개설서가 무슨 '해답 맞추기' 요령을 내놓을 수야 있겠는가. 그렇긴 해도 이 책에는 '좋은 소설/그럴듯한 소설/읽히는 소설/진지한 소설'들을 왜 써야만 하고, 어떻게 써야 하는가에 대한 방법론으로서의 '기초적인 생산 기반의 정신적/물적 토대'는 웬만큼 소상하게 깔아놓고 있다. 집필자로서의 욕심이야 이런 지침서/참고서가 '사전적인 해설과 용법'을 알기 쉽게, 산뜻하게 제시해놓았기를 바라지만, 그것 역시 소설 쓰기의 무한한 자율성/응용성/변주성을, 더불어 기발성/독창성/진지성 등을 고려하면 섣부른 만용일 것이다.

다소 쟁퉁이의 말버릇처럼 들릴지 모르겠으나, 모든 텍스트는 또 어떤 책이든 제대로 이해하려면 행간을 독실하게 읽어가면서 독자적인 사유를 재촉, 강화해야 한다는 말은 진리일 것이다. 이 책에도 곳곳에 그런 대목이 없지 않다. 집필 의도와 해당 항목에 관한 주장이 행간에 두루 선명하게/미흡하게 깔려 있으므로 그것을 곁눈질로 어림

짐작하면서 각자 나름의 사유를 넓히고 갈아엎어 가길 바랄 수밖에 없다. 가능한 한 구체적인 사례로 소설이 마땅히 갖추고 있어야 할 골격과 덕목만큼은 웬만큼 골라잡아 놓았으니, 그것을 한편으로는 참조하면서 다른 한편으로는 넘겨짚기로 활수하게 응용하면 그런대로 쓸모도 있고, 소설짓기/쓰기에 재미도 붙일 수 있을 것이다. 그런 '생산적인 독서 능력'의 배양, 배가로 훌륭한 소설, 감동적인 소설, 진정성이 넘쳐나는 소설의 탄생에 이 책이 작은 이바지가 되었으면 하고 바랄 뿐이다.

예상할 수 있는 독자 여러분의 숱한 질문에는, 좀더 착실한 내공을 쌓은 다음에 기회가 닿는 대로 다른 '형식'의, 지금과 같은 일반적인, 기본적이고 기초적인 소설 교양으로서의 개설서를 지양함으로써 웬만큼 개성적인/독자적인 소설론으로 갈음할 작정이다. 시류/대세를 붙좇느라고 늘 허둥거리는 어용문학/어용문인들이 넘쳐나고 있는 이런 시절에 소설론/소설작법론이야 잠꼬대처럼 가당찮을 것 같지만.

《현대소설 잘쓰기 지침서》 차례

머리말 · 5

제1장 현대소설은 사자(使者)의 기록이다
1. 나그네 세상의 이정표 · 18
2. 현대소설의 위상과 쓸모 · 28
3. 현대소설의 자손과 친척 · 48

제2장 이야기란 무엇인가
1. 이야기의 정체 · 72
2. 이야기의 구성 요소 · 78
3. 이야기의 속성 · 88
4. 이야기와 정보와 상품 · 93
5. 이야기의 허상과 실상 · 101
6. 이야기의 보편성 · 112

제3장 이야기를 어떻게 꾸릴 것인가
1. 이야기의 태생지 · 120
2. 이야기의 주체는 '일'이다 · 135
3. 이야기와 소설은 다르다 · 149
4. 이야기 꾸리기의 여러 갈래 · 156

제4장 구성은 이야기들을 줄 대어 엮어가는 것이다

1. 구상의 허실 · 182
2. 이야기를 엮어가는 다섯 가지 서술법 · 194
3. 이야기를 실감나게 하는 세목 · 234
4. 이야기 마무리 짓기 · 250

제5장 시간은 건너뛴다

1. 시간대(時間帶) · 270
2. 움직이지 않는 시간 · 280
3. 시간의 걸음걸이 · 288
4. 시간의 밀도 · 312

제6장 공간도 움직이고 만들어진다

1. 하늘과 들판과 마당 · 330
2. 황무지와 골방 · 354
3. 인물과 사물의 보금자리 · 369

제7장 인물=캐릭터를 어떻게 살려내나

1. 이름 짓기와 신원 밝히기 · 378
2. 외모, 복장, 학력 · 397
3. 취미, 버릇, 기호 · 424
4. 말투, 몸짓, 심리 · 442
5. 나이, 생업, 기질, 지병/결함, 별명 · 478
6. 부속인의 출몰과 대우 · 531

제8장 작의를 살려야 한다

1. 작의란 무엇인가 · 542
2. 이야기에는 주제가 없다 · 552
3. 소설에는 작의가 있다 · 559

제9장 제목을 어떻게 꾸며내나

1. 제목의 탄생 · 572
2. 제목 짓기의 참고물 · 586

제10장 소설의 성취는 문장/문체가 좌우한다

1. 원고 작성을 정성스럽게 · 598
2. 동어반복은 금물이다 · 619
3. 문장/문체는 개성이다 · 630

제11장 작가의 오솔길

1. 소설가의 자세 · 688
2. 등단과 입신의 장벽 · 708
3. 자기 관리 · 737

꼬리말 · 787
참고서적 목록 · 795

제1장
현대소설은 사자(使者)의 기록이다

1. 나그네 세상의 이정표

 오늘날에는 별이 빛나는 밤하늘을 바라보며 나그넷길의 다사다난
을 미리 읽을 수 있거나, 주제넘게 무슨 영감 따위를 주워섬기는 사람
은 없다. 밤하늘의 별자리를 한동안 쳐다보고 나서 세상과 자신과의
암투, 그 까닭과 결말을 일찌감치 점칠 수 있는 그런 초능력의 인간이
있다면 그는 드넓은 대기권이나 숱한 천체상의 어디에도 조물주께서
만수무강하시는 성스러운 보좌가 없으리라는 확신쯤은 지그시 챙기
고 있을 터이기 때문이다. 그렇긴 해도 머나먼 여행길에 나서는 만큼
그는 하늘을 무연히 우러러본다. 하기야 인간이 어렵사리 지혜를 개
발하는 족족 후손에게 대물림하던 그때부터 심중에 고이 접어두고 있
었을 어떤 절대자와 천국(=무릉도원)에 대한 간절한 희망을 생각하
면, 그 누천년의 인류사적 문맥을 등지고 이제와서 '머리'(=과학)로
천당/지옥의 소재지를 굳이 찾아봐야 무슨 소용에 닿겠는가.
 인류가 씨족사회를 꾸려감에 따라 피붙이들이 지닌 기구한 팔자의
길고 짧음, 덧없음을 잇따라 겪으면서부터 때때로 그 가없는 허공을
떠받들어온 데서도 알 수 있듯이 그런 주시는 일종의 타성이다. 타성
은 더러 골몰을 불러오고, 하찮은 골몰도 흔히 분별에 이른다. 무료할

때보다 긴장할 때 인간은 평소의 제 짐작, 제 생각을 더 실감나게 떠올리는데, 언제라도 그런 반추에 지치는 법은 없다. 그러므로 인간이 다른 종류의 동물과 다소나마 구별되는 유별난 점은 어떤 생각을 음미하는 개인적 생활시간의 길이 차와 그것의 일상화인 듯하다. 남들을 보더라도 쉬이 알다시피, 또 1년 전이나 사흘 전의 자신을 되돌아봐도 곧장 깨닫다시피 인간은 잘났건 못났건 적어도 제 생각의 반추 동물로서 유한한 한평생을 허둥지둥 살아간다.

  그래서 모든 나그네는 장차 제 발길마다에 따라붙을 어떤 운수를 막연히 더듬곤 한다. 그것은 잗다랗지만 끈질긴 원망(願望), 곧 자주 의식하는 욕망이다. 더욱이나 이성의 느린 작동과 그 압력에 의해서가 아니라 명주옷처럼 부드러운 육감으로 체질한(=뽑아낸) 원망이라서 초조와 기대, 설렘과 망설임, 의구심과 두려움 따위가 노골적으로 그 밑상인 민대가리들을 불쑥불쑥 들이미는가 하면 그런 조건반사에 얼토당토않은 예감까지 스멀스멀 엉겨 붙는다. 보다시피 인간은 제 욕심과 편리만을 먼저 챙기느라고 더러 이성적인 동물로 변신할 줄도 알지만, 일상생활과 평생의 태반을 감성이라는 가부장에게 꼼짝없이 붙들려서 그 슬하의 자식으로 살아가는 데 길들여진 업둥이에 불과한 것이다.

  이미 오래전부터 작정해둔 길인 만큼 그는 주저 없이 예정된 조화 속으로 걸음을 떼놓는다. 이제부터 그는 한낱 행인(行人)이자, 어떤 특별한 사명에 쫓겨 볼 것만을 제대로 읽고 나서 본 대로 외워두었다가 되돌아오기로 되어 있는 사자(使者)의 신분이다. 이번 행정은 어차피 운명처럼 어떤 필연에 따라 이루어졌다는 듯이 그의 걸음걸이는 단호하다. 문득 별빛이 희미하게나마 새카만 밤길을 밝혀주던 옛적의 백성은 과연 행복했을까 하는 의문이 앞을 가로막고 나선다. 가로등 같은 판박이 시설물도 이처럼 어떤 착상을 부추기는데, 원시인에게 그 등가물은 까물거리는 허공중에서 하릴없이 맴을 돌곤 하는 독수리였을 게 틀림없다.

아무려나 야만과 개화의 정도를 논란거리의 전제로 삼더라도 사람의 행불행은 거기서 거기일 것이건만, 우선 그 당시의 문물과 풍속 전반에 대해 웬만큼 유식해야 그나마 행복의 질감이랄지, 그것을 즐기는 사람의 진정한 얼굴을 머리로나 마음에 오롯이 새길 수 있을 것이다. 결국 행복은 남들과 화기애애하고, 세상과의 의견 조율에 어그러지지 않아야 그나마 그 맛이라도 봐질 텐데, 그런 경우는 제 생각의 무조건 양보를 전제하거나 줏대 없이 살아라 라는 반인권적 요구를 받들 때나 가능할지 모른다. 그러니 남들을 시종여일하게 경계하는 일방 혼자서 낙을 누리는 방도를 알아서 찾아야 한다고? 설마 하루살이 인생을 살고 말겠다면 모를까 그것이 장기간 가능할까. 그러거나 말거나 별자리가 길흉화복을 진작부터 예비하고 있다고 제멋대로 씨부렁거리면서도 굳이 길에 나서겠다며 고집을 부리는 인간은 제 생각의 노예든가, 그런 분별을 씨가 닳도록 반추하는 길짐승에 불과할지 모른다.

늘 사명(使命)에 쫓기는 사자는 이내 고개를 빠뜨린다. 그 나름의 따분한 저회(低徊)에 재갈을 물린 것이다. 순식간에 떨떠름한 체념기가 그의 전신을 바싹 옥죄어온다. 자주 겪어봐서 알듯이 체념은 어떤 난문에서 잠시나마 벗어나려는 옹색한 발버둥질로서의 정서적 해이(解弛)

다. 또는 낭패를 당한 직후의 허탈감을 추스르느라고 짐짓 상념을 곱씹는 행태이기도 하다.

그의 발품과 머리 씀씀이가 이처럼 분주한데도 땅바닥은 한결같이 견고하다. 체적감이 전혀 없는 하늘과는 아주 다른 것이다. 그러나 요지부동이란 점에서는 두 공간의 점유물이 상당히 유사하다. 걸핏하면 아침저녁으로 뒤바뀌는 현실도, 그런 변덕꾸러기인 외부를 천연스레 보듬는 일상도 땅바닥처럼 빈틈이 없다. 하기야 세상사/인간사가 저렇게 투박하면서도 착실하면 무슨 재미로 살아가고 견뎌낼까.

체념을 일상 중의 아주 요긴한 반려자로 거느리는 사람의 행방은 일찌감치 정해져 있고, 그 보행 속도는 걸음나비처럼 한결같다. 그토록 일정한 항상성을 작동시킨 주체는 당연하게도 늘 엄연하기 짝이 없는 이 세상이다. 아닌 것 같다, 세상을 그렇게 굴러가도록 만든 계몽, 나아가서 문명의 힘과 그것의 꾸준한 득세 때문인 듯하다. 그러니까 세상이 문명이라는 발전기의 힘을 빌려서 인간의 행위 전반을 조율했다고 봐야 얼추 맞지 않을까. 사람들의 부드러운 심성과 감각마저 서서히 달라지도록 윽박질렀을 테고, 그런 경과 조치의 반복에 따라 싹튼 이성의 빳빳한 힘으로 실팍한 조정력을 검질기게 실천해왔을 터이다. 공전이나 자전에 우리의 모든 의식과 행위를 길들여온 것만 봐도 짐작이 가듯이 말이다. 이른바 '현대'라는 배경에는 그런 일사불란한 문명의 소용돌이가 회전을 거듭하고 있을 뿐이며, 그 숨 가쁜 선회를 시간 단위로 의식하지 못하는 사람은 없다.

그러므로 체념과 사유와 관찰을 가슴에, 머리에, 눈에 잔뜩 쓸어담고 길에 나선 사자의 행로는 사통팔달로 활짝 뚫려 있다. 그 길들은 하나같이 삭막한가 하면 한편으로는 시끌벅적하기까지 하다. 또한 어느 길을 택하든 그가 반드시 가야만 할 정도(正道)도 아니라서 골라잡기가 적잖이 망설여진다. 게다가 지도상에서처럼 어떤 표지도 없는 그 길들 중 하나를 아무리 허둥지둥 줄여간다 하더라도 그 영혼이 안타깝게 가물거리는 사자의 나그넷길은 늘 미비의 연속이며, 결코 완결에 이를 수 없다. 이제 여행은 인간의 연중행사로서 누구라도 마음만 먹으면 즉각 나설 수 있고, 또 틈틈이 홀가분하게 치를 수 있는, 아주 만만하나 성가시기도 한 도락거리에 지나지 않는 것이다.

이윽고 먼 길을 발밤발밤 줄여온 행인은 느티나무 울 앞에 선 대형 입간판이 저만치서부터 줄곧 손짓으로 불러대서 슬그머니 다가간다. 그것의 이마에는 반듯한 글씨체로 '관내 주요 시설물 및 명소 안내도'라고 쓰어 있다. 그는 그 속의 구체적인 내용을 건성으로 훑어간다. 잠시나마 머릿속이 소나기 끝의 햇살 받은 화초 담벼락처럼 말개진다.

구불구불한 한 줄기 선 위에다 침목을 가지런히 깔아놓은 철길. 갓 같은 쓰개를 정수리 위에다 무겁게 얹고 우뚝 서 있는 부처상. 두 줄기 폭포. 능선처럼 테두리가 선명한 둘레길. 짙은 녹색의 숲지대. 학교, 도서관, 관청, 박물관, 사찰 등을 알리는 각종 부호. 파란 선의 굵기와 길이가 제각각인 크고 작은 하천, 그것과 짝을 이루는 지렁이꼴의 까만 국도와 지방 도로. 얼룩의 농담(濃淡)으로 높낮이를 어지간히 새긴 산야.

보다시피 약호식 그림들이 도면을 빈틈없이 채우고 있다. 그러나 도면의 어느 모서리를 뜯어봐도 축척 표시가 없고, 지역 간의 거리 단위조차 비치지 않으니 소루하기 짝이 없는 지형도일 뿐이다. 그 속의 여러 형상도 만화처럼 싱거울 정도로 단조롭고 과장스럽다. 그러니 피상적인 정보나마 알린답시고 양지 바른 데서 거드럭거리고 있는 셈이다. 이런 식의 알림판은 이때껏 볼거리가 그다지 없었던 지역일수록 그것을 임의로 기획, 개발하여 지역 주민과 관광객에게 여가 선용의 기회를 제공하겠다는, 그런 자가선전용 풍물이고, 비단 이 고장만의 특별한 유세도 아니다. 그런 목적이야 어찌 됐든 큼지막한 규모 전체, 그것의 속살을 보여주는 대로 주목했으므로 이 고을의 전모와 세부를 웬만큼 알았다고 해야겠는데, 막상 어디가 어딘지 또 뭐가 뭔지 도통 감이 잡히지 않는다. 거의 맹탕이라고 해도 좋을 지경이다. 어디를 먼저 돌라봐야 할지는 작정하기 나름이라고 할 테지만, 그곳을 찾아가자면 당장 어느 쪽 길을 잡아야 한단 말인가. 그러니 우선 오늘의 일정을 어느 방면으로 잡아서 마무리할 것이며, 점점 여실해지는 여독을 어디서 풀어야 할지도 막막하다. 판단이야 여행자 개개인의 소임이라면서 청처짐하니 물러나 있는 모양새인데, 정보가 이토록 부실한 마당에 무슨 의견을 내놓겠는가.

  사람의 한평생이, 또 나날의 삶이 매양 그렇듯이 어떤 나그넷길이라도 실은 답답하고 그만큼 지루하기 이를 데 없는 것이지만, 어떻게 해야 할지 판단이 안 서는 이런 낭패 앞에서는 적잖이 무르춤해지고 만다. 배울 때 단단히 익혀두라는 지식도 대체로 그렇듯이 봐오고 읽은 대로 닦인 소양도 도통 쓸모가 없는 듯하다. 바로 말하면 다 보여주는 것 같아도 실은 옳게 알려주는 것이 하나도 없다. 이런 경우에는 아무나 붙잡고 꼬치꼬치 캐물었다가는 역정이나 사기 일쑤다. 하기야 무슨 질문인들 '지금/여기서' 꼭 알아야 할 정도로 요긴하고 다급한 것이 과연 있기나 할까. 온통 모르고 물어대는 거야 주책바가지의 덤벙대는 짓거리라서 애초부터 상대할 바도 아니지만, 옳은 물음이야 벌써 반 이상 대답을 맞추고 있을 테니. 도대체 무엇을 묻고 있는지조차 질문자/답변자가 공히 모르면서 엉뚱한 말만 늘어놓는 몰풍경은, 그 시시껍절한 설왕설래는 떠올리기만 해도 민망해지고 얼굴이 홧홧거린다. 잡살뱅이 같은 유식이 지면/화면 매체의 활수한 유통구조와 그 발 빠른 사주(使嗾)능력 때문에 이 지경에까지 이르지 않았을까. 부지불식간에 세상이 희한하게 달라졌고, 그중에서도 앎, 지식, 정보, 마음 따위를 전달하는 수단, 태도, 정황 일체가 온통 뒤죽박죽으로 바뀌어버린 것이다. '현대'의 혼란스러움과 그 맹점은 바로 이것인 듯하다. 불과 한 세기 전의, 곧 20세기 벽두의 내로라하는 박식가조차 감히 이처럼 요란하고 시끄러운, '말에서 말이 많은' 이런 세상의 편린이라도 짐작했을까.

요컨대 '현대'는 방금 눈시울이 떨리도록 주시한 예의 그 지형도와 어금지금하다. 복잡다단하기 짝이 없는 현장과 실물 들을 곳곳에다 너무 단순하게 조작(造作)시켜놓은 것이다. 막상 '현대성'의 실상은 그것의 역(逆)일 텐데도. 아무려나 숱하게 흩어져 있는 볼거리들의 변화상을 보려거든 직접 찾아가서 목격하라고 짓조른다. 달라진 풍속에 장단을 맞춘 여러 제도도 몸소 체험하고, 시장 바닥의 헤픈 말과 행태에 속고 속이는 인간성도 알아내고, 그렇게 삐딱해져버린 집단심성의 근원이 돈이나 욕심 때문인지, 아니면 경쟁이나 상품이나 유행 탓인지 샅샅이 읽어보라는 것이다.

자신의 비상한 저회취미에 빠져 늘 허덕거리는 한 행인의 사유가 위와 같이 들쭉날쭉하고, 때로는 오로지 현실이 너무 난해할 뿐이라는 핑계로 제 심사를 은폐하고 있음에도 불구하고 그는 트레바리도, 그렇다고 말재기도, 더욱이나 반치기도 아니다. 오히려 그의 품성은 의외로 의젓한 편이고, 말버릇에도 시룽거리는 티는 좀체 비치지 않으며, 어떤 판단을 강요하는 현상 앞에서는 잠시 진지해졌다가는 이내 모른 체할 뿐이다. 그가 그처럼 순간적으로 돌변하여 짐짓 아둔한 시늉을 짓는 것은, 왜 저럴까, 낭비인 줄 모르는가보네, 어느 쪽이 딱할까와 같은 의문을 쉴새없이 교사(敎唆)해대는 '현대'라는 마성(魔性) 때문이기도 하지만, 겸손, 부덕, 불학무식을 앞세우는 그런 처신 일체가 나그네 세상을 둘러보고, 겨눠보기에 편해서이기도 하다.

  겉말만 낭자하고 속말은 감춰야 하는 시속이 이러하니 그가 반드시 주목해야 할 대상은 거치적거릴 정도로 사방에 널려 있다. 그의 호기심이 왕성해서라기보다는 '현대'가 예전의 어느 시기보다도 천태만상의 볼거리들을 잔뜩 내장하고 있는 데다 그것들마다에는 여러 종류의 이해(利害)관계가 거미줄처럼 일사불란하게 구조화되어 있어서다. 그러니까 그 대상들 너머에는 여러 갈래의 강제 요인들이 실타래처럼 간종간종하니 매달려 있는데, 그런 현상의 원인을 알아보는 과업이 수월치는 않을 터이나 힘닿는 데까지 매달려봐야 하기 때문이다. 그가 나그넷길에 나선 목적이 바로 그런 대상 그 너머의 수렁처럼 빽빽한 현실의 실상, 그것을 나름대로 관장하는 주체들의 의식적/무의식적인 행태, 그런 개인/대중의 즉각적/간헐적/장기적인 반응을 강요하는 문명적 억압도 탐색해보자는 것이다. 따라서 그의 소임과 그 명분은 지당하고, 그런 만큼 예삿일처럼 홀하게 감당했다가는 도로(徒勞)에 그치고 말 것임을 스스로도 잘 알고 있어서다.

　얼추 그 요지가 드러나 있는 대로 '현대'의 나그넷길은 한때의 문명 교류적/탐험적/생체험적 성격을 벗어나 단연 문화소통적/탐색적/추경험적으로 바뀌고 말았다. 기록으로 남아 있는 여러 선인의 발자취가 들려주듯이 한때의 그것은 온몸으로 뿌듯이 겪는 물리적 행태였고, 사전의 어떤 선입관 없이 특정 지역의 모든 풍물을 순수하게, 즉 물적으로 받아들이는 경이로운 세계의 발견이었다. 그러나 오늘날의 나그넷길은 이미 알고 있는 정보로, 이처럼 색다르게 살아갈 수도 있다는 정서적 환기에 이어 어떤 기시감의 확인에 그치는 경우가 대다수이다. 그것은 사실상 전시용 유적/유물을 통해 당대의 삶을 '거시적으로' 보는, 그런 만큼 상상에 의존해야 하는 피상적인 추체험과 다를 바 없다. 또한 그런 되풀이가 오늘날 나그넷길의 양식적 특색이기도 하다. 그러므로 한때의 나그넷길이 '가치의 차이'에 불과한 다른 문화를, 또 그 문명을 수박 겉핥기로, 그것도 일회성으로 체험하는 기회였다면 오늘의 그것은 모든 '정보'가 그런 것처럼 즉각적인 소비의 대상이 되고 만다. 대강이나마 그 '분위기=공기'를 느낌으로 알아채자마자 그만의 '정서=감동'은 어떤 화학적 반응처럼 즉각 분해되어버리고, 내 감(感)이 그렇다는 거고 남이야 달리 봐도 어쩔 수 없는 거지라는 식이다.

　이렇게 달라진 체험의 유별 현상을 설명하기는 쉽다. 사진 같은 고정 영상, 영화나 텔레비전 화면 같은 동영상, 신문, 잡지, 기행문 같은 활자 매체의 즉각적인 유통 등이 세상을 보는 '시각'의 변화에 크게 이바지했다는 풀이가 그것이다. 처음부터 '현대'의 문명/문화의 기본적인 동력원이자 코드를 빠뜨릴 수 없다는 그런 접근은 물론 타당한 것이나, 진부한 진단이다. 차라리 한 나그네가 주목해야 할 것은 아직도 지구상 곳곳에 남아 있는 벽지, 오지, 험지 등이며, 여전히 문명적 이기(利器)와 문화적 생활양식을 따돌리고 살아가는 그곳의 반(半) 원시적 생활세계 속에서도 현대의 여러 '정보'가 마지못해 받아들여지고 있다는 '간접 체험' 같은 느낌 그 자체일 것이다. 그런 풍토적 특수성을 글과 동영상으로 옮겨놓는 것도 현대성의 호들갑스러운 한 단면이라면 낯선 '마을'의 그 토착적 생활상은 '지구촌' 운운하는 수사적/관념적 체계 일체를 느긋이 비웃고 있지 않은가. 그런 정서적 환기를 갈무리하면서 어떤 식으로든 해석하려고 덤비지 않을 때, 오늘날의 나그넷길은 무위도식과 하등에 다를 바 없는 셈이다.

제1장 1절의 요약

(1) 현대의 거죽은 지적도나 이정표처럼 일목요연해 보이나 그 내용은 복잡다단하기 짝이 없는 '현대성'으로 채워져 있다.

(2) 작가(=소설가)는 그 '현대성'을 나름대로 해석하기 위해 길을 나선 나그네다. 곧 어떤 특수한 사명을 좇는 사자(使者)이자, 그 목적상 볼 것만을 면밀히 읽고 나서 나름대로 외워 와야 하는 행인인 것이다.

(3) 오늘날의 여행은 대체로 추체험으로 이루어진다. 여행지의 '현장'에 대한 사전 '정보'가 직접 체험 중의 '기시감'을 반추하게 만들고 있어서이다.

(4) 작가마다 다를 수밖에 없는 현대성의 '기시감/미시감'을 어울러 특이한 문장/문맥으로 '표현' 해야 현대소설의 자격을 얻는다.

(5) 사자(=소설가)는 사명을 좇는 작자인만큼 보고 듣고 외워둔 대로 말/글로 옮겨야 하지만, 그 내용은 상세할 수도 없고, 전문가처럼 정통할 수도 없다. 곧 그의 전언은 일정한 피상성을 벗어날 수 없으므로 그 자체적 한계와 미흡을 지우기 위해서 말/글을 꾸며야 한다. 그래서 사자의 직업윤리의 태반은 수사(修辭)에 기댈 수밖에 없기도 하다.

2. 현대소설의 위상과 쓸모

　인류 역사상 계층 간의 정신적/물질적 격차가 오늘날처럼 막심한 적은 일찍이 없었다고들 한다. 과연 '현대'라는 난해한 모형도의 사실감을 단적으로 집어낸 말로서 손색이 없는 듯하다. 그 실례는 나그넷길 곳곳에 숱하게 깔려 있다.

　그것이 돈이든, 지식이든, 땅이든, 여유 시간이든 자기만의 애완물로서 주체할 수 없을 정도로 잔뜩 지닌 지체와, 그 요긴한 것들이 늘 태부족이어서 허덕이는 계층과의 구별은 엄연하고, 도처에 보란 듯이 널려 있다. 이를테면 음악이나 그림 같은 '문화 가치'를 제때 선별적으로 즐기지 못하면 잠시나마 정신적으로 허탈해지는 위인들이 있는가 하면, 그런 것을 음미할수록 일상생활이 든그러워진다는 신조의 반문화적 속물들도 부지기수다. 두 부류는 물에 기름처럼 겉돌면서도 아무런 마찰 없이, 그러나 개와 소처럼 말이 통하지 않는 채로나마 단일한 색깔의 공동체를 꾸려간다. 이런 이질적인 성향끼리의 혼재야말로 대다수 문명국가의 일반적인 경향이고, 세속계의 적나라한 모습이다.

　여기서 그 두 계층의 백분율 따위를 들먹이는 것은 매스컴이나 다른 종류의 고찰이 자주 써먹는 전매특허이므로 생략한다면, 학문, 정치, 도덕 같은 '체제 유지적' 문화 가치의 향수 계층을 또 다른 여로 들 수도 있다. 늘 목격하는 바와 같이 학문의 소용을 기리는 계층은 자질상 극소수여서 그 밖의 절대다수 부류는 감히 비교급의 대상일 수 없다.(부언컨대 그런 비교의 도표화는 하등에 부질없는 짓거리다.) 또한 정치와 도덕의 기준은 일쑤 세상과 시류의 변화에 발을 맞추느라고 그 주체들이 선악과 정부(正否)의 수위 조절에 전전긍긍함으로써 구성원 전체의 판단을 헷갈리게 만들고, 그들의 심성마저 왜곡시킨다. 특히나 정치적 이데올로기와 그 달콤한 수사의 웅변들은 당대의 주류적인 지식 체계까지 바람개비처럼 아무 방향이나 가리키게 만듦으로써 막상 그것의 중요로움을 몰각하는 현상까지 빚어낸다. 그런저런 기성 체제의 번듯한 강령들을 전면적으로 부정하면서, 지금 당장 '자연'으로 돌아가자는 골자의 무정부주의적/몰윤리적/무소불위적 행태 앞에서는 어떤 능변가도 진땀이나 뻘뻘 흘리면서 뭉갤 수밖에 없는, 실로 기가 차면서도 익살스러운 세상이다. 흔히 한쪽에서 정치적 무관심, 도덕 불감증, 인간/여성/노동/이념 해방 운운하며 다른 계층을 줄기차게 매도하는, 이런 상호 배제 현상은 '현대성'의 한 단면이 아니라 지배적인 국면이며 생존 환경의 본질적 현상 그 자체로 정착, 나름대로 원활히/삐끗거리며 작동하고 있다.

  문학 쪽도 예외는 아니다. 그중에서도 소설은 여러 문화 가치 중에서 그나마 소중한 '현실증언적' 기록물로 우대하기에도 이제는 만시지탄을 터뜨려야 할 지경이다. 좀 부풀려서 말한다면 작금의 소설은 어딘가 그 가치를 알아보는 눈에나 겨우 와닿는 '문화재'로 다뤄야 할 시점이 마침내 도래했다는 느꺼움마저 완연하다. 그만큼 그 쓸모를 저울질하는 것도 부질없어 보이는 것이다. 그렇지만 한편으로는 그것을 유독 편애하는 극소수 계층도 있기는 하다. (알기 쉽게 이분법에 기대서) 간추려보면 한쪽 모서리에서는 소설이라는 값싼 소비재가 켜켜이 쟁여지고, 그중에서 머드러기는 밀쳐버리고 인스턴트식품처럼 단숨에 배만 잔뜩 부풀리는 것들만 폭식함으로써 시력 혹사증을 지레 염려해야 하는 독서족도 있긴 하지만, 그런 '남의 이야기'는 좋아할수록 배나 곯으며 골치만 아프다는 선남선녀들이 운동장을, 시장을, 공연장을, 전시장을 과점하고 있다. 이런 상반된 군중의 산재(散在)는 금세기가 찍어낸, 특화된 이중 노출 현상이다. 문화사회적으로나 금전적으로나 정신적으로나 불균형의 최대치를 보여주는 이런 몹씬(=군중 장면) 앞에서는 기왕의 모든 개선 의지, 그 화려한 웅변, 그 뛰어난 이론, 그럴싸 해보이는 정책 따위가 얼마나 무용지물에 값하는지를 여축없이 들려준다. 결국 그런 수사 일체는 당대에만, 그것도 한시적으로/시류에 쫓겨서 그럴듯하게 통용된 한낱 사기행각이었을 뿐이잖아라는 소회를 곱씹도록 채근하고 있다.

위와 같은 개략적 '정세'의 변화를 곧이곧대로 수습해가다보면 제풀에 급격히 졸아들어버리는, 흡사 '돌아온 탕아' 같은 형용이 지금의 '현대소설'이라 한다면 자기비하가 지나치다고 할지 모른다. 그러나 숨길 수 없는 사실이다. 소설 스스로도 어이없고 '남'들도 몰라볼 정도로 영락한 그 소이와 이 이상한 풍조의 근인(根因)부터 간략하게 더듬어보는 것도 '지금/불원간'의 그 쓸모를 점검, 예상하는 데 다소나마 도움이 되지 않을까 싶다.

우선 외부, 곧 소설이 늘 눈에 불을 켜고 직시하는 큰 규모의 서상과 그 세상의 '지금' 부분도인 현실이 우리 인간의 시력을 제대로 작동시키기에도 벅찰 지경으로 바뀐 '상황'의 전개 및 그 변모의 질주를 들 수 있다. (그렇다고 소위 '거대 담론'이 무용지물이라는 소리는 아니며 역설적이게도 더 필요하다는 말이다.) 맹수의 저돌성을 방불케 하는 생활 환경의 이런 대규모적 전개는 유사 이래 미증유의 것임이 틀림없다. 아마도 산업혁명 같은 생산/소비의 일대 변혁도 서구 중심의 국지성과, 18세기 중반에서 19세기 초반에 걸치는 그 느린 약진성을 감안하면 21세기의 이런 생활 환경상의 변화는 그 세계적인 범위로나 해마다 달라지는 속도감으로나 단연 압도적이다. '과학'의 비약적 발전 같은 원인(遠因)을 일단 논외로 친다면, 이런 변모 양상의 에너지원은 물론 '정보'다. 그것도 '정보'의 호환 구조의 광범위성, 그 즉시성, 그 전천후성 등을 소리 없이 또 아무런 제약이나 방해 없이 관장하는 전자 매체의 재바른 득세에 빚지고 있음은 의심의 여지가 없는 '형세=대세' 자체가 되어 있다.

'정보'는 마음의 작용(=정情)으로서의 어떤 뜻을 당사자에게 알린다는 사전적인 풀이대로 그 활동의 부단한 지속을 그것 자체의 존립 근거로 삼는다. 그러므로 그것은 옮겨다닐 때마다 다시 새것으로, 달리 말하면 새로운 쓰임새로 태어난다. 소위 돌연변이의 연쇄이자 유사종의 자체적 증식이다. 그래서 똑같은 '정보'는 있을 수 없다기보다도 '성립 불가'인 것이다. 비유를 끌어오면 그것은 불가사리처럼 걸음을 떼놓을 때마다 군살이 붙어서 그 흉상이 달라진다. (다만 그 '전신상'은 그럭저럭 체면을 유지하고 있다.) 자잘한 자료의 취사선택에 능한 '정보'는 '지식'과 같으면서도 그 질적 가치가 완연히 다르다.

이미 대강 그 출신과 신상이 드러난 대로 그것은 나름의 쓰임새가 막강하지만, 다른 '정보'와의 취합을 전제하지 않는 한 일정한 소용에 이를 수 없다. 요컨대 그것은 독자적인 어떤 생명체가 아닌데도 이합집산을 거듭하면서 나름의 소임을 다하면 즉각 내버려진다. 당장에는 더 이상 쓸모가 없어지고 만 것이다. 그것을 다시 찾아 쓰는 경우는 드문데, 있더라도 최초 '효력'의 재생이거나 '참조용'일 뿐이다. 이미 잡종강세가 태어나서 번식 일로로 치닫고 있기 때문이기도 하지만, 철두철미 소모품에 불과하므로 그런 일회성 내구연한에 만족할 수밖에 없어서다.

'지식'도 수요와 공급의 법칙을 따르면서 획득과 동시에 그것의 소유자가 널리 퍼뜨리고 싶어 한다는 점은 '정보'와 일맥상통하지만, 그 내구성은 다소 길다고 할 수 있다. 또 하나의 변별점으로 '지식'에는 근본적으로 낡은 것과 새것의 구별이 있을 수 없다. (물론 시대라는 변수 때문에 '효용 가치'에서는 현격한 차이가 있을 수 있다.) 아무리 한 세기 전의 그것이라고 하더라도 당사자가 그 생면부지의 과객을 우연히 맞닥뜨려서 비상한 능력을 알아봤다면 그 낡아빠진 지팡이로도 얼마든지 세상과 인간의 잘잘못을 지적하고 가름할 수도 있다. 요컨대 '지식'의 사용처가 훨씬 더 넓고 내구성이 그런대로 좋은 소비재인 데 반해 '정보'는 그 용처가 제한적일 뿐만 아니라 음식처럼 즉각 배를 불리는 데 써먹지 않으면 상하기 쉬운 비내구적 성질을 띤다. 그러므로 '정보'는 사용하기에 따라서 여러 색다른 요리로 탈바꿈하는 기능도 탁월한데, 그것마다 주식이라기보다는 기호식품에 상당해서 그 맛깔만 바치는 계층이 달라진다 모든 기호식품이 그렇듯이 문전박대를 당하는 경우도 없지는 않을 것이며, '정보'의 생래적 한계가 그런 자유자재한 변신 능력에 기댄 '정체성 불명'이므로 어떤 냉대나 수모에도 태연하다. 물론 그 반대로 그것에 매료되는 기호가들의 '중독 증세'는 또 다른 논란거리다. 그에 비해 '지식'은 언제라도 또 어느 지역에서라도 자신의 그들먹한 풍모를 드러내길 즐기며, 그의 능력을 알아주는 인사에게는 어떤 봉사라도 마다하지 않는다. 그러나 어떤 지역, 어느 계층에서라도 그를 홀대하면 얼굴을 붉히고 곧장 사라져 버릴 정도로 자존심이 드세다. '지식'의 그런 성깔은 아무리 강조해도 지나치지 않고, 다각도로 점검해야 할 사안인데도 흔히 소홀히 다뤄지고 만다.

  어떤 '정보'의 전달에 관한 한 이때껏 소설이 부분적으로 담당한 역할은 사실상 미미해졌다. 아마도 그 소임의 전성기는 '정보'의 소통을 명실상부하게 대변하는 신문의 역사를 참조할 때, 19세기 말엽에서 20세기 초엽의 한 세대쯤이었을 것이다. 어쨌든 소설이 '정보'를 전해주던 그 역할을 오지랖 넓게 감당하는 작금의 주체는 따로 있다. 영화나 텔레비전 화면 속의 여러 서사물, 만화, 논픽션, 전기 같은 각종의 읽을거리가 그것이다. 심지어는 텔레비전 고정 프로그램 중 하나인 여러 종류의 방담이나 특정 주제의 다큐멘터리에서 무심히 흘러나오는 요긴한 자료, 사정, 세부 정황, 공간, 시간, 징후 등은 이미 소설이 고리타분하게 또한 지지부진하게 제공해주던 '상식'과 그것의 총체적 활성화인 '교양'의 폭을 수십 배로 넓혀놓고 있다. 누구나 아는 바와 같이 상식이나 교양에 어떤 깊이를 따진다는 것은 무모하다. 그럼에도 불구하고 위에서 거명한 여러 서사 장르는 정보를 통한 상식의 확충과 교양의 진작에 제 몫을 다하고 있으며, 소설은 그 기능을 전적으로 타의에 의해 그 신식 서사물들에게 빼앗기고나서도, 아니 무단으로 그 판권을 '탈취' 당한 판인데도 속수무책이었다.

그러므로 그 기능이랄까 소용 따위만을 고려한다면 현대소설은 지구촌 곳곳 신생국들의 투표용지와 그 생계지수까지 깔끔하게 비춰주는 '바보상자'(=텔레비전)의 '해방구'가 기세 좋게 전 세계적으로 퍼져가던 시절, 곧 20세기 중반부터 폐기 처분을 당해야 마땅했다. 실은 '현대소설' 스스로도 '용도폐기 증후군'에 시달리기 시작했다. 뒤늦게나마 제 근본을 되돌아보니 출신도 워낙 비천하고, 성격마저 겉으로는 지성을 뒤발하고 있는 주제임에도 속으로는 줏대가 없어서 대중영합적이었음을 깨달았으니까. 특히나 인접 장르인 영화는 역시 천출인데도 그 입성이 여간 화려한 게 아니었고, 음악이나 미술 같은 또 다른 예술 장르는 그 짱짱한 혈통과 오래된 전통 덕분인지 의젓한 풍채에 기품이 흘러넘쳤다. 그에 비해 '현대소설'은 무슨 옷을 걸치고 나서도 때깔이 흐르지 않는 데다 그 처신조차 어정쩡하다 못해 더러 복고 취향까지 다분해서 시대착오적인 위인으로 비치기도 하는 것이었다. 명색 고상한 미적 기운이 조금이라도 얼른거리면 그것이 무슨 장르든 좋다/나쁘다 해대는 호사가들조차 이제 소설은 그지없이 지루하고 따분하다면서 거리를 두려는 낌새가 역력했다. 멸시를 일방적으로 당하는 입장에서는 새삼 제 행색을 훑어보며 앙탈이라도 부려봐야 했다. 그런 몸부림 중 하나로는 '의식의 흐름' 같은 기법상의 별스럽지도 않은 모색이 있었는가 하면, '시장'의 반응 따위를 대범하게 무시함으로써 자족적인 유형(流刑)의 길을 허둥지둥 줄여간 '앙티로망' 같은 실험적 양식도 있었다.

 이쯤에서 잠시 시간대를 거꾸로 돌려서 소설의 필요성 여부, 그 그릇의 크기와 진정한 실가(實價)를 한눈팔듯이 훑어보는 것도 유익할 듯하다. 매일같이 화면 속의 생생한 동영상을 통해 봐오듯이 아직도 텔레비전이라는 정보 교환 매체가 감히 범접하지 못한 오지가 지구상에는 그 수를 헤아릴 수 없을 정도로 숱하게 흩어져 있다. 예컨대 밀림 속이나 고산지대에 사는 소수 종족들은 이때껏 텔레비전 속의 각종 서사물이나 소설 같은, 장황하기 짝이 없는 그런 서사 양식과 담을 쌓고도 인간으로서의 최상치 품성을 잘 건사하면서 나름의 즐거운 세월을 노래하고 춤추며 보내왔고, 지금도 그런 삶을 한마디 불평 없이 영위해오고 있다. 여느 부르주아들의 보편적인 시각대로 그런 척박한 생활상을 비개화인의 한낱 동물적인 생존이나 연명일 뿐이라고 비정하게 마름질해버릴 수도 있겠으나, 오늘날의 선진국들이, 또 그 구성원들이 연중 내내 골머리를 싸매고 덤비는 각종 환경적/인간적/윤리적 문제들은 사실상 문명/문화가, 또 그 양식의 변덕스러움이 덤터기 씌운 혹독하나 한편으로는 고소하기 짝이 없는 폭탄 세례나 마찬가지라고 해도 틀리지 않을 것이다. 대개의 '문명적' 자업자득은 이른바 '가치의 체계'라는 문화 양식의 무절제한 수용과 답습, 나아가서 그것의 불가피한 남용이 불러온 폐해일 뿐이다. 따라서 지구상의 모든 귀중한 자원을 그 자업자득의 제일 결과물과 그 파생물을 줄이는 데 쏟아붓는 작금의 이런 헛수고 자체는 얼마나 제 살을 갉아먹는 끔찍한 인적/물적 낭비인가.

위의 진술은 자연스럽게도 소설이라는 언어예술 양식이 이때껏 어떤 미적 창조물로서 문명권에서만 호들갑스러울 정도로 특별대우를 받아왔음을 일러준다. 아무리 거슬러 올라가더라도 350년 안팎의 연륜을 자랑하는 '현대소설'이 그동안 지나칠 정도로 찬미의 대상이 되었던 것은 제도권 교육 현장의 '주입식' 경배열과도 무관하지 않을 것이다. 그러나 그런 칭송도 문명권의 식자층, 그중에서도 극소수의 애호가가 제 골동품을 자나 깨나 쓰다듬는 그런 탐닉 수준이었음은 새삼 강조해둘 필요가 있다. (오해의 소지가 있겠는데, 전 지구상의 인구 비례로 따져볼 때 그렇다는 강조어법일 뿐이다.) 이 점은 그때까지 그들에게 마땅한 '유희'로서의 지적 오락거리가 없었다는 사실을 역설적으로 증거해주고 있기도 하다. 물론 극소수의 식자층은 그전까지, 또는 '현대소설'의 탄생과 그 발 빠른 성장 후에도 소설 같은 자질구레한 사적 담론보다는 '역사'에 준하는 여러 공적 담론에다 탐색의 시선을 늦추지 않았는데, 그 경배열은 하늘이나 신앙처럼 인간의 일상과 세속계와는 한참이나 동떨어져 있는, 사후적(事後的) 경계나 사전 처세를 위한 한 방편에 지나지 않는 것이었다. (크게 보면 동서양의 지배 계급이 두루 그런 공적 담론의 개발에 열성적이었다는 지적이다.)

그렇다면 '현대소설'의 그처럼 드높은 성가가 도대체 어디서 도출되었으며, 그 기득권을 장기간 독차지한 근거는 무엇이었는지도 차제에 짚고 넘어가야 할 듯하다.

적어도 인쇄술의 발달, 도시와 시장의 개발과 번창, 자본의 증식에 따르는 '교환' 체제의 융성, 제도권 교육의 보편화, 상업 출판의 문인

보호와 그들의 생계비 족쇄화 같은 점검은 사실상 아주 초보적이면서도 근본적인 접근이긴 해도 너무나 진부하고 상투적인 해설이다. 그런 외적 요인은 삼척동자라도 감을 잡고 있는 한갓진 문명/문화적 문맥에 지나지 않는다. 그것을 죄다 대괄호 속에 묶어버리고 '현대소설'의 쓸모 여부만을 따지자면 흔히 내놓는 정리벽으로서의 '교훈'과 '재미'로 대별할 수밖에 없다.

우선 소설 속에는 이런저런 (거시적인=피상적인) 세상사와 (미시적인=구체적인) 인간사가 편편마다에서 온갖 파란곡절을 다 불러일으키고 있으므로 그런 남의 사연을 추체험함으로써 당사자의 인생살이에 귀감으로 삼을 수 있다는 것이 '교훈'의 골자다. 그러나 소설 속의 세상사는 예의 그 '정보'나 '지식' 같은 지렛대를 사용하여 특정 대상물, 곧 이야기나 소재에 대한 작가의 주관적 반응일 뿐이다. 대개의 경우 그런 반응은 한낱 참조용에 지나지 않는다. 왜냐하면 다른 반응도 숱할 것이기 때문이다. 물론 정보나 지식처럼 그런저런 반응'들'을 많이 꿰고 있을수록 본인의 폭넓은 세상 이해에 따르는 교양은 단연 풍부하다고 말할 수 있을는지 모른다. 하지만 작가들의 고질적 편견 때문에 한쪽으로 지나치게 쏠린 그런 소양의 상대적 우월이 꼭 필요한 것도 아니며, 또 각자 나름대로 온존하는 그 지식 일체가 과연 옳은지 의심스러운 것은 당장에 그 전모와 세부 가치를 잴 수 있는 엄정한 잣대가 없기 때문이기도 하다. 사람마다의 생각이 제각각이듯이 '가치관'은, 그 앞에 '시대별'이란 관형사를 붙이지 않더라도 상이하게 마련이며, 어느 것이라도 또 다른 잣대를 들이대면 곧장 상치에서 하치로 거꾸로 떨어질 수도 있는 것이다.

한편으로 소설 속 남의 파란만장한 인생사는 사실상 그 배면의 엄연한 세상사보다는 독자 개개인에게 상당한 감흥과 함께 장차의 세상살이에서 어느 정도까지는 써먹을 수 있는 지침서 구실을 할 게 틀림없다. 물론 이 경우도 소설 속의 그 특정한 인생사가 미구에 어느 독자 개인 앞에 펼쳐질 '팔자'와 유사해야 그나마 쓸모가 있을까말까 하다는 전제가 따라야 할 테지만, 그런 우연의 일치와 맞닥뜨릴 확률이 그렇게 높지 않다는 예상만은 유념해두어야 할 것이다. 어쨌든 큼지막한 세상사든 자그마한 인생사든 소설 속의 그 구체적 실상은 독자에게 속속 어떤 유추의 기회를 열어줌으로써 장차의 참고서로 활용할 소지는 다분해지고, '거시적-전체적' 세상 해석과 '미시적-개별적' 인간 이해에 관한 한 포괄적 역할을 다하고 있으므로 다른 어떤 종류의 간접 경험보다 그 내실이 알차다고 단언할 수는 있을 듯하다. (여기서 소설 한 편의 독파에 따르는 여러 비용, 그 편리성 따위를 논란하는 것은 앞서의 그 여러 외적 요인의 파급 효과에 해당되므로 더 이상 거론할 사안도 아니다. 또한 소설의 내용상 두 기둥인 '세상살이=세상사'와 '인생살이=인생사'라는 두 이야깃거리는 보다시피 서로가 서로를 보완하면서 대립한다. 전자는 '남'과의 경쟁과 타협을, 후자는 자기 자신의 성장과 극복을 촉구하는 작은 체험의 장場이면서 그때그때마다 또 다른 깨달음의 장場이 된다. 당연하게도 후자는 전자의 일부로서 겹치고, 전자의 테두리가 후자를 에워싸고 있다. 한쪽이 다른 한쪽을 철두철미 견제하고 있음에도 불구하고 그 속에서 여의롭게 활동하지 않을 수 없으므로 서로 모순관계이기도 하다.)

다른 측면의 고찰도 내놓을 수 있다. 이를테면 소설의 제2덕목이라

할 수 있는 '인생 교본'으로서의 역할이 한때의 처세훈 저장고였던 "사서삼경"류보다는 비록 간접적일망정 훨씬 더 효과적으로 다가오는 것은 세상의 변화와, 그것의 연동장치인 세계관/가치관과 상관되기 때문임은 말할 나위도 없다. 달리 말하면 그런 공적 담론이 사적 담론보다 공허한 것은 풍속, 제도, 기율, 도덕 같은 세상살이의 골자와 억지로 발을 맞출 수밖에 없는, 아마도 그 태반이 우스꽝스럽기도 하고 당사자조차 납득하기 어려운 세속적 합리주의와 그 현상추수적 자의식 때문이지 그 논조의 불명(不明) 탓은 아니다. 인간과 세상이 서로 싸우면서도 그런대로 굴러가도록 만든 그 논조의 경직성은 거의 강제적이라고 해도 틀리지 않을 것이다. 또한 그 공적 담론에 어떤 구체성이 없거나 있다 하더라도 너무 소루하다는(소설 속에서 암약하는 그 '세부'가 엉성하다는 의미다) 허물은 오히려 사적 담론의 위상을 전방위적으로 양각시키는 동시에 실속을 좇고 어떤 구속에서 (일시적으로나마) 일탈하려는 인간 일반의 속성과 기대 심리에 적극적으로 부응한다. 왜냐하면 소설의 내용이야말로 속속 바뀌는 세속계의 여러 얼굴과 그 표정을 일일이 읽어내는 거울에 값하며, 그 즉물적인 요지경은 움직이는 구체성 자체를 대변한다기보다도 실물과의 즉각적인 대면으로 떠올라 있어서이다. 따라서 '배우고 난 후 때때로 익히면 즐겁지 않은가'와 같은 지당하나 꼭 그만큼 따분한 권면의 지론들은 소설이 반면교사로 삼아야 할 잔소리(=동어반복)일 뿐이다. (사실상 공적 담론은 거의 원론에 준하거나 속담과 유사하다. 미구에 닥칠 그 적용 범위의 포괄성에서도 그렇지만, 그 일반성 속에 도사린 어떤 예외성에 대해서도 눈감아버리는 자세(姿勢)가 무슨 기득권 행사처럼 드세서 상당한 정서적 반발을 불러일으킨다.)

  요컨대 소설 속에 쓸어 담을 수 있는 교훈담은, 한때의 공적 담론이 오래전에 퇴물의 신세로 굴러떨어져 있는 데서도 알 수 있듯이, 이제는 진부한 덕담의 수준에 머물러 있다는 인식이 작가/독자에게 두루 팽배하다. 사실상 오늘날에는 세상살이/인생살이에서 어떤 본보기로서의 방정한 처신과 행태 따위를 상정想定하기도 어렵거니와 일상 중에 그 지침대로 살아가기는 어려운 게 아니라, 노름이나 주식 투자에 반쯤 미쳐 있는 멀쩡한 활량에게 정신 좀 차리라는 당부만큼이나 쓸데없는 참견이다. 그러므로 그런 엄숙하나 익살스러운 가르침과 배움을 소설 속에 구현해내겠다는 발상은 철두철미하게 언어도단이 되고 만 셈이다. 그럼에도 불구하고 아직도 소설에서 어떤 광의의 '교훈'을 요구한다면 이때까지 제법 그럴듯하게 조작해온 가상현실에 대한 종래의 무분별한 기대나 막연한 선망의 잔상 때문일 것임이 분명하다. (흔히 그 선망을 '대리만족'으로 설명하기도 하지만, 이제는 그것이 좀 부실한 과장어임을 독자가 먼저 알고 있다. '정보'의 세상이어서 소설의 내용 일체도 한낱 '보도자료' 쯤으로 여기기 때문이다. 영화같은 동영상의 일상화 때문에 정서상 '대리 체험'은 어폐가 자심하고, 그 점을 모르는 현대인은 거의 없다고 해야 맞는 말이다.) 실제로도 오늘날에는 소설에 대한 의미 부여 내지 그 파급 효과 따위는 심하게 부풀려져 있거나 왜곡되고 말아서, '소설 쓰고 있네' 같은 허튼소리의 난무가 가리키는 대로, 어떤 과장스러움, 나아가서 비현실성을 지적하는 비아냥의 대상이 곧 소설 속의 조작된 내용 그 자체의 두드러진 부실성이기도하다.

한편으로 소설 읽기에 따라붙는 '재미'라는 미각은 오락거리와 먹을거리가 보잘것없었던 현대소설사의 초창기부터 당연히 화제였을게 틀림없다. 그 시절이나 지금이나 선험적으로 이해득실을 먼저 따지는 인간의 속성상 '교훈'이야 나중 일이 아니고 무엇이겠는가. 아무려나 글깨나 읽는다는 독서가에서부터 책이라면 '머리 아프다'며 한사코 멀리하는 대개의 장삼이사에 이르기까지 다들 소설을 들먹일 때는 으레 '재미' 여부를 찾는 데서도 이 말의 실가를 어림짐작할 수는 있다.

그러나 '재미'란 말도 정확하게 규정하기로 들면 그 종류, 범위, 정도, 시절 같은 줄자를 책마다 심지어는 책장마다 들이대야 할 지경이다. 마구 쓰는 말이 대체로 그렇듯이 애매모호하기 짝이 없는 '재기'는 '땅, 하늘, 바람'처럼 쉬운 단어이면서도 어떤 비유로 써먹기에는 부당한 것이라서 그 정체가 더욱 아리송해지는 것이다. 그러니까 소설 속 '재미'의 실체는 더없이 막연한 것인데도 다들 이 말을 함부로 사용하고 있어서 헷갈리는 셈이다. 이를테면 누구에게는 끼니때도 잊게 할 만큼 재미난 '무협지' 같은 읽을거리가 다른 이에게는 하품을 연방 베물게 하는 경우도 비일비재하다. 또 특정의 개인이라 할지라도 한창나이 때라든지(취직을 할까 장사나 해볼까로 끝탕을 일삼는다거나), 뜻밖의 봉변을 당했을 때(대부업체로부터 보증을 서준 친구의 빚을 갚아라라는 독촉 전화를 하루에도 세 번 이상씩 받고 있는 신세라거나) 같은, 독서삼매 당시의 경황없음이 '재미'의 정도를 계절감각 이상으로 선명하게 갈라놓을 터이다. 뿐만 아니라 소설 속의 성적 표현에 대한 인륜적/법적 제재가 심했던 시절에는 성행위의 태반이 혼인 절차처럼 요식 행위에 그쳤을 것이라고 섣부르게 짐작할지 몰라도, '섹스의 환상'에 관한 한 그 당시의 흥미와 지금의 '재미'의 성질을 동일한 저울로 측정해봐야 무슨 소용에 닿겠는가. (이런 대목에서는 흔히 이제야 명작이라고 평가하는 소위 정전正典이 발행 당시에는 푸대접을 받았으며, 판매 부수도 미미했었다는 개탄을 내놓곤 하지만, 지금의 그런 '시각'이야말로 얼마나 싱거워빠진 추수주의인가.) 또한《죄와 벌》을 읽어가면서 연방 재미있다고, "역시 다르긴 하네, 명불허전이라더니"라고 중얼거리는 독자가 오늘날에도 없지야 않겠지만, 그 숫자는 극소수일 게 틀림없다. 시대라는 변수를 들먹이지 않을 수 없다는 이 지적에는 '재미'에 어떤 일반성이, 만인이 공유할 만한 그런 보편성이 없음을 부분적으로 추인하고 있다. 게다가《죄와 벌》같은 공인된 고전을 두 번 이상 열독한 독서가가 얄궂은 베스트셀러인 어떤 대중소설을 열독할 수도 있고, 명작소설을 활달한 첨필로 극화한 만화를 서너 시간 만에 독파하는 경우도 얼마든지 있을 수 있겠는데, 그 두 '재미'의 질을 똑같은 저울 눈금으로 가늠해봐야 무슨 의미가 있을까. 아마도 그의 즉흥적인 '재미'와 진진한 감동은, 후딱 읽어버리고 말겠다는 정서적 긴장까지 감안한다면, 후자 쪽이 더 진지했을 것이라고 추측할 수 있을 뿐이다.

에두를 것도 없이 소설 속에 파묻힌 '재미'라는 보석의 순도를 달아보는 데는 독서인마다 지니고 있을 개인별 취향이('취향'은 대체로 타고난 '소양' 내지 후천적으로 습득한 '교양'의 수준 정도를 반영하는데, 이른바 '획득형질'에 값한다) 기중 걸맞은 저울이 아닐까 싶다. 중언부언이 심한 듯해도 그 가락이 너울처럼 연거푸 번져오는 만연체 문장을 선호하는 독서가도 있고, 똑똑 부러지는 단언적 개념을 행간에 숨겨놓고서 제멋에 겨워하는 지적 문체가 그나마 하나라도 씹히는 게 있다는 숙독가도 있을 수 있으며, 맹물처럼 무덤덤하나 읽을수록 감칠맛이 우러나는 정직한 문맥에 매료되는 열독가도 있게 마련이다. 하물며 문장/문맥의 때깔조차 이처럼 따따부따하는 일반적인 독서 취향을 참작하면 그 속의 오만 가지 내용에 대해서야 오죽이나 재미의 맛을 따지겠는가.

그러나 소설 쓰기가 명색 '먹물' 제위에게는 한낱 이름 날리기나 돈벌이로나 세월 낚기의 한 방편이 되어 있는 데다 소설 읽기조차도 일부 독서인에게는, 휴대전화나 텔레비전 리모컨의 조작과는 달리 번거롭기만 할까, 하등에 별무소득이다라는 작금의 이런 대세에서, 개인마다의 어떤 별난 취향은 여느 소설마다의 유일무이한 아우라(=유별스러운 분위기)와 그 가치에 대한 상반된 이해-평가를 불러올 수 있다. 미사여구로 떠들어대는 극찬과 읽기는커녕 아예 도외시함으로써 '논외작'이라고 섣불리 단정해버리는 선입관 비평이 그것인데, 이런 극단적인 몰이해는 취향의 막돼먹은 과시라고 해도 괜찮을 것이다. 좋게 말해서 각자의 그런 주관적인 '감상담'은 두 사람 이상의 객관적인 '가치 판단'과는 전적으로 상반될 뿐만 아니라 '술술 읽히면서도 현실과의 밀착 정도만큼은 엔간한 것 같다'는 '사실 판단'마저 흐릿하게 지워버리는 편견으로 군림한다. 그야말로 결정적인 오독으로 안 읽은 것이나 똑같게 되고 마는 것이다. ('배려'보다는 '배제'를 장기로 휘두르는 이런 감정적/일방적 독서 행위는 저급한 자기현시욕에 불과하다.) 두 쪽의 이런 사실 왜곡 현상도 실은 그 반향이 의외로 커서 '소설 소비 시장' 전반의 교란을 불러올 수 있으며, 급기야는 화제작이나 베스트셀러는 곧 명작이라는 대중 세뇌용 뜬소문을 삽시간에 증폭시키면서 서점가의 흥행을 좌지우지하는 지경에 이르기도 한다. 이른바 '비정상의 구조화' 사태를 부채질하는 것이다. 오늘날 소설 소비 시장의 활황 국면은, 비록 단면적이긴 할망정 그런 편향된 '취향'의 몰가치적 취합으로서 어떤 극적인 인기몰이로 으스댄다고 할 수 있다. 물론 이런 현상은 소설의 체신과 그 순정한 역할이 이제는 한낱 천박한 매파(=중매쟁이) 수준으로 영락했음을 거꾸로 시사한다. (서적 전반의 위상이 '정보'의 대량 살포를 도맡고 나선 신문, 텔레비전 같은 매체들 때문에 주눅이 잔뜩 들고 만 실상과 정확히 상등하는 국면이다.) 매파가 갖고 있다는 그 잘난 '정보'라고 해봐야 당장에는 요긴한 것 같고, 그래서 귀가 솔깃해질 만해도 막상 당사자끼리 대면하고 나면 이렇다 할 쓸모가 없음을 곧장 알게 되고 말며, 그런 주선의 결과가 결국 양쪽의 '취향'에 달려 있음은 말하나 마나다. 그 후의 여러 사정을 미리 그려보면 '취향'이란 것도 그때그때의 일시적 심경에 불과하며, 그러니 그것을 옳다 그르다고 말할 여지도 없는 셈이다.

 아무리 좋게 보더라도 오늘날 소설의 구실은 주식(主食)과 달리 기호에 따라/섭취하기에 따라 그 영양가기 들쭉날쭉한 군것질이거나, 심신 단련에는 좋지만 매일같이 치르기에는 벅찬 산행 같은 여가 선용의 한 방편에 지나지 않는데도 그것의 독서 행위에 따르는 이미지는 과도하게 긍정적인 쪽으로만 조명을 받고 있는 형편이다. 그것의 골자는 무엇인가 얻을 게 있다, 달리 말하면 하나라도 깨우칠 것이 다른 종류의 시간 활용이나 머리 쓰기에서보다는 상대적으로 월등하다는 일방적인 믿음, 여론 몰이이다. 그러나 그런 사회적 합의 내지는 전폭적인 맹신도 과연 추종할 만한지 따져봐야 할 시점에 와 있다. 모든 저작물의 태반 이상이 온갖 허술한 사적 담론을 끌어모은 것이듯이 대개의 소설들도 '현대＝현실'과는 동떨어진 누더기를 얼렁뚱땅 기워서 명색 옷이랍시고 내놓고 있어서이다. (태반 이상이 편견과 '공부 부족증'으로 사실 자체를 오해, 왜곡하는 역사 서적, 나아가서 온갖 저작물들까지도 소설의 자칭 '상상력' 남용에 참고 서적으로 기능하니 저질의 반면교사라고 이를 만하다.)

현대소설의 특장이라면 세상과 인생을 한목에 쓸어 담는 총체적인 양식이라는 점, 비록 문명권에 한정되어 있긴 해도 변화무상한 일상과 복잡다단해진 현실을 상당한 인과관계에 따라 설명하고 있다는 점(흔히 간과하고 있지만, 소설은 문명의 개발과 문화의 세련이 탄생시킨 인간의 발명품이며, 그 내용도 문명/문화의 수준을 곧이곧대로 반영한다. 미개 상태에서는 소설의 태동이 불가능하다기보다 다른 '양식'이 제한적으로 소비될 뿐이며, 그것이 소설보다 더 재미있는지 어떤지를 함부로 말할 수는 없다), 인간의 전신상과 개인의 운명의 추예를 소상하게 서술하는 핍진감 등등이 시종일관 지배(紙背)에까지 넘쳐나고 있다는 점이다. 보다시피 영화, 연극, 오페라, 텔레비전 드라마, 만화 같은 각종 수단의 서사물에는 분명히 소설의 그런 장기 일체가 그 개별 장르의 특성상 거세되어 있거나 그쪽 원작자들의 과감한 작위에 따라 생략되어 있다. 한마디로 말해서 그런 서사물들은 '경중거린다'고 해야 할 정도로 어떤 단면화 내지는 단편화(斷片化)에 주력한다. 영화의 장면화는 그 대표적인 실례로서 어떤 감동적인 한 장면에는 여러 구체적인 실상이 숨어 있다기보다는 화면 밖의 상상적 공간에서

관객들이 제멋대로 '그리도록' 부추기고 있다. 물론 소설도 그릴 것만 그릴 수밖에 없다는, 지면(紙面) 같은 여러 제약 때문에 그런 단편화 내지는 장면화에 매진한다. 그러나 영화의 동영상이나 그와 유사한 다른 장르의 '실물'을 보고 느끼는 즉각적인 감흥, 곧 어떤 '착각'의 수용 기회가 소설 탐독 중에는 통제되어 있다. 좀더 쉽게 말하면 소설 감상은 시종일관 인과관계의 합당/부당 여부를 따짐으로써 개별 독자마다의 '자각'을 채근한다. 이 일련의 이성적/감성적 자각 행위는, 누구라도 당장에 손쉽게 경험할 수 있듯이, 다른 서사 장르의 감상과 비교할 때 상대적으로 느리다. 아주 당연해서 따분한 원론 같은 소설 감상상의 이 특징, 곧 숙독-이해-해석이 이루어지는 경과가 길다는 것은 숙명적이지만, 소설만의 득의의 본색이기도 하며, 더 본질적으로는 사유를 독촉하는 글/문자/문장/문맥의 태생적 능력=힘이 있어서이다.

달리 말하면 소설이야말로 서사 전모에 드리운 어떤 '그럴듯함'의 여부와 그 완성도를 분별하는 수단치고는 꽤나 쓸 만할 뿐만 아니라 상대적으로도 월등한 양식일 수 있다. (물론 다른 서사 장르와 비교할 때 다소 낫다는 말이며, 장르별 장단점은 감상자가 분별하기 나름이다.) 그러므로 사건/사물의 '차례'를 쫓는다는 '서사(敍事)'의 적자(嫡子)로서의 자격을 소설이 독보적으로 누릴 수 있음은 명백하다. 소설의 이런 특징은 언어예술의 생래적인 자체 점검벽을 떠올리게 하지만(어휘/문장은 본질적으로 자기 검열적이며 앞 대목과의 대조를 통한 자체 소급력을 발휘한다), 실은 그런 조건의 과부하보다는 세상/사유의 변화무상을 따라가야만 하는 주체 곧 조작자의 능력이 제한적이라는 엄연한 사실도 곧장 가르쳐준다. 어쨌든 시간예술이 들려주는 즉흥적인 감동, 공간예술 앞에서 어쩔 수 없이 수습해야 하는 관자의 충격적인 심미감 따위와는 한참이나 멀찍이 떨어져서 인간과 그 주변의 생활세계 전반을 조망하는, 언어예술의 대중 상품으로서의 현대소설은, 그전까지의 이야기식 서사물과는 판이한, 그 자질이 본질적으로 '자기반성적'인 것이다. 현대소설의 이 성능이 여러 결찌(=곁붙이 또는 일가붙이)의 태동을 불러오므로 이제부터 그것들의 생체 리듬을 더듬어볼 필요가 있다.

제1장 2절의 요약

(1) 현대소설은 문명/문화의 산물이다. 따라서 그 내용도 문명/문화에 대한 인간의 동화/불화를 담는다. 결국 한 언어권의 문명적/문화적 수준이 소설의 내용상 성취로 드러난다.

(2) 현대소설에서 어떤 '교훈'을 얻기보다는 자잘한 '정보'의 획득을 통해 사람다워지는 '소양'의 육성을 기대할 수 있다.

(3) 교양소설을 읽는 '재미'와 무협지, 추리소설을 읽는 '재미'는 다르다. 전자는 보람의 만끽에 이르고, 후자는 단시간의 즐거운 감각적 충족에 그친다.

(4) 현대소설은 근본적으로 거시적-전체적인 안목으로서의 (피상적) '세상사'와 미시적-개별적 관찰로서의 (구체적) '인간사'에 대한 총체적 이해를 도모한다. 따라서 그 내용은 '자기반성적' 서술을 지향, 강화할 수밖에 없다.

(5) 현대소설의 내용(=이야기)은 ①자연으로서의 현실(풍경/상황)과 제도(법/직장/금전거래)에 부대끼는 ②인위로서의 인간 행위(일)와 욕망(불평/불만)의 충돌, 야합, 투쟁, 가짜 화해, 좌절 등을 그린다.

(6) 사자=심부름꾼=소설가는 흔히 사람살이(=인간사/인생사)와 세상살이(=세상사/세계사) 같은 거대서사를 쫓다가 막상 '사명(使命)'인 구체적인 현안을 놓치고 헛걸음질치곤 한다. 결과의 근원=근거를 알아야 하지만, 그 전모를 세세히 다 파악할 수는 없다.

3. 현대소설의 자손과 친척

남들이나 제도와의 화해/불화에 시달리는 세상살이와, 나/너와의 착잡한 대면인 인생살이를 어떤 식으로든 한자리에 쓸어 담으려는 현대소설의 과도한 의욕은, 그 자아도취적 기질을 떠올리지 않더라도, 상찬감이라고 해야 마땅할 것이다. 그동안 이 장르가 개척한 영역이 얼마나 광활한지는 (내용적으로나 형식적으로나) 추리소설, 공상과학 소설, 계몽소설, 대중소설, 순수소설, 지식인소설, 본격소설, 액자소설, 기록소설, 번안소설, 대하소설, 성장소설, 전향소설, 프로파간다 소설, 회상소설, 사소설, 무협소설 등등이 일컫는 대로 거의 무한대에 가깝다. 심지어는 성애, 치정, 정치, 범죄, 교수, 성녀(聖女), 손바닥, 포켓, 대화, 침음(沈吟)(=신음 또는 깊은 사유) 같은 어휘를 관형사로 붙여서 한몫하는 별도의 치외법권지역을 설정, 나름껏 참칭 총독 노릇을 행사해도 만부득이 그렇거니 해야 할 지경이다. 이런 영토 확장열은 작가마다의 지적 호기심, 나아가서 그 분출로서의 고질인 현학적(=자기과시적), 자기선전적 성향에도 빚지고 있을 테지만, 다종다양한 문명/문화의 전 지구적 교류, 풍속/반속(反俗)의 어지러운 혼재, 부자/빈자, 지식인/무식한, 범인/기인, 치자/피치자 같은 계층 및 세력들의 불편한 동거 내지는 불가피한 접촉, 밀착 따위를 활수하게 보장하는, 지지난 세기 초부터 갑자기 불어닥친 세상사의 급류와도 결코 무관하지 않을 것임은 자명하다. 이런 시류 변화와 그 선동에 동조할 수밖에 없었던 현대소설의 식민지 개척 열기를 제국주의적 속성으로 빗댄다면 이 장르의 성년기와 '제국'이라는 부화(浮華)한 말이 설레발을 치던 19세기 말이 대략 같은 시기이므로 제법 그럴싸한 비유일지도 모른다.

제국주의적 양식으로서의 현대소설을 좀더 뜯어보면 운문과 달리 이 장르만의 영토 확장열 같은 특장이 저절로 규명될 듯하다.

우선 강조해두어야 할 것은, 돈이 돌고 돌듯이 지식은(이것의 세목인 '정보'까지도) 만천하를 주유(周遊)하면서 제 소용을 저울질하고 자가선전에 열을 올리는 데 지치는 법이 없다는 사실이다. 문자 해독 인구가 극소수였던 옛날이나, 문맹률이 급격하게 줄어든 지난 세기부터 오늘에 이르기까지 지식의 활약상이 그처럼 빛났다는 것은 역설적이게도 문명/문화를 배양, 육성시킨 인류의 유전적 성향을 되돌아보게 한다. 어쨌든 지식의 이런 자기과시벽은 현생 인류가 보편적으로 누리는 지적 호기심에 적극적으로 부응하려는 식자 계층의 자발적인 충동이랄 수 있을 텐데, 지치지 않는 그 봉사에의 영구적인 실적이 각종 서책(=잡다한 저작물)임은 말할 나위도 없다. 그중에서도 유독 현대소설만이 때맞춰 불어닥친 세상살이의 복잡다기화, 그에 부응할 수밖에 없었던 지식의 분화와 그 실용성, 자본(거래/투자로 더 커져야하는 목돈), 돈, 권력, 제도, 체제 따위를 비롯한 각종 억압적 기제의 일상화 등을 수렴하는 데 안성맞춤의 양식이었던 것은 그 탁월한 대중

지향성 내지는 시류영합성 때문이었다. 그전까지 누렸던 엉성한 세상 해석과 조잡한 인간 이해에 대한 여러 형식의 줄글들은 길든 짧든 영일 없이 고담준론 투나 그 아류에 준하는 것이었고, 그 향수층도 일부 계층에 국한되어 있었음은 주지하는 바와 같다. 제멋에 겨운 그 탈일상적, 초서민적 지엽성은 골동품 수집가들이 대체로 오지랖에 차고 노닥거리는 완물상지(玩物喪志)처럼 세상의 지배적 정서 일반과 일정하게 동떨어진 것이었다. (오해의 소지를 밀막는다면 지금의 논지는 당대의 식자 계층의 '주류적' 경향을 자조(自嘲)하고 있다.) 다들 익히 아는 바대로 그 내용 일체는 비현실적이거나 의사(疑似)현실적인 것이었다고 해도 과언은 아니다. 이를테면 '사서삼경' 같은 딱딱한 경세론, 식자층의 유유자적, 노심초사, 비분강개 따위를 그때그때마다 생각나는 대로/붓 가는 대로 적바림하는 소품문(小品文), 수필, 잡기, 산록 같은 것이 그런 유인데, 그것들은 대체로 대중 일반의 사사로운 일상생활과 자유분망한 현실 감각과는 담을 쌓고 지내는, 공허한 만큼이나 한심스럽기 짝이 없는 개인적 소회에 불과한 것이었다. (그런 글발들이 그 시대별 '장르 감각'이었다는 이 논지는 새삼스럽게도 '지식' 일반의 진화와 그 변주 능력을 떠올리게 한다.) 현대소설이라는 양식은 바로 그 짱짱하나 꼭 그만큼 허망한 가부장적인 세계, 음풍농월 같은 따분한 동어반복벽, 선공후사조의 뻣뻣한 처세훈에 노골적으로 반기를 든 시위나 마찬가지였다. (이런 비유에서 우리 현대소설 사상(史上)의 불가피했던 '사대주의적' 명세서를 대조할 것까지는 없다.)

이제는 명색 주류라는 그 소수의 치열한 '문맥'이 시비를 가리자며 덤벼들어도 소설 속의 구지레하나 꼭 그만큼 똘똘하고 자상한 '문장'

은 읽을 게 아무것도 없는 게 아니라 전자의 그 우스꽝스러운 언론과 얄궂은 취지마저 냉소적으로 수습, 그 허실을 공개함으로써 망신살을 공유할 수 있었다. 이미 질 수 없는 싸움임을, 세상의 판세도 전폭적으로 자기편임을 이 비주류 장르가 먼저 간파하고 있었다는 점은 거꾸로 인간의 정서 일반은 물론이거니와 그 인품의 전모도 예전과는 판이해졌음을 시사하는 것이었다. 다소 '소설적'인 발상에 기대고 있긴 하지만, 이런 시류의 변모 양상은 방점을 찍어 강조해둘 만한 사안이다. 왜냐하면 세상이 바뀜으로써 현대소설이 저절로 탄생한 것이 아니라 사람의 의식과 일상이 달라졌기 때문에 그것을 어떤 형식으로든 갈무리할 수단을 찾아 나섰다고 보는 것이 훨씬 더 타당해서이다. (부언하면 모든 '장르'는 당대의 세상과 그 지배 이념과 인간의 동정을 베끼는 데 능사인, 스스로 변덕스러운 유희 본능을 체현하려는 허영기 많은 자아중심적 고백, 술회인지도 모른다.)

언뜻 보기에는 허장성세로 비쳐도 제국의 위세는 만인에게 엄연한 것이다. 그 속에는 풍요롭기 이를 데 없는 만물과, 그 이상으로 형형색색인 인종/인물/인격과 그에 버금가는 여러 세련된 제도가 곧이곧대로 제 꼴을 갖추고 너름새를 펼쳐간다. 비록 그것이 특별한 시기의, 특수한 환경의, 특정한 개인의 시각 아래서 조명을 받은 현상이라 해도 그 사람살이의 질과 세상살이의 폭은 사실과 거의 비슷하고, 적어도 가짜를 불식시키려는 무수한 '손길'이 꼼꼼하게 배어 있음은 보는 바와 같다. (이 손길 곧 기법의 약동을 '예술'의 명줄이라고 불러도 좋을 것이다.) 전체적으로든 부분적으로든 사람의 질과 세상의 폭을 도외시한 '서사 체계'가 있다면, 그것은 인간의 탈을 뒤집어쓰고 있는 유령의 활약상이거나, 무인도에서의 고립무원 같은 삶을 제멋에 겨워 자랑하는 무지막지한 은자의 시대착오증이거나, 무풍지대인 온상에서 촉성 재배한 환금작물처럼 제 생색 내기에 바쁜 독불장군의 거들먹거림이기 쉽다. (그렇긴 해도 제국주의의 주체는 오지랖이 워낙 넓어서 그런저런 무반성적인, 반시대적인, 비상식적인 인간들과 그 무의미한 행태조차 슬하에 거느리며 언제쯤 요긴하게 써먹다가 쓸 때처럼 미련 없이 버릴 궁리로 부산을 떨어댄다.) 뿐만 아니라 제국주의는 흔히 독선적이기도 해서 기왕의 제반 기율을 일거에 무시한다. (실은 이 '부정 정신'이 모든 창조력의 동력원으로 기능할 것이다.) 그래서 개개인의 취향 따위도 안중에 두지 않는 방자한 행태를 거리낌 없이 저지르기도 한다. 그래도 타고난 욕심 사나움증이 비상해서 남의 동정에는 예민한 '염탐증'을 시도 때도 없이 발휘하며, 소위 그 감상적인 이국취미를 속되게 거느리기도 한다. (이런 정서 조장이 실은 식민지주의의 득세와 그것의 일반화에 상당한 정도로 유효한데, 그 실증은 특정 종교들의 선교 행위에서 유력하게 드러나 있다.) 또한 딴에는 선민의식도 유별나서 남의 사고, 전통, 의식(儀式) 등에 배타적이기도 하다. 그런 후천적 기질은 남을 의식하며 쉴새없이 호오의 감정을 드러내느라고 바쁘며, 남의 것을 베끼기에도 능수능란하다는 점을 일러준다. (이런 모순적인 행태, 보수반동적인 이념이 유아독존에의 매몰을 부추기고, 나아가서 기고만장을 불러일으키는 듯하다. 요컨대 당대의 모든 이데올로기는 일쑤 인간을 특정 목적에 부려먹을 도구에 지나지 않는다고 여기므로 그 사주 능력을 탈영역화, 세련화해온 것이다.)

이상에서 거칠게 간추린 제국주의의 특성은, 또 그 배면에 깔린 '서사 체계'의 성격은 미덕인 동시에 결점일 수 있다. 이런 자기모순을 '현대소설'은 무던히 수렴하면서, 나름의 자정(自淨) 작용에 부지런한, 그 부단한 자기 갱신의 힘든 몸부림에 게으름을 피우는 법이 없다. 바로 이 점이야말로 '현대소설'이 수많은 자식을 거느린, 탁월한 정력의 '성숙한 남성'을 자임하는 속성이다. 또한 그 다산성의 과시 행태는 인간의, 더 직접적으로는 작가 자신의 갸륵한 천착력을 되돌아보게도 하지만, 한편으로 '현대소설'이라는 언어 양식의 걸출한 생명력이라고 해도 좋을 것이다.

현대인의 삶이 예전과는 확연히 달라졌다는 몇몇 사례로 현대소설의 자손 및 그 친족이 왜 이처럼 번창 일로를 걸을 수밖에 없었는지를 설명할 수도 있다.

비록 상대적으로 방영 시간도 워낙 짧고 그 시간대도 비인기 프로임을 드러내는 텔레비전 속의 이런저런 고향(=농촌) '소식'을 시청하다보면, 저런 풍경이 이제는 우리의 '풍속도'로 들어앉았단 말인가라는 소회를 한동안씩이나 떨쳐버릴 수 없게 된다. 이를테면 햇볕가리개용이 아닌 쓰개를 덮어쓰고 낮 동안에는 비닐하우스에서 허리를 펼 짬도 없이 비지땀을 흘리는 한창 중년인 농사꾼이 있다. 그는 환금 작물에만 매달리는데, 오늘날에는 농사야말로 돈이 있어야 지을 수 있다는 신념을 철저하게 신봉한다. 농기구와 비료 같은 비용 때문에 그런 직업의식이 저절로 생체 리듬처럼 온몸에 눌어붙고 만 것이지만, 이런 시대적 조류를, 더불어 의사현실 같은 농촌 실정을 빤히 들어보면서도 유기농 농작물만 찾아대는 도시 사람들의 그 '속고 사는'

가똑똑이 행태가 적이 못마땅하지만 한편으로는 내버려둘 수밖에 없다고 체념할 줄도 안다. 이제는 농사꾼이 더 똑똑하고, '노동에서의 윤리의식'이나 경기 체감에 관한 생경험을 어떤 도시인이나 또 그 속의 공장 근로자보다 (다소 굼뜬 말씨로나마) 더 똘똘하게 피력할 수 있다. 그러거나 말거나 그는 밤마다 연년세세 늘 고만고만하고 따분하기 이를 데 없는 텔레비전 연속방송극 앞에서 턱을 떨어뜨리고는 껄껄거리기도 하지만, 그 화면 속의 조촐한 장면들이 왜 저렇게 단조로운지에 대해서는 어떤 '의식'도 일굴 수 없다. (알다시피 그런 '화면' 일체는 벌써 문명적/문화적 코드와 관행, 조작술로 교묘하게 꾸려지는 완강한 '제도'이기 때문이다.) 그쪽으로는 문외한이기도 하려니와 남의 '사정'에 관심을 기울이고 살 만큼 한가로운 짬을 이때껏 못 누려봐서이기도 하다. 그런데도 어느 금요일 오후에 잡아두었다는 두레꾼 애바리의 통보에 따라 쓰레기 하치장의 '우리 면내 인입 반대 궐기대회'에는 만부득이 참석하여 한나절이나 팔을 부르걷고 하늘에다 삿대질을 퍼부을 수 있다. 그런가 하면 이상 난동으로 사흘째 비가 추적추적 내리는 어느 한겨울 날 저물녘에는 아무리 뜯어읽어도 우리말이 안 되지 싶은데도 막상 그 내용은 별것도 아닌 '성경'을 조촘조촘 더듬어간다.

  이런 광경은 오늘날 결코 불가해한 '현실'이 아니다. 이런 면면이야말로 작금의 우리 농촌 살림의 진면목이랄 수 있다. 농촌생활마저도 시간대별로 잘게 쪼개지고 있으며, 제철도 없어져서 농번기가 연중무휴로 이어지고 있는 실정인 것이다. 이와 같은 일상생활의 파편화, 시간대별 분절화는 당연하게도 그 속의 구성원의 의식조차 명멸화를 재촉한다. 사람마다 치르는 이런 유기체의 거대한 작동을 '현대' 또는 '현실'이라고 할 때, 이 현상을 제대로 읽고 설명하거나 나름의 사회학적 관점으로 해석하기는 거의 불가능하지 않을까. (실은 불가능하다기보다는 말이 길어지고, 필경 그 담론의 실타래는 엉망으로 뒤엉키고 말 것이다. 다들 전공별로 나름의 처방전은 갖고 있지만, 그것이 부분적인 해결책임을 모르는 '먹물'은 없다). 그런데도 모든 작가는 자기만의 목소리를 가다듬어 이 분야에서만큼은 자기가 전문가라면서 일종의 치외법권지역을 개척한다. 그러니까 그의 전공은 우리 '현실'이 아니라 자기 자신이 여일하게 누리거나 끌려다니며 치르는 '일상' 그 자체일 수밖에 없다. 적어도 그 일상이 그에게 난해할 리는 만무하다. 그러나 거기서 불과 한 발자국 너머의 또 다른 세계를 '한자리'(=소설의 내용)에다 끌어모으는 것은 치밀하게 짜인 여러 '현실'을 섣불리 과대 포장하여 수선을 피우는 꼴이 아니고 무엇인가.

  좀더 분명하게 매조질 필요가 있을 듯하다. 이제 '현실=실상'은 누구라도 곧바로 파악-이해-해석-평가하기에는 너무나 중층적/복합적/가변적 구조물로 바뀌고 말아서 난해하기 이를 데 없어져버렸다. 물론 이 땅만의 유별난 현상도 아니다. 실은 '현실'이란 용어 자체에도 이해의 범위를 자꾸 확장하는 버릇이 숨어 있어서 그 애매성을 스스로 드러내고 있다. 게다가 '현실=사실=실상(實像)'을 그대로 생생하게 재현해낸다는 수단으로서의 '사실주의(寫實主義)=현실주의=리얼리즘'은 현대소설 '잘 짓기/쓰기'에 관한 한 이상이고 목표일 수는 있겠으나, '속살=본질'을 알 수 없는데 '거죽=현상'만 꼼꼼하게 베껴서 무엇 하겠는가. 겉의 실상을 제대로 파악하면 속의 비경도 얼추 그 윤곽을 인지할 수 있지 않겠는가라는 '전망'은 사실상 한 개인이 감당하기에는 힘에 부치는 과업이 아닐 수 없는 것이다. 그 과정에 대한 세세한 경과를 일단 뒤로 물려버리면, 결국에는 '현실'의 어떤 피상성의 정도를 저울질하는 헛일로 땀만 흘릴 게 아닌가.

그러나 '일상'은 훨씬 만만하다 '현실'처럼 거창하지도 않고, 어떤 개인이라도 매일같이 누리고 있는 것이기도 하니까 그렇다. 따라서 현대소설은 '일상극'을 지향할 수밖에 없기도 할뿐더러 실제로도 이때껏 그래왔다. '일상극'은 말 그대로 개인이 매일같이 치르고 있는 바로 그것이고, 그것이야말로 인간 삶의 근본이다. 곳곳에서 후술할 테지만, 현대소설은 우선 거창한 '예술 사조'로부터의(모더니즘이라고 해서 예외일 리 없다) 해방을 구가할 필요가 있고, 이미 '대세'도 그렇게 굴러가고 있는 듯하다. 그러니 '일상극'은 '일인극'의 현장이기도 하지만, 모든 '남=타자'는 '나'의 개체 분열일 수밖에 없다. 그 연장선상에는 인간 일반의 숙명인 한평생, 곧 '일생극'이 있다. '마담 보바리가 바로 나다'라는 현란한 수사는 '일상극-일인극-일생극'이 현대소설의 귀감임을 생생하게 들려주는 신음일 뿐이다.

흔히 산업사회의 복잡다기한 직능 분화가 개개인의 의식과 삶을 단속적(斷續的)으로 또는 불연속적으로, 그러니까 무질서하게 이어가도록 만든다고 하는데 실로 오늘날의 일상은 '일'과 '놀이'의 전도(顚倒), 그 착종 현상이 우심해서 누구라도 한동안씩 분열성 사고의 그물에서 놓여나려고 버둥거려야 할 지경이다. 가령 신장개업한 상점 앞에서 하루 종일 온몸을 흔들어대며 지절거리는 한 쌍의 내레이터 걸은 '일'을 '놀이' 삼아 하는 것처럼 보이는데, 그 한시직을 과연 어떤 직업군 또 무슨 노동으로 분류해야 할지 헷갈린다. 하물며 그 근로자의 의식을 어떻게든 현대 '소설'로 그려낸다면 거의 '위증'에 가까운 흉상이 아닐까 싶기도 하다. 설혹 그만의 예외적인 심리, 자각, 감정 따위를 '받아쓰기'해본들 그 증언력에 동원한 '언어' 자체가 과연 얼마나 실가를 누리겠는가.

뿐만이 아니다. 재미있게 놀면서 돈도 딸 목적으로 또래들과 매일 섰다판을 벌이는 노름꾼이 노동자일 수는 없겠는데, 나름의 돈벌이에는 종사하는 만큼 자유직업으로 분별하는 게 그렇게 부당하다고 할 것인가. 각종 이권의 소개, 미필적 고의로서의 어떤 범법 행위가 재수 없게 웬 매스컴의 대서특필로 들통나고 만 그 '선처'의 상습적인 주선, 여러 종류의 동산과 부동산의 중개 따위로 구전을 뜯어먹는 수다스런 '구변노동' 등을 수천 가지의 직종 대열에서 어떻게 치지도외 할 수 있단 말인가. 돈이라는 매개물이 일에 대한 보수라는 명분으로 따라다니는 한 그 어떤 '품팔이'라도 경제활동의 일환이라고 해야겠는데, 그것이 과연 '일'(=노동)인지 의심스러운 것은 현대의 민낯이 이제는 숱한 가면을 의젓하게 덮어쓰고 있다는 단적인 증거가 아니고 무엇인가.

요컨대 '일-밥-돈-대사회적 기여/봉사'로 이어지던 종전까지의 '일상'의 회로가 완전히 뒤바뀌었으며, 모든 노동 인구가 그런 강박관념에서 놓여난 오늘의 문명사적 흐름을 어떤 식으로든 현대소설이 수렴하겠다는 야심은 자가당착이 아니고 무엇인가. 그래서 '현실'이라는 거대 환경보다는 각자 앞에 수시로 다양한 변주 능력을 과시하는 일상의 수습에 매진할 수밖에 없는 소이가 '지금/여기'에 있다고 강조할 수 있다. 이런 현상의 변화 또는 그 반전은 리얼리즘(=현실주의) 같은 기왕의 짱짱한 문학적 용어와 그 감각을 무력하게 만들면서 뻔뻔스럽다고 따돌린다. 그러므로 앞에서 잠시 그 골자만 간추린 한 농사꾼의 삶과 의식, 그와 그를 둘러싼 '현실'을 농촌소설이나 농민소설로 명명했다가는 '현실주의'라는 말이 공허해지든가 무색해진다.

좀더 구체적인 '일상'의 재현에 따르는 몇몇 실태를 더듬어보면 '현대성'의 해명에는 아무리 숱한 다각도적 점검이라도 결코 동어반복일 수 없음이 드러난다.

광음 같은 '현실'의 질주와 그 변화무상을 현대소설의 내용물로 채우려는 작가 일반의 욕망은 이제 웬만큼 드러난 셈인데, 이 조작물의 실상은 언제라도 생로병사 같은 근원적인 인간 비극에 희喜, 노怒, 애哀, 낙樂, 애愛, 오惡, 욕慾, 우憂, 사思, 경驚, 공恐, 치恥 같은 심정적 추이가 어떻게 연쇄 반응을 일으키는가에 대한 어슷비슷한, 좀 과장하면 천편일률적인 그 경과보고에 지나지 않는다. 강조하건대 그런 감정들의 정보적 가치는 예전에 비해 현격히 떨어져 있거나 떨어져가고 있다. (다만 감정 또는 정서의 반응 일체에 깔린 배음으로서의 여러 사물과 그 정황에 따르는 의식의 반사가 다채롭고, 그 세목에 대한 과도한 서술/묘사가 훨씬 더 다양해진 것은 사실이다.) 예컨대 자동차, 텔레비전을 비롯한 각종 음성/영상 송수신 장치, 퍼스널 컴퓨터, 휴대전화기 같은 최첨단 문물의 다양한 쓰임새가 현대생활의 일상 전부를, 심지어는 그것을 사용할 때마다 겪는 '의식'의 변화에 어쩔 수 없이 상당한 물적/심적 낭비를 쏟아붓도록 사주한다. 그런 과외의 반응 일체에다 이번에는 작가마다의 조급한 과시벽이기도 한 자연과학 및 인문사회과학의 '당대적'(=한시적) 성과까지 덮어씌운다. 자잘한 또는 조잡한 '정보' 나열을 위한 모색 같기도 한 이런 서술 풍조는 모든 작가의 '새것애호증'의 현시를 방불케 한다. 그래서 기왕의 여러 섬세한 인간 심리 따위는 하등에 무용지물처럼 비치는 것도 당연한 추세다. 실제로도 오늘날 세속계의 하루하루는, 아니 매시간 단위는 인간의 삶과 그 일거수일투족을 희롱하는 듯하며, 예의 그 전자기기의 무차별적인 '일상 장악'은 그 사용자의 의식까지도 마구 부려먹고 있는 판에 그 곁가지일 뿐인 수상한 '심리' 따위야 패념거리일 수 없다는 '일반화'가 우리 모두의 눈앞에 훤히 펼쳐져 있다. 그러니까 현대생활의 어떤 편리를 좇느라고 발명한 그 전자기기를 인간이 적절히 활용하는 것이 아니라 그것들이 이때껏의 세상/세상사를 완전히 탈바꿈시켜 '새것'으로 태동, 운전/경영되고 있으므로 이제는 만부득이 그 '체제'의 부림에 묶이고 만 이용자들이 꼼짝없이 그 작동/연동장치에 놀아나고 있는 꼴이다. 인간이 기계의 부속품이 된 지는 오래되었고, 그런 정황을 의식한 인문학적 개념/정의는 이미 다양하게 기술되어 있지만, 이제는 인간이 희롱거리의 대상으로 또 그 중추로 들어올려진 이런 현상은 분명히 미증유의 사태이며, 그만큼 특기할 금세기의 한 징표인 셈이다.

  이상의 불가피한 설명의 목적은, 결국 '리얼리즘' 같은 한때의 힘센 잣대가 세상살이/인생살이의 쓰기/읽기에 부적절함을, 그것이 부분적으로든/전체적으로든 당치 않은 줄자임을 촉구하는 데 있다. 요컨대 현대소설의 읽기/쓰기 문법이 바뀌어야 한다는 진단의 불가피성이 위의 그 압도적인 징후 때문임은 말할 나위도 없다. 차제에 또 다른 주목거리도 거론해둘 만한데, 어떤 기율에 대한 인간 정서의 반응 같은 측면을 지켜봐야 하지 않을까라는 가설이 그것이다.

예나 지금이나 인간이 누리는 여러 감정은 만복감이나 기아감처럼 한결같고 즉각적인데, 그것을 극복, 해소해가는 방법도 대체로 여일하다. 그러니까 해당자마다 그것을 드러내는 정도에 차이는 있을 수 있겠지만, 근심, 이별, 죽음 따위와 맞닥뜨렸을 때 어떤 체념의 경지를 터득해가는 일련의 경과가 고만고만하다는 것이다. 달리 말해서 그 경과도 시대의 추이에 따라 양식화의 길을 밟고, 누구라도 그것에 길들어진다. 좀더 직설적으로는 정서 조율의 평준화나 보편화라고 명명할 수 있을지 모른다. 그런데 유심히 관찰해보면 그런 감정 일체는 주로 유족해진 오늘날의 전반적인 일상생활에 힘입어, 또 그에 비례하는 의식/지식의 일정한 세련에 부응하여 그 신산(辛酸)의 정도가 묽어져 있다. 의식주가 윤택해지자 인간의 갖가지 감정의 진정성이 못살던 예전에 비해 절절하지 않게 된 것이다. 점점 복잡다기해지고 기승스럽게 화려해져가는 현대문명이라는 외피가 의식/감정의 그런 왜곡을 부추기고 있다고 해야 옳을 듯하다. 이런 쌍방향의 부박화를 통해 인간의 의식과 감정도 형식화나 상투화에 이른다고 할 수 있다. 빈부의 현격한 격차 때문에 계층별로 드러나는 양상은 다소 다를지 몰라도 인간의 정서도 필경 요식화나 평균화로 치닫고 마는 것이다. 이런 정서 일반의 변화를 현대소설이 수용하려면 당연히 다른 '시각', 적어도 기왕의 서술 '문법'과는 다른 어떤 기율을 강구해봐야 하지 않겠는가. 필경 그런 새로운 서술에는 당대의 '지식/정보'를 제한적으로 수용, 원용할 수밖에 없다. 이 새 기율에 둔한한 서사 일체는 구태의연한, 예전의 낡은 바지저고리를 입고 행세하려는 꼴과 다를 바 없을 것이다.

인간 정서의 이런 왜곡, 난맥을 의식/지식의 복잡다기한 세분화/세련화가 앞장서서 부추기고 있음은 논리적으로도 아무런 모순이 없는 것처럼 보인다. 다음의 사례가 그것을 웬만큼 대변해주고 있다.

분말처럼 자디잘게 갈래지어진 오늘날의 지식 체계 전반은, 그 비근한 실적으로 '플라스틱, 로봇, 무의식, 폴리에스테르, 언더그라운드, 유전자조작식품, 슬립드레스, 인공지능, 이중 구조'와 같은 전문어의 일상적 활용에서 볼 수 있듯이 인간의 언행 일체의 피상화를 어느 정도까지는 조장한다고 봐야 하지 않을까. 또한 '사회주의, 자본주의, 시장가치, 잠재의식, 외연/내포'와 같은 용어의 활용 빈도수에 비해 그 정확한 구사의 실례가 희귀해지는 현상, 곧 언어의 왜곡화/부박화는 인간 정서의 파행을 불러올 게 틀림없다. 또한 환자의 신경증의 원인을 잡아채려는 노력 끝에 발명한 '트라우마' 같은 적절한 학술어가 일반적으로 폭넓게 쓰임으로써 막상 그 중증의 소지자를 대면하게 되면 즉각 그 예외적, 반인간적 여러 증상은 의외로 축소되고, 결국에는 '정신적 외상'이라는 본디의 증후가 묽어지면서 전혀 다른 '이기지'를 구축해버린다. 그런 변화 일체와 정확한 활용을 현대소설만이, 또는 논픽션물만이 웬만큼 소화해낼 수 있다고 해도 그 실상의 전모나 진정한 해명에 다가가기는 역부족이라고 해야 옳을지 모른다. 새삼스럽지만 현대가 발명한 '말/글'이 그 어느 때보다 풍부해졌음에도 불구하고 오히려 인간 정서의 진실한 표현과는 점점 멀어지는 아이러니를 연출하고 있는 정황이다. (논지에서 다소 벗어날지 모르나, 다큐멘터리 영상물 같은 장르가 그 병증의 전신상에 대한 좀더 적절한 표현 매체라고, '트라우마'라는 특수 용어의 진짜 의미를 드러낼 수 있다고 할지 모르나, 그것도 어떤 정황과 전문어의 피상화/왜곡화/변주화를 지적하는 지금의 논의를 오히려 더 강화시킬 게 틀림없다.)

아마도 위와 같은 몇몇 현상은 '영상' 이미지의 전폭적인 일상 장악에 그 요인이 있지 싶은데, 오늘날의 '말/글'은 아무리 옳게 쓰려고 해도 부실해지거나 허풍스럽거나 엉뚱하게 굴러가 버린다는 명백한 사실은 아무리 강조해도 지나치지 않을 것이다. '트라우마'가 가리키는 대로 어휘 수가 불어남에도 불구하고 어떤 의미의 방사(放射), 난반사가 점점 커져가고 있는 셈이다. 이런 현상을 의미의 희석, 증발, 무화로 분별한다면 오늘날의 모든 '슬픔'은 감정의 사치일 수 있고, 여러 '기쁨'은 호들갑스러운 과시이거나 허영기라고 해야 맞는 말이 된다. 거꾸로 말하면 혹독한 굶주림이 인간의 여러 감정을 얼마나 지독하게 강제, 축소, 사장시키는지 경험자들은 낱낱이 알고 있다. 누구라도 사흘만 굶으면 인면수심의 지경에 이르고 마는 것이다. 그런데 그런 정황을 말이나 글이나 영상으로 옮겨놓으면 엉성한 '과장'의 표본으로 탈바꿈해버린다. 이른바 인간의 야만화, 수성화(獸性化) 같은 사후 약방문 격의 처량한 노래가 그것이다. 인간이 발명, 발견한 '표현' 일체의 역기능/역작용이 바로 이것일 듯하다. 그렇다고 해서 말/글의 순기능이 적지도 않고, 모든 분별을 그것에다 일임해야 하는 고충이야말로 인간의 영원한 딜레마인데, 우리의 심적 동태를 정확하게 드러낸답시고 만든 그 언어의 제도적 본분과 역할들이 오히려 그 주체를 희롱하고 있는 것이다.

졸가리를 다시 한번 간추려보면 세상사의 숱한 희비극과 인간사의 고만고만한 우발극을 모조리 쓸어 담아온, 아무리 가물어도 그 풍부한 수량이 도무지 마를 리 없는, 깊고 넓은 다목적 댐 같았던 현대소설이 이제는 그 물줄기가 흘러가는 기슭마다, 골골마다에서 벌어지는 어떤 드라마에도 진솔한 '감동'을, 또는 온당한 '고뇌'를 추슬러낼 수 없는 자신의 불우를 솔직하게 곱씹고 있는 듯하다. 한편으로 굴릴수록 눈덩이처럼 부풀어가는 자본의 족쇄가 공해/재해로 만신창이가 된 지구촌을 겁박하고 있음에도 불구하고 온갖 자질구레한 '학설'을 타시락거리기에 전념하는 희한한 정경 앞에서 현대소설은 자신의 골머리를 싸매고 있기도 하다. 그런 장광설의 '담론' 일체에 무작정 귀를 맡길 수밖에 없는 자신의 처지에 현대소설은 당연히 무력감을 느낀다. 어떤 '사태'라도 현실의 일부이므로 그것에 한눈이라도 팔지 않았다가는 당장 여기저기서 직무 유기 운운하는 삿대질이 자자할 테니까. 하기야 그의 출신은 기왕의 그 출중한 정력을 헛되이 탕진한 어느 세력가의 막내아들로서 제 일신에 닥친 무감각, 무감동의 어떤 형해(形骸)를 똑똑히 자각하고는 있다. 그러므로 그의 장래 처신은, 겪어본 사람이 그렇듯이 분명할 수밖에 없다.

흔히 하늘에 있다는 이 세상 만물의 창조주가 지구촌을 내려다보면서 특별한 사명을 안겨준 '천사'(=사자使者)의 소임만큼은 완수해내고 말겠다는 것이 그것이다. 그것은 우선 걷기이고, 유심히 이런저런 동태/사태를 살피는 산책이기도 하며, 그렇게 눈여겨본 것들을 시방 눈앞에 펼쳐진 풍경과 견주어보는 여행에의 매진이기도 하다. 그러므로 그는 세상의 기미를 감지한다. 비록 먼눈이어서 다소 부실하기는 할 테지만, 세상의 형세를 파악하는 것이 행인의 할 짓이니까. 누구나 알다시피 천사는 사람의 형상으로 빚어졌으며 그 날개가 가리키는 대로 한낱 의미심장한, 따라서 상징적인 피조물에 지나지 않는다. (조물주를 비롯한) 모든 피조물은 사실상 인간이 만든 것으로서 어떤 쓸모를 예비한 목적물이므로 진화를 거듭할 수밖에 없다. 그런 피조물치고는 안주, 나태, 타성에 길들여지는 자신의 처지 정도는 오랜 경험상 훤히 알고 있을 만큼 현대소설은 영민하고, 어떤 장르의 글쓰기보다 섬세한 유기체이기도 하다. 곧 그의 신분이 '밀명'을 띠고 있으므로 인간의 신체처럼 예민한 반응체일 수밖에 없으며, 어떤 외부 환경의 변화라도 직시하면서 어딘가에 그 자신의 솔직한 목격담을 전해야 하는 것이다. 모든 사자가 그렇듯이 그도 일차적으로는 본 대로 옮겨야 한다. 그러므로 그의 심부름은 자신의 생눈으로 목격한 여러 현상, 사건, 사물, 인간관계 등등에 따르는 어떤 경향, 알력, 화해의 경과, 그 전말, 그 인과를 나름대로 추단하는 것이다. 물론 그만의 그런 추단은 맞을 수도, 틀릴 수도 있는데, 그만큼 허술해서 정확할 수도 없고 모든 말/글이 그렇듯이 불충분하지만 다른 종류의 글들보다는 월등히 '사실' 자체에 근접해 있을 수밖에 없다.

거듭 말하건대 '현대'는 분별해서 쓸수록 더욱 애매해지는 말이다. 쓰기에 따라서 20세기나 21세기도 '현대'일 수 있다. 이 시대, 미구에 닥칠 한 시절, 지금 이 세상, 당세, 당대 같은 말들도 그때그때마다 다소의 어감 차는 있겠으나 적절히 '현대'로 활용할 수 있는 것이다. 그러나 '소설'은 그렇지 않다. 앞에서 누누이 밝힌 대로 이것의 형용은 분명하다. 망원경을 들이댄 세상사와 현미경적인 안광으로 관찰한 인간사를 최대한으로 간추린 일정한 길이의 산문이라는 본분 때문에 어쩔 수가 없는 것이다. 물론 '천사' 같은 여러 피조물을 만든 그 솜씨를 빌려서 정성껏 빚어낸 것이므로 밥을 먹으면 소화를 해내는(이것이 바로 '인과관계'이다) 유기체이기도 해서 더 그렇다고도 할 수 있다. 더 이상의 잡다한 분석은, 당장 읽어보면 소설인지 시론인지 수필인지 잡문인지 알 수 있는 식자층에게는 동어반복이거나 궤변에 불고하다. 소설은 가능한 한, 아니 기필코 동어반복을 기피해야 하는 '한시적인' 생명체인데도 세상사/인간사가 그렇다는 핑계로 같은 말, 동일한 사건, 어슷비슷한 우연극을 마냥 늘어놓음으로써 스스로 자가당착의 길을 허위허위 넘어간다. 모든 인간이 그렇듯이 소설도 모순덩어리이고, 일상이 그렇듯이 동어반복에 중언부언으로 허덕거리고, 따라서 '남'의 것을 본받은 재생품이거나 재활용품인 것이다.

 '지금'의 세상을 '과거'의 일로 그리는 형용모순 같은 복합어로서의 '현대소설'은 이제 임장감(臨場感)이 뛰어난 여러 다른 활자/영상 매체에 밀려서 점차 대다수의 식자/무산자 계층으로부터 백안시당하고 있다. 물론 어제오늘의 일도 아니다. 이런 현상을 새삼스럽게 강조하고 또 그 이유를 굳이 점검할 필요는 없지만, 도대체 그 무지하고 게으르면서도 만사를 제 물건처럼 알거냥하는 세력들이 어떤 '종족'인지 힐끔 주목할 필요는 있다. 왜냐하면 그들이야말로 이 세상의 흐름을 주도하면서 막상 그 자신들의 아둔한 몰지각에 대해 '메스'를 들이대는, 바로 그 언어 '제도'를 마지못해 받아들이면서도 스스로 놀림감이 되곤 하는 이 아이러니야말로 현대소설의 존립 근거이기도 하니까. 오늘날의 직업/직능이 말하는 대로 살아가는 방법이야 천차만별에 각양각색이라 하더라도 사람의 근본은 몇 갈래 부류로 손쉽게 나눌 수 있을 듯하고, 모든 분별이 그렇듯이 갈래짓기는 불가피하다. 이를테면 '시장형/골방형/광장형' 인물이 그것이다.

여기서 '시장형' 인물은 저자 바닥에 나가는 목적, 곧 거기서 사람들을 만나고 거래를 트며 최종적으로는 소득이라는, 좀더 직접적으로는 돈이라는 확실한 표적을 추구하는 부류다. 대체로 돈을 삶의 명분으로 삼는 상인, 사업가와 더불어 평생토록 이런저런 입말만 늘어놓는 정치가도 이 부류에 넣을 수 있다. 권력이 돈일 수는 없지만, 그것이 금전 이상으로 능소능대하며 사회주의 세상에서든 자본주의 세상에서든 그 만능이 황금의 위력에 버금감을 모르는 사람은 '시장형' 위인의 실상을 무시하거나 우러러보는 어정잡이에 불과하다.

'골방형' 인물은 안하무인인가 하면 우물 안 개구리이기도 하다. 혼자서 연구실이나 공방 같은 데 틀어박혀 있기도 하며, 그의 추구벽은 나름의 성취를 지향하므로 다른 어떤 분야에 대해서도 오불관언이다. 그래서 자기 골방에서만큼은 '왕' 노릇을 하는 데 능하고, 그런 우스꽝스러운 자부에 겨워 지낸다. 그의 자족감은 일쑤 기고만장까지 불러와서 유아독존의 경지를 자칭하며, 바로 그런 기질로 인해 자기점검에 등한한 위인이기도 하다. 세상 물정에 어두운 '바보' 행세를 즐기는 편인데, 의외로 이런 유형이 세상의 골골마다에 많이 짱박혀 있다. 고집쟁이, 모든 장르의 자칭/타칭 다변증 예술가, 건강염려증이 자심하여 몸가축에 부지런을 떨어대는 예비 장수인 등이 그들이다. 알량한 지식/정보로 어디서나 아무 앞에서나 떠벌리는 여느 상식인들도 맹신을 일삼는 사이비 '먹물'처럼 당연히 이 부류를 과점하고 있다.

 마지막으로 '광장형' 인물은 '골방형'의 대척점에서 부산스럽다. 그들은 잠시도 혼자서 가만있지 못한다. 여러 사람과 어울려야 하며, 대개의 경우 그들은 어떤 '놀이'에 탐닉한다. 노름, 각종 스포츠 경기, 어떤 담합(談合)을 위한 모임은 그들이 살아가는 수단이자 목적이기도 하다. 여럿의 의사소통에 동원되는 쉬운 '말'이 노골적으로 가리켜주듯이 그들의 언행 일체는 늘 수더분하고 한결같다. 그들의 머리에는 생각거리를 쟁여둘 여유가 없다는 점에서 단순명쾌하며, 어떤 복잡한 사단도 단숨에 풀어버리거나 나 몰라라 하며 물리친다. 특정 신앙에 매달려서 안분지족과 전전긍긍을 때맞춰 자유자재로 불러들이면서 여러 무리에 휩싸여야 제 몸에 후광이라도 드리운 듯한 종교인을 비롯하여 사소한 승벽(勝癖)에 흥분하는 모든 경기 애호가, 자기 이념에 충실한답시고 아무 데서나 팔을 부르걷고 고함을 질러대는 사람들도 이 부류의 선두 주자일 수 있다.

 골자의 반 이상이 드러난 셈인데, 위의 세 부류의 대다수는 현대소설의 소재로서 아주 맞춤한 희화화의 대상일 수는 있겠으나, 그들을 독자로 삼을 수는 없다. 아니다, 그들은 세파를 워낙 재바르게 읽어내는 능력이 탁월해서 제2의 특수한 남의 '현실=사정'에는 애초부터 관심도 없으려니와, 그 속의 세상 해석/인간 이해는 몰라도 되는 게 아니라 모르는 편이 살아가기에 편하다고 생각하는, 이때껏 그렇게 살아왔고, 앞으로도 그럴 것임을 스스로 꿰차고 있다. (물론 개중에는 세상/타자에 대한 타고난 염탐벽으로 독서를 일상의 두 번째 도락거리로, 그중에서도 소설 애독을 유일한 취미로 삼는 '성숙한 남성'도 있겠으나, 그 '예외적 개인'이 밤에 돌처럼 극소수임은 두말할 나위도 없다. 아마도 앞으로 '소설 문맹자'는 부단히 불어날 테고, 그들의 선두 주자가 위의 세 부류라는 취지를 지금 에두르고 있을 뿐이다.)

   그럼에도 불구하고 그들이야말로 이 세상을 이끌어간다고 해도 결코 지나친 말은 아닐 것이다. 그러므로 그들의 '입맛'까지 감안한 어떤 현대소설은 진정한 의미에서의 소설 장르의 확산과는 전적으로 무관한, 한낱 만담류이거나 손오공 같은 괴물이 설치는 공상적 기담에 지나지 않는다는 단언도 내놓을 수 있다. 따라서 이제는 현대소설을 읽지 않는 부류와 가끔씩이라도 굳이 그것을 찾아가며 읽는 부류로 나눌 수 있는 게 아니라, 그것을 통해 세상/타자를 이해하려는 구태의연한 태도 자체를 타박하는 계층이 점점 불어나고 있는, 감히 예상컨대 그런 '장기지속적' 흐름만큼은 숙지할 사항인 것이다.

   이런 맥락에서도 현대소설 공화국의 장래 자화상은, 그 후진 제국주의적 식민지 개척열에도 불구하고, 확실하게 떠오른다. 그 민주공화국은 소설이 필요하지 않은 세상, 아니 소설이라는 양식 자체가 있을 수 없는 세상 곧 천국이나 유토피아를 겨냥하지 않는다. 그것은 차라리 보수반동의 흉물이랄 수밖에 없는 제국주의 자체를 숙주로 삼는다. 천사의 사명은, 그의 임시 거처가 지구촌의 지상만으로 제한되어 있는 데서도 알 수 있듯이, 태양계의 한 작은 행성에서 일어나는 숱한 갈등, 낙후상, 지리멸렬, 야만, 조야 따위와 그 이면을 어떻게든지 눈여겨봐야 하는 것이기 때문이다.

   잡다한 논란으로 사설이 길어졌지만, 현대소설은 어떤 종류의 것이리도 그 편편마다에는 세상과 인간을 정직하게 읽어내려는 노력의 흔적이 배어 있다. (그것이 어느 정도로 '위증'인지를 알아보는 '안목' 키우기는 다음 장에서부터 펼쳐지는 '소설 잘 짓기/쓰기'에 따르는 여러 세목에서 밝혀진다.) 단편소설이든 장편소설이든, 살인극을 다룬 추리물이든, 지식인의 허무한 회고 취미를 주저리주저리 늘어놓는 인간극이든 다 마찬가지다. 그것들이 현대소설이라는 거대한 제국의 한 식민지를 자임한다면 어쩔 수 없는 일이다. 적자든 서자든 사생아든 혈통이 그렇다니까 어딘가에 닮은 구석은 있을 것이다. 하기야 그런 서열 매기기에 관심을 두기보다는 밀명을 받잡은 천사로서의 소임을 제대로 수행하고 있는지까지 살피는 여러 행인=사자의 기록이 얼마나 진실한가를 톺아보는 것이 장래의 진정한 상속자를 점치는 데 더 유익할지 모른다.

  진지한 숙고 끝에 지은 소설에는 어느 특정 지역의 상세한 지형도가 배어 있어서 그것만으로도 사람살이의 동선을 꿰찰 수 있다. 그 속에는 여러 사람의 '성격'이, 그 살갗과 배경 위에 피어오른 자화상/인물화가, 당대의 실팍한 풍속도가, 화폭을 뒤덮고 있는 그 구도만의 '분위기'가 속속들이 영글어 있어서 감상자로 하여금 제 존재의 의의를, 제 이웃의 삶을, 필경 '우리'의 주변=환경까지도 둘러보게 하는 힘이 넘쳐난다. 세상살이/인생살이를 한목에 쓸어 담음으로써 인간의 어제와 내일을, 그것도 가장 합리적/이성적/본질적으로 파악하려는 깐깐한 노력의 결정이 '현대소설'에서만큼 순수하게 응집된 매체가, 그런 그릇으로 달리 무엇이 있겠는가.

제1장 3절의 요약

(1) 작가에게나 독자에게나 상당한 '지적 모험'과 나름의 '재미'를 제공한다는 점에서 현대소설만큼 알차고 편리하며 값싼 양식은 달리 찾기 어렵다.

(2) 단편소설에서부터 대하소설까지 연애소설에서부터 공상과학소설까지, 교양소설에서부터 대중용 통속소설까지, 그 영역을 줄기차게 확대해온 현대소설은 장르 개발에 관한 한 제국주의적 양식이라 할 만하다.

(3) 오늘날의 '현실'은 너무 거창하고 복잡다단해져버려서 한눈에 파악하기도, 개성적으로 '객관화'하기도 개인으로서는 벅차기 이를 데 없다. 그런 '현실'보다 '일상'은 훨씬 다소곳하다. '일상극'은 '현실극'보다 다루기도 한결 편하다. '일상극'은 그 용어의 함의대로 '일인극'을 내장하며, 모든 소설은 한 개인의 전 생애를 부분적으로 떼어내서 보여주는 '일생극'인데, 이것이 현대소설의 원형이다.

(4) 돈벌이와 공명심을 부추기는 각종 매스컴에 부화뇌동하는 '시장형' 인물, 장인이나 자유업 종사자 같은 '골방형' 인간, 여러 종류의 모임을 즐기는 '광장형' 위인 등이 평생토록 현대소설을 한 권도 읽지 않고서도 이 세상을 살아가는 데는 하등에 지장이 없겠지만, 그들의 세상 해석/인간 이해가 어느 정도의 불구를 면치 못할 것은 자명하다.

(4) SF(공상과학)소설, 지구 밖의 변화무상을 그리는 우주소설, 변신술에 기댄 괴담소설, 초자연적/비현실적인 환상소설 같은 비옥한 가공의 세상에서도 그 근본적 토양은 '지금/여기/우리'의 일상과 그 의식의 자각이다. 이 선결조건에 등한한 소위 장르소설의 파행은 결국 '이름'만 갈아붙인 동어반복의 재현일 뿐이다.

제2장
이야기란
무엇인가

1. 이야기의 정체

 사람이라면 누구나 이야기를 즐겨 듣는다. 또는 스스로 이야기하기를 즐긴다. 뿐만 아니라 다들 수많은 이야기를 갖고 있기도 하고, 이야기를 지어내기도 한다. 그러므로 이야기와 무관한 사람은 있을 수 없다. 단언컨대 산중에서 혼자 사는 은자이거나 외부 출입을 삼가고 집구석에만 틀어박혀 지내는 한시적 무직자, 명예퇴직자들도 예외가 아닌데, 대개의 경우 그들은 여느 세속인 이상으로 많은 이야기를 수시로 끊임없이 머리로 만들어가며, 더불어 온몸에 두르고 산다고 추정, 단언할 수 있다.

 그러나 이야기란 그 본질상 '털어놓아야만' 비로소 제 구실을 다하는 특이한 언어 습관이자('연설, 강의, 웅변' 따위와는 다르다는 지적이다), 말로 전하는 정보의 체계다.(예의 '지식'의 하위 단위로서의 그 자잘한 앎 말이다.) 주위에 아무도 없음을 알고 입속말을 웅얼거리는 소위 침음(沈吟) 안에도 이야기는, 비록 그것이 이야기의 한 구성 요소인 '이야깃거리'에 지나지 않는다 할지라도 엄연히 붙박여 있지만, 그것은 홀아비처럼 반쪽으로도 얼마든지 남자 노릇을 다하면서 그냥저냥 자족하며 살아가고 있음을 보여준다.

'반드시' 상대방과 나누는 의사소통의 한 형식을 이야기라고 한다면 그 속에는 말하는 사람 곧 화자(話者)가 평소에 간추리고 있던 여러 생각, 느낌, 직간접 경험 등이 무르녹아 있다고 할 수 있다. 이야기의 속성은 우선 이처럼 '화자'에게 친근한 것이고, 작은 것이며, 만만한 것일 수밖에 없다. 결코 거창하고, 긴가민가하고, 반밖에 믿기지 않는 그런 허황한 것이 아니다. 예컨대 모든 작가가 걸핏하면 써먹는 '이별, 죽음, 전쟁, 불구, 사랑, 간통, 살인, 퇴폐, 괴짜, 광기, 낭만' 같은 뜨거운 어휘들에 달라붙는 그런 큰 '사건'들도 이야기 속에서는 한껏 옹동그라져서 아담한 방구석이나 피붙이처럼 살갑기 짝이 없는 생명체가 되고 만다. 그렇다, 이야기는 언제라도 싱싱하게 작은 유기체로, 따듯한 피가 돌고 부드러운 살이 만져지는 생물이다. 또한 신축성이 아주 좋아서 옮겨다닐 때마다 수많은 돌연변이를 일으켜 '유사종'을 만들어내기도 한다.

  구체적인 예를 들어 설명할 수도 있다. 주지하듯이 인간은 잠시도 쉬지 않고 언행(言行), 곧 말을 하고 몸을 움직임으로써 여타의 동물과 확연히 다른 지체를 드러낸다. (인간의 본질적 비극이 언행의 방만한 남용으로 겪는 온갖 파행에서 비롯됨은 주목을 요한다.) 아마도 이 두 기능은 인간에게 인격을 부여함과 동시에 그것으로 개별적인 성정을 두드러지게 하는 본연의 자태가 되는 듯하다. 그런데 희한하게도 이 두 기능은 공히 어떤 목적을 지향한다. 말이랄 수 없는 하품 소리조차, 심지어는 불수의(不隨意) 운동이나 마찬가지인 기지개마저도 '일'처럼 어떤 떳떳한 구실이 따름은 보는 바와 같다. 산업사회에서 사용 빈도수가 가장 높을 게 틀림없을 '노동'과는 어감상의 차이가 다소 있긴 할 테지만, 숨쉬기, 잠자기와 같은 생리 작용도 '일'이라고 불러야 마땅하지 않을까 싶다. 왜냐하면 이야기 속에서 그 생리작용이 차지하는 혁혁한 구실을 봐도 그 점은 분명하기 때문이다. 물론 말하기도 '일'이면서 다른 일을 잘하기 위해 쓰임새가 아주 좋은 도구다. 이런 식의 순차적 확대해석은 결국 이야기의 속성 속에는 언행이라는 인간 본연의 자세, 곧 '일'에서 시작하여 일에서 끝나는 그 만만한 일상성이 숨어 있다는 사실에 가닿는다. 그러므로 '언행'이라는 두 가지 '일'이 번갈아 일어나면서, 뒤이어 그 일이 다른 일(=잡사)을 만들어내고, 각각 다른 종류와 성질의 일들이(예컨대 밥 먹기, 외출하기, 사람 만나기와 같은) 겹겹으로 쌓여가는 경과를 말로(좀더 정확히는 독백과 대화로), 또 글로(서술문의 문장어로) 조리정연하게 풀어놓은 것이 이야기라면 얼추 근사한 정의가 되는 셈이다.

이상에서 웬만큼 밝혀진 대로 이야기의 진수는 그 속성상 큰 것이 아니다. 특히나 지금의/장래의 '현대소설'에서 이 점은 밑줄을 그어 강조해두어야 할 사실이다.

물물교환과 인간 교류가 그 어느 때보다 활발해진 '근대'의 도래에 발맞추어 사람들의 공적/사적 생활 영역이 넓어지면서 그 다채로운 반응의 양상 일체는 '근대소설'의 전유물이다 싶은 세상사의 파란만장과 인생사의 우여곡절이 웬만큼 대변하고 있다. 그러나 지금은 각종 전자 매체의 자동성, 조작성, 유희성 같은 면면이 너무나 압도적으로, 전면적으로, 전천후적으로 인간/현실(=세상)을 얽어매고 있으므로 이렇다 할 '거대 서사'는 자발적으로 거세되었다고 해야 옳을 것이다. (영화에서 신나는 눈요깃거리로 보여주는 거대한 활극은 전혀 다른 맥락의 논란거리다.) 그렇기 때문에 큼지막한 사건들의 점철로 독자들의 시선을 혹사시키는 '오락용=시간 때우기용' 대중소설은 굵은 선으로 어떤 인물/사물의 윤곽만을 자잘하게 실사해놓은 만화를 방불케 한다. 당연하게도 그 대척점에는 정치한 구도 감각과 덧칠을 수 없이 해댄 색채 감각을 적절한 크기의 화폭에 안배하는 순수 회화가 있다. 그러니까 현대소설 속의 이야기는 사소한 '사건'의 연쇄에다가 자잘한 '일'이 덧대어진 어떤 정경 또는 정황이라고 정의할 수 있다.

한편으로 이야기의 기본적인 속성과 그 진행 형태는 하루, 계절, 연간 단위로 나뉠 수밖에 없고, 이런 매듭짓기는 편리성 여부를 떠나서 만물의 순환이 천체상의 작은 위성에 불과한 지구의 자전/공전에 맞춰져 있기 때문에 자연스럽다. 결국 모든 '언행=일'은 '일과=일상'에 따라 분별된다. 일/쉼, 일의 강도, 일의 성과 등이 '하루' 단위로 나뉘고 매겨지는 것이다. 또한 그런 일상적인 일은 사람마다의 직업, 생업, 직분에 따라 그 성격이 달라진다. 일의 '성격'이라면 이미 정신노동/육체노동과 같은 구별이 있어왔고, 그 점은 양반/상놈이라는 호칭이 가리키는 대로 출신 성분이나 인격으로서의 신분과 먹고살아가는 수단으로서의 직분을 동시에 드러낸다. 그러므로 현대소설의 탄생지인 '산업사회'에서는 성별, 연령, 분업/협업, 질/양, 완수/미달 같은 잣대로 '일=일상'을 나누며, 그것에 꼼짝없이 묶여 있는 개개인의 하루/수일/수년간의 동정을, 나아가서 어느 특정인의 심신에 일어나는 여러 반응을 최대한으로 뭉뚱그려서, 그 중에서도 요긴한 것만 골라서 작게 축소하여 글로 기록해가는 것이 현대소설의 '내용=이야기'다.

요컨대 현대소설의 내용물로서의 이야기는 소소한 '사건'의(이것은 대체로 '일'을 그르친 '사달'의 내막이다) 전개를 속속 앞세우면서 그 밑바닥에는 '일'의 적부(適否), 가부, 호오 등에 대한 시시비비를 깔아놓는다고 해야 옳을지 모른다. 그러므로 그 만만찮은 일들은 뻔한 일상적 생활세계의 속을 빈틈없이 채우면서 그때마다 신변중심적, 잡사주도적, 심경토로적 경향을 띤다고 해도 과언이 아니다. 또 그 '사건=일'의 전면/후면에는 자질구레한 온갖 장신구, 집기, 생활용품 같은 사물들이 줄느런히 흩어져 있게 마련이다. (바로 이것이 문학 전반의 특수어인 소위 '세부=세목=디테일'의 골격이자, 어떤 장면에 사실감을 덧붙이는 활력소다.) 이런 범상한 동적 정경의 쉼 없는 진행이 화자에 의해 어떻게 정서화/의식화되어 종내에는 어떤 특별한 심리적 갈등 끝에 나름의 '인식'에 이르는지에 대한 자상한 적바림이 현대소설 속의 살아 있는 생물인 이야기의 실체라고 할 수 있다.

하기야 모든 이야기는 도처에 너무 흔해빠져서 누구라도 그것이, 쓸 만하든 말든, 여기저기에 널려 있는지조차 모르고 지내기 쉽다. 마치 흙이나 돌처럼 더 이상의 설명이나 판단을 곁들일 여지조차 없는 단순 명제로 여기는 것이다. 그래서 사람들은 수많은 이야기의 덤불, 달리 말하면 겹겹의 이야깃거리와 그 그물의 회로(回路) 속에 묻혀 살고, 또 각자가 나름의 어슷비슷한 이야기를 끊임없이 만들어내며, 똑같은 이야기를 허구한 날 싫증도 내지 않고 반복해대며, 그것들을 여러 귀와 입을 빌려서 확대재생산하고 있기도 하다. (바둑의 한 판이 그런 것처럼 똑같은 이야기가 있을 수 있는 확률은 희귀해지며, 그것이 옮겨지는 과정에서 '어감' 이상으로 그 윤곽, 색깔 따위가 달라지는 데서도 이야기의 자유자재로운 변신술을 체감할 수 있다.)

제육감(第六感)적 추론에 기대 보면 사람은 공동체 생활을 운영하면서부터 이야기를 즐기는 습관을 길들여왔으며, 그만큼 즐기니까 그것을 만들어내는 전 과정에 천부의 재능을 발휘하고, 그 기능을 대물림해 왔다고 할 수 있다. '말'의 발명도 실은 그런 이야기 제조술의 몰입에서 싹튼 뜻밖의 파생품이었을 게 틀림없다. 같은 맥락에서 '일'의 반대말인 동시에 그 일부이기도 한 '놀이'의 개발도 이야기의 제작 과정과 유사했을 것이라는 가설에 힘이 실린다고 할 수 있다. '이야기'를 지어내 '일'에 지친 심신을 달래는 도구로 삼았듯이 '놀이'도 언=말과 행=몸짓 중에서 한쪽을 갈음하고 있으니까.

제2장 1절의 요약

(1) 이야기와 무관한 사람은 없다. 이야기는 털어놓아야 비로소 제 구실을 다 하는 특이한 언어 습벽이다. 또한 이야기는 '언행' 곧 말과 행동의 집합체다.

(2) 이야기는 '사건'(=일의 가짓수)보다는 '일'의 연쇄다. '일'은 언행의 일상화, 규칙화, 관례화일 뿐이다. 그 '일'도 시간 단위로, 하루 단위로, 계절 단위로, 연간 단위로 분절된다.

(3) 인간은 이야기를 천부적으로 즐긴다. 또한 이야기를 지어내려는 욕망도 치열하며, 그렇게 만들어진 이야기를 '재현'(=변형)하려는 욕심도 승하다. '말'보다 오히려 '이야기'가 먼저 태어났을지 모른다. 말의 가짓수가 불어감으로써 표현의 정교화가 이루어졌을 테고, '이야기'의 핍진감을 살리자니 '말'의 어감도 세련되어갈 수밖에 없었다고 추정할 수 있다.

2. 이야기의 구성 요소

―――――――――

 우리는 흔히 '이야기 돌아가는 수세를 보니 군데군데 엉터리가 많아'와 같은 짐작을 얼핏얼핏 챙기면서 상대방의 안면을 천연스레 주시하는데, 그런 헤아림에는 인간사/세상사의 일반적/통속적인 사정에 대한 상당한 이해가 깔려 있음을 알 수 있다. 달리 말하면 이야기의 성립과 그것의 전달 과정에 자주 써먹는 육하원칙에서 한두 개 요소가 빠져 있어도 이해의 폭을 열어가며, 곳곳에 들어앉아 있는 그 맥락의 허실을 감지하는 것이다. 물론 대개의 경우 '과장이 좀 심하네'라든가, '덜렁이인지 성질이 급한지 곳곳에 구멍이, 그것도 큰 것 작은 것이 여러 개씩 뻥뻥 뚫려 있네'라든가, '학력도 있는 것이 말이 짧나 숫기가 없나, 무슨 말을 하는지··· 졸가리도 못 챙기고'와 같은 느낌을 갈무리하는 일방 화자의 말솜씨 속에서 꿈틀거리는 이야기의 골갱이에 대한 품평을 쉴새없이 점검한다. 소위 이해력의 발휘다. 대체로 이런 이해력은 '말로서의 이야기' 듣기에는 임의로울 수 있다. 청취 도중에 다른 매개물의 도움이 절대적이어서 수월하게, 그러나 제 나름대로 이해의 폭을 넓혀가는 것이다. 화자의 표정, 청취 당시의 정황, 화자/청자의 사적/공적인 교유관계와 그 연조, 둘 사이의 이해(利

㈜관계 같은 선행 조건 등이 그런 매개물이다. 이런 선행 조건을 주어진 '상황'이라고 한다면 이야기의 골격에 해당되는 여러 구성 요소 중 한두 가지는 당연히 생략되어도 '소통-이해'에는 아무런 지장이 없다. 비유컨대 나라를 유지하기 위해서 정부, 국민, 군인, 세금 등이 왜 필요한지 굳이 설명할 필요가 없는 것과 같은 이치일 수 있다. 더욱이나 청산유수 같은 '입담'이 특정 이야기의 핍진성 여부에 미치는 영향력은 육하원칙의 반 이상을 무용지물로 만들 만큼 위력적이라고 해도 좋을 터이다.

그러나 '글로 지어놓은 이야기'는 판이하다. 거기에는 당연히 육하원칙도 나름대로 각각의 크기를 달리하면서(좀더 정확히 말하면 '지면'의 할애 비율이 같지 않으므로) 깔아놓아야 한다. 비록 그 선후야 섞바꿔서 배치한다 하더라도 '말이 되려면' 그것들이 어디든 자리를 잡고 있어야 하는 것이다. 심지어는 나중에 써먹기 위해서 어떤 사건의 임시적 결과를 의도적으로 생략할 수도, 또 한없이 '지연'시킬 수도 있으며, 슬쩍 '엉망이 됐지, 그때부터 갈라섰단 말이야, 그럴 수밖에'라며 이야기의 결말을 성급하게 집어넣기도 한다. 그러므로 소설 쓰기에서의 육하원칙은 반드시 그때그때마다 꼭 챙겨서 제자리에 바춰놓아야 할 선결 조건은 아니다. 요령 좋게 학습용으로 간추려놓은 그런 요소는 소설 속의 이야기 골격 잡기에 필요충분조건이기는 할 테지만, 그것의 '적용'을 꼬박꼬박 따지고 그 과정을 설명하는 도구로는 이미 낡았으며, 그만큼 진부해졌다고 말해도 될 것이다. '정보'의 원활한 소통이라든지 의무교육의 일반화 같은 사회적 여건이 육하원칙을 들먹이기 전에 미루어 짐작할 수 있는 일반적인 '분위기'와 개인별 능력을 제법 잘 조성해놓고 있기도 하다.

실제로도 이야기를 풀어가면서 '누가/무엇을/언제/어디서/왜/어떻게'와 같은 요소를 주섬주섬 늘어놓는 작업은 나중 일이다. 문장을 하나씩 제대로 꾸려가는 기량도 있어야 하고, 그 여섯 개의 요소에 어떤 순서를 매길지와 같은 문단의 '짜기/끼워넣기' 같은 구성력도 웬만큼 숙달되어 있어야 하기 때문에 그렇다. 그러므로 여기서 우선적으로 고려해야 할 사항은 당장 소설 쓰기에 써먹을 수 있는 '이야기'의 자격, 곧 그것의 싹수를 알아보는 안목이다. (흔히 '모티브=동기=주제의식'이라고 하는, 어떤 특정 작품을 쓰게 만드는 '영감'에 끌리고, 창작 도중에 시종일관 작가 자신의 '작의作意', 곧 작품을 통해 드러내려는 작가의 의도를 충동이는 활력소인 '이것'을 붙잡는, 그러니까 착안 후 한동안의 '고심-이야깃거리의 취사-이야기들의 가짓수 불리기-이야기들의 얼개 짜기'에 이르는 구상력은 물론 단숨에 습득되지 않는다.) 어쨌든 다음과 같은 이야깃 '감'을 알아보는 안목의 확보는 필수적이다. 중심 이야기의 시의성(時宜性), 작가의 연령대와 관심벽 등에 따라 이 안목은 현격한 차이를 보일 수밖에 없지만, 소설에 써먹을 만한 '소재'를 알아보는 비상한, 자기만의, 의외의 착목력은 반드시 필요한, 이야기 엉구기/얽기에 써먹을 수 있는 지적 도구이다.

첫째, 일반인이 제대로 모르고 있거나 소홀히 보아 넘기는 특정의 사실/정황 따위를 눈여겨볼 줄 알아야 한다. 이것은 어떤 이야기만이 누리는 일종의 독과점적 성분으로서의 '정보성'에 값한다. 그러나 엄밀히 말하면 대개의 일반인이 '통째로 까맣게' 모르고 있는 이야기란 있을 수 없다. (독거노인, 연구실 지킴이, 산속 칩거자 같은 예외적 인물이 인간사/세상사에 무지하다는 추단은 그들의 심중에 명멸하는 숱한 이야기를 도외시한 편견일 뿐이다.) 실은 해당 사항에 대한 관심의 정도가 엷어서 생무지를 자처하는 경우가 많으며, '새' 이야기의 내용도 별게 아니라서 한 발짝 늦게 듣는다고 해야 바른말일 것이다. 그러므로 하늘 아래 새로운 게 뭐 있겠냐라는 말에서도 알 수 있듯이 모든 이야기는 소수의 몇몇 독자에게만 낯설고 다소 새로운 것일 뿐이다. (사실상 모든 '정보'는 그것의 이용자에 따라 참신성/유용성이 차별적으로 받아들여지는 자료에 지나지 않는다. 써먹고 난 후의 일시적 구태성/무용성이 언젠가는 또 누군가에게는 아주 쓸 만한 자료일 수 있다는 점이 '정보'의 탁월한 기득권이다.) 그러므로 나름의 '정보성'을 가진 이야기를 주목 소재로 삼은 어느 작가는 대다수의 독자가 아직 미처 모르고 있지 '싶다'는 자신의 섣부른 짐작성 무식을 제멋대로 남발하고 있는 셈이 된다. 적어도 '정보성'이라는 관점에서는 모든 작가 내지 작가 지망생들의 그런 일방적인 지레짐작이 만용을 부추기는데, 그것을 무모한 열정이라고 매도할 수 없는 것은 '정보성'만의 일시적 둔갑술이 워낙 제 구실을 잘하고 있어서이다. 작가 자신의 '정보량'과 그만의 착목 능력을 얕잡아보지 않는 한 그럴 수밖에 없기도 하다.

둘째, 소설 속에 써먹고 있는 모든 이야기는 직접적이든 간접적이든 작가가 몸소 체험한 여러 사실이 녹아 들어간 것인데, 이 단언은 진실이라고 해도 좋을 만하다. '경험성'이라고 부를 만한 이야기의 이 성분은 단연 유별나고 기고만장하다. 실례로 성년의 남자들이 치르는 병역의무로서의 군 복무와 단칸방 신혼생활은 진부하기 짝이 없는 이야기지만, 다들 그 두 경험세계에는 자신만의 특별한 체험담이 있다고 자부하며 입에 침을 튀긴다. 이 흔한 장면은 경험 자체의 소중함을 시사하기도 하려니와 그것이 이 세상에서 유일무이하다는 착각 내지는 과신에서 비롯된 것이다. 그런 과신은 부분적으로 인정할 수도 있고, 이해할 만한 것이기도 하다. 그러나 어떤 진부한 경험이라도 특이한 것으로 재현시키는 개인별 말재주를 잠시 괄호 속에 묶어놓는다면, 모든 소설 속의 어떤 이야기도 작가 자신이 겪은 솔직한 '사실'의 적당한 변주에 지나지 않는다는 점만은 공언해도 좋을 것이다. 이 점을 증언하는 고백은 숱하지만, 그중에서 대표적인 것 하나만 들어보자. (사실은 이 일화도 모르는 사람이 거의 없지 않을까 싶다.)

그의 이름 앞에 '위대한 문호'라는 한정 수사가 늘 따라붙고 또 그 명성이 그의 장수, 방대한 작품 양과 그 고른 수준, 그 출중한 외모와도 어울리는 괴테조차 '나는 경험하지 않은 것을 쓴 적도 없고 또 경험한 대로 쓴 적도 없다'고 했다는데, 실로 명언이다. 괴테의 이 진솔한 고백에는 그 자신의 부지런한 창작 습벽 및 다방면에 걸친 왕성한 지식욕과 더불어 화려한 직력(職歷)으로서의 생애가 껴묻어 있지만, 그 이상의 함의도 두드러져 있다. 곧 몸소 겪은 사실만을 썼고, 그것을 어떻게든 바꿔 써버릇함으로써 그대로 베끼지는 않았다는 자신의 소설관, 그것은 독창력이라기보다 '변주 능력'이 웬만큼 있었다는 선언이 아니고 무엇이겠는가. 실로 모든 '창의력=독창력'은 기왕의 특정 '경험=사실'에 대한 작가의 적당한 '바꾸기-덧대기-부풀리기' 곧 '변주 능력'일 뿐인 것이다. 물론 그 특출한 변주 능력도 당대의 유행, 의식, 제도라는 상수(常數)의 드센 완력에 꼼짝없이 붙들려 있음은 두말할 것도 없다.

또 다른 실례로는 괴테의 발언과는 완전히 반대인, 자신의 작품세계는 오로지 '상상력＝독창력'에서 뽑아낸 가공품(加工品)으로서, 사소설(私小說) 따위와는 거리가 먼 순수한 '픽션'이라는 자랑이 그것이다. 그런 오만한 작법론은 인기 작가들의 시끄러운 '화제 일구기' 전략이라면 몰라도 전적으로 어불성설이다. 왜냐하면 그의 '머리'만으로 지어낸 그 '가공'의 세계/인물이 현실/인간으로서의 구실을 웬만큼 추슬러내고 있다면, 그 태반은 당사자가 오관의 감각 기능을 통해 직접/간접으로 경험한 세사의 아주 단순한 반추로서 '베끼기' 그 자체일 수밖에 없어서이다. (근본적으로 고찰해봐도 알 수 있듯이 완전한 '베끼기'는 아예/전적으로 불가능하다. 베끼는 기량과 무관하게 적당한 '덧대기'로서의 변주력이 작동하게 되어 있는 사례는 화가들의 '자화상'에 곧이곧대로 드러나 있다.)

이야기에서의 이 '경험성'은 아무리 강조해도 지나치지 않는다. 특히나 우리 한글권의 '소설 쓰기' 현장에서는 그렇다. 기성 작가나 대다수의 작가 지망생이 억지로 '드라마틱한 이야기'를 지어내려는 부질없는 과욕이 넘쳐나고 있는데, 그것을 허영이라고 해도 괜찮은 것은 스스로 '거창한 주제의식'을 들먹이고 있어서다. '경험성'은 그런 욕심 사나운 강박증에서 놓여날 만한 방법일 수 있다. 물론 그 경험의 세계를 그럴듯하게 또 색다르게 설명-묘사-표현할 수 있는 기량 쌓기에는 장기간의 학습이 따라야 하지만, 그것에의 성실한 천착으로 어떤 작품에서도 이야기 자체의 억지스러움 곧 견강부회를 걸어낼 수 있어야 한다. '이야기＝경험성＝자연스러움'이라는 등식에 등한한 한 '괴상한' 얼치기 소설의 신분 격상은 난망일지 모른다. (평자들이 한

마디로 '작위성이 지나치다'면서 작품의 성취도를 깎아내리는 사례도 결국은 경험의 적절한 '바꿔놓기=변주' 능력이 태부족이라는 지적의 우회적 표현일 뿐이다.)

셋째, 이야기는 뭐니 뭐니 해도 그럴듯해야 한다는 '적당성'은 흔히 간과하기 쉬운 대목이다. 세상이 그런대로 꼴을 갖춰서 굴러가도록 만드는 '주류적' 이치/상식에 웬만큼 부응하는 온당함, 인물/사건의 알맞은 처신과 당연한 추이(推移) 및 남몰래 숨겨놓은 여러 성징, 이면, 시대적/심리적 기운으로서의 어떤 '기운=분위기=아우라'인 세태나 징후 같은 것들을 정직한 시각으로 찬찬히 옮겨놓는 서술력(敍述力)을 제때 제대로 발휘하기는 글쓰기에 능수능란하다는 직업적 문인이라도 '말하기'처럼 그렇게 쉽지 않고, 쉬울 수도 없다. (소재/주제에 따라서 글이 잘 풀려나가지 않는 경우가 비일비재한데, 그때는 대체로 그 자신의 시각에 진정성이 없어서, 솔직히 털어놓자니 좀 켕기는 특수한 '사정'이 있다든지 해서 요리조리 몸을 사리려는 '사기 행각=가면 덮어쓰기'로서의 '의식' 자체가 일시적으로 교란 상태에서 버둥거리느라고 그렇다는 점은 명명백백하다.) 그런데도 십중팔구는 이 대목을 만만하게 보고, 섣부르게 마구 덤빈다고 해야 좋을 지경이다. 실로 시건방진 태도이거나 반(反)장인적 작업 윤리라고 매도해도 좋을 것이다.

사실상 이 '적당성'은 어감 자체의 겸손에서도 드러나 있는 그대로의 '알맞음'에 해당되지만, 문학적인 용어로는 거창하게 또 어슷비슷하게 '핍진성/현실성/사실성/개연성/진실성/구체성' 같은 것을 남발함으로써 이해에 혼란을 가중시키고 있다. (말할 나위도 없이 그 용어들의 진정한 의미만큼 값지게 쓰이는 경우가 드물다는 지적일 뿐이다.) 아무러나 이 '적당성'은 앞에서 간추린 새것으로서의 그 '정보성'이나 실제로 겪었다는 '경험성' 같은 이야기의 면면을 압도하면서 처음부터 끝까지 술술 읽히게 만드는 '재미'를 주도한다. 비유해보면 어떤 독자라도 육하원칙을 나름의 기준대로 따랐다는 신문 기사 같은 문장/문맥을 읽고 흡족해하지는 않을 것이다. 누구나 매일 겪다시피 그런 논조의 글에서 큰 '재미'를 느낄 수는 없다. (그냥 '관성'에 따라, 좋게 말해서 세상이 돌아가는 흐름/형세를 알고 싶은 '지적 호기심'에 끌려 한눈팔듯이 '본다'고 해야 맞을 것이다.) 심지어는 믿기지 않는 대목도 곳곳에 많고, 도무지 구색이 덜 갖춰져서 긴가민가하는 기사도 숱하다. 신문이 제공하는 짧은 '제도적' 글쓰기인 시론/논설 같은 무딘 글밭에서 얻는 수확물은 방금 따낸 첫물의 그 싱싱한 '정보성/시의성'과 그에 덩굴처럼 달라붙는 미흡감 곧 일정한 '피상성'일 것이다. 그 방면의 전문가가 아닌 일반 독자로서야 그 정도의 이해로도 족하다는 그런 '편의성'의 글들은 어떤 대상에 대한 전면적인 해부에는 당연히 역불급이다. (지면의 제약 때문에, 글의 종류가 다르므로 신문 지상의 모든 글에서 '전문적인 지식'을 얻는다는 것은 불가능하다는 '원론'을 대개의 독자는 무시하고, 방금 읽은 그 '사실'로 모든 것을 다 알았다고 생각한다. 모든 '지식'은 임시성/한시성을 누리는 미완의 호도책에 불과한데, 식자들은 그것을 맹신하며 먼저 퍼뜨리고 싶어 한다. 실은 '지식'의 속성에 인간의 호기심을 부추기는 선동성/전파성이 잠재하고 있다. 요컨대 지식의 값어치는 그 액면가치가 늘 들쭉날쭉하는 가상화폐만큼이나 덧없다는 사실 만큼은 늘 유념해야 한다.)

소설은 그 '길이' 때문에라도 그런 유의 피상성만큼은 철저하게 기피해야 하는 언어 제도다. 그러나 좋은/진지한 소설의 반대쪽에 놓아야 하는 대다수의 작품에서는 바로 이 피상성이 두드러져 있음은 말할 나위도 없다. 그것들은 곳곳에서 어떤 '적당성'이 모자람을 스스로 드러낸다. 나쁜 의미로서의 '적당주의'를 함부로 휘둘러대는 글쓰기에서 무슨 사실성/진실성이 나오겠는가. 아마도 그런 작업 태도에는 소설이야말로 '허구'의 산물이며, 그 가상의(=날조한) 세상에 '현실감'이라는 외피만 아무렇게나 입혀놓으면 된다는 안이한 직업의식이 치열하게/무모하게 암약하고 있을 게 틀림없다. 그것도 하나의 예술적 정열이거나 문학적 사명감이라면, 말의 낭비이거나 견강부회일 뿐이다.

그 밖에도 이야기가 지녀야 할 기초적인 자질로는 기성 작가의 화제작이나 기왕의 여러 유명한 선행 작품과 달라야 한다는 '차별성'을 거론할 수 있다. 뿐만 아니라 경험/사실을 재구성하는 데 따르는 나름의 기량으로서의 '조작성=허구성' 같은 이야기의 필수적인 요소를 빠뜨릴 수 없기도 하다. 그러나 그런 이야기의 성분에 대한 이해는 소설 쓰기 과정에서 익혀야 하는 자잘한 '기교'에 해당되며, 실제로도 '재미나게/그럴듯하게 소설을 만들어보겠다'는 몰입의 강도에 따라 터득하기 쉬운 '장치술=꾸미기 기술'에 불과하다. 원론적으로 말하더라도 어차피 '이야기 짓기=이야기 쓰기'는 남의 작품을 흉내 내며 아류로 자족하지 않겠다는, 기발한 착상을 내 식의 공정에 따라 탐나는 '상품'으로 만들어보겠다는 모진 작심이 벌인 고행길이다.

그러므로 그 '나만의 것'이 어떻게 남의 것과 달라야 하는가에 대해서는 다른 작품으로부터 배울 것도 없으려니와, 잘못 본받았다가는 아류작=모작=표절작의 수준을 영영 벗어날 수 없을 것이다. (실은 그런 아류작이 모든 '창작 소설'의 8할 이상이라는 가설을 부인하는 독자는 진정한 소설 애독자가 아닐 공산이 크다.) 어떤 식으로 빚어보라는 '손질' 같은 조언이야 들려줄 수 있겠으나, 이야기의 '적당성'을 꾸리는 그런 '기교'도 한두 차례 듣다보면 이내 소 귀에 경 읽기로 돌변할 게 틀림없다. 그럼에도 불구하고 소설 작법의 기본적인 몇몇 원칙을 반드시 숙지해야 함은 앞으로 아예 무시해버리거나 '거꾸로' 뒤바꿔버릴 대상이 바로 그것이기 때문이다. 법을 몰라서 탈법, 불법을 저질렀다는 말을 법이 봐줄 리도 없으려니와 그런 빙충이를 누가 사람으로 대접하겠는가.

제2장 2절의 요약

(1) 이야기에서의 육하원칙은 필요조건이긴 하지만 충분조건은 아니다. 그중 한두 개의 조건이 빠지더라도 이야기의 '소통-이해'에는 아무런 지장이 없어서이다.

(2) 이야기의 성분으로는 정보성, 경험성, 적당성을 특히 강조할 수 있다. 조작성, 장치성=분식성(粉飾性)은 그럴 듯함을 드러내려는 이른바 핍진성 양각의 기술적 전략일 따름이다 이야기의 발굴과 서술(敍述)은 다르며, 이 분별이 이야기 '짓기'와 '쓰기'를 통제한다.

(3) 소설 작법의 기본적인 몇몇 '원칙'은 얼마든지 무시할 수도 있겠으나, 그것을 '거꾸로' 뒤바꿔서 '제 것=새것'으로 내놓으려면 그 개론을 웬만큼 터득해야 한다. 왜냐하면 그것이 모델이고, 모든 '창작물'은 어떤 기본의 '비틀기=변형'이기 때문이다.

3. 이야기의 속성

 이야기의 대표적인 속성이라면, 누구라도 잠시만 생각해봐도 알 수 있듯이, 언제 어디서나 남녀노소가 지식, 금전의 유무에 상관없이 만만하게 즐기며, 흔전만전 널려 있기도 해서 그것을 마구 써버릇하는 일종의 소비재 같은 것이라고 초들 수 있을 것이다. 그것은 워낙 만만한, 이렇다 할 비용도 안 드는 소비재이므로 물리는 법도 없다. 입에 군내가 난다면서 일부러라도 이야기하기/듣기를 찾아나서는 경우도 드물지 않음은 이야기와 사람의 뗄 수 없는 친연성을 시사하기도 한다. 실로 이야기야말로 사람에게는 부모, 형제 이상의 친밀감을 갖고 평생을 함께하기로 되어 있는 도반(道伴)이라고 할 수 있다.

 다른 언설 행위와 구별해야 하는, 이야기만의 특성을 알아보려는 이런 상식적인 발상은 그것 속에 유독 현저하게 '일반성/특수성'이 동시에 뒤섞여 있다는 사실을 짚고 넘어가야 해서이다. 당연하게도 그 배경에 대한 '자질구레한'(이것이 바로 이야기의 특성 중 하나이기도 하다) 설명이 따라야 할 듯싶다.

 정상적인 인간으로 태어나 외부의 특별한 간섭/통제/충격을 적절히 정서화/내면화하면서 착착 사회화 과정을 밟아온 특정 공동체의 모든 구성원은 일단 무제한으로 이야기의 대대적인 공세에 노출되어 있게 마련이다. 그 이야기들을 불특정 다수가 한껏 즐긴다는 것은 다들 공동 제작/공동 소비에 길들여져 있다는 뜻의 쉬운 표현이다. 나라, 지역, 가족 같은 유기적/폐쇄적 공동사회에서, 다른 한편으로 정당, 각종 동아리, 직장, 종교 집회 같은 작위적/기계적 이익사회에서 누구라도 처신 챙기기에 뒤이어 이야기하기/듣기를 밥 먹듯이 꼬박꼬박 찾는 이런 현상은 거의 생리적 욕구 같은 것이다. 그런데 그 이야기는 각자에게 쉽게 받아들여지고, 곧장 이해할 수도 있는 일반성을 지니면서도 그것마다에는 약간의 다른 특수성이 있다. 사람의 외모가 대체로 어슷비슷한 가운데서도 변별력을 자체적으로 누리고 있는 것처럼 그렇다는 것은 희한한, 그러나 흔히 무시하고 있는 특성 중 하나로 떠올라 있다.

　인류의 호모 에코노미쿠스적인 측면을 들이댈 것도 없이 사람은 누구든 이야기를 통해 어떤 정보를 얻어서 갈무리하고, 그것들의 임의로운 가감승제를 통해 인생살이/세상살이 전반의 깨달음을 넓혀간다. (사람의 이런 이익추구적 행동거지를 주목하면 공동체 운영의 여의로움을 위해 개발한 관용, 배려, 친절, 충효 같은 인간다운 품격이 얼마나 가식을 또 위선을 조장하는지 대번에 깨달을 수 있다.) 그러므로 이야기의 생산=개발과 소비=보급은 개인적으로나/집단적으로나 상당한 정도로 모종의 이익을 보장한다. 곧 근대사회가 좀더 집중적으로, 심층적으로, 제도적으로 개발해서 운용에 박차를 가한 이 이야기 나누기가 본래적으로 거느리는 어떤 정보의 유용성은 그것의 일상적/실용적 가치의 다른 이름일 따름이다. 달리 말하면 모든 인간이 먹고살기 위해 먹잇감을 좇아야 하는 본능추수적인 '일하기'의 근저에는 이야기가 깔려 있는 셈이다. '일하기'의 생산성을 높이기 위한 방편으로서의 이야기 건네기는(어디에 가면 '먹을거리'의 채취가 수월하다는 따위의 정보 제공 말이다) 차츰 그 지평을 넓혀갈 수밖에 없었을 테고(무서리가 내리기 시작하면 국화꽃이 더욱 고와지지만, 뱀들도 풀숲에서 사라진다 같은 생활의 지혜 나누기 말이다), 그런 유의 정보 교환이 상당한 생활상의 이익을 보장하는 한편 일상생활을 막강하게 규제, 통솔했을 것 아닌가.

어떤 이야기라 할지라도 그것을 수습, 여과하는 과정에는 반드시 그 가치의 무게가 떠오른다. 거꾸로 말하면 이야기의 가치 정도를 알아보는 능력에서 그 사람의 정보량, 나아가서 유무식의 한도가 저절로 드러난다고 할 수 있다. 따라서 정보가 빠른 속도로 공동체마다에 널리 퍼지고, 그것을 누구든 향유, 활용할 수 있는 오늘날의 제도적 시스템을 감안한다 하더라도 '남이 모르는' 이야기는 얼마든지 있을 수 있다는 통념을 인정할 수밖에 없다. 실은 예전에 비해 '남이 모를 수도 있는' 정보가 훨씬 줄었다고 할 수 있을지 모르나, 현대가 개발, 확보한 다종다양한 정보의 가짓수는 괄목할 만한 정도에 이르러 있으며, '알아야만 하고/알고 싶어하는' 정보의 절대량도 폭증하는 추세다. 개개인마다 의견이 분분하고, 꼭 그만큼 구색을 맞춤하게 갖춘 반론도 많아지는 현대 지식사회 전반의 '양적' 풍요는 이른바 '정보화사회'의 구체적인 한 단면이기도 하다. 또한 풍속적인 측면에서도 데데한 너스레의 기염이 때와 곳을 가리지 않고 벌어지는 현장을 목격하면(텔레비전 속의 방담 프로그램이나 회식 자리에서의 사담은 그

단적인 실례다) 바야흐로 '이야기 전성시대'의 기승스러운 도래를 절감하게 된다. 한편으로 어떤 수준 높은 학문적 '담론'일지라도 그 실체는 이야기의 특성을 두루 갖추고 있으면서도 주안점을(=화제의 층위에 대한 분별) 어디에 맞추고 있는지만 서로 다를 뿐임을 쉽게 간취해낼수 있다.

오늘날은 일상을 교란시킨다고 해도 좋을 정도로 정보의 양적 공세가 심한 것이 사실이지만, 한 개인이 파지할 수 있는 일반적/전문적 정보량에는 상당한 제한이 따른다. 소위 분업만능주의/능력지상주의 사회에서 대규모 사육장의 닭/돼지처럼 끼여서 살고 있는 인간 일반의 개인별 관심 영역과 그에 준하는 정보 갈무리 능력에서 워낙 차이가 두드러져서도 그렇지만, 당장에 불요불급한 '정보=이야기'가 얼마든지 있을 수 있기 때문에 그렇다. 그래서 대다수의 구성원이 이기 사용하고 버린 정보도 특정한 개인에게는 여전히 새롭고 요긴한 것일 수 있다. 이야기마다의 이런 정보적 가치는 청자 쪽의 정보량에 따라 그 효용성 여부가 결정되고, 그 신선도는 그때그때마다 향수자의 취향이나 그때그때의 기분에 달려 있다고 해도 좋을 것이다.

요컨대 이야기는 그 속성상 일반성/특수성을 지니고 있어서 광범의하게 퍼뜨려지기도 하고, 부분적으로만 유통될 수 있는 특별한 것/전문적인 것도 있다. 따라서 이야기의 '공동생산/공동소비'도 지역별, 계층별, 분야별로, 심지어는 신분, 교양, 빈부, 취향에 따라 일부에서만 통용되는 '지엽성'을 띤다고 하겠다. '소설=이야기'의 장르 감각이 다기화되어가는 추세는 이런 이야기의 본질적 '조건=속성'과도 무관하지 않을 것이다. 그러므로 추리소설이든 통속소설이든 지식인

소설이든 어떤 소설 장르라도 그 속의 내용물에다 '일반성=범속성/특수성=전문성'을 어떤 비율로 집어넣는가에 따라 작품의 질적 수준도 달라지고, 그 소비의 양상을 대중할 수 있게 된다. 인터넷 따위를 통한 정보/교양의 발 빠른 유통으로 이야기의 일반성/특수성에 따르는 경계의 벽이 허물어지고 있는 게 아니라 오히려 그 질적 가치의 심화/천박이 점점 더 두드러지고 있다고 봐야 할 것이다.

제2장 3절의 요약
(1) 모든 이야기는 누구에게나 통하는 '일반적인 것'과 일부 사람에게만 요긴하게 쓰이는 '특수한 것'으로 나눌 수 있다. 소설의 질적 가치와 그 의의를 잴 수 있는 가장 기본적인 잣대가 바로 이 이분법이다.
(2) 어떤 종류의 이야기에라도 유익한 정보가 웬만큼 포함되어 있는 것이 사실이지만, 그 유효성은 이용자의 취향과 이해력과 시대적 '변수'에 따라 천차만별이라고 할 수 있다.
(3) 이야기의 '소비' 현상에는 그것의 '일반성=범속성'과 '특수성=전문성'이라는 잣대를 적용할 수 있다. '이야기=소설작품'의 대중적 인지도를 반영하는 척도도 마찬가지다.

4. 이야기와 정보와 상품

　이야기라는 '상품'은 직접/간접 경험이라는 기본 재료에 따라, 또는 생산자의 분별에 따라 '시의적절한' 분장을, 흡사 반지레한 사기꾼의 입담 같은 너스레를 덧대면서 끊임없이 재생산된다. 그 소비시장은 모든 상품이 그런 것처럼 때와 곳과 사람을 가리지 않는다. 이를테면 한 사람의 별난 단골 손님을 마냥 기다리는 노점상도 있고, 온갖 계층의 남녀노소들이 들락거리고 북적거리는 백화점처럼 어슷비슷한 상품이 대량으로 유통될 수도 있다. 이야기도 생산/소비의 일정한 궤도를 어김없이 또 줄기차게 밟아감으로써 인간의 모듬살이를 기름지게 가꿔가는 것이다. 그것의 유통과 소비가 여의롭지 않을 때, 말하자면 어떤 물리적 압력에 따라 그 흐름이 막혀버리면 그런 삶은 인간다운 공동체의 조성을 근본적으로 틀어막고 있는, (거창하게 말하면) 표현의 자유를 제한하는 전제 체제와 다를 바 없다.

　직접 체험이든 간접 체험이든 경험 일체는 개개인의 인간 이해/세상 해석에 따르는 나름의 능력을 조정하고, 남들의 그것과 조율하는 과정을 밟는다. 그 타협의 경과야말로 살아서 움직인다는 뜻으로서의 생활(生活), 곧 그 제반 활동의 연속을 가리키며 그런 단조로운 동작의 반복은 말과 글의 활용과 더불어 삶의 가장 순수한 기초 단위이자 기본적인 활력소다. 따라서 그런저런 경험들의 줄기찬 답습→조율→파지→활용의 회로야말로 인간만의 여러 형태의 모듬살이와 어떤 개별적 삶들의 풍요를 보장하고, 그 질적 가치를 차츰 높여간다.

다들 무심히 대하고 말지만, 경험이 우리 손에 쥐여주는 어떤 가치의 탈시공간적 증식은 놀라울 정도다. (겨울옷을 미리 장만해두는 준비성도 직간접적인 경험 자체가 제때 일궈낸 그런 기능적 측면이다.) 그래서 경험은 또 다른 남과 나의 그것을 서로 들려주고 불러들이면서 깔축없이 쟁여진다. 그런 연쇄와 축적에 끝이 있을 수는 없다. 비약해서 말하면 생활의 편리를 도모하려는 다방면의 욕구가 또 다른 욕망을 부추기고, 그 개발이 점차 체계화에 이른 실적이 문명이랄 수 있다. 글로서 의식을 밝힌다는 뜻인 '문명'의 면면을 잘게 쪼개보면 경험의 저장력에 닿고, 그처럼 보관할 수 있는 능력은 기억에 기대서 어느 때 그것을 풀어내느냐 하는 조정력(調整力)이 좌우한다. 그러므로 경험의 축적은 기억의 관문을 통과함으로써 크게는 어떤 장면화에 이르고, 그 흐릿한 영상을 말과 글의 되새김질에 비끄러맴으로써 움직일 수 없는 '사실'이 되든가, 생활에 이로운 지혜가 되기도 한다. 따라서 생활의 지혜는(멀리서부터 따져보면 '지식'도 똑같은 경과에 따라 얻어진 것이다) 경험이 투자해서 벌어들인 유동 자본이다. 그 자산은 굴릴수록 눈덩이처럼 커져간다. 이야기가 제2의, 제3의 이야기로 돌연변이해가는 일련의 경과와 그 메커니즘도 경험→지혜→지식의 이런 자기개발적/자기증식적 기능과 일맥상통한다고 해도 무리가 없을 듯하다.

대개의 욕구나 지식이 그렇듯이 경험도 단숨에 외부로 퍼뜨려진다. 경험의 이런 자질은 이야기의 정보성이 그 파급 범위를 확산시켜가는 경과와 대체로 일치한다고 할 수 있다. 쉽게 말해서 이야기는 경험의 총체일 수밖에 없는데, 그것에서 빼낼 수 있는 '정보'로서의 가치는 아주 단순하거나 간단한 공식에 불과한 것이므로 그 요긴한 골자간 유통의 컨베이어 벨트에 얹혀 빠른 속도로 날라진다. (모든 상품의 쓸모 곧 유용성은 뻔하고, 특정 목적에만 이바지한다. 어떤 의류 상품이든 전자제품이든 그럴 수밖에 없다. 이처럼 상품의 개별적인 질보다는 그 유통 과정과 속도가 우선시되는 이치는 대량생산/대량 보급상의 이야기 전파와 유사하다.) 그러므로 정보는 무색무취한 서류 뭉치로서 그것의 취사(取捨)는 기계적인가 하면 거의 자동적인 면면도 없지 않아 보인다.

그러나 경험은 그렇지 않다. 그것은 개성과 온기로 뭉쳐진 살점 덩어리로서 그것의 향수에는 인간적인 선악, 시비의 분별이 따라야 한다. 또 다른 비유를 가져오면 정보는 한때 일부의 책의 구실이 그랬고, 지금도 그런 것처럼 시험 준비용으로서의 정오(正誤)만을 가려주는, 일종의 암기식 교육과 선별적 계몽의 도구에 지나지 않지만, 경험은 그런 강제성과 일방적인 지시성을 띠지 않으면서도 어떤 의미를 확충, 재생산하는 오늘날의 소위 '텍스트'와 걸맞을 수 있다. 그래서 전자가 기표라면 후자는 기의와 맞먹는다. 이런 대비는 결국 현상/본질의 구분에 닿아 있다. 경험이 이야기로서의 제 구실을 톡톡히 다하면서 발 빠른 전파력을 과시할 때, 확대/축소와 정도/사도(邪道)의 경계를 넘나드는 것도 위의 대비와 상동한다고 할 수 있다. 경험이 흔히 부풀려지거나 별것도 아니라는 식으로 옹동그려지는 현상은 이야기의 또 다른 속성으로 거론할 만한 '변별성' 및 '허구성'과 부분적으로 겹치면서 '이야기 = 유기체'라는 등식을 떠올리게 한다. 인간의 몸이나 사회의 구조 같은 모든 유기체가 그렇듯이 이야기는 언제라도 살아 있고, 신진대사가 활발한 생명체인 것이다.

이야기의 외피는 옷이 그렇듯이 자기를 솔직히 드러내면서도 한편으로는 남들이 유심히 봐줘야만 빛이 나는, 말하기/듣기에서 그대로 드러나는 바와 같이 어떤 작위의 상호 점검이고 그 결과다. 청자가 없는 '독백'도 결국은 마찬가지다. 알다시피 말은 제 정신을 온전히 추스르고 있는 사람이 적당하게 어휘들을 골라서 쓸 때 비로소 빛이 난다. (물론 옷거리도 마찬가지 이치다.) 골라서 쓴 말의 실가는, 엄밀하게 따지면, 가치중립적이지 않다. 청자의 오감/지적 능력에 따라서 그 액면가는 얼마든지 달라질 수 있겠으나, 화자의 가치판단력은 반드시 그 실가에 (부분적으로나마) 실려 있을 것이기 때문이다. 더러 분명하지 않은 채로나마 화자의 정서 일체에 호오(好惡) 같은 변별력이 민첩하게 작동하고 있음을 우리는 수월히 청취, 잽싸게 그런 '기분 = 사정'을 이해할 수 있다. 소위 뉘앙스라는 말의 본색에 실리는, 화자의 '말'이 모자라서 궁여지책으로 표현하는 궁극적인 뜻이 이것인데, 그것이야말로 말을 말답게 만든다. 같은 말이라도 그것의 차이 때문에 뜻이 달라지듯이 '이야기'도 꼭 그렇다. (물론 말장난 같은 우스개는 미치광이의 헛소리에 가까우므로 이 논의에서는 괄호 속에 묶어두어야 할 것이다. 달변가들이 텔레비전 같은 데서 지껄이는 '소리'나, 정치가들의 재담/농담 따위는 그 좋은 예일 수 있다.)

사람의 감정은 수시로 변한다. 그 변덕스러움이 말의 정가(正價)에 과외의 덤을 얹는다. 말은 마음의 또는 감정의 변덕을 드러내면서 동시에 마음자리의 명암을 더욱 선명하게 갈래짓도록 서두르며, 그런 선동력이 모든 말 속에는 들어앉아 있는데, '~는'이나 '~도' 같은 주격조사의 쓰임새가 그 좋은 예다. 청자/독자가 느끼는 감동은 결국 말의 선동력에 갑신 일시적 미혹이라고 해도 지나친 말은 아니다.

이야기가 정보나 사실의 요령 좋은 나열이 아님은 신문 기사 같은 실례로도 쉬 알 수 있다. 보다시피 모든 신문의 기사는(물론 논설까지도) 어떤 특정 사실을 아주 단순한 '형식'으로, 또 객관적 시각으로 기술해놓은 글이다. 그 속에는 이른바 불편부당한 보도성이 살아있고, '이야깃거리'라는 상품성만이 나름대로 '모양'을 갖춰서 나열되어 있다. 그런데 이야기의 한 요소랄 수 있는 '정보성'이나 '흥미성'이라는 줄자를 들이댈 때, 그 보도용 기사에는 뭔가가 술렁 빠져 있다는 느낌이 대번에 다가든다. 다시 말해서 신문 기사에는 이야기가 갖고 있는 '재미'가 절대적으로든 상대적으로든 현격히 떨어져 있다. 그러나 그 특정 기사의 정곡을 자기 나름의 분별력으로 웬만큼 파악한 어떤 독자가 말로 옮기면 이번에는 그 이야기의 '음색'이 완연히 달라진다. 이를테면 방금 독자에서 화자로 신분이 바뀐 양반이 "잠시 한눈을 팔았다는 소리 같애, 옆에 신원 미상의 여자가 앉아 있었다니까"라며 자신의 촌평을 슬쩍 덧댈 수 있다. 차량끼리의 접촉사고로 뜻밖에도 구설수에 오른 한 유명 인사의 일진 사나움에 대한 그의 이 촌평은 듣기에 따라서 동정적이라고 할 수도 있겠으나, 그런 분별에 덩달아 껴붙은 부사 '잠시'에도 어떤 조롱기가 배어 있음에 틀림없다. (그러니까 신문 기사는 성급하게 '사실 판단'에 주력하고, '이야기=소설'은 느긋하게 '가치 분별'을 행사하므로 전자가 명사와 동사의 단문 위주라면 후자는 형용사와 부사를 넉넉하게 아우르는 장문 위주의 문맥을 활수하게 구사한다고 할 수 있다. 어휘의 취사取捨 분별에 관한 한 '형용사/부사'는 '명사/동사'보다 단연 '가치 분별'을 우선시한다. 어쨌든 '사실'에 치중하는 신문 기사와 '가치'를 전제하는 소설 문장 중 어느 쪽이 더 흥미진진한지는 독자마다의 취향/분별력과도 무관하지 않을 테고, 그 '내용'의 시의성과도 연동할 것이다.)

어쨌든 이야기의 진면목은 정보와 달리 바로 이런 '형용사적/부사적 변별력'의 암류에서 두드러진다. 말이든 글이든 행간을 읽어야 한다는 지침은 그 언어 집합체 속에 먼지처럼 떠도는 반(反)객관적 정서 일체의 조합과 그것의 끊임없는 유동성을 예의 주시하라는, 그런 지당한 말씀인 셈이다. 정보 뭉치로서의 신문 기사보다 이야기가 상품의 제2차적인 미덕 곧 사용자의 가치 분별을 '종용'한다는 점은 특기할 만한 점일 것이다. 아무리 모든 이야기의 키가 고만고만하고, 그 내용물도 대동소이하다고 하더라도 '가치 분별=감상'을 재촉한다는 이 차이는 큰 것이고, 현미경으로 주목할 때마다 신기해지는 요지경을 닮아 있다.

사실상 모든 이야깃거리의 항상성, 여일성, 세속성은 연년세세 워낙 막강한 것이어서 더 이상 거론할 사안도 아니다. 그 통속의 세계는 '장기지속적' 성격을 띤다고 해도 무방할 지경이다. 그럼에도 불구하고 그 끼리끼리 근사한 이야기와 그 작은 단위인 이야깃거리들의 개별적인 음색이 천차만별일 수밖에 없음은, 그것의 과용(過用)과 적부(適

㈜의 시시비비야 어찌되었든, 말/글의 본색을 일차적으로 한정하는 형용사적, 부사적 기능이 막강해서이다. 뉘앙스가 섬세한 의미의 우로(流露)라면 이야기에도 그것이 있다는 말이다. 똑같은 이야기라도 상품 가치가 달라지는 것은 바로 이 뉘앙스, 곧 말/글에 수사적 기능을 어느 정도로 발휘하느냐 하는 그 차이 때문이다.

이제 어떤 도식의 편리성을 허용할 수밖에 없다. 곧 모든 이야기는 주부와 술부로 짜인다. 주부는 인간이다. 동물 같은 유정명사나 식물 같은 무정명사를 의인화한 어떤 작품 속의 세상은 환상소설의 초현실적 배경일 텐데, 그 속의 뜬금없는 활극에도 어김없이 주부는 있고, 그 의식 일체도 인간의 그것을 배워서 닮고 있다. 비록 이상한 탈을 뒤집어쓰고 있지만, 그것은 그렇다. 술부는 그 주부의 동작 상태, 성격 등을 설명하거나 나름의 문체로 표현한다. 이처럼 단순한 축조물인 이야기에다 다채롭게, 대개 다 현란스럽다고 할 정도로 수식어를 덧댐으로써 핵분열을 일삼는다. 그래서 '그는 세상과의 불화로 지게 되어 있는 싸움을 벌이다 맥없이 최후를 맞았다'는 원작과 그 줄거리가 유사한 '번역본'들이 숱하게 '창조물'이라는 이름 아래 탄생되곤 하는 것이다. (일상생활은 '먹을거리'처럼 그런 어슷비슷한 '이야기' 상품을 끊임없이 요구, 발굴, 소비, 재생산한다.) 그 언어의 허량방탕을 지적하면서도, 한편으로 생활상의 윤기에 필수적인 놀이 차원의 '재미' 운운하는 변명까지 덧붙이면서도 동종의 이야기 속에서 살아 번득이는 형용사적, 부사적 세계의 함성 앞에 턱을 떨어트리고 마는 것이다. 그러니 이야기가 많은 것이 아니라 모든 인간의 속성대로 말이 헤픈 것이고, 그 수다조차 풀어가는 방법과 절차에 따라 똑같은 이야기가 모작, 위작('표절'이나 '도작盜作'은 말 그대로 남의 작품을 무단으로 '탈취'한 것이다)이라는 혐의도 받지 않고 '희한한 신상품'으로 시장에 버젓이 얼굴을 내미는 것이다.

> **제2장 4절의 요약**
> (1)이야기는 여느 상품처럼 어슷비슷한 채로 끊임없이 확대재생산→소비된다.
> (2)모든 이야기는 저마다 살아 있는 유기체로서 크고 작은, 길고 짧은 '변별성'과 허실의 '허구성'을 지닌다.
> (3)이야기와 신문 기사와의 차이점은 가치 분별과 사실 판단을 각각 중시한다는 것이다.
> (4)이야기에 형용사와 부사가 상대적으로 풍부한 것은 그 어휘마다에 '화자=작자'의 가치 분별이 기민하게 작동하고 있어서다.

5. 이야기의 허상과 실상

―――――――――――

모든 생활인이 매일 겪는 바와 같이, 알고 있는 대로 실천하기도 어렵지만, 본 대로 느낀 대로 어떤 사실(=장면)/경험(=의식)을 말로든/글로든 옮기기는 거의 불가능하다고 봐야 할 것이다. 이 엄연한 제약(=한계)는 우선 '말=어휘'가 모자라서, 그 때문에 표현력이 따라가지 못해서 그럴 수밖에 없기도 하다. 그다음으로는 환경적 요인으로서 외부의 압력이나 당사자만의 고루한 심리적 제동 따위를 거론할 수도 있다. 할 말을 제때 제대로 못 하는 딱한 처지는 온상 같은 무풍지대에서도, 그지없이 빳빳하고 결곡한 양반이라도 어쩔 수 없이 당해야 하는 인간의 실존적 멍에일지 모른다. 그런 줄 알면서도 인간은 무모하게 제가 하고 싶은 말의 일단이라도 누군가에게 전하려는 욕구에 도전한다. 숱한 같잖은 명분을 앞세우면서, 또 그것에다 온갖 너절한 가식, 위선, 자만의 기치를 내걸고서. 이를테면 '여러 가지 못된 제도의 등쌀이야말로 인간 해방을 위한 첫 번째 척결 대상이다'와 같은 '이성적 발언'을 음색만 바꿔가면서 말이다. 돈키호테 같은 그런 도전이 포기보다는 낫고, 그것은 소위 '타성태'에 짓눌린 세상/인간의 진정한 탈구속을 위한 구실이기도 하다. 인간/세상의 번듯한 허울은 이런 도전의 줄기찬 행진으로 말미암아 오히려 어떤 시험의 표적으로, 탈신비화의 목적물이 되기도 하는 것이다.

인간과 세상을 보고 들은 대로 옮겨놓기가 지난함은 우선 말/글의 총량도 절대적으로 모자라고, 그것의 이해나 해석에 따르는 여러 관점이 너무나 복잡하고 구구각색으로 얽혀 있어서 그럴 것이다. 가식적, 관습적, 상투적 '포즈'로서의 제2의 인격이라는 '페르소나'라는 말대로 인간은 그 못난 얼굴을 여러 개씩이나 복제해놓고 있다. (물론 '세상'도 한 본이다. 세상도 수많은 얼굴을 수시로 바꿔가는데, 이것을 때맞춰 정확히 읽으려는 인간의 노력에는 끝이 없고, 이상하게 좀체로 지치지도 않는다.) 그러나 그런 변변찮은 복제품에 대한 어떤 이해의 진정성을, 또는 해석의 충실성을 우리 인간들은 과연 얼마나 믿고 따를 수 있을까. 유심히 관찰해보면 화자가 당면하고 있는 여러 심정적, 사회적 장애는 의외로 크게 비치고, 그런 옥죄임은 그의 언행 일체를 막무가내로 애매모호하게 만들고 있는 것처럼 보인다. 그래서 그 화자를 다시 꼼꼼하게 읽어야 하는, 모든 '텍스트'에는 반드시 해설이 딸려야 하는 이치를 떠올리게 한다.

가령 사회주의가 다른 양대 이념, 곧 민주주의나 유사(類似) 공산주의보다 훨씬 다소곳하며 그런 만큼 구체적이라는 의견은 일견 타당해 보인다. 앞의 두 이념은 다소 억지스럽게 꿔다놓은 그 강령들이 적시하는 대로 목표만 거창하달까, 그 내실은 빈 깡통처럼 공허하기 이를 데 없고, 분야별로도 불평등이 미만해 있는 게 사실이며, 지금도 눈앞에 빤히 보이는 바 그대로이니까. 어쨌든 사회주의가 절대다수의 공공복지 향상에는 상대적으로 한결 능률적, 경제적인 것은 공지의 사실이다. 세상이 바뀌고, 이념도 개선을 거듭할 터이므로 일시적으로 나 또 잠정적으로나 그럴 수밖에 없기도 하다. 그렇긴 해도 그 체제의 조속한 실현을 도모하기 위한 여러 종류의 투쟁, 봉사에 철두철미하게 헌신하기는 말처럼 쉽지 않고, 어떤 독불장군형 실천가에게조차 벅차기 이를 데 없다. 법률상으로도 허용하고 또 사회 전반의 분위기가 그런 활동을 권장하며, 다행히 강철 같은 신념도 구비하고 있는 데다 신체 조건까지 덩실하며, 더욱이나 팔자를 잘 타고나서 평생토록 돈벌이를 모르고도 세전지물로 그럭저럭 살아갈 만한 생활 기반까지 마련되어 있다 하더라도 사회주의자로서의 입신출세에는 여의치 않은 경우가 허다할 수 있다. 물론 극소수의 예외적인 인간은 있을 수 있을 테고, 그런 위인의 황탄무계할 정도로 다사다난한 인생 역정을 여러 철없는 사람이 우러러보기는 할 테지만, 대개의 소시민은 '그 선각자의 후광을 떠받들자'라고 선동하면 미모사처럼 곧장 제 일신부터 사리기에 바쁘다. 그런 행태에 대한 변명 일체는 더없이 번지르르하다. 예컨대 사회적 제반 조건의 미달, 공동체 구성원 일반의 기만적인 안분지족 추구열의 팽배, 정상배 전반의 소모적인 불로소득 갈취욕의 만연 따위가 눈엣가시 같은 훼방꾼이라는, 늘 어디서나 듣는 그 뻔한 핑계를 장황하게 둘러대면서 말이다.

  위의 거친 배경 설명에서 드러난 대로 이론/실천의 괴리에서 헉헉거리는 한 이데올로그의 허망한 삶을 어느 선까지 정직하게 그려야 그 진정성이 살아나 있다고 할지 우리는 감히 알 수 없다. 설혹 그 세속계야 웬만한 수준의 풍속화처럼 치열한 열정과 자잘한 잔손질로 소묘해낼 수 있다 하더라도 사회주의라는 '이념'을 과연 어떤 왜곡도 없이 기술하는 것이 가능할까. 어떤 착실한 이념이라도 그것은 한 시대의 한낱 변수에 불과할 텐데, 그 흐름에 발을 담그고 있으면서 어제의 시냇물이 오늘과 같다면 허망한 궤변이 아니고 무엇인가. 또 서술자의 특정 이념에 대한 가치 분별이 과연 얼마나 옳을까, 모든 앎=지식은 하루가 다르게 진화를 거듭하고 있는 판인데. 누구라도 자기 자신의 젊은 시절 한때의 유치한 생각이 무르녹아 있는 글줄 앞에서 낯을 들지 못하고 부끄러워하지 않던가.

　흔히 '뛰어난 형상력'이라고 과찬을 받는 특정의 성과물은, 그 이야기 속에 드리운 세계상이 에누리 없이 '감동적인 것'이라 할지라도, 어떤 실상의 '부분도'에 지나지 않음은 새삼 말할 나위도 없다. 크기로서의 '전체'를 그릴 수 없다거나 그럴 필요도 없다는 타당한 논리에 시비를 따지는 것이 아니라, 어떤 서술자가 본 특정의 이념과 그 신봉자의 자칭 전신상에는 피치 못할 '주관적' 시각이 지배적일 수밖에 없어서 자연스럽게도 다각적인 관찰을 애초부터 제어하고 있어서이다. ('객관적'의 반대말인 '주관적'은 한쪽의 편향적 시각으로 본다면 '사이비적'으로 '교정'되어 읽히기도 한다.) 많은 설명을 곁들일 것도 없이 여러 점에서, 그러니까 작가의 능력 일체와 그것을 견제하는 사회적, 환경적 제반 여건의 한계를 드러내고 있는 그 부분도는 말 그대로 '허상'이라고 해야 온당하다. 그 허상이 실상과 워낙 다름은 '부분도'여서만이 아니라 서술자가 누리는 지배적 정조로서의 어떤 부실한 '환상'이 행간에 넘쳐나고 있어서다. (이른바 '환상소설'이라는 장르는 그런 정서의 탈현실적 국면이며, 허공에 매달려 버둥거리는 의식 일체의 허망한 항진에 끝이 있을 수는 없다.) 물론 그런 환상의 질주가 얼마나 힘찬지, 보기에 따라서 과연 맹금류의 먹이 사냥질처럼 열정적인지 어떤지를 함부로 말할 수는 없다. 다만 그 '환상=허상'이 이 세상의 진정성과는 일정하게 유리되어 있을뿐이며, 그런 특유의 정서와 분위기 일체가 아름답다면 그 작은 일면만 수긍하는데 그친다.

이야기가 어떤 세속계의 단면도임은 부정할 수 없는 사실이다. 그런데 그 세속계의 진정성을 우리가 얼마나 정확히 알고 있는지 헤아리기는 정말 어렵다. 다들 그 '작은' 크기의 단면도를 훤히 꿰차고 있다며 자부심을 갖지만, 그런 정조/의식에는 상당한 정도로 조작된 '현실' 같은 당대의 '표정'을 정확히 이해하기에는 힘에 부쳐서 아무렇게나 얼버무린 서술자의 잠정적 자기기만술의 책동이 숨 쉬고 있음은 숨길 수 없는 사실이다. 비근한 사례를 들어보면 이렇다.

한때 쟁쟁한 공산주의 운동가로서(제 천성에 따라 행동은 자제하면서 '신념'에만 봉사하는 순수한 '이론가'가 한반도에서는 희귀하므로 다들 허술하게도 '운동가'로 불러버릇한다) 한 지역사회에서는 이름깨나 날린 그의 삼촌의 권위주의적 행동거지는 언제라도 기림의 대상으로 떠올라 있는 데 반해, 막상 그이의 그 거칠고 조리 없는 말버릇과 겅중거리는 걸음걸이 같은 지질한 영상이 아무래도 지워지지 않는 어느 특정인이 있을 수 있다. 남들은 알지 못하고 제 혼자만 곱새기고 있는 그 영상 때문에 조카는 머리가 굵어지면서부터 자신의 삼촌이 결국 윤똑똑이에 불과했을 것이라는 추측을 엉구기 시작한다. 막연히 어룽거리던 그런 짐작은 다행인지 불행인지 갑작스럽게 불어닥친 공산주의의 덧없는 몰락이라는 최근의 세계정세 앞에서 확실해지는 어떤 깨달음=믿음으로 승화한다. 이쯤에서도 벌써 두 사람의 위상은 일목요연하게 서로 대척점에 서 있다. 곧 윗세대인 그의 삼촌은 지인 몇몇의 달변에 세뇌된 나머지 얇은 책자에 불과한 그 방면의 이론서, 해설서 서너 권을 탐독한 끝에 공산주의의 조직적 실천을 위해 자기 한 몸을 투신했을 것이다. 아마도 그의 훤한 신수, 두부 행상이나 세탁물 수거 같은 고학으로 쌓은 우뚝한 학력, 그 후의 파란만장한 고생, 요행과 불운과 우연이 겹치는 활약상, 긴가민가한 몇몇 일화 때문에 그의 전신상은, 모든 풍문이 그런 것처럼 단시간 안에 거의 신화로 부상했을 게 틀림없다. 그의 출신과 입신의 경과가 말하는 대로 그런 '신화 만들기'에는 그 당시의 들뜬 시류와 어수룩하기 짝이 없는 시대적 한계가 크게 이바지했을 것임은 의심의 여지가 없다.

한편으로 그의 조카는 시골에서 다랑논과 따비밭이나 매고 사는 가친과 월북한 삼촌 때문에 서울 유학 중의 대학 시절 내내 가정교사 노릇으로 학비를 감당하느라고 조신한 처신을 몸에 익힌 위인으로서 일찌감치 연좌제 같은 몹쓸 제도와는 멀찍이 떨어져 살겠답시며 간신히 대기업에 취직했고, 그 정직한 성품과 근면 성실한 업무 능력이 자본주의 꾐을 사기에는 부족함이 없었으므로 최종적으로는 300여명의 사원을 거느린 한 계열사의 사장으로까지 출세해서 35년간의 월급쟁이 생활을 운도 좋게 대과 없이 마칠 수 있었다. 그의 그런 입신의 배경에는 상대적으로 훨씬 차분해진 (세계사적 시각으로서의) '냉전' 체제와 그에 적극적으로 부응한 국내의 탈후진적 경제 규모의 엄청난 팽창이 깔려 있고, 그 시절을 요령껏 헤쳐나온 그 자신의 눈치 빠른 시류영합적 처세술도 톡톡히 한몫했을 것임은 틀림없다. 아마도 세상 읽기에 관한 한 그는 '이름뿐인', 모든 신화가 그렇듯이 허무맹랑하기 짝이 없는 자신의 삼촌보다는 훨씬 더 진지했을 테고, 시대적 형편을 감안한다 하더라도 그의 독서량은 부모 세대를 저만큼 따돌릴 정도로 월등했을 것이다.

이상에서 드러난 소묘에서도 알 수 있듯이 두 사람의 '인물화'에는 과장이 심하다. 말로 듣고 글로 옮기는 과정에서 상당한 '가식화-신화화'가 겹겹으로 덧붙여졌을 게 틀림없고, 여기에다 또 나름의 '번역'이 이루어진다면 그 판본에는 옮기는 사람의 순발력 좋은 캐리커처가 두 숙질을 더욱 두드러진 '캐릭터'로 재탄생시켜놓을 것임은 확실하다. 과장이 조금 허락된다면 두 사람은 여느 인간이라기보다는 조잡한 '흉상'이거나 괴짜로서의 '흉물'이 되어 있을 게 명백하다.

이야기의 본성은 어차피 그렇게 부풀려지는 것이다. 모델로서의 두 실물과는 너무 동떨어진 이 '살아 있는' 캐릭터는 허구화가, 또는 조작화가 빚어낸 창조물로서 앞서 설명한 그 이념의 '허상'과는 비슷하면서 다르다. 인류가 공들여 만든 도로, 건물, 다리와 같은 제2의 자연이 얼마든지 아름답게 비칠 수 있듯이 '허구성'은, 물론 잘 빚어졌을 경우만을 그 범주에 넣어야겠지만, 어떤 제1의 자연보다 빛날수 있고, 그 요긴한 쓰임새는 상찬에 값하고도 남는다. 모든 초상화가 그럴 수밖에 없는 것처럼 그것은 그렇다. 또 화가의 자화상이 자신의 그 못난 실물보다 여러 면에서 더 풍요로운 사실감과 아울러 특유의 개성미를 구현하고 있는 것처럼 '허구성'은 어떤 실상의 미숙/성숙을 자유자재로 보완하면서, 의미화를 점증시키는 데 안성맞춤인 잣대일 수 있다. 이야기/이야기하기에서 불가피한 이 허구성은(현장에서 적절히 보태고, 빼며, 부풀리고, 반쯤 깎아내리는 일체의 즉흥적인 조작 기술력을 말한다) 후천적 자질이랄 수도 있을 테지만, 이야기 자체의 선천적 기질이기도 하다. 누구라도 '이야기하기'와 동시에 술술 풀려나오는 순발력에는 '사실'과 동떨어진 그런 임의로운 왜곡이 작동하고 있는 것이다. 어쨌든 이 허구성은 예술 일반의 첫번째 덕목에 값하는 '자기점검'에 적합한 기제나 마찬가지이며, 그것 나름대로 상당한 가치가 있는 미적감정이기도 하다.

'이야기하기'의 허상/실상을 일별해본 위의 진술은 결국 '부분도=허상'에 자족할 수밖에 없음과 '허구화'가 오히려 전신상의 유추에는 만부득이한 득책임을 동시에 시사하고 있다. 바로 이 도식적인 분별은 영원한 어릿광대로서의 인간의 한계를 아주 노골적으로 대변하고 있다. (그러나 인간의 '한계'를 인정하는 어떤 이데올로기도 폭넓은 공감대를 형성하기는 지난하다. 실천-실현이야 나중 일이라서 우선 그런 '패배주의'를 용납하지 않는 '관습'이 지배적이므로.) 왜냐하면 어떤 지배적 이념의 광풍이나 특별한 인물의 신화화에 동원된 당대의 주류/비주류 계급 전체의 미망(迷妄)을 송두리째 까발릴 수는 없으니까, 그 '신화적 위인의 허상'만 현실과 유리된 채 붕 떠올라 있으니까 그렇다. 물론 그 시대와 시대상 전체를 가짜라고 할 수는 없겠지만, 한 세대라는 거울에 비친 일체의 이념, 사조, 지식, 의식 따위의 어수룩함은 '행차 뒤의 나팔'처럼 다음 연대에는 반드시 그 반반찮은 몰골이 자동적으로 비칠 수밖에 없는 것이다. (그리고 보면 반반한 학력을 콧잔등이에 붙이고 평생 행세하는 무식한 유명인사의 허명에 놀아나는 타성적 풍조 일체와 그 건성꾼 노릇을 개탄해봐야 별무소득이다.)

이야기로 실례를 대신한 위 진술의 본의를 쉽게 정리하면 이렇다.

사람은 어떤 정황에서라도 자신의 솔직한 심중을 곧이곧대로 달로 털어놓을 수는 없으며, 그럴 필요도 없고, 행동은 더 말할 것도 없다. 어떤 직언, 나아가서 금기시되는 말이나 무례하기 짝이 없는 돌출 행위를 수시로 터뜨리는 사람을 흔히 괴짜나 미치광이로 치부하지만, 그 비상식적인 행태도 '계산된 조율' 아래 저지르는 가식의 행위임은 말하나 마나다. 그럴 수밖에 없는 것이 말을 쏟아낼 때부터 화자는(소설 쓰기에서의 '작가'도) 자신의 여러 심리적 기제가 민활하게 작동할뿐더러 그런 일련의 수습력이 주변의 여러 여건과 어떻게 호응/대응하고 있는지 잘 챙기고 있어서이다. 그러므로 상대방의 청취력과 기분과 외모와 표정 변화를 비롯한 인품 전반을 예의 저울질하면서 전혀 엉뚱한 가공의 반쪽자리 '사실'을 퍼뜨리고 있는 셈이다. 더욱이나 지금 지껄이고 있는 자기 말의 장단기적 파급 효과와 그 범위까지 미리 챙기면서. 일종의 야합이라고 해도 좋을 '가짜' 이야기의 이런 흐름은 지극히 자연스럽고, 대개의 경우 그 일관성이 뛰어나며, 설득력도 좋다. '허구성'의 일대 승리라고 해도 괜찮을 면면이 아니고 무엇인가.

강조하건대 모든 인간은 적당한 표변을, 수시로 색깔을 바꾸는 카멜레온처럼 가식의 탈을 덮어쓰고 살아갈 수밖에 없으며, 그래야만 자기 자신은 물론이고 남들과도 편하게 되고, 누구나 그런 회로에 감겨서 길들여지는 데 그지없이 고분고분하다.

당연하게도 영민한 사람이라면 방금 들은 어떤 이야기에 얼마나 심한 허풍이 껴묻어 있는지, 화자의 몸에 밴 과장벽이 워낙 자심해서 어디까지가 거짓말인지 따위를 가늠하지만, 서로의 체면상 면박을 삼가고 자신의 짐작만 긴가민가하며 챙길 뿐이다. 쌍방의 그런 체면 차리기/낮 세워주기는 위선의 한 단면일 수 있고, 사회 구성원으로서 누구나 마지못해 지키면서 저절로 몸에 배는 어떤 제약이자 구속이며 억압으로 기능한다. 물론 세상도 그런 무해한, 악의 없는 가식을 선선히 용납함으로써 스스로 아주 너그러운 위선의 일대 혼합체가 된다. 그러므로써 모든 이야기는, 그 대상인 세상과 그 주체인 인간이 합심 협력하여 조작한 가식덩어리이고, 선의를 가장하고 있으므로 신통할 게 없는 말장난에 불과하며, 막상 알고 나면 시시하기 짝이 없는 인과관계를 날조한 심심풀이용 말주변에 지나지 않는 것이라고도 할 수 있다. 그러니 그 소용의 막강함은 굳이 더 설명할 것도 없다. 다들 허둥지둥 이야기에 꼼짝없이 매달려서 어릿광대짓을 하는 데서도 알 수 있듯이.

또 다른 본의도 차제에 부연해둘 만하다. 그런저런 가식(='거짓 꾸밈'의 요체는 과장/분식粉飾이다), 조작 행위의 거침없는 횡행과 여러 제약끼리의 슬기로운 암투가 화기애애하게 조화를 이루는 것이 이야기의 진면목이며, 이 세상은 사람마다의 그런 화술을 어쩔 수 없이 양해하고, 수용하는 데도 관대하다. 일컬어 세상의 '관행'이랄 수 있다. 사실상 이런 관행이 일파만파의 거짓말 이어가기, 곧 어떤 화술의 정치한/유치한 팽창을 부추긴다. 그 밑바닥에는 화자 자신의 '사실'파 지력을 아무렇게나 가감하여 드러내려는 습성, 좀 심하게 말하면 다소 엉뚱하게 이야기를 지어냄으로써 자신과 상대방을 즐겁게 만들려는 얄궂은 '속셈=창의력'이 때와 곳을 가리지 않고 출몰한다. 이것이 바로 과시벽으로 포장한 화술의 탄생이다. 이야기에 살을 붙이고 피를 흐르게 만드는 이 '과장벽=조작벽'의 다른 이름이야말로 허구성이다. 이것은 이야기의 '한시적' 생존을(대체로 그 이후의 존립, 보존, 연장까지는 화자도 상정하지 않는다) 위해 사정없이, 아주 자연스럽게 분출하는 리비도나 다름없다. 따라서 그것이 미미하거나 부자연스러울 때 이야기의 역동감은 형편없이 쭈그러들거나 사그라진다.

달리 설명할 수도 있다. 곧 이야기 지어내기의 (내숭스러운) 목적은 그것을 화자/청자 쌍방이 즐길 거리로 삼는 것이지만, 실은 여러 경험/인식의 변주 능력을 불러와서 이야기의 완벽한 허구화를 통해 어떤 진실을 기어코 밝히려는 것이다. (물론 '진실'을 찾아내기는 어렵고, 모든 역사적인 '사실'의 기록조차 '실상'과 동떨어진 '허구'에 불과하다.) 그런 변주 능력에는 반드시 어떤 수식이 덧붙여지고, 어울리거나 말거나 그런 장식들의 집합이 어떤 진실성 밝히기, 이야기의 핍진감 높이기에 접근해가고 있음은 보는 바와 같다. 흔히 말하는 대로 '자극 기아'가 인간의 보편적 심상이라면 이야기 같은 유기적 피조물에도 그것이 아낌없이 원용될 테고, 그 일련의 추이야말로 창의력의 태동 과정이라고 해도 무리가 없을 것이다.

제2장 5절의 요약

(1) 모든 이야기에는 '실상'과 동떨어진 '허상'이 숨어 있는데, 그것은 '이야기하기'의 태생적 자질이기도 하다.

(2) '허구성'의 다른 말은 '과장벽'이지만, 이것은 화자 나름으로 '실상'에 다가가려는 노력의 일환이다. 이야기 자체에 진실을 밝히려는 숨은 욕망이 있다면 '허구성'이 그 일부의 역할을 떠맡고 있다.

(3) 이야기의 그럴듯함을 위해 덧붙이는 모든 수식은 화자의 사실/현상 '파지력=이해력=해석력=평가력'이 얼마나 충실한지/부실한지를 노골적으로 드러낸다.

6. 이야기의 보편성

　대단히 중요로운 것인데도 흔히 무시당하는 요소로서 이야기의 골격 형성에 꼭 필요한, 서로가 공감대를 형성할 수 있는 '보편성'이 있는데, 이것은 화자/청자의 원활한 '소통'을 위한 조건이자 제약이다. 남녀, 노소, 학력의 유무나 관심의 여부와 상관없이 누구나 당연히 여기고 있는 어떤 '관습'으로서의 양해, 생활양식, 교양의 대등한 수준 등이 그것이다. 가령 아인슈타인의 상대성 이론이 화제에 올랐을 때, 무심히 함구로 일관해도 전혀 불편하지 않음은 그 이야기가 유별나서이기도 하지만, 당사자가 그쪽으로는 무지할뿐더러 관심이 없어서다. 그러나 어떤 유학생이 윤리학 강의실에서 담당 교수에게 시종 반말지거리로 나부대고 있었다는 일화는 단연 특별한 것이면서도 그 '관습 파괴'는 즉각 공감할 만한 화제로서, 비록 상식 이하의 괘씸한 소행이긴 할망정 이야기 나누기에서의 필수적인 한 요소는 갖추고 있다. 그 외국인 학생이 우리말에도 서툰 데다 경미한 지적 장애가 있다는 특별한 사정 때문인데, 이 화제가 대화로 떠오를 수 있었던 것은 선생에게 존댓말을 쓰기로 되어 있는 관습 차원의 '보편성'을 쌍방이 인정하고 있어서다. 이것은 공통 양식으로서의 이야기 성립에 필요할뿐더러 청자/화자가 서로 공감을 나누는 데 필수적인 대전제이기도 하다.

빠뜨릴 수 없는 이야기 구색 갖추기의 최소 단위로서 이런 보편성에 대한 상호 간의 이해가 미흡할 때 그 이야기의 소통력은 격감한다. 이 보편성을 조금만 확대해석하면 '현실 감각'의 다른 일컬음이라고 할 수도 있다. 물론 현실 감각을 어느 정도로 파지했느냐의 정도에 따라 사람의 인품, 위상, 입지는 단연 달라진다. (남녀노소의 말버릇에는 각각 특징이 있고, 그 보편성이 무너진 경우에는 남자든 여자든 어느 한쪽의 특이한 말투, 심경 변화 같은 예외적인 정황을 단서로 붙이지 않는 한 그 '사정'을 이해하기 어려워진다.) 그것의 차이가 현저할 때 이야기를 나누는 상호 간의 이해는 피상적으로 흐르거나 불요불급한 수준으로 떨어지고 만다.

천체물리학자와 의미론 전공의 국어학자가 각자의 생업에 대해 이야기를 나눌 때, 그들 사이의 소통력은 여의치 않을 게 분명하지만, 이 땅의 중구난방식 생태계 보호책에 대해서는 서로의 견해가 비슷허서 그 이해력이 웬만큼 온전할 수 있는 실례가 그것이다. 비록 그에 대한 해석이 구구각색이고 난해할망정 엉망진창인 '자연계'는 우리 눈앞에 엄연히 실재하는 만큼 각자의 별난 '자연주의'도, 그 정당성/부당성이야 어찌 됐든, 당당히 존재할테고, 그런 현실 감각의 차이야말로 두 학자의 좌표가 달라지는 관건이며, 그것의 질적/양적 운용의 정도에 따라 화자/청자의 지적 수준 및 이야기의 질을 가늠할 수 있다. (화술의 우열 같은 예외성은 이야기의 '내용'에 흐르는 보편성과는 일단 무관할 터이나 상대방의 이해를 돕는 데에는 상당한 이바지가 될 것이다.)

요컨대 이야기마다 속에 짙게 깔린 현실 감각은 화자/청자의 관심사와 그 깊이를 반영한다. 어떤 분야의 소양에서라도 드러나게 마련인 각자의 유식/무식 정도와 특정 분야에 대한 별난 관심/무관심은 이야기마다의 상대적 실가에 큰 편차를 보일 수 있다. 이를테면 성인 여성 일반의 다양한 속옷, 겉옷, 액세서리, 기초/색조 화장품, 핸드백 등에 대한 의사소통은 언어권별로, 세대별로, 시대별로, 소득별로 워낙 차이가 심해서 다른 지역의, 다른 계층의 동성들마저 그것들마다의 용도를 깨치기도 힘들고, 나아가서 경제력이야 있든 없든 쉽게 이해하기가 어렵다. 또한 어느 특정 국가가 핵탄두의 사정거리를 얼마나 멀리까지 개발했는가 하는 극비 사항은 일부 국가와 지역에서, 그것도 극소수의 호들갑스러운 '지성인'에게만 초미의 화제일 뿐이지 다른 지역, 다른 계층의 소시민에게는 오불관언의, 주정꾼의 허튼소리보다 못한 '정보'일 수 있다. 또 다른 경우를 들자면 백화점에서의 충동구매를 조장, 조작하는 현란한 소비지향적 광고 전략을 노인층에게 설명, 설득시키는 일은 남의 집에 군불 때기나 마찬가지일 것이다.

우리 삶이 필연으로서의 자연과 우연으로서의 인간 행위로 짜여있고, 그 반응 양상에 대한 적절한 분별이 이야기라는 표현 형식으로 드러날 수밖에 없다고 본다면, 거기에는 반드시 당면 현실을 조망하는 유의미한 일련의 '의식'이 내장되어 있게 마련이다. 그것이 없을 때 어떤 특정의 이야기에는 대체로 유령과 같은 초자연적 현상이 녹아들어갈 터이므로 그 현실성은 몰라볼 지경으로 떨어질 수밖에 없다. (온당해야 할 상상력이 제 체적감조차 느끼지 못할 정도로 비대해져서 허공 속으로 부양하는 '판타지'가 어떤 서사 형식을 빌리든 그것은 나름의 '용도'로만, 예컨대 '재미'나 '돈벌이'로 쓰일 것은 뻔하다. 유의해야 할 점은 '이야기=현실성'/'판타지=초현실 감각'이라는 두 장르의 변별점을 무시하고, 한 잣대로 그 장단점을 겨눈다는 것이다.)

그러므로 현실 의식 일체에 어쩔 수 없이 따르는 상투성, 피상성, 진부성 같은 정조(情調)는 이야기 자체와 그 소통을 도와주는 통속성, 대중영합성, 일반성의 다른 말이다. 따라서 어느 특정의 이야기에 대한 한시적 기피증이 있든 없든 시의성에의 모색은 현실 의식이라는 발판이 그 모태일 것임은 자명하다. 왜냐하면 작가/독자, 화자/청자마다의 관심사, 취향, 연령대에 따라 어떤 '화제'에 대한 기피증/선호증은 천차만별일 테니까. 하기야 현실 의식은 작가마다 당장 요긴하게 써먹을 화제에 대한 나름의 관심벽을 정리한 것일 테지만, 그런 의미에서라면 모든 기발한 '환상극'도 당연히 각자의 그 기름진 토양에서 제멋대로 피어난 보잘 것 없는 꽃이긴 할 것이다.

오늘의 현장을 정확히 읽어내면서 그 너머의 굴곡과 유곡(幽谷)까지를 웅숭깊게 응시하는 눈길이야말로 옳은 현실 감각/현실 의식이라고 할 수 있을 테고, 그것을 얼마나 파지하고 있느냐 하는 정도에 따라 이야기의 시가(時價)가 결정된다고 봐야 할 것이다. 한때 인구에 회자하던 화제가 곧장 대중으로부터 타박 맞는 숱한 사례도 현실 감각/현실 의식의 느린 노후화 현상을 가리키며(운동권 학생의 도피 행각이나 노동운동의 임금투쟁 같은 '소재주의'에의 매몰이 그것인데, 그런 '낡은' 화두의 배경에는 흘러간 '옛 노래'에 대한 향수가, 그 검질긴 연명이 남아 있다), 변화무쌍한 현실에의 그런 적응력 미달은 당사자의 불민과 나태와 일정한 무지를 정확하게 일러주고 있다. 그러므로 비록 일시적이라 할지라도 이야기의 청취력이 떨어지는 것은 둔해진 현실 감각/현실 의식 때문이기도 할 테지만, 그 내용 속에 들어 있어야 할 '보편성'이 태부족하거나 그것의 감지에 마비 증상이 왔다는 신호일 수 있는 것이다.

결론을 서두르면 이야기 속에는 공통 양식이(이것이 '코먼 센스'다) 있어야 하고, 이것이 공동체 의식을 일정하게 진작시키는 데 이바지한다. 조금 비약하면 이야기의 활달한 교환을 구축한 지역은 알게 모르게 섹셔널리즘에 길들어진다. 배타적 국수주의, 지방색에 기초한 지역이기주의, 학연, 지연, 파벌로 끼리끼리 뭉쳐지는 당파주의 따위도 일차적으로는 구성원들이 나누는 이야기의 수월한 소통 구조에서 비롯된 것이고, 그 밑바닥에는 그들끼리만 섬기고 기리는 어떤 배타적 '보편성'이 있어서다. 다만 그 기본적 구성 요건인 '지금/여기/우리' 전반의 실상에 대한 투철한 인식, 곧 한 지역, 계급, 당파 같은 특정 범위 안의 구성원들의 개성을 꼼꼼하게 읽어내려는 천착이 드러나 있을 때만 그렇다. 그렇긴 해도 그 독해 능력에는 우열이 워낙 심하고, 전체적으로도 그렇지만, 부분적으로도 몰이해한 부분이 넘쳐날 수밖에 없다는 당연한 사실이 이야기 제대로 하기/잘 듣기의 지난함을 말해주고 있다. 그런 반(半) 이해 상태는 청자/화자의 상호 묵인을 받고 있기도 한데, 어떤 이야기 자체에 넘실거리는 시대착오성, (알듯 말듯 한) 추상성, 비역사성 등이 그 점을 일정하게 대변하고 있다. 이야기 자체에 깔려 있어야 할 그런 보편성의 무시야말로 청자/화자의 소통을 가로막고 있으며, 이야기의 구성 요소들이 제각기 내지르는 잡음의 일대 합창 곧 그 불협화음은 스스로 '이야기스러워지려는' 희구를 부실하게 반영하고 있다고 해야 옳을 것이다.

> **제2장 6절의 요약**
> (1) 모든 이야기의 '하기/듣기'에는 서로가 공감대를 형성할 수 있는, 아주 잘 알고 있어서 굳이 달리 설명을 보탤 필요가 없는 '관습'이나 '생활양식' 같은 보편성이 깔려 있어야 한다.
> (2) '보편성'이 없는 이야기, 예컨대 색조화장술에 대한 화제는 일반적으로 성인 여자와 성인 남자 사이의 소통을 껄끄럽게 만든다. 대중용 통속소설에는 그 내용/문체에서 특별성브다는 누구나 알 수 있고, 읽는 즉시 이해할 수 있는 쉬운 글로서의 '보편성'이 많다고 할 수 있다.
> (3) 이야기 속의 '보편성'에 대한 극단적인 공감대 형성의 실례로는 맹목적 애국주의(=징고이즘), 지역이기주의와 같은 이념의 편향을 들 수 있다.
> (4) '보편성'에 등한한 이야기에는 대체로 시대착오성, 추상성, 비역사성 등이 혼재한다. '지금/여기/우리'는 이야기의 보편성이 존중해야 할 현실 감각/현실 의식의 표준어이자 그 준점이라고 할 수 있다.

제3장

이야기를 어떻게 꾸릴 것인가

1. 이야기의 태생지

―――――――――

 혼란을 방지하기 위해서 미리 말하면, '이야깃거리'는 장차 크게든 작게든 한 자락의 이야기로 바뀔 만한 싹수가 비치는, 화자가 그 됨됨이를 알아봐야만 비로소 조만간 화제로 띄울 수 있는, 일종의 미정형 상태에 있는 화두다. 그런 만큼 '이야깃거리'는 이야기로 만들어지기 전까지 잡다한 이야기 재료의 뭉치로서 이렇다 할 인과관계도 없이 흩어져 있을 뿐이다. (따라서 앞으로 '이야깃거리'는 이야기의 전단계로 한정해서 포괄적으로 쓰이든가, 이야기의 구성 요소인 온갖 사물을 비롯한, 그것을 '표현'하는 데 동원해야 할 모든 '언어'의 재료를 지칭하는 데 두루 사용될 것이다.)

 앞마디에서도 간접적으로 비친 대로 이야기의 구성 요소인 여러 '이야깃거리'는 도처에 흔전만전 널려 있다. 눈 바른 채집가에게는 그것이 버력 속의 감돌처럼 훤히 보인다. 당장 채집해가라며 제 몰골을 한껏 뽐내고 있는 그 정경이. 그러나 발길에 채일 정도로 흔하고 천한 그것을 알아보는 '안목'과 그 눈씨의 차이는 또 다른 논란거리다. 물론 그 '안목 키우기'도 단숨에 습득되는 것은 아니다.

 딩사자의 뇌리에서 한동안 꼼짝도 않고 농성을 벌이고 있는 여러 희한한 직간접 체험, 최근에 남으로부터 주위들은 '기막힌 우연의 운명극' 속에서 퍼드덕거리고 있는 요행과 기연의 점철, 매일같이 읽고 보면서 그때그때마다 '장하다' '개차반이네' '징하다'와 같은 탄성이 저절로 터뜨려지는 신문, 텔레비전 속의 각종 사건/사고 등등이 이야깃거리로는 걸맞다고들 한다. 틀린 말은 아니다. 그것들이 번듯한 이야깃거리임에는 틀림이 없고, '모양내기'에 따라서 아주 준수한 몰골의 이야기 한 자락으로 탄생될 수 있다. ('태어날 수도 있다'는 피동형 문장은 이야기의 소재상 한계를 웬만큼 드러내고 있다.) 그러나 특정의 그것이 과연 '이야기로서 기발나고 새로운 것일까'라든지, '저런 비슷한 이야깃거리는 기왕에 여러 사람이 많이 우려먹지 않았을까'와 같은 자문 앞에서는 이내 머리를 절레절레 흔들어댄다. 그러고는 방금까지 노리개처럼 애지중지 갖고 놀던 그 이야깃거리를 헌신짝처럼 내동댕이쳐버린다. 그것으로 '채집가=작가'와 그 이야깃거리의 인연은 '당분간' 끝나게 된다. 이런 일련의 경과는 이야깃거리의 수집에 혈안이 된 대개의 수집상이 치르는 작업 방식이다. 물론 그런 '자유방임적' 태도에는 어떤 집요성, 장인 근성, 열정 따위가 태부족하다는 혐의가 두드러져 있긴 하다.

그 속성상 이야기 꾸리기는 작가 주변 내지는 신변에서 찾아야 하고, '이야기가 될 것 같다=이야깃거리로 쓸 만하네'라는 최초의 소위 '영감'은 그의 의식의 크고 깊은 저장고에서 그 씨앗을 틔울 수밖에 없다. 대개의 씨앗이 다 그렇듯이 처음에야 깨알처럼 작고 보잘 것이 없지만, 그것을 잘 보듬고 발밭게 가꾸다보면 반드시 보답이 따른다는 농사꾼의 대범한 믿음을 본받아야 한다. 말하자면 물과 거름을 쉬임 없이 주고, 햇볕이 잘 드는 곳에 내놓고 이모저모를 샅샅이 살피다 보면 어느 순간 몰라보게 움을 틔우고 있으며, 그때부터 우후죽순처럼 굵은 가지가 마구 뻗어가는 가경(佳景) 앞에 적이 놀라게 된다. 우선 일차적으로는 평생 농사를 지으며 살 수밖에 없다는 마땅한 신념으로서의 고집스러운 직업 근성을 몸에 익혀야 하는데, 막상 쉬운 일은 아니다. 두루 알다시피 '생활'이라는 관성(慣性)은 외부의 숱한 간섭과의 쉴새없는 싸움으로 심신이 녹초가 되는 경과일 뿐이니까.

 사람은 다들 머리, 몸, 버릇, 특장, 단점 따위가 다르고 그 우열도 자심하지만, 공히 하루를 24시간으로 쪼개서 쓸 수밖에 없으므로 공평하기도 하다. 그러니 직접 경험의 가짓수를 늘리기에는 제한이 따른다. 그렇긴 해도 '시간 관리'는 각자가 하기 나름이라서 30대에 들어서기도 전에 벌써 세 번씩이나 치른 이성 교제로 남자라면 그 심보를 웬만큼 꿰차고 있다고 자부하는 재원이 있는가 하면, 여자의 성적 취향이 제가끔 다르다는 말에 머리를 갸웃거리는 멀쩡한 허우대의 얼뜨기도 있을 수 있다. 한편으로는 군복무 중에 800미터 고지에서 눈으로 해먹은 반합밥, 꼬박 한 달 동안 아프리카의 한 오지에서 겪은 자원봉사, 배낭을 메고 미국 동부의 애팔래치안 트레일을 종주한 실직자의 고생담 같은 유별난 '개인적 체험'이 소설의 이야깃거리로는 아주 그럴듯해 보이고, 누군가에게 꼭 '글'로 들려주고 싶은 이야기로는 안성맞춤일 것 같아 보인다. 그러나 그런 이야깃거리도 실은 경험자의 지레짐작과는 달리 희귀성이 그렇게 높지 않다는 데 동의하는 일반인도 수두룩하다. 논픽션이나 다큐멘터리로 이미 읽고 봐온 독자와 시청자들은 속으로, '또 듣는다, 지겹네' 하고 하품을 베어물 수 있는 것이다. 물론 그런저런 생경험도 기량껏 '모양내기'에 따라서 기왕의 것, 남의 것보다 한결 나은, 더러는 비교할 수 없을 정도로 세련된 작품으로 독자/청자에게 다가갈 수 있을 터이나, '이야깃거리'에의 주목이 그런 쪽으로 쏠렸다는 것이야말로 벌써 하수다.

  하기야 대개의 작가 및 작가 지망생들은 기발한 이야깃거리를 찾겠답시고 국내외 여행에 뻔질나게 나서고, 암벽 등반, 장거리 걷기/달리기, 자전거 타기, 폭음 즐기기, 연애하기, 노름꾼 되기, 사진 찍기, 화랑 및 박물관 순례하기, 화집 모으기, 고음질의 오디오 기기 갖추기 같은 개인적인 경험 넓히기에 아까운 시간, 돈, 정력을 제법 착실하게 투자한다. 물론 그런 취미활동은 장기간의 두문불출을 감수하면서 하루에 열두 시간 이상씩의 엉덩이 씨름질인 소설 쓰기에의 고행을 견뎌내려는, 또 그 스트레스의 과부하에서 잠시라도 놓여나려는 고육책에 불과하지만, 그 밑바닥에는 이야깃거리 채집을 위해서라면 이처럼 자승자박형 고투에 빠져들기도 한다는 영리한 자기 시위가 녹아들어 있다. 그런 속 보이는 자기 관리는 작가마다의 '기상(奇想) 추구벽'에다 점점 더 기막히는 이야기를 좇는 '자극기아 증후군'에 신들려 있다는 정신적 체증기를 노골적으로 시사한다. 나쁘게 볼 것이 아니라 그만큼 작가로서의 직분 수행에 스스로를 매몰시키고 있다는, 그런 몸부림이야말로 올바른 직업 근성의 현시라고 해도 좋을 것이다. 다소 극단적인 예를 침소봉대했다고 비웃는 작가도 있을 테고, 너무나 평범한 일상인으로서의 생활 습벽을 즐기는 작가 지망생도 얼마든지 있다고 할지 모른다. 사람은 생김새대로 '직접 체험=여가 선용'도 가지각색일 터여서 의당 그런 조신한 예비 작가군도 있겠지만, 웬만한 작가라면 반상식적인 발상, 별스러운 입성, 기인다운 행동거지, 비범한/열등한 머리굴림(자기 집의 전화번호도 가끔씩 까먹고 지내지만, 딸자식의 패션 감각에는 기상천외한 조언을 불사한다든지) 같은 나름의 독보적인 일상에 빠져 지내는 것도 사실이다. 실은 그런 실태조차도 쓸 만한 이야깃거리를 잡아채기 위한 일종의 강박증에서 나온 작가다운 기벽이자 그들만의 특권이라고 봐줄 만도 하다.

어느 언어권의 작가들이나 예비 작가군도 사정은 비슷할 게 틀림없다. 그러나 우리 쪽 작가들은, 아마도 어떤 풍토성이나 역사적 문맥으로 이해해야 옳겠으나, 일종의 '드라마'를 좇는 경향이 다분하고, 그처럼 얽히고설킨 이야기의 연쇄와 쇼킹한 줄거리를 선호하는데, 그 추구열은 거의 강박증에 가깝다. 틀림없이 동족상잔을 겪으면서 직간접적으로 체험한 온갖 희비극/우연극/운명극이 집단 무의식화되어 있다가 그 잠재적 기억술이 그런 작위적 글쓰기를 사주한다고 봐도 무리는 없을 것이다. 어쨌든 텔레비전 연속극에서 매일같이 벌어지는 그 조잡스러운 갈등, 엉성궂은 우연, 공연한 언쟁, 하등의 쓸데없는 격분과 성토와 울분과 고함질, 유치한 심적 동요 따위를 '진짜로' 드라마틱한 이야깃거리라고 보며, 그런 정황 조작이 이야기 짓기의 정수라고 착각하고 있다. 그런 발상은 이야깃거리 찾기, 좀더 쉬운 말로는 '소재 발굴'의 기갈증을 드러내는 한 증상일 뿐이다. 필경 그런 직업병적 경사는 자기 나름의 이야기 만들기, 곧 극단적이고 자극적인 사례 찾기에다 예외적인 사건 덧붙이기를 가속화시킬 게 틀림없다. 거짓말이 다른 거짓말을 만들어내고, 묘사가 묘사를 낳으며, 과장이 과장을 불러오듯이 사건은 또 다른 사건의 연쇄를 반드시 또 거침없이 따오게 된다. 이 특유의 조작벽은 컴퓨터의 다양한 기능 중에서도 자주 쓰이는 '오려두기'와 '붙이기' 같은, 힘들지 않은 품으로서의 상투적인 '갖다 옮기기'를 방불케 한다. (모작, 표절이라고 해야 할 그런 창작 기술이 오늘날에는 패러디, 패스티시 같은 '유사품=짝퉁' 감싸기 이론으로서 설치는 통에 어중이떠중이 작가/작품의 양산을 제도적으로 보장해주고 있기도 하다.)

위에서 드러난 작가들의 이야기 채집, 발굴, 조작에 따르는 고충은 결국 자기 체험의 턱없는 미달에 대한 불만과 더불어 그 번민을 어떻게든 극복해보려는 의식적인 방황인데, 그 착잡한 옥죄임이 급기야는 자포자기적인 심적 동요로 갈팡질팡하다가 속절없이 '머리 싸매기'에 이른다. 흔한 상투어대로 '피를 말리고 뼈를 깎는' 그 고충은 대체로 두 갈래 길로 치닫는다. 하나는 억지스러운 '환상' 불러오기에의 매진이고(공상/망상/잡상과 동의어로서 '현실'과는 한참이나 유리되어 있는 한낱 터무니없는 발상일 뿐이다. 물론 이런 허상 부풀리기는 골몰할수록 달콤하기 이를 데 없으며, 복권 소지자의 그 화려한 꿈과 한 치의 오차도 없다고 해도 좋을 것이다), 다른 하나는 '글이 너무 안 써진다'는 푸념에 이어 상투적이거나 시류적인 일화 찾기가 그것이다. 두말할 나위도 없이 그 두 가닥의 결과물은 보잘 것이 없다. 후자는 남의 발상 베끼기에서 한 발짝도 더 떼어놓지 못한 아류작으로 나아가고, 전자는 혼자서만 즐기는 성적 환상처럼 실체와 진상이 아예 가물거리는, 그리하여 '신기루' 같은 것으로 그것에다 굳이 '창작'이라는 포장을 덧입히는 것도 공연한 수선처럼 비친다. ('환상'의 최대치를 보여주는, 어느 날 주인공이 한 마리 벌레로 변했다는 카프카식

'이야기 꾸리기'는, 곡해할 소지가 많지만, 그 발상이 워낙 첨단적이었으며, 당시로서는 초감각적인 현실 감각/현실 의식에 기댄 소상한 일상성, 당대의 지배 이데올로기에 대한 예민한 정서 반응 등을 집약적으로 반영하고 있다는 점에서 그 후의 유사작들과는 단연코 비교급이 아니다. 사람들은, 특히나 작가와 지식인들은 '수준' 차이를 전혀 고려하지 않고 유사한 사례를 빌려와서 자기 자신과 단순 비교하려는 '견강부회' 취향에 겨워 지내곤 한다. 광의의 '식자우환'은 너무 많이 알아서 아무렇게나 엉뚱한 실례/사례를 들먹이며 자기 위로를 일삼는 행태의 자기기만술이라고 해도 틀리지 않을 것이다.)

다시 원점으로 돌아가서 작가 자신의 신변과 주변을 천연히 돌아보고, 거기서 이야깃거리를 캐보라는 조언은 분명히 귀담아들어둘만하다. 너무 평범해서 답답하고 싱겁기 짝이 없는 자신의 신변에서 새삼스럽게 무슨 이야깃거리를 찾아보라니, 망발이 심하다며 지레 움츠러들거나 짜증을 낼지 모른다. 그렇지 않다, 그런 자기 학대는 오해나 곡해에서 비롯된 자기 기피증이나 다를바 없다. 사람은, 특히나 '새로운' 뭔가를 꾸려보려는, 따분한 '되풀이'에 진저리를 치는 예술-창조 지향의 인간에게는 자기만의 유별난 습벽이 '낯설지 않게' 배어 있게 마련이다. 이를테면 사흘씩이나 머리 안 감기, 샴푸나 세숫비누를 쓸 때마다 모든 세척제는 결국 탈모와 지루성 피부염을 유발시킬 것이라는 비과학적인 강박관념, 전화 받기를 싫어하는 충동적 성마름증, '반려' 운운하며 길짐승과 한방에서 동거하는 위생 태무심증의 동물애호가에 대한 극단적인 혐오증, 땀내가 나든 말든 속옷을 일주일씩이나 갈아입지 않는 새것 기피증, 똑같은 남방셔츠를 꼭 두 벌 이상씩 사는 아집성 버릇 등등은 써먹기에 따라서 아주 그럴듯한 '일화'로서의 이야깃거리일 수 있다. 이런 신변사를 자신의 주변으로 확대하면 이야깃거리가 감나무에 감 달리듯이 주렁주렁 엉글어지게 마련이다. 장담컨대 이쪽이 텔레비전 연속극 속의 그 얼토당토않은 상황 설정이나 ('일상'이 과장 내지는 왜곡되어 있다) 식상하기 딱 좋은 설왕설래보다 훨씬 더 나은 '극적인' 사건/사고를 엮어낼 확률이 높다.

가령 비근한 일상 중에서 이런 실례쯤은 누구라도, 또 즉흥적으로 따올 수 있지 않을까 싶기도 하다. 대개의 일반인들이 겪는 바대로 계절 감각에는 흔히 무심하지만, 당사자마다의 그 특이한 정서는 단연 기록감으로서 손색이 없다. (물론 자신만의 그 정서적 반응을 고이 챙기고, 말이나 글로 적실하게 옮겨보려는 '버릇들이기'가 쉽지는 않다.) 이를테면 하루가 다르게 녹음이 짙어가는 늦봄의 영산백 담홍색은 어떤 수채화 속의 대비색보다 화려하게 돋보이는데, 그것이 보색 관계 때문임을 어느 날 퇴근길에서 문득 깨달을 수 있다. (우리가 무시하는 '일상'의 면면을 유심히 주목해보면 느낌이나 감각마저 '과시적 낭비'에 얼마나 혹사당하고 있는지 새삼 통감할 수 있을 지경이다.) 또한 1년에 두 번쯤이나 집안일로 한두 시간씩 밥상머리에서 서로를 힐끔거리는 처지인 처남댁이 의외로 겉늙은 듯하고, 저렇게 서툰 젓가락질로도 중등학교 교사 노릇에는 지장이 없을까 하는 의문과 함께, 우리 친정 식구들은 손이 커서 탈이에요라는 말을 듣고는 그녀의 전신상에 딸린 그동안의 여러 일화를 떠올릴 수 있겠는데, 그것들에다 '장소/시간'을 적당히 바꿔놓으면 나무랄 데 없는 이야깃거리일뿐더러 '물고 늘어지기'에 따라서 '영감→착상→집필 의욕 충전→기고→작의 심화→탈고' 등의 소설 꾸려가기 전 과정 중에 시종 들끓는 '모티브'로 자리를 지킬 수도 있을 것이다.

위의 몇몇 사례에서도 우리는 다음과 같은 잠정적인 결론을 곧장 이끌어낼 수 있다. 곧 현대소설이나 영화를 비롯한 모든 서사물에서 자주 마주치게 되는, 소위 '잊히지 않는' 캐릭터로서의 '인물=성격' 창조는 작가 자신의 신변 및 그 주변 인물들에게서 써먹을 만한 장단점을 골고루 따온 것에 불과하며, 그 실적은 다수의 인물들이 평소에 알게 모르게 드러낸 여러 버릇, 개성의 '종합화'이거나 '부분도'이거나 '중첩화'라는 사실이 그것이다. 또한 그런 '성격 창조'는 일상 중에 늘 친숙하게 다가오는, 아주 낯익어서 으레 그러려니 하고 마는 어떤 인물/사물의 고유한 별스러움이 '작품화'를 통해서만 두드러지는 '낯설게 하기'와 같다는 점도 추인하게 된다. 성급하다고 할 것도 없이 또 다른 이야깃거리 찾기로 헤맨 뒤끝의 기갈증을 해소해보면, 오늘날 모든 현대소설에서 그려지는 어떤 유의미한 인물의 특장은 작가 자신이나 그가 자주 대면한 지인의 희화화이든가 다수의 실존인물로부터 그 개성적인 단면들을 특대화한 것이며, 이런 성과는 (수준작으로서의) 어떤 풍자화에서 보이는 그 뛰어난 소묘력을 떠올리게 하는데 무리가 없다.

간접 체험도 그것의 '실감' 정도에 따라 얼마든지 직접 체험과 동격의 자격을 누릴 수 있고, 더러는 더 값지게 대접해야 할 만큼 이야깃거리로서의 실팍한 '정가'를 받을 수 있을 테지만, 어디까지나 이론적으로만 그렇다고 해야 옳을 것이다. 왜냐하면 아무리 남의 생체험이 실감나게 와닿아 한동안/장시간 '충격파'로 내장되어 있었다고 할지라도 그것을 막상 재생하려고 들면 곳곳에서 긴가민가하는 '디테일＝세목'상의 허술함이 불거지고, 그것을 적당히 땜질하려면 꽤나 힘든 품을 들여야 할 것이니 말이다. 그 품이란 대체로 '그랬던 모양이네'라는 유추나 상상이나 짐작에 기댈 수밖에 없다는 뜻이다. (이 경우에도 예의 그 공통 감각 곧 만인이 공유하는 의식, 지각, 양식, 의지, 사리 분별력 등이 큰 역할을 담당할 터이다.) 하지만 그런 임의의 헤아림도 세상살이/인생살이의 일반적인 이치, 앞서 말한 이야기의 속성 중 하나인 공감대 형성이라는 '보편성'을 관통할 수밖에 없음은 물론이다. 이런 식으로 '이해-해석'의 지평을 열어가는 학습은 간접 체험의 요체이기도 하려니와 모든 이야기 짓기의 기본적인 원리이기도 하다.

간접 체험의 주종이라면 역시 다방면의 책읽기다. 아무래도 학식과 인식의 총체라 할 수 있는 지식의 축적은 주로 독서를 통해서만 가능하며, 그것의 골자는 세상/인간의 실존 원리에 대한 이해 및 해석의 폭과 깊이를 최대한으로 열어가는 것이다. 그 천착에 끝은 있을 수 없다. 결국 성숙한 지식의 경지를 겨냥하는 그 천착은 궁극적으로 '내가 알고 있는 인간 이해/세상 해석이 과연 옳은가'라는 회의에 이를 테고, 그 비판적 시각은 현대생활의 가치와 의의에 대한 '물음＝부정정신'에 닿을 것이다. 올바른 현대소설의 부가가치를 높이려는 이런 일련의 '공부'는 역사적 문맥에서의 '오늘/여기/우리'의 존재감 및 입장감에 대한 명징한 의미 부여다. 판타지가 워낙 재미있는 그 현란함에도 불구하고 공허해지는 대목이 바로 현실 감각/현실 의식의 부재와 그에 대한 해명, 규정에 대한 책임 회피, 나아가서 의무 방기임은 말할 나위도 없다.

  좀더 구체적으로 간추려보면, 천체물리학이나 양자역학에 대한 평이한 개설서든, 전쟁사나 식물 탐구사를 다룬 인문학서든, 처세훈이나 여행담이나 생활 체험담 따위를 정리한 다소 허황된 일반 교양서든, 건강관리 지침서나 정사/야사를 적당히 얼버무린 역사물이든, 무슨 성취라도 각자가 마음먹기에 달렸다는 종교인들의 횡설수설조 자기 개발서든 어떤 책들이라도 어느 한 독자의 지식과 그 체계의 넓이/깊이를 성큼성큼 열어주고 키워줄 게 틀림없지만, 그 끝없을 간접 체험의 지향점은 세상/인간의 무수한 '비밀'에 대한 염탐-이해-비판-해석으로 이어진다. 한몫하는 작가라면 적어도 지역별로 격차가 매우 심한 지구 문명/문화의 운영 실태와 그 연혁에 대한 자신의 '세계관'을 어느 정도까지는 '각지게=유별나게' 소지하고 있어야 한다. 아무래도 여느 독자들보다는 그 '세계관'이 질적으로나 양적으로나 두어 걸음 앞서 있어야 하기 때문에 그럴 수밖에 없기도 하다. 바로 이것이 간접 체험의 소지(素志)다. 물론 그 세계관은 완전할 수 없어서 수시로 바뀌며, 나잇살을 먹을수록 달라질 뿐만 아니라 성숙해진다. 심하게는 어떤 책 한 권 때문에 1년 전 자신의 '세계관'이 유치해져서 그전까지 자기가 소장했던 모든 도서를 '분리수거' 쓰레기 집하장에다 내다 버리고 싶은 경우도 드물지 않다. 그런 갑작스러운 변모가 세상을 한결 더 정확하게 읽을 수 있게 되었다는 뜻은 아니겠으나, 간접 체험이 항구적으로 이어져야 한다는 각성을 일깨워주기는 할 터이다.

  어쨌든 소설 속의 어떤 '설풀이'에서 웬만큼 조리를 세우려면 어느 작가라도 다방면의 독서 편력이 따라야 할 텐데, 세상/인간을 가능한

한 제대로 알아야 한다는 이 다소 거창하면서도 지극히 단순한 목표의 설정만으로도 종전까지 자신의 관심의 폭과 깊이를 강단 좋게 벼르야 할 근거는 충분히 마련된 셈이다. 이런 식으로 '남의 눈'을 빌린 세상 읽기 공부는 연령에 비례하여 차츰 그 영역이 방만히 넓어졌다가 서서히 줄어들 수밖에 없다. 독서인 개인마다의 취향이 각각 다르며, 절대적으로나 상대적으로 태부족인 각자의 정열, 시간, 여건, 건강 상태 때문에 그럴 수밖에 없는 노릇이다. 그러므로 그의 관심은 고고학과 그 발굴사, 동서고금의 유물과 그 가치의 상대적 귀천(貴賤), 골동품 수집상 및 그 수집가의 집념, 기벽, 재력 따위에 대한 탐문/탐색으로 좁아지고, 그만큼 그 방면에서의 지적 호기심은 깊어질 수밖에 없다. (아마도 그의 간접 체험이 상당한 전문가 수준에 이르면 여러 '형편=사정'이 도움을 자청하는 통에 직접 체험의 경지로까지 진입할 수도 있을 것이다.)

  사람은 누구라도 만능인일 수는 없으므로 여러 층위의 '부족'과 '한계'가 있게 마련이다. 간접 체험을 누리는 데에도 제한이 따를 수밖에 없다는 말이다. 이처럼 간접 체험의 스케일은 자동적으로 축소-조정의 국면을 맞게 되며, 어떤 '방향' 설정은 그 자신의 그때그때의 관심도와 달라진 취향을 반영한다. 주로 노동 현장 소설을 쓰는 작가, 7년 동안 전 국토를 쑥대밭으로 만든 임진왜란의 몇몇 승패 및 그 전장을 신명나게 그리는 역사소설가, 분단 현실의 모순이나 한국 동란의 비극상을 주특기로 삼는 시대소설가 등등이 그 안목에서 두드러지게 차이가 나는 것은 주로 이런 '독서 취향=간접 체험'의 영향 때문이다. 그래서 한 작가의 소위 '작풍'은 어떤 '전문성'을 지칭하는데, 그것은 한 작가의 취향, 관심벽, 가계, 가업, 친가/외가의 인척이나 친구와 선생 등으로부터 받은 영향과 더불어 '독서 경험'이 그 반영물의 반 이상을 과점하고 있는 것이다.

그런 특정한 독서 체험의 협애성에도 불구하고 작가는 세상의 원리, 인간의 도리, 사물의 이치, 제도의 불가피성/불합리성, 당대의 진면목(=지배적인 어떤 '공기' 내지는 '기운'), 민심/세태의 행방과 덧없음, 가문, 지역, 계층 간의 알력 등등의 실상이 어떠하며, 일상의 엄연한 운행에 대한 전반적인 이해를 얻게 되는데, 그 독보적인 세계관은 전적으로 '간접 체험=독서 경향'에 의해서 형성된다고 단언할 수 있다. 그런 세상 공부는 모든 인생의 돌이킬 수 없는 삶을 저울질하면서, 한편으로는 불만투성이인 채로나마 꼬박꼬박 꾸려지고 있는 제가끔의 일상에 어떤 '보편성'이 있음을 일러준다. 이런 깨달음은 그 자신의 이야깃거리에 나름의 '특이한 정조'를 부각시키면서 그것대로의 그럴듯함을 '고정'시켜가는 기본적인 자산이 된다. 이것이 있고 없음의 차이는 의외로 크다. 그것 없이도 싸구려 상품이나마 만들어보려는 작가는 무모한 생무지이거나 허무맹랑한 날파람둥이일 뿐이다. 자수성가하려면 어떤 업종이라도 무일푼, 무재주로 덤빌 수는 없고, 웬만한 '운'을 불러오기도 힘들므로 제 전공 분야의 '전문성=특별성'을, 그 밑바닥에다 '일반성=보편성'을 깔아놓는 데 있어서 '간접 체험=독서 경향'만큼 소중한 밑천은 없다고 단정해도 좋을 것이다. 그러므로 많이 알수록 '이야깃거리=쓸거리'가 불어나며, 그런 경지의 쉬임 없는 개발이 창조력의 근원임은 의심할 여지가 없다. 이제 간단한 도식을 따오면 '독서 체험의 누적=창조력 배가'에 이르는 셈인데,

이 쉬운 등식의 실천이 의외로 어렵고 힘에도 부친다는 사실은 몸소 겪어봐야 대번에 알 수 있다는 췌언만은 덧붙여두어야겠다.

　인간과 세태를 미시적인 시각으로 고찰하는 개개인의 소행(素行)을 직접 체험의 골자라고 한다면, 간접 체험은 세상을 먼눈으로 알아가기 위한 지식의 끊임없는 축적 행위라고 할 수 있겠는데(사실상 직접 체험과 간접 체험은 서로 경쟁관계에 있으며, 어느 한쪽이 다른 한 쪽을 '멀리서' 성원하는 데 그침으로써 서로 모순관계에 있는 것처럼 보인다), 이 두 체험이 이야기 꾸리기의 주체에게는 세상만사의 원리와 그 변천에 대한 나름의 '분별력 제고-비판적 성찰-사실 판단-가치 분별'이라는 정신운동을 강제하는 셈이다. 흔히 문학적 재능을 운운할 때 '감수성'의 유무와 그 정도의 고하를 따지지만, 그것도 실은 각자의 눈에 비친 세상만사와 모든 인건(人件)/물건(物件)에 대한 나름의 '이해-해석-평가' 능력임은 새삼 말할 나위도 없다. 아마도 그것은 저마다 타고나는 '머리'처럼 다소의 우열은 있겠으나, 태반은 사고력이나 총기처럼 개발하기에 따라서 얼마든지 충전시킬 수 있는 후천적인 또는 가변적인 각자의 기능＝획득형질에 불과한 것일지 모른다. 그러니 그런 가능성을 닫아놓고서 더 큰 시혜를 기대하는 것은 요행수를 바라는 행태와 닮았다고 해야 옳을 것이다. 어쨌든 문장/문맥의 축조 능력을 차후에 거론하기로 한다면, 직접 체험과 간접 체험, 그 두 몸소 겪기의 체질화/의식화 작용을 통한 심정적, 감각적 분별력의 향상과 그 일련의 과정으로 얻어지는 고유한 감수성의 획득은 이야깃거리의 태생지에 값한다고 하겠다. 변화무쌍한 세상을 향해 주체의 호기심 많은 눈이 열려 있는 한 이야깃거리의 수원지가 마를 날은 없을 것이다.

제3장 1절의 요약

(1) 이야깃거리 '들'의 집합을 통해 짧은 '일화'나 긴 '이야기' 한 자락이 태어나는데, 이야깃거리/이야기 '들'은 우리 신변에 무수히 널려 있다. 소설은 이야깃거리들의 조립으로 이야기를 만들어가고, 무수한 이야기 '들'의 유기적인 결합으로 한 편의 작품이 이루어진다.

(2) 이야깃거리/이야기는 직접 체험과 간접 체험의 조합으로 이루어지는데, 그 매개체로서 상상력이 작동한다.

(3) 간접 체험은 결국 각자의 독서 경향을 반영한다. '간접 체험=독서 경향'이 한 작가의 '작풍'을 결정하는 관건이며, 그 깊이의 정도에 따라 작품의 기법, 특색, 우열, 성취 등이 두드러진다. 남의 말, 전언, 소문 등도 신문의 기사처럼 간접체험의 일환인데, 그것들은 상상력이라는 매개성으로 이야기 꼴을 갖춘다.

(4) 이야깃거리가 모여서 이야기의 골격이 이루어진다. 그것의 구체적인 실물은 결국 '사고-사태-사정-사리-사물-사실-사단'의 형상화일 수밖에 없는데, 주요 인물 등은 그 다양한 '일'들의 알력(=탈)에 대한 이성적/심리적/신체적 대응 양상을 드러내게 되며, 그 반응의 정상(情狀)이 이야기의 실체다.

2. 이야기의 주체는 '일'이다

―――――――――

엽서와 편지 같은 소식/감정의 전달 수단이 없어져가고, 음식과 잠자리를 제공함으로써 생계를 꾸려가던 하숙업이라는 생활 방편도 희귀해졌으며, 먹을거리/볼거리가 엄청나게 불어났음에도 불구하고 모든 인정을 돈으로 저울질하는 세태라서 무전여행을 감히 꿈도 꿀 수 없는 작금의 세상은 예전에 비해서 인간관계/세상 구조가 아주 투명해졌는가 하면 다른 한편으로는 훨씬 더 복잡다단해진 게 사실이다. 투명해진 쪽은 정보의 소통이 그만큼 원활해져서 누구라도 모르는 구석이 없어진 것 같은 측면일 테고, 복잡해진 쪽은 어느 분야든 다 알고 있는 듯해도 막상 한 발짝만 더 안으로 들어가면 뭐가 뭔지 도대체 아리송해지는 '피상적인 세상 더듬기'의 일상화를 떠올릴 수 있다.

이른바 '현대'의 속성(=현대성)은 실로 어떤 식으로든 깨치기 힘들고, 제대로 이해할수록 흡사 첩첩산중을 헤매야 하는 난경의 연속이다. 이런 때인 만큼 현대소설의 이야깃거리 찾기는 품을 들일수록 '난해한 질문'이 마구 쏟아지는, 마치 낙석이 간단없이 굴러와서 길을 막고 나서는 산행을 닮아 있다. 더욱이나 아파트 상주 인구가 절대다수인 한글 언어권에서(물론 정보/지식의 호환互換을 악착같이 제한하면서 쓸 것을 미리 정해준다는 북한 체제는 당연히 논외로 따돌려야겠지만) 이제 쓸 만한 이야깃거리의 가짓수는 예전에 비해 상대적으로 많이 줄어든 것처럼 보인다. 최근 50여 년 동안 상품으로서의 가치를 누리기 시작한 현대소설의 양산 체제가 활달하게 여기저기를 설건드려놓는 통에 지레 '소재의 고갈' 현상을 불러온 듯한 느낌도 없지 않다. 비유컨대 재주도 없고 느려터진 데다 게으르기까지 한 적자(嫡子)가 체통을 지킨답시고 이것저것 집적거리기만 하다가 마는 조로, 수박 겉핥기에 열을 내며 좋은 세월을 다 까먹은 것 같기도 하다.

게다가 (앞 장에서도 간단히 언급한) 서사 양식의 똑똑한 서자(庶子)인 영화와 더불어 변두리 장르였던 만화, 연극, 뮤지컬 등도 분수에 맞는 나름의 영역을 아주 번듯하게 개척해버렸다. 심지어 그것들은 인간의 심정적/지각적 정서 반응을 극명하게 조명하는가 하면 (비록 표피적이긴 할망정) 한때의 특정 공화국의 장막 속을 넘겨다보고, 바닷속을 누비기도 하며, 하늘의 항로에 금을 그어놓기도 해서 현대소설의 '소재 발굴'을 위한 대장정의 길목마다에 찬물을 끼얹었다. 벌써 경쟁 상대로서의 열패감을 '현대'의 소설 장르는 곱씹어야 하게 된 것이다. 단적인 실례로 소설 속의 구지레한 '설명-묘사-표현'이 동영상의 요령 좋고 절실한 '투시-해석'을 따라가기에는 역부족이라고 해도 망발은 아니게 되었다. 활동사진의 그 능소능대한 '기능-역할'을 흉내내기는 벅차지만, '해설'만큼은 뒤지지 않는다는 억지도 실은 어불성설인 것이 언어로써의 '해명'은 늘 '행차 뒤의 나팔소리'이기 십상이어서다.

이런 안팎곱사등이 처지의 현대소설이 그래도 스스로의 소임에 충실하려든다면 역시 자신의 주변/신변에 대한 현미경적=구체적인 통찰을 들이댈 수밖에 없게 되어 있다. 왜냐하면 모든 언행의 주체가 일상적으로 주목하는 '사물(事物)', 말 그대로 일/물체의 소재지가 거기 있으며, 그의 시야가 미치지 않는 다른 세계에 대한 막연한 짐작은 월권이며, 일컬어 상상력의 남용에 해당하기 때문이다. 따라서 어떤 인물을 그리든(그의 '성격'은 이차적인 것이다) 그의 생업, 곧 '일=직업=직장' 같은 생활의 근거에 대한 면밀한 '시선 밀착'은 필지다. 인간이 없는 소설이 성립 '불가'이듯이 무위도식과 무념무상에서는, 또 모든 갈등과 원망(怨望) 일체가 원천적으로 제거된 '천국'에서는 이야깃거리/이야기가 태어날 소지가 전무하다고 봐야 할 테니까.

가령 아주 비근한 실례로 이런 현장은 아직도 우리 생활세계에 엄숙히 버티고 있다.

금석지감을 지울 수 없지만, 은행마다 목돈을 빌려 쓰라고 짓조르는 한편으로 그 돈줄에다 목을 매는 '돈 기갈증'이 우리 사회 전반의 경제질서를 아랫도리부터 칭칭 동여매고 있는 현실이 목전에 훤히 펼쳐져 있다. 돈이 돌고 돈다는 말은 허튼소리가 아닐 테지만, 현실은 늘 어딘가에서 꽁꽁 틀어박혀 꼼짝도 않는 어떤 경색으로 밝고 후끈후끈한 아랫목과 어둡고 을씨년스러워서 한숨이 절로 터져나오는 냉골로 나뉘어 있게 마련인 것이다. 이 부조화를 비집고서 기생하는, 소위 틈새시장의 자본주라는 직업이 아직도 건재함은 분명하다. 곧 일수쟁이와 전당포가 그것이다. 이 소규모의 자생적 금융업이 전성기를 누리던 때는 이 땅에서 현대소설이 막 고고의 소리를 내지르던 그즈음이라고 해야 할 테지만, 전당포법도 아직 살아 있고, 시장 바닥의 노점상만이 아니라 '동네 일수-달돈 대출'이라는 상품으로 지금은 전철역과 유흥가 주변에서 명함판 크기의 전단지까지 뿌리며 맹렬한 영업활동을 벌이고 있음은 예사로 보아 넘길 '현상=일상'이 아니다. 그 영업의 선전 문구에 따르면 '안전한 등록업체'일 뿐만 아니라 100만 원쯤은 당일에 대출해주고, '하루 푼돈'으로 5300원씩 200일만 불입하면 된다고 한다. '신용불량자도 가능'하고, '업소 여성, 직장인'을 환영하며, '온라인 거래도 가능'하다니까 이 업종은 활황 국면인 듯하며, 그 장래성도 단연 밝은 쪽일 게 틀림없다. 오로지 대출자의 신용만 믿고 무담보 대출이라는 영업 전략에다 1000만 원까지 한도를 정해놓았을까, 갚을 날짜도 대체로 200일을 기준으로 삼고있지만, 여러 종류의 '신용'만 보장된다면 대출액과 상환 기일도 얼마든지 '의견' 조정이 가능하다는 것이다. 금리야 시중 은행의 그것보다 두 배쯤 높지만, 다른 대규모의 합법적 '돈놀이' 회사보다는 월등히 싸다는 이점도 무시할 수 없다. 대출 상담으로 가게를 비워둠으로써 놓치는 기회비용까지 합하면 은행 금리보다 오히려 싸다고 해야 할지 모른다. 참으로 편리한 서민금융제도가 아닐 수 없다. 하루하루 까나가는 액수도 그야말로 푼돈이어서 부담이 덜하고, 쌍방이 약조하기에 따라 일주일에 한 번씩 정해진 장소에서 간첩처럼 접선하여 돈 받고 도장 찍고 한다니까 '일수'가 아니라 '주수'에 해당되며, 그러니 진작에 '달돈 대출(=월수)' 같은 상품도 개발해놓고 있다. 그래서 비록 한정된 업종의 장사치들만 씨월거리는 엄살로 '요새는 일숫돈도 못 번다'는 상투어까지 공공연하게 떠돈다.

어쨌든 목돈을 급히 요긴하게 쓰고 푼돈으로 갚아나가는 이 탁월한 돈놀이 제도는 이 땅의 희한한 풍토성의 한 단면을 잘 반영하고 있다. 그런데 모든 수전노가 그렇듯이 일수쟁이의 외양은 한국동란 직후나 지금이나 고만고만하니 겨우 남루만 면한 꼴이다. 그러나 그 내실은, 돈의 명목적인 액수와 그 실질적 가치를 눈덩이처럼 불려가는 자본주의 경제 체제의 속성을 대변하듯이, 옛날과는 천양지차이고, 일수쟁이들도 그 돈 거래 규모는 엄청나게 다르다. 심지어는 억대 단위의 돈을 굴리는 소규모 사채업자에게까지 급전을 돌려주기도 한다니 알조다. 그런 예외는 또 다른 화두이므로 일단 따돌리기로 한다면, 대개의 일수놀이꾼은 인근 상가의 5층짜리 건물을 두어 채씩 갖고 있다는 소문이 정설에 가깝다. 벌써 외형상으로도 확고한 직종이자 착실한 '직업'이며 생업으로서의 업무도 '상담'과 '수금'과 지인지감력 같은 전문 기능인으로서의 경력에다 고객 관리의 요령까지 익혀야 할 터이므로 웬만한 금융업 종사자보다 업무적으로는 한 걸음 앞서가는 특수 전문직이라고 해도 전혀 무리가 없는 판이다. 그러나마나 수전노로서야 그지없이 유족한 형편이지만, 대개의 일수쟁이는 생리적으로나 또 생업상으로도 지역의 유지로 행세하는 법은 없다. 그저 돈놀이 그 자체를 다른 어떤 직종의 전문가 이상으로 떳떳하게 누리면서 불어나는 돈 액수 자체를 씨가 닳도록 즐길 뿐이다. 어렵게 셈할 것도 없지만, 셈할수록 요상하게 부풀려지는 돈의 신비스러운 마술을 즐기느리고 매일같이 약병 뚜껑만 한 도장밥을 거머쥐고 시장 바닥을 누비는 이 직업은 경기를 타지도 않고, 여타의 직종처럼 공연히 수선스럽지도 않다. 그냥 사뿐사뿐 인파를 헤치며 경기의 흐름을 면밀히 읽어갈 뿐이다. 아마도 그의 경기 체감은 어떤 경제 지표보다 더 생생하고 믿을 만할 게 틀림없다.

  그런데 이 희한하게 편리한, 그러나 후져빠진 돈놀이업이 이제는 훨씬 더 세련된 형태로 '가지 뻗치기'를 해서 '돈 쓰는 세상살이'를, '돈에 치여 사는 사람살이'를 만들어가고 있다. 이른바 '카드 회사'로부터 푼돈/목돈을 자주, 연거푸, 그 액수도 일수 돈놀이와 비슷하게 제한적으로 빌려 쓰고, 그것을 기한 내에 갚느라고 통칭 '서빙 일'이라는 시간제 품팔이 노릇에 명줄을 달고 사는 남녀노소의 경제활동, 이런 급전 꾸기/갚기 행태가 '직업=일=생업=경제활동'이라는 이야깃거리의 가장 딴딴한 기초 단위인데, '현대성'의 실물=현장은 바로 이런 것이다.

  돈 기갈증의 해소책과 돈놀이의 치부책에 따르는 이런 시류적 변모 양상을 어느 정도까지 알았다고 해서 오늘의 특이한 현상 중 한 항목을 완전히 습득했다고 할 수는 없겠으나, 적어도 현실의 냉혹한 단면에 대한 이야기의 주체 곧 화자의 이색적인 안목은 한결 돋을해졌다고 할 수 있다. 이야기를 보고 느낀 대로 옮기는 과정, 곧 '조작'에서 해학적으로 빚어낼지, 냉소와 야유와 비아냥으로 그릴지는 다음 문제이고, 화자의 현실 투시력이 어떤 특정 현상의 본질 이해를 통해, 개개인의 '밥벌이=일=생업'에 주목하는 관심벽이야말로 이야깃거리 찾기/좇기의 관건임이 명백하다.

  논의의 골자를 정리해보면 '이야깃거리 찾기-이야기 꾸리기'의 주체는 현실 감각의 파지에 관한 한 어떤 수고도 아끼지 않아야 하는데, 영민하나 되바라진 '아이'(=미성년자)라는 소재, 평범한 '주부'의 이상한 개인적 버릇 및 심인성 증후 같은 디테일, 군인, 공무원, 교사,

회사원 등이 더러 봉착하는 일상의 파행과 그들의 느닷없는 소재지 일탈 따위의 이야깃거리가 아주 흔한 소재임은 익히 보는 바 그대로이다. 그런데 그런 이야기가 진부해진 것은 예사로운 '밥벌이=일'을 거의 무의식적으로 끌어왔기 때문이며, 그런 '직업=생업=일거리'의 종사자가 펼칠 이야기의 '내용'은 어차피 기왕의 숱한 '조작물'과 어슷비슷해질 소지를 선점하고 있는 게 아니고 무엇인가.

'일=생업'에의 주목을 통한 이야깃거리 찾기는 아무리 강조해도 지나치지 않는다. 다들 익히 알다시피 대학생, 주부, 노파, 중늙은이, 미혼 여성, 정규직/계약직/임시직의 기혼 남성 등도 하나의 신분이면서 동시에 농부, 상인, 어부 이상으로 선명한 천직을 그들의 일신에 이미 두르고 있다. 이런 직업군은 '일'과 아울러 이야기 속의 '인물' 이전에 관심의 표적으로 조명을 받아야 마땅하다. 승무원, 자영업자, 점원, 배달부, 경비원, 각종의 교습소/강습소 강사, 보험 권유원 등은 무궁무진한 이야기의 주인공일 수 있는 것이다. '인물=캐릭터' 만들기의 근간은 사실상 '일=생업=천직'이 반 이상 도맡고 있다고 해도 과언이 아니다.

다들 알듯이 똑같은 '일'에도 그것 나름의 변별점은 있게 마련이며, 그것 자체가 벌써 이야깃거리/이야기의 창고임은 재론의 여지가 없다. '미혼 여성'과 '경비원'은 신분인 동시에 그 생업이 이미 각별한 이야기를 마르지 않는 샘물처럼 속속 만들어내고 있는 셈이다. '홀아비'와 '이혼녀'에게 어떤 '개성'을 고정시켜주기도 전에 제멋대로 제 이야기를 떠들고 나타나듯이 그럴 수밖에 없다. 물론 그런 직분과 신분은 벌써 특별하고 고유한 '성격', 곧 '일반성'을 팔자처럼 거느린다.

그 타고난 팔자 같은 '신분=일'에다 자신만이 두르고 있는 선별적인 '예외성'을 덮어씌우면 소기의 '인물'이 탄생하는 것이다. (말이 나온 김에 앞질러 간단히 언급하고 넘어간다면, 어떤 '인물=성격'의 창조는 '전형화'로 나아가는 길목이므로 모든 '남자'는 일단 남자다운 말버릇과 같은 '관습=관행'을 좇는다. 그런 '관습=관행' 좇기는 상투화의 다른 말인 동시에 그 이면에는 반드시 '전형화'가 내장되어 있다고 할 수 있다.)

위의 실례에서도 드러난 것처럼 돈을 빌려주고 이자와 함께 되돌려 받는 숱한 관습이 한 사회의 금전 유통망을 명확히 규정하고 있는데, 이것이야말로 얼마든지 새로운 '해석'의 여지를 열어놓고 있는 '텍스트'에 값한다. 대개의 통속소설은 여전히 그런저런 관습들에 철저히 아부한다기보다도 왜 그것들이 떠받들어져야 하는지도 모른 채, 아무런 반성 없이 붙좇고 있다. 대체로 잘 꾸려가던 사업체가 '망명정부의 유가증권' 같은 부도수표/부도어음을 거머쥐고 졸지에 파산하거나, 친구의 빚보증을 쓴 진티로, 계주가 곗돈을 움켜 쥐고 야반도주하는 바람에 주요 인물의 불행과 박복이 이처럼 장황해졌다는 식으로 엮이는 사례가 그것이다. 실제로 그런 실례가 흔해빠졌긴 해도 그 부당한 불운은 전적으로 피상적인 '관습'에의 복종일 뿐이다. 그런 물이꾸럭질이나 더넘질은 물론 제도=관행의 잘못 때문에 덤터기를 덮어쓴 것이지만, 그 못나빠진 관습에 여일하게 복종하는 인사(人事) 및 인정이야 어쩔 수 없다 하더라도 그것을 한번쯤 포달스럽게 버르집어보지도 않고 그대로 베껴서 유포시키는 '창작 행위=문잣속' 일체는 분명히 타기시할 만한 사기적 행태인 것이다. (이런 비근한 '이야깃거리-일화-

이야기'의 무반성적 횡행은 지금도 여전하다.) 그 바로 뒤쪽에는 '타성-관습-상투에의 반발'로서 그 따위 지다위질을 조근조근 징치하는 일갈도 없지 않다. 곧 시장 바닥에서 자수성가한 한 노파 일수쟁이의 푸접스런 언변이 그것인데, "돈을 떼여? 왜 어쩌다가, 우리는 아직 그런 말을 몰라, 사람보다 돈이 더 중하잖여, 그러고도 돈 가난이 안 들면 그게 되려 이상하지, 떼일 돈이 있으면 도대체 얼마나 큰손이라는 소리여"라고, 이런 탈관습적 '말'(=이야깃거리)이 아직도 엄연히 유통되고 있다는 사실이야말로 '소설감=이야깃거리'임을 확인시켜준다. 이상의 모든 이야깃거리도 결국은 '일=생업'을 예의 주시함으로써 이야기와 인물(=성격)의 자연스러운 태동을 불러온 '실적'이 아니고 무엇이겠는가. '생업'과 '성격'은 서로가 서로를 반쯤씩 규정하고 있는, 상부상조하는 관계일 뿐이란 소리다.

주체적 화자(=개성적인 이야기 진행자)의 이목을 끌 만한 현실과 그 속의 여러 쓸 만한 '현상=일'은 당연하게도 복합적이며, 중층적이고, 혼성적이다. 그러므로 그 '일=생업=종사자'마다에 배어 있고 얽혀 있으며 층층이 쌓여 있기도 한 여러 관성, 예컨대 '교사'의 네모반듯한 언행 일체라는 '전형성'에다 한쪽 발만 걸쳐놓고 호시탐탐 뛰쳐나올 기회만 엿보고 있을 게 아니라 그 앞에서 면종복배하는 자세야말로 '이야기' 짓기에서의 갱신과 그 좀 유별난 조작물의 색다른 그럴듯함을 강구하는 요령인 셈이다. '교사'이면서 그 생업, 곧 매일같이 일상적으로 매달려서 꾸려내는 그 '일'과 함께 그것으로부터의 일탈은 어떤 새로운 '인물'의 태동을 기약하고 있다.

이미 대략적으로 밝혀진 것처럼 반(反)현실적, 반관습적이 아니라 탈현실적, 탈관습적 이야기 짓기는 저절로 어떤 아이러니를 예비-함유하고 있을 뿐만 아니라 그것의 진실한 면모와 장면마다의 현장감을 자동적으로 엉구어간다고 할 수 있다. '사람=생업'에의 착목은 이처럼 막강한 '이야깃거리' 발굴의 진원지이므로 현실과 관습의 권력이 얼마나 드센지를 되돌아보게 만드는 계제이기도 하다. 이와 같이 개개인의 겉옷에는 그들만의 '신분=일=직업'에 따르는 여러 관행을 걸치고 있으며, 그것에의 숙지는 이야기 짓기에서 필수적인 체력이자 기본 자산이 된다.

그러나 모든 이야깃거리의 수집가는 근본적으로 무식하고(숱한 직업과 그 업종마다에 따르는 고유한 작업의 '성격'에 대해 작가는 거의 문외한일 수밖에 없다. 아무리 자료 조사를 한다고 하더라도 결국은 오십보백보다), 무능해서 '현대성'을 익숙하게 알아갈수록 점점 더 미궁에 빠져들게 마련이다. 상투적인 현실의 막강함, 그 골격인 '관습=제도'의 불가항력적인 득세, 인과관계를 제대로 파악하기조차 힘든 '일'과 '인간'의 치열한 영역 다툼을 읽어내기도 힘들므로 옳게 '해석'하기는 거의 불가능한 것이다. 이처럼 '복잡다단한 체계화/선별 만능의 획일화'(이 두 '현대성'은 각각의 수식어와 피수식어가 말 그대로 모순관계다) 일변도로 치닫고 있는 현대의 속성은 아이러니 그 자체라 할 수 있고, 그런 희비극적 장면과 정황을 끊임없이 확대재생산하고 있음은 주지의 사실이다. '분업'의 연쇄가 모든 인과의 회로를 곳곳에서 차단하므로 도무지 납득할 수 없는 정황이 계속해서 불거지는 국면의 연속이 바로 현대의 정상적/비정상적 회로이자 생활상인 것이다. 이를테면 이혼 소송을 전문적으로 취급하는 민완 변호사가 의외로 100년 앞을 내다봐야 한다는 조림학(造林學)/휴양림과 생태지리에 밝아야 하는 작물학(作物學)/화훼원예에 전문가 뺨치게 박학할수 있겠는데, 그의 '생업=인격'이라는 어떤 전형성이 분업과 취미활동의 과부하로 말미암아 오리무중 상태로 탈바꿈했다고 하겠다. 이러니 아이러니는 현대생활의 본질적인 구성 인자로 비치기도 하며, 이런 복합적/중층적/혼성적 '현대성'의 기저에는 '일-분업'이 인간의 본성을 바꿔놓고, 급기야는 교사, 변호사 같은 생업의 속성까지 어느 정도로 깔아뭉개고 있는 것이다. 그러므로 선생다운 '교사'의 속성을 그려야 하지만, 그만의 탈생업적 면면을 통해 현대성의 미궁을 파헤쳐가는 조작술은 현대소설이 추종해야 할 제1강령이라고 해야 옳다.

(후술할 '인물' 그리기를 만부득이 여기서 맛보기로 잠시 집어넣으면) 관습에의 복종이라는 '세속성=상투성' 깔기는 어떤 '인물'의 전형성 양각에는 더없이 맞춤한 이바지가 되지만, 그런 주요 인물의 신분, 직업, 성별 같은 속성은 버려야 하는데 막상 버릴려니 아까운 구닥다리와 같다. 모든 '성격'이 그만의 장점과 단점을 갖고 사람 행세를 곧잘 하는 것처럼 자신의 신분이나 소임에 맞춰 드러낼 수밖에 없는 상투성에 철저히 복무하면서 한편으로는 특유의 기질이나 관심 분야나 취미활동 때문에 남다른 그 전형성을 감추고 살아가는 것이다. 그 전형성은 모든 '버릇=관습'과 마찬가지로 아무리 감추려고 조심해도 결국에는 비집고 나타난다. 서로 어긋나는 이 두 측면을 얼마나 자연스럽게 그려내느냐 하는 것이 '일=생업'과 '인물-성격' 만들기, 나아가서 '이야기' 꾸리기(=조작술)의 제1과제임은 유념해둘 만한 사안이다.

비근한 실례로는, 매일같이 짜장면 한 그릇으로 점심을 때우는 예의 그 일수쟁이 노인네가(그의 내자도 하루걸러 한 번씩 시장 바닥을 누비는 '일=업무'를 분담하고 있다), 당선 가능성에 대한 주술적 믿음으로 총선 때마다 입후보자로 나서는 그 지역의 반미치광이 유지에게는 꼬박꼬박 '촌성(寸誠)'이라고 손수 쓴 흰 봉투에다 '단돈 한 장'의 거금을 넣어 건네야 하는 우스꽝스러운 광경도 그것이다. 수전노라는 일수쟁이의 '상투성'에도 불구하고 오랜 인정에 얽매여 어쩔 수 없이 그러는데, 다른 한편으로는 매일 같이 시장 바닥을 헤매야 하는 반(半)불법적 영업활동의 찌그렁이부림에 대비하는 그런 액막이 부적 같은 '정치헌금' 행위를 놓치고 만다면 '성격' 창조에서 어떤 전형성을 정확히 반 정도는 놓치게 되는 것이다. (물론 '이야기' 전체의 골격도 반 이상 흐슬부슬 까부라진다.) 더 쉽게 말하면 '성격'의 그런 이중성을, 상반되는 두 성질 내지는 감정의 병존을 조명하는 것이 아이러니의 부각을 도모하는 데 결정적인 이바지가 된다. 상투성과 전형성 중 어느 쪽이라도 소홀하면 '성격'은 반 동강이 나고 말며, 그런 인물은 이미 사람이 아니라 유령이므로 옳은 '캐릭터'일 수 없다. (물론 통속소설에는 한 가지 '성질'만을 보여주는 '캐릭터', 소위 그 '평면적 인물'들이 한사코 거들먹거린다.)

뿐만 아니라 그의 헙수룩한 내자가 쉰 해 이상이나 칙살맞은 자린고비 영감과 티격태격거리며 살아오다 시나브로 얻어걸린 고질의 허리 디스크와 싱크대 앞에만 서면 '저 껍데기 같은 영감탕구' 운운하는 구시렁거림증이나 시장 바닥에 나갔다 하면 아무 노점상 앞에서나 퍼대고 앉아 헐렁한 치마바지 말기를 끌러놓고 떡, 잡채, 홍시, 순대, 수정과 따위를 게걸스럽게 포식하는 주전부리질도 당연히 어떤 '상투성/전형성'을 동시에 아우른다. 그것은 현대성의 한 단면으로 악착같고 이악스러운 '일=생업'에 주눅든 약자의 포원풀이라는 점에서 걸맞은 아이러니라고 할 만하다. 그러므로 '일=신분'을 갖고 있는 모든 '주인공'은 복잡 미묘한 현대성과 닮은꼴이라야 비로소 제 구실을 다하는 것이 된다.

다면화에 뒤이어 끊임없이 세분화되어가는, 차라리 분말화로 치닫고 있는 듯한 오늘의 힘 좋은 현실은 어디에서라도, 어느 직장이나 일터나 집 안에서나 그 임장감이 워낙 다채롭고 강렬하다. 분업이 미진했던 옛날처럼 어떤 단일색이 현격하게 가뭇없어졌다는 말이다. 이런 변모에 부득불 대응하면서, 때로는 억지로 기신거리면서, 대체로는 마지못해 고분고분하면서 살아가는 인간의 일반적인 심성 자체는 어차피 어디로 튈지 알 수 없는 불똥과 같다. 그 어지러운 난반사를 어떤 식으로 간추려서 읽든 그 스펙트럼은 현실의 한 얼거리로서의 '관습=제도'에 대한 조촐한 저항일 뿐이다. '일'로서의 그 행색, 그 동선이 닿는 곳에 현대소설의 홀씨가 숨어 있다.

인간의 모든 언행은 일차적으로는 현실이라는 거울에 비친 자기 전신상에 대한 저항일 수밖에 없고, 대개는 이미 항복 문서까지 써놓고 덤비는 부질없는 몸부림이다. 그런 제가끔의 저항은 가짜/임시 화해로 이어지거나, 무력하게도 일찌감치 투항을 예비하고 있는 장기간의 불화로 치닫는다. (이런 정황 자체가 소위 부조리극/상황극의 한결같은 원형임은 알려져 있는 그대로다.) 관습의 내구연한이 인간의 평균 수명보다는 훨씬 더 길기도 하려니와 씨돼지 같은 유사종인 인습, 관례, 습속 따위를 퍼뜨려서 별종의 인간뿐만 아니라 그들의 우쭐한 개성마저 순화시키는 데 빈틈이 없기도 해서이다. 아이러니는 그런저런 난반사 일체를, 스펙트럼의 여러 측면을 주목함으로써 빚어진다. 그것은 더러 쓰라린 억울감, 체념에 겨워 지낼 수밖에 없는 일상, 폭압적인 여러 강제로 말미암은 장단기적 삶의 덧없는 포말이 되기도 한다. 개개인의 희비극적 명운은 '신분/성별'에서, 뒤이어 정서화/사회화 과정을 겪으면서는 어떤 '직업＝생업＝일'이라는 굴레에 묶임으로써 하나의 개체적 '실상'이 규정된다. 모든 이야깃거리/이야기는 인간과 '일'이라는 이분법적 도식을, 그것을 그렇게 묶어두려는 여러 억압을, 더불어 그 마찰을 그리는 일로서의 문장화일 뿐이다.

제3장 2절의 요약

(1) 모든 이야기의 토대에는 '인간'과 그가 매일같이 꾸려내는 '일'과 그 동선이 깔려 있다.

(2) '일'은 우선 한 인간의 성별, 신분, 연령대를 한정하며, 나아가서 직업/생업으로 확대되고, 어느 특정 직종은 나름의 '관습-제도'에 묶여 있다. '교사'라는 직업인은 그 고유의 전형성을 스스로 누린다. 그런 '전형성'('속성'은 전형성의 하위 단위쯤 된다)의 이면에는 그 사람만이 가진 '예외성'이 있게 마련이며, 그의 '성격'에는 반드시 교사답지 않은 면도 있을 수 있다. 그 양의성은 대체로 '일'을 통해 드러난다.

(3) '현대성'의 착종 때문에 어떤 직업인의 '전형성'은 흔히 탈일상적 면면을 드러낸다. 사람/사건의 '성격'은 이 전형성과 탈일상성을 아울러 그리면서 부분적으로 걸러낸 실상이다.

(4) 신문/휴대폰을 통해, 직장/학교/모임 등에서 들은 소문, 풍문도 이야깃거리이긴 한데, 거기에다 용모, 살, 피, 신경, 심중의 얼룩인 정감/정서를 덧붙여야 비로소 '이야기'라는 살아 있는 유기체로 떠오른다. '이야깃거리'와 '이야기'를 분별하는 안목 키우기가 이야기 짓기의 관건이다.

(5) 실업자도 돈 빌리기/쓰기와 멍때리기 같은 '일'로 일상을 메꾼다. '일'이 이야기의 주인공이고, 사람은 '일'의 노예이며, 성격/개성은 '일'의 옷거리에 지나지 않는다.

3. 이야기와 소설은 다르다

이야기는 말을 주장(主張)으로 삼고, 소설은 독백과 속말 따위는 물론이거니와 두 사람 이상의 주거니 받거니 하는 대화를 비롯해서 흔히 '지문'이라는 설명을 과도하게 덧붙인다. 이 '지문=설명(=서술문)'은 대체로 평서문으로 작성되는데, 어떤 행위, 사고(思考), 사건, 말썽, 고충, 불행, 도락, 노고, 고민, 내막, 사실, 사람/사물의 성질, 감정, 견해, 비판, 기억 같은 여러 종류의 이야깃거리를 좀더 자세하게 풀이하는 데 쓰인다. (이미 설명했듯이) 이야깃거리라는 재료의 집합체가 일화나 더 큰 규모의 이야기가 되기도 하는데, 소설은 그런 이야기 '들'의 유기적=기능적인 입체화나 종합화를 겨냥한다.

그러므로 모든 이야기는 한편의 소설을 완성시키기 위해 대중없이 중간중간에 끼어들 수 있고, 그런 간섭성=밀착성이 그것의 천품이다. 이야기는 '일'처럼 연속적이면서 동시에 단속성을 지닌다. 그래서 '이야기'는 단편, 일화, 삽화, 에피소드 같은 다른 말로 가늠해야 오히려 그 정체가 뚜렷해진다. 그러므로 이야기'들'은 언제라도 다양한 형태로 한 편의 소설 속에 무수히 숨어 있으면서 서로를 보듬고 밀쳐내기를 거듭한다. (단편, 장편 같은 장르 구분과는 상관없이 크고 작은 이야기들이 각각의 영역을 화기애애하게 분점하고 있는 셈이다. 당연하게도 장편 소설이 단편보다 훨씬 많은 이야기 '들'을 갖고 있다고 할 수 있다. 그러나 예외적으로 사변思辨, 사설解說이 주저리주저리 이어지는, 옳은 행태의 이야기 가짓수가 상대적으로 훨씬 적은 일종의 '길고 지루한' 사유 골몰형의 관념소설도 있기는 하다.)

좀더 손쉬운 비유로 설명하자면, 이야기들이 인체의 각 부위처럼 저마다의 기능에 충실하다면 소설은 그런 부분들의 필연적인 관계망에 따라 어떤 '전신상'을 구현해내려고 암약하는 유기체와 같다. 적어도 그 부분들의 기능이 온전하게 작동하는지의 여부를 일단 논외로 친다면, 그 외형만은 여느 사람과 유사한 형용을 빚어내고 있는 셈이다. 그러므로 누구라도 나름의 이유와 필요에 따라 때맞춰 팔과 다리를 움직이지만, 그 행위가 어떤 개인의 온전한 위상에서 차지하는 비중은 극히 미미하다. 이처럼 그 소임과 자격에서 이야기와 소설은 부분/전체의 관계처럼 대별되는데도 불구하고 '이야깃거리/이야기'의 구실이 제멋대로 작동하는 창작물도 무수하다. 그 대종이 통속 취향의, 흥미 본위의 대중소설임은 말할 나위도 없다. 그런 서사물 속에는 연방 사랑, 질투, 이별이 난무하고, 정신적/육체적 모험, 지적/성적 갈등이 구구절절이 그려지지만, 그것은 아랫배만 들썩거리는 호흡 기능에 겨우 충실한, 그러나 정신활동은 내팽개치고 있거나 피상적으로 흉내만 내는 그런 불균형 상태를 한사코 조명한다. 그것은 전신상이 아니라 부분도이며, 그것도 특정 부위와의 지루한 밀착과 그 따분한 반복에 지나지 않음은 아는 바 그대로다. 당연하게도 그런 실적물에는 다양한 유기체로서의 '세상=사회상'과 인간과의 접점, 곧 그 유기적 관련성이 간과되어 있다. 한쪽에 집중하느라고 다른 쪽에는 저절로 무심해져버린 것이다. '머리'만 우뚝하다거나 '하체'만 튼실하다는 식의 편향적 이야기의 쇄도가 그것이다. 편식이 건강에도 좋지 않지만, 그 지루한 반복에 지치지 않는 증상 자체가 이미 병적이기도 하다. 어쨌든 그것은 납작한 평면일뿐이지 이면과 음지가 있는 지구처럼 둥그런 구체(球體)가 아니다. 소설은 둥글기도 한 사람과, 밝고 어두운 사회와, 낮과 밤이 번갈아 갈마드는 세상의 형상화에 도전, 매진하는 것이다.

'현장=현실'의 조명과 그 성과에서도 이야기와 소설은 현격히 다르다. 이야기가 그 윤곽만 웬만큼 알아보도록 펼쳐놓은 평면도라면 소설은 여러 이야깃거리를 온갖 수단과 방법을 다 동원하여, 대다수 독자의 일반적인 독후감과 작품 자체의 질적 완성도가 얼추 비슷하기를 기약하는 나름의 투시도와 같다. 투시도에는 평면도와 달리 그 배경과 원근법이 입체감 좋게 들어앉아 있어서 제멋대로의 상상적 평가를 지레 밀막고 있기도 하다. 녹음된 음성과 영상으로 사실감을 최대한으로 살린 텔레비전 방영용의 어떤 다큐멘터리물은 직접 체험에 따른 '과학기술적인 서사물로서의 한 자락 이야기'라고 해야 옳겠는데, 그 3차원적 내용물 전반에서 마구 쏟아내는 이미지마저 어딘가 가상적, 대체적, 초월적 현실 같다는 인상을 지울 수 없다. 따져보면 그 뛰어난 임장감에는 어떤 '배경'이 빠져 있다. 여기서의 배경이라면 현란하게 펼쳐지는 화면 속의 현실이 있게 된 근원, 곧 그 인과를 말한다. 그것을 '말=음성언어'로 들려준다고 해도 현실감으로서의 어떤 호소력이 떨어지는 것은 결국 화면상으로만 보여주는 사실적인 이야기의 성분 자체가 가진 평면성 때문이라고 해야 할 것이다. 평면은 입체가 저절로 누리는 명암, 굴곡이 부분적으로 삭제되어있으므로 어떤 '곡절, 사달, 갈등'이 비집고 들어설 자리가 없다고 할 수 있다.

'배경'의 장치술은 장르 감각의 미달과도 통한다. 다 같은 그림이지만 만화에는 배경이 있다 하더라도 대단히 소루한데, 그것은 그 장르만의 장기이기도 하다. 흔히 '소재=이야깃거리'의 취사에서, 또 소묘 기법에서 생략과 과장을 일삼는 만화의 '배경'에의 집착, 그런 정보력의 과시는 그 장르만의 장기를 둔화시킬 수 있다. (이른바 명작 소설을 '극화'한 만화는 다른 장르로 분별해야 옳다.) 그러나 모든 유화나 채색화는 가능한 한 원근법을 살리면서 압도적인 입체감을 드러내기 위해 '배경'을 아끼지 않고 배치한다. 이제 이 '배경'이 여러 '사물'을 분별하여 제 품 안에 적절히 장치하는 만큼 같은 물건이라도 놓이는 자리에 따라서 그 크기가 판이해진다. 원근법을 살려야 하며 생생한 현실감에 다가가야 하기 때문이다. (후술할 테지만, 이것이 '공간 감각'이며 그 연장선상에 '미의식'이 작동한다.) 일회성에 그치는 '죽음'이나 부자(父子) 같은 인연, 재생력이 좋은 사랑과 번민 등이 소설 속에서는 대체로 그 크기도 다르고 제자리 지키기에 급급하지만, 이야기나 다른 서사물에서는 그것들이 터무니없이 과장되어 있거나, 요긴한 디테일을 고의적으로 빼버리거나, 지나칠 정도로 반복을 거듭함으로써 저절로 현실과 일정하게 동떨어지기에 이른다. 그러나 소설은 어떤 '구도감=구성력=플롯 조작력'에의 경주를 생명선으로 지켜야 하므로 그런 일탈을 허락하지 않는다. 왜냐하면 그 대열에서의 낙오는 바로 '진짜 현실=경험세계'의 재현력 상실을 뜻할 수 있어서이다.

(실제로도 '글이 죽어도 안 써진다'거나 '왠지 뭣이 꽉 막혀서 도무지 이야기가 안 풀린다'는 풀 죽은 토로는 '배경' 일체의 배치 감각에서 착종이 드러나고 말아 그렇다고 여겨지는데, 대개의 '조작자'는 시먹어서 당장에는 그 미숙/미달을 인정하지 않는다.)

조작력의 발휘에서 모든 화자는 다소간의 축소/확대를 자유자저로 구사할 수밖에 없는데, 이 경우에도 이야기와 소설은 제한적인가 하면 확대지향적 성향을 띠는 듯하다. 이야기가 작고 소설이 상대적으로 클 뿐만 아니라 이야깃거리들/이야기들의 총체라는 '복수적' 성격 때문에 그런 것이 아니라 한쪽은 '사정'만을 제한적으로 주목하기에 급급한 데 비해, 다른 쪽은 이야기끼리의 얽히고설킴 때문에라도 사고력, 상상력, 추리력을 연방 덧대서 어떤 정리벽에 이르는 '경과'에 매진하는 것처럼 보인다. 사실상 모든 이야기의 '사정'은 인정(人情)을 빼놓고는 이해하기 어렵다고 할 수 있다. 그런데 세상살이/사람살이에 두루 통하는 인심 차원의 그것은 사람마다 제가끔 다른 본디 마음에 따라 유별나다. 쉽게 말해서 '인정 쓰기'는 보기 나름이고 구구각색이라서 어떤 '사정'에 대해서라도 각자의 개성적인 '이해→각색→해석'을 낳을 수 있다. (대규모 재난을 겪고 범국민적 성의의 모금까지는 '사정'이므로 거의 일방적인 이해가 통용되겠으나, 그 갹출 행태라는 '인정'의 구현에 대해서는 여러 해석이 도출될 수 있다.)

그러니까 소설은 어떤 이야기들의 '사정' 곧 그 우여곡절, 사달, 우발적/필연적 결말에의 주목보다는 그런 '경과' 일체에 특정 화자를 내세워 그만의 관점으로, 그 자신만의 개성적인 '인정'으로 관찰, 청취하는 도락적 자세를 늦추지 않는다.

다른 사례로 보충 설명이 따라야 할 대목인 듯하다.

현실은 상투적인 표현대로 겉 다르고 속 다르다고들 한다. 바로 곁에 두고 매일같이 또 매시간 촘촘히 읽고 있음에도 불구하고 우리는 현실의 겉이든 속이든 제대로 알지도 못한 채 그냥저냥 알거냥하면서 살아가고 있다는 말이다. 문학이 현실의 전모를, 그 진정성을 기어코 밝혀내려고 악전고투를 불사하는 인간의 다소 무모한 도전으로 비치는 것도 같은 맥락이다. 어쨌든 사람 마음도 그렇지 않을까 싶고, 상대방의 말을 액면 그대로 믿을 수 없는 것도 대체로 한 본이랄 수 있다. 실은 현상과 본질은 애초부터 함께 따질 범주가 아닌, 두동지는 대상이다. ('현상'이 관계로서의 '실체'라면 '본질'은 양상으로서의 '필연'이라서 사유의 형식이 다르다.) 왜냐하면 모든 현상은 '역사적 문맥'이라는 비장의 유전 인자를 좀체 드러내지 않고 있어서다. 어떤 '현상=사정'에 대한 이해에서 피상적인 면면이 두드러지는 경우는 그 '무엇'의 존재감에 대한 태무심이나 몰이해 때문임이 명백하다. 신문을 비롯한 대개의 기록물이 일정하게 경조부박(輕佻浮薄)한 문맥으로 도색되어 있음은 '현상' 자체에의 피상적/편견적 주목으로 자족하고 있기도 해서이다.

소설은 이야기'들'의 얽히고설킴을 곱다시 만들어가야 하는 자체적 사명 때문에라도 여러 '사정'의 인과를 추적한다. 그 연쇄를 통한 어쩔 수 없는 '사정'의 필연적인 드러남이 어떤 '현상'에의 피상관찰을 어느 정도까지는 제어하고 있다. 어떤 '사정=현장=현실'의 부분에 대한 다각적인 관찰, 이해, 해석이 따르지 않는 이야기는 가벼운 읽을거리로서의 대중소설일 수밖에 없고, 그 속의 내용이 선행의 그것과 어슷비슷한 진부성, 말, 글, 장면의 되풀이가 심한 반복성, 한쪽 면만을 확대 조명하는 침소봉대성, 인물/사물에 대한 곰곰찮은 부실성 등으로 한결같음은 '본질 탐구'에의 회피 근성과 무관하지 않음은 새삼스레 강조해둘 만하다.

제3장 3절의 요약

(1)소설은 이야기 '들'의 종합화를, 결국 유기적 조작화를 겨냥한다. 그래서 이야기가 평면도라면 소설은 입체도와 맞먹는다.

(2)소설은 '사정＝현상＝현실'에 대한 관찰-이해-해석을 최대한으로 확보하여 '본질'의 진정성을 알아보려는 탐구다.

(3)대중소설은 이야기 '들'이 아니라 '이야기'의 중복/반복을 통해 평면도처럼 한쪽 면만을 강조해 보임으로써 이야기끼리의 유기적 '결합'을 꾀한다기보다 '나열-연쇄'에 그치는 본보기에 값한다.

4. 이야기 꾸리기의 여러 갈래

    단편이든 장편이든 길이에 상관없이 어떤 이야기의 '작품화' 과정은 어차피 다음과 같은 나그넷길을 밟을 수밖에 없다. 물론 모든 여로가 그렇듯이 왔던 길을 되돌아가기도 하고, 곳곳에서 잠시 다리품을 쉬어야 하며, 엉뚱한 험로에 갇혀서 한동안 헤매야 할 테지만, 그 고행길을 재미 삼아 즐기겠다고 작정하고 나서면 별로 어려울 것이 없다. 다른 도락거리에 비하면 다가갈수록 정상(頂上)이 가물가물 멀어지는, 그래서 정진을 거듭할 수밖에 없다는 점도 이야기 꾸리기/짓기의 마력일 것이다.
    차제에 달리 한정한다면 '이야깃거리'는 이야기의 한낱 구성 요소에 불과하므로 단어/구(句)/절(節)까지로 그칠 수도 있다. 이를테면 상대방을 물끄러미 바라보는 '긴 눈길'의 한 여자와 그녀의 호기심 많은 소년다운 '눈매'는 아직 단어/구에 불과할 뿐이어서 이야깃거리로 자족해야 한다. 그러나 그녀가 호프집에서 500씨씨 생맥주를 한 잔 받자마자 "손 좀 씻고 올게요"라면서 어딘가로 줄행랑쳤다가 10분쯤이나 지나 나타나서는 "벌써 봄인가봐요"라고 했다면, 이미 두 개의 이야기가 만들어진 것이다. 그러니 극단적으로 말해서 '한 문장'은 최소 단위의 이야깃거리일 수 있는 셈이다. 엄밀히 따진다면 다소의 무리는 있겠으나, 이런 선명한 이분법적 분별은 '이야기 꾸리기'의 진행이야 말로 '영감' 간추리기에서부터 불붙기 시작하며, 그것은 어떤 '광경=모습=정경=사정' 따위에 대한 정신적/심적 동요를 어떤 '말'로든 정리해내려는 고심임을 일러준다. 그런 '말'은 '단어→구→절→문장→문맥→문단'의 순서로 확대되면서 이야기로서의 그 윤곽이 잡혀간다고 할 수 있다. 그 작은 이야기가 모여서 일화를 빚어내고, 그런 일화들의 총체적 군집이 한 편의 소설 꾸리기로 이어질 테지만, '일화 자체가 벌써 한 토막의 '이야기'이기도 하므로 혼란과 번거로움을 피하기 위해서라도 '작은 이야기'로 대신하거나 '이야깃거리'가 그것을 부분적으로 감당할 수 있을 것이다.

다시 논의의 원점으로 돌아와서 이야기를 어떻게 꾸리느냐 하는 과제는, 앞에서도 언급했다시피 이야깃거리를 문득 골라내는, 또는 얼핏 떠올릴 수 있는 '영감' 불러내기에서 시작할 수밖에 없다. 그것은 어떤 대상을, 남들이 놓치고 있는 어떤 현상을 주목하는 기량의 성숙이다. 쉽게 말해서 안목의 개발이라고 일컫는 그것이다. 이 안목키우기는 말처럼 쉽지도 않을뿐더러, 또 단시일 안에 이루어질 수도 없다. 더욱이나 안목의 수준이 어느 정도인지를 측정할 수 있는 잣대가 여러 개나 있다는 것도 난점이다. 제재(題材)를 좇는 안목에 관한 한 '공교육 파탄-과외 성행-입시 망국-인간 실격' 같은 과격한 화두를 다루는 것에서부터 남녀 간의 삼각관계 같은 난잡하나 '고전적인' 추문에 코가 빠져서 쩔쩔매는 경우까지 가지각색의 '시각'이 지천으로 널브러져 있다고 하겠는데, 그중에서 과연 어느 쪽 안목이 높다고 할지를 함부로 말하기는 어렵다. 어느 것이라도 그것이 세상의 사정과 사람의 인정인 한 '원재료'임에는 틀림이 없으므로 써먹기에 따라 얼마든지 먹음직한 음식을 만들어낼 수 있어서이다.

어떤 먹을거리라도 힐끔거리는 이런 '이야깃거리 발굴 강박증'은 모든 이야기꾼의 기질적 특성이자 창작 의욕이랄 수 있겠으나, 그런 정열도 작품 수와 나잇살이 성큼성큼 불어남에 따라 어느 한쪽으로 쏠리게 마련이다. 그런 성향은 각자의 '취향-관심'을 대변하면서 어떤 특정의 '작품세계'를 열어가는 이정표가 된다. 물론 자신만의 특별한 '작품세계'를 가지기도/유지하기도 여의로울 수는 없는데, 적어도 그 것을 염두에 두고 있는(그런 '지향점'이 없이 상투어대로 정처도 없이 마냥 떠돌아다니는 작가/작가 지망생이 의외로 절대다수다. '돈'이 될 만한 장사면 아무것이라도 집적거리는 장돌뱅이가 타고난 돈복 많은 사주팔자로 잡는 일마다 잘 되어서 큰돈을 번다면 그런 다행이 없겠으나, 대개는 그 다리품에 비해 손에 거머쥐는 소득은 보잘 것이 없다) 주체라면 세상사/인간사 전반에 대한 관심의 폭을 최대한으로 열어놓고 있으면서도 그만의 '전공' 분야 개발에 눈독을 들여야 한다. 그것은 고집이고 집념이자 개성이며 취향인데, 들인 공력에 비례해 상당한 안목의 성숙을 보장하면서 관심의 조리개 구실을 톡톡히 해낸다.

말을 줄이면 세상만사를 다 알아야 하면서도 하나라도 제대로 정통하려면 관심 분야를 축소, 조정해야 하는 것이다. '세상/인간'이라는 어마어마한 규모의 대상을 웬만큼 숙지해가는 한편 죄다 아는 체해야 하는 '포즈'에 길들어지면서 막상 어떤 이야깃거리라도 구뜰한 먹을

거리로 만들려고 덤비다가 즉각 스스로 선무당임을 자책하는 그런 겸손이 일상화될 때, 그 주체의 '조리개=안목'에 비친 삼라만상은 꽤 실팍한 보상을 받을 게 틀림없다. 부언컨대 젊은 시절에는 누구라도 지적 호기심이 천방지축으로 날뛰어서 이런저런 주제를 마구 집적거리지만, '작품세계'가 어느 정도 본궤도에 오르면 소위 '주제의식'에 일관성이 두드러짐은 명색 '개성적인' 작가일수록 현저하다.

  한편으로 그런 저런 이야깃거리를 채집하느라고 여기저기를 기웃거리다보면 거의 반자동적으로 직접 체험이든 간접 체험이든 그대로, '날것으로' 곧장 써먹을 수 있는 게 하나도 없다는 깨달음에 이른다. 물론 이 각성도 여러 차례의 시행착오 끝에 얻어지는데, 이런저런 인공 조미료나 잔뜩 뿌려서 '손님=독자'가 먹거나 말거나 내놓아보련다 하는 사람은 그 기질상 다작주의자로 입신할 소질이 다분하다고 할 수 있다. 말하자면 제자리에서 마냥 맴을 도는 팽이 같은, 또는 머드러기를 골라내는 어레미를 아예 내팽개치고 한결같은 제재를 늘 고만한 솜씨로 우려먹는 조작의 명수도 의외로 많은데, 그 마모적 자기변호로서의 자위행위는 거의 신들린 푸닥거리라고 매도해도 좋을 것이다. (현실/대상의 파악에 관한 제 자신의 무능, 무지에 눈을 힘주어 감아버리는, 소재 발굴과 기법 개발에 늘 안이한 자세로 일관하는 '브신주의자'들에게 넘쳐나는 것이 하릴없는 근면성과 무모한 편집증뿐임은 보는 바와 같다.)

  또 다른 제재 골라내기의 한 방법으로는 이분법적 사고의 활용을 들 수 있다. 인간의 심상에는 흔히 상반되는 양가감정을, 앰비밸런스라는 원어로도 자주 쓰이는 특이한 심적 동요를 한편으로 즐기면서 다른 한편으로는 괴로워하며 갈팡질팡하는 속성이 있는데, 바로 그것을 그려본다는 자세다. (알다시피 사랑, 애국, 성공 같은 제재를 '일방적으로' 그리면 대중용 통속소설에서 범람하는 그 감상주의感傷主義의 무의식적 돌출이 되지만, 애국 행위의 반 이상은 가식의 '포즈'라는 상반相反되는 발상은 진실의 규명에 꽤나 근접할 수 있다는 요지이다.) 형상력의 바람직한 제고를 기약하는 이 방법론도 결국에는 어떤 상투화 내지는 도식화에 이르고 말지만, 그런 '도식 피하기'는 이야깃거리의 '질적' 비범성을 일단 챙길 수 있다는 이점이 있다.

'안목=시각=관점'의 다각화에 대해서는 좀더 자세한 설명이 덧대어져야 할 듯싶다. 이를테면 통상적으로는 이쪽을 주시하는데, 그것이 너무 지겹고 다들 그쪽으로만 몰려드는 꼴이 마뜩잖아서 그 대척점에 있는 저쪽을 굳이 쫓겠다는 '안목'의 개진이야말로 시각의 변주 능력이다. 어떤 인물의 성격, 어떤 사건의 정황, 한때의 시공간, 그때의 지배적 관점을 180도로 까뒤집어놓고 본다는 식인데, 그것은 발상의 일대 전환轉換을 의미한다. 실례를 들어보면 이렇다.

노동자들의 간난신고한 삶을 너도나도 앞다퉈 조명해대고, 그것이 한동안 '대세'로 독자의 인기와 과찬을 독차지하고 있다면 그런 '풍토=풍조'에 반기를 들기 위해서라도 억지로나마 그 반대편인 중산층의 무사안일한 나날을 눈여겨볼 수 있고, 또 그런 시선이야말로 문학의 자율성, 산문정신의 진정성에 대한 성실한 복무가 된다. 다시 말해서 이분법에 기대 비주류적 대상 일체를 톺아본다는 것은 문학적 '관습'이나 당대의 '유행 감각'에서 한발 물러서기라는 작가 나름의 세태관을 반영한다. 이런 반속反俗 취향조차 매우 도식적인, 작위적인 발상이라고 지탄, 폄훼할 수 있겠으나, 문학도 '현장=유행'과는 결코 무관할 수 없다는 바로 그런 시류영합적인 '세태 추수벽'에 저항함으로써 자기만의 독자적인 '작가세계'를 확보하겠다는 자세는 떳떳할뿐더러 작은 채로나마 작품의 독창적 개선을 담보하고 있기도 하다. 노골적으로 말하면 어떤 현상 곧 '대세'에의 관심은 어쩔 수 없이 피상적, 상투적, 고식적 시각을 전제로 한다는 점에서도 철두철미하게 체제추수주의의 탈을 덮어쓰고 있으며, 그런 발상에서 어떤 '창조성=전복성'을 기대할 수는 없다. 그런데 '비주류 편들기'라는 이런 관점의 개진은 어떤 현상의 이면을 봐야 그 본질의 일부나마 벗길 수 있다는, 아주 단순한 논법의 추인에 불과하다.

이처럼 이분법적 발상에 기댄 다른 쪽 봐주기, 또는 기왕의 '대서'에서 한발 빼기를 좀더 확장해보면, 그 실례로 들 만한 것은 무수하다. 곧 일인칭 화자를 써먹었다면 그다음 작품은 반드시 삼인칭 시점을 불러온다는 기법상의 변주 능력도 실은 '이야기 짓기'의 질적 개선이자 확산을 보장한다. (일인칭 소설만을 고수하는 작가는 그 완벽한 성곽의 주인으로 자족하는 득의가 돋보이지만, 동시에 스스로의 무능도 과시하면서 세상의 한쪽만을 보려는 미련퉁이에다 자기 멋에 겨워 지내는 조촐한 굴퉁이의 처신이 단연 우뚝한 쪽이라고 재단 평가해도 될 듯하다.) 또한 늙은이의 축축한 노추의 건너편에는 젊은 여자의 발랄하나 어리석은 행짜가 기다리고 있다. 돈 씀씀이가 헤픈데 요리 솜씨마저 젬병인 어떤 유부녀의 치부를 발가벗겨놓은 다음에는 자신의 재능은 물론이고 쇠털처럼 많은 세월과 시간조차 인색하게 쪼개 쓰는 홀아비의 소모적, 탈선적 일상을 도마 위에 올려놓아보는 것이다. 변덕스럽다고 해도 좋을 이런 뒤집어엎기 또는 이면 들추기, 이르는 바 대로의 '전복적 사고'는 뜻밖에도 현상의 뒤쪽인 본질에의 저돌적인 접근, 해명을 통해 상당한 진지성, 예외성, 독보성을 거둔다.

지금도 제법 그럴듯한 양식으로 인정받는 좌우 이데올로기의 대립으로서의 동족상잔극이었던 한국동란이 실은 땟거리 걱정을 눈앞에 달고 살아야 하는 피곤한 '일상'의 질주에 지나지 않았으며, 그 뒤쪽에는 돈 보따리를 놓지 않으려는 토호 건달의 도피 행각도 있었다는, 횡보 염상섭의 《취우》같은 작품의 전도된 주제의식도 그런 맥락의 탁월한 실적일 수 있다. 또한 당대의 협협한 도량으로, 그 빼어난 학벌/실력으로 자기 제자 챙기기에는 앞뒤를 가리지 않았던 최고의 석학이 남긴 문헌과 행적을 뒤적여봤더니 의외로 학계에서는 물신선이었던가 하면, 모르는 게 없었던 박람강기였다는 소문과 달리 반치기였고, 명문장이라던 글줄도 막상 뜯어 읽어보니 했던 말을 연거푸 또 해대는 되풀이에 이골이 난 사설쟁이임이 드러나고 마는, 이런 유의 소설적 관습인 '미궁 뒤지기'도 이분법의 설움 많은 서자(庶子) 보듬기인 셈이다.

이런 이면 들추기는 결국 당대를 풍미했던 온갖 명성, 유행 사조, 가짜투성이로서의 이데올로기, 신조, 가치관, 역사의식 따위를 점검·재조명하는 발판을 제공하며, 그 시대의 자화자찬족이 퍼뜨린 낭설, 곡해, 왜곡을 수정하는 데 혁혁한 이바지가 된다. 하기야 그 시대 전반의 주도적인 '형식-제재' 따위도 한낱 겉멋 들린 와륵(瓦礫)에 불과하다면, 그 반대쪽의 실험적인 '양식-소재'에의 경도라는 전복적인 사고야말로 특이한 이야기의 '조작-탄생'을 재촉한다고 하겠다.

오늘날에는 직접 체험의 희소가치가 예전에 비해 상대적으로 형편없이 떨어져 있음은 사실이다. 정보/지식의 대량 유통화 및 일반화, 노동권, 여권(女權), 여론(=집단 심성), 소수 의견 따위의 획일화 및 평준화, 개인별 경제력의 월등한 향상에 힘입은 여유로운 생활상의 일상화 및 표준화, 현대생활 특유의 의식적/무의식적 사고 행태 전반의 모방화 및 자기중심화 같은 기류의 범람 때문에 그럴 수밖에 없기도 하다. 이런 시대적 여건의 강제로 말미암아 자기만의 직접 체험은 이미 다른 사람들이 여러 차례나 치른 생경험을 되풀이하거나 흉내내는 데 지나지 않는다는 착각을 불러일으키게 한다. 그래서 어떤 종류의 개인적 직접 체험이라도 기시감의 번쇄한 뒤적임을 충동질한다는 이런 '공통 감각'은 이야기 짓기의 '개성화=자기반성화'에 일정한 걸림돌이되고 만다. 쉽게 말해서 직접 체험의 다발이 오히려 이야깃거리의 소멸을 재촉하는 이상한 양상을 빚어내고 있는 셈이다.

뿐만 아니라 간접 체험, 남의 생경험을 책자, 오디오, 비디오를 통해 제 것으로 지각화/의식화하는 기회도 거의 모든 사람에게 언제나 열려 있다. (다만 그 기회가 각자의 평소 취향과 사전 분별에 따라 선택적으로 조정될 뿐이다.) 크게 볼 때 간접 체험도 불특정 다수의 생경험의 재생이거나 반복이랄 수 있음은 그 내용의 진부성, 곧 어디서이미 본 것 같다는 느낌 때문이다. 그러므로 특정의 간접 체험이 그 당장에는 처음 보는 것 같다는 소위 미시감으로 와닿기도 하나, 그런 느낌은 일시적인 착각일 수 있다. 잠시 동안 머리를 흔들고 나서 곰곰이 따져보면 그 내용은 결코 낯선 것이 아닐뿐더러 '새것'과는 거리가 아주 멀리 떨어져 있음을 쉽게 간추려내고, 곧장 어이없어하는 경우가 허다한 것이다.

'독창적인' 세계를 직접 체험으로나 간접 체험으로도 맞닥뜨리기 힘들어지고 만 오늘의 이런 현상은 부분적으로는 '새것 선호증'의 과부하 탓도 있을 테지만, 근본적으로는 현대문명의 융단 폭격 같은 광범위한 시혜 때문임은 두말할 나위도 없다. 그럼에도 불구하고 '독보적인=변형적인' 세계상/인간상이 작금의 현대소설에서 좀체로 눈에 띄지 않는다는 것은 막말이고, 예전에 비해 상대적으로 이야깃거리의 고갈 내지는 빈곤에 기대어서 장차 그것의 무망을 예단하는 것은 기우이거나 방정이라고 해야 옳은 진단일지 모른다. 유토피아에서는 소설이라는 장르가 꼭 필요한 '경계색'일 리 만무할 테고, 이 세상이 불원간 그런 낙원으로 탈바꿈할 것 같지는 않으므로 지구 환경의 변화에 발맞춰 이야깃거리들은 속속 만들어질 것이며, 그것들마다 끼리끼리 이합집산을 거듭하면서 비슷비슷한 개체 분열을 지속해갈 것이 자명하니 말이다. 그 진부한 내용의 일정한 반복성/재생성을 감안하더라도 영화 속의 배우들이, 음성이, 배경의 최신 문물이, 시공간이 각각 달라지고 그때마다 돌연변이를 일으킴으로써 완전히 다른 '신세계'를 열어 보이듯이 특정 소설의 특별한 성격이 조성되면서, 남이 흉내낼 수 없는 일회적인 '가락'으로서의 그 아우라에 따라 독자의 미혹을 얼마든지 부추길 수 있는 것이다.

'이야기 꾸리기'에서 (더불어 예술 전반의 독창적인 '자기 음색' 가꾸기에서) 독보적인 자기만의 '가락'을 덩그렇게 내놓기는 예나 지금이나 한결같이 힘든 작업이다. 앞에서도 강조했듯이 급변하는 '현실=현장'의 불온성에 즉각적으로 경계색을 드러내기는 힘겨운 게 아니라 거의 불가능하디고 해야 바른말일지 모른다. 늘 뒷북치기에 급급해하는 인간의 숙명적 자질인 추사성(追思性) 때문에라도 그럴 수밖에 없고, 그래서 '만시지탄'은 유사 이래 인류의 한결같은 후렴 구실을 톡톡히 하고 있다. 그러나 미네르바의 올빼미로서의 소설/소설 짓기는 나름대로 경고의 방문(榜文)을 붙이는 데 게으름을 피우는 법이 없다. 비록 사후약방문처럼 늘 한 걸음 늦긴 했을망정 당대의 모든 소설은 참고할 만한 '증언'일 수 있으며, 섣불러서 도저히 믿기지 않는 '위증'까지도 나중에는 반드시 참조할 만한 '텍스트'로 떠오르게 되는 것이다. 그러므로 그 증언 능력의 방기는 소설의 내용/형식에 대한 자기부정이자 자가당착일 뿐이다.

이상의 몇몇 이야기 짓기 방법론을 확대 적용해서 다음과 같은 아주 평범한 이야깃거리에 어떤 '독자성'을 양각시킬 수 있는지를 알아보면, 일상 중에서 '소재 발굴'에의 '눈뜨기=안목 높이기'에 다소나마 도움이 되지 않을까 싶다.

오늘날 익명의 일반 서민들이 항다반사로 즐기는 직접 체험 중 하나는 국내외 여행이다. 색다른 식도락까지 누릴 수 있는 이 일상 탈출극은 소설의 효용 가치를 (입에 발린 소리로나마) 잘 알고 있다는 세칭 선진 문명국가들의 일부 독자층이 주로 생활의 타성에서 잠시나마 놓여나려는, 이용하기에 따라서 본전을 뽑을 수 있는 과시소비의 한 표본이 되어 있다. ('탈일상'은 일상의 이면으로 언제라도 이야깃거리로서는 주목에 값한다.) 공항 터미널 속의 은성한 면세점가를 한 시간쯤 어슬렁거리다보면 여느 여행자라도 현대문명/문화의 사탕발림 같은 세련미에 어리둥절해지는가 하면 겨우 제 앞가림이나 하고 사는 주제임에도 공연히 우쭐해지기도 한다. (이런 양가감정을 섬세한 '수식修飾'으로 설명해야 현대소설의 의장意匠을 누릴 수 있다. 환경과 인간은 어차피 보조를 맞춰가야 하므로 서로가 서로를 닮아가고 또 베껴야 하는 것이다.) '나/그'는 배울 만큼 배운 학력 때문에 공연히 심각한 체하지 않으려고, 그래야만 속물 티가 그나마 덜 배어나온다는 정도는 알고 있으므로 이런저런 상념을 뒤로 물리면서 (들인 경비를 생각하며) 부지런히 눈요기에 빠져든다. 그러다가 손님으로 붐비지 않는(쇼핑객으로 시끌벅적하게 마련인 선물용 먹을거리나 화장품 매점을 피한 것은 '상투'에 대한 반발이다) 가방 전문점 앞에서 한 지인과 뜻밖에도 해후를 겪는다. 이런 해후상봉은 전적으로 조잡한 작위로서의 '우연'이지만, 공항 터미널 같은 특수한 대형 공공장소, 국외여행의 만연이라는 풍속상의 한 단면이 일차적으로 걸러낸 소수자의 행렬, 비행기 탑승까지 한 시간 이상이나 쇼핑 물결에 휩쓸려야 하는 '제도적 장치' 같은 조건들이, 게다가 소설적 조작으로서 '중반'이 아니라 '서두'에 불쑥 끼어들면 그렇게 만날 수밖에 없는 '단순한 사실'로 돌변한다. (일상의 진부성을 물리쳐버린 이런 '우연극' 이야말로 이미 여러 작가가 많이도 우려먹은 '스테레오 타입'의 모델이지만, 소설의 그럴듯함을 위해서는 이런 일반성, 곧 이분법의 '정면'을 반 이상 활용할 수밖에 없다.) 어쨌거나 '나/그'는 거의 40년 만에 만난 여자 동창생의 제법 푼더분한 변모에 적이 놀라면서 잠시 회상에 빠진다. 모든 회상이 그렇듯이 '과거'의 기술은 다채로울수록 흥미롭고, 가독성을 높인다. 또한 이미 진부한 일반성을('우연한 해후' 말이다) 한 차례 써먹었으므로 이번에는 예외성, 곧 이분법의 '이면'을 들춰내야 한다. '그녀' 집안에는 정신적/신체적 장애가 중증인 '어른' 한 분이 있었다는 식이다. 그분의 말이나 행동거지의 비정상성은 어린 '나/그'의 눈에 단연 이색적으로, 그러나 괴기스럽지는 않게 비쳤고, 그래서 그런지 등하교 길에 자주 마주쳤던 '그녀=여자 동무'의 풀 죽은 모습은 늘 궁금증을 불러일으키기에 족한 어린 시절의 '금단의 열매'였다. 이상의 '과거'는 물론 지어낸 것으로, '나/그'가 아니라 '작가'의 심상에 오래전부터 못 박혀 있는 어떤 직접 체험이나 남의 목격담이나 책 따위에서 얻은 간접 체험 등을 적당히 '오려내거나/따오거나/얽어 맞추거나' 해서 '재창조=재활용=응용/조작'한 것일 뿐이다. 대개의 경우 양친 중 어느 쪽 하나이든가 할배/할매, 삼촌/고모/이모 같은 혈육 중에서 한 사람을 골라내서 그 비정상적 언행 일체를 '조명'하는 이런 기법은 그런 이상성이 어떤 집안에든 반드시 있기 마련인 '일반성'이기도 하려니와, 그 '장치=정서적 충격'이 앞으로 지긋한 중년의 '나/그'와 '그녀'가 벌일 남다른 '인간극=일인극/일생극'에 상당한 '복선=긴장감 제고'로 기능할 것이기 때문이다.

이윽고 이런저런 요즘의 안부를 주거니 받거니 하다보니 '그녀'는 밑으로 세 여동생과 동행한 몸으로, 올해 희수(喜壽)를 넘긴 모친에게 첫 해외여행으로 일본을 구경시켜드리려고 단체여행에 따라나선 걸음임을 알게 된다. ('나'든 '그'든 이야기 꾸리기에서는 모든 '사건/사고'의 발단-사달이 '주무자=화자'의 일관된 관찰안에 따라서 살펴져야 한다. 소설은 어느 한 사람의 유별난 시선에 비친 세상살이/인생살이를 들려주는 것이므로 여느 평범한 시각과는 구별될뿐더러, 그래서 낯설고 독보적일 수 있으며, 달리 '읽고-알아보며-풀어서 밝힌' 유일한 '소우주'가 되는 것이다.) 그러고 보니 딸 부잣집의 네 자매는 과연 그 효성스러운 자태가 각자의 얼굴과 몸매에 무슨 더께처럼 두텁게 올라붙어 있다. 역시 아슴아슴한 '과거=일화' 한 자락이 느닷없이 '나/그'의 망막에 서린다. (물론 이 제2의 일화도 제2의 숨은 '화자=이야기꾼'이 자신의 직접 체험/간접 체험에서 그 일부를 빌려오거나 응용한 것이다.) 그런데 유심히 네 자매의 용모와 행태를 뜯어봤더니 막냇동생이 그 우뚝한 콧날부터 서늘한 눈매에 이르기까지 단연 빼어난 미모인데도 어딘가 '숨이 한풀 죽어' 있다. 어떤 지방에서는 생업도 멀쩡하고 평소의 인물도 빠지지 않는 사람이 일시적으로 운수가 사나워서 넋을 놓고 지내거나 제 구실은커녕 나잇값을 못 하고 시름겨울 때 '수가 막혀/수를 죽이고/지시가 들어서/넋 없이' 절인 배추처럼 한쪽 구석에서 가만히 '잡치고' 산다고들 하는데, 시방 모 여자고등학교에서 가정 과목 담당의 평교사로 봉직하고 있다는 그 막냇동생이 꼭 그 짝이다. (두 해후상봉자의 출신 배경이 그러하므로 한 지방의 사투리가 대화 중에 질펀히 깔린다는 이 정황은 해외여행이 자유로운 '국제화 시대'와 대척점에 있는 풍경이며, 번다하고 번지레한 공항 터미널에서 '촌스러운 광경'의 자연스러운 삽입은 '시류=풍속'의 아로새김과 아울러 어떤 아이러니의 조장에 나름의 배음이 된다.) 노처녀의 그 '수 없음'은 '나/그'의 안목에는 대뜸 너무나 완연하다. 막냇동생의 새침한 미모와 시원한 여름 옷차림에도 불구하고 그 좀 이상한 '기운'이야말로 이야깃거리 채집가의 '안목'에는 단연 돌올하게 붙잡혀서, 효도 관광에 나선 나머지 자매들의 행색과도, 너나없이 들떠서 흥청망청 돈쓰기에 전념하는 공항 터미널 분위기와도 겉돈다.

힐끔힐끔 서로 곁눈질을 주고받을수록 노처녀의 안색에는 어딘가 수심기도 비친다. 그 비정상적 '기운'의 각인은 한 작품의 태동을 적극적으로 밀어붙이게 하는 '모티브'로 손색이 없다. 이 모티브는 한동안 이야깃거리 채집가의 심상에서 부글부글 발효를 거듭하면서 위의 두 '일화=과거'도 '오려내서' 갖다 붙이게 만든 것이다. 이야깃거리 찾기에서의 '안목 세우기'는 결국 어떤 '모티브'에의 착목 기술이니 마찬가지이며, 그것의 그 후 숙성 경과에는 그동안의 숱한 직접 체혐/간접 체험을 샅샅이 불러와서 적당한 모양새로 '적용, 원용, 사용(私用)과 인용'을 강구하는 집요한 천착력이 발휘되어야 하는 것이다.

섭섭하게도 초등학교 동기동창생 사이인 중년의 두 남녀는 이제 헤어져야 한다. 탑승 시각도 비슷하나 '나/그'는 시방 중국의 시안(西安)으로 날아가서 3박4일 동안 지하세계의 진흙 병마용(兵馬俑) 군상을 비롯한 양귀비 무덤 같은 구경거리를 단체 관광객 무리에 섞여서 보려고 나선, 오래전부터 벼뤄오던 나들이 중이기 때문이다. 실제로 두 사람은 그렇게 허무하게 헤어지고 말며, 그 후 귀국하여 각자가 주고받은 전화번호나 명함 따위로 어떤 사연을 이어갔는지 어쨌는지는 알 수 없다. 아마도 그들은 웬만한 교양도 갖추고 있는 소박한 심성의 중년이어서 무슨 애틋한 감정을 여툴 계제도 아님을 서로가 잘 알며, 한쪽은 가정주부로서 바쁜 일상에 쫓기다가 더러 한숨도 길게 토해내고, 다른 한쪽 역시 정년을 코앞에 둔 어느 공공 기관의 간부여서 공사다망한 데다 어떤 과외의 '낭만적' 여유를 챙길 머리가 후천적으로, 그러니까 생업에 쫓기다보니 저절로 퇴화한 양반이다. (이 땅의 남편 '족속'은 대개가 여권 신장에 꼼짝없이 휘둘려서 자식 교육권, 부동산

/동산의 등기권 및 명의권을 지어미에게 고스란히 내주고 언젠가부터 엄처시하에서 고이 연명하는 데에만 자족하는 식민지 주민이 되고 말았는데, 이런 '일반성'만큼은 작품의 배면에 착실히 깔아둬야 한다. 그 반대의 경우 곧 세칭 '마초'급 남자의 투쟁담은 이제 저속한 익살극으로 주저앉아 있는 게 현실이다. 역시나 이분법으로서의 '주류=일반성'과 '비주류=예외성'에 대한 주목은 이야깃거리 찾기의 창고인 셈이다. 모든 이야기는 '그날따라 학교에 갈 수 없는' 사정=이변에서 태동하는 예외적 '일상극'에 기초하고 있다는 점은 숙지해둘 만한 소설 작법론이다.)

그러니 그런 우연한 해후는 너무나 뻔한 정상적, 상식적 회로에 감겨서 싱크대의 개숫물처럼 까마득한 미궁 속으로 사라져버리게 마련이다. 누구에게나 인생이란 어차피 덧없는 한 장의 스냅 사진에 불과한 것이다. 하기야 인생 자체가 짧은 일정의 여행과 정확히 닮은꼴이며, 그래서 모든 나그넷길은 속절없는 한 토막의 꿈일 뿐이긴 하다. 그러나 소설은, 그런 인생의 덧없음과 달리, '그것'의 진위를 따져보려고 덤빈다. 아니다, 그 심부에 힘닿는 데까지 다가가려고 연신 헐떡거린다. 이미 비행기 속에서부터 '나/그'에게 예의 그 '모티브'를 추적해보라며 바짝바짝 졸라대고 있기도 하다. 도대체 사람의 한평생은 왜 이토록 무상한가. 이 개떡 같은 부부의 연을 단숨에 무찌를 '제도'를 아직도 개발하지 못하다니, 하늘이 무심한 게 아니라 인간은 기왕의 모든 '제도' 앞에서 얼마나 무력한가. 명색 '진보주의'는 빈말만 흩뿌리고 막상 '합리적 개선점' 찾기에는 늘 뒷짐이나 지고 있는 허풍선이가 아니고 무엇인가. 조물주가 인생, 인연, 운명 따위를 죄다 관장한다면 개개인의 노력, 정열, 인내, 절망 같은 인정은 얼마나 허무맹랑한 말장난인가. 이쯤 되면 이야깃거리의 채집자에게는 어떤 '작의(作意)'가 구름처럼 다양한 형태로 뭉쳐졌다가 흩어지곤 하는 판이다. (그런 번뇌가 없는 소설은 가짜다. 그 가짜스러움은 '안목' 높낮이에 따라 흐릿하게/분명하게 읽힌다.) 긴장으로 바짝 졸아붙은 머리로나마 '나/그'는 자신의 입장 곧 처세관, 대인관계 따위를 느긋이 정리해본다. 이제 '나/그'의 눈에는 동행의 모든 관광객이, 다른 여행사에 묻어왔으나 일정과 숙박 호텔까지 똑같은 어느 단체의 대규모 연수생들의 행태까지, 심지어는 그들이 걸친 입성, 신발, 장신구를 비롯한 말버릇조차 그 '모티브'를 살릴 '도구=이야깃거리'로 다가온다. 실제로 그런 '도구'의 특색을 여행 일지나 메모 같은 짧은 글로 남겨둬버릇하면 이야기 꾸리기에 그대로 써먹을 수 있기도 하다.

한번 제대로 꽂힌 '모티브'는 수시로, 다양한 음색으로 이야기꾼의 심상을 어지럽힌다. '그녀'가 헤어지면서, "이래 멀어지면 언제 또 보겠노, 직장으로 전화해도 되제"라고 하던 그 수더분한 인사치레도 떠오른다. 뒤이어 뭉클 맡아지던 낯익은 기초화장품 냄새도 코앞에서 서물거린다. 여전히 귀에 쟁쟁한 하소연은 언제 재생해봐도 그 호소력이 뛰어나다. "어데 참한 늙은 총각 하나 없나, 중신 좀 서바라, 신사복 한 벌 맞차주께, 으이, 저래 참한 기집이 마흔두 살에 아직 생가시나라카믄 누가 믿겠노, 너무 아깝다 아이가, 내 동생이라서 카는 말이 아이라 심덕도 그만하믄 곱고, 호오도 분명하고, 집 안도 연방 씻고 닦아가미 칼클키 해놓고 사는 안데 당최 인연이 안 나서서 저래 지시가 들어 있다. 자 생각만 하믄 속이 타고 불쌍해서 꼭 미치겠다카이. 하모, 지 힘으로 아파트도 한 채 사놓고 지는 지금 다세대 주택 이 층에서 혼자 살지. 사람만 신실하믄 이혼했기나 사별했기나 재취 자리도 개안타. 인연이 될라 카믄 우야겠노, 곱실한이 따라야지. 예전에도 처녀 늙은 거는 금도 없다 카디마는 자가 시방 그 짝이 될라 캐서 내 간이 바싹바싹 다 타들어간다." 제법 긴 이런 대화 속에는 이야깃 거리가 많이 쟁여져 있기도 하려니와 이번의 '모티브'를 끝까지 물고 늘어져서 작품에다 녹여넣어보라고 꼬드기는 기염이 뭉글뭉글 피어 난다. 그러므로 영리한 이야깃거리 채집가라면 '생활 경험 = 현실 감 각/생활감정 = 현실 의식'이 속속들이 배어 있는 남의 말에, 기차 속이든 비행기 안이든 버스 정류장에서든, 늘 귀를 열어놓고 제 귀를 녹음기로 사용할 줄 알아야 하는 것이다. 실은 이런 자세의 체질화는 이미 상당한 '안목'의 확보를 스스로 천명하고 있다. 그런 의미의 반대편에 놓여 있는 젊은이들의 너스레, 흔히 '농담 따먹기'라는 말장난, 동어 반복증후군 따위는 아무 짝에도 소용없다고 하면 다소의 어폐가 있겠으나 틀린 말은 아니다. (실제로도 그런 '젊은' 작품류가 가독성에서 보잘것없는 실적을 내놓고 있음은 그 말잔치가 재미없기도 하려니와 뻔한 소리이기도 하며, 무엇이라도 '건질 게 = 얻을 게' 없는 진부함 곧 삭아서 케케묵은 그 사고 행태 때문이다.) '생활경험/생활 의식'이 무르녹아 있지 않은 말시비는 물론 살아온 연륜이 짧은 탓인데, 귀를 맡겨봐야 별 소득이 없는 그런 대화는 연령대와는 무관하게 흔하고, 아니 일반인의 모든 말솜씨도 대개 다 그 정도 수준에 머물고 있음을 알아보는 능력이 이야기꾼 = 작가의 일차적인 자격이랄 수 있다. 그러므로 이야기에 써먹을 수 있는 '말재간'을 녹음 = 기억할 수 있는 심상에다 뿌듯이 저장하는 재간이야말로 이야깃거리 채집가의 근본적인 자질이자 능력인 것이다.

말이 나왔으니 좀더 쉬운 이해를 위해서 뜻풀이를 내놓으면, '생활감정'은 생명과 생계를 이어가야만 하는 인간의 여러 구체적인 활동 중에서 (거의 분 단위로) 자연스럽게 수습할 수밖에 없는 아주 기본적인 마음/기분의 작용이자 그 미세한 움직임이다. 기쁨, 근심, 분노, 슬픔, 의심, 탐욕, 미움 같은 감정이 그것인데, 이런 즉각적인 반응은 반드시 어떤 구체적인 대상에 대한 가장 진솔한 느낌이다. ('영혼'같은 말을 종교인이나 신자들이 함부로 또 자주 써버릇하는 데서도 그 심성 체계의 막연한 추상성, 탈속성, 비정상성을 엿볼 수 있으며, 그들의 '생활감정'의 일부가 상당한 정도로 어떤 구체성을 떠나 있으므로 이야기 '세계'와는 한참이나 떨어져 있다고 해도 과언은 아니다. '종교소설'일지라도 기적이나 영혼의 실체=구체성을, 누구나 쓰고 알아듣는 '생활어'로 살려내야 한다는 지적일 뿐이다.)

한편으로 '생활 경험'은 삶을 영위해가며 터득하는 인간의 지혜인데, 계절 감각 같은 단순한 정보, 소비와 저축, 식물과 생명력 같은 화제에 대한 장기간의 다각적인 모색 끝에 얻은 지식, 생활력/인내력/적응력같은 기능적 자질, 환경/생업/인연 같은 물리적 '타자'에 대한 대응력으로서의 처세술, 어떤 목적을 이루기 위한 수단과의 맹렬한 씨름인 욕망의 수위 조절 능력 따위가 그것이다. 인간으로서 겪는 이런 경험 세계의 구체적인 현장에 무심한 이야깃거리가 재미있을 리는 만무한데, 그 다채로울 수밖에 없는 '체험→감각적/의식적 교호 작용→지각화'가 보이지 않거나 흐릿하고 소루할 때 그 이야기의 질적 가치는 경색화, 협애화, 천박화, 애매모호화로 줄달음칠 수밖에 없을 것이다.

한 달 전쯤의 어느 날 비교적 절친하게 지내는 고등학교 동기생 다섯 명이 저녁 회식 자리에서(일주일 전에 며느리를 보느라고 혼주 노릇을 한 친구가 성급하게 부조 받은 답례를 한답시고 불러 모은 자리였다), 무슨 일에나 앞장서길 잘하는 친구 한 명이 무슨 말 끝에, "우리도 뭉쳐서 바다 건너가 술이나 한잔 사묵고 오믄 어떠까"라고 발설해서 그다음 날 당장 주선자의 은행 구좌로 여행 경비를 송금하고, 여권번호를 불러주고 난 다음 여권까지 퀵서비스로 맡기는 소란 끝에 나선 행장이었다. 그런 판이니 '나/그'의 심상은 그 출신과 행색이 가리키는 대로 아주 반듯하고, 여느 관광객과 마찬가지로 평범하기 짝이 없다. 이런 '일반성'을 아예 작정하고 덮어씌웠긴 해도 이미 해후상봉이라는 우연한 '예외성' 때문에(이런 대비가 바로 '이분법'의 적절한 안배 능력이다) '나/그'의 여행담은 여느 평범한 해외여행 일정을 다소나마 벗어나 있으며, 관광객, 관광지의 풍광, 관광 행태 따위에도 비판적인 눈길을 들이대고, 실제로도 그렇듯이 당연히 그렇게 굴러가야 작품상의 '구색'이 맞아 들어간다. 이 그럴듯한 전반적인 '정조'는 예의 그 '모티브'를 살리는 데 결정적인 버팀목이 된다. 물론 그런 '정조=아우라'의 주조음은 (후술할) 문장/문맥이 관장할 테지만, 여기서의 강조점은 '나/그'의 '현장=현실' 전반에 대한 반성적 시각 내지는 그런 자기 나름의 성숙한 '성격'의 유지다. 흔히 '캐릭터'라고(물론 이 주제도 후술할 터이다) 지칭하는 주인공의 일정하게 각이 진 자세와 처신은 '모티브'나 아우라를 살리는 이야기 자체의 기둥이 되기 때문이다. 잊지 말아야 할 것은 이야깃거리/이야기가 '캐릭터'를 만드는 것이 아니라 '캐릭터'가 이야깃거리를 연방 불러오며, 개별 이야기들을 곧잘 이어가게 한다는 점이다. '캐릭터'가 너무 튀거나 비정상적이면 결국 작품의 전반적인 골격이 한참 삐꺽거려서 이야기의 실감이 떨어지고 말며, 일반 사람들=독자들이 한동안 그와 더불어 지내기에는 적잖이 껄끄러워진다. 그런 유별난 주인공은 자신의 '시각=행태=성격'의 한계 때문에 어떤 이야깃거리의 진행을 속속 가로막고 있거나, 동어반복을 일삼는 꼴이 된다. 그러므로 전반적으로는 평범하면서도 부분적으로는 비범한(이것은 모순이 아니라 양가감정을 가진 모든 인간의 숨길 수 없는 속성일 뿐이다. 우유부단한 사람일수록 성을 잘 내고 짜증기가 수시로 터뜨려질 수 있다) 한 인물인 '나/그'의 열려 있는 시각을 얼마나 특이하게, 그러나 상투적이지는 않게 그리느냐가, 모든 작품의 우열이 그렇듯이, 이야기의 진행을 여의롭게/껄끄럽게 이끌어가는 키워드인 것이다.

이제 다시 장면이 바뀌어서 이웃 나라 대국의 관광지에서 처음으로 단체 점심식사를 하고 난 직후다. 아래위층에서 수백 명씩 한꺼번에 대문장가 소식(蘇軾)이 즐겨 먹었다는 물컹거리는 무슨 돼지고기 장조림 요리를 시식한 후라서 대변에 속이 더부룩하니 수상쩍다. 국내에서라면 콜라를 사서 한 모금 마시고 트림을 커어 하고 끌어올리고 싶은데, 아무리 둘러봐도 편의점 같은 것이 보이지 않는다. '나/그'만의 이런 특이한 증상, 식습관은 특정인의 '캐릭터'를 좀더 실감나게 장식하는 보조 수단으로서 당연히 어떤 '예외성'에 값한다. ('먹성/기호식품'만큼 한 인물의 '성격'을 뚜렷하게 증언해주는 이야깃거리도 달티

없다.) 그러나 이런 이면 들추기는 슬쩍 스치고 지나가는 것으로 족하다. 왜냐하면 그 이상 증세가 이야깃거리를 다른 쪽으로 끌고 가면 '모티브'와 '아우라'에 무당서방 같은 풍신이 입혀져서이다. 그래서 '모티브/아우라'는 언제, 어떤 정황에서라도 이야기의 방향을 설정해주는 등대이며, 그 불빛이 흐릿해져서 독자의 관심 범위를 잠시라도 먹통으로 만들어서는 곤란하다. 어쨌든 한국인 관광객들은 돌이라도 삭일 수 있는 생고무 같은 위장을 가졌는지 하나같이 가든한 걸음걸이로 그 대형 반점을 벗어나자마자 양옆으로 도열해 있는 선물용 상점가를 떼 지어 들락거린다. '나/그'도 항문에 매달린 방귀 소리의 느닷없는 돌출에 잔뜩 신경을 쓰면서 친구 일행과 함께 그 쇼핑 행렬에 파묻힌다. 그런데 그 중국제 상품들의 가짓수는 워낙 다양하나 죄다 싸구려 꼴이 완연해서 도무지 돈 쓸 마음이 내키지 않는 '장면'의 삽입도 주인공의 '캐릭터' 양각에는 상당한 도움이 된다.

아무려나 그런 재미없는 시간 때우기식 휴식이 끝날 때쯤에서야 문득 '나/그'의 시선을 아까부터 붙들고 놓아주지 않는 한 '캐릭터'가 나타난다. 익명의 그 위인은 여기저기를 마구 간벌 중인 산자락처럼 성긴 수염자리가 더부룩한데, 자세히 뜯어볼수록 붓에다 물감을 찍거나 손가락으로 현을 뜯을 지체는 아닌 듯하다. 더욱이나 책을 뒤적거리며 글을 쓴답시고 떠벌리고 다닐 주제와는 일부러라도 멀리 떨어져서 살고 싶어하는, 스스로 무식하다고 자가선전하면서도 늘 무사분주하게 소일하는 작자 같다. 그런데도 그 멀끔한 외모나 느긋한 행태에는 지저분한 수염수세와 동떨어진 '먹물'이 비친다. 도대체 저 '엉터리 수염'은 생업이 무엇인가, 팔자는 좋아서 일찌감치 먹고사는 걱정은 안 하며 지 몸뚱어리 하나만 그냥저냥 건사하는 모양인데, 유심히 보면 모든 인간에게는 나름의 특징, 개성, 말버릇이 그 특이한 음성, 걸음걸이, 팔놀림처럼 전신상에 차곡차곡 매달려 있고, 그것의 재빠른 포착이 주요 인물을 '캐릭터'답게 분식(粉飾)한다. 아니나 다를까, '수염'은 새카맣게 빤짝거리는 자잘한 돌을 갈색 실에다 꿰어놓은 팔찌와 목걸이를 꼭 두 개씩 산다 아내와 하나뿐인 딸자식에게 줄 선물인가. 그런데 동냥자루를 메고 다니는 자미승이 남의 집 대문 앞에서 차마 머쓱해서 엄지와 검지로 한사코 굴려쌓는 저 굵다란 염주도 두 개를 한꺼번에 사다니. 지 모친과 아내가 모두 불심이 갸륵한 보살이란 말인가. 하관에 듬성듬성 자란 털부터 자못 수상쩍은 '수염'은 함께 온 일행도 없는 듯하며, 임시로 말벗을 만들 재주도 없는 게 아니라 아예 말하기를 귀찮아 하는 기색이 완연하고, 국외여행 자체가 하등의 들뜬 행각일 수 없다는 듯이 등짝에다 조그만 배낭만 고목에 매미처럼 메고서는 신발도 발등과 발목을 한 가닥 끈으로 얽어놓은, 그 밑창조차 종잇장처럼 얇어빠진 샌들 차림이다. 아무리 한여름 중이라도 명색 해외여행에 가죽 짚신을 끌고 나서다니.

 모처럼 만에 연가(年暇)를 쪼개서 국외여행에 나선 중년의 '나/그'와, 맹한 눈길의 교사인 '노처녀'와, 가슴 한쪽이 반 이상 무너진 듯한 '수염짜리'가 장차 어떤 '접점'을 이루어갈지는 이야기를 '지어가기=조작하기' 나름이다. (다음 장 '구성'에서 설명할 것이다.) 그들의 신분을 어떻게 조정할 것인지('수염짜리'도 한때 사업가로서 화려한 경력이 있었으나, 지금은 신용불량자라는 식의 '인물 꾸미기'도 후술할 예정이다), 언제(후술할 시간 및 계절 감각이다), 어디서(역시 뒤에서

다룰 장소 및 공간 감각이다) 무슨 '사정'으로 만나고, 성적 경험이 전무하다는 40대의 여교사와 무엇에 쫓기고 있는 듯한 '샌들 차림'의 건달이 과연 불같은 사랑을 나눌지 어떨지는 차츰차츰 맵시 좋게 꾸려가야 한다. 시간과 장소에 따라 온갖 사정/인정이 시시각각 바뀔 터이고, 또 그에 맞춰 전혀 다른 '분위기'를 조성해야 하므로 그런 기술적인=테크니컬한 학습은 장(章)과 절(節)을 달리해서 거론할 수밖에 없어서이다.

어쨌든 세 특징적인 인물의 관광여행이야 지금도 한창 진행 중일 테지만, 더 이상의 '이야깃거리'를 장만해서 늘어놓을 필요는 없다. 이미 보다시피 모든 관광여행은 고만고만하고, 여느 사람이나 몸소 체험하고 있는 판박이 그대로니까. 바꿔 말하면 직접 체험 중에 낚아챈 모든 '이야깃거리'는 날것이므로 적당히 익혀서, 곧 요리해서 먹을 만하게 '변형'시켜야 하므로 어슷비슷한 경험담의 지루한 나열은 전적으로 부질없는 짓일 수 밖에 없다.

그러나 '화자=이야기를 꾸려가는 작가'의 상념은 아직도 끝나지 않았다. '나/그'가 얼핏얼핏 곁눈질로 살핀 예의 그 '막냇동생'의 좀 시들한 기색과, 돈, 명성, 출세 따위는 진작에 잘난 양반들의 노리갯감으로 따돌려놓았다는 듯이 어딘가 탈속한 건달 티가 줄줄 흐르는 그 '엉성한 수염짜리'가 어떻게 인연을 맺을 것인가. 실제로 '나/그'는 물론이려니와 누구라도 생판 모르는 남남 사이에 중뿔나게 끼어들어서 '중매'를 설 수도 없고, 또 그럴 계제가 전혀 마련되어 있지도 않다. 그러나 이야깃거리로서의 그 '모티브'는 막무가내로 그럴듯한 매파 구실을 자청해보라고 짓조른다. 그런데 이런저런 '상상'을 굴려보니 '수염짜리'는 시방 모종의 사건의 흐름을 호도하기 위한 미봉책으로 당국의 끄나풀, 변호사, 건달의 하수인 등으로부터 '당분간' 여기저기 싸돌아다니면서 국내에서는 얼씬도 하지 말라는 밀명을 받고 있는 나그네 같기도 하다. 사실상 그 진짜 내막은 어떤 추리소설보다 훨씬 더 기상천외할 게 틀림없다. 그러므로 '수염짜리'에게도 비정상적인 '사연'을 덧대야 하는 것이다. 좀더 심하게 말하면 모든 직접 체험/간접 체험은 막상 소설 속의 이야깃거리로서는 그 쓰임새가 제한적일 수밖에 없다. '원형=날것'으로서의 그 일부만 따오거나, 그 전체를 가공, 변형시키거나, 다른 것과(나/남의 모든 '경험'은 말할 것도 없고, 이미 의식화/내면화되어 있는 작가의 '앎'까지도 말이다) 적당히 섞고 얽거나 해서 써먹을 수 있을 따름이다. 따라서 위의 사례를 빌려서 이야기 짓기의 요령을 간추려보면 다음과 같다.

이야깃거리를 이루는 '부속물=디테일=세목'은 더부룩한 수염, 부글거리는 뱃속, 노처녀의 맹한 눈길과 넋 빠진 기색, '가죽 짚신' 신고 동무도 없이 나선 행색 등이다. 직접 체험에서 따온 그런 '실물=이야깃거리'가 작품을 쓰도록 은근히 닦달한 '모티브'다. 또한 그런 이야깃거리를 적당히 바꿔서 써먹는 주체는 당연하게도 여러 '캐릭터'다. '캐릭터'가 이야기를 풀어가므로 그 인물에게는 반드시 어정뱅이 같은 특정의 '일'이라도 심어주어야 한다. 그러니까 이야기를 억지스럽게 지어내려고 둔팍한 머리를 썩이며 낑낑댈 게 아니라 '캐릭터'들이 일, 사고/사건, 돈 문제, 연애, 정사, 대소 행사 등등을 감당하며, 처리하고, '제멋대로/우연으로' 떠벌렸다가 풀어가도록 일임해야 한다. 거꾸로 말하면 이야기의 '시작-확대-축소-해결'은 '캐릭터'의 주요 임무이며, 이야기 지어내기=꾸려가기와 이야기의 운명은 전적으로 '캐릭터'의 일 처리 솜씨를 비롯한 그의 출신, 신분, 일신상의 사정, 현재 형편에 맞는 처신 등등에 달려 있는 것이다. 다시 한번 강조하건대 '캐릭터'의 신분과 그의 '일=동선'을 먼저 확정한 다음에 그가 이야기를 지어가도록 추스르고, '이야기=일=사정=인정'을 도와주는 자잘한 '이야깃거리'들은 그때그때마다 직접 체험/간접 체험 등에서 가공, 변형하여 '따서=오려와서' 쓰는 식의 작법이 이야기 꾸려내기의 기본적인 요령이다.

제3장 4절의 요약

(1) 오늘날 직접 체험/간접 체험의 희소가치는 보잘 것이 없다. 그것들을 어떻게 '가공=변주' 해서 쓰느냐가 이야기 꾸리기의 관건이다.
(2) '우연극'을 그럴듯한 '사실극'으로 만들려면 시류의 '일반성/예외성'을 참조하면서 그 대비를 아울러서 조작해야 한다. 캐릭터 만들기도 대체로 마찬가지다. 예를 들면 '그날따라 그는 해묵은 청바지를 입고(시류에 반한다), 외근한다면서(일반성) 일찌감치 직장에서 나와버렸다(예외성).'
(3) '모티브'는 이야깃거리 '들' 과 이야기 '들' 의 조합을 통해 점점 그 지향점을 찾아가야 한다.
(4) '캐릭터'의 윤곽을 확정해두면 '이야기=일=사정=인정' 같은 소설의 '내용'이 저절로 꾸려질 수 있다.
(5) '캐릭터'의 개성화에는 '양가감정'을 활용할 수 있다. '양가감정'은 상반되는 두 감정의(곱다가도 미워지는 정서의 변덕 같은 것으로 모든 사람이 갖고 있는데, 사회적/심리적 '제약'으로 참고 있을 뿐이다) 병존으로서, 이것에 둔한 주인공들이 통속소설에서 맹활약을 펼치는 그 직선적인 인물=평면적인 주인공=고정적인 성격의 재미없는 '개성' 이다.
(6) 생활감정/생활 경험은 작가 자신의 세태관/독서량을 웬만큼 반영한다. 세태관은 소재 '발굴력=안목' 과 '모티브' 의 개진을 도와준다. 물론 작가의 세태관은 유동적인 '현실=현장' 에 따라 활성화되고, 나이/경험/시대 변화에 발맞춰 변전을 거듭한다.

제4장
구성은
이야기들을 줄 대어
엮어가는 것이다

1. 구상의 허실

작가 지망생은 말할 것도 없고 내로라하는 작가도 흔히 '줄거리=이야기'는 머릿속/창작 노트 안에 가득한데 당최 어떻게 풀어가야 할지 모르겠다는 신음을 연신 토해낸다. 딴에는 제법 구체적이랍시고, 서두는 대충 그려지는데 당최 어디서 '불'을 붙일지 막연하다고 엄살을 떨지만, 장차 그 길이야 짧든 길든, 소설을 많이 써봤거나 겨우 한두 편을 쓰다 말았거나 하는 경력에 상관없이 전적으로 허황한 말이다. 엄밀히 따져보면 '쓸거리가 많다'는 말도, 무슨 이야기부터 시작해야 할지 모르겠다는 시름도, 어떻게 끝내야 할지 아직은 알 수 없다는 한숨 따위도 죄다 과장이거나 어불성설이다. 여전히 '무엇'을 '어떻게' 써내겠다는 자신의 '구상(構想)'이 설익었다는, 어떤 틀을 갖추지 않았다는 솔직한 고백이나 다름없기 때문에 그렇다.

우선 모든 예술 장르에서 두루 잘 쓰고, 그만큼 소박하며 절실하게 다가오는 '구상'이라는 말을 차제에, 소설 쪽에만 국한해서 정확히 이해해야 앞으로 그런 허튼소리를 함부로 못 하게 하는 첩경이 되지 싶다.

'무엇'을 구상할 것인가라는 자문에 단답이 없을 리는 만무하다. 누구나라도 대뜸 여러 이야기 '들'을 먼저 떠올릴 테고, 대개의 경우 그것 '들'만을 요리조리 떡 주무르듯 뜯어보고 견주어보기만 할까, 더 이상의 '진척'에 스스로 제동을 걸고 있다. 실은 머릿속에 떠도는 그것이 소설 속에 쓰일 '내용'인데, 써가다보면 그 골갱이의 반 이상은 딱히 쓸모가 없어서 내버려진다. 게다가 나머지 반도 바꿔서 써먹어야 할 것이 대부분이다. 애초에 속을 끓인 그 '구상'이 얼마나 허튼 낭비였는지 대번에 드러나버린 국면이 아닐 수 없다.

'구상'의 두 번째 가닥은 넓은 의미에서 '형식'인데, 이것은 주로 '시점'을, 곧 이야기를 풀어가는 화자가 '나'라는 사람인가 아니면 '그/그녀' 같은 삼인칭인가를 우선 결정하는 일이다. (물론 '너는 지금 속옷을 벗고 있다'라는 식으로 외부 관찰자가 카메라로 훑어가는 기법의 이인칭도 있으나, 실험성이 짙기는 해도 그 용도는 제한적이므로 여기서는 건너뛰기로 한다.) 쉽게 말해서 일인칭으로 쓸 것인가, 삼인칭으로 이야기를 꾸려갈 것인가를 정하기는 어렵다기보다 헷갈리는 문제다. 섣불리 어느 한쪽을 택했다가는 도중에 반드시 낭패를 보고 처음부터 다시 써야 하는 고충은 참으로 짜증스럽다. 그럴 수밖에 없는 것이 '내용=이야기'가 구름처럼 아직도 그 형체를 자꾸 바꿔가고 있는 데다, '나/그/그녀'의 역할이 주인공인지 관찰자인지, 아니면 단순한 보고자인지, 또는 소설의 흐름 전반에 대해 모르는 게 없는 소위 그 전지자(全知者)인지 확정되어 있지 않을 테니까 말이다. 요컨대 '나'이든 '그/그녀'든 한 사람의 '누가 어떤 역할을 맡을 것인가 하는 '틀'이 정해져 있지 않은 단계에서 '무엇'을 쓸 수 있겠는가. 또 그 어떤 '내용'이 어떻게 진행되어갈지를 조작의 주체인 '작가'인들, 초인은커녕 한낱 필부인 주제에 무슨 염력(念力)으로 감히 예상할 수 있겠는가. 그것을 지레 걱정하는 사람은 쓸데없는 말만 자꾸 구시렁거리는 말꾸러기일 뿐이다. '형식'이 없는 '내용'은 전적으로 아무 짝에도 쓸모가 없는, 바람 속에 나뒹구는 지푸라기나 마찬가지다. 그 대표적인 사례가, 온갖 산전수전을 다 겪어본 중늙은이가 자랑조로 탄식을 섞어, "하이고, 말도 마소, 내 반평생을 저저이 소설로 다 밝히면 열 권으로도 모자랄 기라"라는 그 하나 마나 한 잡소리다. 아마도 그 파란만장한 생애는 따분하기 이를 데 없는 넋두리일 게 뻔하고, 하염없는 두덜거림에 불과할 그 너스레야 동어반복투성이에다 그 '내용'과 다변의 '말=형식'도 이미 어디서 많이 들어왔던 것일 테니까.

구상의 세 번째 가닥은 그 많다는 '쓸거리=내용'을 독자에게 어떻게 전달하느냐 하는 또 다른 '형식=플롯'에 대한 헤맴이다. '플롯'은 이야깃거리 '들' 및 이야기 '들'의 차례, 곧 순서 매기기로서 여러 가닥의 줄거리들을 한 자락의 큰 이야기=소설 한 편으로 얽어가는 '구성'이다. '구성'을 달리 설명하면 이야깃거리들과 이야기들의 인과를 밝혀서 과연 그럴 수밖에 없거나(개연성), 그렇기도 하겠다는(가능성) 조작의 전체적 전망을 조금씩 열어가는 서술의 한 방법이라고 할 수 있다. 그러니 '플롯'이 없는 한 소설은 쓰일 수 없고, 그렇게나 할 말이 많다는 그 이야기들은 사실에다 다소 과장을 덧댄 것이긴 할 터이나 이내 사라지고 마는 허깨비에 불과하다. 다들 알다시피 허깨비는 어떤 '실물'을 닮으려는 가짜 형용으로서 얼핏 보이다가 이내 사라지는 한낱 망상의 흔적일 뿐이다. ('망상=환상'도 일관된 '형식=플롯' 아래 조립되면 크고 작은 '이야기'가 될 수 있음은 보는 바와 같다.)

따라서 이야기와 플롯은 엄연히 다르다. 이야기는 시간 순서에 따라 연대기적으로 풀어가는 장황한 '이야깃거리=사실=세목'들의 쉼 없는 연쇄인 데 반해, 플롯은 이야기'들'을 과감히 생략도 하고, 건너뛰며(=간단히 언급해버리고 말며), 차례를 뒤바꾸기도 하는, 작가 자신의 임의로운 서술 기법이다. 똑같은 삼각관계의 애정극도 우려먹기에 따라서 제법 신선하게 다가오는 것은, 문장/문체 감각이 빚어내는 특유의 '아우라'를 논외로 친다면, 전적으로 '플롯'을 적절히 안배해 놓는 작가 나름의 자유 재량권, 곧 능력이 달라서이다.

 강조하건대 아무리 똑같은 이야기라도 말하기/쓰기에 따라 완전히 다른 '내용'으로 탈바꿈할 수 있는 관건의 반은 '플롯'이 관장한다. 따라서 이야깃거리들을 어떻게 꾸려서(='큰' 줄거리들을 갈래지어서) 얽고 엮어 줄대어 가느냐 하는 '방법=순서'에 대한 머릿속의 '구상'이나 창작 노트상의 '정리'가 나름대로 갖춰져 있지 않는 한 소설을 쓸 수도 없으려니와 '쓸거리'가 많다는 말은 한낱 허풍스러운 자기도취이거나, 털어놔봐야 몇 푼 되지도 않는 쌈짓돈 자랑이나 마찬가지다.

 구상의 네 번째 가닥은 '내용=이야기'의 대척점에 있는 '묘사-표현'이다. '서사'와 '묘사-표현'은 언제라도 일심동체로 굴러가는 겉과 속이자 내용과 형식이다. 설명이 좀더 필요한 대목인데, 이야깃거리들을 잘 추슬러서 한 토막의 '삽화=이야기'로(한 편의 소설 속에는, 훤히 보이다시피, 나름대로 완결된 숱한 이야기'들'이 촘촘히 들어 있다) 꾸리는 '플롯'을 적극적으로 도울 뿐만 아니라 그것을 물 흐르듯이 자연스럽게 이끌어서 옥토로 가꾸는 수단은 문장으로서의 '묘사-

표현'이다. 뜻글자가 지적하는 대로 '묘사'와 '표현'은 엄연히 다르다. 곧 '묘사'는 '설명'과 달리 정확한 '사생(寫生)=스케치'를 겨냥한다. 일반적인 시각으로도 어떤 대상/현상의 실물감을 즉각 알아볼 수 있는 객관성이 '묘사' 속에는 꿈틀거리고 있지만, '표현'은 단연 주관적이다. 극단적으로는 '표현'이 개인적/내면적/주정적인 경계까지 넘봄으로써 일반 독자들의 이해 범위를 뛰어넘을 수 있는데, 그 실례는 은유적 도약을 일삼는 시(詩)의 경지를 들 수 있다. 그에 반해 '묘사'는 직유를 활수하게 구사한다. 어쨌든 '서사'를 풀어가는 세 기둥 중 '설명'은 '대화'까지 포함하며 '그가 한숨을 쉬며 말했다'와 같은 확실한 증명을, '묘사'는 '장대 같은 빗줄기가 점점 거세졌다'처럼 객관적인 타당성을, '표현'은 '평생토록 뜨겁고 서늘한 자기도취/자기비판/자기기만으로 허덕거리는 작가의 숙명이라니'와 같은 주관적인 명명화(命名化)를 의식적으로 기도, 추구한다.

  하기야 '구상' 중에 어떤 문장으로(가령 화려체나 건조체 따위로) '묘사-표현'을 꾸려갈지를 '머리'로 외우든가, 어느 대목에 들어갈 몇몇 대화나 지문을 서너 줄의 미완성 '낙서'로 미리 작성해둘 수는 있겠지만, 더 이상의 '진전'은 원칙적으로 불가능하다. 구상은 어디까지나 머릿속의 생각일 뿐이지 막상 써가다보면 달라지게 마련이니까. 그럴 수밖에 없지 않겠는가. 평소에 누구나 경험하는 '말 따로, 머리 따로, 몸 따로'라는 허튼수작은 소설 꾸리기의 '구상-완성' 과정에 딱 들어맞는 실천상의 애로 사항이다. 말을 바꾸면 작가마다 자신의 고유한 팔자 같은 '스타일=문체' 감각이 있게 마련이어서 이번 작품의 '설명/묘사/표현'을 미리 상정한다는 것도 어불성설이거니와 '달리 써보겠다'는 욕심이 대체로 헛물을 켜기 일쑤임은 강조해둘 만한 사실이다.

길든 짧든 소설 한 편을 쓰기 위해 '구상'이라는 것을 몇 번 해보면 이내 나름대로 요령도 생기고, 쉽게 이력이 나게 된다. 더러 망설여지긴 해도 일인칭이든 삼인칭이든 화자/주인공도 쉬이 정해지고, 이야깃거리와 이야기'들'을 어디쯤에다 안배할 것인지 그 선후 감각에도 웬만큼 익숙해지며, 어떤 '분위기'로 꾸려갈 것인지에 대한 나름의 '묘사-표현'까지 떠올리면서 일단 기고(起稿)부터 하고 보자며 서두르게 된다. 그러나 막상 착수하려 하면 또 망설여진다. 막막해지는 것이다. 아무리 자부심이 쩌렁쩌렁한 작가라 할지라도 자신만의 그 쨍쨍한 문체 감각이 혼자 즐기는 수준이 아닐까 하는 의구심과 그 문투조차 이미 어떤 '틀'에 꼼짝없이 갇혀서 '비활성화'로 일관하는 게 아닌지, 이야기'들'이 재미를 쌓아가기는커녕 시종일관 우물쭈물하고 있는 게 아닐까 하는 소심증으로 한동안씩 허우적거리는 것이다.

그런 자기 학대를 사서 즐기다가 다시 애초의 '구상'의 흔적을 더듬어가며 그 잘잘못을 점검해본다. 딱히 억지스러운 구석도 안 보이고, 이야깃거리들이 구지레하달까, 쇄말주의네 뭐네 하는 그런 자잘한 대목이야 써가면서 적당히 첨삭하면 될 것이라고 자위를 일삼기도 한다. 또한 예상하고 있는 작품의 길이에 따라 대체로 비례하는 구상 기간까지도 헤아려보다가, 소재의 발굴, 이야깃거리'들'로서의 세목들도(가로 줄무늬 옥스퍼드 남방셔츠 같은 입성, 단무지나 캐러멜 따위의 먹을거리, 지역 도서관, 베토벤의 교향곡 제8번 2악장, 투박한 국수 그릇의 외형과 그 빗살무늬, 흔들의자의 곡선형 팔걸이의 모양새

등등이다) 점검해보지만, 하나같이 애써 여퉈둔 것들이라서 그런대로 '괜찮은 물건이 되지 싶은 예감도' 없지 않다.

그런저런 자기 검열이 아무리 엄혹하다 하더라도 막상 기고 자체에는 이렇다 할 도움이 되지 않는다. 그런 주저벽에 빠져서 자신의 일상을 부분적으로나마 망가뜨리는 것이 제멋에 겨워 사는 대다수 작가의 동정(動靜)이거나 고질의 습벽이랄 수 있겠으나, '미착수'는 전적으로 자기기만일 뿐이다. 왜냐하면 첫 문장 첫 문단을 잘 쓰려고, 그래서 완벽하게 축조하려고 머릿속으로만 벼르고 있는 '신체적 직무 유기'에 놀아나고 있어서다. 그러므로 오문이든 비문이 되든, 자기 혼자만 알아보는 악문이든 첫 문장부터 일단 써놓고 봐야 하는 것이다. 써가는 장기간의 과정이 일러주는 대로라면 '첫 문장'이란 말은 전적으로 틀릴 소지가 다분하다. 탈고했을 때 그 첫 문장이 꼭 그 자리에, 애초의 그 형태대로 있을 것이라고 장담할 수 없어서이다. 그러니 첫 문장이 아니라 '첫 단어'를 어느 것으로 골라잡을지를 정하는 일이 더 급선무다. 명사, 명사 상당어구, 형용사, 부사, 형용사구, 부사구 중 이번 작품에서는 어느 것을 앞세울지부터 단안을 내려야 한다. (소설 쓰기는 어휘 선택에서부터 이야깃거리/이야기'들'의 가감에 이르기까지 만사가 그 현장에서 곧바로 '결단'을 촉구하는 일종의 투기판이기도 하다. 잘 쓰여서 효과가 나면 보람이라는 배당이 즉각 돌아와서 뿌듯해지니까.)

그렇게 낑낑대며 용단을 내린 첫 단어/첫 문장/첫 문단을 여러 번 읽고 난 후 웬만큼 자기 마음에 들 때까지 고쳐가다보면 그제서야 서서히 작품의 전모와 그 전망이, 비록 아직은 뿌옇게 흐릴망정 저 멀리서 동터오는 햇살 같은 것이 비치기 시작한다. 사실상 그때까지의 모든 '구상'의 밑그림을 깡그리 뒤엎어버리곤 하는 첫 문장/첫 문단의 위력은 거의 절대적이라고 할 수 있다. (널리 알려진 일화로는 플로베르가 《마담 보바리》의 첫 문단을 수십 번 고쳐 쓴 그 흔적이 지금도 무슨 아카이브에 보존되어 있다고 하며, 헤밍웨이는 거의 가학적이다 싶게 어느 작품의 첫 대목을 이백 몇 번인가를 새로 고쳐 썼다고 한다. 흔한 표현대로 '공들여 썼다'는 말을 떠올리게 하는 이런 일화의 요지는 '구상 불비, 첫 대목 난관'이야말로 어떤 작가라도 감수해야 하는 창작상의 애로 사항이라는 실물 그 자체일 것이다.)

어느 작품에선들 여러 번 다듬은 손길이 비치지 않을까만, 다음과 같은 예문도 '첫 대목'의 흡인력/호소력을 유감없이 보여준다.

⇒(가)그를 깜짝 놀라게 한 그 얘기가 왜 나왔는지는 그다지 중요하지 않다. 아마 그녀와 재회한 후 그 저택을 천천히 거닐다가 무심코 꺼낸 말 때문이었을 것이다.(헨리 제임스의 〈밀림의 야수〉 56쪽)

⇒(나)갑갑한 도시의 상공에 겹겹이 낀 구름 뒤에서 겨울 해가 우윳빛으로 희미하게, 애처로운 빛을 내며 떠 있었다.(토마스 만의 〈토니오 크뢰거〉 95쪽)

⇒(다)이웃인 콜먼 실크가 일흔한 살 나이에 인근의 아테나 대학에서 청소부로 일하는 서른네 살 된 여자와 그렇고 그런 사이라고 내게 털어놓은 것은 1998년 여름의 일이었다.(필립 로스의 《휴먼 스테인》 1권, 11쪽)

⇒(라)우리 시대는 본질적으로 비극적이다. 그래서 우리는 이 시대를 비극적으로 받아들이려 하지 않는다.(D. H. 로런스의 《채털리 부인의 연인》 1

권, 7쪽)

　네 예문 다 (우리 글이 아니라) 번역문이고, 명작으로 알려진 것들이긴 해도 단편, 장편으로 장르도 각각 다르며, 작품마다의 시대적 배경도 한참씩이나 동떨어져 있어서 단순 비교하기에는 무리가 있지만, 문장들의 문법적 해석을 최대한으로 줄이고 그 대의만 간추려보면 다음과 같은 '첫 문장'의 각별한 중요성을 감지해낼 수 있다.
　우선 첫 어휘 내지 그 수식과 주술(＝주어/술어) 관계가 주목을 요한다.
　(가)는 '그를'이라는 대명사를 목적격으로 시작하는 형용사절이 '그 얘기'를 수식하고 있는데, 그것이 '중요하지 않다'라는 반어법으로 오히려 첫 문장의 함의를 풍부하게 열어놓는다. 대번에 긴장감을 고조시키려는 의도가 첫 문장에서부터 우러난다고 하겠다. 문단별, 장별, 부별의 첫 문장들도 이런 '돌출감'으로 시작한다면 독자의 시선을 붙들어놓는 데는 큰 이바지가 될 게 틀림없다.
　(나)의 예문은 흔히 특정한 배경으로서의(모든 작품의 '현장'은 우리 주변에서 쉽게 목격할 수 있는 것임에도 그것이 나름의 문장 감각으로 제시되는 즉시 '낯설어'진다) 시공간을 펼쳐 보이는 경우이며, '갑갑한'이라는 형용사와 뒤이어 받쳐주는 '겨울 해'나 우윳빛' 같은 복합명사가 이 작품의 주인공이 헤쳐나가야 할 꽤 다사다난한 인생행로를 암시하는 데 나름의 역할을 톡톡히 감당하고 있다.
　(다)는 읽기에 숨이 가쁜 만연체인데, '자유의 여신상'이 부끄럽게도 사적으로나 공적으로나 질곡 속의 암울한 한평생을 감수하며 살아

야 하는 평균치 미국인의 자화상을 저저이 까발리겠다는, 소설은 어차피 고발, 저항, 반성을 촉구하는 양식이다라는 힘찬 고함을 애써 가라앉히고 있는 음색이다.

(라)는 흡사 논설이나 문학평론처럼 단상으로 첫 문장을 열어간다. 이런 두괄법은 문단/문맥을 바꿀 때도 자주 쓰이는 논평식 문장인데, 장편소설의 첫 문장이어서 의외로 신선하고 중압감도 두드러진다. 모든 인간은 시대와 환경이라는 두 수레바퀴에 부대끼며 살아가야 한다는 실존의 비극성에 대한 해명은 소설의 영원한 테마이며, 그 야심이 첫머리에 옹골차게 뭉쳐져 있는 셈이다. 또한 범상한 단문이지만, 두 번째 문장이 앞의 단언적 선언을 부정함으로써 인간의 실존적 고투는 점증하는 국면이기도 하다.

새삼 강조할 것도 없이 첫 문장과 첫 문단은 모든 소설의 성취 정도를 즉각 예측하도록 일러주는 풍향계다. (대개의 독자는 첫 문장/첫 문단을 읽자마자 자기 취향에 맞는지를 즉각 분별한다. 소설 제목이 얼굴이라면 첫 문장은 그 사람의 체취쯤 될 것이다.) 따라서 어떤 작가라도, 비록 소설가가 아닌 당대의 불세출의 명문장가라 할지라도 첫 문장의 '작성'에는 심혈을 쏟고, 첫 문단의 '제시'에 참담한 고투를 불사한다. (더러는 길을 걸으면서도, 밥을 먹으면서도, 화장실이나 잠자리에서도 첫 문장을 공글리느라고 멍청해진다는 말은 결코 과장이 아니다.) 여기서의 심혈과 고투는 결국 자기 마음에 들 때까지 여러 번씩이나 고쳐 쓴다는 말이다. 소위 첨삭, 가필, 수정, 개고다. 그 도로(徒勞)에 지쳐서 나자빠진다면 훌륭한 작가가 될 싹수를 스스로 분질러버렸다고 해도 틀린 말은 아닐 것이다. 실은 그런 고행을 마다하지 않는, 매번 그 황홀한 재미에 탐닉하는 작가의 작품은 장차 여느 범작과는 다른 반열에 올라설 확률이 한결 높다는 실적을 앞의 예문들이 적시하고 있다.

대강 밝혀진 바대로 어차피 '구상'은 불가피하다. '공항 터미널, 헐렁한 블라우스, 골판지보다 얇은 밑창에 매달린 동그란 끈에다 엄지발가락을 끼운 샌들 차림의 건달, 선글라스를 꼈으나 연신 좌우로 시선을 내둘리는 그의 조바심' 같은 눈총기와 '국외여행은 효도 위장극 또는 타의에 의한 도피 행각, 선물은 악덕 포장제' 같은 메모를, 그것이 쟁여질수록 나중에는 작가 자신도 아리송해지는 암호 같은 '기록=끄적거림'을 천연스레 덧붙여가면서 숙고를 거듭해야 하고, 그렇게 꾸물대면서 이야깃거리들(='소재'이지만 궁극적으로는 원고지를 메꿔갈 '어휘'의 수집일 뿐이다)을 주워 모으는 한편 이야기'들'을 엮어가야 하는 것이다. 그런 '구상' 중에라도 첫 문장의 '작성'만큼은 빠를수록 좋다는 평범한 진리는 새겨둘 만하다. 왜냐하면 그 첫 문장/첫 문단의 조립 과정이 그동안 제멋대로 늑장을 부렸던, 부실하기 짝이 없는 '구상'의 허실을 낱낱이 까발려서, 그 화려하나 실속 없고 엉성한 '집짓기'를 단숨에 허물어버리고 보란 듯이 새 '집칸살'을 장만해주기 때문이다.

제4장 1절의 요약
(1) '구상'은 반드시 공책에다 단어/문장들을 작성해두는 식이어야 한다. 머리로만 엮어가는 것은 허황한, 실천/실행이 애초부터 불가능한 한낱 공상의 되풀이에 지나지 않는다.
(2) '구상'은 여러 이야깃거리 '들'로서의 '어휘'(=세목) 수집과, 이야기 '들'의 배열 순서 매기기로 이어져야 한다.

(3) '구상'이 웬만큼 진척되었으면 바로 첫 단어, 첫 문장, 첫 문단을 작성하고, 그것들을 마음에 들 때까지 고쳐가는 버릇을 길들여야 한다. 그때부터 그전까지의 모든 '구상'이 바래거나 짙어지면서 나름의 '틀'을 온전히 갖춰가기 시작한다. 실은 그런 끼적거림-낙서질-메모하기가 구상의 진척을 가장 적극적으로 도와준다. 믿기지 않을 테지만, 당장 실천해 보면 바로 깨칠 수 있다.

(4) 남들이 잘 안 쓰는 말, 사전에는 겨우 올라 있는 희귀어, 사투리/전문어 등을 발겨내서 적절하게/빛나게 써먹고 싶은 의욕이 구상을, 집필을 검질기게 부추긴다. 그런 열정의 연장선상에서 맞춤한 표현, 적실한 문장 감각, 아주 그럴듯한 문체를 어떤 식으로든 꾸려가려는 '의지'가 태동한다. 좋은 글/정확한 문장-문맥에 대한 자의식을 등한히/소홀히 여기는 한 어떤 이야기 엮기=서사 풀어내기는 난망이거나 공염불이다.

2. 이야기를 엮어가는 다섯 가지 서술법

첩첩산중이란 말도 있듯이 첫 문장/첫 문단을 어지간히 공들여 써 놓고 나서도 막상 이야깃거리들을 주섬주섬 챙겨서 본격적으로 이야기를 풀어가려 하면 즉각 또 막막해진다. '구상' 중에는 그렇게나 쓸 말이 많고, 그것들이 앞다투어 튀어나올 것 같았는데, 어느새 어리벙벙해지고 마는 것이다. 머리를 흔들며 원고지나 그 대용품인 노트에, 또는 그것처럼 하얀 바탕이기는 마찬가지인 컴퓨터 화면 앞에 다가앉지만, 그 텅 빈 여백을 무슨 '단어들'로 새카맣게 채워간단 말인가. 당장 '쓸 말'은 있는데도, 그 이야깃거리가 과연 다른 것들보다 앞서서 서두에 놓여도 좋을까. 선뜻 단안을 내리기도 어렵거니와 그 다음에 쓸 이야깃거리의 선후는 또 어떻게 정해야 옳을까라는 난제가 이마에 매달려 떨어질 줄 모른다. 작가 지망생이라면 하나같이 멍청해지는 국면이 바로 이 대목이고, 기성 작가들도 난감한 채로 헤매기는 오십보백보다.

흔히 한 편의 '글'의 격식으로 일컫는 기승전결(起承轉結) 중 작의의 '발단'에 해당되는 '기'의 이야깃거리를 풀어놓기까지는 어쩔 수 없이 부딪히는 고충의 정점이 바로 이 고비인 셈이다. 그것이 한 작품의 전체

분량에서 차지하는 비율은 제가끔 다를 수밖에 없겠으나, 대략 5분의 1쯤이 상한선이라고 한다면 과히 틀린 말은 아닐 것이다. 그다음부터는 다른 이야깃거리들이 나름의 '순서'를 쫓아 나서고, 잘 써진다기보다도 이야기가 저절로 어딘가를 향해서 나아간다. 어떤 식으로 처리되든, 일부러 흐지부지하니 명색 '여운'을 남기든 말든 '결말'이 눈앞에 펼쳐져 있으므로 허둥지둥 서둘러 달려가는 것이다.

이처럼 한 편의 소설을 완성해가는 경과를 찬찬히 따져보면 손쉽게 '지면(紙面)의 안배'야말로 '구성'의 요체임을 깨달을 수 있다. 알다시피 '플롯=구성'은 이야기 '들'의 순서 매기기이므로 그것들마다에는 적당한 지면을(원고지로는 5장이나 10장 같은, 또는 A4 용지로는 한쪽이나 3분의 1쪽 같은 식이다) 할애해주어야 하는 것이다. 물론 이야기마다 길 수도 짧을 수도 있고, 작가가 임의대로 한정 없이 늘릴 수도 있을 테지만, 그것들은 끼리끼리 '맥'이 닿아 있으며, 그 연줄은 '곳'(=사물의 유래)에 따라 서로에게 원인이자 결과이기도 하다. 원인은 현재의 '일=사건/물건=인물'이 있게 된 근본이므로 과거사로 한정된다. '사물(事物)'이라는 두 낱의 뜻글자만큼이나 쉬운 도식을 들이대던 '원인=과거'와 '결과=현재'의 쉼 없는 교직물이 이야기이고, 그것은 이야기들이라는 작은 단위를 차례대로 기술하는 '서술(敍述)=플롯'에 의해 완성된다. 그러므로 어떤 '원고=한 편의 작품'의 작성이라도 그것은 이야기라는 작은 단위들을 작가가 자유자재로 차례를 매겨가면서 지면 위에다 적당한 '크기=면적'으로 펼쳐 보이는 지면의 '배분'일 뿐인데, 그 '배치' 감각이 곧 플롯짜기이다.

이미 명명백백하게 드러났듯이 이야기들은 '현재'와 '과거'의 교직에 사용되는 방적사(紡績絲)에 불과하므로 이 두 가닥의 실을 서로 엇바꿔가며 늘어놓는 것이 '플롯'의 엮기＝짜기다. ('이야기'는 그것이 아무리 작은 것일지라도 '이야깃거리들'의 얽기로 만들어진다.) 그러므로 플롯 엮기는 어떤 결과물로서의 현재 사단(事端)의 원인을 알아가려는(독자에게 들려주려는) '과거＝기억' 되살리기가 된다. 요즘 유행어로 광범위하게 쓰이는 '서사(敍事)＝내러티브'도 사건의 연쇄를 차례대로 늘어놓은 '큰' 이야기라는 뜻이므로 결국 인과(＝과거와 현재)로 짜인 자잘한 이야깃거리들의 집합일 뿐이다. 따라서 지면을 차곡차곡 점령해가는 이야기들은 다음의 두 가지 서술로 나뉜다.

1) 장면-현재
2) 요약-과거

장르에 따라 이야기를 들려주기도 하고(방송극, 시극, 뮤지컬), 보여주기도 하며(영화, 연극, 만화, 무용, 팬터마임), 글로 쓰이기도 하는(소설, 전기물, 자서전, 논픽션) 모든 서사물은 어떤 식으로든 1)과 2)의 뒤섞임이다. 어느 한쪽을 날줄이나 씨줄로 본다면 다른 한쪽과 얽어 짠 한 자락의 천 조각이 카펫 같은 작품이자 서사물인 것이다. 서사의 이 두 기둥만큼은 미리 그 축조 내역을 밝혀두어야 장차 '지면 장악'과 그 통치에 번거로움을 덜 수 있을 듯하다.

우선 1)은 '장면'이라는 선두 지칭어가 가리키듯이 이야기 진행의 근간(根幹＝뿌리와 줄기)이다. 이것은 근본적인 사정이자 능동적인 근거라는 뜻으로서의 '계기'에 합당하므로 이야기'들'의 진행을 주도한다. '현재' 벌어지고 있는 사건/인물의 동정을 일일이 추적해가는 것이다. 주로 직접화법으로서의 대화로도(=두 사람 이상의 주거니 받거니) 간단없이 '지면'을 점유하는가 하면, 어느 미치광이의 장광설이 땅부자꾼처럼 욕심 사납게 몇 쪽에 걸쳐 펼쳐지기도 하는 것이 바로 이 '장면-현재'다. 뿐만 아니라 우물쭈물하는 천성의 한 주인공이 독백이나 속말을 두덜거리고, 속생각도 띄엄띄엄 토해놓는 도입부 역시 이것일 수 있다. 당연하게도 그런 주거니 받거니가 벌어지고 있는 공간이 영화 화면 속의 배경처럼 곱다랗게/어수선하게 펼쳐진다. 그것은 난초 잎이 사방으로 기다란 곡선을 드리우고 있는 방 속인가 하면, 완만한 언덕이 겹겹이 포개어져 있는 벌판이기도 하며, 뽀얀 띠 같은 포말이 하냥 밀려와 쌓이지만 온갖 쓰레기와 오물로 썩은 내가 등천하는 바닷가의 모래톱일 수도 있다. 물론 그런 배경에 걸맞은 시간도 흐른다. 삭풍에 울어대는 문풍지 소리가 시끄러운 냉골의 겨울밤이기도 하고, 염소 떼가 한가롭게 풀을 뜯어먹는 초여름의 한낮인가 하면, 어제까지 그렇게나 북적거리던 해수욕객이 몰라보게 빠져나가버린 해수욕장 곁의 펜션 출입구에서 맞는 썰렁한 새벽일 수도 있다.

이쯤에서는 어떤 설명보다 예문을 통한 숙지가 '장면-현재'의 재현에 효과적일 듯싶다.

⇒(가) "이제 오니, 한스?" 차도에서 오랫동안 기다리고 있던 토니오 크뢰거가 말했다. 그는 다른 친구들과 이야기꽃을 피우며 교문에서 나오는 친구에게 미소를 지으며 다가갔다. 그 친구는 벌써 일행들과 함께 막 그곳을 떠나려는 참이었다. "왜 그러는데?" 그 친구는 이렇게 물으며 토니오의

얼굴을 빤히 쳐다보았다. "아참, 내 정신 좀 봐! 자, 그럼 우리 같이 좀 걸어가자."

　토니오는 갑자기 입을 다물어버렸고, 그의 두 눈은 우울한 빛을 띠며 흐려졌다. 둘이서 오늘 오후에 같이 가볍게 산보를 하기로 한 사실을 한스는 잊어버렸단 말인가?(토마스 만의 〈토니오 크뢰거〉 96쪽)

　아주 선명한 '현재'의 '장면' 제시다. 어떤 정황(情況)을 즉각 알아보는데 가장 요긴한 시간과 공간이 확실하게 펼쳐져 있다. ('정황'은 일/사건이 돌아가는 사정'이다. 그런 사정 = 형편은 어떤 계제 때문에 의도적으로 '조작'된 것이다. 소설 속의 '현재-장면'에 가장 근접하는 용어로서, 다들 일상 중에 아무렇게나 써버릇하는 요즘의 관습어인 어떤 특별한 여건이라는 뜻인 '상황'보다 훨씬 더 적절한 말이다.) 흔히 간과하지만, 이 시공간의 명시적인 '드러냄'은 모든 서사물의 근본이다. 이것이 없거나 불분명할 때 그곳은 사람이 살지 않는 미지의 어떤 공간이거나 유령의 세계일 뿐이다. 위의 예문에서는 주인공들의 신원과 언행 또한 또렷하다. 이야기가 진행되면서 장차 어떤 갈등을 빚어낼지, 또 그런 심리적 알력을 어떻게 극복해갈지를 예시하는 소위 '복선'도 맞춤하게, 아주 자연스럽게 깔려 있다.

　위와 같은 '장면-현재'가 한 작품 속에서 어떻게 바뀌고, 과연 몇 번이나 나와야 하는가라는 의문도 제기될 법하다. 써본 사람만이 아는 이 의문은 '플롯 엮기'의 정곡을 찌르고 있다. 사실상 '플롯 엮기'는 길고 짧은 여러 '장면-현재'의 배치, 그것의 자연스러운 연쇄와 다를 바 없다. 어쨌든 위의 의문에 대한 즉답은 어렵지 않다. 주요 인물의

'행동반경'을, 그중에서도 가장 요긴한 것만 추적할 수밖에 없다는 모범답안이 그것이다. 한편 또 다른 구체적인 해답을 내놓을 수도 있다. 우선 '형식상＝원고 작성법상'으로 '장면' 전환은 문단이 바뀌면서 이루어진다. 또한 1, 2, 3과 같은 분명한 가름으로 '장면'이 바뀌었음을 드러낼 수도 있다. 물론 알아보기 쉽게 정리한다는 편집상의 미적 기교랄 수 있는 한 행 띄움 곧 격행(隔行)으로 대처할 수도 있다. (이 격행의 남발과 다발은, 시에서의 연처럼, 요즘 원고 작성법의 한 유행인 듯한데, 실은 '플롯 엮기'의 미숙을 자백하고 마는 행태이기도 하다. 하기야 현대의 모든 '동정/사건'이 인과적이라기보다는 우발적이라는 근거와 '구성'도 시류에 따라 얼마든지 '변주'를 모색한다는 함의가 깔려 있다고 할 테지만, 단편에서조차도 '행갈이'로 충분한 '정황' 전개를 격행으로 대신하는 것은 '문맥'의 낭비로 비치기도 한다.)

 한편으로 '내용상'의 장면 전환은, 그것이 한 작품의 전 지면에서 차지하는 비율, 곧 그 '과점' 여부를 감안해야 한다는 것은 강조해둘 만한 주의점이다. 이를테면 전화를 붙들고 쌍방이 너무 오랫동안 안부/정보를 주고받는다든지, 한 커피점에서 뭉그적거리며 노닥이는 진부한 '장면' 따위가 그렇다. 의외로 이런 갑갑하고 느려터진 작품이 오늘날 흔해빠졌는데, 이런 현상은 예외적인 경우로서 현대소설의 내용적 '확장'을 의미하기도 하지만, '생략'과 '비약'을 모를뿐더러 시공간의 다양한 '변주'의 모색에 등한한, 좋게 보면 집요하다고 할 수 있을지 모르나, 안이한 추수주의로서 깔볼 만도 하다. '변화'에 무감각한 이런 경향의 연원으로는, 비좁고 지저분한 형사반장실이나 신문사 편집국 안에서 벌어지는 36시간 동안의 몇몇 배역의 동선을 여러 각도에서 찍은 '장면'의 연속만으로도 지루하지 않은 두 시간짜리 가작 영화를 들 수 있다. 그 긴박감 넘치는 '실존'의 수렁화가 무엇을 의미하는지를 영화는 시퀀스로 보여준다. 소설에서도 곳곳에 끼어드는 '회상' 속의 독백, 속말, 대화 등이 '장면' 전환의 역할을 맡을 수는 있다. 이른바 '의식의 흐름' 같은 기법까지 동원한 실험작을 논외로 친다면, 모든 '장면-현재'는 전체 지면 중에서 차지하는 '면적'으로 적절히 분배되어야 옳다. 어떤 경우의 사건/인물이라도 '독과점'은 지루함을 내발적으로 조장해서 물리게 만든다. 물론 어떤 '결정적인 대목'에서는 한 장면의 장광설이나, 전체의 반 이상을 할애하는 정황/심리 묘사 같은 '불균형'이 용납되고, 그런 이색성이 신선한 '창의성'으로 받아들여지기도 하겠으나, 그것도 작품의 밀도와 긴장감을 떨어뜨리지 않는 범위 안에서 가능하며, 그 판단이 작가의 '평형감각'과 무관하지 않을 것임은 자명하다. (작가는 특출한 '개성'도 반드시 소지해야겠지만, 그것보다는 속물의 만부득이한 처신을 이해하고, 더러는 동조하는 엉뚱한 일면도 지닌 모순적/임시적 존재에 지나지 않는다. 작가야말로 무개성의 임시변통에 능한 덜렁이인 것이다.)

일반적으로 말한다면 '장면-현재'는 이야깃거리들의 다채로운 전개를 도와주면서 불필요한, 상투적인, 일상적인 일이나 사물 일체의 반복을 적극적으로 제어하는 장치일 수 있다. '장면-현재'의 참신성을 자나 깨나 염두에 두자니 어쩔 수 없는 '조치'를 강구해야 하는 것이다. 그럼에도 불구하고 여느 소설들에는 지금도 진부한 '장면'들이 여전히 무더기로 속출하고 있다. 커피점, 전화로 통화 중인 주요 인물, 원룸이나 모텔의 실내, 자동차 속, 술집, 산책길, 회식 장소, 도서관이나 병원 같은 '장면'들의 뻔뻔스러운 다발과 옹색한 입지는 현대판 음풍농월의 재연이라고 매도해도 할 말이 없지 않을까 싶다. 그런 '변주력'의 따분한 되풀이는 창의력 미달 탓이기도 할 테지만, 사고와 행동의 과도한 절제를 강요당하고 있는 현대인의 속물화/무개성화가 현대소설의 전면에 떠올랐다는 진단까지 내놓게 한다. 이런 단조로운 '장면'의 실례를 보더라도 이야깃거리의 활수한 사용과 작은 이야기의 순서 바꾸기로서의 플롯 엮기는 소설세계의 무궁무진한 확장을 약속하는 '제도'일 수밖에 없다.

2)의 '요약-과거'는 선행어가 가리키는 대로 1)에 비해서 짧은 이야기다. 과거에 일어난 어떤 사건을 최대한 간추려서 '일화=삽화' 식으로 슬쩍 끼워넣는 것이다. 물론 전체 지면에서 차지하는 '면적'이 상대적으로 작다고 해서 그 기능이 보잘것없지는 않으며, 오히려 이것이 이야기의 그럴듯함을 이끌어내는 소위 '개연성'과 '장면화'에서의 핍진감을 점증시킨다. 또한 그 좁은 지면 장악력 때문에라도 운신이 가벼운 복병처럼 '요약-과거'는 '현재-장면'의 곳곳에서 출몰할 수 있다. 따라서 워낙 재바른 그 등장/퇴장으로 말미암아 이것의 언행 일체는 간략하게 다뤄지며, 그 배경으로서의 시공간도 꿈의 그것처럼 대체로 흐릿한 구석이 많다. 1)이 선명한 데 비해 '요약'은 아주 요긴한 것만 발췌해서 잠시 써먹는다기보다도 그것 자체가 이내 제 처지를 알아서 스스로 자취를 감춰버린다. 그런 은신술이 말하는 대로 이 복병의 잠복 기간, 은신처도 오리무중이다. 불시에 어디서든 불쑥 튀어나와서 1)의 동정과 정서를 가로막고 나서는가 하면 부추기기도 하는 기량이 뛰어나다고 할 수 있다. 그야말로 기동력이 신출귀몰한 것이

다.

　2)의 돌출은 대체로 인과를 밝히는 회상의 형태로, 그러니까 '기억되살리기'에 기대지만, 그런 '과거'의 의식화 작용에 어떤 일반성이란 있을 수 없다. 그만큼 들쑥날쑥하고 길거나 짧게 1) 속에 파고들어가는데, 이것 역시 '과점'은(=많은 지면의 할애는) 피할수록 좋다. 흔히 수다스러운 사람들이, '방금 어디까지 이야기하다 말았지' 하고 더듬는 경우처럼 너무 오랫동안(=길게) '과거 파묻히기'에 의식을 탕진해버리면 방금까지의 제 주제꼴, 화두 따위를 놓쳐버리기 십상이어서다.

　2)의 작례는 모든 소설 속에 다양한 형태로 녹아들어가 있는데, 찬찬히 뜯어보면 '나/그'의 의식의 '한눈팔기'는 이내 짚인다. 여기서는 2)의 가장 흔한 '잠시 끼어들기'의 형태를 소개해본다.

　⇒(나)"괜찮습니다, 어디에 뭐가 있는지 금방 알아낼 수 있으니까요." 이렇게 말하고 토니오 크뢰거는 벽을 따라 느릿느릿 걷기 시작하면서 책등에 적힌 제목을 살펴보는 시늉을 했다. 그러다가 급기야는 책 한 권을 꺼내고 그것을 펴서는 창가에 가서 섰다.

　여기는 아침 식사를 하는 방이었다. 아침마다, 푸른색의 벽지에 하얀 신상(神像)들이 툭 튀어나와 있는 저 위쪽의 커다란 식당이 아니라, 이 방에서 아침 식사를 했다. 저기 저 방은 침실로 쓰였다. 할머니가 고령이었는데, 오랫동안 힘들게 투병하다가 저 방에서 돌아가셨다. 삶에 대한 애착이 대단했던 할머니는 쾌락을 좇는 사교적인 부인이었다.(토마스 만의 〈토니오 크뢰거〉 140쪽)

⇒(다) "사실을 묻는 사람에게 내 대답은 별 의미가 없어요. 묻는다고 속내를 다 털어놓을 수는 없잖아요. 그러나 굳이 내 '의견'을 밝힌다면, 뭐 나 자신에 대한 생각만으로도 벅찹니다."

그는 오랜만에, 사실 우연찮게 귀국했다. 이미 낯설어진 이곳에서 스테이버튼 양의 세심한 배려가 그에게 적잖이 위안이 되었다. 그가 떠나 있던 30년 이상—정확히 말해 33년—의 공백은 어떤 일이든 일어날 수 있는 시간이었다. 보란 듯이 놀라운 일들이 그의 눈앞에 펼쳐졌다. 그가 이곳 뉴욕을 떠날 때는 스물세 살이었는데 이제 쉰여섯이었다.(헨리 제임스의 〈밝은 모퉁이 집〉 137~138쪽)

두 예문 다 '장면-현재'로서 주인공이 어떤 사람과 주거니 받거니를 하다가 오래전부터 어딘가에 잠복시켜둔 기억을 불러내고, 그 '과거=회상'을 끼워넣는다. 이 '요약'은 보다시피 '장면-현재'의 근거 또는 그 경위에 대한 보충적 설명인데, 그 막강한 기능이 앞으로 속속 이어질 또 다른 일련의 필연적/우발적 '시퀀스'들에 대한 밑거름의 구실을 자임하고 있다. 아주 명백한 정황이라서 더 이상의 설명은 사족이자 엉뚱한 오해를 불러올 소지마저 다분하다.

어쨌든 이제 이런 '과거 들먹이기'를 어느 정도에서 줄이느냐 하는, 그 '요약'의 길이를 결정하는 난문이 남아 있다. 좀더 정확히 말한다면 전체 지면에서 차지하는 면적의 넓이를 어떻게 '재단'하느냐는 것이다. 이를테면 단편소설이라고 할 때 1면당 36행 길이의 A4 용지 총 18매 중에서 첫 '요약-과거'가 몇 줄에 그칠 것인가, 아니면 2매 정도까지 장황하게 기술해도 되는 것인가라는 의문 앞에서는 다들 착잡해진다. 당연하게도 작중에서는 주인공('나/그')이 그 결정권을 임의대로 행사하고 있지만, 숨어 있는 조작자=작가로서는 어떤 과단성을 내리기가 적잖이 망설여지는 것이다. 이런 주저벽은, 물론 정도의 차이는 있겠으나, 모든 작가가 다 가지고 있다. (아니다. 미리 '공개'해 버릴까 말까로 끌탕을 일삼고, 그것을 즐긴다. 탈고 후에는, 별것도 아닌 걸로 공연히 속을 태웠네 하고 어이없어 하지만.) 어느 정도의 '길이=면적'이 '현재'로의 철수에 용이할지 쉽게 분간이 서지 않기 때문이다. 이 난문에도 모범답안이 (다소 모호한 채로나마) 없는 것은 아니다. '과점', 곧 지나쳐서는 곤란하다는 것이 그것인데, 지나치게 넓은 지면 할애는 '모티브'의 증발이나 무단이탈을 초래할 수 있다는 것이다. (쉽게 말해서 이 말 했다가 저 말 하는 식의 횡설수설로, 유심히 들어보면 평소의 대화 중에도 이런 경우는 비일비재하다. 소설은 처음부터 끝까지 조작 기능을 강단 좋게 발휘하여 '모티브=특정 이야기'를 살리기 위해서라면 섣부른 별도의 이야깃거리나 이야기를 과감히 '정리=편집'하여 하나의 '질서 있는 세계'를 구현하는 양식일 뿐이다. 이런 이론을 멀쩡히 알고 있음에도 불구하고 대개의 작가는 욕심이 사나워서 '온갖 이야기'를 한자리에다 부려놓고 한꺼번에 욱여넣으려고 안달한다.) 반면에 짤막한 '요약-과거'는 '장면-현재'의 제반 사정에 대한 미심쩍음을 불러와서 이야기 진행에 상당한 애로를 자초할 수 있다. 곧 독자의 오해=오독을 불러올 뿐더러 조작자 혼자서만 이해하는 암호가 될 수 있기 때문이다. 의외로 이런저런 오독이 빈발하게 마련인데, 대개 다 '요약-과거'가 부실하게 서술되어 있거나 촘촘히 읽지 않아서 그렇다. 반은 작가의 미흡한 설명력 때문이고, 나머지는 독자의 이해력, 곧 전후 정황의 파악력 부족 때문이다.

여기서도 쉬운 비유를 끌어와서 '플롯 엮기'의 비결을 숙지할 필요가 있을 듯하다.

남자든 여자든 이성과의 교제에서, 또는 다양한 공동체 생활에서 인간관계를 맺어갈 때 자신의 신원, 취미, 결혼관, 장기, 단점 따위를 첫 대면 자리에서 자기소개서처럼 죄다 공개해버리면 그다음부터 한없이 심심해지다 못해 이내 썰렁해져버릴 것이 분명하다. 그 귀한 '사전(事前) 정보'를 조금씩 공개하든지, 반 이상은 선의의 거짓말이나 적당한 '수식=과장'을 덧대서 상대방의 반응을 염탐, 유추해가든지, 아예 자신의 전모를 어느 정도까지는 베일로 가려두고 '신비화'시킴으로써 그쪽의 호기심을 부채질해야 인간관계의 진전에 여러모로 유리할 것임은 명명백백하다. 소설의 서술 기조에서도 이런 '정보' 공개의 수위 조절은 조금씩 '맛보기' 음식만을 제공한다는 원칙을 고수할 필요가 있다. 한꺼번에 모든 것을 털어놓아버리면 독자의 흥미는 즉각 반감되고 말며, 조작자는 당장 어째 이야기가 꽉 막혀서 더 이상 풀려나가지를 않네라며 허탈해한다. 실은 꽉 막혀 있는 게 아니라, 너무 서두르는 통에 미리 이야기를 마구 쏟아낸 탓이며, 그것도 뒤에서 차차 털어놓아도 될 것을 앞서 공개해버렸을 공산이 다분하다. 상대탕의 인간적 성숙도가 벌써 평균점 이하라는 사실이 만천하에 드러난 마당에 무슨 '할 말=쓸거리'가 더 있겠으며, 진작에 교제의 파탄을 자초해놓고 나서 무슨 염치로 내밀한 관계의 진전을 바란단 말인가.

'서사=이야기'의 진행은 '장면/요약'과의 경쟁적인 지면 쟁탈전이라고 해야 옳을 것이므로 '플롯 엮기'에서 이 두 기능의 교체 능력만큼 완벽히 숙지해야 할 사항이 달리 있을 수 없다. 차제에 또 다른 예문을 읽어볼 필요도 있을 듯하다.

⇒(라)모나크 부인은 가만히 앉아 있었는데 거만해서가 아니라 수줍어서였다. 곧 남편이 아내에게 말했다. "일어서서 당신이 얼마나 맵시 있는지 보여주구려." 그녀는 순순히 일어났지만 굳이 일어나지 않아도 그녀가 얼마나 멋진 몸매를 가졌는지 알 수 있었다. 그녀는 얼굴을 붉히며 어쩔 줄 몰라 했다. 구원을 요청하는 눈길로 남편을 쳐다보며 스튜디오의 끝까지 걸어갔다가 돌아왔다. 그 모습을 보자 우연히 파리에서의 일이 생각났다. 나는 그곳에 그때 막 상연 중인 연극의 극작가 친구와 함께 있었는데, 여배우가 와서 역을 하나 달라고 부탁했다. 그녀는 지금의 모나크 부인처럼 그 친구 앞을 왔다 갔다 했다. 모나크 부인은 그 역을 썩 잘해냈지만 나는 칭찬하고 싶은 마음을 참았다. 보수도 얼마 안 되는 이런 일을 이 부부가 하려는 게 아주 이상했다.(헨리 제임스의 〈진짜〉 17쪽)

위의 예문은 다음과 같은 사실을 다시 한번 일러준다. 첫째, 과거형 문장의 '장면' 제시에서도 '현장감'은 엄연히 살아 있다. (원론적인 설명일 테지만, 소설은 어디까지나 한때 있었던 '과거'의 일을 현재형 문장이나 과거형 문장으로 기술한다. 숙고를 위해서도 더 이상의 해설은 생략하거니와, 최근에 유행하는 '현재형 문장'으로 조립한 모든 소설의 그 현장은, 그것이 카메라 같은 기능을 다하고 있다는 임장감에도 불구하고 '사진'과 마찬가지로 이미 '과거'의 일이었음은 분명하다. 물론 '현재형 문장=형식적 모색'이라는 등식의 의미가 작지는 않을 테지만, 그것을 '과거형'으로 바꾼다고 해서 과연 그 성취도가 달라질까를 고려해볼 만하다.) 둘째, '지문=바탕글' 속에도 문단의 나눔 없이 쌍따옴표가 이끄는 '대화'를 끼워넣어서 '장면'을 제시하며, 이런 원고 작성법의 정색한 정황 서술력이 돋보인다. 셋째, '그 모습을'에서 '왔다 갔다 했다'까지 세 문장으로 '장면-현재' 속에 스스럼없이 끼어든 '요약-과거'의 서술, 즉 이 짧은 '과거=기억 되살리기'로써도 '장면'은 현저하게 핍진감/생동감을 얻고 있다. 따라서 이 '요약-과거'를 수많은 문장으로 풀어 써서 과도한 지면을 점령해버릴 수도 있을 테지만(실제로도 흥미진진한 일화가 많았을 것임은 충분히 상상할 수 있다. 그런데도 작중 화자 '나'는 그 사연을 굳이 털어놓지 않는다. 그런 일화는 이 작품의 모티브와는 걸맞지 않다고 생각한 것이다), 단 한 문장으로도, 극단적으로는 긴 복문/중문 중의 단출한 '절'이나 '구'로도 사뿐히 끼어들 수 있다. (이를테면 '서른 몇 해 저쪽의 그 시치름했던 영악스러움이 어느새'와 같은 '과거=기억'이 복문/중문 속에 얼마든지 파고들어갈 수 있다는 뜻이다.) 물론 아주 복잡다단한 '과거'는(장편의 경우) '장(章)'을 달리하여, 단편에서는 '격행'이라는 원고 작성법으로서의 '형식'을 빌려서 '장면-현재'와의 분리에 이를 수 있다. 요컨대 그런 '요약'적 기능에 대한 심사숙고야말로 조작자의 '내용/형식'에의 안이성/독보성을 저울질하는 계기가 되는 것이다.

다음으로 이야기를 엮어가는, 좀더 노골적으로 말하면 원고의 지견을 메꿔가는 서술의 기조음은 위의 1)과 2), 곧 서사의 두 기둥이 튼튼하게 세워져서 살아볼 만한 '집'이 지어지도록 도와주는 보조 수단들이다. 크게 말하면 '수사적' 기능에 국한되며, 그 음색은 서술 기조의 주조음에 따라 다채롭게 대응할 수밖에 없으므로 '이야기=작품'에 따라 달라지게 마련이다. 극단적인 경우로 대중용 통속소설에는 다음의 세 가지 보조 수단 중 어느 하나가 아예 없거나, 나머지 둘도 거의 눈에 띄지 않는 것이 허다하다. 그래서 1)과 2)와 3)만으로도 명색 '이야기=소설'의 골격을 훤칠하게 갖출 수 있는 것이다.

이쯤에서 다시 한번 확실하게 짚고 넘어가면, 모든 작가가 '구상 중이야'라거나, '플롯은 대충 짜놓았는데'과 같은 말을 하는데, 두 말은 결국 1)과 2)를 붙들고 무슨 '이야기'는 어디다 배치할 것인지로 암중모색을 거듭해왔고, 지금도 그러고 있는 것임을 알 수 있다. 그런데 묘하게도 막상 소설 쓰기로 한창 열을 올리다보면 그렇게나 고심하며 '엉구었던' 1)과 2)는 별로 소용이 없고, 오히려 엉뚱하나 더 멋진 이야깃거리'들'이 속속 원군으로 나타나서 앞으로의 이야기 진행을 도맡겠다고 자청하는 데다 아래에서 설명할 3)과 4)와 5)의 착실한 역할 때문에 1)과 2)의 '형상'이 자꾸만 축소/확대/변형/소멸/조정을 거듭한다는 것을 새삼스럽게 의식하면서 더러는 길게 탄식을 터뜨리기도 하고, 때로는 무릎을 치며 탄성을 내지르기도 한다는 것이다.

　　3)설명-묘사(=사실화寫實化)/표현(=추상화)
　　4)논평-해설
　　5)인용-열거

한 작품 안에서 3)이 차지하는 '비중=지면의 배분 면적'이 1)과 2)의 그것을 능가, 혹은 초과하는 사례도 물론 흔하다. 직접화법, 간접화법, 심지어는 대화 표시로서의 따옴표가 (통상적으로) 붙어 있지 않은 독백/방백, 속말/속생각 같은(소위 '의식의 흐름' 기법으로 쓴 원고에 이런 작성법이 보이기도 한다) 서술 기조가 아예 없는 예외적인 소설이 그것이다. 그런 유의 소설은 어떤 정황에 대한 '설명-묘사'와 (앞마디에서도 분별한 대로 '설명'은 '대화'를, '묘사'는 '표현'을 각각 아우른다) 그 인과를 자기 나름의 '해석'으로 풀어가는 것이다. 세칭 '책장이 후딱후딱 잘 넘어가는=페이지 터너' 책들과는 한참 멀리 떨어져서 나름의 격조를 살리느라고 고군분투하는 명색 '순수 문학' 지향적 작품들은 대개 1)과 2)의 형체가 낱낱이 쪼개져서 장황한 '설명-묘사/표현' 속에 녹아들어가 있다. 매 페이지를 설명문으로 빈틈없이 채우는, 극단적으로는 행갈이=문단 나누기도 의도적으로 내팽개쳐버린 이런 유의 서술 기조음은 그 숨 막히는 활자의 '융단 폭격' 때문에라도 질리는 게 사실이다. 그러나 본문의 활자가 숨이 막힐 정도로 너무 빼곡해서 '갑갑하다'는 그런 선입관은 독서 체험의 선결 기준에 편집상의 '미적 감각'을 우선적으로 고려한다는 혐의도 여실하고, 그 무시할수 없는 독자 일반의 취향은 흥미 본위의 책 한 권을 시간 때우기 오락용으로 취급하겠다는 저의가 사뭇 당당한 편이다.("응" "그래, 잘 자"와 같은 대화로 조판되어 있어서 본문의 활자가 듬성듬성 심어져 있는 대중소설을 일반 독자들이 선호한다는 것은 기정사실이지만, 그런 '장면'의 다발을 통해 작가가 무엇을 노리는지는 워낙 뻔하다.) 하기야 오늘날처럼 책이 흔해빠졌고, 그것들마다 겉멋으로서의 '디자인=과대 포장' 시대에는 일면 타당한 고려 사항일 수 있다. 당대에서 나름의 존재 의의와 그 가치를 증명해보런다는 소설의 처지로서야 어떤 '유행=대세'라도 일단 붙좇고 싶고, 그 흐름에 한 발이라도 걸쳐놓지 않았다가는 불안해질 터이므로.

그러나 대다수 소설의 일반적인 '가락'에서 이 3)의 기능적 역할이 빠지면 요령부득을 부채질하는 꼴이 되고 만다. 조작자 자신만 알까. 독자들은 긴가민가해서 1)과 2)의 '내용=이야기' 전개에 대한 이해를 엉뚱한 쪽으로 돌려세우게 되는 것이다. 가장 손쉬운 예로 '그가 말했다' 나 '내가 물었다'라는 설명이 적재적소에 활자로 박혀 있어야만 이야기의 '이해-소통'이 수월해진다. 뿐만 아니라 3)은 1)과 2)에서 전개되는 각각의 특이한 장면과 그 속에서 흐르는 시공간을 (기본적으로) 소상히 밝히는가 하면, 주인공 '나/그'의 현재 생각, 과거의 사고 행태, 유행, 세태 같은 풍속 일반에 대한 증언, 사건/사고의 추이, 수시로 변덕을 부리는 정념/심정의 변주, 돈 가방 같은 대상물의 행방에 대한 추단 따위도 일일이 언급, 해설해주어야 한다. '설명-묘사'의 활약상은 거의 무소부지(無所不至)라고 해도 과언이 아니다. 달리 보면 1)과 2)가 소설=이야기를 꾸려가는 것이 아니라 3)의 역할로 이야기가 그 명줄을 온전히 지탱하고 있는 형편이다. 이것의 원활한 작동이 1)과 2)를 보듬어야 소설은 살아 있는 생물체=유기체로 육박해오고, 이야기도 비로소 능선처럼 자연스러운 굴곡을 보여주며, 시냇물처럼 쉼 없는 흐름을 이어갈 수 있다. 다시 의인화에 기대면 3)은 1)과 2)의 뼈에 달라붙는 살이 되어 온전한 사람의 형상을 만드는 데 혁혁한 구실을 다한다. 또는 기둥과 바람벽만의 외형에다 3)은 '인테리어'를 입혀 사람이 살아가는 데 불편하지 않은 집을 짓는 제 소임에 언제라도 충실하다. 잔손질을 아끼지 말고, 비록 지면의 점령 범위가 과점에 이르렀다고 해도 동어반복이 없는 한에는 최대한으로 '설명-묘사'를 강화해야 번듯한 집칸이 살아나는 것이다.

어떤 명작의 어느 대목이라도 작례로 사용할 수 있겠으나, 여기서는 '외적' 설명과 '내면' 묘사에 초점을 맞춰서 옮겨보면 아래와 같다.

⇒(마)그는 집에서 시간을 헛되이 보냈고, 수업시간에도 딴청을 피우며 산만하게 보냈기 때문에 선생님들한테는 좋지 않은 점수를 받았고, 집에 가져오는 성적표는 늘 한심하기 그지없었다. 이에 대해, 생각에 잠긴 듯한 푸른 눈에 주도면밀하게 옷을 입으며 단춧구멍에 언제라도 들꽃을 꽂고 다니는 키가 훤칠한 신사인 그의 아버지는 불같이 화를 내며 크게 걱정했다. 그렇지만 머리카락이 검으며 콘수엘로라는 이름으로 불리는 아름다운 그의 어머니, 아버지가 지도의 저 아래쪽에서 데려왔기 때문에 이 도시의 다른 부인들하고는 모습이 판이하게 달랐던 토니오의 어머니에게는 성적표 따위는 아무래도 별 상관이 없었다.(토마스 만의 〈토니오 크뢰거〉 99쪽)

⇒(바)나는 심한 말을 내뱉고 말았다. 하지만 그는 잠시 가만히 서 있었다. 그러고는 말없이 화실을 떠났다. 나는 한숨을 쉬었다. 다시는 그를 못 보겠지 하고 혼잣말을 했다. 나는 확실히 삽화를 거절당할 지경에 이르렀다는 말을 하지 않았다. 하지만 그가 그런 분위기를 보고도 이제 우리 사이가 끝났다는 것을 깨닫지 못하자 당혹스러웠다. 그는 우리가 같이 일할 수 없다는 교훈을 깨닫지 못했다. 결국 예술이라는 속임수 속에서는 아무리 점잖은 최고의 신사도 진가를 발휘하지 못할 수 있다는 교훈을 전혀 깨닫지 못했다.(헨리 제임스의 〈진짜〉 51쪽)

두 예문 다 아주 잘 알려진 명단편 중에서 앞뒤 문맥을 고려하지 않고 임의로 가려낸 꼭 한 문단씩의 3)'설명-묘사/표현'다. (마)의 예문은 주인공 양친의 판이한 성격 중 일부를 스케치하고 있는데, 이런 가족의 신상명세서가 '요약-과거'의 보충 설명으로서 장차 '장면-현재'의 진척에 크게 관여, 기여할 것임은 쉽게 짐작할 수 있다. 역설적이게도 1)과 2)의 기능은 3)의 역할에 빚지고 있는 게 아니라 3)의 능동적 기여에 의해 제 구실을 그냥저냥 꾸려가고 있는 형편이다. '방'의 구색과 장식이 제자리와 제멋을 틀어쥐고 있어야 '집'이 유용한 거주 공간으로 빛나듯이, 또는 풍요로운 '살/근육'이 몸에 붙어 있어야 인물과 외양의 고비(高卑)가 한눈에 잡혀오듯이 '설명-묘사'는 모든 이야깃거리의 실속을, 이야기의 천연스러운 진척을 전적으로 좌지우지하는 주장이다. 이것에 등한하거나, 설혹 웬만큼 그려져 있다 하더라도 그 적절성이 (객관적으로 봐서) 현격히 떨어져 있거나 어딘가 엉성해 보일 때 그 작품의 성취도는 수준 이하로 평가받을 수밖에 없다. 흔히 대중소설/통속소설이라는 상표가 따라붙는 작품들은 1)과 2)가 그야말로 주마간산식으로 허겁지겁 진행되는데, 그것은 3)의 꼼꼼한 소묘력이 없어서 그런 것이기도 하고, 그런 너스레 같은 '설명'을 일반 독자들이 싫어한다는 것을 알고 작가가 일부러 빠뜨린 것이기도 하다. 그 반대로 작가/독자가 함께 '흥미'를 노골적으로 바치는 추리소설에서도 개중에는 뛰어난 독창성에 따르는 개성적 성취를 과시하는 작품이 없지 않은데, 그런 장인의 수공예품에는 특출한 '사생화(寫生畵)'에서의 그 묘사력이 붙박여 있음은 말할 나위도 없다. 극단적으로 말하면 길든 짧든 '설명-묘사/표현'가 없는 소설은 색감으로 사물/인물/풍경의 질감/양감을 최고로 살리는 유화의 세계가 아니라 굵고 가는 선으로 대상의 윤곽만 띠우는 만화이거나 낙서일 뿐이다.

(바)의 예문은 삽화가인 '내'가 모델을 채용하는 과정에서 겪는 갈등을, 그 심리적 암투를 일방적으로 '설명-묘사'하는 대목이다. 보다시피 3)은 1)과 2)의 겉에 드러난 어떤 정황이나 풍경, 소위 그 가시적 세계만 그리는 것이 아니라 이처럼 '내면=심리'의 음영까지 소묘한다. 일급의 작가적 기량은 바로 3)의 이런 심리적 갈등을 얼마나 남다르게 그리느냐에 따라 도두보일 게 틀림없다. 또한 그런 성취도가 작품 전반에 균일하게 깔려 있을 때, 비록 책장은 지지부진하게 넘어갈지라도 이르는 바대로 그 '빛나는 예술이라는 속임수'에 탄복하지 않을 수 없을 것이다.

일의 성패에서부터 인간관계 맺기에까지 두루 통하는 과유불급(過猶不及)이라는 숙어는 균형 감각으로 의역해도 괜찮을 텐데, 이 처세훈이 소설의 서술 기조 다지기에도 과연 그 뜻대로 적용될 수 있는지는 한 번쯤 살펴볼 만하다. 소설 독자들이 자주 맞닥뜨리는 탈균형 감각의 대표적인 두 사례로는 수십 쪽씩 이어지는 장광설로서의 '일인 다변증'과 시시콜콜한 대상까지 자세하게 다 설명-묘사해야 성이 찬다는 노파심으로서의 '표현 번쇄증'을 들 수 있다. 대화 독점주의로, 말/글에의 사디즘이라고도 할 수 있는 이런 '형식 변주'의 소설들이 독자 일반의 독서 의욕을 한풀 꺾어놓을 소지도 없지 않고, 그런 '독보적' 형식 실험이 특정 나무 한 그루의 생활 환경이야 읽어내겠지만, 숲이라는 생태계 전반의 여러 생존 경쟁 현상을 멀리 내다보고 있는지 의심스러운 것도 사실이다. 하기야 좋게 봐주면 그런 탈균형 감각으로

써의 서술방식은 '내용'보다는 '형식'의 변주에 무게를 두며, 글보다는 말이 먼저 세상을 도해하고 있지 않냐라는 선언적 의미가 없지는 않을 것이다. 한편으로 온갖 사설을 다 동원하여 번쇄한 묘사로 독자를 지치게 만드는 작품은 그 짱짱한 성과에도 불구하고, 또 그 완벽주의에의 모진 집념을 인정한다 하더라도 일사일언/일물일어 같은 또 다른 성어(成語)가 과연 얼마나 통하고 있는지도 둘러볼 필요가 있다. 부언컨대 설명/묘사-표현의 적확성이라는 어레미를 갖다 댈 때, 그 수다스러운 장광설과 부질없는 말잔치 중에서 체 위에 걸러질 문장이 과연 몇 개쯤이나 있을는지를 알아보는 일은 작가 스스로의 개인적인 '균형감각'에 맡길 수밖에 없는 노릇이다. (요지를 덧붙인다면, 당대의 제반 제도나 기율에 대한 나름의 비판적 성찰에 관한 한 한 발짝도 뒤로 물러서지 않겠다는 소설의 본문에 충실하느라고 작가 자신의 좀 삐딱해진 '균형 감각=직업윤리'에는 무시로 관용을 베풀면서 '형식 실험'에는 유독 만만한 면죄부를 팔아댈 수 있는지도 숙고해볼 만한 사안이다.)

4)의 '논평-해설'은 이야깃거리의 나열과 이야기 진행 전반에 대한 작가의(또는 주인공이나 화자의 입을 빌린) 적극적 개입, 자각적 간섭, 의식적 평가, 자발적 통제 등을 뜻한다. 달리 말한다면 소설 쓰기에도 다른 생업들과 동일하게 나름의 작업 윤리가 있으며, 작가마다 다소 차이가 날 수밖에 없는 그 윤리 강령에 성실히 복무해야 한다는 말이다. 이 점은 사회의 제반 기율이나 다른 여러 직업의 종사자들과의 형평성을 고려하더라도 만부득이 곱게 받들어야 하는 지침이다. 그 자각적/주체적 인식이 세상살이/인생살이 그리기에 드러나지 않

는다면 '가치 분별'을 일단 도외시한 무잡한 문장=잡문이 되고 만다. 소설은 신문 기사처럼 '사실 전달'에 매달리는 언어 제도가 아닌 것이다. (엄밀히 따진다면 기왕의 '사실'이라고 떠들어대는 '기록물'의 태반이 '사실-진실'과는 한참 동떨어져 있고, 인문학의 궁극적 지향점은 그 오류/부실/미진을 바르게 잡도리하는 것이다.)

한편으로 모든 이야기에 내장되어 있긴 해도 독자마다 그 영양가를 섭취, 소화시켜내는 정도에 차이가 심한 예의 그 '교훈'은 당대의 도덕적 지표에 따라 평가해야 하며, 그런 시대 환경이 소설 속의 여러 갈등과 그 구조화에 대한 근본적인 모색을 주무, 강제하도록 이끌어 간다. 어떤 유기체라도 그렇듯이 여느 기관, 제도, 기율은 다른 그것들과의 관계망-역할 분담 속에서만 그 생명력이 유지된다. 서로가 서로를 간섭함으로써 또는 길항함으로써 함께 살길을 열어가는 것이다. (요즘 말로는 '윈윈 전략'이며, 옛말로는 상생과 상부상조가 있다.) 그런 모색이 일방적으로 파기되고, 쌍방이 맞부딪칠 때 유기체는 부분적으로든 전체적으로든 반드시 사달이 난다. 유기체의 건강 상태에 탈이 난 것이고, 그 위신도 남루해지고 만 것이다. 그런 긴장 관계로 소설에 어떤 위엄이 그럴 듯하게 덧씌워지는 것은 그 서술의 주조음에 이 '논평-해설'의 스타카토가 찍히고 나서부터라고 해야 옳을지 모른다. 그러므로 이 간섭, 훈계, 자성, 신조, 경구, 단언, 평가, 관조, 일가견, 자탄 등등이 한 작품의 풍모를 단연 일신시키는 가문(家紋)임은 말할 나위도 없다.

⇒(사)그는 살기 위해 일하는 사람처럼 일하는 게 아니라, 일하는 것 달

고는 아무것도 원하지 않는 사람처럼 일했다. 그는 살아 있는 인간으로서의 자신은 아무것도 아니라고 치부하고, 오직 창작자로만 간주되기를 바라며, 그 밖의 경우에는 있는 듯 없는 듯 눈에 띄지 않게 돌아다녔다. 배우가 분장을 지우고 연기도 하지 않을 때는 아무런 존재도 아니듯이 말이다. 그는 말없이 세상을 등지고 눈에 보이지 않게 일하면서, 재능을 남과 어울리기 위한 장식품으로 생각하는 소인배들을 한없이 경멸했다. 이들은 가난하든 부유하든 상관없이, 해진 옷을 아무렇게나 입고 돌아다니거나, 개성이 넘치는 넥타이를 매고 호사를 떠는 자들이었다. 무엇보다도 이들은, 훌륭한 작품이란 곤궁한 삶의 압박에 시달릴 때에만 생겨나고, 생활하는 자는 창작할 수 없으며, 완전한 창작자가 되려면 죽어야 한다는 사실을 모르고서 행복하고 근사하게 예술가처럼 살겠다고 걱정하는 자들이었다.(토마스 만의 〈토니오 크뢰거〉 117쪽)

⇒(아)그가 운명을 만난 것도 시간 속에서였으므로 그의 운명이 실현되는 것도 시간 속에서일 것이다. 그는 자신이 더 이상 젊지 않다는 것, 좀더 정확히 말하자면 늙어가고 있다는 것을 깨달았다. 그리고 당연한 논리적 귀결이기는 하지만, 그 자신과 이 위대한 모호함은 똑같이 하나의 법칙에 종속되어 있다는 사실도 알게 되었다. 일이 일어날 거라는 가능성 자체가 시들해지고 은밀한 비밀이 진부해져 아예 그 빛이 사라지는 것, 그것이 바로 실패였다. 차라리 파산을 한다든지, 명예를 훼손당한다든지, 아니면 칼을 휘둘러댄다든지, 심하게는 교수대에서 처형을 당한다 해도 그보다는 나을 것이었다. 아무런 결론에도 이르지 못하는 것, 그것이 바로 실패였다. 그는 어두운 계곡에서 전혀 상상도 못했는데 굽이진 길을 만나 어찌할 바

를 모르는 그런 상황에 처했다.(헨리 제임스의 〈밀림의 야수〉 99쪽)

두 예문 모두에서 주인공의 자성적 인생관이 썩 잘 빚어져 있다. 지적인 또는 분석적인 문장의 표본이 바로 이것이다라는 느낌이 쉬 사그라들지 않는데, 이런 문체의 확보에는 주인공 및 작품 전모에 대한 작가의 오랜 숙고, 어떤 대상이나 전문 분야에 대한 신중한 모색, 남과 세상의 본질을 웬만큼이라도 분별해보려는 추구벽 등이 따라야 할 것이다. 게다가 이런 지적 문체는 작가 자신의 타고난 '기질'과도 상당한 연관이 있고, 나름의 연찬에는 적잖은 세월을 투자해야할 테지만, 해당 작품의 밀도를 촘촘히 의식하는 진지한 창작 열기가 관건일 게 틀림없다. (강조하건대 그런 치밀한 문체 감각, 미주알고주알 캐고 드는 현미경적인 묘사벽을 기리는 독자는 극소수다.)

어쨌든 4)'논평-해설'에는 사유(思惟)의 폭과 깊이, 연륜, 그 힘이 배어있어야 하고, 작가 자신만의 독보적인 '분별력=사물관/시대정신=세계관'이 문장/문맥에 체취처럼 속속들이 파묻혀 있어야 한다. 그것이 그의 스타일이다. 문장 감각으로서의 이 스타일 의식은 자연스럽게도 '형식'에의 변주 의욕을 강권한다. '형식'에 대한 그런 심사숙고는 필경 '내용=이야기'의 통속/반속을 저울질하는 단계로 나아가게 되어 있다. 좋은 소설을 쓰기 위해서는 이런 단련 과정에의 편승-고행이 불가피한 것이다. 사실상 소설 작법의 핵심은 이야기'들'을 어떻게 엮어가느냐 하는 '플롯짜기'가 아니라 이야깃거리와 이야기'들'을 어떤 '스타일=문체'로 점검, 평가, 해석하느냐인데, '논평-해설'이 그 역할을 도맡고 있는 셈이다. 그러므로 '논평-해설'은 이야기를 이어가면서 그때까지의 진행 경과를 끊임없이 되돌아보게 하는, 소설이라는 '내용/형식' 일체를 자성(自省)의 유기체로 작동시키는 동력원과 다를 바 없다.

이 4)'논평-해설'의 또 다른 역할은 '모티브'의 방황, 실족에 대한 자체적 경고음을 쉴새없이 발할 수 있다는 것이다. 어떤 대목에라도 끼어들어가서 그 시비를 가려주는 이 기능이 없다면 이야깃거리들은 마냥 넘쳐나게 될 테니, 그것들의 힘 좋은 전횡을 무엇이 막겠는가. 그래서 '논평-해설'은 일상처럼 꼬박꼬박 이어지는 이야기 자체의 건강을 위해서 '과식=과욕'을 불러오는 이야깃거리들을 잠시 잠재우기도 하는 것이다. 그러므로 이야기의 전모를 조감도처럼 위에서 보도록 권하고, 하찮은 것이나마 빠뜨리고 있지 않나 되돌아봄으로써 내용의 유기적 흐름을 조절하는 '논평-해설'은 수시로 소설 전반의 옷맵시를 꼬나보는 데 부지런을 떨어댄다고 할 수 있다. 물론 제멋대로 입성을 걸치고 나서겠다는 덜렁이야 제 옷거리를 '논평-해설'할 재주도, 여유도 없을 테니 '남=독자'의 시선=품평 따위쯤은 개 발에 편자로 여길 게 뻔하다.

⇒(자)그 습지는 이동 중인 캐나다 기러기들이 저녁마다 들러 하룻밤 쉬어가거나 참을성이라면 누구에게도 지지 않는 푸른해오라기 한 마리가 찾아와 여름 내내 고독하게 물고기 사냥을 하는 곳이었다. 고통을 최소화하며 세상의 번잡함 속에서 살아가는 비결은 가능한 한 많은 사람이 당신의 미망을 믿게 만드는 것이다. 마음을 동요케 만드는 복잡한 관계들, 유혹, 기피 같은 온갖 것으로부터 떠나, 특히 스스로 만든 긴장감에서 벗어나 이 산골

에서 혼자 살아가는 요령은 고요함을 체계화하는 것, 산꼭대기에 충만한 고요함을 자본으로 여기는 것, 고요함을 기하급수적으로 늘어나는 재산으로 받아들이는 것이다. 나를 둘러싼 고요함을 내가 선택한 유리함의 근원으로, 나의 유일한 친구로 여기는 것이다.(필립 로스의 《휴먼 스테인》 1권, 77쪽)

통속소설에 익숙한 독자들에게는 하등의 불필요한 사족같이 보일지 몰라도 위의 예문은 '논평-해설'의 진수를 보여준다. 여러 음색의 해설이 따를 만한 위의 문장은 현란한 요설체의 본보기로 손색이 없다. 찬찬히 뜯어 읽어보면 어휘 하나하나마다에는 숲의 생태계 전반에 대한 고도의 사유 흔적이 숨 쉬고 있다. 적어도 인터넷에 떠도는 잘디잔 '정보'를 취합하여 아무렇게나 당의정을 입힌 문맥은 아닌 것이다. '고독하게'라는 부사도 '논평'으로 기능하며, '고요함'을 다각적으로 분석하는 '나=소설가'의 자기 응시에는 확신에 찬 작가 자신만의 문명관이 어려 있고, '최소화, 체계화' 같은 학술적 용어가 불러오는 '긴장감'으로 말미암아 이 소설은 '환경=국가'에 만부득이 붙박인 개인의 '미망'(=사리에 어둡거나 마음이 헤매어서 흐림)을 추적한다. 이런 분별은 3)의 그 '설명-묘사'의 기능인 사실감, 현장감 제고에다 어떤 체적감을 덧입히는가 하면 작품 곳곳에서 그 이상의 막강한 질감/양감까지 불러들이고 있다. 그러므로 어떤 사건에 대한 '설명'과 또 다른 상황에 대한 '묘사/표현'은 서사의 그럴듯함만을 붙좇는 데 비해 '논평-해설'은 작품의 됨됨이, 달리 말하면 '모티브'의 궁극적인 도달점인 '작의'의 선명한 도출에 톡톡히 기여한다. 1)과 2)와 3)의 필요조건으로서의 충분한 기능화로도 읽을 만하고, 그것들만으로도 나름대로 근사한 한 편의 소설이 만들어질 수는 있겠으나, 4)가 있어야만 완제품으로서의 작품다운 작품이, 그 주조음이 전혀 색다른 '예술'이 될수 있는 것이다. 단언해도 되지 싶다, '논평-해설'이 없거나 있다 하더라도 엉성한 '피상화'가 지배적인 소설은 진지한=좋은 소설이 될 수는 없다고. 그런 이류 소설이 명작으로, 베스트셀러로 대접 받는 문화적/시류적 풍토야말로 '논평-해설'의 대상감일 것이다.

5)의 '인용-열거'는 1)과 2)를 도와주며, 3)과 4)처럼 실감으로서의 이야기다움과 작품으로서의 소설다움에 대한 수사적 기능을 다하지만, 이 가락은 화자나 작가의 고유한 '음색'을 일단은 빌리지 않는다. 예로부터 내려오는 세상살이/인생살이의 지혜, 그 귀납적 추리에 대한 해학적 단정인 속담/격언/잠언도 실은 '인용'에 값한다. 산 위에서 부는 바람이 한결 시원하게 느껴진다는 경험담에는 고도의 차이 때문에라도 상당한 과학적 증언이 실려 있을 테지만, 생활 경험 중에 얻어 갈무리해둔 '지혜' 차원에서도 진실에 가깝다. 또한 그런 피서법이 다른 장르에서도, 예를 들면 여러 삶의 일상 대화 중에서도 자주 통용되므로 그 일반성을 세상만사의 그릇인 소설은 얼마든지 쓸어담아서 써 먹을 수 있다는 것이 '인용'의 근거이자 위신이다. '인용'은 대체로 복수의 형태를 취하므로 '나열'을, 또는 '열거'를 재촉한다.

뿐만이 아니다. 노랫말, 대중가요의 가사(요즘에는 외국 팝송의 가사 중 일부를, 무슨 덜떨어진 과시벽인지, 원어 그대로 '작성'한 원고도 흔한데, 그 '표기화=기표화, 시니피앙화'가 얼마나 호소력이 큰지도 의문이려니와 소설이 일부 독자와의 소통만을 노리는 것인지, 아니면 소설 쓰기를 작가 혼자서 즐기는 자위행위로 여기는 것인지 도통 뭐가 뭔지 알 수 없는 행태다), 명시의 절창 한 행, 제사(題辭)로 써먹을 만한 명문장, 광고 속의 멘트, '세상은 많이 변했어요'와 같은 가장 평범한 말을 아주 의미심장하게 차용한 어느 외국 영화의 호소력 좋은 대화, 가훈, 선인의 덕담과 훈화, 법조문, 인터넷에서 잽싸게 낚시질해서 빼먹는 각종 데이터, 어디서나 '주워듣는' 정보, 당대의 정치적, 경제적, 문화적, 사회적 여러 구호 등등을 모든 소설은 무단으로, 상습적으로 따오거나, 베끼거나, 오려내거나, 송두리째 도려내서 제 것처럼 써먹는다. 책이 책을 만든다는 말은 어떤 언어/문장 감각도 선행 저작물의 영향에서 자유로울 수 없다는 말일 텐데, 이런 확대해석도 실은 '인용'의 권위에 대한 우리의 의식적/타성적 밀착 내지는 아부에 기인함은 말할 나위도 없다.

누구라도 생생하게 느끼고 있다시피 소설은 그 내용상 아무거라도 챙기고 여투는 그 넓은 오지랖처럼, 또 그러자니 자연스럽게 기술(記述)에서도 어떤 것이나 제 신명나는 대로 마구 끌어다 쓰는 장기가 탁월하다. (물론 그런 장기를 발휘하는 주체는 작가인데, 명색 '창작'에서 이런 '선례'를 서슴지 않고 빌려 쓸 수밖에 없는 속성 때문에라도 다른 예술 장르에 비해 소설은 그 '독창성'이 현격히 떨어지는, 비속한 장르라고 할 수 있다. 그러나 바로 그런 '참고열'은 소설 공화국의 끊임없는 자기 갱신=독창성만이 살길임을, 욕심 많은 영토 확장열만이 수명 연장책임을 부추긴다.) 특정인이 빈번히 사용해서 거의 전매특허를 방불케 하는 어휘나 문투 및 문맥, 어떤 '투'로서의 문체 감각, 정곡을 찌르는 인생 교훈담 등도 함부로 제 것처럼 사용(私用)하는 버릇은 작가 일반의 몸에 밴 모방 심리 탓도 클 테지만, 더 근본적으로는 소설 자체의 날조(=사실이 아닌데도 사실인 것처럼 거짓으로 꾸미는 짓거리) 근성 내지는 윤색(=과장 및 미화해서 생색내기) 기질 때문일 것이다. 이런 치부는, 소설의 구실로 탄탄히 '내면화/의식화' 되어 있는 '계몽-교훈'적 명분이 '인용-열거'에 관한 한 무제한의 관용을 베풀고 있는, 두터운 시혜라고 해야 마땅할 터이다.

 소설 쓰기에서 '인용' 열기(熱氣)는 비단 '형식=문장'에 그치지 않는다. 남들이 숱하게 우려먹은 이야기의 '내용'조차 송두리째 베껴먹는 '위조'도 이 '인용'이라는 잣대로 무사통과되는 경우가 비일비재한데, 이런 이상한 '관행'도 소설의 뻔뻔스런 얼굴이 넙데데하고 유달리 살이 두툼하게 찐 여자의 비칭인 '화보' 이상임을 증거하고도 남는다. 가령 이런 일화가 그것이다.

 자기 자식에게는 땅 파먹고 사는 고된 생업을 절대로 대물림하지 않고 반드시 면서기를 시키고 말겠다는, 그 갸륵한 지극정성은 한때 이 땅의 모든 부모가 자나 깨나 떠받드는 정화수였다. 그 야망을 갖고 있어야 옳은 부모였다. 그 나물에 그 밥이란 말대로 그 자식도 면서기쯤은 우습게 알고 그 꿈이 이루어지든 말든 하등에 부끄러워할 것도 없었다. 따라서 어디서나 그 꿈 타령을 떳떳이 터뜨릴 수 있었고, '내 자식 면서기로 출세 시키기'는 수많은 '버전'을 낳았다. 소설 속의 일화로서, 대담 중에, 전기나 회고록의 부자(父子)상에서 우리는 그 다양한 변주곡을 듣고 읽으면서 그때마다 뭉클해지는 가슴을 쓸어내리다가 종내에는 눈시울까지 붉힌다. (감상주의의 일상적 내면화를 바로 이 멋진 사례가 증명한다.) 물론 그 '캐릭터'들도 하나같이 개체 번식을 잘 이어가서 감동을 불러일으키는 데는 부족함이 없다. 그러나 따져보면 교육열에 관한 한 이 땅의 모든 극성스러운 엄부/자모는 결국 당사자에게만 '자랑할 만한 양친'에 불과하다. 실제로도 자식의 학비를 마련하느라고 평생토록 꽁보리밥에 고구마만 먹고 살아온 부모가 흔해빠졌을 텐데도 이 희한한 '버전'은 도무지 물리는 법이 없다. 들을수록 읽을수록 콧등이 시큰해지는 것이다. '면서기'란 직업이 그렇게 만만하지도 또 흔한 생업도 아니라서 그런지 어떤지 알 수 없는 채로나마 그 호소력이 뛰어난 것은 아무래도 '글'과 '기록'으로 남을 부릴 수 있다는 '서기'라는 호칭에 대한 우리 민초들의 한결같은 경외심 때문인 듯하다. 물론 그 밑바닥에는 해묵은 한풀이와 비아냥과 해학(諧謔) 등이 두루 녹아 있음은 평생토록 대중소설을 한 권도 못 읽고 살아온 판무식쟁이도 알고 있다. 실은 이 흔한 '면서기 만들기'도 눈물겨운 교육열에 빗댄 남의 것 '인용하기'의 한 사례에 불과하며, 다른 버전들은 모조리 단순한 각색과 특유의 윤색 솜씨에 따라 '열거하기'에 지나지 않는다.

아주 소박한 '인용'의 실례로 '면서기' 버전을 든 이유와 목적은 물론 다른 데 있다. 모든 말과 글, 숱한 기록물, 여러 형식의 서사물, 아니 인간이 발명한 소위 지적 요깃거리로서의 '텍스트' 전반이 죄다 이 '인용-열거'의 복제품이라는 사실은 꼭 유념해둘 필요가 있다. (덧붙이면 독서량을 자랑하느라고 '남'의 글만 따와서 써먹는 칼럼/논문/저작물을 버젓이 '지 물건'인 양 펴내는 돌팔이 약장수 같은 저자/교수들도 수두룩하다.) 우리가 지금 누리고 있는 모든 사고(思考)나 체계, 제도, 지식, 심지어는 개인적 감각과 예술 전반의 향수 능력인 감수성조차 온전히 '남'의 것임은 의심의 여지가 없다. 지금 읽고, 듣고, 보고 있는 것들은 당장에라도 그것들의 원형이나 그 자취의 일부를 감지할 수도 있고, 총기가 좋은 사람은 그 원본의 페이지까지 들먹일 수 있을 것이다. (명색 석학/석좌교수의 말/글/저작물 일체는 철두철미 '박래품'이다. 그렇지 않고서야 '자기 문장'이 어디서 기신거린단 말인가.)

남의 작품을 비틀어서 제 것처럼 내놓는 패러디, 조작자 스스로도 어디서 따왔는지 모르는 '퓨전' 형식의 패스티시, 이웃 마을의 누구에게서든지, 아니면 조상으로부터 물려받은 '면서기 만들기'와 같은 각종 인유, 위작/남작/모작/표절작 등등은 사실상 '인용-열거'의 대담한/뻔뻔스러운 변형물에 지나지 않는다. 오늘날처럼 '정보-지식'의 즉시 호환 시대에는 이 '인용-열거'가 모든 장르에서 폭주하며, 선견지명에서 늘 앞장서는 세칭 베스트셀러 소설은 그 혈통상 남의 것을 '베끼기'의 선두 주자임을 자임하고 나선다. 아니, 소설은 원래부터 세상/인간을 곧이곧대로 그리려는 '모방=재현'의 수완을 타고난, 제 주견은 없이 남의 눈치 살피기를 천직으로 삼는 기재(機才) 아니던가.

⇒(차)왜냐하면, 파이드로스여, 아름다움이란 사랑스러운 동시에 눈에 보이기 때문이지. 그러니 내 말을 잘 명심하라! 아름다움만이 우리가 감각적으로 받아들이고 감각적으로 견딜 수 있는 정신적인 것의 유일한 형식이다. 또는 그러지 않고 신적인 것, 이성과 미덕과 진리가 우리에게 감각적으로 나타난다면 우리에게 어떤 일이 생기게 될까? 옛날에 언젠가 세멜레가 제우스 앞에서 그랬듯이 우리는 사랑의 불꽃에 눈이 멀고 애간장이 타들어 가지 않을까? 그러므로 아름다움이란 느끼는 자가 정신에 이르는 길인 것이다. 파이드로스여, 단지 길이지 수단일 뿐이니라(토마스 만의 《베네치아에

서의 죽음》 278~279쪽)

⇒(카)그녀는 책을 읽는다. 주위를 둘러본다. 관찰한다. 그곳에 있는 남자들에게 조금씩 반한다. 파리의 어느 영화제에서 〈마라톤맨〉이라는 영화를 본 적이 있다. (극장에만 가면 델핀은 정말 지독하게 감상적이 되어 종종 눈물까지 흘리는데 아무도 그 사실을 모른다.) 〈마라톤맨〉에는 가짜 여대생이 뉴욕 공공도서관에서 늘 죽치고 있다. 더스틴 호프먼에게 데이트 신청을 받는 장면이 나오는데, 그 때문에 그녀는 뉴욕 공공도서관을 늘 로맨틱한 장소로 생각해왔다. 그때까지 그곳에서 그녀에게 데이트 신청을 한 남자라곤, 너무 어리고 너무 촌스럽고 입을 열자마자 분위기 파악 못하는 소리나 늘어놓았던 의대생 하나밖에 없었지만.(필립 로스의《휴먼 스테인》1권, 313쪽)

그리스 로마 신화를 들먹이며, 그 속의 반(反)인간적 괴물 '캐릭터'이자 일일이 황탄무계한 짓거리만 일삼는 '이름'들을 나열하는 것은 우럽 쪽 인문학 전반과 소설의 케케묵은 '관습'이다. 그런 신화 인용은 더러 인용자의 현학을 노골적으로 드러내는 수단이면서 동시에 그 작품의 상대적 우월성을 돋보이게 하려는 '기술'이기도 하다. 소크라테스의 제자 이름을 호명하며 '아름다움'에 대해 일가견을 풀어가는 앞의 작품에서 '세멜레'(제우스의 아내로서 둘 사이의 아들이 주신(酒神) 디오니소스라고 한다) 운운한 문장은 얼마나 진부한가. 그러나 한편으로 그 '인용'은 대번에 심각한 분위기를 치장하는 도구가 된다. 이러니 소설 기술상 '인용'의 자생적 위엄이 늠름하달 밖에.

(카)의 예문은 '모방 심리'의 탁월한 효력을 일상 중에서 발견하고 있다. 곧 잭슨 폴록의 '알 수 없는' 추상화 전시회도 어떤 의무감에 쫓겨 감상해야만 살아가는 보람을 느끼는 '그녀'의 출중한 지성이 어이없게도 어떤 멜로드라마 영화의 한 장면을 오려내서 자신의 삶에 바로 밀착, 현상시켜놓고 있다. 작가는 이 어불성설 같은 일상을 시니컬하게 그림으로써 역설적이게도 '인용'의 해악(害惡)을 성토한다. 하기야 유식한 사람일수록 남의 것을 어떻게든지 본뜨며 살아가는 데 능숙한 임기응변을 자주 발휘할 게 분명하고, 그런 의미에서라도 '인용'은 소꿉장난 같은 모방 유희를 떠올리게 한다.
  누구나 무심히 남의 글과 말을 함부로 써먹고, 서로가 그것을 아무렇지도 않게 받아들이면서 살아가는 현장이 바로 오늘의 세속계다. (우리 소설계는 후안무치하게도 남의 '글 도둑질'에 관대하다.) 이런 현상은 현대의 풍속도로 진작 자리잡고서 우리 생활 저변의 모든 의식적/무의식적 언행 일체를 철저히 간섭하고, 붙좇게 만든다. 마찬가지의 논법을 들이대면 '본뜨기' 능력의 저변 확대가 한 시절의 유행을 낳고, 그 물결을 합리적 여과 장치에다 걸러내면 만인이 따를 수밖에 없는 '전통'으로까지 승화시켜 대물림하게 되는 것이다.
  이상으로 5) '인용-열거'의 불가피한 측면이 우리 생활 속에 얼마나 깊숙이 밀착되어 있고, 또 소설 속에서도 그 점을 반영해야 하는 당위성이 웬만큼 드러났다고 하겠는데, 이제는 이 '남의 것＝만인 공유의 재산'을 어떻게 활용해야 하는지, 그 공과를 점검해볼 차례다.
  단도직입적으로 말하면 모든 '인용-열거'는 근본적으로 진부하다. '남들이 읽은 만큼 나도 읽었다'고 자부하는 독자치고 어떤 '인용'에 특별한 공감을 표시하는 경우는 극히 드물다. "글/글쓰기가 원래다 그렇지" 하고 무심하게, 일컬어 '관습적으로' 그러려니 하고 받아들일 뿐이다. 일종의 완강한 '타성태'의 현장이라고 해도 과언이 아니다. 비근한 실례로 앞서의 그 그리스 로마 신화에 해당되는 문건이 동양에서는 《논어》를 비롯한 여러 경사집(經史集)인데, 그중에서 한 문장을 발췌하는 그 '인용'의 무수한 반복도 지겨울뿐더러, '글쟁이' 일반의 그 후안무치한 근성이야 '관습' 차원에서 이해할 만하다 해도 그 인용문구의 연원과 피인용 대상과의 사이에 가로놓인 '역사적 거리' 및 그 사정을 잠시라도 따져보면 거의 어처구니없는 '대조'임이 대번에 드러나고 만다. 그럼에도 불구하고 대개의 독자는 그 따분한 예문에 드리운 약간의 '실효성=교훈성'에 마지못한 동의로 "아무렴, 옳고 말고"라며 이내 그 '낭비적 글쓰기 관행'에 동의하거나 이내 태무심해버린다. 따라서 수치 같은 뭇 자료가, 또한 조변석개하는 정보가 무시로 횡행하는 오늘날에는 어떤 '인용'도 특정의 지식을 획득하기 위한 가교 역할을 맡기에는 역부족이라기보다는 언어도단이라고 해야 타당할 것이다. 단언하건대 다양한 매체의 홍수 속에서 '인용'의 희소가치도 보잘것없어졌을뿐더러 인용문이 태어난 시점과 오늘의 사회 환경적 여건을 감안하면 그 '적정성' 여부는 지극히 의심스러운 면면이 없지 않아서다. 이런 삐딱한 시각 앞에서는 흔히 불변하는 인간성, 보편적인 가치관, 진실/진리를 추구하려는 한결같은 정의감, 사람살이/세상살이를 계박하는 모든 '제도'는 반드시 척결하든지 개선해야 한다는 당위감 등의 줄자를 들고 대응하지만, 바로 그런 진부한 세계상을 비틀어야만 하는 소설이 도리어 기왕의 사례에 대한 '인용'을 들고 나서는 것은 전적으로 형용모순이 아니고 무엇인가.

말을 달리할 필요가 있을 듯하다. 앞서도 강조했다시피 소설은 근본적으로 어떤 '독창'의 세계를 구현하기로 되어 있다. 그런데 그 독창성의 반 이상은 과장이다. 선행의 모든 사례를 다소 변주한 것이어서 그렇다. 그럼에도 불구하고 세상/인간을 종전의 '시각'으로 보지 않겠다는 신조가 나름의 독창성을 어느 정도까지 보장한다면, 우선 선행의 모든 관념부터 '부정'해야 하지 않겠는가. 이런 논법의 연장선상에는 당연히 자기 자신의 선행 작품도 '부정'함으로써, 어쩔 수 없이 예의 그 관습 차원의 인용에 기대면 '달마를 만나면 달마를 죽이고, 부모를 만나면 부모를 죽여야' 비로소 득도의 길에 이르는 것이다.

한편으로 '인용'의 남발은 자발적으로 견강부회에 이른다는 점도 짚고 넘어가야 할 듯싶다. 무슨 말이냐 하면 어떤 '인용'이 작품 속의 특정한 대상에 대한 비교 단위로서 걸맞지 않을 때, 그 울림은 즉각 공소해져버린다. 그야말로 선용하려는 본의와 달리 오용하고 마는 이런 사례는 작가의 세계관과는 겉도는(=육화되어 있지 않은) 사탕발림 같은, 너덜너덜한 현학 취향의 발로나 다름없다. 지면을 억지로 메꿔가기 위한 고육지책인 그 현학은 결국 제 것으로서의 '독창적 시각'이 없다는 솔직한 고백일 뿐이며, 그 빈자리에다 남의 재물을 허락도 안 받고 '인용'으로 싸발라서 집어넣은 셈이다. 딜레탕트는 원래 타고난 호사 취미를 마구 자랑하고 싶어 얼토당토않은 인용문 거리 및 남의 사례 찾기로 소일하는 사람이어서 공연히 분주스러운데, 요즘에는 '인터넷 뒤지기'가 그나마 그의 동선과 한눈팔기를 상당량 덜어주어 그런 다행이 없다. '인터넷 뒤지기'라는 새로운 '제도=풍속도'가 실은 남의 지식재산권에 대한 소유 개념을 일시적으로 망각시키는, 아무것이나 마구 뒤지는 그 버릇이 도둑과 같은 데서도 '현대성'의 시사점을, 남의 것 무단 도용 내지 탈취 습벽을 읽을 수 있기도 하다.

그렇다고 해서 '인용'을 무시하고 그것 없이도 소설을 얼마든지 꾸려나갈 수 있다는 발상도 철딱서니 없는 만용에 가깝다. 왜냐하면 인간의 모든 섣부른 행태나 어떤 박복한 팔자의 인생도 결국은 남의 그것과 비교한 나머지 내린 임시적이면서 동시에 지엽말단적인 '분별-판정'에 불과하며, 공동체를 영위하는 수단이나 목적 일체도 능률을, 또 경쟁을 사주하고 있는 만큼 그때그때마다 '대조=인용'은 불가피하기 때문이다. 그러므로 가장 바람직한 '인용'의 자세는 그것이 과연 합당하게 쓰일 수 있는지를 면밀히 숙고, 검토하는 것이다. 그런 천착 자체가 피인용물의 시대적, 환경적, 계급적 제반 위상을 되돌아보도록 설득한다.

비근한 실례로 《논어》를 읽어본 사람이면 '그림 그리기는 흰 바탕을 마련한 후에 하는 것이다(회사후소繪事後素)'라는 말을 자주, 여러 경우에 써먹기를 즐긴다. 백번 타당한 말이고, 따져볼 것도 없이 이 쉽고 소박한 '진리'는 사실상 하나 마나 한 말이기도 하다. 물론 서출(庶出)이었던 공자의 말씀이어서 더 권위가 서고, 인용의 가치보다는 피인용문과 이용자의 위상까지 덩달아 올라가는 것도 사실이다. 그러나 그 명언은 해석하기에 따라서, 또 적용하는 대상에 따라서 그 의미가 대번 달라지고 그 적절성의 정도도 천차만별이다.

가령 금품 갈취를 통한 치부욕과 권력욕에 신들린 한 정상배가 브하 운전수의 고발로 재수 없게 망신살을 입었을 때, 정치로서의 '나라 그리기'에 끌어다 쓴 종래의 그의 뭇 언사는(지역감정, 애국, 민주주의, 민족주의, 자주외교, 시장경제 같은 그들먹한 말들일 것이다) '흰 바탕'과는 아무런 관련이 없다. 진실을 말하기로 되어 있는 언어 일체의 실가(實價)가 제멋대로 매겨지는 마당에 '흰 바탕'은 도대체 무엇이며, 그런 게 있다 하더라도 무슨 소용이 있단 말인가. 그의 인간성 자체가 근본적으로 수준 미달이었다면 이때껏 애써 쌓아올린 그 짱짱한 학벌과 돋보이는 경력은 '바탕'이 아니란 말인가. '제도'라는 정치적/사회적 제반 기율이 부분적으로 잘못되어 있는 데다 시대의 추세를 따라잡지 못하고 있는 판에 그림이 제대로 그려질 리 있는가. 게다가 그 정상배의 정신 상태가 정신병자보다 더 심하게 갈팡질팡하고 있으므로 그는 진실과 양심이 무엇인지 알더라도 모른 체하고 있을 게 틀림없다. 아마도 앵무새처럼 판에 박힌 말이야 시끄럽게 지절대겠지만, 그 언변에 '쓸 말'이 과연 있기나 할까.

한마디로 지극히 상식적인 세속 감별력으로 보더라도 온갖 난문제의 중첩으로 단답을 내놓을 수 없는 '현대성'이라는 별세계에서 '흰 바탕'을 찾기란 지난한 일이 아닐 수 없다. 이런 시속을 감안하더라도 '흰 바탕'은 많은 함의를 지니며, 함부로 써먹었다가는 인용 문구는 물론이고 피인용문 전체가 빛 좋은 개살구로 내둘림을 당할 게 뻔하다. 한마디로 공허하기 이를 데 없는 허튼수작이 아니고 무엇이겠는가. 그런 의미에서도 '인용—열거'는 유식의 자랑이 아니라 자칫 잘못 썼다가는 무식의 실토가 될 공산이 다분하다.

올바른 '인용—열거'에는 반드시 인용자의 남다른 '해석'이 따라야한다는 점은 특기해둘 만한 사안이다. 특히나 소설에서는 그럴 수밖에 없는 것이 그 '인용'이 전적으로 옳을 수도 없는 데다 피인용물과의 조건, 처지가 꼭 같을 경우는 도저히 있을 리 만무해서이다. 또한 충실한 이해를 기본으로 삼는 나름의 '해석'에는 우선 인용자의 문장/문체 감각이 드러나면서 상당한 분별력이 따라붙는다. 그런 '해석'에는 인용문을 비틀기, 그것을 바꿔서 또는 거꾸로 읽기, 그것에 시대적 변수나 인간적 상수를 대입하기 등을 가감승제하도록 이끈다. 그것만으로도 벌써 인용의 상당한 타당성과 아울러 피인용문 전체의 '가락'에 신선감이 깃들고 가독성이 높아진다. 단순한 인용 곧 관행을 좇아 상투적인 인용 그 자체를 위해 만들어진 인용문의 쓰임새와는 그 격이 달라지는 것이다. '패러디' 같은 장르가 옳은 '인용'의 사례일 수 있음은 인용자 자신의 특이한 '이해력-해석력'에 기대고 있기 때문에 인용문/피인용문이 동시에 빛나고 읽을 만해져서다. 그래서 '패러디'는 모작을 공공연히 선언하면서도 표절이나 위작과는 다른 독창적 세계를 빚어낼 수 있고, 그런 발상 자체에 '아이러니'가 묻어 있음으로 인해 그 희화화는 '현대성'에 대한 자성의 형식으로 떠오르는 것이다.

각종 논문이나 학술서에서 각주/후주의 근거로 쓰이는 '인용문'의 구실을 생각해보면 소설에서의 그것이 얼마나 유효적절해야 하는지를 가늠할 수 있기도 하다. 대체로 상당한 연찬 끝에 골라낸 증빙 자료로서의 그 인용문은 인용자의 논지를 도와주는 반(半)칭송이지만, 그 반대로 근거가 희박하다거나 잘못 알고 있다고 논박하는 사례도 드물지 않다. 당연하게도 '인용-칭송'의 경우는 역효과를 불러오는데, 인용자의 주견이 보이지 않거나 술에 물 탄 꼴로 흐리멍덩해짐으로써 아첨성 언사로 둔갑할 소지도 없지 않아서이다. 그러므로 아무리 선례의 타당성이 만인공지의 사실이라 하더라도 부분적으로만 일리가 있다는(대개의 경우 그럴 수밖에 없기도 하다) 식의 인색한 '자기 해설'을 곁들여야 하는 이유가 여기에 있다. 그렇다고 해서 인간의 유구한 본성과 자연제일주의에 기댄답시고 '삼강오륜'과 '적자생존' 같은 시대착오적 발상의 예문도 금물임은 말할 나위가 없다. (흔히 지면 제한 때문이라는 신문용의 각종 칼럼, 시론, 사설 등에 쓰이는 '인용'은 일반 독자를 상정하므로 어쩔 수 없다는 변명을 내놓지만, 그렇기 때문에 변별성도 떨어지거니와 진부해서 이렇다 할 호소력이 없다. 오늘날 '청백리' 같은 사례는 옛날의 그것과 예의 그 '흰 바탕'이 너무나 많이 다를 뿐만 아니라 그 말 자체가 벌써 요즘 세상의 물질만능 세태와는 동떨어져 있어서 어폐가 자심한 것이다.)

한편으로 비난용이거나 폄훼용으로 '인용'을 써먹는 경우는 드물게 아니라 그런 글을 인용거리로는 아예 무시해버리는 것이 상례인데, 소설에서는 오히려 이것이 대단한 설득력을 발휘할 수 있다. 손쉬운 예로 난해시가 범람하는 추세를 개탄하느라고 소월시의 순정한/소박한/유치한 기개를 은근히 기릴 수 있다. 뿐만 아니라 평범하기 이를 데 없는 '무명'의 시들로 전철의 플랫폼 벽을 장식하는 이런 디자인 만능 시대에 문학이 왜 특대/홀대의 대상이 되어야 하는지, 또한 사회 전반의 그런 문학 '기호화' 현상이 언어의 진정한 의미의 증발을 가속화시키는 게 아닌지 하는 의문과, 그에 부화뇌동하는 여러 허황한 단체/힘 좋은 매체와 거들먹거리는 유명 인사 제위의 좋은 게 좋다는 주위로 사는 원만주의적 시각 따위는 얼마든지 소설 속의 매도용 '인용'으로서 빛나게 쓸 수 있다. 이런 비판적 '인용'은 악용이 아니라 소설이 문명권의 언어 제도로서 나름의 본분에 충실하려면 만부득이 감수해야 하는 반속정신의 구호에 합당한 처사일 수 있는 것이다.

말을 줄이면 특정한 선행 글의 '인용'이든, 어떤 드문 사례의 열거든 그것이 피인용물에 효과적으로 밀착, 적절한 비유로서 성과를 빚어내려면 인용문 일체는 그 기표 이상의 의미를 건져내기 위해서라도 그 기의의 안팎과 아래위를, 쉽게 말해서 '역사의식'을 두르고 심사숙고하는 데 최선을 다해야 옳다.

제4장 2절의 요약

(1) 소설의 서술 기조는 다섯 가지 '기본 가락'으로 압축할 수 있다. 문장의 이 '가락'을 숙지하지 않는 한 소설 짓기/쓰기는 공염불이나 마찬가지다. 1)장면-현재, 2)요약-과거, 3)설명-묘사/표현, 4)논평-해설, 5)인용-열거가 그것이다. 1)과 2)는 이야깃거리들의 나열/이야기들의 진행을 관장하고, 3)과 4)와 5)는 1)과 2)의 사실감, 개연성, 설득력 등을 높여주는 수단이다.

(2) 1)과 2)의 지면 분할이 적절할 때 가독성이 높아진다. 대체로 1)이 2)보다는 지면을 더 많이 장악하지만, 이런 일반성을 무시하는 '작법'도 얼마든지 가능한데, 그 실험적 기법이 소위 '의식의 흐름' 같은 것이다.

(3) 3)과 4)와 5)의 활용, 남용, 오용, 과용에 따라 작품의 질적 '순도'가 결정된다.

(4) "필사(筆寫)를 해봐, 명작 단편을 하나 골라서"라고 당부하는 선생은 '문학 교육'에 싫증이 나서, "끝까지 해볼라고? 알아서 하지 뭐"라고 차마 에두를 수 없어서 내놓는 헛소리다. 그런 교시를 듣는 학생은 대체로 빙충맞으나 굴침스럽게 마련이다. 한글 베끼기를 해서 얻을 수 있는 실속이야 띄어쓰기도 배우고 글맛, 문투 정도를 익히는데 그칠텐데, 차라리 2) '요약-과거'가 한 작품 속에서 어디 숨어 있는지를 숙독하며 그 부분을 형광펜으로 표시해 가면 '소설 이어짓기-플롯 짜기'에 깨닫는 이득이 상당할 것이다. 더불어 '문학 공부'/소설 짓기 연습을 제대로 하려면 형광펜 색깔을 달리하여 예의 1)과 3)과 4)와 5)를 분별하여 밑줄로 긋다 보면 소설의 '전신상'을 실감할 수 있다.

3. 이야기를 실감나게 하는 세목

시나 문학평론은 말할 것도 없고, 수필, 전기, 회고록, 희곡, 시나리오 같은 다른 서사 장르와 우선 '길이'에서 판이한 소설은 거의 무한대로 펼쳐져 있는 '지면=원고'를 무엇으로 메꿔가느냐 하는 난제와 매번 힘겨운 쟁투를 벌여야 한다. 모든 작가는 하얀 지면 앞에서 절망한다는 말은 과장도, 헛소리도 아니다.

알다시피 시는 워낙 짧은 그 형식 때문에라도 다루고자 하는 내용의 길이가 작품마다 정해지고('쓸 말'의 총량을 최소한으로 줄여가면서 언어의 의미를 확산시키는 데 주력한다는 말이다), 그 테두리 속에 들어갈 쓸거리를 걸러내는 데 또는 지워가는 데 전념하는 식이라서 '지면 공황증'에서는 애초부터 놓여나 있다. 문학평론은 '인용'을 기초로 하는 제2의 창작 행위이므로 필자 자신이 '쓸 말'을 챙기기보다는 어디서 '남의 말'을 빌려올까로 부심하면서 늘 밑줄을 그어대므로 여기서는 논외로 취급해도 무방할 터이다. 기타 서사 장르의 대표 주자인 수필은 그 짧은 형식도 그렇지만(실은 지나치게 길어서는 곤란하다는 불문율만 있을 뿐이다), 작가의 생체험과 그 사유 일체로 제한해주는 소박한 생활 기록으로서의 시론(試論)이 저절로 아담하고 깔끔한 영토의 경계선을 그어준다. 회고록이나 전기는 쓸 말과 못 할 말을 선험적으로 가려내주는 자료가 넘쳐나는 판이라 '쓸거리'의 과다/과소로 고민할 여지는 장르의 특성상 지레 면제받고 있다. 희곡과 시나리오는 공간의 폐쇄/개방에 상관없이 주로 독백, 방백, 대화에 의존하는 특성상 '할 말'만을 간추리는 데 역점을 두어야 하므로, 더욱이나 우선적으로 공연/상연을 전제로 하는 일차적 창작물이라서 '쓸거리'는 이중 삼중의 보호 장치를 누릴 수 있다. ('독자'가 아니라 '관객'의 호응도를 의식하지 않을 수 없다는 말이다.)

그런데 소설은 아무거라도, 무슨 말로라도, 어떤 식으로라도 쓸 수 있는 무제한의 자유가 허용되어 있다. 보다시피 '지어내야 한다'는 이 방만한 자유가 '쓸거리'를 오히려 극도로 위축시켜버린다.

단편으로든 장편소설로든 저작물을 한두 권쯤 갖고 있는 기성 작가들도 어떤 작품의 '서두=이야기의 발단'이 명색 복선으로 겨우 깔려 있는 지점에서부터 더 이상 '쓸거리'가 없다며, 또는 장차 10분의 9 분량을 무슨 '할 말'로 메꿔가야 할지 난감하다며 한숨을 길게 내뱉곤 한다. 이야기들의 기둥 줄거리인 플롯과 그것을 어떻게 엮어갈지에 대한 복안도 서 있고, 구상 중에 간추려놓은 이야깃거리들이 머릿속이나 노트에 빼곡한데도 그처럼 털버덕 주저앉아 있는 것이다. "이야기가 꽉 막혀서 풀리지를 않네, 할 말이 그렇게나 많았는데. 이야기를 적당히 지어내는 소질이 워낙 달리고 모자라서 이런가"라고 딱한 속말이나 중얼거리면서.

따져보면 여기서의 '쓸거리'는 이야기의 구성 요소인 이야깃거리들과 그것의 길고 짧은 집합체인 작은 이야기, 곧 '일화=삽화'에 기생

(寄生)하면서 그것마다에 실감을 더해주고 생기도 불어넣는 일종의 소도구 일체를 의미한다. (오해의 소지가 다분하므로 미리 말해두면 '할 말'은 이야기 전체를 관통하는 '작의=주제의식'일 수도 있고, 앞서의 그 '논평-해설'에 해당되는 작가 자신만의 색다른 육성으로서 대화 중에 또는 '묘사-설명' 중에 숨어 있기도 하다.) 전문적인 용어를 만부득이 빌려다 쓰면 그 '쓸거리'는 '디테일=세목=세부'일 수 있다.

'세부'의 중요성을 알기 전에 우선 원고 매수가 불어나지 않는다고, 그래서 '쓸 말'이 떠오르지 않는다면서 마구 저지르는 몇몇 악례(惡例)를 일찌감치 분별해둠으로써 차후의 경계로 삼는 것도 의미가 적지 않을 듯하다.

첫째, 동어반복의 남발을 지적할 수 있다. 여기서의 동어반복은 똑같은 어휘의 되풀이만을 의미하지 않는다. 모티브상의/내용상의/작의상의 동어반복까지 포함하는데, 그 선례는 동서고금의 명작, 화제작에서도 숱하게 보이지만, 작금의 현대소설에서는 '심하게' 뻔뻔스럽다고 해도 무방할 정도로 흔한 실정이다. 이를테면 공부하기/일하기보다 놀기에 바쁜 젊은이를 연거푸 주요 인물로 삼는 따분한 '착상-모티브-내용-작의'에서 무슨 '쓸 말'이 그렇게 많겠는가. 필경 동어반복투성이일 테고, 그것을 자초하고 있는 행태가 아니면 무엇인가. 좀 더 확대해보면 늘 단벌옷을 입고 사는 것이 자기 직업의 윤리의식 중 하나라고 아는, 그의 곁에서는 언제라도 무덥고 답답한 기운이 감도는 꽁생원 타입의 월급쟁이를 두 번 이상 조명한다면 그 작가의 무능을, 동시에 동어반복증후군을 의심해봐야 하지 않을까. 이런 식의 주제나 소재의 반복은 어느 특정 작가만의 고유한 작품세계라고 옹호하기 전에 그런 내용/형식 전반이 과연 온당한 '변주'인지, 진정한 작가 의식/작품세계의 심화인지를 면밀히 훑어봐야 한다.

대개의 경우 그런 동어반복증후군은 여느 작가의 어떤 작품에라도 암류하고 있게 마련이다. 가령 원룸, 카페, 모텔, 술집, 레스토랑, 호프집, 한정식 전문점 같은 각진 공간의 빈번한 등장, 전화 통화로 지걸이고 문자 메시지에 쓰인 그 뻔한 입 실랑이질, 인터넷/잡지/신문에서 골라낸 자질구레한 정보의 나열 따위는 항다반사로 대다수 소설의 '지면'을 과점하고 있는 형편이다. 아무리 특이한 주인공이라고 하더라도 똑같은 공간에서, 한심한 매체를 통해, 몰라도 그만인 잡소문을 듣고서 무슨 색다른 말을 골라내겠는가. 애초의 구상 단계에서부터 자취(自取)의 길에 들어섰으므로 '쓸 말/할 말'이 처음부터 없어져버린 것이다. 그러므로 앞에서도 지적해두었듯이 '사람'보다는 주요 인물이 무슨 '일'에 종사하면서 살아가고 있는지, 대학생, 가정주부, 회사원, 경찰관 같은 일반 직종을 연거푸 다루겠다는 착상은 그 '내용'의 중복 여부에 대한 나름의 분별을 마친 다음에 '구상'의 합리성을 다시 따져봐야 하는 것이다.

아마도 작가로서의 직무 전횡이라고나 해야 할 동어반복증후군의 대표적인 사례는 문자 그대로 같은 말을 대화 속이나 지문 안에 되풀이하는 무분별한 '어휘 빈곤증'이다. 일일이 예문을 들기도 계면쩍은 대목인데, 그중 하나로는 호격인, "아, 명숙이 왔구나"와 같은 대화를 들 수 있다. 물론 그런 대화가 일상에서 많이 사용되기도 하며, 그런 '장면 연출'이 어떤 사건의 발단을 휘어잡는 도입부임은 명백하지만, "김 일병, 이리 와, 이 새끼 동작 봐라" 같은 허섭스레기 말본새와 하나도 다를 게 없는 것이다. 그런데도 장삼이사들이 일상 중에 잔소리로 입에 달고 사는 그런 구지레한 말들을, 소설 속에서는 캐릭터의 소임을 살린다는 구실 아래, 아무렇게나 흩뿌린다. (사실상 이 '대화'의 상투성/진부성은 소설의 품격을 점수로 매기는 데 아주 유효하다. "안녕하세요" "괜찮아" "아, 알았어" "아니, 그래요" "아이 뭐" "뭔 소리야" "까불지 마" "네, 들어오세요" "흠, 역시" "아이 졸려" 같은 대화는 이렇다 할 소용이 없는, 지면만 채워서 원고량이나 불리려는 매문 행위를 곧이곧대로 대변한다.) 그런 하찮은 대화를 구사하는 한 그 캐릭터에 '별난 성격'이 드러날 리도 만무할 테고, 그 소설 자체의 체신도 한번 더 쳐다볼 잡이도 아닐 게 틀림없다. 그러니까 작가 스스로가 제 상품을 쓰레기로 취급하는 짓거리야 자업자득이라서 더 말할 것도 없지만, 그런 무지렁이 같은 '대화'를 무슨 '쓸거리' 랍시고 주저리주저리 지면을 메우고 있다면 자가당착이기도 하려니와 앞서의 '이야깃거리/이야기' 착목력이 아직 수준 이하라고 볼 수밖에 없다.

이제 '세부'를 정의하면 어떤 사물의 가장 구체적인 부품이거나 한 현상의 기반 내지는 조건 따위를 지칭한다. 요컨대 그것은 어떤 사물이나 대상의 가운데나 가장자리에 반드시 붙어 있음으로써 다른 것과의 분별을 양각시키는데, 그것만의 특색, 특성, 특징이 주목하는 사람의 눈에만 띈다는 점도 강조해둘 만하다. '세부'는 국어사전에도 등재어로 뜻풀이가 되어 있는 대로 그것은 '학자'라는 공통분모로서의 내포보다는 '문학가'라는 외연을 넓히는 쪽을, 그것보다는 '현대소설/역사소설을 쓰는 당대의 인기 작가'로 한정하는 것이다.

다른 사물에 대한 예문도 당장 언급할 수 있다. 어떤 인물과 막연하게 '시내'에서가 아니라 '교보문고의 종로 쪽 출입구의 지상'에서 만 나기로 되어 있다는 것이 훨씬 더 구체적이다. (한국 소설 일반은 대체로 지명, 학교명, 회사명 등에서 실명의 노출을 꺼리는, 소설이라는 '근대적' 문물의 일상적 활착에 미흡한 '관습'이 있다. 문화적 문맥에서도 따져볼 만한 사안이다. 그러나 미국 소설은 '프린스턴 대학' 따위를 자연스럽게 밝히며, 지명도 D시 같은 반 익명화나 작명화를 가급적 피하는 경향이 있다. 물론 작품마다 그 쓰임새에 따라 달라지기는 하고, 내용상 추문이나 악소문의 근거지일 때는 국내나 국외나 공히 실명을 피하지만, '무진' 같은 가공의 지명을 지을 때는 나름의 배려가 있는 셈이다. 후술할 때 그 근거를 논란거리로 삼을 작정이다.) 뿐만 아니라 그녀가 '후줄근한 원피스를 입고 나설 게 아니라 폴리에스테르 섬유로 짜서 가볍고 몸에 덜 달라붙는 '민소매 원피스 위에 얼금얼금한 볼레로를 모처럼 만에 받쳐 입은 모양새는 여전히 촉촉한 이슬기 같은 것이' 어려 있다는 식으로 그릴 수 있다. 물론 이런 '세부'는 '객관적인'(반反주관적인) 묘사를 강화하는 것이지만, 구체적인 형상 제시에 단연 효과적이다. 예전에 비해 수십 배나 다양해져서 그만큼 복잡해진 '현대성'의 물적 토대인 문물/제도의 압도적인 공세에서 어떤 선남선녀라도 '촌스럽게' 살아갈 수는 없는 오늘날의 일반적인 세속계를 고려할 때, '세부'라는 묘사/표현의 정밀화는 시대의 요청이라고 할 수도 있다. 다만 '세부'도 당연히 한 번 썼던 것을 더 이상 써서는 안 된다는 금기 조항은 지킬 필요가 있다. 가령 앞의 그런 차림새로 약속 장소에 나간 '그녀'의 패션이나 그 감각 일체를 상대방과 또 한 번 주거니받거니 하는 것은("잘 어울리는데, 어디서 샀니, 돈

좀 썼겠네'와 같은 대화가 그것이다") 당연히 동어반복으로 지면 낭비
일 따름이다.
 예의 그 문물에 대한 '세부' 치장술은 어떤 현상의 일반화, 곧 풍속
도의 한 단면을 적바림하는 경지로까지 비약한다. 이런 회로에의 편
승은 작가가 마땅히 걸어가야 할 길이기도 하거니와, 그래야만 작품
의 균형 감각이 살아난다는 것은 유념해둘 만하다. 작례를 제시하는
것이 말의 낭비를 줄일 수 있을 듯하다.

⇒(가)대접하여주자면 교분이 있는 고등과장이 사건을 맡아 가지고 아
무쪼록 유리하게 무사타첩을 못 해줄 것은 아니겠지만 고등과장은 발을 빼
고 사법계로 넘겨서 절도, 인장도용, 문서위조, 사기횡령 등… 대자가웃이
나 되는 길다란 죄명을 붙여서 용수를 씌울 예정이다. 형편 보아서는 사건
을 또 한번 뒤집어서 그가 그런 범죄를 한 동기는 독립자금을 만들려고 한
것이라고 체면 좋게 뒤집어씌워주려는 것이다. 그렇게 되면 다시 고등계로
넘기게 될 것이요, 치안 유지법이나 보안법으로 두둑한 철갑옷을 입혀주게
될 것이다. 사건이 '고등' 이 되고 상등 죄명을 붙여주면서도 명예일 것이
니 도리어 고마워하라고 부장은 혼자 웃는다. (중략) 수갑을 질러서 포승
으로 허리를 질끈 동이고 흙이 뒤발을 한 모자를 채플린식으로 씌웠다. 흐
트러진 머리카락이 앞으로 옆으로 흐트러진 것도 채플린식이다. 그러나 결
코 연극이 아니다. 추악하고도 잔인한 현실이다.(염상섭의 《삼대》 528~529
쪽)

⇒(나)1998년 여름, 뉴잉글랜드에는 열기와 햇볕이 강렬했고, 야구장에

는 흰 피부의 홈런왕과 갈색 피부의 홈런왕이 전설적인 경기를 펼쳤으며, 미국 전역은 경건함과 순수함을 주장하는 목소리로 야단법석이었다. 수컷의 욕구를 주체하지 못한 중년의 혈기 넘치는 대통령과 그에게 홀딱 빠진 뻔뻔한 스물한 살짜리 여직원이 십대들이 주차장에서나 할 만한 짓을 대통령 집무실에서 벌였다는 사실에 테러리즘—공산주의를 밀어내고 그 자리를 차지한 국가 안보의 가장 큰 위협—은 자신의 자리를 내줘야했다. 그리고 미국에서 가장 오래된 공동체적 열정이자 역사적으로 가장 불온하고 파괴적인 쾌락인, 자기만 성자인 척하는 감정적 도취가 부활했다. 의회와 신문, 방송에서는 자기만 옳다고 주장하며 눈길을 끌어보려는 볼썽사나운 인간들이 남을 욕하고 개탄하고 응징하지 못해 안달이 나서 도처에서 맹렬하게 설교를 늘어놓았다.(필립 로스의 《휴먼 스테인》 1권, 12~13쪽)

두 예문 다 치렁치렁한 만연체의 좋은 본보기를 보여주면서 읽는 즉시 그 의미를 곱씹게 만드는, 이야깃거리의 살점인 '세부'가 두툼하게 붙어 있다. 그러면서도 풍자적인 가락 속에 당대의 세태에 대한 비판적 시선을 늦추지 않는다. (가)의 예문에서는 관직 명칭의 접두사인 '고등'을 반어(反語)로 물고 늘어지는가 하면, 식민지의 치안 유지를 빌미로 수사권을 전횡하는 경찰의 월권적 농간을 희롱하고, '체면 좋게'와 '두둑한 철갑옷'이라는 야유로 아이러니를 아로새기며, 당대의 세계적인 명우 찰리 채플린을 끌어들여 점점 험악해지는 현실에 씁쓸한 비감을 덧입힌다. 실로 탁월한 현장 주시자의 다성음적인 세태관이 아닐 수 없다. 누구라도 분별할 수 있고 곧장 공감할 만한 이런 문맥에 깔려 있는 것은 섬세한/탁월한 문장 감각이기도 하지만, 더 근본적으로는 그런 감각적 기능의 불쏘시개로 쓰이는 '세부'를 동원해서 활수하게 쓰는 기량일 것이다. (오늘날에는 소위 명문장이라고 초들을 만한 예문이 없어진 추세이므로, 그 대신에 어느 글에서나 훤히 비치는 정직성/위장성/피상성 여부로 그 수준의 편차를 각자가 판단할 수밖에 없다.) 위의 예문은 적어도 당대 현실을 피해가지도, 그것에 눈을 감지도, 수박 겉핥기식으로 넘어가지도 않고, 알면서 모른 체하는 사기술도, 그렇지 않다고 딱 잡아떼는 체제옹호주의자의 시각도, 좋은 게 좋다는 조로 두루뭉술한 말로써 땜질하려는 순응주의자의 입담도 없음이 명명백백하다. 이처럼 환하게 드러난 성과의 근본을 '세부'가 관장하고 있다는 역설은 결코 견강부회일 리 만무하다. '세부'가 없으면 옳은 문체랄 수도 없고, '구체성=실감' 없는 문장이야말로 공허한 '작문' 수준이라고 해야 마땅할 것이다. 의외로 그런 문장이 소위 '명작=정전'이라는 작금의 국내 소설에 많은 것도 시사적인데, 시대의 '풍화'를 이겨내는 명문장의 잣대 역시 결국은 '세부'로서의 구체성 여부에 달려 있지 않을까 싶다.

 요설체의 본때를 제대로 보여주는 (나)의 예문도 장관이기는 마찬가지다. 미국 사회의 치부를 저저이 까발리는 이런 한눈팔기가 실은 예비군 같은 '세부'로 부름을 받은 여러 어휘에 의해 좌우되고 있음은 보는 바와 같다. '하얀 피부/갈색 피부'로 여전히 내연하는 흑백의 인종 갈등을 빈정거리고, '수컷, 중년, 홀딱, 뻔뻔한' 같은 생생한 일상어로 공공장소의 극단적인 대비인 '주차장'과 '대통령 집무실'에서의 난잡한 성행위를 대놓고 매도하는가 하면, 매스컴의 조명을 받아 자기 이름부터 띄우고 보자는 뭇 정상배, 지식인, 우국지사형 인간들의 기고만장과 자아도취와 가짜 순결주의를 미국의 '공동체적 열정'이자 '가장 불온하고 파괴적인 쾌락'이라고 싸잡아 희화화(=조롱)한다. 남을 비판하면서 자기만의 보잘것없는 말본새에 취해서 미쳐가는 그런 위선적 '쾌락'이 바로 사디즘적 현상인데, 미국 사회에 그것이 미만해 있다는 '모티브'가 이 작품에 일이관지하고 있음을 위의 예문이 적나라하게 증거하고 있는 셈이다. 집요한 수집가처럼 다방면에서 마구 채록해두었다가 적재적소에 부려놓는 어휘들이 바로 '세부' 역할을 톡톡히 감당하는 이런 기량은, '쓸거리'가 없다며 낭패에 빠져 있는, 제 출신과 신분을 돌아볼 겨를도 없이 남의 일로 바쁘기만 한 무수리 같은 대다수 작가들을 가엾게 여길 게 분명하다.

  다들 컴퓨터로 소설 쓰기가 일반화되고부터는 낡아빠진 상투어가 되고 말았지만, 한때는 '피를 말리고, 뼈를 깎아내는 고통' 운운하며 창작의 어려움을 호소하곤 했다. 그런 표현도 실은 모니터 위에다 글자를 두드리기보다 원고지 칸을 한 자씩 메꿔가는 그 육체적 고통이 상대적으로 더 자심하다는 뜻이 아니라 '쓸거리'로 마땅한 게 없다는 비명일 뿐이다. 문장과 내용의 반복을 피하면서 속속 새롭고 흥미진진한 '읽을거리'를 만들어내야 한다는 강박증에 짓눌리다보면, 그것도 서너 시간쯤 책상 앞에서 뭉그적거렸건만 한 줄도 불어나지 않을 때는 어휘 하나가 고맙고, 심지어는 '조차' 같은 조사나 '오히려' 같은 부사보다는 '그래도 좀' 같은 부사구를 집어넣음으로써 글자 한 자가 불어나도 잠시 으쓱해질 지경에까지 이르기도 한다. 그 지경쯤에는 '세부' 같은 쓸거리도 떠오르지 않게 마련이며, '대화'로 이 꽁꽁 막힌 고비를 일단 넘기고 보자는 '안이'와 끝탕을 벌이기도 한다. 이때으

'안이'는 나쁜 뜻으로의 타협이 아니라 아주 수월한 임기응변으로서의 곡경 모면책일 뿐이다.

 사실상 발 빠른 '장면-현재'의 전개용으로 널리 쓰이는 두 사람 이상의 주거니 받거니는 원고 매수를 성큼성큼 불려주고, 플롯 개진에 아주 똘똘한 구실을 다하는 게 사실이다. '장면' 속의 대화만큼 생동감 넘치는 표현도, 이야기 이어가기에 이것만큼 요긴하게 쓰이는 윤활유도 달리 없을 것이다. 그런데도 흔히 대중소설에서 지면의 한쪽이 훤히 비어 있는 그 짧은 대화(앞에서도 잠시 맛보기로 예시했다시피, "응" "사랑해" "짜릿하지" "바쁜가"와 같은 것들이다), 신음소리, 의성어/의태어 따위를 남발하는 그 반면교사에 주눅이 들어서 이번에는 꼭 있어야 할 '장면 제시-이야기 전개'용의 이야깃거리를 지레 푸대접하고, 심지어는 무시, 제거해버리기까지 한다. 스스로 '쓸거리'를 없애버린 꼴이다. 딴에는 '고상한=심각한' 이야깃거리는 가급적이면 걸러낸다는 어쭙잖은 명분을 앞세우고. 전적으로 바람직하지 않은 고집이거나 대중소설의 그 질 나쁜 선례에 질겁한 신경질적인 반응이 아닐 수 없다.

 다음의 예문은 아주 낯익은, 영화의 한 신처럼 기시감을 제법 짱짱하게 부추기는 '장면=현재'이다.

　⇒(다) "뭐가 문제지?"
　"빌어먹을 이놈의 전쟁이 문제죠."
　"다리는 어떻게 된건가?"
　"다리가 아니에요, 탈장입니다"

"왜 수송차를 타고 가지 않는 거지? 왜 병원에 입원하지 않았나?"

"입원시켜주지 않아요. 중위는 내가 일부러 탈장대를 잃어버렸다고 하더군요."

"어디 한번 만져보지."

"많이 나와 있어요."

"어느 쪽이지?"

"이쪽."

그것이 만져졌다.

"기침해보게." 내가 말했다.

"탈장 부위가 더 커질까봐 무서워요. 오늘 아침에는 지금의 두 배 크기였습니다."

"앉게." 내가 말했다. "부상자들의 서류 처리를 끝내는 즉시 자네를 데려가 담당 의무 장교에게 인계하겠네."

"그는 내가 일부러 이렇게 했다고 할 겁니다."

"그들이 그래봤자 소용없지." 내가 말했다 "이건 부상이 아니니까. 전에도 이런 증세가 있지 않았나?"

"예, 하지만 탈장대를 잃어버렸어요."

"그들은 자네를 병원으로 보내줄 걸세."

"여기에 머무를 수는 없을까요, 중위님?"

"안 돼. 내겐 자네 서류가 없으니까"(어니스트 헤밍웨이의 《무기여 잘 있거라》 51~52쪽)

전쟁소설에서 늘 전방보다 두 배 이상의 지면을 점령하는 후방의

'장면 제시'가 짧은 대화 나누기에 의해, 그중에서도 '탈장'이라는 '세부' 때문에 극적인 긴장감을 조성하면서 곧장 이어질 이야깃거리의 순로(順路)를 열어놓는다. 물론 이런 '장면'은 한 번으로 족하며 더 이상은 금물이다. 어슷비슷한 '장면'의 재현만으로도 곧장 반복으로 비쳐서 독자의 독서 의욕에 재갈을 물릴 테므로.

어쨌든 '장면'에서의 대화가 이처럼 막강한 기능을 행사하므로 '요약-과거'에서도 직접/간접화법, 속말, 속생각 등은 얼마든지 원고의 '지면 장악'에 큰 몫을 담당할 수 있다. 특히나 '설명-묘사/표현'이 이어지는 지문 속에서의 대화나 '의식의 흐름'은 '세부'로서의 '쓸거리'를 연방 불러들일 수 있는 것이다.

이상의 설명과 예문을 통해 이야기를 천연스럽게 풀어가면서 그 속의 이야깃거리마다를 실감나게 부각시키는 부속물로서의 '세부'의 중요성은 드러난 셈인데, 그렇다면 그것을 어디서, 어떻게 끌어와 써먹을 수 있냐 하는 의문이 남는다. 말하자면 '세부'의 서식지는 어디이며, 그것을 어떻게 따올 수 있느냐는 물음이다. 아주 명쾌한 해답이 나와 있지만, 막상 실천하기에는 상당한 학습과 단련/숙달이 필요할 듯하다.

벌써 여러 차례나 말한 대로 '세부'는 어디까지나 '부속물'에 지나지 않으므로 이야깃거리마다에 딸려 있거나 숨어 있으며, 거죽에 노출되어 있기도 하다. 그러므로 그것을 돋보기로 주목하며, 한동안 유심히 관찰하는 수밖에 없다. '눈썰미/귀동냥' 기르기에 정진을 거듭할 수밖에 없다는 말인데, 이 학습의 체질화가 말처럼 간단하지는 않다. 아마도 연륜을 쌓아갈수록 남들이/젊은이들이 놓치고 있는 사물-인물/현상-제도의 여러 속성/특성을 집어내는 기량이 차츰차츰 붙지 않을까 싶긴 하다. 그러니 어떤 직종이라도 그런 것처럼 명색 작가군(群)도 무던한 집념으로 단단히 무장하고 끈기 있게 세상/인간과 체제=제도/사물=본질을 주목하는 나름의 기량을 강화할 수밖에 없다. 결국 그런 학습은 각자의 '교양'의 온축으로 승화의 길을 밟으며, 어느 정도의 박학다식까지 보장한다는 점에서도 '세부'에의 매진은 만사여의의 지름길일 수 있다. 적어도 한몫하는 작가의 딴딴한 눈매로 '능선의 구도화/조형화에 매진하는 한국화 전공의 신예 화가, 매명 거부에 매진, 딜레탕티슴의 만연, 별거/동거의 혼합, 미니멀리즘에서의 초탈'과 같은 모티브에 착목했다면 화가/미술평론가보다야 해박할 수 없을 테지만, 자료 조사와 예의 관찰-공부로 일반 독자들보다는 한국 화단의 누습과 '미술 현장'의 지방주의에 대해 훨씬 더 소상하게 꿰차고 있어야 하며, 그것이 직업/작업 윤리이기도 하다. 그런 차원에서도 '이야깃거리 취재-구상-플롯 짜기'의 전 과정에서 그 방면의 전문가연해보려는 의욕이 넘쳐날수록 그 작품의 시대감각, 사실성, 심도 등이 뚜렷해질 것은 자명하다.

마침 그런 작례를 잘 보여주는 다음과 같은 최근작 중 일부는 시사하는 바가 단연 우뚝하다.

⇒(라)두 사람은 갑판에 나가 항구 너머로 동터오는 하늘을 바라보았다. 가혹하고 낯선 세계였다. 낮은 세관 건물 위로 비바람이 몰아쳤고, 호된 바람이 잿빛 기중기의 강삭(鋼索)에 걸려 윙윙거렸다. 널찍한 웅덩이가 팬 부두 위에서 초로의 사내가 혼자 묵중한 밧줄을 계선주에 걸고 있었다. 가죽재

킷 속에 단추를 하나 푼 셔츠 차림의 사내는 불 꺼진 시가를 물고 있었다. 작업이 끝나자 터벅터벅 세관 창고로 걸어갔는데, 이런 험악한 날씨에는 이골이 난 사람의 몸놀림이었다.(이언 매큐언의 《토요일》 86~87쪽)

⇒(마)골절은 일직선에 가깝다. 피, 흘러나온 피가 골절 부위 사이로 솟구친다. 로드니가 식염수로 이 부위를 세척한 뒤 닦아내자 뼈에 금간 부위가 보이는데, 2밀리미터 정도 된다. 상공에서 내려다본 지진 균열, 혹은 가뭄으로 갈라져 터진 강둑 같다. 중앙의 함몰골절 부위에는 가는 뼈 두 조각이 비스듬히 박혔고, 그 주위로 그보다 더 미세한 조각들이 박혀 있다. 톱니바퀴 구멍을 뚫을 필요는 없을 것 같다. 조금 넓은 균열 부위에 퍼론이 톱을 직접 넣을 수 있을 것이다.(상동, 415쪽)

두 예문 다 '세부'의 최상치를 보여준다. (라)는 여느 항구의 삭막한 풍광을 그리고 있으나, '강삭'(=강철 철사를 여러 겹 꼬아 만든 줄)과 '계선주'(=배를 묶어두기 위해 해안에 세워둔 기둥) 같은 전문 용어=특수어의 적절한 사용으로, 또 '가죽 재킷 속에 단추를 하나 푼 셔츠 차림의 사내'라는 구체적인 묘사로 생생한 실경 한 장면을 탁월하게 '달리' 재현해내고 있다. (마)는 보다시피 두부(頭部) 수술 장면인데, 이 전문적인 '두개골 절개' 후의 손상 부위에 대한 치밀한 소묘는 영화보다 오히려 더 사실적이며 실감도 더 또렷하다. 작가의 치밀한 '자료 조사'도 상찬감이지만, 그런 정보를 섬세히 다루는, 버릴 말과 쓸 말을 골라내는 솜씨를 목격하면 소설의 성취 정도는 역시 '세부'의 조탁에서 판가름 난다는 것이 분명해진다.

결론을 새삼 정리해보면, '세부'는 무수한 나뭇잎과 맞먹는다. 이야기라는 나무줄기와 가지를 뒤덮고 있는 이파리 하나하나가 한 그루 나무의 '인물'로 드러나는 데서도 알 수 있듯이 모든 소설의 '얼굴'은 '세부'로, 그 실낱같은 가는 선들로 그려지는 것이다.

제4장 3절의 요약

(1) 소설은 근본적으로 이야기 '들'을 조작하면서 '원고지'(=하얀 백지/모니터=화면)을 동어반복 없이 메꿔가는 작업인데, 그 구체적인 '원고 매수 불리기'의 방법은 이야깃거리 속에 숨어 있는 '세부'를 잘 골라내서 활수하게 사용하는 것이다.

(2) 이야기의 '줄거리 이어가기'만으로는 원고 매수가 늘어나지 않는다. 대화가 구체성의 확보에는 요긴하게 쓰이지만, 그것에 자연스러운 '세부'가 반드시 껴묻어 있어야 상투적인 주거니 받거니에서 벗어날 수 있다.

(3) '세부'는 이야기를 실감나게 하는 '구체성'을 위해 끌어다 쓰는 제반 문물/제도의 부속품 그 자체다.

(4) '세부'에 정통하려면 평소에 상당한 '교양'을 쌓아갈 수밖에 없다. 다 같은 사물/체제라도 그 속성/특성을 제대로 파악하는 응시자의 침착한/성숙한 시선은 다를 수밖에 없어서이다.

4. 이야기 마무리 짓기

───────

　이야기들이 얽히고설키면서 소설은 어딘가로 나아간다. 앞 절에서 말한 그 서술의 갈래를 빌려오면 '장면-현재'와 '요약-과거'가 번갈아가며 이야기들을 잇고 곳곳에 '설명-묘사'와 '논평-해설'과 '인용-열거'와 같은 장식을 덮어씌워가며 그럴듯한 사생화를 그리다보니 어느새 예상했던 전체 분량의 반을 훌쩍 넘어서 있다. 그쯤에서는 학교에서 책을 통해 배운 '갈등' '정점' 같은 이론은 안중에도 없고 오로지 이 이야기를 어떻게 마무리 지을까로 초조해지기 시작하는데, 이 통상적인 사례에서 예외는 거의 없다고 해도 좋을 것이다. 그처럼 운김이 달아 있으므로 10분의 8 내지 9까지는 대개 잘 쓰든 못 쓰든 저절로 써진다. 문제는 그 나머지 10분의 1 내지 2, 더러는 200자 원고지 열 장이나 세 장 남짓의 분량을 어떻게 메꿔야 할까로 골머리를 쥐어짜곤 한다. (흔히 주인공 중 한 명을 우연사로 죽이거나 멀리 떠나보냄으로써 끝을 맺는 통속적 '발상'을 떠올리기도 하지만, 그러자니 소설이 엉터리로 굴러떨어지는 것 같은데, 그렇다고 무슨 기발한 '아이디어'가 불쑥 떠오를 리도 없을 듯해서 진땀을 흘리는 것이다.)
　어쩔 수 없이 책장으로 다가가서 선행의 여러 명작을 주섬주섬 꺼내 참고해보지만, 이렇다 할 뾰족수가 선뜻 나설 리 만무하니 딱한 노릇이다. 뾰족수는커녕 어떤 작품은 출세작, 걸작, 명작 운운하며 세평이 자자한데도, 용두사미라더니 헐렁하달까 마냥 흐지부지로 이야기를 마무리 짓고 있기도 하다. 저절로 머리가 갸우뚱거려지는가 하면 급기야는 이때껏 낑낑대며 써온 자신의 작품이 허술한 게 아닌가 하는 회의에 빠진다. (이때 '자괴감이 든다'는 말들도 하는데, 부끄러운 생각이 없음에도 스르르 무너질 것 같다니 엄살이 심한 편이다. 실은 모든 작가가 '끝내기'에는 어떤 미련을 되작이면서 미혹에 빠져 한동안씩 허우적거린다.) 오히려 슬그머니 오기가 생겨서 나름껏 정성을 다 쏟아부어놓은 원고의 여기저기를 더듬어본다. 썩 만족스럽다고는 할 수 없어도 그럭저럭 이야기는 재미있게 굴러가고, 이야깃거리마다에는 '세부'가 살아 있어서 실팍한 기운이 문단/문맥에 넘실거린다. 잘 썼다는 남들의 작품과 견주어봐도 서로 일장일단이 있는 것 같기도 해서 자부심까지는 아니라 하더라도 오롯한 득의가 짐짓 꿈틀거리기도 하는 판이다. 그런데도 머리를 흔들고 나면 마무리 짓기가 도무지 어정쩡하니, 이러지도 저러지도 못한다는 말대로, 어떤 단안을 내릴 수 없다.

아마도 '끝맺기'에 관한 한 가장 바람직한 득책은 초심을 상기하라는 평범한 당부일 것이다. 애초에 그 작품을 쓰기로 작정했을 때의 작의를 되돌아보라는 이 시사는 결국 모티브가 무엇이었는지를 다시 한 번 점검해보라는 권고에 지나지 않는다. 그러나 되돌아본들 십중팔구는 작가 자신의 의도, 작품의 집필 동기 따위가 이미 바래질 대로 바래져서 도대체 무엇을 쓰려고 했는지, 과연 그 의중을 제대로 녹여넣었는지조차 아리송해질 게 틀림없다. 이런저런 이야기와 이야깃거리들은 잔뜩 구색을 맞춰 얽어놓았으나, 그것을 일이관지하는 의도는 오리무중이고, 그 작품의 '목적=구실'이 무엇인가라는 자문 앞에 우물쭈물하는 낭패와 맞닥뜨리고 마는 것이다.

마무리 짓기에서 이처럼 갈팡질팡하는 것은 이야기 꾸려가기에 급급하느라고 '모티브 잡기-플롯 엮기-작의 세우기'라는 창작 노트 상의 (또는 심중의) 그 뚜렷했던 의도를 명시적으로든/암시적으로든 원고 위에 펼쳐놓지 못했다는 실토다. 논리적으로 말하면 '이야기 비대증'에 치여서 작의가 꼼짝없이 치여버린 꼴이다. 그러니 이야기는 계속 이어갈 수 있을 것 같은데, 도대체 어느 대목쯤에서 어떻게 끝을 맺어야 할까로 난감해진 딱한 형편이다.

물론 이런 이론적 설명이 마무리 짓기의 기술적 측면에서는 이렇다 할 도움이 되지도 않는다. 그렇다고 구상 단계에서부터 마지막 장면을 미리 장만해두지 않은 불찰을 따져봐야 소 잃고 외양간 고치는 격이다. 개중에는 구상 도중에, 또는 주인공을 일인칭으로 삼을 것인지조차 뒤로 미루고 있는 계제에서도 미리감치 '끝 장면은 이래야 된다'라고 그려놓는, 성질도 급하고 그만큼 정서도 펄펄 끓어넘쳐서 언제라도 말이 앞서는 시끄러운 작가도 있지만, 그런 경우 역시 써가다보면 애초의 그 착상은 가뭇없어졌을 확률이 높다. (다른 예술 장르와 마찬가지로 한 편의 소설이라는 완성품이 만들어지기 전까지는 그것이 고양이로 가만히 옹동그리고 있을지 호랑이로 어슬렁거릴지 감히 짐작도 못 해서 오히려 묘미가 있다고 하겠는데, 설혹 작품의 내적 완성도가 '객관적으로' 높다는 중평이 났다 하더라도 독자의 '홀대'를 받는 여러 '메커니즘=변수'가 숱하며, 그 미달/불만을 풀 수 있는 어떤 '예측 지수'가 마땅치 않거나, 굳이 설명하자면 여러 예상 밖의 자충'수'가 간단없이 튀어나오곤 해서 점점 들그러워진다.) 또 다른 일부 작가는 어떤 영화의 그 산뜻한 라스트 신에 세뇌당해서, 이야기의 갈래로 보더라도 도저히 비교급의 대상일 수 없는 제 작품에다 그런 영화적 기법과 '무드'를 끌어다 써먹으려는 후져빠진 공상으로 하루 해를 꼬박 공치기도 한다. 마무리 작업에 관한 한 장르의 고유한 '성질' 때문에라도 소설은 영화나 교향곡의 그 박력 좋은 솜씨를 따라갈 수 없는데도 그런 부질없는 생고생에의 탐닉은 역설적이게도 '끝장면'의 중요성과 그 활성화에 조언 몇 마디를 간추려주고 있다. 그것을 분별하면 다음과 같다.

1) 반전화
2) 강조화
3) 인용화
4) 여운화

1)은 굳이 설명하지 않아도 알 만한 끝 장면 처리술이다. 이를테면 그 빚을 갚느라고 그토록 죽을 고생을 치르게 한 '다이아몬드 목걸이'가 가짜였다거나 뒤늦게 '요번만큼은 동이의 왼손잡이가 눈에 띄지 않을 수 없었다'는 식의 반전 기법인데, 독자의 의표를 찌르는 이런 마무리는 그 충격이 큰 만큼 요긴한 대목을, 예컨대 그 문제의 '다이아몬드 목걸이'를 빌리거나 허생원과 동이의 그동안 수작 나눔인 '장

면-현재'를 다시 읽게 만들 정도로 효과적인 게 사실이다. 그러나 다시 찬찬히 정독해보면 아무리 의도적으로 조작된 '허구'임을 양해한다 하더라도 믿기지 않는 의문점이 속속 불거진다는 것이 이 기법의 맹점이다. 가령 왜 하필 가짜 다이아몬드 목걸이를 빌려주었는지, 되돌려 받을 때는 물론이고 그 후로도 주인이 그 진품을 한 번도 눈여겨 보지 않았을 수 있는지, 여자들이 자기분신처럼 애지중지하는 장신구인 보석을 서로 빌려주고 돌려받는 사이가 장기간 어떤 교류도 없이 지냈다는 것이 통할지 등의 궁금증이 부풀어 오르는 것이다. (한편으로 〈메밀꽃 필 무렵〉의 '왼손잡이' 유전은 다소 허망하기 조차 하다.) 작가는 그 모든 허점에 충분히 그럴 수 있다며 온갖 경우의 수를 늘어놓고, 그런 변명이 일면 그럴듯하게 다가오기도 하지만, 독자로서는 일종의 어설픈 속임수라는 '재단 평가'를 평생토록 간직할 게 틀림없다.

아무려나 이 '반전화'는 추리소설에서 자주 애용하며, 어떤 작가라도 이 전가의 보도를 완벽하게 구사하여 독자의 폐부를 찌르고 싶어서 안달하는 기법 중 하나임은 사실이다. (물론 '다이아몬드 목걸이' 이야기도 '가짜 소동'에 휘말린 내막을 먼저 제시하는 '회고'조 플롯 엮기로 쓰면 앞서의 그 믿기지 않는 대목들을 자문자답식으로 풀어감으로써 제법 그럴듯한 '신뢰감'을 쌓을 수는 있겠지만, '하필 그날따라'라는 우연과의 조우가 빈번해질 테고, 그런 구성은 이미 '반전화' 마무리와는 거리가 먼 또 다른 한 편의 소설이 되므로 당연히 논외다.) 그러나 기상천외한 끝맺기는 일쑤 괴짜의 우쭐거리는 행태나, 가짜 수재의 과시적인 자화자찬같이 보이게 마련이고, 그 희작화(戲作化)

를 한두 번 겪고 난 후에는 독후감이 대번에 떨떨해진다. 그런 독후감을 아무렇게나 받아들이는 어수룩한 독자가 입소문으로 화제를 혼대 재생산하므로 웬만한 작가는 이 마무리 기법에 홀려 있기도 하다. 인기 작가가 되려면 어떤 식으로든 화제를 불러일으켜야 하고, 그 매명 효과는 즉각 '돈벌이'로 직결되므로 이런 현대의 메커니즘에 둔한 소설가가 있다면 그는 짐짓 그런 가짜의 '포즈'를 임시로, 대체로 시큰둥하며 즐기는 반풍수일 뿐이다.

2)는 결론 먼저 제시하는 소위 두괄식(頭括式)과 그 반대인 미괄식(尾括式)을 합쳐놓은 양괄식 마무리 기법이라 할 수 있다. 작품 속 여기저기에 작의를 명시적으로든 함축적으로든 자주 설명해놓고, 심지어는 그것을 되풀이하는 데에도 지치지 않는다. 일종의 노파심이라고 해도 좋을 강박관념이 그런저런 작의의 심화를 불러오므로 딱히 마무리 작업에 어떤 별난 솜씨를 발휘해볼까로 고민하지도 않는 것이다. 따라서 독자에게는 밑도 끝도 없는 말잔치가 한결같은 가락으로 '끝' 자까지 이어지는 통에 "결국 무슨 말을 하고 싶은 거야"라는 독후감을 내뱉게 만들고, 그 정색한 고담준론형 사설에는 상당한 신빙성이 실려 있기도 해서 "이따위 위선이야 내남없이 다 얼마쯤씩 내걸고 그냥저냥 운 좋게 살아가잖아, 차라리 세상의 위악을 걸고넘어지든지, 위선/위악 같은 말도 이미 작품 속에 다 풀어놓았다면 횡설수설이나 마찬가지고"와 같은 반응을 불러일으킬 수 있다. 실제로 모든 '강조'는 그만큼 할 말이 많다는 만연체의 복사판인가 하면, 어떤 화두에 관해서라도 일가견이 있어서 중뿔난 '구라'로 신바람을 내는 다변가의 자격지심에 불과할 수도 있으며, 대체로 '남의 말'을 어떤 점검도 없이 솔

두리째 훔쳐서 '제 것'처럼 써먹는 그 장광설에 나름의 일리가 없는 것은 아니다. 당연하게도 무슨 색다른=창의적인 결론이 안 보인다고 나무랄 수도 없는데, 당사자는 자신의 입담/문체에 상당한 자신감을 갖고 있으므로 그의 모든 말/글에는 강조 표시를 찍어야 옳다고 여기는 것이다.

어쨌든 (식음전폐하더라도) 통독에 사흘쯤은 걸리는 대개의 두툼한 장편소설은 그 유장한 흐름 때문에라도 강물처럼 자연스럽게 하구에 다다를 수밖에 없다. 끝이란 대체로 그런 것이다. 그러므로 독자들은 "바다가 짠물이긴 해도, 그게 그거 아닌가, 했던 말을 하고 또 해대며 줄창 남을 가르치려 들어, 알았어, 알겠다고, 무슨 말을 하려는지"라며 심드렁해한다. 그 박력 좋은 휘몰이판을 방불케 하는 1)과 대비해 볼 때 2)에서는 어떤 박자를 의식하면서 자신의 가락을 높였다가 낮췄다가를 되풀이한다고 할 수 있다. 그런 가락은 나름의 정조=아우라이자 덕목이므로 좋다/나쁘다는 가치의 차이/분별을 함부로 들이댈 수 없다. 좋게 본다면 정독을 강요하는 이런 다변의 소설과 그 마무리 기법은 '소설=허구=조작'이라는 도식에 시종일관 반기를 들고 있다는 입지가 워낙 선명한 것 같기도 하다. 또한 오늘날의 진정한 소설이 무엇을 지향해야 하는가에 대한 자성을 작품 안에서 끊임없이 되묻고 있기도 하다. 곧 인생살이/세상살이의 제반 모순, 불합리, 불평등 등을 응시하는 질문의 형식이 소설이므로 어떤 '해결'은 주제넘은 월권행위라는 것이 '강조화' 마무리의 주안점인 것이다.

3)은 다른 선례, 곧 책을 비롯한 여러 간접 경험이나 작가가 온몸으로 보고 들은 어떤 직접 체험을 통해서 얻은 정보/지식을 인용함으로

써 이때까지 꾸려온 이야기의 선악을 스스로에게/독자에게 되묻는 마무리 기법이다. 작품 전편의 내용 속에서 그 얼굴을 잠시도 비치지 않은 엉뚱한 '인용거리'를 막판에서야 끌어옴으로써 그 돌올감이 신선하게 다가오는 것은 3)의 특장이며, 보기에 따라서는 액자소설의 한 쪽 테두리만으로 그림 자체를 도두보이게 하려는 약삭빠른 기교 같기도 하다. 어떤 식으로든 결론은 내야겠는데, 남의 것으로 제 것을 '광내려는' 저의도 짐작할 만하다. 다른 한편으로 생각해보면 소설도 내 구성이 그런대로 괜찮은 소비재일 수 있으므로 그 소용의 정도를 알아보고, 다른 사례와 비교해봐야 한다는 숨은 속내도 잡혀지는 것은 사실이다. 그러니까 인용으로 빌려온 그 선례와 제 작품의 실적을 견줘보다가 '시대적 변수를 감안하더라도 내용이 완전히 달라졌는데' 라면서, 독자에게 비교우위적 판정을 강요하는 것이다.

이런 '인용화' 기법도 정보화 시대로 줄달음치는 오늘날에는, 지구촌이라는 조어가 점점 실감나는 '만사 유통 제일주의' 세상에서는 만인 공용의 마무리 수단이 될 게 틀림없다. 왜냐하면 어떤 작가라도 '인용거리'는 한 아름씩 비장해두고 있을 터이며, 어떤 이야기의 깔끔한 해결을 추구하는 재래식 마무리에 적잖이 넌더리를 내고 있어서이다. 더욱이나 자기 나름의 조작미를 최대한으로 발휘해온 이야기의 성취도를 '인용거리'에 투영시킴으로써 '허구'의 진실성을 부각시키는 효과도 무시할 수 없다. 아마도 그런 작품 외적 효과 및 소득은 역시 여기저기 미흡한 데가 많아서 못마땅하든 말든 작가로서야 일단 끝냈다는 은근한 자부심에 대한 보상이기도 할 것이다.

4)는 가장 널리 쓰이는 마무리 기법이다. 이야기 한 자락이 그럭저

력 일단락 지어지면 무슨 결말이라도 내놓아야 한다. 다소 유치하게나마 '그 후 두 사람은 자식을 많이 낳고 행복하게 잘 살았단다' 식의 말이라도 덧붙여야 하는 것이다. 그 마무리에 실리는 메아리는 독자로 하여금 이야기 전체의 여러 발자취와 체취를 떠올리게 하면서 장차 어떻게 이어질지를 제멋대로 그려보게 할 정도로 그 여운이 길다. 그러므로 이 여운에 끌어다 쓰는 재료는 다양하다. 두 사람의 간단한 대화일 수도 있고, 그들의 시선이 머무는 들, 산 같은 풍경이나 나무, 꽃 같은 사물을 통해 나름의 '비유/은유'로 대응할 수도 있다. 그것은 문장 서너 줄에서부터 한두 문단 전체로 어떤 결론을 암시하는가 하면, 작가/화자의 설명, 논평을 길게 늘어놓으면서 그 속에다 명언, 명구, 삽화, 정보, 지식 따위의 인용까지 불사한다. 아예 주요 인물 중 한 명을 산행에 나서게 하거나 강가에 앉게 만들어서 걸음을 떼놓을 때마다, 또는 낚시찌가 흔들릴 때마다 이런저런 상념을 곱씹게 한다. (영화에서 흔히 크레디트 타이틀이라는 자막이 줄줄 올라오면서 그 배경에 깔리는 '연출력'의 패러디가 바로 이런 기법이다.) 이런 별도의 '장면 연출'은 어떤 결론도 유보하면서 독자에게 제가끔의 판단을 권유, 종용하느라고 끝없는 산길과 가없는 강줄기에다 여운을 실어 보내는 것이다. 이런 마무리는 무엇보다도 이야기 자체의 시작과 끝을 자연스럽게 유도한다는 장점 때문에 아무리 까다로운 독자에게라도 온당한 독후감을 불러일으키도록 죄어치는 힘이 좋다. 대체로 '그렇기도 하겠구나'라는 우호적인 평가를 받아낼 수 있다는 기대를 품는 것이다. 밍밍하며 싱겁다고 할지 모르나, 여러 갈등을 웬만큼 수습한 마지막은 어떤 긴장이나 자극도 피하면서 성숙한 자성에 이르러야 하고, 그런 흐름은 어떤 형식미의 완성을 점잖게/부드럽게 도출해낸다. 사실상 모든 옳은 소설 '세계'의 창조와 그 향수의 궁극적인 목적은 반복되는 긴장/이완에의 탐닉이므로 이런 마무리 기법은 의젓한/타당한 귀결이기도 하다.

어떤 작품이라도 위의 네 가지 마무리 기법 중 하나로 끝맺기를 장식할 수밖에 없겠으나, 특별한 경우에는 '반전화'와 '여운화', '강조화'와 '인용화'가 한목에 끝 장면을 두툼하게 꾸밀 수도 있다. 해석하기에 따라서(실은 작가의 의욕적인 욕심에 따라서) 얼마든지 두 가지, 세 가지 기법을 한꺼번에 원용할 수 있음은 위의 네 가지 마무리 기법이 그만큼 포괄적인 잣대임을 증명하고도 남는다. (하기야 모든 '갈래짓기'나 이론화 작업은 불가피하게 '예외'를 인정하면서 한 갈래가 다른 갈래를 부분적으로 끌어안을 수밖에 없다. 이런 미비未備에도 불구하고 분류는 없는 것보다 있는 것이 낫고, 이 분별에 둔한 저작물도 숱하다.)

다음의 네 예문은 각각 그 작품의 이야기 일부나 전체를 몰라도 곧장 해당 마무리 기법이 얼마나 각별하게 적중하고 있는지를 잘 보여준다. 또 다른 보충 설명이야말로 사족일 터이므로 진정한 감상과 찬찬한 심사숙고에 진력하는 것만으로도 충분하다고 하겠다.

⇒(가)나는 연필을 떨어뜨렸다. 나는 그릴 수가 없었다. 나는 모델들을 내보냈다. 그들 또한 어리둥절해하면서도 무언가에 압도당해 그 자리를 떠났다. 그러고 나서 소령 부부만 남게 되자 나는 이루 말할 수 없이 불편해졌다. 그는 자기네들이 바라는 바를 한 문장으로 표현했다. "저, 음… 우리

가 할 수 있게 해주세요." 나는 그럴 수 없었다. 그들이 내 쓰레기를 비우는 건 참을 수 없었다. 그런데도 나는 일주일 정도 그 싫은 일을 견디며 호의를 베풀었다. 그러고 나서 그들에게 멀리 떠날 수 있도록 약간의 돈을 주었다. 그 후로는 그들을 한 번도 마주친 적이 없었다. 나는 연재물의 후편도 맡게 되었다. 하지만 내 친구 홀리는 모나크 소령 부부가 내게 영원한 해악을 끼치고 나를 잘못된 길로 인도했다고 했다. 하지만 만일 그게 사실이더라도 나는 그런 대가를 치른 것에 만족한다. —추억을 위해서.(헨리 제임스의 〈진짜〉 54~55쪽)

생활고에 시달리는 전직 영관급 장교 부부를 연재소설의 삽화용 모델로 채용했다가 겪는 낭패담의 마무리다. 알다시피 모델은 화가의 요구대로 포즈를 취해야 하는 사람인데, 그 역할이 영 마뜩잖아지자 억지로 쓰레기나 치우는 하인으로 부려먹다가 급기야는 내쳐버렸다는 것이 첫 번째 반전이다. 두 번째 반전은 그 어설픈 모델 부부의 반직업적 소질 때문에 화자 '나'의 그림 실력까지 망가졌지만, 그 부적격자 모델과 일한 추억 때문에 어쩔 수 없이 체념한다는 것이다. 단편소설에서 이처럼 섬뜩한 반전으로 끝을 맺을 수 있는 것은 과연 명인의 솜씨답다고 경의를 표하지 않을 수 없게 만든다. 짧은 문장들로 축조한 한 문단 속에 녹아 있는 함의 많은 이야깃거리들도 '반전화' 기법에 보탬이 됨은 말할 나위도 없다.

⇒(나)나는 지금까지 남의 일과 자신의 일을 이것저것 너저분하게 썼었다. 남의 일을 쓸 때는 가능한 한 상대방에게 폐가 되지 않도록 해야 한다

는데 마음을 썼다. 내 신상에 관한 이야기를 할 때는 오히려 비교적 자유스러운 공기 속에서 호흡할 수가 있었다. 하지만 그래도 나는 아직 자신이 가진 모든 속기(俗氣)를 남김없이 벗어던질 정도에는 이르지 못했다. 거짓으로 세상을 우롱할 만큼의 자만심은 없었다 치더라도 더 천한 부분, 더 나쁜 부분, 더 체면을 잃어버릴 만한 자신의 결점은 그예 발표하지 못하고 말았다. 성(聖) 어거스틴의 참회, 루소의 참회, 오피엄이터의 참회—그런 것들을 아무리 더듬어가보아도 참된 사실은 인간의 힘으로 도저히 서술할 수 없다고 누군가 말한 적이 있다. 하물며 내가 여기에 쓴 것은 참회가 아니다. 내 죄는—만일 그것을 죄라고 할 수 있다면—지나치게 밝은 쪽에서만 그리고 있는 것이리라. 거기에 어떤 사람은 불쾌감을 느낄지도 모르겠다.(나쓰메 소세키의 《유리문 안에서》 160~161쪽)

기술하고 있는 대로 이미 작가 자신이 공들여 써놓은 이야기의 골자를 되풀이해서 설명하고 있다. 좀 지겹다고 해도 될 정도로 작의를 '강조'하고 있는 셈인데, 이런 마무리 기법은 능청스럽기까지 해서 그 유머 감각을 즐길 만하다. 모든 소설=참회록은 심각할 수밖에 없다는 작의를 슬쩍 내비침으로써 이야기의 '진화'나 장르 감각의 변주를 논란거리로 삼고 있기도 하다. 작가는 쑥스러운지 뒤이어서 한 문단을 추가하는데, '뜰에서 휘파람새가 또 간간이 지저귄다'는 식으로 자연 풍광을 소묘함으로써 어떤 여운을 남기지만, 결국 그런 '나'의 사담도 이 소설의 모티브-작의를 의뭉스럽게 강조하는 것일 뿐이다.

⇒(다)경전의 종류는 무척이나 다양했다. 모두 4만여 점. 서기 3, 4세기

경의 패엽범자(貝葉梵字) 불전도 있었고, 고대 투르크어, 티베트어, 서하어 등의 불전도 있었다. 세계에서 가장 오래된 필사 경전을 비롯해,《대장경(大藏經)》에 미처 수록되지 못한 불전도 있었다.《선종전등사(善宗傳燈寺)》와 같은 진귀한 자료도 출토되었으며, 지리지(地理志)로서 상당한 가치를 지닌 것도 발견되었다. 마니교, 경교의 가르침을 전하는 역사서 외에 범어, 티베트어의 서적 등 고어 연구에 획기적인 바람을 몰고 올 것도 있었다. 그 밖에도 기존의 동양학, 중국학을 근본에서 뒤흔들 갖가지 사료가 포함돼 있었다. 이러한 소장 서적들이 동양학 분야에만 국한되지 않고, 세계 문화사 관련 여러 분야의 연구를 혁신하는 보물임이 판명되기까지는 그로부터도 조금 더 세월을 기다려야 했다.(이노우에 야스시의《둔황》249~250쪽)

위의 인용문은 세계적으로도 널리 알려진 화제작《둔황》의 마지막 대목이다. 이야기를 풀어가는 서술체와는 지나치게 동떨어져서 무슨 학술서의 초록 같기도 하다. 엄밀히 따지면 인용문도 아니다. 작가가 허구와 사실(史實)을 반쯤씩 버무려 빚어낸 특유의 역사현장소설의 탄생 배경에 대한 나름의 주석(註釋)이다. 이런 둔황의 발굴 연혁을 말미에 굳이 덧붙일 필요가 있었을까. 오히려 앞쪽의 픽션물에 군더더기를 덧댄 꼴이 아닐까라는 독후감도 내놓을 만하다. 그러나 작가의 심중을 되짚어가보면 둔황이라는 실크로드의 요충지가 일반 독자에게는 워낙 생소한 지명이고, 또 그 삭막한 고원지대에서도 한때 여러 종족/부족이 서로 '땅 빼앗기' 전투를 치열하게 벌이곤 했다는, 뿐만 아니라 전적류를 고이 보존할 정도로 '문명/문화'가 엄존하고 있었다는 역사적 사실을 들려주어야 하므로 작가는 그동안 '자료수집'의 연장선상에서 펼친 독실한 천착의 일단을 공개하는 것이 '도리=작업 윤리'라고 생각했을지 모른다. (작품의 완성도와는 별개로 그것의 품위를 겨냥하는 이런 기교 역시 직업의식으로 이해해도 무방할 터이다.) 어쨌든 소설의 마무리 기법치고는 단연 이색적인 실적을 사실(史實)의 재활용으로 드러내고 있다.

그러나 다른 발상으로도 이런 유형의 '인용화' 마무리 기법을 해석할 수 있을 듯하다. 곧 소설이라는 장르가 별건가, 누구나 아는 대로 수필보다 더 어떤 형식에 구애받지 않는 자유로운 글쓰기의 대표 주자 아닌가, 그러니 어떤 식의 '전개-마무리'도 실험 차원에서 받아들여야 하지 않나, 그럼으로써 이야기의 실체와 이야기 짓기의 궁극적인 목적은 무엇인가를 진지하게 묻고, 그에 대한 독자의 반응을 물어보는 것도 의의가 있지 않을까, 어떤 '틀'에 얽매여 있으면 고인 웅덩이처럼 썩어서 '변모'의 모색을 스스로 내팽개치는 꼴이 되고 말 텐데, 라는 작의가 위의 예문에는 숨어 있다. 이런 메타픽션적 관점은 일본의 현대소설이 '숙성' 과정 중에 자체적으로 개발, 체질화시킨 면모의 일부라고 해석할 수도 있을 것이다. 작품의 내용 속에 꽁꽁 숨어 있든, 눈만 요령도둑처럼 굴리고 있든 작가는 막판에서야 '인용'을 들고 나타남으로써 '자율적 유기체'인 소설을 '타율적 반성체'로 만드는, 아무라도 '타자' 일반을 이야기의 속살 안으로 끌어들이는 이런 언어의 매개적, 사회적 포용성은 유념해둘 만한 장기다.

⇒(라)일단 호수 가장자리에 안전하게 도착한 나는 콜먼 실크가 소년 시절을 보낸 집에 들어서기도 전에, 나보다 앞서 스티나 팰슨이 그랬던 것처

럼 일요일 오찬에 백인 손님으로 이스트오렌지에 있는 그의 가족들과 함께 앉아 있을 수 있는 기회를 갖기도 전에 레스가 결국 숲으로 쫓아 들어와 나를 해치려 들지 않을지 확인하기 위해 몸을 돌렸다. 그저 그를 마주보는 것만으로도 나는 얼음 드릴이 주는 공포감을 느낄 수 있었다. 그는 이미 자신의 양동이에 앉은 뒤였는데도. 하얗게 얼어붙은 호수에 둘러싸인 작은 점 하나, 온통 자연뿐인 그 속에서 유일하게 인간적인 표지, 그것은 문맹인 사람이 서류에 서명 대신 쓴 X자처럼 보였다. 전체 이야기까지는 아니더라도 전체 그림은 그랬다. 금세기 말, 삶은 아주 드물게 이처럼 순수하고 평화로운 광경을 제시한다. 물 밑에서 끊임없이 물이 뒤집히는, 미국의 목가적인 산정의 호수에서 양동이를 깔고 앉아 18인치 두께의 얼음 구멍을 통해 낚시질을 하는 고독한 남자의 모습처럼.(필립 로스의 《휴먼스테인》 2권, 248~249쪽)

(라)의 예문은 2000년에 출간된(작가는 그때 67세였다) 두꺼운 장편소설로 미국 내는 물론이고 유럽 쪽에서도 호평을 받은 작품의 마지막 문단이다. 그토록 다사다난했던 이야기 '들'은 우여곡절 끝에 대단원의 막을 내렸다. 시종일관 그들의 활약이 종횡무진으로 눈부셨던 여러 주요 인물이 죽었거나 화자이자 작가인 '나' 곁에서 사라짐으로써. 숱한 의문도 그럭저럭 해결되었거나 짐작만으로도 충분히 납득할 수 있는 터이므로 일단 한시름 놓게 된 것이다. 그런데도 작가는 아직 뭔가 부족하다고 느낀다. 그 애착과 미련이 애초의 작의를 불러오고, 여운을 찾아보라며 등을 떠민다. 그래서 '나'는 인근의 호수를 찾아간다. 막상 소설 속의 본 이야기와는 그다지 밀착되어 있지 않은 장소인

데도. 거기서 그는 낯선 얼음낚시꾼과 인사를 나눈 후, 서로의 사는 내력을 주거니 받거니 한다. 적어도 표면적으로는 또 다른 이야깃거리의 개진이다. 그런데 낚시꾼은 베트남전에 참전했던 제대 군인으로서 '외상후 스트레스 장애'를 앓고 있다. 얼음낚시를 하는 것은 그 장애를 자가 치료하기 위해서다. 세상으로부터의 단절과 인간으로부터의 고립을 사주하는 이런 범사회적 장애 증후군은 미국 사회 저변에 깔린 인종차별주의와 자기현시족이 우글거리는 대학 공동체의 차심한 허위의식 탓이라는 것이다.

장편소설에 걸맞은 묵직한 주제의식을 별도의 '장면 제시'를 통해 다시 한번 강조하는 이런 마무리 기법은 우선 독자의 독후감에 '적극적인' 잔상을 남긴다. (흔히 이런 기법은 좋은 영화에서 '회상체=내레이션=장외 해설'로 써먹는 바로 그것이다.) 그래서 '여운화' 마무리는 반드시 들인 공력 이상의 효과를 거둔다고 해도 좋을 것이다. 아마도 내로라하는 작가치고 이 '여운화' 마무리를 의식하지 않는 경우는, 비록 단편에서일지라도 거의 없지 않을까 싶다. 마치 교향곡의 마지막 대단원을 우렁찬 피날레로 마무리하는 그런 '관습'처럼 별도의 음색을 덧대야 비로소 '감동으로 가슴이 벅차다'는 자위를 누리는 듯하다.

이를테면 토마스 만의 대장편 《마의 산》도 '한스 카스토르프는 사람들이 빼곡히 머리를 내민 차량 밖으로 얼굴을 내밀었다. 그는 이들 위로 손을 흔들었다. 세템브리니도 왼손 약손가락 끝으로 부드럽게 눈시울을 누르며 오른손을 흔들었다'며 대장편의 중심 이야기들의 종지부를 찍어놓고 난 후 별도의 음색이라며 한 행을 띄우고서는 '우리가 있는 곳이 어디일까? 저것은 무엇일까? 꿈이 우리를 어디로 데려간 걸까?'로 시작하는 기다란 '여운화' 마무리로 작품을 끝내고 있다.

'조작미/형식미'의 엄격한 시현체로서의 소설은 '여운화' 마무리를 통해서 자신의 신분과 나름의 격조를 되찾고 있는지 모른다. 말이 뒤틀린 듯하다. '여운화' 마무리 기법이야말로 너무 섬세해서 다치기 쉬운 소설이라는 유기체에게 어떤 식으로든 '형식미=조작미'를 선양하라고 거듭 촉구한다.

인생사든 세상사든 그것들에 결말이 없을 수는 없다. 죽든 살든, 흥하든 망하든 그렇게 결판이 나게 되어 있다. 그러나 더 큰 시각으로 보면, 모든 종교가 어떤 정점을 상정해놓고 자질구레한 의식과 엄혹한 설파(說破)로 우중을 희롱하는 데서도 알 수 있듯이, 흑백=승패가 뚜렷한 그런 종결에 큰 의미가 있지는 않다. 늘 봐온 대로 세상은 여일하게 굴러가고, 인생은 쉼 없이 유전(流轉)한다. 소설이라는 생물은 영민해서 그것까지 놓치지 않는다. 쉽게 말하면 제 목숨까지 바쳐가며 만사의 '의미'를 찾아 헤매다가 종국에는 그 제행(諸行)이 덧없음을 깨닫는다. 그 각성은 마무리에서 어떤 형식이나 말로 드러낼 수밖에 없다, 그렇지 않겠는가. 그러므로 마무리를 제대로 한답시고 황당한, 느닷없는, 뜻밖의 '해결책'을 제시하는 발상은 가장 어리석은 짓거리일 수 있다. 늦깎이가 아니라 여전히 경거망동에 놀아나는 노추일 수도 있으므로 그렇다.

한국 소설은 대개 다 여전히 조급하게 어떤 해결을 서두르는 경향이 다분하다. ('대단원의 막'을 의식한다면 신파조라는 지탄을 받아도 마땅한 국면이다.) 이것만큼 독단적인 사례는 달리 없다. 소설은 더러 어리석은 짐작을 내놓기도 하고, 다들 간과하고 마는 여러 문제를 기어코 떠벌리고 나서는 수더분하고도 고지식한 양식일 뿐인데도 독자들은 자꾸만 산뜻한 해결책(=오지선다형 해답)을 내놓으라고 섣마르게 재촉하는 양상이다. '국민성=풍토성'과도 무관하지 않을 테고, 소설의(또는 예술 전반의) 형식에 대한 각성의 '근대성 미달' 탓일 게 분명하다. 아마도 그런 독선 때문에라도 한국 소설은 어떤 '승화'를 (당분간) 기약하기 어려울 듯하다면 '조작미/형식미'에서 예술의 담백성을 바라는 간절한 호소일 수 있다.

외국의 작금의 '진지한=좋은' 소설은 대체로 그렇지 않다. 굳이 어떤 식의 '해결'을 도모하지 않는다. 강물처럼 인생사/세상사를 그 흐름에 맡긴다. 우리 식으로 보면 자연스러운 게 아니라 맥없이, 흐지부지 끝내고 있다 싶을 정도다. 그동안 숱한 시행착오를 겪어내고, 모진 시련, 착잡한 갈등, 피비린내 나는 투쟁으로 전신이 갈가리 찢겼지만, 막판에는 승패에 관계없이 다소곳하니 '결말'을 기다리고, 승복한다. 억지로라도 '끝'을 봐야겠다는 조급한 심사의 대척점에 어떤 '소망'을 움켜쥐고 체념하는 자세가 의젓한 것이다. 이 차이는, 곰곰이 의식할수록, 너무 커서 열등감을 불러들인다. 한쪽이 평면도에 눈을 부라린다면 저쪽은 조감도를 뚜렷뚜렷 살피는 식이라는 비유가 그런대로 맞아 들어가지 않을까 싶을 지경이다. 근시는 당장 눈앞에서 벌어지고 있는 일을 간섭하려고 덤비지만, 원시는 그럴 수 없다. 그래서 한쪽은 미봉책으로서의 '해결'에 만족함으로써 전망(=장차의 출구)을 닫아버리고, 다른 쪽은 어차피 그런 건데 뭐, 또 한판 벌어질 테니 그때는 정말 볼 만할 거야 하는 식으로 앞날을 열어놓는다.

우리 문학 나아가서 한국 소설의 '전망 부재'는 이 마무리 '작업'에 대한 '모색-천착'과 그런 시각 변화의 활착으로도 상당 부분을 개선할 수 있을 듯한데, 알고 있으면서도 모르는 체하는지, '풍토성'의 골이 워낙 깊어서 꼼짝도 할 수 없는지 어떤 개선 의지도 비치지 않는다. 물론 개개인이 감당하기에는 벅찬 과제이기도 해서 '문화' 공동체 전반이 장기간 각 방면에서 떠맡아야 할 과제이지 싶긴 하다.

제4장 4절의 요약

(1) '소설=이야기들'을 무리 없이, 어색하지 않게, 여운이 길게 처리하는 기법, 곧 '끝 장면=마무리 작업'은 독후감을 활성화시킨다.

(2) 소설의 마무리 작업은 크게 네 가지 유형으로 나눌 수 있다. 1) 반전화, 2) 강조화, 3) 인용화, 4) 여운화가 그것이다.

(3) 1) 반전화는 독자의 의표를 찌르는 기법이지만, 다소 무리가 따르며 작품 전반의 '작위성'이 두드러짐으로써 어색해질 수 있다, 2) 강조화는 처음부터 끝까지 '작의'를 곳곳에 삽입하고, 작가 자신의 '신념' 따위를 끈질기게 설명하는 식의 기염을 토하는 기법이다. 3) 인용화는 다른 작품이나 저작물에서 따온 내용, 명구 등에 기대어서 어떤 교훈, 반성, 작의를 간접적으로 드러낸다. 4) 여운화는 주변의 풍경, 주인공의 심상 등을 감성적/주지적 문체로 묘사/표현해냄으로써 작품의 '내용' 전반을 다시 한번 되돌아보게 만드는 기법이다.

(4) '설명'은 부연(敷衍)으로 여러 사건의 경위 전달을, '묘사'는 주로 심경/환경/풍경 등을 실경에 가깝도록 그리는 가시적 접근을, '표현'은 어떤 대상을 추상화하여 주관적 인식을 드러낸 것으로 각각 분별할 수 있다. '대화'를 논의로 핀다면 서사(敍事)의 골격은 '설명/묘사/표현'으로 짜여진다.

제5장
시간은 건너뛴다

1. 시간대(時間帶)

 실없는 말일 테지만, 모든 소설 속에는 여러 종류의 시간이 마냥 흘러간다. 어떤 시간은 꼼짝 않고 어느 한구석에 웅크리고 있는가 하면, 다른 것들은 쉴새없이 수선스럽게 돌아다닌다. 시간이 없는 소설은 있을 수 없다. 시간이 부재한다면 그 속의 모든 사물/인물의 실존을 설명할 길이 없어서 그렇다. 빛이 없으면 사물의 윤곽이 잡히지 않으므로 화폭에 구상화의 형태를 드러낼 수 없는 이치와 똑같다.
 시간이 있으므로 오전과 오후의 '나'는 각각 그 신원과 성격까지 달라진다. 흔히 간과하지만, 시간 감각을 명확히 밝히지 않는 이야기는 의외로 많고, 그런 소설은 이미 다른 장르의 서사물이므로 더불어 고려할 대상이 아니다. 이를테면 전설 (구비문학의 '설화'까지도), 짧은 길이의 유머, 성담(性談)을 신문, 잡지 같은 지면에다 박스로 다루는 읽을거리에는 어떤 종류의 시간이 아예 없거나 있어도 허술해서 '되다 말거나', 좋게 봐주면 '될 성싶기도 한' 이야기가 대다수다.
 그런데 가만히 있거나 우물쭈물하거나 시끄럽게 떠들어대기도 하는 그 시간들이 소설 속에는 반듯하게 자리잡고 있어야 하듯이 '시간의 띠'라는 시간대(時間帶)도 꼭 있어야 한다. 있어야 하는 것이 아니라 허리띠의 길이처럼 몸피에 따라 처음부터 정해져 있다. 왜냐하면 대다수의 사람이 시간을 함부로 허비하는 것처럼 소설 속의 그것도 허투루 쓰이기 일쑤이지만, 어떤 헐렁이라도 길든 짧든 한평생은 정해져 있어서이다. 그러므로 언제 태어나서 얼마나 살았느냐 하는 생애의 연한이 소설에서는 이야기의 시작과 끝을 알리는 시간대다. 다만 사람의 한평생처럼 그 생존 연한을 명시적으로 밝히지 않는 경우가 많은데, 굳이 그처럼 따지지 않아도 고인의 전모를 얼추 그럴싸하게 유추해낼 수 있어서 그렇다.

역시나 사람의 명운이 그렇듯이 시간대도 가지각색이다. 상대적으로도 길고 짧은 것이 장르별로 수두룩하다. 가령 늘린 콩트만 한 길이의 짤막한 단편이 어떤 인물의 파란만장한 생애 전체를 다루는가 하면, 방대한 규모의 긴 장편소설이 불과 하루하고 한나절 안팎만을 조명하기도 한다. 어떤 위인의 한평생을 200자 원고지 100매 남짓으로 압축해놓았다고 해서 엉성한 작품이라고 혹평할 수 없는가 하면, 사흘 동안 벌어진 희한한 일상극을 3000매 안팎까지 늘려놓았다고 해서 정치(精緻)한 소설이라고 곱게 볼 수 없는 사례도 허다하다. 그러므로 작품의 길이와 그 속의 시간대는 전적으로 무관하다고 해도 좋을 것이다. 비유하자면 하루를 남들보다 두 배나 늘려 쓰는 알뜰한 사람도 있고, 오늘이나 내일을 늘 어제처럼 무사태평하게 지내는 팔자도 있을 텐데, 두쪽을 문자로 옮길 때 쓸거리의 총량에서 현격한 차이가 나는 이치와 닮았다고 하겠다.

작품의 길이야 어찌 됐든 '시간대'의 길고 짧음만 고려한다면 크게 원시적 시각과 근시적 시각으로 나눌 수 있다. 전자는 조감도적 시각이랄 수 있으며, 긴 시간대를 다룬다. 대체로 한 사람의 우여곡절이 심한 전 생애를 비롯해서 어떤 대소사의 장기간에 걸친 흥망성쇠와 다사다난을 하늘에서 내려다보는 식이다. 후자는 평면도적 시각으로, 비교적 짧은 시간대를 다룬다. 어느 특정한 하루를 비롯해서 어떤 사건/사고의 전모에 대해 돋보기를 들이대고 자세히 훑어보는 식이다. 그 돋보기가 인과를 묻느라고 수십 년 전의 '요약-과거'까지 캐내기도 하나, 대체로 '장면-현재'로서의 그 '시간대'는 어디까지나 집약적 = 집중적이다. 한쪽이 다독주의라면 다른 쪽은 정독주의라서 폭넓게 알아도 곳곳에 엉성한 구석이 많을 수 있고, 폭 좁게 알아도 그 범위 안에서는 아주 소상할 수 있다. 어차피 모든 작가의 소질과 취향은 태생적으로나 후천적으로 편식/편견에 길들여질 수밖에 없을 텐데, 이런 거친 대별이 오히려 작품의 길이와 시간대의 상관관계를 그럴싸하게 조정해준다고 봐도 크게 무리는 없을 듯하다.

긴 시간대를 주로 다루면서도 요긴한 대목만을 발췌해냄으로써 지루하지 않게 만드는 작품도 있고, 짧은 시간대에다 초점을 맞추다보니 비록 이야깃거리는 옹색할망정 그 순도는 제법 담백한 작품도 있을 수 있다. 물론 상대적이라서 하루가 길 수도 있고, 6개월이나 30년이 짧을 수도 있음은 이틀 동안의 인간극을 다룬 장편소설이 재미있을 수도 있지만, 한 달 남짓의 행방을 다룬 일인극 단편이 한 없이 지겨울 수도 있는 것과 마찬가지다. 그렇긴 해도 단편은 대체로 '장면-현재' 중심의 짧은 시간대를, 장편소설은 상당한 '요약-과거'가 저절로 분절한 상태로 속속 따라붙는 긴 시간대를 다루게 되는 일반성이 웬만큼 통한다고 할 수는 있다.

요컨대 '시간대'의 길고 짧음에 따라 작품의 길이가 늘어나든 줄어들든 작품의 그런 내적/외적 조건이 작품의 질적 평가에는 크게 고려할 사항이 아니며, 그럴 수밖에 없다는 것은 그 두 종류의 길이를 의식할 수 없게 만드는 이야기 자체의 '순도'가 얼마나 중요한지를 알려준다. 그러므로 '시간대'야말로 이야기의 골격을 만드는 중추다. 있는 듯 없는 듯한 이것이 제 구실을 다할수록 소설의 신원이 그럴싸하게 보일 것임은 자명하다.

'시간대'를 촘촘히 의식한 작품으로는 손쉽게 김승옥의 출세작 단편 〈무진기행〉을 들 수 있다. 이 작품은 '내'가 '오늘 아침에 광주에 도착했으며, 덜커덩거리는 버스 속에서 '한 삼십 분 시달리다가 유월 하순의 강렬한 햇볕을 받고 무진 읍내에 내림으로써 '시간대'를 열어간다. '나'는 그날 저녁에 세무서장의 집에서 여러 인물을 만나고 하루해를 보낸다. 그 이튿날 식전에 '나'는 성묘를 다녀온 후, 하인숙이라는 여자와 두 번째로 만나 급기야는 삭막한 정사를 나누고, 이래저래 피로가 겹쳐 다음 날 '늦은 아침'에야 잠에서 깨어난다. 이모가 전해 준 전보에는, 일주일 예정의 고향 방문을 서둘러 끝내고 당장 상경하라는 아내로부터의 당부가 적혀 있다. 역산해보면 6월 22일 저녁에 서울역에서 밤차를 타고 하향하여 그다음 날부터 본격적인 고향 방문이 시작되어 25일에 다시 덜컹거리는 버스에 올라타는 2박3일 일정이 이 단편의 '시간대'다. 모든 대화를 지문 속에 가둬넣음으로써 원고의 지면을 알뜰하게 쓴, 그 당시로서는(1964년 작이다) 형식적으로도 단연 이색적이었던 이 작품의 '시간대'는 그 속의 숱한 이야깃거리/이야기'들'로도 '현재와 과거의 교직'이라는 플롯 엮기가, 말하자면 '현재/

과거'의 지면 안배가 그지없이 빼곡하다. 이런 빈틈없는 '시간대'의 조율이 단편이라는 장르 감각에서 비롯되었음은 말할 나위도 없거니와 이 작품의 성취에 환한 후광으로 작용하고 있음은 의심의 여지가 없다.

다른 한편 긴 '시간대'를 다룬 대표작으로는 모파상의 단편 〈목걸이〉를 들 수 있다. 단편치고도 아주 짧은 이 이야기에는 현재의 '장면' 제시가 여러 번이나 나오지만, 막상 다루는 시간의 띠는 무려 10년 이상으로 기다랗다. 곧 이야기의 정점에 이르면 '이런 생활이 10년 동안 계속되었다. 그리고 10년이 지났을 때 그들은 모든 것을 청산할 수 있었다. 모든 것을. 그 높은 이자에도 불구하고, 그리고 그 이자에 대한 이자까지도'에 이어 '루아젤 부인은 이제 폭삭 늙었다'고 서술한다. 그러고 나서 '그러던 어느 일요일의 일이다'라면서 예의 그 잃어버렸던 다이아몬드 목걸이가 가짜였다는 것이 드러남으로써 주인공은 물론이거니와 독자까지도 '그럴 수가, 설마 그럴 리가'라며 놀라게 만든다. 이런 우연극이 지금도 세계 도처에서 일어날 수 있음을 부정하긴 어렵다. 그렇다고 해서 그 현실감을 최대한으로 살리기 위해 원작보다 세 배 내지는 열 배 이상으로 길게 늘여놓는다고 하더라도 그럴듯한 사실극이 될 것 같지는 않다. 다이아몬드 목걸이의 분실 소동, 빚 갚느라고 겪은 모진 고생담, 되돌려 받은 자기 장신구가 진짜인 줄도 몰랐다는 실토 따위는 이야깃거리로서의 한 토막 일화에 지나지 않으며, 그것 자체가 이야깃거리로서의 구성 요건일 수는 있겠으나 이야기로서는 신빙성이 한참이나 떨어진다. '시간대'가 이야기 조작에 얼마나 역동적으로 기능하는지를 목걸이의 진위가 아니라 '장면-

현재'와 '요약-과거' 사이의 시간적 간격이 보여주고 있다.

또 다른 긴 '시간대'를 다룬 단편으로는 귀스타브 플로베르의 〈순박한 마음〉을 들 수 있다. 전체가 5장으로 나뉜 이 소설은 평생토록 억척스럽게 일만 하다가 말년에는 눈까지 멀고 나서 폐렴에 걸려 순명하는 마음씨 착한 하녀 펠리시테의 전 생애를 다룬다. 이 이야기는 상당 부분을 실화에 기대고 있다는 듯이 작품 곳곳에 '1809년초' '1819년 7월 14일 월요일' '1828년 여름' '1830년 7월 혁명' '1837년 끔찍하게 추웠던 어느 겨울 아침'과 같은 연대 표시를 꼼꼼하게 해두었다. 최종적으로는 '1853년 3월'이 드러나고, 그 이후로도 펠리시테는 '몇 해'를 더 살면서 앵무새 루루를 키우는 데 온갖 정성을 다 쏟다가 '마지막 숨을 내쉴 때, 그녀는, 살짝 열린 하늘에서, 자기 머리 위로 날아가는, 거대한 앵무새 한 마리를 본 것 같았다'라면서 끝을 맺는다. 그러나 까막눈이로서 죽을 둥 살 둥 일만 하다가 생애를 마친 펠리시테가 막상 몇 해 동안 수를 누렸는지는 밝히지 않는다. 아마도 작가는 그것도 작의의 일부인데라면서, 그런 연치가 도대체 무슨 소용에 닿는단 말인가, 출생 비화 따위를 늘어놓는 얼빠진 계급에게 한결같은 성심으로 자나 깨나 봉사만 하다가 죽은 목숨이었을 뿐이잖아라는 확고한 작심을 은연중에 내비치려 했는지 모른다. 그래도 샅샅이 읽어보면 그녀의 그 거룩한 자태를 통해 이승에서의 갸륵했던 봉사 연한을 유추할 수 있는 단어를 아주 짧은 한 문단으로 밝혀두고 있기는 하다.

⇒(가)그녀의 얼굴은 깡말랐고 목소리는 날카로웠다. 25살 때에 그녀는 40살쯤 되어 보였다. 50대 이후부터는 도무지 그녀의 나이를 짐작할 수가

없었다. 언제나 말이 없는 데다 허리를 꼿꼿이 펴고 행동에 절도가 있었기 때문에 자동으로 작동되는 나무 인형처럼 보였다.(귀스타브 플로베르의 〈순박한 마음〉 17쪽)

그럼에도 불구하고 이 짧은 소설은 박복한 한 여자의 전 생애를 주도면밀하게 그려감으로써 적어도 60년 이상의 긴 '시간대'를 하나의 '틀' 속에 빼곡히 집어넣는다. (이 '틀'이 실은 작가의 문체 감각으로서의 '스타일=형식'이다.) 바로 긴 '시간대' 때문에라도 이 희귀한 소설은 기왕의 '기승전결' 같은 동양식의, 또는 '발단-갈등-위기-절정-결말' 같은 서양식의 단락-구성론으로서의 해석을 거부하고 있다. 말하자면 이론상의 형식을 과감히 무시함으로써 새로운 형식을 '발명'해낸 것이다. 억지로라도 그 유서 깊은 이론적 형식에다 이 작품의 '내용'을 비끄러매려고 든다면 견강부회라고 해야 할지 모른다. (말이 먼저 생기고 문법이 나중에 그 얼개의 진수를 꾸리듯이 문학 이론도 그런 후생後生의 지위를 벗어날 수 없으며, 소설이라는 양식도 나중에 만들어진 그런 '틀'을 뛰어넘거나 부정함으로써 비로소 제 지위를 누릴 수 있는 셈이다. 이론은 어디까지나 실상/현실의 '일부'를 이해하는 수단일 뿐이다.) 어쨌든 그런 이론으로 설명할 수 없기 때문에 오히려 이 짧은 소설/긴 '시간대'의 이야기는 신선한 형식의 '산문'일 수 있고, 소설 일반의 '전망'을 보여준다기보다 다른 형식의 '자화상'을 예시해준다. 어차피 인간/세상의 두 대립항을, 또 그 각각의 불화/화해를 그리는 일생극이 소설의 영원한 복무 지침 중 하나라면 〈순박한 한 마음〉 같은 파노라마적인 형식은 상당한 입지를 구축하고 있는 것으로 비친다. (여기서의 '파노라마적' 형식을 연보형 기록물이라고 지칭할 수도 있을 테고, 어떤 인물의 '캐릭터' 창조에 과도한 조작을 일삼는 종래의 소설 형식의 지양으로서 새로운 장르의 영토 확장이라고 할 수 있을지도 모른다. 소설 형식은 궁극적으로 일상극이며 동시에 일인극이면서 일생극이라는 함의를 이 작품의 성취가 일목요연하게 보여주는 듯하다. 일상극/일인극/일생극을 거스르는 장르들, 예컨대 공상과학소설, 우주소설, 미래소설, 괴물소설 등에는 '시간대'가 흐릿하거나 아예 없다. '일상'을 무시해서이다.)

결국 '시간대'야말로 소설에서 '내용'보다는 이야기를 풀어가는 '형식'이 중요함을, 그리고 소설이 그 속의 모든 이야깃거리들/이야기들을 어떻게 변형=조작해야 하는지를 알려준다. 그러므로 '시간대'를 구상단계에서부터 우선 확정지어놓는 것이 '플롯 엮기'의 기본 축인 것이다. 그런데도 '시간대'가 아예 없거나 있다 하더라도 그 윤곽이 제대로 비치지 않는 소설이 의외로 많다. (기왕에 호평을 받은 선행 작품들 중에서도 '시간대'가 불분명하거나, 그 '안배'에 균일감이 없는 것이 수두룩한데도 그럭저럭 가작으로 통용됨은 그 전모를 오독하고 있거나 그에 대한 분별이 소홀해서다.) 다시 한번 강조하건대 '시간대'가 명시적으로든 암시적으로든 드러나 있지 않은 소설은 유령의 세상을 그렸거나, '전설'과 흡사한 이야기들의 엉성한 집합에 지나지 않으며, 그런 유형의 읽을거리/들을거리들은 '시간 감각'의 미진/부재 때문에라도 플롯 엮기에 흠이 많다고 할 수 있다. (실제로도 이야기들의 합리적 연쇄인 '플롯=형식'이 '전설/설화'류에는 없다.)

'시간대'라는 기초 공사를 작품의 앞뒤에다 다져놓는 기술은 이디

다양한 방식으로 잘 개발되어 있다. 앞의 예문에서도 잠시 그 편린이 비쳤듯이 그것은 '7월 중순의 무더운 어느 날 저녁 때였다'로 시작할 수 있다. 또한 '요약'으로 과거를 되돌아볼 때라든지, '장면'이 바뀌면서 행갈이할 때의 첫 문장으로 '하루는 문득 그가 씩씩거리며 전화를 걸어와……'라고 기술할 수 있는데, 이런 상투적인 서술법도 사실 '시간대'의 내실을 살리기 위한 '전략=기교'임은 말할 나위도 없다. 그러므로 '시간대' 외 한 부분을 넌지시 알리는 '올림픽 개최로 온 나라가 시끌벅적하던 그해 초여름부터'라든지, '이튿날 저녁 무렵에'라든지, '여름이라서 그제야 끄무레해지던 어젯밤 여덟 시경'이라든지, '짙은 가을 안개가 걷히기 직전' 등등을 곳곳에 반드시 밝혀야 하지만, 그때그때마다 작품의 내적 기율에 맞춰서, 의미심장하게 정제(精製)한 말을 골라서 써야 하는 것이다.

아무래도 연대와 월별 따위는 대체로 거시적 눈금을 들이대도 무방할 테고, 분초까지는 밝히지 않는다 하더라도 계절, 하루, 시간 단위는 소상하게 드러내는 것이 '시간대' 명기의 일반적인 조율이라고 해도 좋을 것이다. 그러나 '시간대'가 분명한데도 불구하고 작가의 생몰연대나 작품의 집필 및 발표 시기 따위를 가려놓고 읽는다면 도대체 이게 어느 때의 이야기인가라며 머리를 갸우뚱거려야 하는 화제작, 출세작도 드물지 않다. 특히나 단편에서 그 '내용'만으로는 일제강점기 치하인지, 6·25전쟁 전후 시기였는지 종잡을 수 없는 작품이 의외로 많은데, 발표 당시의 각광이 무색하게 세월이 흐를수록 '유효기간'이 쉬 삭아버리는 이런 시류작은 예의 그 거시적 '눈금=시간관념'에 소홀하거나, 이야기 속에 당대의 풍속, 세태 전반의 일반성/특수성을 미흡하게 다뤄서 그럴 것이다. 흔한 비유대로 중세의 100년이 오늘날의 10년과 맞먹는다는 '변화의 속도'가 과학적 근거에 기댄 것이라면, 소설의 유효 기간도 식품처럼 '단기화' 추세를 좇을 것은 자명해 보이지만, 그럴수록 '시간대' 속의 거시적 눈금에 대한 분별만으로도 그 내구연한을 얼마든지 늘릴 수 있을 것이다.

제5장 1절의 요약

(1) 소설 속의 '중심 이야기'(= '장면-현재')에는 반드시 일정한 길이의 '시간대'가 들어 있고, 그것이 명시적으로든 암시적으로든 작품 속에 분명히 드러나 있어야 한다. 그것이 불분명할 때, 그 이야기 전체는 유령의 세계이거나 '전설' 수준에 머물러 있다고 할 수 있다.

(2) 소설 속의 '시간대'는 '형식'에 대한 숙고를 요구한다. 어떤 '스타일=형식=문체'로 쓸 것인가를 이야기들 속에서 흘러가는/건너뛰는 '시간의 속도'가 가르쳐 줄 것이기 때문이다.

(3) '시간'의 변화는 주로 '장면-현재'나 '요약-과거'와 같은 서술 기조가 바뀔 때, 대체로 행갈이 후의 첫머리에 명시적으로 밝혀지는 것이 통상적인 관례다.

(4) 막연히 '현대'를 다루는 소설 중에는 '연대'가 흐릿하게 취급되어서 그 '유효기간'이 식품처럼 지나버린 시류작도 많음은 유의해둘 만하다. 이를테면 '징용'이 일제 강점기 중에서도 말기에 제한적으로 쓰였다는 정통한 역사서를 숙독, 차용/응용할 수 있어야 한다는 말이다.

2. 움직이지 않는 시간

　시간은 강물처럼 쉬임 없이 흘러간다. 폭포처럼 빠른 시간 안에 수직으로 떨어지기도 하고, 폭이 넓은 긴 강처럼 유유히 흘러가기도 한다. 똑같은 강물인데도 지형에 따라 유속이 수시로 바뀌고, 그 깊이와 폭도 자주 달라지는 것이다. 그러나 물웅덩이나 바위샘이나 벼랑 밑의 물살처럼 제자리에서 맴이나 돌까 좀체 흐르지 않는 물결도 있다.
　소설 속의 시간도 대체로 그와 같다. 이야기들 속에 숨어 있고, 더러 녹아 있기도 한 시간은 눈 깜짝할 사이에 지나가는가 하면, 미처 의식조차 할 수 없을 만큼 경중경중 건너뛰기도 하며, 저 멀리 펼쳐져 있는 원경(遠景)처럼 느릿느릿 움직이긴 해도 당장에는 꼼짝도 않고 머물러 있는 것도 있다. 또한 눈앞에서 손에 잡힐 듯이 천천히 지나가는 활동사진 같은 장면도 숱하다. 소설은 유속이 각기 다른 이 세 가지 시간을 갈래짓고, 그렇게 나눈 것을 예의 그 '플롯 엮기'에 따라 '안배'하는 놀이다.
　'움직이지 않는 시간'은 정해진 시간이기도 하다. 소설 속에는 어김없이 이 시간이 넓게 펼쳐져 있다.
　우선 모든 이야기는 '당대'라는 움직이지 않는, 또는 바뀔 수 없는 시간 속에서 지속적으로 흘러가는 인간의 여러 행위와 세상에서 벌어질 법한 사건을 다룬다. 그 행위/사건은 시간의 흐름에 발맞춰 속속 달라진다. 어이없게도 바위처럼 확고하던, "내가 뭣이 답답해서 그 양반 돈을 뇌물로 받아먹어"라던 자기주장이 불과 몇 시간 사이에 거짓말로 들통날 수도 있다. 단순한 추돌 사고가 어느새 미필적 고의로서의 인명 피해로까지 확대되는 데 일주일 이상이나 소요되기도 한다. 그러므로 지상의 모든 동태/상태는 실상 시간이 주관하는 인사/만사의 한낱 일시적인 표정에 불과할 뿐이다. 작품 속의 이야기가 펼쳐지자마자 이미 그렇게 설정되어 있는 어떤 '당대'는 그 속에서 흘러가는 빠르고/느린 여러 동태/상태의 변화만을 주시할 뿐, 그것 자체는 변하지 않는다. '당대'는 움직여질 수 없는 시간이라는 특권으로 작품 속의 내용 전모를 어김없이 통괄한다.

앞에서 예문으로 든 〈무진기행〉의 당대는 틀림없이 1960년대 초반일 텐데, 그 사실은 서울에서 전라도 광주까지의 거리가, 그 당시로는 가장 빠른 교통편인 기차를 이용하더라도(일반 버스나 고속버스도 요즘처럼 자주 운행되지는 않았을 터이므로) 대략 15시간 안팎이 걸렸다는, 서울역에서 저녁에 출발하는 밤차를 타고 이튿날 아침녘에야 광주역에 닿을 수 있었다는 '시속(時俗)'의 언급으로 드러나 있다. KTX라는 축지법으로 같은 거리를 3시간 안팎에 주파해내는 오늘날, 그 당시의 이 교통 편의는 작품을 이해하는 데 없어서는 안 될 필요조건이다. 곧 움직이지 않고 우뚝 서 있는 산자락으로서의 '당대'라는 시간의 힘은 이처럼 능동적으로 작품의 유효 기간을 무한대로 늘려놓는다.

역시 손쉽게 앞의 작품을 다시 한 번 더 예로 든다면 자연 시간으로서의 '당대'처럼 이미 정해진, 고정불변의 시간으로는 '유월'도 있다. 작품 전체를 관류하는 이 계절 감각은 움직이려야 움직여지지 않는다. 바닷가 시골에서 초여름에 꾸려지는 자연적인 시간의 흐름은 시끄러운 '개구리 울음소리'를 불러오게 마련이다. 무서리를 뒤집어쓴 들국화가 길가에 함초롬히 서 있는 풍경이거나, 상고대가 두툼히 낀 전나무의 우죽이 유독 싱싱한 전경은 특별하고, 그 배경으로서의 계절은 한 작품 속에 그냥 주어져서 군림할 뿐 움직이지 않는다. 더 큰 풍경으로서의 연대나 시속을 '정해진 시간'이라고 한다면, 계절 같은 중경(中景)은 화폭의 한가운데를 독차지하고 있는 만큼 '주어진 시간'이라고 부를 수 있을 것이다. 따라서 계절 감각 같은 중경이 작품마다에 반드시 배치해야 할 고정 무대임은 말할 나위도 없다. 원경이야 여백으로 비워두든 말든 중경을 채우지 않고서야 그림이라고 할 수 없을 터이므로 '정해진 시간'으로서의 연대/연도보다는 '주어진 시간'으로서의 계절이 어떤 '실감'의 재현에 한결 더 유효할 것임은 분명하다.

좀더 부연 설명이 꼭 필요한 대목인 듯하다. 왜냐하면 '계절'과 이에 따라붙게 마련인 '날씨'만큼 모든 소설에서 과도하게 지면을 장악하는 '재료=세목'도 달리 찾을 수 없기 때문에 그렇다. 물론 날씨는 계절의 하위 단위다. 사람의 피부 색깔과 모발의 특징에 따라 가름하는 인종의 결정 요인도 아마 계절의 장기적인 영향 때문이라고 봐야 할 것이다. 어쨌든 계절은 날씨(=일기日氣)의 상수와 변수를 감안한 부분적인 특징을 대변하면서 '기후'의 절기별 특정 징후가 된다. 인종이나 종족의 일반적인 성징은 어느 특정 지역 내의 문명/문화의 집중적인 세뇌를 통해서도 길들어지지만, 그전에 기후/계절의 영향권 안에서 순치된다고 해도 과언이 아닐 것이다. 똑같은 논리를 적용하면, 하루의 일기 변화는 모든 삶의 일상 전반에 심대한 영향을 끼친다. 아니다, 우리의 일상과 인간은 무력하게도 하루의 일기 변화에 따라 속수무책으로 요동친다고 할 수 있을지 모른다. 그래서 모든/어떤 '날씨'라도 소설의 주인공에게는 특별하게 '이상' 할 수밖에 없다. 장마철에 빨랫말미도 이상하고, 폭설/폭우는 당연히 이상스런 징후가 되며, 초봄에 따뜻해도 '유달리' 덥다고 투정한다. 부모나 형제 이상으로 개인의 일상을 꽁꽁 묶어두는 것이 '날씨' 말고 또 무엇이 있을까. 아마도 그게 그게 같은데도 오로지 목숨을 부지하기 위해 습관적으로 때우는 '먹을거리' 다음으로 '날씨' 는 모든 사람의 심신에 줄변덕을 강제한다고 해야 옳을 지경이다. '자연적 시간' 인 이 '날씨' 는 모든 작품에서 '이상하게', 별것 아닌데도 주요 인물에게는 '유독' 특별하게 대서특필로 지면을 장악한다. 어떤 비, 어떤 눈, 어떤 바람, 어떤 추위/더위도 어느 개인에게는 특이한 정서의 파장을 불러일으키는 데 모자람이 없는 것이다. 그 작례로는 숱한 본보기가 줄을 서서 기다리지만, 다음의 사례도 손색이 없을 듯하다.

⇒(가)가랑비는 세상을 살포시 덮고 있는 장막같이 신비롭고, 고요하며, 별로 춥지 않게 내리고 있었다. 빠른 걸음으로 임원(林苑)을 가로질러가는 동안 그녀는 몸이 아주 훈훈해졌다. 얇은 방수 외투 앞자락을 열어야 할 정도였다. (중략) 숲은 저녁의 가랑비가 내리는 가운데 조용하고 고요하게 비밀에 싸여 있는 듯했고, 새알이며 반쯤 벌어진 잎눈, 또는 반쯤 내민 꽃봉

오리의 신비로 가득 차 있었다. 그 뿌옇게 어둑한 가운데서 나무들은 모두 마치 옷을 벗어버린 듯 검은 줄기를 드러낸 채 비에 젖어 번들거리고 있었고, 땅 위에서는 갖가지 초록 풀들이 초록색으로 불타고 있는 듯했다.(D. H. 로런스의 《채털리 부인의 연인》 1권, 270~271쪽)

가랑비가 내리는 아주 '평범한 날씨'도 그 주위의 자연 경관 때문에 봄철의 싱숭생숭한 여심을 마구 쥐어뜯어놓고 있는 '장면-현재'이다. 이런 '자연적 시간'의 조작 솜씨에서, 무심히 흘러가는 시간에 대한 특별한 정서의 조촐한 소묘에서 작가 고유의 장기는 물론이거니와 작품의 제1차적 '정조=아우라'가 떠오르고 있음을 위 예문은 적절히 보여준다.

　세 번째로는 '만들어진 시간'으로서의 근경(近景)도 있다. 이것도 움직이지 않는다기보다 거의 고여 있다고 해야 마땅할 정도로 꼼짝하지 않는다. 근경답게 이것은 다채롭다. 잠을 자거나, 새벽의 희미한 별빛을 우러러보며 등굣길을 서두르거나 도서관에서 책을 읽거나, 불면증으로 밤새 뒤척거리거나, 사랑을 나누거나, 늘 고만고만한 저녁 밥상 앞에서 식욕을 과시하거나, 술/커피를 마시면서 부질없는 대화를 나누는 따위가 그것이다.

　인간이 그날그날 바쁘게/한가하게 영위하는 한결같은 일상은 대체로 쉬 변하지 않는다. 일상사(日常史) 연구의 한 업적에 따르면 (문명국의) 인류가 오늘날처럼 하루에 세 끼씩 꼬박꼬박 찾아 먹기 시작한 지는 불과 300년 저쪽부터라지만, 그럼에도 불구하고 오늘날 우리가 누리는 식습관 일체는 분명히 '장기지속적'이다. 잠자는 시간은 더 말할 것도 없다. 어차피 모든 생물은 주위 환경에 길들어지며 살게 마련이고, 그 순화 과정 중에 일어나는 한낱 '포말' 같은 사연이 소설의 이야깃거리가 된다. 나머지 시간, 곧 일하는 시간은 사람마다 다소 다르다. 그러나 이 '작업 시간'도 오로지 식량 채취를 위해 일벌레로 살아야 하는 인류의 근원적인 운명 전반을 거시적으로 조망해보면 크게 달라져 있지 않다. 작업 환경이 부분적으로 땅바닥, 산비탈, 바닷속에서 사무실, 공장, 학교 따위로 바뀌어 있다기보다도 '문명'의 진화로 말미암아 '확장/분화' 되었을 뿐이다.

어쨌든 모든 인간은 대동소이한 시간을 일상 중에 누리면서 목숨을 부지하고 있는 셈인데, 대체로 '만들어진 시간'에 순치되면서 각자의 예외적인 삶을 획득형질로서 꾸려간다고 할 수 있다. 어떤 사람은 낮과 밤을 바꿔서 올빼미처럼 살아가기도 하며, 하루에 두 끼로 자족하는 도인(道人) 맞잡이도 있고, 매사가 불평불만가마리여서 시도 때도 없이 신경질을 부걱부걱 괴어올리며 사는 트집쟁이도 있다. 그런 별종들도 '만들어진 시간' 앞에서는 곱다시 승복할 수밖에 없다. 이 '만들어진 시간'은 옷장처럼 우리 일상의 지근거리에 버티고 있으며, 무시하려야 무시할 수도 없게 되어 있다. 그것은 쓸데가 나설 때까지 움직이지 않고 그냥 그렇게 우두커니 놓여 있을 수밖에 없으며, 이용자들도 그것이 거기에 그렇게 버티고 있는 것을 굳이 의식하지 않는다. 그러나 옷장이나 장롱이 제자리에서 틀을 잡고 있지 않으면 당장 방이 방답지 않게 되고 만다. 물론 그 꼼짝도 않는 '사물'의 쓰임새는 각자의 솜씨에 달려 있고, 소설의 소임은 그것을 적절하게/색다르게 분별해서 써먹는 '선택과 집중'의 작업일 뿐이다.

주로 지문의 '설명'이나 '요약'을 통해서 드러나게 마련이지만('바야흐로 밀레니엄 운운해쌓던 20세기 말 섣달에 어렵사리 귀국하고 보니'라든지, '닷새 전 그날이 왠지 꺼림칙하니'라든지, '해질녘인데도 훤한 전통시장 입구에서'와 같은 나름의 표현을 문단 첫머리에 치장하면서 원경, 중경, 근경을 각각 끌어올 수 있다는 말이다), 어떤 종류의 소설이라도 '움직이지 않는 시간' 세 갈래를 확실하게 자리매겨야 작품의 신원이 분명해짐은 유념해두어야 할 작법상의 '최고/최선'의 기율이다. 이것에 소홀하면 곧장 장르 불명의 작품이 되고 만다. 어떤 인간이라도 변화 없는 일상생활이 너무 지겹다고, 참을 만큼 참았으나 이제는 진절머리 난다면서 제 보금자리에서 일탈해버리면 당장 그 자신의 정체가 부실해지며 종내에는 그의 삶 자체가 뒤죽박죽인, 반인간적 경계로 치달을 수밖에 없는 이치와 마찬가지인 셈이다.

가령 골프족의 생태를 그렸다고 현대소설이랄 수는 없을 테고, 1930년대의 독립운동을 다룬 소설이 그 허허벌판 같은 '원경'을 제법 번듯하게 장치했다 하더라도 '근경'으로서의 의식주 관행과 그 세부가 엉성하면 시대소설이라는 장르에서의 실족을 자초하는 꼴이나 다를 바 없다. 누군들 소설이랍시고 장르 불명의 읽을거리나 쓰려고 기를 쓰겠으며, 그 신원이 건성꾼으로 비치는데도 잠시나마 사귀어볼까 하고 엄두를 내는 사람이 미치광이가 아닌 다음에야 있을 수 있겠는가. 하기야 우주나 미래에서 뛰노는 유령들을 그리는 '환상=판타지' 읽을거리에서야 굳이 '시간'과 씨름하는 '작태/통태'가 있을 리 만무할 테지만.

제5장 2절의 요약

(1)소설 속에는 세 종류의 '움직이지 않는 시간'이 웅크리고 있다. 첫째, '정해진 시간'은 원경처럼 붙박인 것으로서 1960년대나 2015년 같은 것이다. 둘째, '주어진 시간=자연적인 시간'은 중경으로서 계절 감각이 드러난다. 특히나 계절 및 기후의 하위 개념으로서의 '날씨'는 모든 작품의 상비군으로서 그 역할이 툭박지며, 그 이상하고 특별한 '일기'는 작품마다의 유일무이한 '정서' 창조에 혁혁하게 기여한다. 셋째, '만들어진 시간'은 근경에 해당되며, 이것이 '장면-현재'의 배경을 이룬다.

(2)소설 속의 시간은 대체로 '움직이지 않는' 상태를 유지하지만, 그렇다고 지구의 공전/자전을 무시해버리는, 그래서 계절 감각이 없거나 낮과 밤의 분별에 무지한 이야기는 현대소설로서의 실격을 자초한다.

3. 시간의 걸음걸이

───────────

 생긴 대로/분복대로 곱다시 제자리를 지켜야 하는 시간이 있는가 하면, 바로 이 시각에도 눈앞에 펼쳐져 있는 바대로, 쉴새없이 흘러가는 시간도 있다. 이처럼 '흘러가는 시간'에도 걸음나비가 있는데, 그것은 경우에 따라 또 각자가 관장하기에 따라 매번 다르게 반응한다. 쏜살같이 내빼버려서 그 행방이 묘연한 날파리가 있기도 하고, 뒤주 속 쌀벌레처럼 야금야금 일정한 속도로 꼬물거리기도 하고, 거북이걸음처럼 느려터졌어도 어느새 산마루에 올라가서 굼뜨게 떼놓은 방금까지의 그 걸음걸이를 되돌아볼 수도 있다.
 쇠털같이 많은 나날이라는 상투어도 있듯이 누구에게나 흔전만전으로 쓸 수 있는 시간이 각자의 생애 앞에 버티고 있지만, 막상 어떻게 써야 옳게 쓰는 것인지를 일찌감치 깨닫고 나름껏 실천하며 살아본들 나중에 후회하기는 마찬가지일 것이다. 하기야 남들보다 두배 이상으로 시간을 아껴 쓴 사람일수록 만년에는 오히려 더 허송세월했다며 무릎을 자주 두드려댈지 모른다. 이처럼 가장 만만해서 아까운 줄 모르다가도 어느 순간에는 이 귀한 것을 이렇게 허비한다며, 표정을 쉽게 바꾸는 희극배우처럼 무슨 일거리 앞에 바투 앉지만, 이내 시간과의 그 허무한 싸움판에서 번번이 낭패에 빠지는 멍청한 짐승이 인간이다. 그러므로 인간이 시간을 제멋대로, 제 소용대로 마음껏 부려 쓸 수 있다는 말은 전적으로 덜렁쇠의 허튼 수작이다. 시간이 자신을 꽁꽁 묶고 있음을, 그러나 그것이 눈 깜짝할 사이에 달아나고 있음을 겨우 알아차림으로써 인간은 비로소 사람답게 다시 태어난다. 그것과의 대결에서 인간이 이길 수는 없다. 아니다, 승패를 떠난 싸움임을 진작에 알았으므로 그 비위를 맞추느라고 제 깜냥껏 눈치꾼으로 살아가는 것일 뿐이다.

'흘러가는 시간'도 크게 세 가닥으로 나눠서 관리하는 것이 이야기의 연속적인 이음매(=불연속적 계기성)를 원활하게/자연스럽게 조종하게끔 한다. 위에서 비유한 대로 그 보폭과 속도에 따라 살같이 '달아나는 시간'과, 겅중겅중 '건너뛰는 시간'과, 머무적거리며 '고여 있는 시간'이 그것이다.

우선 '달아나는 시간'은 이야기 속에서 화살같이 내빼버림으로써 그동안 일어난 여러 동태/사건을 아예 들어내고/솎아내버린 시간이다. 물론 작가가 의식적이든/무의식적이든 그 시간을 지면 위에서 삭제해버린 것인데, 그 공백은 나중에 회상(='요약')을 통해 살려내기도 하지만, 대개의 경우 그 부분은 이야기의 이음매에 딱히 필요치 않아서 '없었던 시간'으로 치부한다. 이미 '요약-과거'라는 술어가 적절하게 가리키듯이 이야기의 서술상 마구 끌어다 쓰는 모든 말/문장/문맥은 사실상 지극히 제한적이다. 아무리 소상한 표현을 최대한 발휘했다 하더라도 그것은 그것대로 많은 부분을 놓치고 있거나, 고의로 생략해버림으로써 딴에는 쓸 것만 썼다고 골라 뽑은, 소위 공들여 선택한 약식(略式)의 언어 정보일 뿐이다. 이것은 언어유희로서 작품마다 다른 실가가 매겨지는 소설의 근본적인 한계이자 운명이다. 똑같은 맥락에서 (미시적 눈금으로서의) 구체적인 인간사/(거시적 잣대로서의) 피상적인 세상사라면 아무것이라도 싸잡아 다룬다는 지상 최대의 명분으로 어떤 이야깃거리들/이야기들을 소설이라는 형식으로 꾸려갈 때, 일일이 다 따지고, 자세히 일러주고, 꼬박꼬박 짚고 넘어가야 할 부분은 그렇게 많지 않다. 그중 태반은 굳이 말하지 않아도 다들 알 만한 것인데(미루어 짐작할 수 있는 이 부분이 대개의 이야기 밑바닥에 깔려 있는 예의 그 '보편성'이다), 그것은 앞에서 자세히 밝힌 그 '움직이지 않는 시간'에 속하는 정물 같은 것이다. 그것들은 방 안의 가구처럼 그렇게 그 자리에 있을 뿐이다. 그렇다고 그것이 아무런 역할도 맡지 않는다는 말은 아니다. 다만 요긴하게 쓰일 때/곳이 따로 있거나, 당장에는 쓰지 않는 집기처럼 마냥 방치해두거나, 자리가 마땅찮아서 잠시 내물리고 있는 셈이다. 어쨌든 예의 그 '움직이지 않는 시간'들은 세세히 다 기록할 가치도 없으려니와, 무모하게 속속들이 훑어봐도 누구나 다 누리는 일상처럼 동어반복투성이일 게 뻔하다.

그러나 소설상에서 영원히 삭제되어버린 이 '달아나는 시간'은 비록 지면상에는 그 영토가 협소하지만, 그 구실마저 미미한 것은 아니다. 이 점은 예의 그 '시간대'와도 밀접한 관련이 있기 때문에 간과할 수 없는 맥점이라 할 만하다. 곧 앞마디에서의 그 '움직이지 않는 시간'처럼 간략하게라도 반드시 부기(附記)해두어야 이야기의 '틀'이 갖춰지는 것이다. 이런 작은 배려마저 생략해버린다면 '시간대'에 구멍이 숭숭 뚫려서 이야기 전체의 신상이 미상(未詳)으로, 독자마다 임의로 이해해버릴 소지를 남기게 된다. 왜냐하면 '그새 무슨 일이 벌어졌던 모양이네'라는 짐작으로 독자를 헷갈리게 하는 것은 이야기의 이음매에 치명적인 결함일 수 있어서이다. 적어도 이야기의 '이음매'에 관한 한 어떤 '다의적' 해석의 여지도 남겨서는 안 되는 것이 조작의 권능이고, 작가 '혼자서'만 그럴듯하다는 자위는 미친 행패나 다를 바 없기 때문이다.

이미 명작으로 확정된 기왕의 고전일수록 이 '달아나는 시간'의 관리에는 철저하다. 결코 간과할 수 없는 이야기 '풀어가기'의 맥이므로 몇몇 예를 들어보자.

⇒(가)그날 밤은 역 앞의 조그만 여관에서 노독을 풀고, 이튿날 아침차로 떠나서 저녁에는 연락선을 타게 되었다. (중략) 하관(下關)에 도착하니, 방죽이 터져 나오듯 일시에 꾸역꾸역 쏟아져 나오는 시꺼먼 사람떼에 섞이어서 나는 연락선 대합실까지 왔다.(573쪽) 삼사일은 집구석에서 그럭저럭 세월을 보냈다.(649쪽) 나는 한 열흘 더 있다가 졸업 논문도 있고 아무래도 학교 일이 걱정이 되어서 떠나고 말았다.(672쪽)(염상섭의 《만세전》)

소설 속의 '시간대' 및 여러 종류의 시간 관리, 조율에 관한 한 당대의 작가 중에서는 가장 예민했던 염상섭의 출세작 《만세전》에서 손쉽게 가려낸 예문이다. 무슨 설명을 덧대봐야 사족처럼 비칠 정도로, 이야기의 이음매로서의 '달아나는 시간'이 상투어대로 '고삐 풀린 말'처럼 새카맣게 멀어지는 광경이 훤히 보인다. 이처럼 내달리는 시간은 그동안에 있었던 여러 일과 사건/사고가(=이야기들) 일상사에 준하는 것이어서, 그러니까 작가가 굳이 기술할 필요가 없다고 판단해서 아예 지워버린 것이다. 그럼에도 불구하고 주인공은 그 '움직이지 않는 시간'들에 영원히 볼모로 잡혀 있는 신세이므로 그 정황을 간략하게 덧붙임으로써 이야기의 이음매에 윤활유를 붓고, 결국 '시간대'를 반듯하게 확정지어놓는다. 시간이 이야기의 주인이면서 궁극적으로는 이야기도 그 주인공을 노예처럼 부리는 권능이 바로 이 한시적이고 임의적인 '시간의 흐름'에 달려 있는 것이다.

⇒(나)크리스마스가 가까워지다가 어느새 목전에 다가와 내일이면 정말로 크리스마스였다. 이곳 사람들이 벌써 크리스마스 이야기를 듣고 의아하게 생각한 때가 어느덧 6주 전의 일이었다. 산술적으로 계산해보면 크리스마스까지는 그가 이곳에 원래 머무르기로 예정한 3주에다 침대에 누워 지낸 3주를 합한 일수가 아직 남아 있었던 것이다. 그럼에도 당시에는 6주라는 기간이 상당히 긴 시간이었다. 말하자면 첫 3주간은 나중에 생각해보면 아주 긴 시간이었던 반면, 뒤의 3주간은 시간은 같았지만 아주 짧은 듯해서 거의 없는 거나 마찬가지로 생각되었다.(토마스 만의 《마의 산》 1권, 547쪽)

경미한 동성애자이면서 여성기피자여서 아내와는 평생토록 각방 거처를 했음에도 5남매의 아버지였던, 인간/작가는 어차피 '모순의 결정체'에 불과함을 온몸으로 현시한 토마스 만은 사생활 관리에 철저했다고 알려진 대로 소설 속의 시간관에도 워낙 빈틈이 없는 '조작의 명수'였다. '이야기 속에서 흘러가는 시간'과 '이야기를 서술하는 시간'이 다름을 작품 속에서 제 육성으로 명징하게 분별한 사람도 그였다. (나)의 예문 역시 덧없이 흘려보낸, 그러니까 이렇다 하게 소상히 들려줄 이야깃거리도 장만하지 못한 채 '달아나버린 시간'을 둔이풀이하고 있다. 어차피 시간이란 돈처럼 그토록 애지중지하다가도 어느 순간에는 아낌없이 써버려야 하는, 그것도 아무렇게나 낭비하기로 되어 있는 요물에 불과하다. (다들 잘 알고 있듯이 가장 귀한 것은 천한 것이기도 해서 때가 되면 마음껏 써버려야 빛이 난다. 돈이나 애정, 책, 골동품/귀중품, 정보/지식 따위가 그것이다.) 이쯤 되면 시간(=기간, 세월, 생애)이 인간의 주인이고, 인간이 시간의 노예임이 여실히 드러나버린 국면이다. 잘 알려져 있는 대로 이 주인/노예의 알력은 결국 누가 누구를 부려먹는지, 또 이용하고 있는 것인지 알 수 없는 지경에 이른다. 그러나 소설의 진정한 이용자인 작가와 독자는 그 둘의 관계를 엄정하게 주시하면서 나름의 수단으로 조정할 책임이 있다.

⇒(다)다시 봄이 왔다. 배나무에 꽃이 피고 첫 더위가 시작될 무렵 그녀는 숨이 답답해지는 증세를 느끼곤 했다. (중략) 칠월에 들어서면서부터 그녀는 당데르빌리에 후작이 어쩌면 또다시 보비에사르에서 무도회를 열지도 모른다고 생각하면서 시월 달이 되려면 이제 몇 주일이 남았는가를 손꼽아 세었다. 그러나 구월이 다 가도록 편지도 방문도 없었다.(95쪽) 이월의 어느 일요일, 눈이 내리는 오후였다.(148쪽) 이틀 후의 《루앙의 등불》에는 농사공진회에 관한 기사가 크게 실렸다.(223쪽) 여섯 주일이 지났다. 로돌프는 다시 오지 않았다. 어느 날 저녁, 드디어 그가 나타났다.(225쪽)

가는 날은 목요일이었다.(378쪽)(귀스타브 플로베르의 《마담 보바리》)

《마의 산》과 함께 타의 추종을 불허하는 현대소설의 진정한 귀감인 《마담 보바리》는 '앞뒤 문장의 호응—문단 나누기'에서도 그 격조가 빼어나지만, 이야기끼리의 이음매를 조종하는 '달아나는 시간'의 안배가 워낙 돋보인다. 소설 쓰기에 초보자라도 대번에 알 수 있는 《마담 보바리》의 문체 감각도 실은 길고 짧은 문장/문단을 자유자재로 나누면서 그때마다 꼬박꼬박 첫 문장의 서두에 장식못을 박아대는, 위의 예문에서도 보이는 그 '흘러가는 시간' 관념이다. 한 문단을 쓸 때마다 계절, 날짜, 기한 등을 손가락으로 일일이 꼽아가며 어휘 하나하나를 축조한 듯한 《마담 보바리》의 정확무비한 서술력도 결국 이야기 전체를 사실감 좋게 풀어가려는 내실이랄 수 있으며, 그 밑바닥에는 '흘러가는 시간'에 대한 작가의 완벽한 장악력이 관류하고 있음을 감지할 수 있다. 아무리 신문 기사로도 실린 '실화'를 근거로 삼은 작품이라 하더라도(반면에 《마의 산》의 상당 부분은 작가 자신의 사적 체험에 기대고 있다고 한다) 그 내용을 재구성하는 단계에서 가장 먼저 '고려-조작' 해야 할 것은 여러 인물의 캐릭터, 배경으로서의 크고 작은 공간, 당대의 풍속 전반에 미만한 허위의식 따위가 아니라 '흘러가는 시간'을 어떻게 안배하느냐 하는 것임을 위의 예문은 명백히 보여주고 있다.

'달아나는 시간'은 위의 예문들처럼 제멋대로, 자연적으로 '내빼버리는 시간'이므로 문장으로 또는 한 문단 속에 명토 박듯이 단출하게 설명하는 것이 가장 편리하고, 또 어떤 작가나 여느 작품이라도 두루 애용하는 일반적인 기술 관습이라고 해야 옳지만, 격행 곧 한 행을 띄운다든지 또 1, 2, 3과 같은 장(章)을 갈라서 앞 행/앞 장과의 사이에서 상당한 시간/세월/연한이 경과되었음을 독자가 선험적으로 깨닫도록 '작성' 할 수도 있다. (이런 격행의 빈발은, 단편의 경우는 시(詩)에서의 연(聯)과 상통함으로써 산문정신의 골간인 이성적, 논리적 글쓰기와 멀어짐과 동시에 어떤 섣부른 감상주의를 불러올 소지가 없지 않다.) 원고 작성법으로서의 이런 '미적 편집 감각'을 선용하면서도 그 '경과' 만큼은 명시적으로든/암시적으로든 이야깃거리의 내용 중에 반드시 '문장화'로 드러내야 함은 물론이다. (흔히 간과하지만, 문장/문단은 우선 혼란스러운 사유 일체에 '질서'를 세움으로써 어떤 의미를 분명하게 건져내는 언어 제도이며, 그 능력은 쓸데없는 말과 그렇지 않은 어휘를 과감히 취사하여, 그것들을 보기 좋게 배열하는 '형식=편집' 감각이기도 하다.)

'흘러가는 시간'의 두 번째 가닥은 '건너뛰는 시간=객관적 시간'이다. (앞 장의 '움직이지 않는 시간'의 두 번째 가닥인 '주어진 시간=자연적인 시간'과의 혼란을 피하기 위해 만든 술어이긴 하다. 사실상 '객관적'이라는 말에는 '자연적, 본연적, 반작위적, 반인위적'이라는 의미가 두루 내포되어 있다.) '건너뛰는 시간'은 이야기를 이끌어가는 중심 무대, 거기서 들리는 여러 대화, 소음, 생각, 속말 따위가 초침의 움직임을 놓치지 않으면서 계기판에 입력되는 바로 그것이다. 앞서의 술어인 '장면-현재'의 대부분을, 그것이 비록 과거형 문장으로 기술되어 있다 할지라도, 바로 이 '건너뛰는 시간'이 자연스럽게 이야기의 '진행'에 발맞추어 흘러가는 것이다. 물론 예의 그 '시간대'도 플롯 엮기에 의해 여러 토막으로 나뉜 이 '건너뛰는 시간'의 합산에 지나지 않으며, 그런 만큼 이것이 장악하는 지면이 상대적으로 넓기도 하다. (물론 그 반대로서 '요약-과거'로 일관하는 서사물, 예컨대 액자소설이나 전기류가 있기는 하다. 예외는 어느 분야에나 있게 마련이고, 그것에 관용을 베푸는 데 활수한 장르가 '현대' 소설이기도 하며, '소설 일반'은 내용/형식의 양 측면에서도 생리적으로 '예외성'을 극구 장려하는 쪽이다. 원칙을 고수하면서도 예외를 얼마든지 용납하는 이 모순을 '독창성'이라는 명분으로 내세우면서. 다만 소설 자체의 확실한 '장르 감각'만은 파지해야 한다는 췌언은 덧붙여야 할 테지만.)

⇒(라) "멀리 어디요? 일본요?"

필순이는 경도(京都)를 생각하였다.

"아니, 그런 데는 아니고, 좀 가기 어려운데…"

병화의 말에 필순이는 자기의 공상이 깨어진 듯이 얼굴빛이 차차 변하여 간다.

붉은 나라 서울 모스크바로 공부하러 가지 않겠느냐는 말에 필순이는 놀라움과 실망을 느끼지 않을 수 없었다. 자기 집 사정을 번연히 알면서 왜 그런 소리를 하는가 진의를 알 수 없었다.

"그런 데를 내가 어떻게 가요? 단 세 식구에서 내가 빠지면 어머니 아버지는 어떻게 사시게요?"

필순이는 그런 일을 생각만 하여도 눈물이 날 것 같다. 굶으나 먹으나 따뜻한 부모의 사랑에 싸여 있고 싶은 것이다. 예전에 잘살 때 집에 둔 개가 새끼 하나가 축이 난 것을 보고 먹지도 않고 온종일을 들락날락거리던 것이 생각난다.

　필순이는 그 생각만 하고도 눈물이 괸다. 노서아라면 첫대바기에 머리에 떠오르는 것이 서백리아다. 망망무제한 저물어가는 벌판에 다만 하나 어린 계집애가 가는 듯 마는 듯 타박거리며 가는 조그만 뒷모양이 원경으로 눈앞에 떠오른다. 그것이 자기라고 생각할 제 또 눈물이 솟을 것 같다. '왜 싫어? 어머니 치마꼬리에서 떨어질 수가 없어?"(염상섭의 《삼대》 314~315쪽)

　두 주인공이(병화, 필순) 대화를 나누면서 앞날을 여투는 이런 '건너뛰는 시간'이 '장면-현재'로서의 플롯 엮기의 대종임은 보는 바와 같다. 그 지면은 물론 방대하다. 나머지 '요약-과거'가 차지하는 면적은 미미하다고 해도 좋을 지경이다. (마침맞게도 위의 예문에는 '예전에 잘살 때 ~것이 생각난다'와 같은 '요약-과거'가 살짝 끼어듦으로써 이야기의 플롯화는 '장면'과 '요약'의 교직일 뿐이라는 앞서의 '구성론'을 새삼 확인시켜준다.) 흔히 이런 '건너뛰는 시간'이 소설을 이어가는 이야기의 중추임을 숙지하고, 또 구상 중에도 주로 그런저런 '장면화'와 그 속에서 나눌 여러 주요 인물의 언행만을 염두에 새겨두고 말지만, 막상 원고 작성 중에는 어떤 대화에서 자연스럽게 튀어나오는 한 주요 인물의 속생각에(위의 예문에서는 필순이 떠올리는 감상적인 미래 지향이 그것이다) 상당한 지면을 할애하게 된다. 소위 '신바람이 나서 단숨에 쓰다보니 이야기가 엉뚱한 골로 줄달음쳐서' 갈팡질팡하며, 이제 겨우 예상 매수의 반밖에 쓰지 않았음에도 쓸 말이 없어서 헤매는 경우와 맞닥뜨리고 마는 것이다. 위의 예문은 주요 인물의 그런 속생각을 어느 선에서 더 이상 번져나가지 않도록 과감하게 막고 나서는 본보기로 아주 적합하다.

바로 이런 실물을 통해서도 플롯 엮기는 결국 원고 지면의 적절한 '안배' 능력임을 되돌아보게 한다. 달리 말하면 '장면' 제시 후에 또박또박 발걸음을 떼놓고 있는 초침, 분침, 시침을 의식하면 대화와 속생각이 각각 차지하는 '시간 영역'이 저절로 결정되는 셈이다. 제 혼자서 온갖 잡다한 속생각에 골몰함으로써 그 흔적이 중뿔나게 원고 지면을 과점해버리면 상대방은 그동안 '유령'으로 동석하고 있었다는 이치가 되고 말아서이다. 물론 그처럼 과도한 또 심각한 생각거리가 있다면, 그것은 다른 '자리=지면'을 만들어서 풀어놓을 수밖에 없다. 그런 플롯 엮기는, 내용은 같을지라도 이미 '형식'이 달라졌으므로 다른 한 편의 소설을 의미할 뿐이다.

⇒(마) "기꺼이 보여드리겠습니다." 그는 소리치듯 말했다. "기쁘기 그지없는 일이지요! 원하신다면 당장 보여드리겠습니다. 이쪽으로 오십시오. 같이 갑시다! 우리 집에서 터키 커피를 끓이겠습니다!" 이렇게 말하고 나서 그는 젊은이들의 팔을 잡고 벤치에서 일으켜 세워 두 사람과 팔짱을 끼고는 자갈길을 따라 자신의 숙소로 갔다. 이들이 알고 있듯이 그의 숙소는 정원에서 가까운 베르크호프 건물의 북서쪽 날개에 있었다.

"나도 한때 이 방면에서 가끔 손을 대어본 적이 있었습니다." 한스 카스토르프가 말했다.

"아, 그렇습니까, 정식으로 유화로요?"

"아니, 아닙니다. 수채화를 한두 점 그리다가 그만두었습니다. 배와 바

다를 그린 풍경화였는데, 유치한 장난이었지요. 하지만 그림을 보는 것은 매우 좋아해서, 이런 실례를 하게 되었습니다."

이렇게 상세한 설명을 하니, 사촌의 이상한 호기심이 해명되어 요아힘은 적이 안심했다. 그리고 한스 카스토르프가 자신이 그림 그린 이야기를 끄집어낸 것도 고문관을 위해서라기보다도 오히려 그가 들으라고 한 소리였다. 이윽고 세 사람은 숙소에 도착했다. 저 건너 마차를 대는 곳과는 달리 이쪽에는 가로등이 늘어선 으리으리한 현관이 없었다.(토마스 만의 《마의 산》 1권, 489~490쪽)

(마)의 예문은 '장면' 제시의 두 가지 기능을 시사하고 있다. 하나는 주요 인물의 주거니 받거니를 통해서 한 인물의 신상명세서 중 그 일부를 털어놓음으로써 앞으로의 무궁무진한 이야기 전개의 한 예비 사단(事端)(=이야기의 실마리, 곧 이음매)을 마련할 수 있다는 것이다. 한때 여기(餘技)로 그림을 그렸다는 한 인물의 신상 고백은 일차적으로 그 자신의 성격 조명에도 부가적으로 이바지하지만, 다른 이야깃거리를 촉발하는 도화선이기도 하다. 이처럼 '장면-현재'의 연속성을 담당하는 대화의 구실은 아무리 강조해도 지나치지 않는다. 이것과 정반대 쪽에는 무의미한 대화로서의 지면 낭비가 있겠는데, 앞에서도 지적했듯이 "예, 그렇군요." "안녕하십니까?" "아, 실례합니다, 고맙습니다." "왜 그러시는데?"와 같은 상투적인, 마땅히 '건너뛰어도' 좋을, '지나쳐버려도' 되는 시간의 허비가 그것이다. 또 다른 하나의 기능은 '이윽고'라는 시간부사가 가리키는 대로 위의 예문은 세 사람의 동행이 요양원의 한 부속건물로 걸어가면서 상당한 '객관적 시간'을 소비

했음을 보여준다. 정원에서 부속건물까지의 거리가 50미터 안팎쯤이었는지 어떤지를 독자는 알 수 없다. 작가가 그 지근거리를 밝히지 않았으므로 주요 인물들이 과연 몇 분쯤의 물리적인 시간을 소비했는지 모를 수밖에 없는 것이다. 여기서 독자로 하여금 슬그머니 '상상의 공간감각'을 열어놓게 하는 매개 언어가 '이윽고'인데, 이런 '장면'의 자연스러운 연속(=이어짐)에는 흔히 자잘한 '시간'의 경과를 무시함으로써 쇄말주의의 '지루함'을 덜어낼 수 있다. (앞서의 그 무의미한 대화, 예컨대 "자?" "아니." "자, 내 손 잡아."와 같은 주거니 받거니가 쇄말주의의 본색=장본인이다. 일상적으로 치르는 '시간 소비'의 그런 통상 관례를 소설의 진행도 그대로 베껴 썼다가는 지면이 무한정으로 불어날 터이므로 '이윽고'라는 시간부사의 활용으로 그 무의미한 낭비를 밀막는 것이다. 이처럼 쇄말주의의 활용/오용이 작품의 질적 우열을 재단하고 있는데도 그것에 무심한 실정은 주목감이고, 그런 너스레는 통속소설에서 전가의 보도로서 지겹게/따분하게 연이어진다.)

⇒(바) "만일 내가 당신 입장이었다면 금방 해결해주었을 거야!"
"어디서?"
"당신 사무소에서!"
그러고 그녀는 그를 쳐다보았다.
그녀의 타는 듯한 눈동자에서 악마 같은 대담성이 번뜩였다. 눈꺼풀이 충동질하듯이 요염하게 감겼다. 그 때문에 청년은 자기에게 범죄를 저지르라고 권하는 그 여자의 말없는 암시에 눌려 마음이 약해지는 것을 느꼈다.

그래서 그만 무서워진 그는 더 이상의 긴 설명을 피하기 위해서 이마를 탁 치면서 외쳤다.

"아, 참, 모렐이 오늘 밤 돌아오기로 돼 있지! 그 친구라면 아마 거절하지 못할 거야. 틀림없이.(그 사람은 레옹의 친구로 돈 많은 상인의 아들이었다.) 일이 잘되면 내일 당신한테 갖다줄게" 하고 그는 덧붙였다.

엠마는 레옹이 생각한 만큼 그 희망을 반기는 기색이 아니었다. 거짓말이란 것을 눈치챈 것일까? 그는 얼굴을 붉히면서 말을 이었다.

"하지만, 만일 내가 세 시가 되도록 못 오면 기다리지 말아줘, 응. 자, 이제 그만 가봐야 돼. 미안해. 안녕!"

그는 그녀의 손을 잡았지만 그것은 살아 있는 사람의 손 같지 않았다. 엠마에게는 이제 아무것도 느낄 힘이 없었다.

네 시를 쳤다. 그녀는 자동인형처럼 습관의 충동에 따라 용빌로 돌아가기 위해 자리에서 일어섰다.

화창한 날씨였다. 구름 한 점 없는 하늘에 태양이 빛나는 삼월 특유의 맑고 쌀쌀한 어느 하루였다. 나들이옷으로 차려입은 루앙 시민들은 행복한 표정으로 산책하고 있었다. 그녀는 대성당 앞 광장에 다다랐다.(귀스타브 플로베르의《마담 보바리》429~430쪽)

사람의 한평생처럼 하루도 워낙 짧지만, 그럼에도 불구하고 모든 인간은 일상 중에 많은 시간을 마구 허비한다. 자투리 시간도 그러는가 하면 우두커니, 또는 어리벙벙한 채로 몇 시간씩을 마냥 흘려보내며 살아간다. 아무 일도 하지 않고, 무슨 생각을 얼핏얼핏 떠올렸다가는 이내 흐지부지 지워가면서 그러는데, 그러다가도 밥이나 제때 먹고살기 위해서 각자의 생업에 지칠 때까지 매달리기는 하지만, 그런 열중이 자기 자신의 전 생애에서 차지하는 비중은 그렇게 크지 않다. 그런 미미한 시간에 제법 그럴싸한 의미를 부여하는 것은 어떤 '일'의 성취에 대한 약간의 보람을 과장하는 버릇 때문일 텐데, 그러거나 말거나 대개의 범인(凡人)들은 하루의 대부분을 일없이, 괜히, 무작정 허송세월하고 만다. 물론 이런 후회스러운 깨달음을 더러 모질게 붙잡고 우물쭈물거리다가도, 인생이란 원래 그런 거지라며 시큼한 체념에 겨워 지낸다.

그런데 가끔씩이긴 해도 어떤 고비와 마주치곤 하는 것이 사람살이의 또 다른 맥락이기도 하다. 그럴 때 다들 허둥거린다. '일'을 잘 풀어가려는 그런 발버둥질에서 만족스러운 결과를 얻어내기는 힘들다. 물론 성사를 봐서 잠시나마 들떠 돌아가는 경우도 있긴 하지만, 대개는 낭패에 맞닥뜨리며 그제야 재수 없는 운을 손가락질한다. 일이 꼬일 때는 어쩔 수 없이 그런 박복에 휘말려들고 마는데, (바)의 예문은 보바리 부인의 그런 체념, 낭패, 불운의 다급한 도래를 외간 남자와의 실토를 통해 무덤덤히 보여준다. 비정하다고 해도 좋을 정도로 쌍방의 처신만을 그려내고 있는 이런 '장면'의 필연적 제시가 장차 어떤 결말을 예비할지를 독자는 조마조마하게 감지해간다. 그러니까 긴박하게 흘러가는 '객관적 시간'을 훌쩍 건너뛰기도 하는, 문단을 바꾸면서 '네 시를 쳤다'라는 단문이야말로 한 여자의 한숨, 서글픔, 박복에의 순종이 시간과의 싸움에서 얼마나 처절하게 악전고투하고 있는지를 들려준다. 소설 속의 '시간'이 제 체신을 분명히 세움으로써 '이야기=서사'의 진행에 승리의 월계관을 씌워준 것이다.

모든 일이, 심지어는 이야기의 진행을 글로 풀어가는 기술 행위까지도 결국은 '객관적 시간'의 무심한 흐름에 좌우되는 것이지만, 꼬박꼬박 닥치는 그 무서운 운명 앞에서 인간은 늘 무력해서 우두망찰한다. 평소에 '일없이/공연히/부질없이/헛되게' 흘려보내는 그 방만한 시간관리벽은 사실상 그런 운명적 순간에 대한 사전의 현명한 예비훈련이었던 셈이다. 어쨌든 '속절없이' 당하게 되는 인간의 초라한 명운을 잠시라도 떠올려보면 흔히 잘 쓰는 '결정적인 순간'은 사실상 사후(事後)에나 내지르는 인간의 호들갑스러운 엄살에 지나지 않는다. (바)의 예문은 인간의 언행, 감정, 걱정 따위가 실은 허망한 가식에, 엉터리없는 과장에 놀아나고 있으며, 그런 '객관적 시간'의 무의미한 흐름을 짧은 문장/문단으로 얼마나 과감하게 지워버릴 수 있는지를 보여준다. '장면'은 '객관적 시간'의 흐름에 맡길 수밖에 없지만, 절제미를 발휘해야만 그중에서 의미 있는 몇몇 '일상'의 형상화에 이를 수 있는 것이다. 그러므로 '건너뛰는 시간=객관적 시간'은 역설적이게도 의미 있는 일상만 눈여겨보며, 그 반대로 무의미하게 흘려보내는 시간들은 무시해도 좋다고 일러준다. 실은 이야기의 실체도 '의미 있는 시간=객관적 시간'의 집중적인 조명임에는 재론의 여지가 없다.

'흘러가는 시간' 중 세 번째 가닥은 '고여 있는 시간'이다. 이 시간은 어느 한자리에서 머무적거리며 어떤 동정을 찬찬히 주목한다. 달로써 들려주는 이야기와 달리 글로써 풀어가는 서사의 진행에서 이 '고여 있는 시간'의 할당 비율은 의외로 높다. 책장이 빠르게 넘어가는 소위 '시간 죽이기용' 통속소설에서는 '장면'의 연속적인 제시가 주류를 이루므로 '고여 있는 시간'은 상대적으로 드문 편이지만, 현실의 풍속 일반과 당대의 제반 이데올로기를 작가 나름의 시각으로 꿰면서 어떤 '개념/범주 간추리기'에 주력하는 묵직한 작의의 순수소설에서는 과다한 '표현-묘사'가 행간에까지 넘쳐나고 있음은 익히 봐오는 바와 같다. 비근한 실례로 어떤 사람의 외모, 말투, 취향, 숨겨진 성격 등을 그리자면 이른바 '보여주기'로서의 '대화'와 그 부대 정황의 소묘로 가능하지만, 주로 화자의 '말하기' 기법인 '묘사/표현'에는 확실한 '추정-단정'이 실려서 효과적인 게 사실이다. 또한 작중인물들의 의견, 주장, 주의 따위도 대화로나 지문으로 장황하게 늘어놓는 소위 '설풀이' 중에는 시간이 우물쭈물하면서 그들의 동정을 주목하며, 경청한다. 당연하게도 그런 동태를 주도하는 주인들은 각자의/상대방의 '설풀이'에 매몰됨으로써 시간 따위는 안중에도 없다. 사람이 시간을 좌지우지하는 것이 아니라 시간이 사람을 가만히 어루더듬는 형국인 것이다. 그러므로 '고여 있는 시간'은 시대, 계절처럼 한번 택해지면 고정불변의 것으로서, 앞 장의 그 '움직이지 않는 시간'과는 달리, 어딘가로 느리게 흘러가긴 해도 어떤 동태를 쉼 없이 주목함으로써 그 현장의 증인이 된다. 주인공보다 더 요긴한, 그러나 군림하지 않는 주체의 위엄이 바로 이 '고여 있는 시간'의 실체라고 할 수 있다.

⇒(사)여자는 밥만 짓고 아이만 기르라는 거냐고 흔히 말하데마는 세상에는 밥 짓고 아이 기를 손이 필요한 것을 어떻게 하나. 남자에게 유방이 생기기 전에는 여자의 가정으로부터 해방이란 관념상 문제가 아닌가. 여자로 하여금 가정을 가지게 할 원칙을 버릴 이유가 어디 있나! 가두(街頭)에는 남자만 동원하여도 될 게 아닌가.(240쪽) 그러나 아버지는 신앙과 빵을 차

차 잃어버려가는 도중에 있는 양반이다. 전연히 잃어버린 사람보다 한끝을 아직 붙들고 있는 사람은 어떻게 생각하면 행복하다 할지 모르겠지만 결코 그런 것도 아닌 모양이다. 전부를 잃어버린 사람은 일시는 절망하고 방황할지는 몰라도 어떤 길이든지 새로운 길이 열리는 것이지만 잃어버려가는 도중에 있는 자에게는 절망이나 방황이나 단념이나 새로운 진취나 희망이 없는 대신에 불안과 초조와 자탄과 원망 속에서 옷에 불붙은 사람 모양으로 쩔쩔맬 따름이다. 절망도 없는 대신에 희망도 없다. 진취적 기력도 없는 대신에 이왕이면 모든 것을 내던지겠다는 용단도 없다. 어떻게 하면 이대로라도 끌어나갈까 하는 초조와 번민과 애걸뿐이나 이렇게 불안을 잊어버리자니 주색밖에는 위안이 없게 되는 것이다. 그러나 마시면 마실수록, 쾌락을 얻으면 얻을수록 고통은 더하여질 것이다.(458~459쪽)(염상섭의 《삼대》)

(사)의 앞부분은 편지로 설파하는 주인공의 여성관이고, 뒷부분은 부친 세대의 갈팡질팡하는 시대적 소명의식에 대해 맹공을 퍼붓는 주인공의 사설(辭說)이다. 글로 쓴 편지든 머리로만 한사코 주물럭거리는 생각이든, 어느 것이라도 그 배경에는 '고여 있는 시간'이 있을 텐데, 그것은 표면에 드러나 있지 않다. 군림하지 않는 그 주체는 주인공의 논리적인 사고 행태가 얼마나 오랫동안 세파를 이겨내고 살아남을 수 있을지를 냉엄한 시선으로 주목한다. 그런 예의 주시는 필경 장차의 어느 대목에서 그 허실을 따짐으로써 비로소 '살아 있는 시간'으로 환생할 게 틀림없다. '고여 있는 시간'은 결코 죽어 있지도 않고, 당대나 계절 같은 우주적/자연적 시간처럼 고정불변의 것도 아니다.

⇒(아) "정신분석은 계몽과 문명의 도구로는 좋은 것입니다. 그것이 우둔한 확신을 뒤흔들고, 자연스러운 편견을 해소하고, 권위를 뒤엎는 경우에는 좋은 것입니다. 다른 말로 하면 해방시키고, 순화하며, 교화해서, 노예가 자유를 얻도록 해줄 때는 좋습니다. 반면에 정신분석이 행위를 방해하고, 생명을 잉태할 능력이 없어 오히려 생명의 근원을 손상시키는 경우 아주 나쁜 것입니다. 정신분석은 죽음처럼 아주 역겨운 것일 수도 있습니다. 그것은 엄밀히 말하면 죽음에 속하는 것일지도 모르기 때문입니다. 무덤과 그것의 악명 높은 해부와 유사한 것이 될 수 있습니다"(428쪽) 이러한 관대함, 시간을 야만적으로 아무렇게나 허비하는 것은 아시아적 방식입니다. 아시아의 자식들이 이곳을 마음 편하게 여기는 것도 그 때문일지 모릅니다. 러시아인이 '네 시간'이라고 하는 말은 서구인이 '한 시간'이라고 하는 말과 크게 다를 바 없다는 것을 깨닫지 못하셨나요? 이 사람들이 시간을 무관심하게 대하는 것이 이들의 땅덩어리가 엄청 넓다는 것과 관련이 있음을 쉽게 생각할 수 있습니다. 공간이 넓은 곳에서는 시간도 많은 법입니다. 그러니까 이들은 시간을 갖고 기다릴 수 있는 민족입니다. 우리 유럽인에게는 불가능한 일이지요. 아기자기하게 나누어진 우리의 고상한 대륙에 공간이 부족한 것처럼 우리에게는 시간도 부족합니다.(466~467쪽)(토마스 만의 《마의 산》 1권)

(아)의 예문은 자칭 인문주의자라는 한 주요 인물이 평소의 소신을 떠벌리는 장광설 중 일부다. 떠벌이들의 말솜씨가 대체로 그런 것처럼 당장에는 상당히 솔깃하게 들려오고, 또 그만큼 설득력도 좋아서 상대방의(더불어 독자까지도) 귀를 즐겁게 하는 것이 사실이지만, 그

말의 진위가 상당히 의심스러운 것도 사실이다. 이해의 폭을 넓혀보면 작가가 집필 당시(이 작품은 1913년에 기고하여 1924년에 출간했으니까 지금으로부터 무려 100여년 전의 시대 상황이다) 갖고 있던 세계관 전반의 요약이라고 할 수 있을 테지만, 모든 학설이나 지론이 그런 것처럼 위의 사설(私說) 일체는 너무나 일방적이고 배타적이며 자기중심적인 면이 약여하게 드러나서 듣는 사람들의 얼굴을 붉히게 만든다. 물론 작의의 일부로서 한 인물의 희화화를 통해 유럽 문명의 치부를 까발리며, 더욱이 이야기 속의 사변(思辨)이 몰가치성을(=사회적 현상에 대한 자신의 가치 판단을 배제하고 현실을 직시하는 방법론) 띠고 있다 하더라도, 또 러시아를 비롯한 아시아의 여러 나라가 여전히 투미한 땅부자처럼 서구인에 비해 소양도 부족하고, 과학적인 세계 인식에서 뒤떨어져 있긴 하지만, 너무나 기고만장한 자기도취성 발언이 아닐 수 없다. 그렇긴 해도 위의 장광설은 당대의 '고여 있는 시간'의 정수를 한껏 응축시켜놓고 있다. 이 점은 '고여 있는 시간'만이 누릴 수 있는 빛나는 전과라고 해도 좋을 것이다. 표현을 달리하면 '고여 있는 시간'만이 당대의 모든 지론과 그에 엉겨붙은 허위의식을 낱낱이, 가감 없이 지상으로 떠올리게 하는 부력(浮力)임에 틀림없다.

⇒(자)두 사람은 개울을 따라 용빌로 돌아왔다. 더운 계절엔 강둑이 넓어져 마당의 담장들이 밑까지 훤히 드러나 보였고, 거기서 강으로 내려가는 몇 계단의 사닥다리가 드리워져 있었다. 강물은 소리도 없이 빠르게, 보기만 해도 차갑게 흐르고 있었다. 길고 가는 풀들이 강물의 흐름에 떠밀리는 대로 다 같이 휘어지면서 마치 버려진 녹색의 머리단이 맑은 물 속에 퍼

져 있는 것 같았다. 때때로 골풀의 끝이나 수련 잎사귀 위에 다리가 가느다란 곤충이 기어가거나 혹은 가만히 엎드려 있었다. 태양 광선은 물결 위에 부서졌다가 다시 만들어지곤 하는 작은 물방울들을 파랗게 비추고 있었다. 가지를 쳐낸 묵은 버드나무가 잿빛 껍질을 물 위에 비추고 있었다. 그 너머 일대의 목장은 텅 비어 있었다. 농가의 식사 시간이었다.(140쪽) 박사는 늘 예복 소매의 단추를 끌러놓고 있어서 살집이 좋은 그의 손은 살짝 덮여 있었다. 매우 아름다운 그 손은 병고에 시달리는 사람이 생기면 지체 없이 다가가려는 듯 장갑 따위는 끼는 일이 없었다. 훈장이니 칭호니 아카데미니 하는 것을 우습게 여기며 가난한 사람들을 친절하고 관대하게 아버지의 정으로 보살피고 덕을 의식은 하지 않으면서 몸소 실천하는 박사는 거의 성자로 통할 만도 했지만 너무나도 날카로운 정신의 소유자인 그를 사람들은 악마라도 보는 듯 두려워했다. 그의 눈빛은 그의 메스보다도 날카로워 곧장 사람들의 마음을 꿰뚫어보고 여러 가지 변명이나 수줍음을 파헤치고 그 속의 모든 거짓을 드러냈다. 이렇게 그는 위대한 재능에 대한 자각과 재산의 뒷받침과 근면하고 나무랄데 없는 사십 년의 생애가 안겨준 부드럽고도 따뜻한 위엄에 가득 찬 인물로 지내고 있었다.(462쪽)(귀스타브 플로베르의 《마담 보바리》)

(자)의 예문 중 앞부분은 풍경 묘사이고, 뒷부분은 인물 묘사다. 어떤 작가라도 작품마다 이 두 부분, 곧 풍경과 인물을 어떻게 소묘해낼까로 머리를 쥐어짜곤 한다. 생생하게 그려내고 싶은 욕심은 굴뚝같은데도 도무지 묘사력/표현력이 따라붙지 않아서 앙앙불락하는 이런 경우는 작가 개인의 어휘량과 그 구사력이 미흡하기 때문에 사서 하

는 고생이지만, 더 근본적으로는 진솔한 시선을 번연히 내물리고 기왕의 입에 익은, 또는 뇌리에 붙박여 떨어질 줄 모르는 예의 그 상투적/과장적 묘사벽을 거의 '자동기술' 해대는 탓으로 돌려야 할 것이다. 그런 안이한 글쓰기는 현대문명의 다양한 언어 매체 때문에라도 누구에게나 부분적으로 고질화되고 만 측면이 없지 않은데, 이런 불리한 여건을 감안하면 위의 예문은 좋은 본보기일 수 있다. 곧 앞부분은 종결어미 '있었다'의 빈발에서도 알 수 있는 바와 같이 나른한 권태가 끈질기게 몰아닥치는 농촌 풍경을 미시적 눈금으로 찬찬히 훑어간다. 지금으로부터 대략 160년 전의(이 작품은 작가가 1851년에 기고하여 36세 때인 1856년에 탈고했다고 한다) 프랑스의 한 농촌 풍경이 오늘날에도 별로 달라지지 않았을 것처럼 비친다. 하기야 자연이란 어디서나 변치 않는 현상으로서 그것만으로도 위대하며, 오늘날 우리의 농촌 풍경도 위의 예문과 대동소이하다는 절감을 톡톡히 맛보게 한다.

뒷부분의 인물 묘사는 얼굴, 신체 같은 외모를 눈여겨보는 통상의 시각을 따돌리고 어떤 의사의 권위주의적 입성, 처신, 동선 따위를 거시적 잣대로 느긋이 조감한다. 세평을 충분히 감안하면서도 특유의 예리한 관찰을 ('악마라도 보는 듯'과 '소매의 단추를 끌러놓고'와 같은 표현은 예사로 볼 게 아니다) 덧대는 이런 간주관적 묘사력은 오늘날에도 단연 압도적 성가에 값할뿐더러 과연 '적확어'를 찾느라고 매일 낑낑대면서, 또 일사일언주의에 평생 헌신했다는 작가의 노고와 명성을 떠올리게 하는 데 부족함이 없는 대목이다. 어쨌든 이런 '표현/묘사'가 이야기의 진행을 잠정적으로 중지시킬 때, 그 배경에는 '고여 있는 시간'이 엄혹한 눈길로 어떤 정황을 주시하고 있다.

이상으로 소설 속에서 끊임없이 째깍거리며 발을 떼놓거나 태산처럼 꼼짝 않고 버티는 시간의 여러 갈래가 어떻게 짜이고 있는지를 나름의 분석적 잣대로 갈래지어보았지만, 막상 이야기를 글로 풀어가다 보면 계절 감각에 대한 통상적인 표현에 이어서(흔히 '그날은 초여름인데도 몹시 더워서' 운운하는 식이다) 낮과 밤의 구별, 아침, 점심, 저녁 같은 끼때를 전후한 시침(時針) 위주의 시간대에다 이야깃거리를 도식적으로 얽어 맞추고, 그처럼 손쉽게 조작한 대로 '시간'을 무자각적으로 소비해버리는 경향이 다분하다. 소설 속의 이런 일반적인 시간 관리술을 작가가 자각하기도 쉽지 않지만, 앞의 여러 예문은 이야기 조작 과정에서 당대, 시대, 연대 같은 정치적, 사회적 시상(時狀) 계절, 시절 같은 시한(時限), 끼때 같은 생리적 시각과 예전의 '종소리'에 맞먹는 분초 단위의 물리적 시시각각 등을 얼마나 엄중하게 '모셔야' 하는지를 가르쳐준다.

흔히 '밑도 끝도 없는 이야기' 운운하면서 소설의 조작적 부실을 매도하는데, 그런 지탄의 밑바닥에는 '시간'이 뒤죽박죽으로 엉켜 있거나, 소용돌이처럼 맴만 돌거나, 주야장천 음주 행각을 일삼는 모주망태처럼 '시간 무감각증'이 얼비치기 때문일 것이다. 강조하건대 소설은 여느 서사물들과 달리 '시간' 관리에 철저한 독보적인 장르이며, 오해할 소지가 많은 술어로서의 '장르 감각'의 맥도 결국 '시간 개념'의 유무로 따져야 하며, 그야말로 '시도 때도 없이' 줄기차게 싸돌아다니기만 하고, '지구 시간'이 통하지 않는다는 외계에서 무작정 헤매거나, '시간은 돈이다'라는 금언이 무색하게 귀한 '일상의 시간'을 함부로 허랑하게 낭비하는가 하면 과격한 언행을 소일삼아 즐기는 여러 종류의 '이야기 서사물'에는 분명히 '시간'이 제멋대로 흘러가고 있음을 타산지석으로 삼을 만하다.

> **제5장 3절의 요약**
> (1) 소설 속의 시간은 흘러가고 움직인다. 일컬어 '흘러가는 시간'으로, 이것은 그 보폭에 따라 세 갈래로 나눠볼 수 있다. 첫째, 달아나는 시간, 둘째, 건너뛰는 시간=객관적 시간, 셋째, 고여 있는 시간이 그것이다.
> (2) '달아나는 시간'은 '장면'의 제시 없이 대강 요약해서 이야기의 이음매 구실만 도맡는다.
> (3) '건너뛰는 시간=객관적 시간'은 '장면-현재'에서 그려지는, 작가에 의해 만들어져서 독자의 눈앞에 막 펼쳐지고 있는 바로 그 광경을 주시하고 있다.
> (4) '고여 있는 시간'은 풍경, 사물, 인물 등을 묘사함으로써 지면을 연방 과점하고 있지단, 작가의 임의로운 그 서술적 기능에 시간이 개입할 여지가 원천적으로 봉쇄되어 있다.

4. 시간의 밀도

　시간의 동정(動靜)에 따른 위와 같은 분류를 쉬 이해하지 못하는 사람은 없을 것이다. (굳이 설명을 늘어놓아 번거로워진 면도 없지 않다.) 모든 사람은 그것을 선험적으로 깨달아서 나름껏 이용한다. 아니, 이용한다기보다도 그런저런 시간을 따지지 않고 무심히 흘려보낸다. 또한 소설을 읽을 때, 시방 이 이야기는 지금, 곧 요즘에 일어났거나 일어날 수 있는 사연인 모양이라고 추측한다. 대개의 경우 그런 짐작은 맞아떨어짐으로써 각자의 선험적인 '시간관'의 일부를 임의로 사용해 본 셈이 된다.
　이제는 그런 시간관을 소설 쓰기에다 어떻게 활용할 수 있을까를 살펴볼 차례다. 시간이야 움직이든 고정되어 있든 모든 사람은 그것을 공기처럼 온몸에 두르고 살아가듯이 어떤 이야깃거리들/이야기들에도 그것이 스며들어 있고, 이야기를 풀어가다보면 앞마디의 그 여섯 가지 모양새의 시간들이 저절로 흘러가거나 대못 위의 그림 액자처럼 한곳에 붙박여 있을 터이다. 더러는 그것의 흐름에 유달리 촉각을 곤두세우면서 연방 시계를 훔쳐보는 부서장 회의 중의 한 회사원을, 또는 사이참을 기다리는 사과밭의 계절노동자를 조명하면서 시간대별 노동 강도에 쫓기는 현대인의 고달픈 하루살이 숙명을 암시할 수도 있을 것이다.

그런데 이 소중한 시간을 유의미하게 다루든, 무심하게/대범하게 취급하든(이를테면 전기류나 연대기형 일생극 소설에서 흔히 볼 수 있듯이 '대학을 간신히 졸업한 직후였다', '1965년 연말인가 그쯤에서', '그날 해거름녘이었던 것 같다', '혼인날까지는 말 탄 장가길이 멀어봤자 얼마나 멀까라는 말대로 세월이 유수같이 흘러갔다' 식으로 말이다) 모든 소설의 이야기에는 두 종류의 시간밖에 없다고 할 수 있다. 과거의 시간과 현재의 시간이 그것이다. 당연하게도 미래의 시간 역시 상정할 수는 있다. 예컨대 '벌써 15년이 흘렀지만, 내 쪽에서 한창 열을 올리고 있던 그 당시 아내의 손 큰 씀씀이와 소비 욕구를 반만이라도 알았더라면 우리 부부의 운명은 완전히 달라졌을 것이다. 그때나 지금이나 나는 편모슬하에서 자란 외동아들답게 도장밥만 한 종지 바닥에 묻은 간장도 아깝다는 말을 자주 듣고 자란 터이고, 요즘도 공중목욕탕의 온수조차 아껴 쓰는 좀생원이기 때문이다. 아마도 불원간 우리 내외는 절약 내핍, 과소비, 충동구매 같은 사단으로 대판 싸움을 벌일 테고, 내 입장은 이혼 불사도 각오하고 있는 터이다'와 같은 미래 예단이 그것이다. 미래 추측은 일종의 가정(假定), 일어났던 일이 아니라 장차 일어날지도 모를 어떤 사정에 대해 '미리 그리기'다. '과거사'와는 엄연히 다르다. 그렇더라도 연상이라는 점에서 일먹 상통한다. 경험에 비춰서 근검절약으로 내일을 대비하느라고 오로지 저축에 매진하는 앞 예문의 주인공은 '과거'와 '미래'를 불러오는 연상력이 상당한 수준에 이르러 있는 셈이다. 그러므로 그에게 '미래'는

'과거'라는 거울에 비친 한낱 가상에 지나지 않는다. 아마도 그 가상은 공상이나 환상보다는 사실감이 훨씬 더 배어 있는 미지의 어떤 사정이나 형편일 수 있겠으나, 그렇다고 기우에 지나지 않는다고 매도할 수도 없는, 소비만능사회에 대한 경종이기도 하다. 요컨대 그에게 '미래'는 '과거'처럼 어떤 경우를 떠올리는 것이며, 불러오는 것이다. 앞의 것이 밥상 위에 오르는 간장 종지를 통해 연상하는 것이라면, 뒤의 것은 이미 경험한 사실을 기억하는 것이다. 연상이든 회상이든 간장 종지 같은 매개물을 통해 '현재' 앞에다 흐릿한 가상을(물론 경우에 따라 그 선명도는 차이가 날 것이다) 불러올 수도 있고, 문득 어떤 잠재의식에 의해, 극단적으로는 무의식 상태에서 무매개로 특정의 분명한 영상을 떠올릴 수도 있다. 불과 5년 전에 갑작스런 원인 불명의 부인병으로 돌아가신 그의 모친의 잔상을 피로에 찌든 어느 주중의 저녁 식탁에서 떠올리고 그가 그 생생한 실재감에 감복했다 할지라도 그것이 그의 장래에 대한 예의 그 가상과 다를 게 무엇이겠는가. 과거/미래는 결국 현재와 대비되는 하나의 동일한 영상일 뿐인 것이다.

    서사 형식의 서술적 차원에서도 '미래'는 다분히 문제적이긴 하다. 그의 예상이 많은 부분에서 빗나가고 말았으며, 전체주의 사회에 대한 풍자라기보다는 전자문명 사회와 정보화 만능 사회에 대한 우화로 읽히는 조지 오웰의 《1984년》은 35년 후의 미래를 그렸지만, 그 속에는 가까운 앞날로서의 '1984년'과 그 이전의 '과거'만 출몰한다. 결국 대개의 미래소설, 공상과학소설도 미리 그려본 '현재'와 '과거' 불러오기의 조합이다. 온갖 재미난 가상이 다채롭게 펼쳐지는 예단으로서의 그 '미래'에는 불가피하게도 한계가 있을 수밖에 없다. 어떤 미래

소설이라도 '미래시제'로만 문장/문단을 짜나갈 수 없다는 사실은 심사숙고해볼 만하며, 《1984년》이 특별한 장르 감각의 예외적인 소설이라는 점은 크게 강조할 필요가 있다. 미래는 미리 그려볼수록 언제라도 재미있고 유념해둘 만한 인류의 미지의 자화상이라고 뭉뚱그릴 수 있을지 모르나, '과거'와 '과학'을 아무리 동원한다 하더라도 예단하기는 무리이며, 하등의 부질없는 '가설 짜깁기'에 불과할 게 틀림없다. (물론 인간의 상상력은 어떤 수단이나 목적으로 통제할 수도 없으려니와 그럴 수도 없으므로 '미래'에 대한 장르 감각 자체가 '무딕하다'는 발상 따위에 힘이 실릴 리 만무하다.) 그런 맥락에서도 '다음 달 중순이면 벚꽃이 만개해 있을 게다'와 같은 수준을 벗어날 때, 그 '미래'는 점바치의 예언 이상으로 믿기지 않을 수 있다. 점쟁이가 알아맞힌 장래의 길흉화복에 호들갑을 떨어본들 그 재미가 오죽 진지하겠으며, 며칠이나 그 여운이 이어질까. 그런 흥밋거리라도 제대로 즐기려면 우선 복자(卜者)의 점책에 '현실 감각'이 어떤 식으로 투영돼어 있는지부터 따져봐야 하지 않을까 싶지만, 점쟁이를 찾아가는 사람은 불운/행운을 미리 알려는 강박증으로 자신의 실존감을 부분적으로 방기하고 있으므로 일시적으로 비정상적/정신병적인 일면이 뚜렷하다.

그러나 흐릿한가 하면 분명하기도 한 '과거'는 다르다. 이미 설명해 온 '요약-과거'에 대한 지면 안배에서도 드러났듯이 '이야기 꾸리기'에서 경험한 사실을 기억의 저장고에서 불러오기는 '현재'의 장면 만들기 이상으로 중요롭다. 모든 이야깃거리들/이야기들에는 '과거'가 스며들어 있기 때문에 그럴 수밖에 없기도 하다. 그러므로 그것은 어떤 특정 이야기의 태동과 함께 묻어 있음으로써 모태신앙처럼 생득적이기도 하다. 과거 없는 인간이 있을 수 없듯이 이야기는 죄다 그것을 갖고 있다. 또 모든 이야기는 기억이라는 저장고 속에서 '과거'를 곶감 빼먹듯이 가려낸다. 곧 과거 되살리기이고, 그때그때마다 꼭 쓸 만한 '과거'만 임의롭게 뽑아서 써먹는다는 점은 특기해둘 만하다. 그래서 소설은 근본적으로 한낱 '회상록'의 지위에 자족하는 것이다.

  모든 사연/인연에는 '과거=원인'과 '현재=결과'가 있을 수밖에 없는데, 각각 다른 시간대에서 일어난 이 두 종류의 이야기를 풀어가자면 '현재'든 '과거'든 시간 순서, 곧 '연대기=연보' 형식을 따를 필요는 없다. 가령 '현재-장면'으로 일어나고 있거나 장차 일어날 사건을 알기 쉽게 시간 순서대로 A-B-C-D라고 표기하고, '과거-요약'으로서 그 당시에 일어났던 사연을 a-b-c-d라고 한다면, 소설의 실제 진행은 A-b-B-c-D-a-C-d일 수도 있고, 극단적으로 D-c-d-B-a-A-b-C로 나열할 수도 있다. 사연/인연이 워낙 복잡하게 얽히고설킨 이야기라 할지라도 결국 그것을 요량껏 독자에게 전달해야 하는 것이 소설 쓰기의 목표이고, 그러자면 이야기들을 늘어놓는 순서가 관건임은 더 말할 나위도 없다. 실은 이 뻔한 순서 매기기가 소설을 쓰는 중에는 그렇게 간단하지도 않고('단안'을 내리기가 쉽지 않다는 말이 더 정확할지 모른다), 작가들도 자신의 그 권한을 재량껏 활용하기가 말처럼 용이하지도 않다. 거꾸로 말하면 모든 소설은 플롯 배열로서의 '과거'들과 '현재'들을 적당히 수습(收拾)한 결과물인데, 어수선하기 짝이 없는 그것들을 임의로 정리한 그 순서야 어렵사리 정해졌다 하더라도 A와 c, B와 d, a와 b, D와 C는 각각 그 길이가 다르다. 여기서의 '길이'는 '사정(事情)'이 각각 다를뿐더러 그것을 설명, 묘사/표현하는 서술자=화자의 '정서=기분'에 따라, 좀더 정확히 말하면 작가의 집필 역량과 그때그때마다 달라지는 '신바람'에 따라 원고 매수가 늘어날 수도 있다는 뜻이다. 이를테면 b가 수십 쪽에 걸쳐 표현될 수도 있고, B와 a와 A와 d는 서너 문장으로, 예외적인 경우에는 소위 '의식의 흐름' 기법을 원용하여 어떤 상대방의 잊히지 않는 모진 말 두어 마디로 축소될 수도 있다. (이해의 조리를 세우기 위해 부언하면 위의 '사정'은 뜻글자가 가리키는 대로 일, 행위, 임무, 부림, 시킴, 사고事故, 직책, 사건, 종사從事, 경영, 수완이라는 '사'와 뜻, 성심, 정성, 욕망, 마음씨, 사랑, 심정, 사실, 진상, 형편, 상태, 정취, 재미, 취미, 이치, 조리, 참, 진실 같은 '정'자의 조합이다. 그러니 '사정'에는 병, 죽음, 살인, 도피, 유폐 같은 몹쓸 '극단적 일상극' 말고는 소설의 내용 대부분을 포괄하고 있다. 그 연장선상에 있는 '사연/인연'은 일마다/사람마다의 곡절이 될 터이므로 그 두 '사정'의 원인/결과는 어떤 순서로든 나열해야만 비로소 이해-해석-감상의 도정에 이를 수 있는 셈이 된다.)

다시 한번 정리해보면 어떤 식으로든 '현재'와 '과거'를 일차적으로는 현재형/과거형 문장으로 기술해야 하고(물론 '과거'의 사연을 현재형 문장으로, '현재'의 사정을 과거형 문장으로 서술할 수도 있다), 이차적으로는 그것들을 편집적 감각에 따라 지면상에다 '차례'로 늘어놓는 게 소설 쓰기 작업이다. 여기서의 '차례'는 작가가 그때그때마다 자유자재로 결정하는, 즉흥적 아이디어로서의 '현장 감각'이거나 '이럴 수밖에 없지 않을까'라는 집필 당시의 '의욕적 단안'에 불과하다. 그 결과로 A-b-B-c-D-a-C-d식으로 나열되는데, 일반적인 원고 작성법으로서의 그 순서는 대개의 독자가 갖고 있는 문장 해독력에 따라서 내용 중 어떤 이야기가 '과거'의 사연인지, 또는 '현재'의 사정인지를 쉽게 분별할 수 있다.

한편으로 좀더 확실한 정리벽이랄까, 우선 알아보기도 쉬운 미적 편집 감각에 기대서 1, 2, 3, 4 같은 장(章)을 갈라서 현재/과거를 분명하게 떼어놓기도 한다. 물론 단편에도 이런 (장편소설적) 구성을 차용하는 수가 없지 않고, 한 행씩을 비워둠으로써 장면 전환이나 현재/과거의 분별을 도모하는 것은 일종의 '장 가르기'식 편법이다. 이런 작성법은 시나리오의 원고 작성법을 방불케 하는 것으로 요즘에는 단편이든 장편이든 이런 '격행' 남발의 글쓰기가 주류를 이루는 듯하다. (하기야 어느 분야에서든 '유행'이란 있게 마련이며, 그 대세를 따르지 않으면 '촌사람'처럼 따돌리는 것으로 착각하면서 살아가지만, 창의적인 작업에 종사하는 사람일수록 그런 시류에 휩쓸리지 않겠다는 개성의 고취는 비장의 무기가 될 수 있지 않을까 싶은데, 물론 각자가 소신=작가 의식을 챙기기 나름이다.)

위와 같은 통상적인 소설 쓰기를 조금 난해하게 꾸려보려는 실험적 원고지 작성법으로서의 '의식의 흐름' 기법도 마땅히 주목할 필요가 있다. 늘 해오던 대로 해버릇하는 편의주의, 원만주의, 도식주의 같은 무반성주의 내지는 안이 제일주의에 대한 반발이야말로 최소한의 독창성을 보장해줄 것이므로, 또 소설은 이미 수백 년 동안 거의 변함없이 '장기지속적'인 일상사를 그려오므로 그것에 진력이 나서 그 내용상의 천편일률성을 서술 형식으로나마 극복해보자는 발버둥질이 작가마다의 특이한 문장/문맥의 구축을 조장해왔으므로 그런 일체의 스타일 모색은 현대소설의 '모더니즘화'를 발 빠르게 추진시킨 동력원이었다. 그 결과 '장면' 제시 중에 얼핏 떠오르는 한 주요 인물의 지난 날의 언행, 냄새, 분위기, 풍경, 장신구, 사물 등의 '모습=이미지' 일체를 바로 그 자리에서 풀어놓는 '기법=원고 작성법'은 종전까지의 소설 문법이었던 '리얼리즘=현실주의'에 길들여졌던 독자들에게는 괘꽝스럽게 받아들여질 만한 것이었다. ('리얼리즘'을 '사실주의'로 읽을 때, 그것은 어떤 사정의 사후事後的 소명昭明이 된다. '현실주의'도 오늘날에는 '현실'이 워낙 방대하고 복잡미묘해서 제대로 읽기가 난해해져버렸다는 점에서도 그 어감이 불투명하기 짝이 없고, 현장주의, 실제주의, 진실주의, 실질주의, 개성주의, 재현주의, 재생주의 등도 부분적으로는 그 진의를 살리고 있으나, 직역의 해당어로는 미흡하다.)

그래서 '의식의 흐름'을 빌린 소설을 읽다보면 흡사 이 말 했다가 저 말 하는 조로, 성미가 급해서 말에 조리를 못 세우는 사람의 말투 같거나 지리멸렬성 사고의 느닷없는 출몰로 비치는 것도 사실이다. 그러나 이 '의식의 흐름'은 말 그대로 인간은 무언가를 쉴새없이 인식 내지 인지하는 정신활동에 지치는 법이 없다는 점을 힘주어 대변하고 있다. 실은 저절로 이런저런 '잡생각'을 네온사인처럼 퍼뜩퍼뜩 떠올렸다가 가뭇없이 지워버리는 '의식 작용'에 길들어져 있는 짐승이 인간이다. 반쯤이나 그 전후 사정에 대한 '졸가리'를 납득할 그런 '의식의 흐름'에 유독 예민한/둔감한 정도의 차이가 있을 뿐이다.

가령 환갑을 막 넘긴 죽마고우 다섯 명이 어느 해 겨울 들머리의 하거름녘에 아구찜 전문 음식점에서 오랜만에 회식을 하던 중 성이 김가인 한 친구가 올해 봄부터 무릎이 시원찮은 내자를 부축하느라고 교회 걸음이 잦아졌다는 사생활의 일단을 토로하면 나머지 네 사람의 '의식' 속에는 각각 다른 '영상=이미지'가 저절로 괴어들기 십상이다. 조가는 김가 모친의 푼더분한 얼굴과 뽀글뽀글 볶은 파마머리를 떠올릴 수 있고, 박가는 엄지발가락의 족관절이 복사뼈처럼 불룩하니 튀어나온 생래의 무지외반증 때문에 한여름에도 양말을 신고 지내는 김가의 마누라쟁이의 불구를 캐내기도 하고, 정가는 어느 해봄 집들이 때, 아, 믿음도 유전 인자처럼 자자손손 반드시 대물림하지요, 장로 집에 신자 나고, 불자 집에 보살 난다는 말은 이 바닥에선 진리로 통해요, 모르면 모르는 대로도 얼마든지 편하게 살아간다는 부류는 모르는 그만큼 모자라게, 정신의 용량을 반쯤 잠재워두고 살다가 그냥저냥 죽어간다고 봐야지요라던 김가네 안주인의 신실한 종교관을 아직도 자신이 기억하며, 그때 그 말가락에는 분명히 무당기가 얼른거렸다는 생생한 회상을 아직 누구에게도 털어놓지 않은 것을 무슨 큰 비밀인 듯이 혼자서 뿌듯해하고, 천가는 속으로, 이래저래 두 내외가 천당 갈 팔자네, 부디 잘만 믿어서 그 좋다는 데서 영생하시게라며, 도대체 자랑거리라고는 씨도 안 비치건만 말끝마다 마누라 자랑 자식 자랑에 겨워 지내는 저 딱한 화상도 천하에 팔푼이네라는 망념을 쉬 떨칠 수 없어서 계면쩍어할 수 있다. (물론 네 친구가 제 피붙이인 이모, 처제, 누이, 외숙모 등을 떠올릴 수도 있고, 나이 탓도 있어서 남의 말을 귀담아 듣지 않거나 어떤 회상도, 심지어는 심중에 무슨 상像 같은 것도 얼른거리지 않을 수 있다. 이런 보편적 정서 일반을 조금 확대해보면 '의식의 흐름'이 과장스럽다기보다도 소설이라는 '형식'의 모색, 그 변주에의 골몰은 호들갑스러운 면면이 없지 않다.) 이상에서 볼 수 있는 네 친구의 각각 판이한 이미지 중 어느 것을 골라서 작품 속에 녹여넣을지는 작가의 재량에 따라서 달라질 수밖에 없다. 뿐만 아니라 그 친구들의 상념에는 무수한 잡생각이 거의 초 단위로 희번덕거리고 있을 텐데, 그것들 중 '쓸 만한 것'을 골라내기가 그렇게 간단하지도 않다는 난점까지 떠올려보면 점점 더 난해하기 짝이 없어진다. 또 그 서술과 표현의 정도에 따라 원고 매수도 장황하거나 간략하게 각각 달라질 테지만, 중요한 것은 그것의 작성법(책으로 활자화되었을 때는 활자 꼴이나 편집=디자인 감각 상태)과 그 밀도다.

손쉽게 가장 첨예한, 따라서 상당히 난해하다고 잘 알려진 예문을 들어보면 다음과 같다.

⇒(가)나는 잡초 속에 섰고 우리는 서로를 물끄러미 쳐다보았다.
"꼬마야, 집이 이쪽이란 걸 왜 말 안 했니?" 신문지가 닳아 빵이 조금씩 밖으로 보이기 시작했다. 벌써 새 포장지가 필요한 지경이었다. "자, 그럼 어서 너희 집이 어딘지 안내해." (나탈리 같은 더러운 애하곤 아니야. 비가 오고 있었고 빗줄기가 지붕에 떨어지는 소리가 났다. 한숨소리가 감미롭게 높고 텅 빈 헛간을 관통했다.

여기? 내가 그녀를 만지며 그랬더니

아니야

그럼 여기? 폭우는 아니었지만 지붕의 빗소리 외에는 아무것도 들리지 않았고 그게 내 피인지 나탈리 피인지 알 수 없었다.

캐디가 나를 사다리 아래로 밀고는 날 그대로 내버려두고 도망갔어 캐디가 그랬다구

캐디가 너를 다치게 해놓고 도망갔을 때 다친 데가 여기니 아니면 여기니

오오) 아이는 내 팔꿈치께에서 걸었다. 아이의 에나멜가죽 같은 검은 머리의 정수리가 내려다보였다. 신문지가 너덜너덜해져 빵이 보였다.

"너 빨리 집에 가지 않으면 빵이 종이 범으로 다 나오겠다. 그럼 너희 엄마가 뭐라고 하겠니." (난 너를 너끈히 들 수 있어

너무 무거워 못 들어

캐디가 가버렸니 잡으로 갔니 집에서는 이 헛간이 안 보여 너 집에서 헛간이 보이는지 본 적 있어

캐디 잘못이야 나를 밀고 도망갔어

난 너를 들 수 있어 내가 어떻게 하나 봐

오오 그녀의 피인가 내 피인가 오오) 우리는 엷은 흙먼지 속을 걸었다. 비스듬한 햇살이 나무숲 사이로 가늘게 갈라져 비쳐드는 흙먼지 속을 걷는 우리의 발소리가 고무처럼 조용했다. 나는 보이지 않는 그늘 속에서 물이 빠르고 평화롭게 흐르는 것을 다시 느낄 수 있었다.(윌리엄 포크너의 《소리와 분노》 179~180쪽)

소설 이론적 용어로서의 '갈등'이라기보다도 번민의 요인이 주로 가족, 생존 환경과의 불화에 국한되어 있고, 따라서 사회적, 제도적 모순과의 대결의식은 대체로 추수적이거나 방임적인 미성년자의 일상 중 한 부분을, 그러나 개인적 심상에는 상당한 크기의 앙금으로 남아 있는 정신적, 육체적 내외상(內外傷)을 (가)의 예문은 보여주고 있다. 그런데 우선 괄호 안에 있는 과거의 기억이 '의식의 흐름' 기법으로 서술되고 있음을 (짐작으로) 알 수 있는데, 이처럼 '긴가민가하게' 작

성하여 이해를 헷갈리게 하는 이유가 뭘까라는 의문을 갖게 된다. 누구나 알다시피 말에는 글과 달리 쉼표나 마침표가 있을 수 없으므로 위의 예문에서는 대화에도 그것을 곧이곧대로 반영함으로써 기왕의 문장 표기에 익숙한 독자들을 불편하게, 공연히 헷갈리게 몰아대고 있다. (한글 번역판 《성경》 속의 모든 문장에는 쉼표/마침표는 물론이려니와 인용이나 대화 표시도 없는 것은 시사적인데, 아마도 글자로서의 그런 기표보다는 '말뜻=기의'를 새겨들어야 한다는 함의일지 모른다.) 좀 유별나긴 해도 작가가 독자의 고정관념, 곧 재래식의 '소설 원고 작성법'에 굳이 부응하지 않겠다니, 그것도 딴에는 창의력일 수 있겠다고 여기면 그뿐이지만, 가독성에 상당한 장애로 작용하고 있는 것은 사실이다. 더욱이나 행갈이도 무시함으로써 마구 분출하는 회상 속의 '의식'을 반(反)문법적으로 짜깁기하고 있기도 하다. 분명히 논란거리인데, '말'을 '글'로 옮기겠다는 작가의 자의식이 '현재'의 장면 제시에서는 기왕의 '서술/표기 문법'을 따른다는 것도 반(半) 타협적이 아니고 무엇인가.

어차피 소설의 성립은 말의 명문화(明文化)/규범화인 한 문장, 한 문단씩의 빈틈없는 조립=구축을 전제로 한다. 또한 그런 문장/문단이 그동안 찬란한 수사(修辭)를 개발한 언어문화, 언어유희, 언어예술의 유구한 역사에 기대고 있음은 주지의 사실이다. 그렇다면 독창성이라는 이름 아래 그런 원리와 질서를 어디까지 파괴해야 성이 찰 것인가. 또한 고등교육까지 보편화되어 있는 현대 문명국의 소설 소비자에게 기존의 모든 문법 체계를 비롯한 언어 관습을 뒤죽박죽으로 헝클어뜨리는 것이 과연 그렇게 큰 의미가 있을까. 기왕의 소설 쓰기에서 마르고 닳도록 써먹은 사후적 원인/결과의 소명의식이('나=화자'의 시점이든, '그=전지적' 시점이든) 이 세상의 모듬살이를 웬만큼 관찰, 해석하는데 있어서 다른 어떤 서사 장르보다 월등한 성과를 거둔 것조차 부인하고 내동이칠 수 있단 말인가.

내친김에 좀더 직접적인 질문을 던질 수도 있다. 인간의 '의식'만큼 진정으로 중요한 것이 달리 없는 줄은 알겠는데, 그 표현도 결국은 문장론으로서의 일사일언주의를 본받아야 하는 것 아닌가. '의식'의 진수는 워낙 개별적인 특수성을 띠는 것이라서 어렵게 풀어놓을 수 밖에 없다는 것이 과연 합당한 논리일까. 수시로 희번덕거리는 기억 속의 저장고를 얼마나 환하게 드러내놓을 수 있으며, 그것이 정말 가능하기는 할까. '의식'이 기억의 주체에게 상당한 영향력을 행사하는 것은 다들 당하고 있기 때문에 이해가 가지만, 크게 볼 때 그 태반은 지워버리고 싶은가 하면 내버려두더라도 흐지부지 침전되어 있다가 저절로 소멸되고 말 테고, 나머지 반 이하도 어떤 식으로든 외부로 터뜨려질 텐데 그 발화도 결국은 말과 글처럼 남이 알아들을 수 있는 수준의 어떤 '편집' 기능에 의존할 수밖에 없지 않을까. '난해한 편집'은 이미 형용모순이며, 인간/세상을 가능한 한 해석, 규명하려는 가장 구체적 수단인 '문장'의 기능을 근본적으로 무시하는, 해악과 난삽을 부채질하는 무정부적 행태일 테고, 그렇다면 벌써 소설이란 언어 제도를 파기하자는 수작이 아니고 무엇인가.

이상의 여러 의문은 그렇다/아니다/잘못 알고 있다와 같은 단정적인 대답을 듣기 어려운 난제임에 틀림없다. 아마도 소설 외적인, 차마 버거운 철학의 인식론, 언어학의 기호론, 정신분석학의 억압/자유 연상론 같은 추구의 한 맥을 끌어와서 점점 궁색해지는 변명을 한참이나 새겨들어야 겨우 알까 말까 할지도 모른다.

그럼에도 불구하고 모든 제도가 그렇듯이 과거 재생술로서의 '의식의 흐름'이라는 기법도 일단 발명된 이상 여러 사용자가 그 유행/대세에 편승하여 어떤 개선에 열과 성을 나름껏 쏟아붓고 있음은 사실이다. 꼼꼼하게 읽어보면 어떤 현대소설에도, 비록 정도의 차이는 있을망정, '의식의 흐름'이 알기 쉽게/어렵게 쓰이고 있음을 이내 간취해낼 수 있다. 주로 간접화법에서 '그가/그녀가/내가/네가 말했다'를 생략하는, 일종의 자유간접화법 서술을 빌려서 이야기 진행의 한 축을 감당하고 있는 사례가 그것이다. 뿐만 아니라 지문 속에 '나'와 남의 속생각, 속말이라는 형태로 투명한 잠행을 일삼고 있기도 한데, 이런 서술 기법도 작금의 한 유행인 동시에 그 근거를 '의식의 흐름'에서 엿볼 수 있기도 하다.

(가)의 예문도 미성년자가 겪은 한때의 상처가 얼마나 선연하게 내면화되어 있는지를 보여준다. 그 실험적 '원고 작성법'만 인정해버리면 막상 이해하기가 그렇게 어렵지도 않다. 그러므로 논란거리의 초점을 바꿀 필요가 있다. 곧 다른 종류의 '과거' 설명처럼 쉽게 이해할 수 없을 뿐만 아니라 재미가 없다고 해서 마냥 기왕의 소설 서술 문법을 고수한다면 아류주의자라고 지칭해도 무방하지 않겠는가. 또한 대중적인 기호와 그들의 편의만을 우정 고려함으로써 어떤 독창적인 서술 기법에 대한 모색을 진작에 포기해버리면 순응주의의 탈을 뒤집어쓴 모방자 내지는 표절자임을 <u>스스로</u> 추인하고 있는 셈이 아니고 두엇인가.

이상의 근본적인 의문과 논란거리를 염두에 둔다면 '요약-과거'가 '장면-현재'보다는 그 설명력, 표현력에서 상대적으로 훨씬 집약적 (=압축적)임을 짐작할 수 있다. 그 집약성은 기억할 것만 보관해두었다가 회상을 통해 끄집어낼 것만 골라서 들어내므로 단연 밀도가 높을 수밖에 없기도 하다. 그러니 그 기억 복원력은 저절로 '간추렸다'고 할 수도 있을 터이므로 그 '사정'의 순도가 상대적으로 높다고 할 수도 있는 것이다. 그렇다고 해서 '과거-요약'이 '장면-현재'보다 그 길이가 짧다는 말은 아니다. 오히려 훨씬 더 넓은 지면을 (주제넘게) 장악함으로써 독자로 하여금 이상한 '시간여행'에 무임승차시킬 수도 있는 것이다. 이를테면 우연히 중고서점에 들렀다가 한자투성이의 어떤 서적 한 권을 입수하고, 그 내용을 재량껏 현재의 우리말로 옮긴다는 구성의, 이른바 흔한 '액자소설'은 그 과도한 '과거-요약'의 기술 자체가 평석(評釋)류의 시간여행이며, 거기에는 제2의 필자인 번역자의 '의식의 흐름'이 자연스럽게 녹아들어가 있어야 그런 형식을 차용한 진정한 의의가 드러날 것이기 때문이다.

대개의 작가들은 무심히 또 아무렇게나 이런저런 이야깃거리들/이야기들을 잔뜩 끌어와서 허위단심으로 흩뿌려놓고는 한 편의 이야기가 마무리 지어졌다는 식으로 소설 쓰기에 임하지만, 그 속의 '시간 관리'만큼 어려운 과제는 달리 없다. 플롯 엮기, 공간의 이동과 배정, 인물의 개성 조작술, 문장 감각의 이채로움 따위는 선행 작품의 본을 받아서 차츰차츰 습득할 수도 있고, 단편이든 장편소설이든 몇 편쯤 쓰다보면 그 숙련도가 자칭 달인의 경지에 이를 수 있을 것이다. 그러나 '시간 조종술'은 그런 식으로 소기의 성과를 내기가 어렵다. 위에서 본 대로 '과거-요약'의 기능적/서술적 측면이 워낙 다양하고, 그것을 얼마만한 길이로 또 어느 구석에 배치하느냐 하는 지난한 숙고거리에 대해 쉬 단안을 내리기가 어렵기 때문이다. 아마도 소설 쓰기는 어떤 결과로서의 '장면-현재' 만들기보다는 '소명의식'(=합당한 원인 캐기)에 의한 '요약-과거' 그리기를 통해 '역사=과거사 바로 알기'처럼 재구성/재조명을 거듭하는 작업일지도 모른다. 그러자면 그 '시간 조종술'은 한 시대를 투시하는 원시안, 당장 코앞에서 바스락거리는 풍속/유행을 비롯한 여러 기미를 읽어내는 근시안, 그런 것들을 어떻게 분별하고 장치=재배치하느냐 하는 광범위한 '인식' 따위를 요구한다. 오로지 자기 독려로 상당한 세월의 인내를 감수해야 '현상/본질'의 일부나마 겨우 이해할 수 있게 될 테니까. 대개의 대중소설에 이렇다 할 '시간관'이 보이지 않음은 시대착오적인 그 제반 '인식'도 믿기지 않지만, 그 속의 자극적인 흥미는 철두철미하게 '시간 정지' 상태에서 이루어지는 해괴한/불성실한, 당의정을 제멋대로 입혀놓은 무분별한 '재현'에 불과하므로 명색 '현대소설'이라면 쓰기도, 또 읽기도 숙고를 거듭해야 하는 정신 노동이다.

제5장 4절의 요약

(1) 소설은 기본적으로 '장면-현재'와 '요약-과거'의 이야기를 번갈아가며 지면 위에 펼쳐 보이는 '배분/배치'의 형식이다.

(2) '장면-현재/요약-과거'의 배분상 차이는 결국 이야기의 밀도를 드러낸다. 그 밀도의 성글음/촘촘함에 따라서 나름의 형식미가 창출된다. '의식의 흐름' 기법은 '요약-과거'의 돌출 빈도가 말하는 대로 시간의 밀도가 짙은 셈이다.

(3) 소설 쓰기는 '시간여행'이다. '시간'을 관리하는 기량은 결국 '플롯 짜기'로 이어진다.

제6장
공간도 움직이고 만들어진다

1. 하늘과 들판과 마당

사람을 비롯한 모든 사물은 적어도 삼차원적인 어떤 공간에 붙박여 있음으로써 비로소 그 존재감이 드러난다. '의식'을 외부로 드러내는 사람은 누구라도 태어나자마자 부모의 영향 아래서, 그 후에는 기성 사회/제도와의 상호 작용으로 사회화/자의식화 과정을 밟는다고 하지만, 얼핏 듣기에도 막연한 논리 같다. 여기서의 '사회화/자의식화'는 결과적으로 사회/제도와의 동화/불화를 의미할 텐데, 그 과정을 아무리 유추해봐도 어떤 구체성이 잡혀오지 않는다. 보다시피 모든 인간은 자신의 실체감을 조금씩 '자각'하면서 일종의 '공간 감각'을 터득해갈 테고, 그런 선행의 학습 과정을 상정하지 않는 한 '사회화/자의식화'는 공론(空論)일 소지가 다분하다.

'공간 감각'은 결코 어려운 말이 아니다. 어린아이가 부모의 품에서 재롱을 부리는 광경을 보더라도 자신의 체구가 작다는 자각 곧 공간 감각을 익혀가는 도중임을 알 수 있다. 저지레가 심한 개구쟁이들은 아직 공간 감각에 미숙해서 '자리'에 대한 분별이 없는 셈이다. 공중도덕을 왜 지켜야 하는지를 알 만하면 공간 감각에 웬만큼 숙달되었다고 할 수 있을 것이다. 또한 우리는 책상, 방, 가로수, 빌딩, 아파트,

공원, 단독주택, 상가의 간판같은 조형물, 심지어는 하늘, 들판, 땅 같은 지상의 모든 사물을 눈으로 익히면서 공간 감각에 대한 특유의 인식과 더불어 그런 사물들과의 유대감이라는 개인적 의식/취향까지 열어간다. 조금 확대해석해보면 공간 감각은 사람/사물의 제자리 찾기, 그것들이 주변 환경과 어울리는 정도에 대한 분별이다. 말하자면 사람/사물들이 얼마나 주위 환경과 조화롭게 자리를 잡고 있는지 그 '적소(適所)'를 알아보는 능력이다. 비록 정도의 차이는 있으나, 일정한 공간 감각이 없는 사람은 사회화/자의식화 과정에서 지진아로 내몰릴 확률이 높다고 단정할 수도 있다. 전철의 플랫폼에서도 공간 감각을 '의식'하는 사람과 그렇지 않은 양반의 행동거지, 잠시 차지하는 그 '자리=위치'에 대한 '무자각'은 확연히 구별된다. 크게 보면 개개인의 방정한 '처신'도, 각자의 사회적 지위나 교양의 정도와는 별개로, 공간 감각을 얼마나 자각하고 있느냐에 달려 있다.

영어로 벽감(壁龕)을 의미하는 니치niche에는 '생태적 지위=적재적소의 존재감'이라는 뜻풀이도 숨어 있는데, '공간 감각'으로 의역해도 무방할 듯하다. 가정집 벽감이랄 수 있는 '도코노마'에다 족자/액자나 화분 따위를 놓아두고 즐기는 이웃 나라에서는 일찍이 '겐도시키(見當識)'라는 말을 만들어서 상용하는 모양인데, 여기서 앞으로 자주 사용하게 되는 '공간 감각'이라는 용어와 제법 유사하게도 '자기가 시간적, 공간적, 사회적으로 어떤 위치에 있는가 하는 의식'이라고 정의해두고 있다. 더불어 '쇼자이시키(所在識)'도 병기해두면서 이 용어는 의학적 관점에서의 '의식'의 이상(異常)을 판정하는 근거로 쓰인다니까 '공간 감각'의 개인적 위상 자각, 사회적 처신 분별력, 처소와의 조화감 등의 어의와는 다소간 차이가 있는 듯하다.

시간과 마찬가지로 공간도 자신의 실체감을 두드러지게 드러내는 가장 기초적인 '존재감'의 한 부속 단위다. 대개의 사람은 주위의 여러 공간을 무심히 이용한다. 3미터 안팎의 공간만 있으면 누구라도 자기 일신의 편안과 자유를 한껏 누릴 수 있고, 사람의 평균적 체수가 가리키는 대로 개개인의 평생 일터도 그 범위 안에서 꾸려진다. 온종일 허리도 한번 마음껏 못 펴고 꿈지럭거리는 농사꾼도 제 팔길이가 닿는 한 평 미만의 땅뙈기에서 작업량과 시간이 거들어주어야만 하루 일거리를 줄여나갈 수 있음을 아는데, 그 범부에게 '공간 감각'은 자기 생업에 바치는 '심/신'처럼 혼연일체가 되어 있다.

모든 공간은 인간이 일시적으로 나름껏 이용해먹다가 물려받았을 때처럼 당시의 모양 그대로 남겨두고 홀홀히 떠나야 하는, 만인 공유의 재물이다. 평생토록 고락을 함께하는 부모와 자식, 배우자보다 더 살가우면서도 무던히 심신을 챙겨주는 '방'을 보더라도 공간은 요람에서 무덤까지 인간이 그 덕목을 기려야 하는 모신(母神) 맞잡이다.

소설 속의 공간에 대한 이해에서도 그림 그리기와 감상하기에서의 구성력을 빌려오는 것이 편리하지 않을까 싶다. 보다시피 모든 풍경화에는, 특히나 삼차원의 세상을 구현하기 위해 원근법을 제대로 살린 경치 속에는 원경, 중경, 근경이 제자리에 틀을 갖추고 들어앉아 있다. 예의 그 '공간 감각'의 원숙한 배치다. 화폭의 상단에 멀찌가니 물러서서 가물거리는 그것은 주로 하늘이거나 구름이거나 산이다. 이 원경은 대체로 인간이 심정적으로, 좀더 정확히는 머리로만 그릴 뿐 다가가서 닿을 수는 없는 심리적 공간이다. 꿈속의 흐릿한 배경처럼 이 원경은 테두리가 없는 실체로서 언제라도 그 외형을 제멋대로 바꾼다. 그것 자체도 구름처럼 수시로 제 모습을 바꾸지만, 그 이상으로 자주 바꿔 써버릇하는 언중(言衆)의 상상적, 언어적 관습 때문이기도 하다. 가령 대개의 소설에서 마구 쓰이는 '하늘'이라는 공간이 실제로 그 즉물적인 뜻 이상의 은유적인 쓰임새를 누리고 있는 데서도 알 수 있다. 한 쌍의 어떤 연인 중 하나가 "오늘따라 유독 파란 하늘이 너무 곱네"라고 한다면 그 말의 배경에는 공해 같은 대기 환경과 계절의 순환에 대한 상식적인 언급 이상의 심리적 함의가 녹아 있고, 두 사람의 나머지 하루 일정을 선히 떠올릴 수 있음도 궁극적으로는 인간 일반의 평균치 '공간 감각'이 오롯이 집어준 혜택일 것이다. 요컨대 '하늘' 같은 공간은 대체로 다른 뜻이나 단순한 상징의 매개물로 바뀌어 쓰이는 원경이다. 실제로도 그것은 우리 일상과는 너무 멀리 떨어져 있기도 하다. 그렇다고 그것이 인간의 생활세계와 무관하다는 말은 아니다. 당장에라도 비가 장기간 내리지 않으면 '하늘'을 원망하는데, 대기권의 오묘한 계절적 물리력을 대강이나마 알고 있다 한들 그렇게 말할 수 밖에 없는 노릇이다.

이런 원경이 소설 속에서도 반드시 군림한다, 한낱 가상의 세계 같기도 한 예의 그 '하늘' 어딘가에 있다고 일부의 종교인이 믿어 마지 않는 조물주처럼. 비근한 실례로 어떤 소설에도 '나라=국가'가 덩실하니 들어앉아 있다. '나라'가 없는 소설은 세칭 '근대' 이후부터 있을 수 없다. (전설, 신화 같은 서사물에는 '나라'가 없는 사례가 흔한더, 음미해볼 만한 사안이다.) 사실상 '나라'라는 언어 공동체는 거의 추상화 되어 있어서 그 존재감이 크지는 않고, 더러 있다가 없다가 하는 것이다. 극단적인 예로 무수한 생명을 도륙내고 마는 국가 간의 싸움을 다루는 전쟁소설에서도 막상 '나라' 자체는 공허하다. 죽어가는 병사가 마지막 외마디로 제 나라의 국호를 울부짖어도 그 실체감은 막연할 뿐이다. 그 울부짖음을 듣는 전우에게나, 그 광경을 머리로 먼저 그리며 읽는 독자에게나 조국은 가슴 한복판이 뭉클해지는 매개물이긴 해도 관념상의 조작물에 지나지 않는다. (극성스러운 축구 팬 집단인 세칭 '붉은 악마들'이 외치는 국호는 죽을 엄두를 내는 것이 얼마나 모진 악행인지도 모르는 철부지 데모꾼들의 입에 발린 구호인 '결사(決死)반대'의 그 '결사'와 하나도 다를 게 없다.) 따라서 '나라'의 공간적 체적감은 상상 속의 땅거죽을 대충 간추려서 부호화한 지도상에서나 표시될 뿐이지 어디에도 없다. 마찬가지로 개개인이 몸 담고 살아가는 지역사회, 편의상 행정구역화됨으로써 그 지명이 바뀌기도 한 '통영' 같은 지방 도시도 그 실재감은 다분히 심정적인 데 그친다. 승용차로나 도보로 하루 종일 그 지역 일대를 돌아다녀봐도 그곳의 풍물, 특유의 '공기=분위기' 같은 실체는 속속 눈에 와닿고 밀착감도 좋지만, 막상 바다를 온몸으로 보듬고 있는 듯한 그 공간감은 지형적 외관으로만 잡혀온다. '대지(大地)'라는 말이 은유이듯이 나라/지방 같은 대규모 공간은 이미 개인이 만만하게 다루기에는 벅찬, 관념적, 수사적 언어유희의 대상물처럼 비치는 것이다. 그런 의미에서도 애국가 속의 국호는 '국경' 따위를 상정하지 않는 관념적, 감상적, 때로는 공상적 공간 감각의 구체적인 예라고 해야 옳을 것이다. 그럼에도 불구하고 '나라'는 틀림없는 공간으로 화폭의 원경처럼 움직이지 않는, 거기에 마땅히 있음으로써 그림이 완성되는 그런 구체적, 근본적 실체임은 말할 나위도 없다.

(사견私見으로 들려도 어쩔 수 없는 노릇이긴 한데) 우리 소설에서는 나라, 지역, 지방 같은 원경이 다분히 '의식화'되어 있다. 역사적 맥락에서도 지난 세기 벽두부터 외세에 끊임없이 시달려와서, (그 순서대로 말하면) 중국, 일본, 미국, 북한에 대해 자나 깨나 자각적일 수밖에 없고, 그 연장선상에서 지역주의가 득세함으로써 어느 구석에라도 배타적 순정성을 지녀야만 개별 작품의 독창성이 보장된다는 그릇된 인식이 널리 퍼져 있는 듯하다. 이르는 바대로 외세와 정치의 '과잉 공세'가 한편으로는 '나라'를 '조정'이나 '정권'으로 축소, 비하하면서 '독립, 자주, 주권, 국권' 같은 애국강요적, 낭만적, 구호적인 거창한 관념어로의 왜곡을 조장하고, 그 반대급부로 한민족, 한국어, 한국 음식 같은 만만한 '생활세계'를 신주 내지는 교리(敎理) 맞잡이로 모시는 배타적 국수주의를 내면화함으로써 우물 안 개구리식의 자화자찬벽, 보편적 세계시민의식의 결여, 타자와의 조잡한 대결의식의 내면화 같은 '집단 무의식'을 자초하지 않았나 싶은 것이다. 그런 유의 실례는 흔하다. (작품명을 일일이 거론할 수 없어서 유감이지만) 생활세계와의 밀착감을 도외시하면서 공허한 이념에의 경사 같은 소위 중뿔난 '의식화'(한때의 유행어로서 누구나 흔전만전 써버릇해서 그 '실가'조차 매길 수 없을 지경이었다)에의 매몰, 나아가 지나친 '주제 심화'를 사주하는 '문학 도구화'가 그것이다. 대체로 그런 작품에는 북한과 같은 선상에 도열해 있는 '나라'가 아니라 '정치 집단'이, 또 그 시대착오적 '이념'이 과도하게 스며들어 있다. (알게 모르게 '애국' '민족' 따위를 강요하고 그것이 표면화되어 있어야 참다운 '현실주의' 소설이

라고 선언하는 반문학적 횡포는 북한의 정권 안보 차원에서 경색 일변도로 치닫는 주체사상 옹호류의 잡문, 그 광신적 선전술과 다를 게 별로 없으며, 이런 대목에서는 괴테의 '연대장의 국가는 연대이다'라는 진정한 애국론, 자기책임론을 경청할 필요가 있다.) 소위 '주제의식'의 생리화라 할 수 있는데, 이런 '풍토성'은 중경이나 근경보다 원경을 중요시하는, 곧 생활감정에 기초한 일상의 구체화를 치지도외함으로써 작품 자체의 '경직화'를 불러온다. 한마디로 유치한 소년적 흥분과 감상의 적바림으로 소설을 어떤 주의, 주장의 수단으로 삼고, 그 '월권화'에 신들려버리는 것이다.

강조하건대 '공간 감각'으로서의 원경은 어떤 이념도, 권위도, 월권도 아니다. 그렇다고 다른 풍경을 돋보이게 하는 여백도 아님은 다소 추상적이긴 해도 '하늘'이라는 실체가 박혀 있는 데서도 알 수 있다. 현대소설에서의 원경은 특히나 자국/타국 같은 이분법적인 의식화에 오염되어서는 곤란하다고 하겠으나, 이론상으로만 그렇다는 말이지 작품상의 실적으로는 힘겨운 작업이다. 한국 현실의 제반 모순과 부조리를 나름대로 고발, 매도하는 작품이 오늘날과 같은 정보화 시대의 범세계적 반인간화 현상의 축도로도 읽힐 테지만, 그 배면에 깔린 국수주의에 과연 어느 정도의 객관성과 정당성이 심어져 있을지는 의심스러운 것이다. 요컨대 원경은 군림하는 것이 아니라 있는 듯 없는 듯 중경과 근경을 감싸고 있는 주체로서 지상의 여러 사정을 더 큰 눈으로 살피는 도구에 불과할지 모른다. 그런 맥락에서라도 '심리적 공간'의 한쪽 자리를 차지하고 있는 원경은 현대소설의 지향점이 국지성에서의 탈피라는 점을 시사한다.

중경은 마을이다. 그곳에는 우선 이웃이 있다. 그들의 살림도 있으며, 제가끔인 그 동태들을 사시장철 주시하는, 느티나무가 박힌 동구 밖 같은 고유의 풍경이 구경꾼의 눈길을 사로잡는다. 우리가 흔히 남이라고 지칭하는 '타자'와 그 등가물로서의 회사, 학교, 관공서, 병원, 교회 등이 중경에 속한다. '내'가 있음으로써 그것들이 있는 게 아니라 그것들이 '나'의 존재감과 소속감을, 예의 그 공간 감각을 확인시켜준다. 남이 있어야 내가 있는 셈인데, 예외적으로 남이 없어도 잘 살아가는 데 아무런 지장이 없을 것 같은 유아독존형 인간의 반사회성은 근본적으로 자가당착이다. (더불어 '주체 사상'을 되뇌는 북한의 폐쇄성 자체가 '내재적 접근/비판'을 언어도단으로 돌려놓는, 소설의 황무지이자 미개사회임을 자인하고 있다.) 그 점은 중경을 여백처럼 텅 비워 놓고서는 화폭 전체의 구성 감각을 따질 여지도 없는 것과 같다. 그것은 이미 풍경이랄 수 없다.

좀더 비유적으로 설명해야 할 듯싶다. 원경이 우주나 지구 같은 물리적 자연 현상이라면 중경은 도시나 마을 같은 인위적 자연 환경이다. 그것을 제2의 자연이라고 지칭한 문학이론가도 있지만, 중경에서 보이는 모든 공간은 타자의 그것으로서 '나/그'의 인생/일상을 철저하게 에워싸고, 간섭하며, 살벌하게 압박하는가 하면 너그럽게 감싸주기도 한다. 소설에서의 모든 갈등과 화해가 벌어지는 장소도 대체로 이 중경에서다. 원경의 공간에서는 그런 일이 벌어지지 않는다. 그것은 '나/그'의 삶을 전방위적으로 두량함으로써 생사여탈권까지 거머쥐고 있다고 해도 과언이 아니다. 물론 원경은 '자연'답게 '나/그'의 인생/일상을 깜냥껏 영위해보라고 내버려둔다. 그러니 중경의 그것과는 달리 '나/그'와의 비교 상대나 경쟁 대상이 아닌 것이다.

　은행, 공원, 영화관, 술집, 커피점, 도서관, 시장, 약국, 백화점, 슈퍼마켓, 편의점, 식당, 이발소, 대중목욕탕, 헬스클럽, 학교, 사설학원 등은 중경의 일부로서 모든 소설의 중추적 기능을 곱다시 도맡고 있지만, 그것들보다 더 중요할뿐더러 이것이 빠지면 그림의 가운데가 온통 덩굴과 잡풀로 뒤덮여서 도대체 두발나귀가 한 발짝도 떼놓을 수 없도록 묶어놓는 것이 있다. 사람의 활동을 그처럼 꼼짝 못하게 붙잡아놓고서는 이야깃거리가 나오려야 나올 수 없는데, 그것은 길이다. 길도 폭과 길이가 제가끔 다르고, 가꾼 모양새에 따라 그 외양도 여러 가지로 나뉘지만, 구불거리든 곧바르든 이것이 없는 풍경화는 있을 수 없다. 소설의 경우도 정확히 일치한다. 모든 이야깃거리는 길(=동선)에서 태어난다. 어떤 이야기라도 주인공을 두 번 이상씩 길가로 내몰다가 종내에는 길바닥에서 끝을 보게 매조진다. 길은 사람이 만들지만, 일단 만들어지고 나면 그때부터 길이 사람을 붙들어놓고 거기서 일상의 동선이 펼쳐지는 무슨 이야기를 엮고 얽는 것이다.

　길은 나/우리를 에워싸고 있으면서 남과의 소통을 도와주는 그물인데, 그 위에는 자연적 환경과 사회적 환경이 있다. 물론 오늘날의 모든 자연은 인위적인, 다분히 조작적인 차원의 인공 구조물에 지나지 않는다. 산자락을 경지 정리하듯 줄을 그어 심어놓은 인공림, 계곡의 산사태 방지용 철망, 하천의 양쪽 겨드랑이를 각지게 다듬은 둔치, 시냇물을 가둬놓은 시멘트 보(洑), 논바닥은커녕 땅바닥조차 보이지 않는 비닐하우스 같은 인위적 풍경은 자연이라기보다도 언젠가부터 거기에 붙박여버린 한낱 경치일 뿐이다. (그런 경치를 옮겨놓은 그림이 희귀해지자 대신에 사진으로 그 일부를 네모 틀 속에 가둬서 떼어놓은, '현장'보다 훨씬 더 아름다워지고 간추려져서 흡사 '편집 감각'을 과시하는 듯한 실물이 풍경 감상의 '주류'로 부상한 현상도 주목할 만하다.) 사회적 환경도 대체로 사진 특유의 '골라서 틀을 갖춘' 그런 경치처럼 대동소이하다. 국가의 힘 좋은 행정력이, 문물을 사통팔달로 퍼뜨린 '근대'의 득세가 자연의 외관을 그렇게 적극적으로 정리한 후 '이용'한 것이다. 그것을 자연 '파괴'로 보는 세칭 환경론자들은 중뿔나게도 인간의 '생활조작권'을 일방적으로 무시하면서 '문화'를 무작정으로 즐겨서는 안 된다는 투로 설쳐된다. 보는 바대로 문화는 자연의 대척점에 있고, 공기처럼 '가려가면서' 즐길 수는 없게 되어 있다. 인간은 그 둘(=자연/문화)을 공히 개발하면서 즐길 수 있고, 그것의 노예가 되지 않을 권리도 향유해야 진정으로 인간다운 체면을 유지할 수 있을 텐데 말이다.

그런데 이 중경으로서의 자연적 환경과 사회적 환경은 누구라도 지척에서 일상적으로 목격해오고 있는 만큼 낯이 익고 그러므로 누구라도 알아볼 수 있도록 소상하게 묘사해야 함은 말할 나위도 없다. 그러나 앞에서도 지적했듯이 크게 보면 어느 것이나 어슷비슷하고, 눈여겨봐야 작은 부분에서 다소 다른, 바로 그 차이를 변별해서 부각시켜야 하는 것이 소설의 중경, 곧 '움직이는 공간' 감각이다.

⇒(가) "눈은 쌓이고 이 좋은 날 이 속에서 싸우다니… 훈련원 벌판이나 경성운동장으로 가서 최후의 결승을 하거나 장충단 솔밭에 가서 결투를 해버리는 게 옳을 일이지."(159쪽) "여기서는 좀 멀지만 화개동 댁에서는 삼

청동으로 해서 추석문으로 빠지면 효자동 종점이 아니 되우? 바로 그 종점에서 조금 내려오노라면 산해진(山海珍)이라는 간판 붙인 일본 식료품 상점— 말하자면 일본 반찬가게가 오른편 새로 지은 일본집 틈에 있는데 그리만 와서 나를 찾우."(374쪽)(염상섭의 《삼대》)

(가)의 예문의 원경은 말할 나위도 없이 1930년대 초입의 서울이다. 그 당시는 한쪽에서 자생적인 독립운동의 일환으로 폭탄테러 같은 비상한 암중공작이 들끓는가 하면, 다른 한쪽에서는 아편처럼 중독성이 강한 주색잡기에의 자발적 투신과 허울 좋은 신앙에의 몰입으로 늘 허우적거리기도 하고, 또 다른 한쪽에서는 논밭 같은 세전지물과 사당이나 지키며 '남'으로서의 치자(治者)에게 기신거릴망정 목숨이 붙어 있는 한 악착같이 살아보겠다고 허둥거리는 보수반동들의 헛기침 소리가 낭자하던 시절이었다. 그처럼 각양각색의 두억시니가 떼지어 온 동네를 휘젓고 돌아다니는 것 같던 그 시절을 임장감 넘치게 옮겨보려는 작품답게 위의 작례에는 중경이 유독 살아 있다. 흡사 지적도를 손짓까지 곁들여가며 설명하는 말단 공무원처럼 동네 지명도 소상하게 꿰어낸다. 또한 그 지명에 따르는 사회적 환경이 끊임없이 유동적이라는 사실까지도 놓치지 않는다. '훈련원'에다 '벌판'을 덧붙이고, '장충단'에도 '솔밭'이 있다든지, 여러 길 중에서 '화개동-삼청동-추석문-효자동' 종점을 택하라고 권면하며, 바로 그 지점에는 바야흐로 일본의 상업자본이 속속 부려놓고 있는 일본집들이 즐비한데, 이런 '움직이는 공간'을 한결 느긋한 본새로 '보고' 함으로써 화자는, 내가 시방 상관 앞에서 이마의 땀을 훔치며 '브리핑'하는 여느 아첨배와는

급수가 다름을 내비친다. 이런 공간 감각이야말로 작품의 성과도 도와줄 뿐만 아니라 '움직이는 공간'으로서의 일대 기여라고 할 수 있다. 아니다, 인위적 공간으로서의 사회적 공간이 얼마나 치열하게 인간을, 또 그 활동까지를 한편으로는 보듬으면서 다른 쪽으로는 틀어막아버리는지를 보여주는 성취라고 해야 한결 말이 더 맞을 듯하다.

그러나 자연적 환경은 거의 움직이지 않는다. 그것은 일상처럼 '장기지속적'이면서도 어제보다는 오늘이 조금 다르듯이, 또는 계절이 바뀜에 따라 바람의 냄새와 햇볕의 촉감이 달라지듯이 그렇게 서서히 변화한다. 단조롭지만 그 변화는 인간이 영위하는 따분한 나날들에 숨통을 틔워준다. 그 미세한 공간 감각은 작가마다 서로 질세라 제 기량을 뽐내는 데 스스럼이 없다. 그중에서도 압권은 아무래도 다음의 예문이라고 해도 좋을 성싶다.

⇒(나)라 부아시에르에서 큰길을 벗어나 평탄한 길을 따라 뢰 언덕 꼭대기까지 가면 분지가 나타난다. 그곳으로 흐르는 강이 그 분지를 뚜렷하게 지형이 다른 두 개의 지역으로 갈라놓는데, 왼쪽은 온통 목초지이고 오른쪽은 경작지이다. 목장은 낮은 언덕들이 주름을 이루는 발 아래로 펼쳐지다가 그 뒤쪽으로 브레 지방의 목초지에 닿아 있다. 한편, 동쪽은 평야가 완만한 오르막을 이루면서 차차 넓어져서 끝 간 데 없는 황금빛 밀밭을 펼쳐놓고 있다. 초원의 가장자리를 흐르는 강은 초지의 색깔과 밭이랑의 색깔을 하얀 띠로 구획하고 있다. 그래서 이 들판은 녹색 우단 깃을 달고 은색 띠로 테두리를 두른 큰 망토를 펼쳐놓은 것 같아 보였다.(귀스타브 플로베르의 《마담 보바리》 105~106쪽)

찬찬한 눈길로 어떤 사물이든 오래도록 응시하는 사람이 한 점의 흐트러짐도 없이 묘사한 득의의 풍경이 아닐 수 없다. 너무나 정직한 눈씨여서 어떤 과장도 보이지 않는다. 다소 밋밋하고 단조로워서 읽히는 맛이 떨어지고 이내 지루해야 할 텐데, 곳곳의 변화무쌍한 지형과 지물이 제자리에서 다양한 색깔을 펼쳐놓음으로써 눈을 시원하게 풀어준다. 이쯤 되면 어떤 독자라도 그 푹한 농촌 풍경의 품 안에 저절로 안겨들고 만다. 이미 한껏 '가꾸어진' 자연임에도 불구하고 이런 '자연적 환경'만이 그 대척점에 있는 '사회적 환경'보다 인간에게 더 우호적인지 어떤지를 일도양단식으로 말하기는 어렵다. 지구 문명 자체가 근본적으로는 '원시 자연'의 개발사이어서 그렇다. 어쨌든 (나)의 예문은 자연적 환경이 마땅히 있어야 할 자리에 중경으로 군림함으로써 장차 이 공간이 주인공의 인생/일상을 어떻게 감당해야 하는지를 예고하고 있다. 역시 작품의, 또는 출중한 묘사의 성취라기보다는 중경의 역할로서의 일대 승리라고 해야 옳을 것이다.

이미 위의 두 예문에도 드러나 있듯이 중경의 지명을 실명 그대로 따올 것인지, 아니면 S시, T군, P면, K동처럼 반(半) 익명화할 것인지, '우리 동네' '그 마을' 식으로 아예 이름조차 없는 무지렁이로 만들 것인지, '무진'처럼 지어낼 것인지는 작가의 작의나 작품의 성격에 따라 달라진다. 가령 이 시대의 풍속화를 정확하게 그려놓고 말겠다는 사명감, 이 눈으로 목격한 현실의 실상/허상을 곧이곧대로 옮겨놓겠다는 고발의식, 이 '사실'에는 어떤 조작이나 상상이 스며들 여지가 없었다는 공언을 비쳐야 할 필요성 따위가 있다면 어느 한 지역의 실명을 그대로 노출시킬 수밖에 없는 것이다.

알려져 있다시피 어떤 작가라도 지명의 사용에 관한 한 실명 노출로부터 무제한으로 자유로울 수는 없다. 혹시라도 망외의 누를 특정 지역에 끼치지 않을까라는(심지어 공연한 구설수에 휘말려 생욕이라도 먹지나 않을까 하고 긴장한다) 노파심이 첫 번째 이유이고, 두 번째는 대개의 소설이 그렇듯이 믿을 만한 취재원의 입담과 그 주변의 풍문을 주워 모아 '극화'한 것이라지만, 사실감이 훌륭한 실화, 일가친지의 목격담, 구비문학 수준의 인물/사물 인상기 따위에다 그럴듯한 '모양내기'로서의 온갖 조작 행위까지 뒤섞여 있는데도 불구하고 어딘가 기행문이나 논픽션 같은 냄새가 나지 않을까 하는 기우 때문에 쭈뼛거리는 것이다. 후자의 기우는 작가 자신의 이야기 꾸리기에 대한 근본적인 재능, 소설이라는 언어 제도가 도대체 무엇이 되어야 하는지에 대한 '근대' 의식으로서의 복무 지침 따위가 좌우할 것이므로 함부로 일반론을 펼 수는 없는 노릇이다. 왜냐하면 작가마다 소설 쓰기 능력은 천차만별이고, 그의 소설관은 '수요도 없는 소설을 골치 아프게 뭣 하러 쓰냐'에서부터 불특정 다수의 독자들 비위나 맞추려고 전전긍긍하는가 하면, 안 읽히는 소설을 한사코 써버릇하면서도 '글은 우선 바른말을 하는 도구잖아'라고 고집을 피우는 판장원까지 각양각색이라서이다.

한편으로 전자의 경우 곧 특정 지역에 사는 일반인이(=대다수의 독자) 보이는 반응에 대한 진단은 좀 애매하다. 소설이라는 근대적 문물이 현대생활 전반에 과연 얼마나 밀착되어 있는지, 그 지역민의 의식 일반에 어떤 영향을 미치는지를 알아보기란 지난하며, 그런저런 쓰임새까지 염두에 두어야 하는 작가의 직업의식이 소위 '예술 창작의 자유' 앞에서는 언제라도 하잘것없이 여겨져서다. 좀더 큰 시각으로 보면 한국 현실의 제반 모순과 부조리에 대해서는 맹공을 퍼부어도 괜찮은데, 한 지역에서 일어난 불미스러운 '역사적' 모반 사건이나 배신행위, 치정, 관민 불화, 지금도 이견(異見)이 첨예하게 맞붙고 있는 특정 유지한 사람의 횡령 미수와 선행 같은, 인구에 회자하는 화제에 대한 비판적 성찰에는 반드시 재갈을 물려버린다는 것은 형용 모순이다. (소설의 역할에 대한 인식 부족이라는, 일종의 '근대성' 미달에 해당된다는 지적이다.)

누구나 보다시피 '현대' 소설은, 오락적 기능에 치중하든 어느 정도의 교훈을 전제하든, 그 용도가 지극히 제한되어버린 지 오래다. 진지한 소설 읽기를 즐기는 사람도 소수이거니와 음미와 향수를 일삼는 애호가는 더 드물며, 그들의 취향과 소신은 편식 습벽과 유사할 테지만, '고향 의식' 앞에서는 묘하게도 '얼굴 없는' 다수의 편을 들고 나서는 데 망설임이 없다. 특정 사건에 직간접적으로 연루된 관계자나 그 후손들은 이미 확고한, 그러나 다분히 편파적인 주견을 갖고 있어서 소설 속의 불편부당한 '시선'에는 적의(敵意)를 감추지 않는다. 일반적인 정서도 대개 다 '우리 마을'에서 실제로 벌어진 이런 '불미스러운 사건'을 굳이 소설화해서 '낙인'을 찍을 것까지 있냐라는 의견에 공감하게 마련이다. 이 점도 달리 생각할 여지가 다분하다. 이를테면 신문이라는 세칭 '사회적 공기'로는 그런 폭로를 허용하는데도 소설로는 곤란하다는 '다수 의견'이 공론으로 굳어진 듯하며, 그 배면에는 두 매체의 기능이 다를뿐더러 한쪽은 상대적으로 당분간의 화제로 그 단물을 빨아먹고 내팽개치는데도 그 배후에는 전국적인 초미의 관심

사라는 '거대 세력'이 상존해 있는 데 반해, 다른 한쪽은 보도의 허상과 미흡을 웬만큼 발겨냄으로써 '역사적 진위'를 가려내려는 의도가 제법 짱짱하므로 그 서슬에 가위 눌리다 못해 내지르는 반발이기도해서이다. 어떻든 그 두 쪽의 추세를 가타부타하기에는 애초의 '작의 가오그라들고, 이쪽저쪽의 눈치를 살펴야 하는 작가는 흔히 추수주의자의 탈을 일시적으로 뒤집어 쓸 수밖에 없다. 물론 그 강약의 정도는 다르다 마다를 넘어 천차만별일 테지만.

그래서 추리물, 범죄물 같은 특수 장르나 부도덕한 치정극 같은 화제를 다루는 경우에는 아예 K시 같은 익명을, 또는 '무진' 같은 작명을 택하는 것이 문학적 '관습'이 되어 있다. 이런 '관습'이 개별 작가에게는 상당한 족쇄로 작용하고 있음도 공지의 사실이다. 실명을 쓰고 싶은데도 그럴 수 없는 음양의 압력을 의식해야 한다든지, 그 반대로 반(半) 익명이나 작명으로 설정해야 그럴듯하지 싶은데, 그럴 수 없는 경우도 있다. 특히나 후자는 바로 앞의 예문《삼대》에 해당되며, 1930년대의 한국 현실을 증언, 고발하겠다는 자의식이 지명의 익명/작명을 원천적으로 봉쇄해버린 셈이다. 실제로 우리의 사람 이름이 그런 것처럼 동네 이름도 의미심장한 것이 수두룩하다. 서울만 하더라도 적선동, 망우동, 덕은동, 망원동, 군자동 등을 들 수 있다. 한글 지명은 더 말할 것도 없는데, 이런 복잡한 명명 체계는 소설가에게 작명의 여지를, 그것이 한글이든 한자이든, 무한대로 열어놓고 있다.

이름이 그 사람의 '성격'을 웬만큼 반영하듯이 중경의 지명도 작품의 분위기 창출과 이야깃거리의 소생력에 상당한 탄력을 붙여줄 것임은 자명하다. 그런데도 요즘의 우리 소설들은 대체로 그 작명에 소홀해서 예사로 S시이거나 T동으로 하거나, 더 심하게는 유령들의 출몰 지역처럼 숫제 지명 자체가 없는 경우도 허다하다. 지명 자체가 소설의 정치/유치 정도를 분별하는 데 아주 용이한 잣대임은 새삼 의식해 둘 만하다. 설마 어떤 지역이라도 '행인 1'처럼 제 존재가 '얼굴'도 없이 시시하게 취급되길 바라기야 하겠는가.

따라서 중경의 존재 가치는 뚜렷하다. 그것이 유동적일 때, 이를테면 주변 환경이나 특정 지역이 주요 인물의 활약을 음양으로 도와주거나 훼방 놓을 때는 특히나 그렇다. 그런 상호 부조와 견제가 없는 무풍지대라면 사람의 생존이 불가능하다기보다도 이야깃거리들/이야기들의 태생지로서는 일정하게 '예외 권역'으로 치부해도 될 터이기 때문이다. 그러므로 중경에 어떤 역할을 부여하느냐 하는 것, 곧 그 '성격'(=구실) 창조를 고려하지 않은 소설은 독자의 업신여김을 받기 전에 스스로 그 구조가 허술해서 어떤 주인공도 그 속에서 활동하기가 불안하고 불편해지고 마는 것이다. 그러나 중경의 구실이 딱히 중요하지 않을 때, 그 예로서 이른바 닫힌 공간에서 인간의 실존을 탐색하는 소위 '상황극'에서는 '사실극'에서의 확실한 공간 감각을 의도적으로 간과할 수 있는데, 그것에는 원경도, 중경도 불필요하며 근경이, 곧 그 '닫힌 공간'(=상황) 자체가 주인공 맞잡이이기 때문이다.

근경은 골목이자 마당이며, 집 또는 건물이다. 하루 종일 인간이 활동하는 데 없어서는 안 되는, 가장 많은 시간을 보내는 장소가 바로 이 근경에 해당된다. 이 공간은 생업의 현장인가 하면 요긴한 활동으로서의 '생활 자체가 영위되는 자리이기도 하다. 그러므로 의식주 관행이 일상적으로 이루어지는 곳이 근경이다. 먹고, 자고, 입고, 일하다가 놀기도 하며, 고단해서 쉬기도 하고, 이야기를 나누다가 티격태격하는 처소인 것이다. 처소란 인간이나 사물이 임시로, 또는 장기간 머무는 곳이자 잠시 볼일로 떠나 있다가도 반드시 되돌아와서 심신을 가다듬어야 하는 공간이기도 하다.

위에서 설명한 대로 물리적 자연 현상으로서의 원경이 고정불변인 데 반해 중경은 끊임없이 제 실체를 바꿔가는 공간이다. 어느 날 문득 다리가 놓이고, 구불거리는 도로가 곧게 펴지면서 넓어지는가 하면 남루한 달동네가 끝밋한 아파트촌으로 탈바꿈하기도 한다. 한동안 새롭게 '조성된' 그 인위적 풍경은 퍽이나 낯설게 다가오지만, 어느새 예전의 그 후졌던 광경이 까맣게 잊히고 만 것을 알고 적이 놀라는 때가 한두 번이 아니다. (외부 환경에 대한 인간의 영민한 적응력은 기억 장치의 그런 자동적 망각 기능과도 무관하지 않아 보인다.) 어쨌든 자연 환경의 변모는 발달/발전의 강박증으로부터 놓여날 수 없는 지구 문명의 속성 때문에 불가피하며, 인간은 만부득이 한 때의 중경을 마음 내키는 대로 파괴하면서 한편으로는 기억 장치를 동원해 복원시켜가는 데 급급할 뿐이다.

원경의 천연성, 중경의 변화무쌍성과 달리 근경은 다소 개성적이라고 할 수 있다. 그것은 적어도 만인 공유의 것이 아니라는 점에서도 유별나며 독자적일 수밖에 없다. 크게는 마을이나 부락 같은 소규모 공동체 단위가, 작게는 가족이나 그 구성원 각자가 제 몸처럼 마음에 들도록 꾸며놓고 사용하는 공간인 것이다. 일반인들이 일상을 영위하는 모양새가 부자든 가난뱅이이든, 거기서 거기이듯이 근경도 어슷비슷하게 비칠 수 있으나, 여느 집이나 그 실내가 말하는 대로 누구나의

'눈앞에 펼쳐진' 저마다의 풍경은 근본적으로 다를 수밖에 없다. 각진 외형은 비슷할지 몰라도 그 내부는 아주 판이한 것이다. 인간의 모습이, 각자의 성격이, 제가끔의 능력이 유별나듯이 그것은 그렇게 다르다는 사실을 마음껏, 그러나 무던히 드러낸다.

어떤 작품이라도 근경이 없을 수는 없다. 그것이 없는 작품은 애당초 이야기가 성립되지 않는다. 주요 인물이 등장하지 않는 소설이 있을 수 없듯이 그것은 그렇다. 옳은 이야기라기에는 허술한 구석이 너무 많은 신화나 전설에도 그것은 불충분하게나마(대체로 원경인 '자연 현상'을 배경으로 삼고 있음도 시사적이다) 그려져서 청자/독자의 고유한 기득권인 '공간 감각'을 얼마쯤 열어준다. 하물며 다른 서사 장르는 말할 것도 없다. 유행가 가사에조차 근경은 나름대로 번듯하다. 그런 만큼 어떤 근경이라도 나름의 독자성을 가지며, 실은 이 특장이 소설을 소설답게 만들면서 가독성을 증폭시킨다.

다음과 같은 근경은 대표적인 실례로서 보다시피 어느 집의 입구, 어떤 가옥의 비상한 구조, 한 공공장소의 실내를 각각 극명하게 보여준다. 이 세 예문은 말할 나위도 없이 각 작품의 중경 묘사가 적절한 '길이'로 그려진 후에 독창적으로 '지어진' 근경임을 '자발적으로' 보여준다.

⇒(다)길에 난 바퀴 자국이 점점 더 깊어졌다. 베르토 농장이 멀지 않은 것이었다. 그때 사내 녀석은 생목 울타리 사이 구멍으로 빠져들어가 사라지더니 어떤 마당 끝에 다시 나타나서는 살문을 열어주었다. 말이 축축한 풀을 밟고 미끄러지곤 했고 샤를은 나뭇가지들 밑을 지나가기 위해서 몸을

수그렸다. 개집 안에서는 집 지키는 개들이 쇠사슬끈을 끌면서 짖어댔다. 그의 말은 베르토 농장 안으로 들어서자 겁을 집어먹고 크게 한 옆으로 물러섰다. (중략) 훌륭한 외관을 갖춘 농장이었다. 마구간 안에는 열린 문 위로 밭갈이용 살찐 말들이 새 꼴시렁에 넣어준 먹이를 한가하게 먹고 있는 것이 보였다. 건물들을 따라 널찍하게 널린 퇴비에서 김이 무럭무럭 오르고 있었다. 그리고 코 지방의 사육조로서는 사치인 공작새 대여섯 마리가 암탉과 칠면조들 가운데서 모이를 쪼고 있었다. 양 우리는 길었고 곳간은 높았고, 그 벽들은 손바닥처럼 매끄러웠다.(귀스타브 플로베르의 《마담 보바리》 27~28쪽)

⇒(라)또 조금 있다가 경애가 나오더니 아이 보는 년을 불러서 부엌 쥐로 끌고 나가더니 현저동 집에 가서 주인아씨께 잠깐 오시라고 전갈을 해서 뒷문을 열어주어 내보냈다. 뒷문은 그전에 누렁물을 쓸 때는 열어놓고 썼었지마는, 뒤에 병원이 서게 되자 우물은 병원 안으로 들어가버리고 병원담과 이 집 사이에 토시짝 같은 골짜기가 생긴 뒤부터는 이 뒷문을 열어본 적이 일 년에 한두 번 있을까 말까 한 터이다. 그러나 경애가 이 집에 은 뒤에 두 번 이 문을 긴하게 쓴 일이 있었다. 그것은 두 번 다 남자를 들몰아낼 때이었다. 혼자 들어엎데었다가 나갔던 모친이 닫아둔 앞문으로 와서 흔들면 경애는 이 문으로 남자를 내보냈던 것이다.(염상섭의 《삼대》 302쪽)

⇒(마)문은 이중으로 되어 있고, 내부의 빈 공간에는 옷걸이가 걸려 있었다. 요아힘이 천장에 달린 등을 켜자 불빛이 번쩍번쩍하더니 방이 환하게 밝아졌다. 방에는 희고 실용적인 가구 마찬가지로 희고 튼튼하며 세탁

할 수 있는 양탄자, 깨끗한 리놀륨의 바닥재, 아마포 커튼이 눈에 띄었다. 커튼은, 근대식 취향으로 간소하고 운치 있게 수놓아져 있었다. 발코니 문은 열려 있어, 골짜기의 불빛이 눈에 들어왔고, 멀리서 춤곡이 들려왔다. 친절하게도 요아힘은 서너 송이의 꽃을 조그만 꽃병에 꽂아 서랍장 위에 놓아두었다. 사실 한번 베어낸 그루에서 다시 돋아난 이 꽃들은 톱풀꽃과 방울꽃 몇 송이였다. 요아힘은 직접 경사진 곳에 가서 꺾어온 것이었다.(토마스 만의 《마의 산》 27~28쪽)

위의 예문 (다), (라), (마)의 공통점은 분명하다. 우선 그 묘사가 매우 소상해서 영화의 한 장면을 보는 것처럼 독자의 눈앞에 선명하게 펼쳐져 있다는 점이다. 세 작가가 공히 평생토록 진지한 자세로 당대의 수준작들보다 한 걸음 이상 앞서는 독보적 소설의 집필에만 전념했고, 말 그대로 산문정신의 진정한 구현자들이었던 만큼 그들의 공간 감각과 그 자각적/독창적 표현력이 타의 추종을 불허할 정도로 출중했음은 재론의 여지가 없으며, 위의 작례들도 그 본보기로 손색이 없음은 사실이다. 각 근경에 숨어 있는 '정황/세부'는 정확 무비라고 상찬해도 될 만한 것들이다. (말이 축축한 풀밭에서 미끄러진다든지, 누렁물을 쏟다든지, 리놀륨 바닥재와 아마포 커튼 같은 일상, 현상, 사상事狀은 누구나 흔하게 맞닥뜨리면서도 막상 '표현-묘사'로는 놓치는 '현장-실물'이다.) 두 번째 공통점은 각각 그 특이한 소묘력에서도 발휘되고 있듯이 그것들은 철저하게 '창조된', 이 세상에서는 유일무이한 공간이라는 사실이다. 실로 그렇다. 모든 근경은 작가에 의해 '만들어질 수밖에' 없으며, 그렇게 '지어진' 공간은, 비록 이 세상의 어떤 대상을 참고했을지라도 이미 우리 주위에서는 찾아질 수 없는 것이다. 아니다, 그런 근경은 우리 주위에 있을 수 없다. 왜냐하면 작가가 '실물'에다 다른 사람으로 돋보이도록 머리에서 발끝까지 옷을 입히듯이 허구로 꾸며낸, 가공한 공간일 뿐이니까. 물론 독자들은 그렇게 '만들어진' 공간이 '실물'과 어떻게 달라졌는지 분간하기 어렵다. 실은 그런 분별 자체가 하등에 불필요하며 그냥 적당히 지은 특이한 가공의 공간으로 받아들이면 그뿐이다.

이미 누누이 강조했듯이 모든 이야기는, 그 속의 주인공은 작가의 직접적/간접적 경험을 토대로 재구성됨으로써 한 편의 소설로 태어난다. 그러니 '허구=창작'은 '재구성'과 동의어라고 해도 좋을 것이다. 이런데도 자신을 모델로 했다며 시비를 걸어대는 망외의 화제 띄우기 따위는 소설의 진정한 의미와 가치에 대해 무지한 소치가 아닐 수 없다. (대체로 그것은 어떤 인물의 치부를 까발림으로써 자신의 같잖은 명성을 폄훼했다는 것인데, 그런 희화화는, 현대 서양미술의 한 유파가, 이를테면 앤디 워홀의 현란한 성취가 보여주는 데서도 알 수 있듯이, 전자문명의 어쩔 수 없는 속성이자 '형식'일 뿐이다.) 마찬가지로 소설 속에 등장하는 모든 구현체, 그중에서도 시간/공간과 자잘한 소도구도(흔히 '세목=실물'이라는 실경의 부속물이자 보완재로서 앞의 예문의 '리놀륨 바닥재'가 그것이다) 당연히 어떤 대상을 염두에 두고 작가가 '지어내서 옮겨놓은' 것에 불과하지만, 그런 '표현-묘사'는 번역 즉시 제2의 창작물이 됨으로써 이미 현실에서는 있을 수 없는 '가공'의 것이 되고 만다. 거꾸로 말하면 '베끼는' 과정에서 작가는 참고용으로 떠올리거나 곁에 두고 있는 대상물에 자신의 수많은/자잘한,

그러나 남들이 보기에는 별것도 아니라서 공연히 까탈스럽게 비치는 '원망'을 덧붙인다. 자기 집, 방, 책상을 대상물로 삼아 그대로 '베끼면'(작가 자신의 '언어 표현력'이 사실화가의 소묘력처럼 최상급이라는 전제하에서라도) 재미가 없으므로 대개는 거기에다 자신의 평소 불만이나 소망을 투영함으로써 장인처럼 어떤 완벽한 창조물을 만들어내는 것이다. 강조하건대 작가는 모든 현상/사물에 불평, 불만, 원망을 품고 있는 비판자이자 개선/개량론자이므로 그의 허구 일체에는 본질적으로 그 자신만의 어떤 '이상'이 반영될 수밖에 없다. 널리 알려져 있는 대로 미술책에 약방의 감초처럼 실리지만 볼 때마다 감탄하게 되는 그리스인의 인체 조각상은 이상화된 미의 한 표현물일 뿐이지 실제로 그 당시 인간의 골격이나 등신대와는 수치상으로도 전혀 무관하다는 '교양적 상식'은 모든 이야깃거리의 선택, 배치, 조작에서 상기, 참작해야 할 불문율이다.

따라서 중경이든 근경이든 얼마든지 현실의 '그것'과는 다르게 바꿀 수 있고, 실제로도 바뀌고 만다. (그림과 달리 '글'의 묘사/표현력은 사실寫實에의 힘겨운 접근을, 그러나 영원히 다가갈 수 없는 근사近似를 기약할 뿐이다.) 심지어는 고정불변의 원경조차, 예컨대 똑같은 하늘이나 변함없는 산도 작가/작품마다 달라지는 것은 언어 기술상의 기량 차이라기보다는 집필 당시의 지각, 감각 같은 인식 전반에 투영되어 있는 평소 '욕망/불만'의 잔해의 총량에 차이가 나서일 것이다.

작품 속에 써먹는 모든 공간은 어떤 대상을(예컨대 서울이든, 가락동이든, '나'의 방이든) 재구성한 것일 뿐만 아니라 그런 실제의 형상물을 참작할 것도 없이 작가 자신의 머릿속에서 오랫동안 '원망'으로 우려먹던 것을 '참조'해서 제2의 '서울'이나 제3의 '가락동', 나아가서 이 세상에서 실제로 있기는커녕 도저히 있을 수 없는 이상한 '방'을 지어내야 한다. 대부분의 작가는 의식적으로든/무의식적으로든 흔히 이 점을 간과하며, 이 원론에 둔함으로써 글이, 소설이 안 써진다는 푸념을 입에 달고 살기도 하는데, 그에게는 상대적으로 '공간 감각'도 태부족일 테지만, 더 근본적으로는 자신의 내부에서 어떤 '원망=의식 수준의 차이'가 들끓고 있는지 하는 의구심부터 챙겨봐야 할지 모른다.

> **제6장 1절의 요약**
> (1) 모든 사람은 '사회화/자의식화' 과정을 밟기 전에 '공간 감각'부터 학습한다. 이 선행 학습은 각자의 생태적, 가정적/사회적 지위에 맞춤한 '적소(適所)'에 대한 분별력이다. '공간 감각'의 의식 여부에 따라 그 사람의 성격, 처신, 교양의 일부까지 드러난다. 여느 일반인들이 어떤 '공적 공간'에서 자기 '자리'를 의식, 선별하는 양태를 주목하면 '공간 감각'이야말로 인간적인 너무나 인간적인 '의식' 그 자체임을 알 수 있다.
> (2) 모든 소설에는 세 개의 공간이 있다. '하늘' 같은 원경과, '들판' 같은 중경과, '마당' 같은 근경이 그것이다.
> (3) 원경은 '나라'처럼 관념적일 수도, 국수주의적일 수도 있다. 중경은 '들판'을 비롯하여 '집/건물/고속도로'같은 제2의 인위적 자연 환경까지 포함하는데, '타자'와의 관계 설정에 배경 구실을 한다는 점에서 이야기의 '보편성' 획득에 나름의 구실을 도맡는다. 근경은 이야깃거리들의 구체적이고 (그 작품만의) 특별한 '실물=세목'을 아우른다.
> (4) 원경이든, 중경이든, 근경이든 그것들은 작가의 표현력/묘사력에 따라 철저히 재구성되는 것이다. 어떤 '실물=대상'을 그대로 베껴봐야 실경과는 거리가 멀뿐더러 독자가 감지하는 '사실성'이 작가의 '참고용'과는 하등의 관련이 없다는 점은 특기해둘 만하다. 따라서 소설 속의 모든 '공간'에는 작가의 평소 '이상-욕망-희원-불만'이 배어 있다. 그것이 첨예하게 드러나 있지 않을 때, 그 소설의 성취도는 범상한 수준으로 떨어진다.

2. 황무지와 골방

　시간은 만인 공유의 것이다. 제 시간을 갖고 있지 않은 사람이 있을 리 만무하다. 그래서 시간 앞에서는 누구나 평등한 것처럼 비치기도 한다. 부자나 가난뱅이나 똑같은 계절을 맞이했다가 무연히 흘려보낸다. 부지런한 사람이나 게으름뱅이나 하루를 24시간으로 쪼개서 쓰는 데 있어 큰 차이가 날 리도 없다. 또한 의식하기에 따라서 다소 다르기는 할 테지만, 하루나 일 년도 짧다면 너무 짧고 아껴 쓰기로 들면 금쪽 이상의 가치를 누릴 게 틀림없다. 그러고 보면 시간에는 길, 녹지 같은 공공물로서의 어떤 속성이 배어 있어서 누구와라도 함께 누려야 하고, 어떤 공동선을 위해 서로가 제재, 권장, 감시를 강화해야 그것의 사용 가치가 높아질 것 같기도 하다.

　그러나 보다시피 시간은 공기처럼 흔전만전이어서 그 가치가 보잘것없는, 그래서 누구라도 함부로 써버릇한다. 또는 하늘처럼 늘 그 자리에 붙박인 채로 쉼 없이 흘러감으로써 으레 그러려니 하고 마냥 내버려둔다. 개개인이 한껏 누려야 하는 제 시간에 대한 의식도 사람마다 다소 다르기는 할 터이나, 이 '사적' 자각 내지 의지마저 대다수 일반인이 하루하루를 흘려보내고 있는 일상처럼 반복되면서 얼핏얼핏 반추하는 관행-타성이자 소일거리에 지나지 않는 것이 되고 만다. 그러니 누구나 그 소중한 시간을 무의식중에 아무렇게나, 그야말로 '케세라 세라' 조로 사용(私用)해버린다고 할 수 있을 것이다. 금붙이 이상으로 소중한 이 시간이라는 헤픈 '소비재'가 소설 속에서는 얼마나 덧없이 허비되고 있는지를 누구도 자각하지 않을 뿐더러, 특히나 모든 '사건-사고'를 두량하면서 시간과의 싸움에 쫓기는 주요 인물들이 그 '주어진 시간'을 또록또록 의식하는 경우는 드물다.

그러므로 작가들은 모름지기 '시간 관리' 내지 '시간 배분'에 대한 배려를 통해서 소설의 성취 정도를 스스로 따져봐야 한다. 올바로 쓰기만 한다면 주도면밀한 '시간 안배'만큼 작품의 밀도를 재는 편리한 잣대도 달리 없을 듯하다. 이를테면 한 작품의 '시간대' 중에서 어느 부분의 '밀도'가 높은지, 또는 느슨한지 점검, 분별하는 식으로 말이다. 가령 두 주요 인물의 전화 통화가 실제로 10분 안에 끝났을 텐데도 막상 36시간 전후의 '시간대'를 다룬 200자 원고지 80매짜리 단편에서 4분의 1 이상을 그 대화가 '강조-미화'라는 취지 아래 과점하고 있다면 그 작품의 '시간 관리'에 대한 작가의 배려는 무지막지하거나 균형 감각의 부재라는 지탄을 면키 어려울 수 있다. 좀더 손쉬운 예로 통속소설에서의 무수한 '대화', 곧 실없는 노닥거림은 동어반복에 불과하다는 점에서도 '밀도'가 헐렁한 편이지만, 그것의 '시간 관리'는 비현실적이기도 할뿐더러 시늉(=눈속임)으로서의 '사실감=현장감'을 앞세운 치기(=글장난)에 가깝다고 할 수 있다. 그럴 수밖에 없는 것이 그처럼 수다스런 통화 중에 괴어드는 쌍방의 '무수한 느낌, 마뜩잖은 기분, 왠지 스스러워지는 정감, 떠올랐다가는 이내 가뭇없이 지워지는 회상 따위를(그중 몇몇 영상=이미지, 대화 등은 당장 곱다랗게 빼내서 소설 속에다 예의 그 '의식의 흐름'으로 써먹을 수도 있는 '아까운 일화'들이다) 무작정 '생략'해버린다는 것은 결국 '시간=지면'을 엉뚱한 데다 탕진해버리는 것이 아니고 무엇인가.

 그러나 공간의 구성에는 일단 그런 사용상의 제약이 없는 것처럼 비친다. 주요 인물들이 예의 그 '장면-현재'와 '요약-과거'를 넘나들면서 어떤 '시간대'를 재량껏 나눠서(=분절해서) 사용할 수 있을지 모르나(예컨대 수면 시간, 식사 시간 같은 반복적 행위가 불필요하다고 생각하여 없애버리는 것을 말한다), 꼭 쓸 것만 쓴다는 강박에는 '시간의 밀도'를 의식하지 않을 수 없는 것이다. 공간은 그런 '배분'에 관한 한 비교적 자유롭다고 할 수 있다. 곧 주요 인물의 행위 일체의 배경으로 쓸 수 있는 공간은 대체로 이미 주어진 팔자처럼 '골라져' 있으니 말이다. 흔히 '시간관념'이나 '공간 감각'이라고 쓰는 어휘 조합에서도 그 기미의 일부가 드러나 있듯이 현대인에게 시간은 자못 강박적인 이성의 차원으로, 공간은 다소 느긋한 감성의 그것으로 다가온다. '시간대'를 주도면밀하게 통할해야 하는 것도 같은 맥락으로 이해할 수 있다. 그런데 가시적인 삼차원의 세계인 공간은(시간까지 포함하는 현대 물리학에서의 사차원적 세계는 일단 논외로 치고) 공적인 것과 사적인 것이 정확하게 나뉘어 있음에도 불구하고 그것의 사용에 관한 한 다분히 감각적이다. '내 시간'이란 말만큼 '내 공간'이란 개념이 적절한 유통 가치를 발휘하지 못하고 있는 것도 의미심장하다.('내 집' '우리 집' '너네 집'에는 소유에 대한 분별이 들어 있는데, '내 공간'에는 '내 시간'만큼 그 장악의 정도가 강하지 않다)

당연하게도 공간의 모양새는 다양하기 이를 데 없다. 자투리땅이나 공간 분할에 한껏 멋을 부린 미술관의 실내를 봐도 알 수 있듯이 네모꼴, 세모꼴, 원뿔 모양도 있다. 그것의 경제성과 편리성만 따진다면 장방형으로 갈라서 써야 기중 나을 텐데 굳이 그러지 않는 것이다. 그러고 보면 사람의 공간 감각에는 어떤 타성에 대한 반발뿐만 아니라 반이성적 생리, 곧 원시인들처럼 닥치는 대로 형편에 따라 아무렇게나 어질러놓고 지내려는 심성이 잠재해 있는 것 같기도 하다. 그런 생리 일체를 원시 자연에 대한 동경으로 정리한다면 비약이 너무 심할 테지만, '문명' 차원의 모든 건축 구조물이 '직선' 형태의 단일색을 띠고 있으며, 우리가 그 작위적으로 '지어진' 공간에 길들어져 있음으로 말미암아 인간의 별난 '자연관'이 이성을 명분 삼아 생활 환경 일체에다 인위와 조작의 만능 시대를 열어젖혔다는 사실을 실감할 수 있다. 보다시피 우리의 생활 환경은 철저히 인공적인 축조물로 '성형(成形)' 되어 있고, 언제라도 뜯어고칠 수 있다. 대개의 건축 구조물이 생활에 편리한 어떤 모형을 기도하고 있는 듯하지만, 그것들은 '땅=자연' 위에 세워진 인조물에 불과하다. 성당, 절간, 교회 같은 건축물은 자연과 너무나 동떨어진 그 외형 때문에 인간의 사고를 일단 압도, 압박한다. 그런 압박감을 인위적 공간의 위력이라고 할 수 있을 테지만, 그런 위압감 내지 외경감은 자연과의 생리적 친화감을 물리침으로써 얻은 '길들어진' 정서적 반응이다. 요컨대 산, 호수, 평원, 계곡, 폭포 같은 대자연의 장관에 대한 경이감과 마천루가 대변하는 인공적 축조물에 대한 찬탄은 서로 그 격이 다르다. 인공물에서는 어떤 '한계'와 '무류성'을 지향하는 인간의 욕심 사나움에 기가 질리면서도 심리적으로 불편해지고 말기도 하니까.

　다소 우회한 감이 있지만, 편리하게도 우리의 공간 감각은 황무지와 골방이라는 상반된, 또는 이분법적인 수용감에 길들어져 있다는 것을 강조하기 위해서이다. 여기서의 '황무지'는 버려져서 이미 그 경제성이 없어진 땅만을 의미하지 않는다. 그렇다고 원시 자연이 없어진 오늘날, 황무지가 자연의 등가물일 리는 만무하다. 그러나 그것은 누구에게나 나름의 의미와 가치가 있다고 하면 있고, 없다고 하면 아주 없는 그런 공간이다. 그것을 '공적 공간'이라고 불러도 가히 틀린 말은 아니다. 교회, 사찰, 도서관, 카페, 서점, 술집, 공원, 광장 등이 소위 '근대적' 공적 공간임에는 틀림없지만, 허구한 날 텔레비전 앞에서 턱을 떨어뜨리고 있는 사람에게 책방이 무슨 소용이 있겠는가. 또한 길 같은 공적 공간이 모든 시민에게 만만한 이용물이지 싶어도 어떤 특정의 도로는 대다수 사람과는 하등의 관계가 없다. 영화 보기보다 산행을 더 좋아하는 사람이나 풍경 사진 찍기로 소일하는 졸부들이야 입에 발린 '자연 예찬'을 아무 데서나 떠들어대겠지만, 그들이 과연 공적 공간을 얼마나 애틋하게 기리는지 누가 제대로 알겠는가. 이처럼 공적 공간은 있는 듯 없는 듯한 것이다. 그럼에도 불구하고 이 공적 공간은 인간을 꼼짝 못하게 에워싸고 그 슬하에서 모든 사람이 부림을 당할 수밖에 없도록 부추기는 강제력을 무시로 발휘한다. 쓸모가 있어서 만들었으나 이제는 그것의 노예가 되고 만 국면인데, 이런 구조화는 현대생활의 '제도적 측면'이라고 부를 수밖에 없을 듯하다. 이 '제도' 일체의 다양한 쓰임새를 소설에서 어떻게 활용할 것인지는 작가의 고유한 기득권이며, 아마도 그 운영 지침을 나름껏 마련하려는 충동이 그의 상상력에 불쏘시개 역할을 맡을 게 틀림없다.

우리 주변에 숱하게 널려 있는 여러 공적 공간을 인간이 만들었듯이 소설 속의 그것도 적당히 지어지고, 짜이며, 맞춰지다가 꾸며질 수밖에 없다. 착상에 이어 구상 단계에서부터 염두에 두고 있던 어떤 대상을(예컨대 '집'이나 '도서관' 같은 것인데, 그것들은 대개 다 작가가 오래전에 이용했거나 두어 번 이상씩 살아보았거나 눈여겨 봐두었던 '복수'의 조합들로서 말 그대로 가공물에 불과하다.) 문장으로 옮겨내는 과정에서 임의로든, 고의로든, 부지불식간이든 축소와 과장은 불가피한 것이다. 이를테면 각종 입시를 준비하는 수험생들의 공부방인 지역별 공공도서관들은 하나같이 각각 그 특색이 두드러져 있게 마련이다. 어떤 구립 도서관은 열 대쯤의 승용차를 부려놓을 수 있는 주차장 곁의 울타리용 은행나무 그늘이 좋은데, 하필 거기에서만 담배를 피우라고 두 짝의 나무 벤치와 알루미늄 담뱃재떨이까지 설치해두었는가 하면, 다른 곳은 출입구의 자동문 바닥이 번질거리는 인조 대리석이어서 이용객들의 걸음걸이를 잠시나마 긴장시키기도 한다. 그런 특징의 소묘를 통해서 이 세상의 유일무이한 공적 공간으로 만들어지는 과정은, 어차피 아주 요긴하다고 작가가 임시로 생각한, 그래서 나중에는 '그릴 것만 그렸다'고 평해지는 어떤 실체에 대한 '엉성한 안내도'가 된다. 요컨대 모든 공적 공간의 재구성은 어떤 '이미지'의 구현으로 이어지지만, 그 가상의 구조물은 부분적으로든/전체적으로든 상세하지도 않고, 또 그럴 필요가 없는 게 아니라 작가든/독자든 '그렇겠네' 정도의 상상적 장소의 소묘로 그칠 수밖에 없다는 말이다. 더 쉽게 설명한다면 어떤 공적 공간을 상세히 그려놓는다 하더라도 그 특정 장소에 대한 '사실감'에는 독자 개개인의 평소의 '공간 감각'이 보태져 있고, 그렇게 이해한 제2의 가상의 공간은 작가가 그린 소설 속의 그 지형/지물과는 전혀 다른 것이다.

이런 대목에서는 구체적인 사례가 미지의 소설적인 '공적 공간' 지어내기에 훨씬 나은 지침이 될 듯하다. 봄이면 벚꽃이 만발하여 베란다 앞이 유독 환해지던 15평짜리 서민 아파트는 비록 어떤 은행의 사택(社宅)이었다고 해도 그것만의 특별한 '이미지'를 양각시키기에 따라서 그 주거 환경의 '별 볼일 없는' 일반성을 말끔히 지워버린다. 실내는 비좁고, 출입구에는 늘 전단지나 광고지가 지저분하게 깔려 있어서 출퇴근 중의 발길마다에 짜증기가 연방 매달리던 그 아파트라는 공적 공간의 이미지는 '벚꽃'을 통해 화사하게 살아날 수 있다. 또 '청과물 식품 공판장'이라는 간판을 내걸어놓고 주로 과일을 팔던, 동네 어귀의 한낱 '평범한 공적 공간'으로서의 슈퍼마켓이 걸핏하면 신장 개업했다고 선전을 해대는 현상은 아무래도 그 큼지막한 상호가 행짜를 부리든가, 아니면 바뀌는 가게 주인마다 무슨 떼돈이나 단숨에 벌겠답시고 덤비는 그 똥배짱과 무관하지 않을 터이며, 여느 주부의 그런 예단에는 세칭 한탕주의에 대한 경원감이 켜켜이 실려 있다는 식이다.

그런 식으로 '지어진' 공적 공간은 그것만의 특정한 '이미지'를 띄워 올려야만 비로소 소기의 목적, 곧 공들여 쌓아올린 '평범 속의 비범한' 그 공간 감각이 빛을 드러낸다. 그러므로 잘 빚어진 공적 공간에는 반드시 어떤 유별난 '아우라'가 넘실거린다고 단정할 수 있다. 그것은 그것만의 독특한 공간 감각으로서의 '분위기'이자 '정조'이기도 할 것이다. (어떤 시인은 그것에다 '객관적 상관물'이라는 적절한 개념어를 만들어 붙였는데, 모든 공적 공간에는 그것의 이용자마다 각기 다른 정서를 환기시키는 '분위기'가 있을 터이며, 그것에 무심한 사람이 감히 소설의 주요 인물일 수 있는지는 숙고해볼 만한 과제다.) 가령 "너도 그 술집에 가봤구나, 좀 어수선하잖던? 벽지도 타임지 같은 인디아 페이퍼로 도배한 게 공연히 멋을 부린달까, 좀 덤벙거리는 것 같고" 하는 말에 "무슨 소굴 같던데 머, 무당집 분위기도 찰랑거리고, 그래도 머 편하긴 하데, 주인도 차분하고, 그 생머리가 유독 청승이 뚝뚝 떨어진다고 생난리를 치던 애들도 있었지만"이라고 대꾸하는 두 친구가 있을 수 있다. 그러고 보면 공적 공간마다에는 '개별적 분위기'라는 것이 반드시 숨 쉬고 있으며, 그 특정한 개별 정서는 아마도 일시적이거나 잠정적일 수도, 더러는 영구적일 수도 있을 것이다. 대체로 그것의 이용자들은 알게 모르게 공적 공간의 공통적이고 지배적인 분위기에 세뇌되고 말기 때문에 자신만의 '공간 감각'으로 어떤 변별성을 찾아서 그 특정 공공장소에 대한 나름의 '인상'을 확정짓는다고 할 수 있을 것이다.

어떤 작품을 읽고 나서 아무런 '느낌'도 없는, 그야말로 맨숭맨숭해서 '남는 게' 없는 범작이라고 혹평할 때, 그 독후감은 주인공 성격의 평범성, 이야기의 통속성, 사회적/문화적 '배경'=환경의 낙후성=시대착오성, 플롯의 도식성 같은 미비 때문이기도 할 테지만, 공적 공간의 개성적 '이미지'화에 등한했다는 과실을 은연중에 짚어내고 있는지도 모른다. 무색, 무미, 무취하다는 느낌만이 여실한 그런 작품은 의외로 많으며, 그 근거를 '공적 공간 감각'의 태부족에서 찾는 것도 결코 무익하지 않을 것이다. 비록 신장개업한 영업장이든 막 내부 수리를 마친 공공기관이든 제 얼굴, 제 화색, 제 체취가 배어 있지 않은 것이야 있을 리 만무하므로 그것의 '분위기'를 각자의 후각으로 냄새 맡지 못하는 사람이 어디 있기나 하겠으며, 그것을 놓치고 있는 소설이야 잡문이지 별것이겠나. 하물며 그런 공적 공간에 연륜의 때라도 묻어 있다면 더 말할 나위도 없으려니와, 오늘날처럼 어떤 공간이라도 잘게 쪼개 써버릇하는 이런 디자인 만능 시대임에랴.

골방은 황무지의 반대편에서 납작 옹동그리고 있다. 그것은 공적 공간에 비하면 너무나 작다. 머리에서부터 발끝까지 꼼꼼한 손길로 가꿔야 사는 것같이 살아가는 요즘의 모든 사람처럼 그것은 완벽한 인공의 조작물이다. 그것은 외부의 어떤 간섭도 받지 않고 지낼 수 있는 집이기도 하고, 누구라도 함부로 쓸 수 없는 그 속의 화장실일 수도 있으며, 나무, 돌, 고무 등의 표면을 후벼 파내는 도장방이기도 하고, 8층짜리 사무실 건물의 관리인이 숙식을 의탁하고 있는 옥탑방인가 하면, 화실, 연구실, 실용음악 교습실, 사장실, 경비실, 야간 초소일 수도 있다. 과장이랄 것도 없이 이 사적 공간은 그 사용자의 신원과 인격(=개성)의 한 부분을 대변한다. 공적 공간마다에는, 앞서 설명한 대로 나름의 '분위기'가 있고, 그것을 주목하는 사람마다 다른 느낌을 받는 데 반해, 사적 공간에는 사용자의 겉치레로서의 장식벽이 배어 있다. (장식하는 버릇은 '공간 감각'에 허영기를 입히려는 인간의 원초적인 본능이다.) 그것을 통해 사용자의 개성이나 취향을 읽었다면 피상적인 인상담이 될지 모르나, 그 사적 공간의 '소설 내적' 구실은 톡톡히 다한 셈이 된다.

어쨌든 사적 공간이 공적 공간보다는 사소한 특색들을 훨씬 더 집약적으로 끌어모아놓고 그런 장식술을 다양하게 양산시키는 체계가 현대생활의 한 단면이라는 사실은 강조해둘 만하다. 왜냐하면 사적 공간을 대변하는 '실내'를 적당히 비워두기보다는 어떤 대량 생산품, 곧 전자 제품이나 장식품으로 빼곡히 채우려는 이상한 생활 습관이 요즘처럼 일반화된 적이 일찍이 없었던 것으로 보여서이다. 각종 집기를 비롯한 자잘한 생활용품이 그 어느 때보다도 더 풍성하게 만들어지고, 그런 상품들을 때맞춰 사 쓰다가 버리도록 독촉하는 이 시대의 압도적인 기류가 실내 공간을 점차 '인공화—상투화'로 줄달음치게 하는 장본인임은 만부득이 인정할 수밖에 없을 듯하다. 따라서 사적 공간은 사용자의 취향에 따라 온갖 사소한 쓸거리/볼거리를 불러들임으로써 저마다 다른 변종임을, 제가끔의 조잡한/조촐한 '성징'을 시위한다. 소설이 그런 사적 공간의 '생태 변화'에 무심할 수는 없다. 어슷비슷한 외모와 화장술과 복장을 두르고 살아가는 듯해도 각각의 개성이 얼비치는 것처럼 사적 공간에도 그런저런 단조로운 '개체 분열'이 주목, 관찰, 점검을 강요하고 있는 것이다.

실례를 들자면 끝이 없을 듯하다. 목재소 경영자의 시끄러운 움막형 사무실과, 목가구 디자인에서는 자타가 장인급이라고 인정하는 소목장이 제 조수와 함께 쓰는 공방형 작업실은 판이할 수밖에 없다. 둘 다 똑같은 '실내'라는 공간을 점유하며, 바로 옆방 곧 외부와도 철저히 차단되어 있고, 그 속에는 흡사 작정하고 '자연'을 깡그리 거세시킨 나머지 그 흔적 같은 톱밥만 풀풀 날아다닌다는 공통점에도 불구하고 그 '개성'이 너무 다른 것이다. 물론 두 쪽 다 그 사적 공간을 실내 장식으로 채우려든다는 점에서는 보조를 같이하지만, 그 각각의 '성격'은, 주목거리에 따라 '이미지'가 달라지는 공적 공간과는 유별나서, 누구에게라도 그 정색이 훤히 붙잡힌다. 생나무를 원형의 기계톱으로 마름질해서 파는 사장의 집무실과, 장의자, 장롱, 책장 따위를 제작하는 소목장의 공방에 매달린 '사적인' 공간 감각을 읽지 못하는 멍청한 물신선이야 있을 리 만무하니까.

이제부터 그 '실내'는 줄기차게 꾸며지고, 채워지기 시작한다. 그림, 가재도구, 화분, 골동품, 액자/족자, 세간, 심지어는 명청시대의 어느 대갓집 마당 한구석에 짱박혀 있었다는 '인증서 딸린' 돌확 같은 볼거리를 한사코 들여놓다가 어느 날 느닷없이 창고로 들어내지곤 한다. 그런 중에도 그 어수선하기만 한 볼거리들이 공적 공간의 주목거리에 비해서 훨씬 더 '간추려져' 있다는 느낌은 여실하다. 그런 느낌의 뒤쪽에는 사용자의 몸에 밴 단호한 정리벽이 있다. 어떤 볼거리라도 제자리에 놓고 살리려는 그 후천적 의욕(=강박적 허영)은 '공간 감각'의 다른 기능이자 그것만의 개인별 '표정'일 수 있으며, 여러 사정이 겹쳐져서 그 감각적 기능에 제약을 가하고, 덩달아 사적 공간의 주인도 수시로 제 감수성에 변덕을 불러일으킨다. 설치미술에 대한 작가별 사적 담론이 기발나듯이 어떤 공간을 어떻게든 바꾸고 장식하려는 일종의 예술적 정열=미적 감각은 그 실천력과는 무관하게도, 누구나 갖고 있는 사적 '공간 감각'의 긍정적 측면이기도 할 것이다.

사실상 사적 공간은 '생활공간'의 다른 말이기도 하며, 이것은 예의 그 여러 '사정'이라는 제약을 수시로 받는다. 외부로부터의 제약은 그 공간의 일정한 넓이나 모양 같은 제한이 대변하고 있으므로 더 이상의 설명은 불필요할 것이다. 그렇긴 해도 그것을 더 넓히고, 가꾸고 싶은 욕심이 아무 때나 떠들고 일어나며, 실내 장식과 그것에 동원된 온갖 비품 같은 쓸거리/볼거리를(오늘날의 모든 내구성 소비재는 그것의 사용 가치 이전에 '장식 가치'를 우선적으로 누리다가도 모든 상품의 다른 이름이 쓰레기이듯이 그렇게 버려진다) 확 바꿔버리고 싶은 백일몽 때문에 늘 스트레스에 시달린다는 심리적/정서적 반응도 특기해야 소설의 '외양'이 훤칠해진다. (비록 정도의 차이는 있을망정 사적 공간이라고 이름 붙일 만한 것이 거의 보이지 않는 '촌살림'에서조차 어떤 물건이라도 제자리에 놓아두고서 살고 싶은 '노력'은 생활 환경에 대한 인간의 '공간 감각'이 얼마나 뿌리 깊은 것인가를 실감하게 만든다. 심지어는 밥상 위의 반찬 그릇들을 끼때마다 진설하는 데서도 '공간 감각'을 엿볼 수 있다.) 그러나 그런 욕망 일체는 사용자의 공간 감각이 그만큼 자별하다는 실토일 뿐이고, 소설은 그 반응을 작가가 임의로, 물론 그때그때마다 맞춤하게 마름질한 것들을 취합하기로 되어 있다.

한편으로 여러 면에서 무능한 사용자의 한숨도 그 사적 공간에는 켜켜이 배어 있을 텐데, 그런 내부의 압력도 생활공간만의 규제력이라고 할 수 있다. 소유권이 누구에게 있든 말든 공적 공간으로부터 그런저런 희비극적 원망과 압력을 받는 경우도 드물지 않지만, 생활 공간의 주인들은 각자의 사적 공간 앞에서 대번에 마음까지 옹색해지고, 일쑤 '어떻게 해볼 수도 없어서' 낙담한다. 다시 말해서 사적 공간은 심리적으로 또 정서적으로 그 사용자를 철저하게 통제하려 들고, 그런 압박감은 시간의 흐름에 따라 적당한 순치의 길을 밟는다. 그야말로 '길들어지는' 것이며, 인간이 환경의 지배를 받는다는 것은 적어도 한쪽 면의 타당성을 갖고 있는 셈이다. 물론 그 반대쪽에는 환경 자체를 수시로 무자비하게 파괴하면서 지배의 고삐를 늦추지 않아 왔다는 '문명적' 실적이 있다. 소설은 그 갈등의 경과를 화두로 삼는 한낱 그릇이자 제도일 뿐이다. 비약해서 말하면 공적 공간과의 그런 갈등은 결국 '애국'이나 저항, 반역, 배신, 투쟁으로 비화할 수 있다. 다른 한편으로 사적 공간에서의 그것은 일상으로부터의 일탈, 곧 '실종극' 같은 극단적인 행태를 연출한다. 직장 상관과의 언쟁 같은 '실수극'도 생활공간의 압력이 저지르는 난반사임은 말하나 마나다.

특정의 이야기가 어떤 공적/사적 공간에서 벌어졌던 그 배경으로서의 '공간 감각'에 무심한 소설이 의외로 많음은 숙지해둘 만하다. 국내외의 유명한 관광지를 그 상투적인 '분위기'에 이끌려 어슬렁거리거나 이름은커녕 아무런 특징도 없는, 결국 어떤 특별한 그것만의 '이미지'를 걸러내지 않은 숲, 공원, 약수터, 학교, 병원, 슈퍼마켓 따위를 미친 사람처럼 헤매고 다니는 소설의 주요 인물들이 너무 흔해서 읽다가 민망해지는 경우가 비일비재하다. 사적 공간은 더 말할 나위도 없다. 텔레비전용 현대물 연속방송극에서 비춰주는 그 판박이 같은 실내 풍경, 예컨대 반들거리는 식탁이 놓인 주방, '할 수 없지 뭐'와 같은 체념을 앞세우고 들여놓은 듯한 소파와 꼭 닮은 거실과 그 미장센, 따분하기 이를 데 없는 침대와 붙박이 장롱조차 어설픈 내실 따위가 그것이다. 또한 각진 복도를 가방이나 서류를 들고 잽싸게 걸어다닌다든가, 총/칼 같은 무기류로 '장식한' 마초급 액션 배우나 여행용 가방을 질질 끌고 다니는 선남선녀들이 옥상과 차도와 복도와 지하도를 오르락내리락하는 광경은 한심스러운=조악한 '공간 감각' 때문임이 자명하다. 그런 공적/사적 공간은, 다른 소도구 같은 장치술이나 '상투성'에 대한 '변주 능력=창의력=개선 의지'의 여지도 없을뿐더러 식상하기 딱 좋은 그 반듯한 인공적 구조물이 매순간 그것의 이용자에게 어떤 심리적/정서적 압박감을 주는지에 최대한으로 무신경한 방증일 뿐이다.

인위적, 사회적, 자연적 '환경'의 세부로서 인간의 삶과 동선 일체를 도와주는/훼방놓는 '실내'가 있음은 확실하다. 그 사적 공간에 대한 불평과 소망 일체를 어떤 식으로든 순응, 극복하는 주체가 인간임도 분명하다. 그런 갈등에 무심한 소설은 삐꺼덕거리는 구조물이나 마찬가지다. 그처럼 괴상하고 위험천만한 실내 속으로 발을 디미는 사람은 그 부실을 점검하는 구조물 하자 전문가에 한할 게 틀림없다.

그러나 공적/사적 공간에 관한 감각적/이성적 분별이 뛰어날 때, 그런 경지는 당연히 새로운 '세상=환경'에의 회원으로 확대될 터이다. 공상과학소설의 근본도 그런 분별과 멀리 떨어져 있지는 않을 테고, '이상한 나라'에 대한 천방지축의 공상이 《걸리버 여행기》나 《로빈슨 표류기》 같은 황홀한 '공간 감각' 비대증에 기대고 있음은 의문의 여지가 없을 듯하다. 다른 각도와 여러 층위에서의 숙고가 이어져야할 테지만, 모든 모험과 숱한 개선 의지 등이 소설의 영원한 모티브로 기능하는 한 그 밑바닥에는 '욕심 사나운' 공간 감각이 깔려 있다는 가설의 설 자리가 그렇게 옹색하지는 않을 듯싶다. 이야기 '꾸리기'가 특별한 '공간' 만들기에의 매진임은 밑줄을 그어서 강조해두어야 마땅하며, 화려한 '공간 감각'은 모든 '착상=영감'의 근원임에 틀림없다.

제6장 2절의 요약

(1) 모든 공간에는 그것 나름의 특징이 있는데, 그 '이미지'는 소설의 전반적인 분위기를 끌어올리는 '객관적 상관물=등가물'이 될 수 있다.

(2) 모든 공간은 '황무지' 같은 공적 공간과 '골방' 같은 사적 공간으로 나뉜다. 공적 공간은 사용자가 '개간=이용'하기 나름이며, 사적 공간에는 그 주인의 '개성=취향'이 장식술로 붙박여 있다.

(3) 공적 공간에서 '자연'을 찾기는 어렵다. 다만 다른 동종의 공적 공간과 어떻게 차별화되어 있느냐 하는 것에 주목함으로써 여느 소설의 상투적인 성취를 뛰어넘을 수 있을 뿐이다. 사적 공간에서는 그것의 '치장술'을 예의 주시함으로써 나름의 창의력을 과시할 수 있다. 그러므로 모든 공적/사적 '공간'은 근본적으로/인위적으로 '지어지는' 것이지, 어떤 경험에서 따온 '대상물'의 재현=묘사로는 소기의 목적을 이룰 수 없다.

3. 인물과 사물의 보금자리

―――――――――

어차피 모든 사람은 자기 주변의 '환경=공간'에 붙박인 채로, 그것에 정을 붙이면서 살아간다. '길들어진다'는 말은 인간이 환경의 지배를 마지못해 수용한다는 뜻이며, 누구라도 요람에서 무덤까지 공간의 '을'로서 한시적으로 그 이용권만을 행사하다가 누군가에게 고스란히 물려주어야 하는 소작농에 지나지 않음을 일깨워준다. 그 각각의 모든 공간이 이용자에게는 보금자리다. 날짐승에게도 보금자리가 있듯이 이 숙명은 어쩔 수 없다. 누구라도 더러 환경의 억압에, 공간의 제약에 숨을 몰아쉬곤 하지만, 대체로 그것을 최대한으로 이용하는 체하면서 하루하루를 연명해간다고 할 수 있다. 지금 당장 학교, 교회, 직장, 집, 방 등이 없다면 태양계 중의 물이 없는 행성처럼 사람의 목숨은 말할 것도 없으려니와 개개인의 일상까지도 단숨에 결딴나고 말 것이다. 하나 마나 한 소리를 엉성한 수사로 분칠한다고 대들지 모르겠으나, 사람살이와 세상살이의 어디를 둘러보아도 공간 감각으로서의 그것이 없는 곳을 찾아내기란 쉽지 않다. 그런데도 다들 그것이 없는 체하거나 눈에 띄더라도 못 본 체하는 자기기만의 광대질에 여념이 없다. '현대' 소설은 그런 광대질에 단연 반기를 드는 장르이다.

그것은 일컬어 '자리'다. "사람은 모름지기 앉을 자리가 있어야지." "누울 자리는 가려도 먹을 자리는 가리지 말랬다." "누울 자리 봐가며 발을 뻗어라." "앉으나 서나 편한 자리가 제일이다."와 같은 말들을 보더라도 '자리'야말로 인간의 오늘과 내일의 길흉화복을 재는 눈금 이상임을 알 수 있다. 사람은 일을 함으로써 그 존재감이 비로소 드러나는 유일무이한 동물인 듯하지만, 그 이전에 자기 자신을 '행세'하고 살아가자면 반드시 '자리'도 있어야 함을 모듬살이의 초창기부터 깨달은 생명체였음에 틀림없다. 그렇다는 것은 '공간 감각'의 발달사가 인류의 성장과 문명의 신장을 웬만큼 대변해주고 있는 데서도 확인할 수 있다. 지표면에 세워진 모든 구조물은, 예컨대 집, 탑, 둑, 성, 담, 길, 다리 등등은 하나같이 당대의, 그 지역의, 그 부역에 일손을 보탠 여러 사람의 '공간 감각'의 집합이 아니고 무엇이겠는가.

돈벌이를 앞세우는 생업이나 직업과 달리 그 자리는 막연하게도 그냥 '직책'이라고 부를 수도 있을 듯하다. 말값대로 책임이나 의무가 따를 수도 있겠으나 제 일을 할 때처럼 딱히 그런 규정에 얽매일 필요는 없을 터이기 때문이다. 그런 직책처럼 세상의 모든 '자리'는 인간이 필요에 따라 만든 것이다. 꼭 필요해서 만든 자리가 대다수이겠으나, 자리가 자리를 만들고, 나중에는 어떤 특별한 사람을 위해서 만든 자리라는 옛말이 있는 데서도 알 수 있듯이 그것이야말로 부모 이상으로 기림의 대상이었다.

말이 나온 김에 자리를 조금 더 널찍하게 펼쳐서 앉을 사람을 불러올 수도 있을 듯하다. 다들 익히 알고 있듯이 지연, 학연, 인연 따위는 살벌한 '자리' 다툼질에 써먹는 수단이다. 호승지벽(好勝之癖)처럼 자리

탐에(이를테면 관운을 넘보거나 표밭을 의식하며 국회로 진출해보려는 야심 등이다) 휘둘려 패가까지는 아니더라도 평생토록 주눅이 든 채로 살아가는 여러 몰골은 우리 주위의 일가친지 중에 수두룩하다. 아무래도 사람은 자리다툼에 이골이 날 대로 났을 뿐만 아니라 그 기질을 대물림하는 특수한 유기체인 듯하다. 그래서 자리가 명예를, 명예가 돈을 불러오는 경우를 매일 목격할 수 있기도 하다. 사실상 오늘날 모든 신문의 면면은 일상적으로 그 치열한 경쟁을, 너는 죽고 나만 살겠다는 그 자리다툼의 곡절을 보란 듯이 떨치느라고 숨이 가쁠 지경이다.

다른 한편으로 모든 자리가 다 그렇듯이 그것은 옆 사람과의 '거리'를 의미한다. 상대방과 '나'와의 거리를 의식하지 않는 사람은 있을 수 없다. 전화가 언제쯤 걸려올까를 곱씹는 것도 결국 '그/그녀'와의 거리에 대한 한쪽의 타고난 신경질적 과민반응이다. 인간이 사회적인 동물일 수밖에 없는 사유 중 하나도 남과의 '거리 의식=공간 감각'을 늘 촘촘히 의식하고 있기 때문일 것이다. 그래서 앉으나 서나, 특정의 '그/그녀'가 눈앞에 있든 다른 장소에서 무슨 일로 인터뷰의 대상이 되든 한쪽은 반드시 그 타자와의 거리를 잰다 ('타자'라는 말에는 그 거리가, 곧 그 사이의 길이가 제각각인 각자의 '공간 감각'이 내재되어 있다.) '우리 사이의 거리가 어느새 이처럼 까마득히 멀어지고 있다'는 자각은 대체로 정확한 '공간 감각'의 소유자만이 가질 수 있는 자기 점검/확신이다. 이쪽이 생생한 거울로서의 저쪽을 통해 자기 자신의 현재 신상을 크게든 작게든 의식함으로써 '그/그녀'는 비로소 사회의 구성원이 되어간다기보다도 각성의 '주체=개인별 실존의식의 주관자'가 된다. 그런 자격의 획득, 곧 '거리 읽기'에 관한 기술은 사회를 움직이는 기본적인 틀인 대인관계에 의해 익혀진다. 아마도 그 기술의 숙지와 실천을 강요하는 '사회=분야'는 경쟁의 치열성을 곧이곧대로 반영하면서 나름의 자족에 겨워 지낼 게 틀림없다.

또한 대개의 자리는, 그것이 상석이든 말석이든, 제가끔의 '시선'을 결정한다. 한 치라도 위에서 내려다보는 소위 조감도 같은 시각을 내두르든, 마주앉아 상대방을 훑어보는 강심장의 투시안을 가지든, 섬돌 아래서 멀찍이 떨어진 대청 위의 한 지체를 우러러보든 어떤 위인이라도 자기 자리가 정해지는 즉시 처신대로의/깜냥대로의 눈길과 눈씨를 지닐 수밖에 없다.

앞서 설명한 '거리'를 의식함으로써 작동하는 '눈치'와 달리 이 처신의 의식화는 한쪽의 신분 곧 현재의 공인된 지위나 내세울 만한 자격에 대한 과시든가 열등에 대한 자발적 승복이다. 물론 사람에 따라서 또 자리에 따라서 그 처신과 곧장 이어지는 여러 언행에 허세가 실리든가 겸손이 설레발을 칠 수 있지만, 그 거짓 사교술은 조만간 들통남으로써 '그/그녀'의 '시선 결정력'은 불가피하게 교정을 받게 된다. 어떤 '처지'가 불러오는 이런 눈길/눈씨의 확보도 가족생활/사회생활을 통해 거의 세뇌 수준으로 익히고 다듬어지며, '자리 의식=공간 감각'에 따라붙는 신상명세서다.

어떤 자리라도 그것이 곧 지위임은 말할 나위도 없다. 자리는 위상(位相)이자 자격이고, 신분이자 계급이며, 서열이자 권력 그 자체다. 이런 개별적인 위상 감각의 확대는 한 집단 내의 서열의식으로, 종내에는 그것이 끼리끼리 뭉쳐서 자의든 타의든 제자리를 잡아가고, 그런 일련의 과정 자체가 차별화 내지는 순번화로 나아간다는 사실은 '공간 감각'의 특이한 단면이기도 하다. 그러나 이 위상은 무엇보다도 그 말이 지적하는 대로 어떤 자리를 잡자마자 생기는 형상(形象)이다. 당연하게도 그 형상 자체가 한 공간을 점유하므로 위상은 하나의 공간 감각을 스스로 누린다. (물론 이 공간 감각은 우선 '미적 감각'에 부응할 테지만, 동창회 같은 모임에서는 '권위의식' 과도 상통한다.) 쉽게 말하면 어떤 형상이 어느 자리에 맞춤한지, 또 어떤 모양새로 놓여야 어울리는지를 알아보는 공간 감각은 저절로 미의식의 잉태에 이른다.

어느 사람이 어떤 자리를 차지함으로써 드러나게 마련인 그림자 이상의 정면/측면/후면으로서의 그 위상이 과연 그럴듯한지, 아니면 너무 같잖아서 실소가 터뜨려지는지는 보는 사람의 공간 감각의 차이에 따라 달라진다. 마찬가지로 모든 사물의 자리매김도 정확히 그렇게 정해진다. 큰 것부터 예로 든다면 주상(住商)복합 구조물 같은 대형 아파트는 그 주위 경관 곧 공적 공간과의 조화로움을 고려하지 않음으로써 일반적인 공간 감각을 어리둥절하게 만든다. 그 높다란 층수를 올려다보며 내지르는 탄성은 여느 공간 감각이 받아들일 수 없는 그 예외성 때문이다. 그 놀라움은 주변의 여러 자잘한 설치물인, 이를테면 녹지대, 찻길, 산책로, 상가, 휴게시설, 노인정, 놀이터, 주차장 따위의 낯익음으로 말미암아 대번에 무화되지만, 구조물 자체의 압도적인 위압감과 어울리는 주위의 또 다른 '풍경'이 떠올라 있지 않는 한 한동안 그 이물감(異物感)은 쉬 지워지지 않는다. 더러는 그 이물감을 집요하게 의식하는 섬세한, (써먹기에 따라서는 제법 소설적인) 공간 감각의 소유자도 있다.

마찬가지로 작은 사례도 빠뜨릴 수는 없을 듯하다. 사적 공간으로서의 '실내'에 흔히 비치해두는 사진 액자, 화분, 그림, 골동품, 공예품 등이 누려야 할 자리에 대한 공간 감각이 그것으로, 그 '보석' 자체의 진가보다 그것의 위치 설정에 얼마나 고심했는지, 또는 그 어울림에 어느 정도로 잔신경을 썼는지를 되돌아보면 마뜩잖은 경우가 대부분이다. 예컨대 할리우드 영화 중에서도 주로 홈드라마에 꼭 한 번씩 나오는 장면으로 딸애의 활짝 웃는 칼라사진을 앙증맞은 액자에 넣어 책상 한쪽 구석에 비치해두는 주인공의 공간 감각은 '관습'으로 볼 게 아니다. 왜 하필 그 듬직한 호두나무 책상 가운데 자리나 책꽂이 속을 마다하고 벽 쪽의 모서리에 세워놓았는지를 추측해보면, 외부의 타력에 의한 손괴나 망실 및 조명발, 노파심이라고 뭉뚱그릴 수 있는 사진 임자의 심리적 강박 따위를 감안한다 하더라도 그의 소박한, 그러나 생각하기에 따라서는 나름의 별스러운 '공간 감각' 때문에 그런 배치를 고집한다고밖에 달리 헤아릴 '반사적 정서'가 떠오르지 않는다.

주제넘게도 자신의 '자리'를 제멋대로 정하고, 그 어울리지도 않는 위상에 취해 있는 사람이 우리 주위에는 의외로 많은 게 사실이다. 그런 얼치기들을 '공간 감각'이라는 빛살로 조명하는 것이 소설의 본분 중 하나인데, 그 비정상적인 행태에 대한 우호적/편파적 소묘는 상당한데도 막상 그 배후 곧 어떤 공간과의 조화/불화에 등한하면 즉각 그 초상화의 '위상=사실감'은 믿기지 않을 게 분명하다.

사람에게만 제 '자리'가 따로 있거나 일부러 지어지는 것도 아니다. 숱한 세목으로서의 '사물=소도구'들도 자기 자릿값을 다해야 함은 물론이다. 이를테면 제가끔의 자릿세를 치르고 있는 장신구, 기물, 가

재도구 등이 그 배후의 모양새, 그 주변의 다른 집기와 어떤 조화를 연출하는지는 전적으로 주관자의 공간 감각에 기댈 수밖에 없는 것이다.

원경에 펼쳐진 산들의 겹치는 능선, 그 앞의 인가와 동네 어귀의 나무, 길게 이어지는 전봇대와 가느다란 전선, 가물거리는 철길, 그 옆으로 아스라이 흐르는 강줄기 같은 것을 눈에 익히며 의식화하는 공간 감각이 '나'와 남과의 어울림이나 '나' 자신의 '자리'를 의식하게 만들며, 그런 감각의 습득이 사람살이의 기본임은 역설해둘 만한 가치가 분명히 있다. 그것이 없는 사람은 까막눈보다 더 분별력이 없다고 해도 실언이 아니다. 그것이야말로 '미적 범주-감상-이해-판단-심미'로 이어지는 미의식의 근간일 것이기 때문이다.

어쨌든 우리의 생활세계 곳곳에 그것, 곧 '공간 감각=자리 의식'이 숨어 있지 않은 곳은 거의 없다고 장담해도 무방할 듯싶다. 누구나 한 벌 이상씩 바꿔가며 입고 활동하는 복장까지도 공간 감각과 결코 무관하지 않다. 다 알다시피 감청색 신사복이 어울리는 자리가 있고, 그 '배경'인 몸매가 옷걸이를 도무지 받쳐주지 않는 사례는 흔하다. 공간 감각이 있다면 아무나 입고 나서는 옷을 아무렇게나 걸치고 다닐 수는 없는 것이다. 뿐만이 아니다. 왜 하필 그때 그 '자리=조성지'에서만 유별나게 꽃대를 꼿꼿이 또 치열하게 세우고 있던 맥문동이나 나리꽃에 대해 나름의 미적 감각을 여퉈보지 않은 사람이 어디 있겠는가.

다분히 패꽝스러운 사설로 들릴 '공간 감각' 따위를 이처럼 널어놓는 것은, 그것이 아예 없거나 그 편린조차 비치지 않는 소설은 무잡하거나 천박해서 가독성의 정도가 대번에 달라진다는 점을 강조하기 위해서다. 모든 대중용 인기소설에는 그것이 없다는 소리가 아니다. 공상과학소설에도 그것이 착실하게 울을 치고 있을 수 있다. 그것이 어떤 '미적 감각'을 아우르지 않을 때, 그 서사는 '배경'이 시원찮아서 더 이상 눈여겨볼 거리가 없는 것이다. 말을 바꿔서 남루한 행색의 사내도 제자리를 잘 알아서 눈씨를 겨누며 찾아가 우두커니 지킴으로써 공간 감각을 과시할 수 있다. 반면에 내로라하는 명사가 명품 옷을 휘감고 떠벌린다 하더라도 '자리 의식'이 없다면 팔푼이일 수밖에 없을 것이다. 그런 안목조차 없는 소설에서 무슨 절절한 공감이 솟구칠 것인가. (모든 사실화가 현실보다 훨씬 더 아름답고 우월한 어떤 세계로 보이는 것은 화가의 미적 감응력 때문이듯이, 또 모든 명화名畵의 '배경'이 밝든 칙칙하든 그것은 오브제를 돋보이게 하려는 화가의 고심혈성의 흔적이듯이 소설 속의 공간도 마땅히 그래야 하지 않을까 싶긴 하다. 이런 맥락을 조금만 연장해보면 '미숙한 소설'은 대체로 그 '배경=공간'이 따분하거나 참하게 '지어진 것'이 아님을 이내 알 수 있다.)

제6장 3절의 요약
(1) 모든 인간은 '자리'에서 태어나 '자리'를 지키려고 평생 헌신하다가 '자리'에서 죽어간다. 사람의 한평생은 '공간 감각'의 숙지 과정이라고 해도 허튼소리가 아니다.
(2) '자리' 주위에는 '배경'이 있다. 그것을 의식함으로써 '공간 감각'은 자기 체신을 누린다.
(3) '공간=배경'을 어떻게 설정하느냐 하는 구상은 이야기의 골격 형성과 밀착되어 있을뿐더러 소설의 질적 성취를 좌우한다.
(4) 현대소설은 '공간감각'의 설정에 따라 비로소 그 탄생의 근거지를 마련한다. 무주공산/황무지에서는 소설이 태어날 수 없다.

제7장
인물=캐릭터를
어떻게 살려내나

1. 이름 짓기와 신원 밝히기

 공간이 궁극적으로 어떤 형상(사물/인물)을 배태하듯이 모든 이야기는 여러 사람을 낳는다. 사람이 나오지 않는 이야기란 있을 수 없으니까 그럴 수밖에 없다. (물론 '이티' 같은 외계인=괴물이 나오는 서사물은 소설과는 다른 '영상' 위주의 장르이다.) 생김새대로 천차만별의 그 사람들이 속속 인간관계를 맺으면서 크고 작은 이야기를 연방 얽어가다보면 주요 인물 한둘이 여느 일반인의 수더분한 성정과는 눈에 띄게 다른 면모를 저절로 드러내게 된다. 이런 진행은 소설 작법상의 일반적인 실례라고 할 수 있다. 그런데도 얼굴, 몸매, 복장, 화장/분장, 언행, 버릇 따위에 유달리 과장을 입히고, 오로지 흥미를 살리기 위해서 여러 배우의 좀 '튀는' 연기에만 온갖 잔꾀를 다 쏟아붓는 영화와 그 동종의 서사 장르들, 심지어는 텔레비전 화면에 비치는 모든 출연자의 자태에도(아나운서나 대담 프로의 사회자까지도) 한사코 '캐릭터'를 심으려는 노력이 지나칠 정도로 '설치는' 게 작금의 영상적 '인물화=개성화' 작업의 '살아남기 위한' 전술이자 기획력이다. 그것이 있어야 하고, 그것을 반드시 살려야 하며, 그것만이 유독 인기를 누리는 '인물론'이 아니다라는 서사 연구서도 부지기수다. 하기야

'성깔이 없는 사람, 법 없이도 살 양반'이라는 지칭에도 벌써 '캐릭터'가 숨어 있으므로 소설에서도 그것을 기중 중하게 다뤄야 할 테지만, 그것을 '사람답게' 살려내는 데는 수월찮은 품이 든다. (일컬어 '알아야 면장도 하지'라는 속담은 이런 데서 생색이 나지만, 사람의 속내 알아내기가 말처럼 수월하지는 않다.)

  '캐릭터'라는 용어는 사전의 뜻풀이만으로도 충분하므로 더 이상의 가타부타하는 설명은 다른 소설 작법 책들의 뻔한 중언부언을 닮아갈 소지가 없지 않다. 확대해석은 이론을 위한 이론의 되풀이에 지나지 않고, 한가로운 양반들의 그런 어눌한 말잔치가 때로는 공허해지는 그 본을 재연하게 될까봐 걱정스러워서 얼른 골자를 내놓아야겠다.

  한마디로 '캐릭터'는 여느 사람이나 다 갖고 있는 '그 사람만의 유일무이한 성격'이다. 비슷한 말로는 성질, 기질, 특성, 성깔, 특질 등이 있고, '성정'이 간발의 차이로 한결 더 걸맞을지도 모르나, 이 말에는 타고난 본성과 성미와 심성 일체까지 싸잡고 있어서 그 함의가 깊으면서도 좀 너그러운 데가 있으므로 그 본의와는 왕왕 다르게 사용되는 듯하다. 그러나 마나 요즘의 유행어는 단연 '캐릭터'이고, '성정'은 상대적으로 다소 낡아버린 뉘앙스까지 보태지지만, 실제로 모든 '성격'은 주로 성장기에 서서히 형성되는지, 아니면 어떤 섭리에 의해 선천적으로 타고나는지 알 수 없는 난점조차도 '성정'이란 용어가 웬만큼 베어 물고 있는 듯해서 두루 써먹기에는 제격이다. 실로 '성정'에는 '퍼스낼리티'에 드리운 인격, 인품이라는 말맛도 제법 머금고 있는 감이 없지 않아서 좀 의미심장한 구석도 있다.

  그러나 유행어를 붙좇아서가 아니라 소설 속에서 전적으로 '조작된

=의도적으로 만들어진' 한 인격체가 펼치는 그만의 독자적, 일시적, 간헐적 행태 일체의 지칭어로는 '캐릭터'도 그런대로 쓸 만하고, 그것 자체가 이미 다른 평범한 성격보다 '튀는' 것을 전제로 한다는 의미에서도 마냥 기피할 외국어만은 아닌 듯하다.

다들 함부로 다루고 있는 듯하고, 대개의 작가도 메모로나/머리로나 구상 중에 명백히 숙지하고 있어서 무신경해져버리지만, 주인공/주요 인물들의 성별, 나이, 신분 정도는 어떤 '복선'이나 사건의 진행과 상관없이 우선적으로 드러내야 한다. 물론 이력서나 자기소개서에서처럼 요식적 절차로 알릴 필요는 없겠지만, 작품의 서두에서부터 독자로 하여금 쓸데없는 '추측-예단-확증'을 남발할 여지만큼은 없애놓아야 앞으로의 이야기 진행이 수월해지고, 또 그게 자연스럽다. 그러니까 '캐릭터'의 일부인 신원을 넌지시 드러내야 한다는 말이다. 책장이 두어 페이지나 넘어갔음에도 남, 여, 노, 소마저 구별할 수 없는 작품이 의외로 많은데, 그런 숙맥 같은 소설의 전도는 갈수록 지척을 분간하기 어려운 캄캄한 밤중의 오솔길과 다를 바 없다. 고의적으로 신원을 그처럼 천천히 밝히려는, 좋게 봐줘서 독자의 성급한 궁금증을 짐짓 덧들이겠다는 구성상의 복안이 있다 할지라도 주인공의 신상명세서 중 남녀의 구별, 연령대, '일=생업' 정도는 문맥 속에, 또는 말씨만으로도('대화'나 속말, 속생각 등을 통해서) 확실하게 드러내놓는 것이 이야기의 진행을 적극적으로 도와줄 것임은 자명하다. 이런 대목에서 조잡한 구성의 묘미를 억지스럽게 챙긴답시고 그 멀쩡한 신수를 오리무중 상태로 빠뜨리는 것은 전적으로 소탐대실의 우견(愚見) 그 자체다. 그런데도 작가의 이름이나 제목으로 미뤄보아 소설 속의

'나'가 아무래도 젊은 여자이지 싶다는 식의 짐작을 뒤적이게 만드는 작품이 숱하며, 그런 소설치고 끝까지 읽도록 몰아붙이는 가독성의 성취에서 본때를 제대로 보이는 경우는 거의 없다고 단언해도 좋을 것이다.

'캐릭터'의 근본은 성별이고, 나이이며, 이름이다. 이 세 요소는 나/그/그녀의 캐릭터를 이미 반 이상 규정하고 있다. 남녀는 말씨에서부터 구별되고, 늙은이와 젊은이는 벌써 놀고 생각하는 장단이나 깊이에서 차이가 크게 나며, 동서고금을 두루 둘러봐도 이름에 그 사람의 성별과 성격이 거의 드러나 있음을 모르는 독자는 없다.

대개 다 그렇듯이 성별이 결정되고 나면 곧장 이름을 무엇으로 지을까라는 숙고거리가 닥친다. 의외로 이름 짓기는 그렇게 만만하지 않다. 대개의 작가가 제목 짓기 이상으로 고심하는 난제 중 하나가 이것이다.

우선 이름을 아예 익명화시키는 것부터 도마에 올려놓고 따져봐야 할 듯싶다. 좀 별난 사례일 테지만, 두툼한 분량의 장편소설마저 처음부터 '나/그/그녀'가 종횡무진으로 활약하다가 끝까지 '무명' 용사로 산화하는 통에 독자를 허무하게 만드는 '되다 만' 이야기도 있는 판이다. 물론 특별한 예외로서 이해의 지평을 활짝 열어놓아야 할, 캐릭터는 살아 있으나 그 이름을 일부러 밝히지 않는 작품이 없는 것은 아니다. 예컨대 그 주인공의 성격이 장삼이사로서의 고만고만한 성징과 아주 근사하며, 그가 장차 치르는 여러 모험담은 여느 일반인들이 수시로 겪을 수밖에 없는 그런 작은 곤욕과 그 후의 낭패감 내지 안도감에 불과하다는 '흔한' 작의가 분명하다면, 예외적으로 그런 익명화도 나름의 의미가 없지는 않을 것이다. (실은 그런 유와 '실존극' 자체가 한참이나 낡은 것이라고 해야 옳다. 당연한 언급이겠지만, 구태의연한 소재/주제일수록 어느 작가라도 만만하게 다루고, 또 자주 써먹을 수밖에 없지만 여간해서는 '후진 때깔'을 벗기 어렵다는 것도 유념해 둘 만하다.) 어느 모로 뜯어봐도 감히 비교급은 아닐 테지만, 카프카의 주인공 K라는 캐릭터는 그 압도적인 고독감, 상실감, 부유감 때문에 현대인 일반의 성격적 공통함수를 선취득, 대변하게 되었고, 그런 반(半) 익명화 기법이 바로 그 작품의 소설적/소설사적 주제의식이자 플롯이다. 부언하면 오늘날의 모든 명명화 체계는 본질의 현현과는 무관한 반(反)실존적 양상으로서 1, 2, 3과 같은 번호 매기기와 다를 바 없다는 사유까지도 읽힌다는 점에서 그런 '이름 없는' 주인공은 자기 앞에 놓인 '빤한 세상'을 살아가는 데만도 허둥거리는 현존재라는 것이다. 이름이 없으니 성격도 희미할 수밖에 없다는 것이 아니라 '캐릭터'는 실존에 선행할 수 없다는 심각한 고민거리, 나아가서 그 답답한 존재감을 부각시키려는 실험 '정신=기법' 자체가 그런 반 익명화의 내적 충실로 자리잡고 있다. ('실험' 정신은 존중해야 옳지만, 최초의 성공적인 '실험작'의 수준을 작은 '부분'에서나마 뛰어넘지 못할 때, 그 후발 작품은 곰다시 삼류의 아류작이 되고 만다.)

 어쨌든 그런 예외적인 익명화 기법, 곧 주인공을 반투명 인간으로 조작하려는 기법은 특히나 단편에서도 선별적으로, 강조하건대 아주 조심스럽게 사용되어야 한다. 그런데도 작금의 우리 소설은 아주 비슷비슷한 한 글자의 성씨까지 합쳐서 '세 자'짜리 이름 짓기에('수진' '현정' '현숙' '혜경' '진태' '재규' '용환' 따위다) 멀미를 내서인지 주인공의 '유령화'에 신바람을 내고 있다. 아무리 이 이야기는 '지어낸' 읽을거리일 뿐이라는 독자와의 '약속' 아래 벌이는 생산-소비 행태라고 할지라도 대화 속에서, 이를테면 "도대체 S의 의중은 뭐야? 지한테는 사회성이 없다니 무슨 소리야"와 같은 비현실적 원고 작성법이 버젓이 통용됨은, 작의상 그럴 만한 '근거'가 없지 않다는 주장을 감안하더라도, 사실상 언어도단이다. (오해가 있을 법한데, S라는 익명은 소설 작법상 얼마든지 가능하다고 양해하더라도 대화 속의 호명으로 '에스' 운운은 실감과 동떨어지는, 따라서 그런 이름 부르기를 피하지 않는 한 천부당만부당한 서술이라는 원성을 들을 수 있다는 말이다.) 묵독으로서의 읽기도 불편할뿐더러 참견인의 그런 '장면 제시=보여주기 기법'을 '말하기=설명'으로 대체할 수도 있는 대목이다. 이를테면 "혼인에 웬 사회성까지나 찾아, 꼴에 먹물깨나 들었다고 말잔치가 화려하네, 같잖은 주제에, 안 되겠다. 단념하고 말아라라며 언니는 파르르 역정을 드러냈다"로 기술해버리면 그만인 것이다. 실제로도 이 야깃거리의 구색은 그렇게 돌아가야 그럴싸할 뿐만 아니라 'S'라고 익명화시킴으로써 요즘 미혼 남성 대부분의 빤드러운 회피주의 근성을 매도해보려는 작의 살리기에서도 효과적일 테니까.

또 하나의 이름 짓기로는 '행인 1, 2'나 그보다는 출연 장면과 그 역할이 서너 배쯤 앞서는 부속인에 대한 명명법이 있다. 가령 근린공원 속을 어슬렁거리다가 한두 마디 말을 주고받은 다음에는 '용도폐기' 해도 좋은 부속인이 있는가 하면, 술집, 헬스클럽, 카페 같은 데서 우연찮게 맞닥뜨리는 그쪽 종사자나 이용자를 어떻게 호칭할 것인가라는, 꽤나 신경 써야 하는 대목이 반드시 나오게 마련이다. (더불어 그런저런 공공장소의 상호 짓기도 여간 성가신 작업이 아니다. '토담집'은 매우 낯익어서 구지레할뿐더러 업종의 성격도 훤히 들여다보이는데, '산 너머로'에는 약간의 운치와 함께 영업의 '내용'이 보일 듯 말 듯 해서 독자의 '가독성=호기심'을 자극할 수 있다. 물론 상호도 시대의 '물결=유행'과 긴밀히 연동할 수 밖에 없다. 말할 나위도 없이 서양에서는 가게 주인의 성이나 이름을 상호로 삼아 '개인'의 자부심을 드러내는 풍토성이 우뚝하다.) 그 같은 행인, 부속인 들은 서술자/화자의 인상담, 곧 별명 짓기로 대체하는 것이 여러모로 편리하다. 마냥 유령 인간으로 취급할 수는 없고, 실제로 그런 '장면-현실'에서도 할끔이, 고양이 눈길, 더벅머리라고 호명할 수는 없지만, 그렇다고 아지매, 이모, 예쁜이 같은 수다스런 호명을 마냥 사용할 수도 없으므로 그 특유의 자주 쓰는 말투를 잡아서, 가령 '그러셔요'라는 별명으로 새침한 한 부속인의 면모를 부각시킬 수 있는 식이다.

현실적으로 우리 소설의 호칭법은 '실상'이 적잖이 껄끄러워서 작품에서의 그것도 까다롭달까 옹색하고, 그 통에 질적 선입견이 서양 쪽이나 일본보다 한결 떨어져 보일뿐더러 어딘가 어설프달까 유치한 면도 없지 않다. 소설 제작상으로는 분명히 불리한 환경적/관습적 '여건'이다. 알다시피 미국 영화를(물론 소설 쪽도 마찬가지인데) 보면 공공장소에서 몇 마디 말문을 트자마자 각자의 이름과 성을 주거니 받거니 함으로써 독자적인 '자아' 드러내기에 익숙한 관습=풍속의 한 단면을 보여주며, 일본은 혼인 후에도 (비록 성씨는 친정 것을 버리고 남편 것을 '공용'으로 사용하지만) 신랑/각시의 이름이 실생활에서 활달하게 쓰인다. 그러나 우리 쪽은 아무 데서나 '사장님' '선생님'

이 두루뭉수리로 난무하고, 다섯 살만 연상이면 이름 호명을 기휘하는 전통이 여전히 살아 있다. 뿐인가, 결혼하고 나면 곧장 서로가 '여보'라며 각자의 유별난 천성을 깡그리 죽이기에 바쁘고, 뒤이어 '아범' '당신' 같은 보통명사로 '사람'이 없어지다가 '태식이 엄마'로 영원히 제 이름을 잃어버린다. 소설 지어내기에는 아주 불편한 '현실'이자 어색한 '풍속'이 아닐 수 없다. 그래서 '아빠'나 '엄마' 같은 이상한 호칭으로 개별인으로서의 단독 정체성을 악착같이 지워버린다. 일인칭 소설이든 삼인칭 소설이든 가리지 않고 '아빠/엄마'가 마구 남용, 오용되고 있는 것이다. (엄밀히 따진다면 삼인칭 소설에서의 '아빠'라는 지칭은 '그의 아빠'에서 '그의'가 생략되었거나 준말로 쓰였다고 호도할 문법적 근거도 없는 듯하다. '기층 언어'라며 양해한다 하더라도 그 설득력이 약하며, 잘못 써버릇함으로써 기득권을 누리는 '엉터리 무식한 풍속'일 것이다. 그 반대로 일인칭 소설에서의 '아빠'는 '나의'가 생략되었다고 볼 수 있는 논리적 근거가 상당한 듯하다.) 이런 호칭의 애매모호한 현상은 '남편'을 '아빠'나 '오빠'로 부르는 야릇한 '풍토성'을 비롯해서 대학생인 주인공이 제 또래에게 "애들 다 모였대?"와 같은 대화만큼이나 투박하고, 문법적으로도 어불성설인데도 '언어 습관'이 그렇다며 생떼를 쓰는, 소설 창작 여건상으로는 아주 고약하고 덜 세련돼서 여간 껄끄러운 언어 습관이 아닐 수 없다. 소설은(더불어 언어 습관도) 현실을 곧이곧대로 반영, 수용할 수밖에 없지만, 말/글의 표기화라는 매체 수단에서만큼은 올바른 사용법을 지켜야 작품의 품위가 반듯해진다. 그런 직업관, 또는 문장 감각이 이야기 형상력보다 선행하며, 문자/문맥의 두 기능 곧 통사(=문법) 구조와 의미 구조에 만전을 기하면 소설로서의 '가치' 생성이 원활해질뿐더러 '생산성'도 높아진다는 사실에는 방점을 찍어도 좋지 않을까 싶다. (화용론話用論=어용론語用論은 의미론의 하위 개념이며, 언중의 '엉터리 말투'까지 범주에 넣을 필요는 없을 것이다. 다수는 결코 만능일 수 없다.)

제 이름 '말하기'와 남의 이름 '부르기'에서 빙충맞게 우물쭈물하는 언어 습관과 세 자 성명 고수라는 전통은('한아름' '장한나' 같은 순한 글 이름과 '김이정혜' 같은 이중 성씨 이름의 실제상 사용률은 아직 미미할 뿐더러 그것의 소설적 활용에는 비상한 소재상의 예외성을 고려해야 한다) 우리의 소설 산업에는 확실히 불리한 '인프라=하부 구조'다. 게다가 어슷비슷한 이름 짓기를 피하려는 강박증 때문에 모든 나라의 대다수 작가는 간밤을 꼬박 밝히는 경우도 드물지 않다. 그래서 미국의 어떤 작가는 아예 일삼아 남의 집 대문 문패를 유심히 쳐다보는 직업 근성을 즐겼다고 하며, 한국의 실례로는 '활자가 기중 빽빽한 책자'인 전화번호부를 앞에 놓고 열심히 '공부'하고, 유명인의 장례위원 명단을 '암기'하며, 한때 신문사마다 별지 호외로 찍어 낸 초중등학교 교사의 인사 이동란을 참조용으로 '비치'해두었다는 작가도 있다. 그러나 요즘은 세상이 달라져서 아파트 살림살이가 문패를 없애버렸고, 전화번호부는 주판처럼 폐물이 되었으며, 초중등학교 교사들의 근무지 이동 발령은 컴퓨터상의 게시가 대신하고 있는 형편이다. 그렇다고 국어대사전 속의 유명인 함자를 주시하거나 학술서적의 인명 색인을 물끄러미 바라본다고 무슨 뾰족수가 나오는 것도 아니다. 대체로 그런 유명인들의 이름은 너무 교과서적이랄까 판에 박은

'이미지'부터 다가오게 마련이며, 나름대로 까다로운 성미를 자랑하는 작가들은 이내 한숨부터 내쉬며, 아, 아, 성이나 이름이나 그 나물에 그 밥이라더니, 너무나 지지리도 못났다. 쓸 만한 게 하나도 없다, 이러고도 한평생 호의호식하며 잘도 영광을 누렸네 하고 시부저기 책장을 덮고 만다.

그러나 대안이 없지는 않다. 보는 관점에 따라 시큰둥할 수도 있겠지만, 요즘 세상에서 아직도 기중 쓸 만하고 편리하기 이를 데 없는 '작명용 참고서'는 역시 신문의 인사란과 부고란이 아닐까 싶다. 헤드라인조차 달지 않으면서도 매일같이 꽤 넓은 지면을 당국이 일러주는 대로 '받아쓰기'로 채우는 그 두 박스 기사는 오래도록 눈독을 들일수록 어떤 소설적 '생애'에 살을 붙이기에는 십상인, 명색 무궁무진한 상상력에 불을 붙이기에 딱 알맞다. 이를테면 한때 약사로 생업을 도모했던 어떤 고인은 그 슬하의 아들, 딸, 사위, 며느리, 친손자까지 동종의 직업에 종사하고 있어서 실로 경이에 값했는데, 이런 경우는 도스토엡스키가 석양을 등지고 걸어가는 두 부자(父子)를 바라보면 많은 이야기가 저절로 괴어든다던, 역시 대문호다운 그 상상력을 떠올리게 하는 현대판 '가문 내력'과 '직업의 세습화' 경향에 대한 나름의 추리력을 재촉한다.

그러나 그런저런 이름 짓기용 참고거리를 아무리 신중하게 다뤄도 작가 자신이 이미 염두에 두고 있는 주요 인물 몇몇의 출중한 입상(立像)과 웬만큼이라도 맞아떨어지는 이름을 따오기는 어렵다. 특히나 뜻 글자로서 그것대로 어떤 '이미지'가 잡혀오는 성씨가 영 마뜩잖다. 김, 이, 박, 정, 서, 심, 황 같은 성씨를 쓸 수밖에 없는데, '내' 주인공을 그 보편성 속에 녹여넣자니 성에 차지도 않을뿐더러, 아직 기고도 하지 않은 터인데도, '그'의 개성미가 지레 살아오지 않을 게 틀림없어서 걱정이 태산인 것이다. 그렇다고 여러 이름에서 한 자씩 채자(採字)해서 신참 작명가로 나서봤자 선뜻 '내 물건' 같이 안겨오지 않는 점에서는 매일반이다. 이렇다 할 뾰족수가 없는 것이다. 그때쯤이면 신문 지면이 비좁다며 늘 뻬대고 다니는 유명인으로서 김영삼, 김대중, 김종필 같은 이름이 떠오르기도 하지만, 그런 함자는 너무 흔할 뿐만 아니라 재미도 없고, 그 '이미지'에는 다른 '성격의 때'가 지나치게 많이 묻어 있어서 그이들보다 오히려 '내 주인공'에게 미리 누를 끼치는 꼴이 되고 만다. 또한 공연히 망외의 농담거리로나 비화할까봐 켕기기도 하며, 실제로도 그런 흔한 이름은 주인공의 캐릭터 부조(浮彫)에 득보다는 실을 불러오기 십상이다. 그 정도로 유명세를 누리는 이름들은 어떤 종류의 희화화나 패러디로 상용한다 해도 이렇다 할 이바지가 될 리 만무한 것이다. 부르기 좋고 익히기도 수월하며(=보편성) 이색적인 어떤의 '상'이 얼핏 떠오르게 하는(=특수성) 이름 짓기가 이처럼 복잡할뿐더러, 한국 사회라는 특유의 '풍속도'가 뭘 좀 도와주기는 커녕 훼방만 놓고 있는 것이다. 그런 맥락에서《광장》의 이명준도 멋들어지게 그 이미지를 살려낸 '잘 지은' 이름이지만, 이제는 유명인으로 행세한 지가 오래되고 말아서 함부로 쓸 수도 없다. 최은희, 이미자, 이영애, 김연아 등은 거의 보통명사화 되어 버려서 작가 자신이 마음대로 조종할 수 있는 유일무이한 '고유명사'의 범위 너머에 있다. 궁여지책으로 가깝게 지내는 친구의 이름을 잠시 빌려다 쓰면 '캐릭터'로 살아나야 하는 미지의 주인공의 성격과도 얼추 닮아가는 듯해서 안도의 한숨이 저절로 터지기도 하지만, 이야기가 꾸려질수록 그 지어 낸 작중인물이 예상과 달리 자꾸 난봉꾼으로 전락해 가면 아무래도 작명을 잘못했는가 하고 시름에 겨워진다.

사실상 이름 짓기만큼 어려운 작업이 달리 없다. 세상과 인간을 제대로 이해하는 첩경이 바로 이것이고, 만사의 이치는 개념 정립이 우선이며, 배우고 묻는다는 '학문(學問)'의 근본도 결국은 이름 짓기, 용어 만들기, 새롭게 보기로서의 명명화 작업이기 때문이다. 오죽했으면 《논어》에도 '정명(正名)', 곧 말의 개념을 바르게 세워야 한다고 했겠으며, 그 근본은 사람의 이름 부르기가 아니고 무엇이겠는가. 같은 맥락에서 주인공의 성격, 인품, 자질, 능력 따위를 작가가 솔직히 직시하고, 그 그릇에 그나마 어울리는 '작고 소박한' 이름을(우리의 성명(姓名) 짓기는 어차피 뜻글자를 골라내 조합해야 하므로) 만들어 쓰는 것이 의외로 작품의 진척과 그 성취에도 유효할 수 있다. 물론 그런 경우에도 예의 그 인사란, 부고란을 열심히 참조하면서 한 가계의 어떤 '내림'에 눈독을 들이는 한편으로 작명에 따르는 시류의 동태도 예의주시할 필요는 있다. (불과 30년 전의 성명과 요즘의 그것은 한눈에도 많이 달라졌음이 훤히 비치긴 한다.)

이제 신상을 어떻게 밝히느냐 하는 과제를 풀어볼 차례다. 작가 자신을 돌아봐도 알 수 있듯이 신상 밝히기는 주요 인물의 생업이나 직업 같은 사회적 직분과 아울러 그 이전의 근본, 곧 특정인의 몸에 드리운 가장 기초적인 자격을 슬그머니 드러내는 것이다. 독자로 하여금 소설 한 편의 전체적인 윤곽을 짐작하게 만드는 '발판'으로서, 어떤 '첫인상'을 심어주는 신상 '띄우기'는 아주 중요하다. 물론 모든 주인공은 여느 사람과 마찬가지로 아빠, 아버지 (알다시피 주인공의 성격이나 연령층에 따라 '아빠/아버지'라는 호칭은 구별해서 쓰이므로 작품상 두 '성인 남성상'은 전혀 다른 맥락이다), 엄마/어머니, 할아버지, 할머니, 맏아들, 둘째 딸, 막냇삼촌, 고모, 이모, 형, 언니, 동생, 누나, 아주머니, 아저씨 같은 일반적인 촌수를 거느리는 한편 사장님, 선생님, 학생, 평사원, 차장, 부장, 임원, 이사, 장관, 서기관, 주임 같은 위계질서를 통해 각자의 신분 내지는 상대적인 지위를 명확히 드러내며 살아간다. 이런 촌수나 신분은 대화나 지문의 속생각 따위에 자연스럽게 녹아들어가게 마련이지만, 이 초보적인 인간관계의 명시는 이야기의 진행을 쭉쭉 뻗어가게 하는 활력소이며, 독자의 독서 열기를 점화시키는 자극제가 된다. 쉽게 말해서 연이어 읽히도록 속속 부추기는, 이야기를 먹을거리로 비유하자면 여느 입에나 맞는 보편적 미각으로서 입맛을 더욱 당기게 하는 식감이자 양념 그 자체인 것이다.

흔히 이 신원 밝히기를 오리무중 상태로 놓아두고서 무슨 '기상천외한' 이야기라도 풀어낸다는 듯이 허풍을 떨어대는 '기법'은 대체로 우스꽝스러운 '폼'에 지나지 않고, 한마디로 '기량 미달'을 짐짓 그렇게 호도하려는 짓거리이다. 어쨌든 이런 기초적인 인적 사항은 장차 벌어질 대인관계에서의 갈등을 첨예하게 또 분명하게 조명하는 단서이므로 캄캄한 방의 전등 불빛처럼 환하게 밝힐수록 좋다. 이 '신원 노출'이 상대방 곧 뒤이어 등장할 여러 작중인물인 부주인공, 부속인, 행인1, 2 등의 신원, 언행, 지위의 일부를 속속 규정해주며, 그들과의 관계 설정을 통해 한 인물의(또는 작중인물 모두의) '캐릭터'의 민낯과 속살이 일목요연하게 비치도록 도와준다.

어느 작품이라도 주요 인물이 등장하는 서두 부분을 옮겨놓으면 안성맞춤의 예문이 될 테지만, 크게 말하면 소설의 첫머리는 일단 특이한 '공간'이(소설 속의 모든 '공간'은 일반인에게 친숙한 것일수록 '재현' 즉시 독자에게는 낯설게 다가온다. 거창한 문예 이론을 따올 것도 없이 예술의 '재현미'란 그런 것이다) 제시되면서 말문을 열든가, 아니면 조금 이색적인(역시 약간 '낯설' 뿐이다) 주인공의 출연으로 시작되는 것이 '통상 관례'다. 다음의 예문은 후자의 경우라서 더 안성맞춤한 작례다.

⇒(가) 구스타프 아셴바흐, 또는 50회 생일 때부터 공식적으로 구스타프 폰아셴바흐로 불린 그는, 유럽 대륙에서 몇 달 동안 불길한 조짐을 보여온 19xx년 어느 봄날 오후, 뮌헨의 프린츠겐텐 가에 있는 자신의 집을 나와 혼자 꽤 멀리 산보를 했다. 사실 그는 아침에 몇 시간 동안 극히 신중하고 용의주도하며, 끈질기고 면밀한 의지력을 요구하는, 몸에 무리가 가는 힘겨운 작업을 했기 때문에 신경이 지나치게 예민해져 있었다. 그래서 작가인 그는 점심을 먹고 나서도 자신의 내부에 들어 있는 창작 추진 장치의 추진력, 즉 키케로가 웅변의 본질로 본 '정신의 끊임없는 움직임'에 제동을 걸 수 있었다.(토마스 만의 〈베네치아에서의 죽음〉 229쪽)

전형적인 만연체 문장으로서 치렁치렁한 요설이 소설 첫머리부터 독자의 안전에 바싹 육박해오는 (가)의 예문은 주인공의 이름과 더불어 신분을 확실하게 밝히고 있다. 그는 명실상부한 중년의 작가로서,

근년에 '폰'이라 하여 작위에 해당되는 명예까지 이름에 달았다는 것이다. 또한 나이도 50대에 접어들어서 존경을 받을 만한 기성세대이며, 작가라는 생업에 충실할뿐더러 자기 일과를 빈틈없이 메꿔가는 데 관록을 보이는 '캐릭터'까지 누리고 있다. 그만한 신원을 송두리째 밝힌 것이야말로 이 소설의 '모티브'이자 복선 그 자체일 수 있고, 그가 장차 벌일 숱한 갈등의 소지는 이미 그의 이름과 신원이 착실하게 예비해두고 있는 셈이다. 더욱이나 그는 뮌헨이라는 잘 알려진 도시에 살면서 생활의 여유를 누리고 있다니까 그의 신상명세서는 독자에게 어떤 전신상의 윤곽을 선명하게 제시하고 있기도 하다. 또한 당대 제1급의 소설가가(=토마스 만) 작중의 주인공인 작가의 이름을 공들여 지은 솜씨도 단연 돋보인다. 흔한 이름은 아닌 듯하고, 어딘가 근엄한 면모가 배어 있는데, 앞으로 속속 벌어질 그의 갈등과 비극까지도 상당한 정도로 반영하느라고 그렇게 작명하지 않았나하는 추측을 쉬 떨칠 수 없게 만든다.

다음의 두 문단도 소설이 어떻게 시작되며, 어떤 이야기를 펼치든 우선 '이름 짓기'부터 짜넣어야 함을 모범적으로 보여준다.

⇒(나)여기는 '아인프리트' 요양원이다. 길게 쭉 뻗은 본채와 양옆에 곁채가 딸린 하얀색의 요양원은 널찍한 정원의 한가운데에 일직선으로 자리하고 있다. 인공동굴, 나무 그늘 길, 나무껍질로 지은 조그마한 정자들이 갖추어진 정원은 정겨운 느낌을 준다. 요양원의 슬레이트 지붕 뒤로는 전나무가 우거진 푸른 산들이 육중하고도 부드럽게 하늘 높이 우뚝 솟아있고, 산에는 암벽이 갈라진 곳이 군데군데 눈에 띈다.

예나 다름없이 레안다 박사가 요양원을 이끌어가고 있다. 양쪽 끝이 뾰족한 그의 검은 콧수염은 쿠션에 채워넣는 말의 털처럼 뻣뻣하고 곱슬곱슬하다. 두꺼운 안경알을 번득이는 이 남자는 학문을 해서인지 차갑고 딱딱한 인상을 주며, 조용하고 너그러운 염세주의자의 분위기를 풍기고 있다. 이러한 모습의 그는 무뚝뚝하고 과묵한 태도로 병으로 괴로워하는 환자들을 사로잡고 있다. 스스로 규칙을 세워 지키기가 너무 힘에 부치는 모든 환자는 할 수 없이 자신들의 재산을 박사에게 넘겨주고, 그의 엄격한 관리로 자신이 지탱되기를 바라고 있다.(토마스 만의 〈트리스탄〉 29쪽)

앞서 슬쩍 덧붙인 대로 모든 작품의 첫머리는 어떤 공적/사적 공간의 '예외성'을(이 예외성은 '특수성'의 다른 말이지만, 실은 '일반성=보편성'을 약간 달리 축소/과장함으로써 낯설게 보이도록 '조작=표현'한 것일 뿐이다) 드러낸 후 곧바로 그 낯선 정황으로서의 처소/장소와 불가피하게 '관계'를 맺고 있는 어떤 인물을 소개하는 '순서'를 밟는다. 거꾸로 '인물'을 먼저 제시하고 뒤이어 '공간'을 그리는 절차를 밟아도 결과적으로는 그게 그것이지만, 이 선후관계는 무엇을 중점화하느냐 하는 작의가 전적으로 좌지우지할 것이다. (실은 어떤 '영감=아이디어'에 휘둘린 나머지 수시로 변하는 작가 자신의 감각적/이성적 판단에 따라 어느 것을, 결국에는 어떤 '문장/문단'을 앞세울 것인지의 취사取捨가 결정될 것이다. 어느 쪽이든 작가의 그 첫 '결정'이 성에 차면 그때부터 애초의 '영감'은 이성적인 정리벽을 발휘하는 '모티브'로 승격, 비로소 '창작 의욕'이라는 신바람을 내기 시작한다.)

(나)의 예문에서도, 이 장의 주제인 '인물 만들기'의 구체적인 사례

로서, 작중의 한 인물이 제 몸처럼 두르고 있는 최소한의 기본적인 신원을 우선적으로 털어놓는다 싶게 '공개하는 전략'을 구사하고 있다. 그의 이름이 의사답게 흔하지도 않은 듯하며, 그렇다고 귀하지도 않은 '레안다'이고, 환자들로부터 존경을 받고 있는 만큼 권위도 부릴 줄 아는 '박사'인 것이다. 그런 위신에 걸맞게 그는 빳빳한 콧수염을 정성들여 가꾸며, 그 겉치레 카리스마가 자신의 업무와 일과를 적극적으로 도와준다고 자부한다. 물론 서술자=작가는 작중인물의 그런 신원 밝히기를 통해 상당한 유머 감각과 조롱을, 배움인 시대상에는 풍자와 빈정거림을(굳이 '박사'로 호명하고 있다) 녹여넣음으로써 '병든' 사회와 무병장수만을 바라는 인간 사이의 아이러니를 깔아놓고 있다. 주인공의 나이도 요양원을 운영하기에는 꿀릴 게 없는 연치임을 암시적으로 드러낸다. (덧붙이자면 미루어보아 충분히 짐작이 가고, 어떤 오해도 있을 수 없는 '신원'의 또 다른 세목이나 '성격'의 일부만큼은 지레 성급하게 까발리지 않아도 되며, 나중에 차례를 좇아 =서술敍述함으로써 일종의 '사족' 달기를 지연시켜야 한다. 굳이 이력서처럼 요식적 절차를 한꺼번에 다 밝힐 것까지는 없는데, 그런 '사족'의 중뿔난 서술이 흔히 이야기의 진척을 가로막으며, 가독성도 짓뭉개는 요소임은 이미 설명한 바와 같다.) 요컨대 한 의사의 부분적인 '신상 털기'를 통해 그가 진작부터 속물의 반열에 올라와 있는 인물임이 서두에 드러나 있다. 그의 캐릭터는 반 이상이 뚜렷해지고 말았으며, 다음부터는 그 윤곽에 살을 붙여 확실한 '인간상=개성미'를 드러내서 작품으로서의 성취에 이르는 작업만 남아 있는 셈이다.

요즘의 '되다 만' 소설들은 이런 이름 및 신원 밝히기를 고의로 무시한다기보다도 아예 기피하는 경향이 있는 듯하다. 소설은 시류를 즉각적으로 비춰주는 거울이므로 이해할 만한 '대세'다. 나름대로 풀이해보자면 여러 잡다한 '변명' 투성이 같은 요령부득의 작가별 소설관, 갈가리 해체해놓아서 그 형체를 알아볼 수 없게 만든 서사 이론, 그런저런 '이론 과식증'의 골자는 현대인의 일반적인 익명성, 고립성, 단자성과, 오늘날 도처에서 벌어지는 각양각색의 사건/사태/사고와 어떤 정황의 유사성, 제도문화성, 복합사회성 따위가 고착화 단계를 넘어 인류 전체를 '강박'하고 있으며, 그 어슷비슷한 세상살이/인생살이에 치여 살 수밖에 없는 주인공의 독자성, 개체성, 존엄성 등을 끝까지 발겨내겠다는 주제의식은 오래전부터 케케묵은 발상이자 서사 양식이라는 것이다. 요컨대 어떤 자잘한 이야깃거리들의 집합이라도, 또 완성된 한 자락의 이야기라도 이제는 일정한 진부성을, 상당한 복제성을, 당연한 천편일률성을 거느릴 수밖에 없든가, 기왕의 짱짱한 여러 선행 작품을 그대로 흉내 냈거나, 서투른 '패러디=작정한 모방'임을 자임하면서도 눈가림용 '색칠'만 덧대서 결국에는 송두리째 베껴먹는 표절 행각에 불과하다는 것이다. 부분적으로 타당한 말이고, 수긍할 만한 '문학 현실'임에 틀림없지만, 그렇다고 남의 작품과 비슷해질까봐 겁이 나서 지레 못 쓰겠다든가, 그러니 영험스럽게 '내림'을 물려받은 비상한 '명작'을 얼렁뚱땅 참고한 이란성 쌍둥이 같은 '실험작'을 쓴다거나, 이름은커녕 신원도 불투명해서 '사회성'이 전적으로 결여된 '유령'을 '도플갱어' 운운하며 양산하는 행태가 명색 진정한 작가의 도리(=작업윤리)인지, 또 얼마나 많은 '절대 독서량'을 진작에 수습했기에 '쓸 만한 것은 벌써 선각들이 죄다 써먹었다'는 장담으로 자족하는지 장기간에 걸쳐 진지하게 자문해봐야 할 일일 것이다. 하기야 여느 선행 명작엔들 '빈틈'이야 없을까만, 기왕의 판에 박은 추수주의적 '과찬' 습벽이 '새로운 인물'의 창조를 지레 가로막고 있는지도 모른다. 보다시피 오늘날의 '인물'들은 직업의 가짓수가 불어난 만큼 나름의 '개체분열'을 쉼 없이 완성해가고 있으므로, 그런 정황을 소설이 쓸어 담아주기를 기다리고 있다고 봐야 그나마 쓸 만한 능동적/개성적 '직업의식=직업윤리'가 아닐까 싶긴 하다. 어차피 세상의 변화에 연계해서 인간도 개체 변이를 일 삼으니까.

> **제7장 1절의 요약**
>
> (1) 주요 인물의 이름 짓기는 의외로 '난산難産'을 겪는데, 신문의 인사란이나 부고란을 주목하면 다소의 도움을 받을 수 있다.
>
> (2) '나' 위주의 일인칭 소설에서도 주인공을 익명으로, 그 신원을 불투명하게 조종하면 자폐적 신변잡기에 그칠 수 있다. 삼인칭 소설은 대체로 서두에서 어떤 특이한 '공간'과 함께 주인공의 이름과 신원을 밝힘으로써 이야기를 수월하게 풀어가곤 한다.
>
> (3) 사람의 이름 짓기와 마찬가지로 '상호' 짓기도 나름의 의미심장성을 새겨넣어야 한다. 주인공과 더불어 부속인의('행인 1, 2'와 같은 일회용 인물) 이름은 흔히 그 사람의 특징을 잡아채서 임시 '별칭'으로 대체하면 사실감을 부각시킬 수 있다.
>
> (4) '현대인'의 개성/속성으로서의 곁가지들(=직업, 취향, 취미, 장신구, 복장 등)을 얼마나 사실적으로/전문적으로 그릴 수 있는지를 숙고해야 한다. 필경 '자료 취재'를 강화해야 겠지만.

2. 외모, 복장, 학력

주인공이든 부속인이든 어떤 특정 인물의 신원(=이름, 성별)이 어느 정도까지 밝혀졌으면 그때부터 본격적으로 그만의 유일무이한 '캐릭터'를 집중적으로 그려나가야 한다. 소설은 이야기를 굴러가게 만드는 주인공의('그/그녀/나' 이다) 언행과 그 특정 인물이 겪어내는 여러 경험 중 요긴한 것만을 길든/짧든 간추려야 하므로 모든 사건/사고도, 시간/공간도, 나머지 등장인물들도 죄다 '그/그녀/나'의 한낱 '부속물' 곧 그 유일무이한 인간을 부각시키기 위한 도구/자료에 지나지 않는다.

그러나 마냐 이야기가 차근차근 지면을 메꿔감으로써 주인공의 체취는 알게 모르게 독자의 예민한 후각에 풍겨질 테지만, 작가가 의도적으로 만들어서 그의 전신에 하나씩 떠안겨야 하는 '분장술'도 있어야 한다. 그중에서도 가장 중요한 것은 아무래도 외모, 복장, 학력이라고 봐야 할 텐데, 그럴 수밖에 없음은 오늘날의 모든 '우리'는 어차피 '남=사회'에다 자기 자신을 드러내며 살아야 해서이다. (그런 의미에서도 산골짜기 같은 벽지나 궁벽한 오지에서 꽁지머리로 살아가는 괴짜들의 '행색'은 시사하는 바가 많다. 그들의 자기도회自己韜晦도

속 보이는 위장이든가 겉멋에 지나지 않음은 의문의 여지가 없는 일이다. 곧 그들은 자기과시를 저 혼자서 즐기는 빙충맞은 '거울 앞의 일인극' 주인공에 불과하다.) 어쨌든 이름과 신원 이상으로, 아니 주인공이 스스로 털어놓을 것도 없이 바로 눈앞에서 훤히 보여주는 '이것' 만큼 더 신뢰감을 주는 것으로 달리 무엇이 있겠는가.

　우선 외모는 동서고금의 모든 서사 양식이 앞다투어 그려온 데서도 알 수 있듯이 이것이야말로 상대방에게 가장 직접적으로 다가오는, 그래서 읽기도 쉬운 큼지막한 '간판'이며, 어쩔 수 없이 사람마다 다르게 타고나는 그 얼굴의 '인상'은 워낙 막강하다. 게다가 잘나고 못난 정도에 대한 일반적인 분별에도 상당한 공통분모가 옛날 옛적부터 마련되어 있어서 여간 편리한 게 아니다. (그 대표적인 속담으로는 '얽거든 검지나 말든가'가 있다.) 옛날이나 지금이나 피부 색깔에 관계없이 사람의 외모를 평가하는 안목에는 대체로 일정한 기준이 있다. 이를테면 눈, 코, 입, 눈썹, 이마, 뺨 등과, 얼굴의 길이와 그 폭의 비례관계, 그 정점인 턱과 뺨의 돌출 정도, 귀의 모양새, 머리칼의 색깔, 머리숱의 많고 적음 따위가 어떻게 조화를 이루는지 한눈에 알아본다. 각자의 취향이(이것의 공통함수가 민족별, 지역별로 다소 상이함은 주목을 요한다) 약간씩 다른 것도 그들 자신의 외모에 대한 열등감/우월감을 일정하게 반영하거나 감추고 있음에 기인하는 것은 굳이 더 설명할 필요도 없다. 그래서 치열이 고르지 않고 웃는 모습에 어딘가 어색한 티가 비치는 것도 유독 큰 결점/매력으로 인화해버리는 선입견을 통해 당사자가 평소에 품고 있는 동병상련의 신체상의 미흡을 유추해낼 수 있다.

얼굴만이 어떤 사람의 캐릭터를 일방적으로 결정하는 것도 아니다. '인상(人相)'(=얼굴의 생김새가 풍기는 전체적인 '기운')이 말하는 대로 그 사람의 용모, 체격, 말씨, 행동거지와 함께 시간의 경과에 따라 차츰차츰 드러나는 마음씨, 인생관, 세태관, 세계관까지도 포함해서 그만의 운명도 판단해야 비로소 특정 인물의 성격과 성정 일체를 짐작할 수 있을 테지만, 한 편의 소설에서 그런 것까지 다 아우를 수는 없다. (소설은 제한된 지면을 최대한 활용하여 '그릴 것만 그리는', 그러므로 버릴 것과 골라낼 것을 과감히 결정해야, 그것도 매초 단위로 단안을 촉구하는 '결단의 시험장'임을 명심할 필요가 있다. '욕심'이 사나워서 이것저것 다 챙기다가는 하나라도 건질 게 없는 맹물단지가 되고 마는 것이다. 소설 쓰기에서 '욕심 버리기'만큼 어려운 작업도 달리 없다. '되다 만' 작품일수록 '잡탕'으로 담백한 맛이 떨어지는 것 또한 주제넘게 '욕심'이 사나워서이다.) 그러므로 키가 껑충하거나 몸이 지나치게 뚱뚱하거나와 같은 지워지지 않는 첫인상(印象)과 그 후의 언행 일체가 그나마 '이야기의 종류'에 상관없이 대단히 요긴한 '캐릭터'의 결정 인자일 수 있는 것이다.

어쨌든 한 인물의 용모와 체격만을 '외모'라고 한정한다면, 이것을 어느 정도로까지 그려야 캐릭터의 순조로운 탄생을 예고하면서 독자의 머리에서 한동안 잊히지 않는 영상으로 남을 수 있는지, 이 문제는 작가의 소설관과도 무관하지 않아서 함부로 말하기가 저어되지만, 그렇기 때문에 더 진지한 숙고거리이기도 하다.

⇒(가)그의 용모는 그때까지 그가 살아온 모든 삶의 특성과 본질을 생성

하게 입증해주고 있었다. 항상 오만함이 서려 있고 의심기가 역력한 데다 냉소적인 그의 가느다란 두 눈 아래에는 길쭉한 살집이 잡혀 있었다. 기름기가 번지르르 흐르는 조그만 얼굴에는 많은 주름살이 새겨져 있었으며, 혐오스러울 만큼 음탕한 모습을 더해주는 커다랗고 길쭉한 비곗덩이 혹이 뾰족한 턱에 마치 지갑처럼 매달려 있었다. 게다가 입은 길게 찢어지고 탐욕스러웠으며, 두툼한 입술 사이로는 썩어버린 시커먼 이빨 조각들이 눈에 띄었다. 또 말을 할 때면 언제나 침을 튀기곤 했다. 그러나 어쩌면 자신은 만족하고 있었음에도 불구하고 자기 얼굴에 대해 즐거이 익살을 떨었다. 그다지 크지는 않지만 매우 뾰족한 데다가 심하게 휘어진 매부리코를 특히 화제로 삼았다. 그는 이렇게 이야기하곤 했다. '영락없는 로마인의 코야. 이 혹과 어울려 쇠퇴기 고대 로마 귀족들의 진짜 모습을 보여주고 있잖아' 그는 그것을 자랑스러워했던 것 같다.(표도르 도스토옙스키의 《카라마조프씨네 형제들》상, 46~47쪽)

(가)의 예문은 누구나 그 제목만큼은 자주 듣고, 뒤이어 불세출의 명작이라는 세평에 마지못해 승복하는 대장편 소설 《카라마조프씨네 형제들》중에서 초반에 나오는 한 인물의 대단히 인상적인 용모를 기술한 부분이다. 체격 조건은 바로 앞부분에서 살이 많이 쪄서 축 늘어졌다고 하지만, 이상할 정도로 특징적인 면만을 골라서 모아놓은, 지나칠 정도도 과장스럽게 묘사한 문맥에는 희화화가 넘쳐나서 한 인물의 용모를 대번에 떠올리기에는 부족함이 없다. 그 특별한 얼굴만으로도 섬찍할 지경이고 단연 이색적이기도 하다. 그러나 다른 한편으로 생각해보면 흔히 세계적인 제1급의 작품에 대한 무조건적인 승복

열이 지나쳐서 어떤 소설적 '기술벽'도 경전(經典)처럼 떠받들려는 경향만은, 시대가 달라졌으므로 한번쯤 조심스럽게나마 짚고 넘어갈 숙제거리다. 따져볼수록 의심스러운 대목도 수두룩한 데다가 다들 좋다니까 어쩔 수 없지 하고 추수주의자들의 긴 행렬의 꼬리에 붙어서기를 마다하지 않는 물신선의 처신만큼은 불식시켜야 제 '스타일'을 가질 수 있을 터이기 때문이다.

위의 대목을 읽고도 그 생생한 소묘력에는 선뜻 동의하면서도 악의가 보인다 싶을 정도로 괴상한 면모만을 종합해놓은 그 좀 흉물스러운 외모가 과연 그 인물의 '캐릭터'를 대변할 수 있을까 하는 미심쩍음을 챙겨야 하는 것이 그것이다. 알려져 있는 대로 위의 '매부리코'는 기상천외한 사건을 일으키고, 자기 자랑을 비롯한 온갖 일에 따따부따하는 '다변증'에 지치는 법도 없으며, 급기야는 그 외모보다 훨씬 더 끔찍한 죽음에 이름으로써 그만의 걸맞은 '캐릭터'를 완성시켜 놓는다. (작가의 부친이 농노에게 살해되었다니까 그 '비극'이 이 걸작의 모티브였을 게 틀림없다.) 독자의 기대에 부응한 캐릭터가 그 특이한 얼굴에 드러나 있으며, 그 유별난 성격은 그의 외모가 대변하고 있으므로 둘의 관계는 똑같다는 등식이 성립한다는 것이다.

험상궂은 얼굴이 반드시 범죄를 저지르고, 흉악범들의 인상이 대체로 험악하다는 판에 박은 선입관은 영화의 배역 선정에서 상투적으로 써먹는 그런 안이한 '캐릭터' 공식화 작업과 한 치도 다를 바 없다. 하등의 쓸데없는 시빗거리로 얼토당토않은 흠집내기를 일삼는다고 할지 모르나, 멀쩡한 신수의 사기꾼과 무골호인 같은 외모의 알짜건달이 수두룩한 게 진짜로 '보이는' 현실이며, 현대소설이 이런 실정을 외면하면서 예의 그 뻔한 '등식'(악한=험악한 얼굴)만을 고수하는 것이 과연 능사인가라는 문제 제기인 셈이다.

말을 달리하면 (가)의 예문은 이미 130여 년 전에 쓰인 글이다. 그때는 외모 묘사가 그만큼 요긴했다는 방증이기도 하다. 그러니 그때와 지금의 일반적인 외모관이 많이 달라졌고, 실제로도 사는 형편과 위생 및 영양 상태의 월등한 개선으로 외모 그 자체가 비교할 수도 없을 정도로 세련되어서 다들 면추의 경지에 이르렀다는 사정도 고려해야 할 것이다. 금세기에도 나라와 종족이야 다를망정 심한 빈부의 격차가 엄연하고, 우리 쪽 형편만 둘러보더라도 도시 빈민은 매끼를 라면으로 때우는가 하면, 자가용을 두 대씩 굴리는 농촌의 부지런한 영농가댁 식단은 영양가 만점의 유기농 먹을거리들로 진수성찬에 버금간다. 적어도 100여 년 전과는 너무 달라진 현실이고, 평균적인 용모도 훨씬 나아졌다고 할 수 있겠는데, 그 근간에는 의식주 관행의 비약적인 개선-발전이 깔려 있다. 신수의 이런 향상과 세련은 예전에 비해 월등히 좋아진 얼굴색을 비롯하여 이목구비의 번듯함까지 불러들임으로써 민족별로도 '새로운 인류'의 탄생을 목격하고 있다고 해도 무리가 없을 지경이다. 그래서 오늘날의 미남/미녀관은 한 세기 전의 그것과는 아예 비교급의 대상일 수 없는 것이다.

요컨대 이목구비에 대한 구체적인 묘사가 막상 '캐릭터' 창조에는 이렇다 할 실효를 발휘하지 못한다는 점은 '일반론'으로 받아들여도 무방할 것이다. 적어도 21세기인 '지금'에는 그럴 수밖에 없는 방증이 많다. 가령 역설적이게도 한때의 '앵두 같은 입술'이니, '백옥 같은 피부'니, '삼단 같은 검은 머리' 따위의 진부한/상투적인 표현은 미인을 곱게 본 당대의 의식 전반을 노골적으로 시인하고 있어서 실소를 금치 못하게 하지만, 용모 제일주의에 급급한 그 발상 자체에 벌써 잘나고 못났다는 이분법적인 사고가 솔직하게 묻어 있고, 결국 그런 선별은 이야기 내용상의 권선징악을 '도식화' 했으리라는 확신도 떨칠 수 없게 만드는 것이다. 용모에 따르는 그런 편애/편증은 무슨 '일' 이나 '사건' 의 해결에도 능통한 팔방미인형 '선한 인간' 을 주인공으로, 또 그 반대쪽에는 못나고 무능한 머저리를 대비시키는 수상한 '엉터리 통속물' 을 불러왔으리라는 단정조차 강화시켜준다.

다시 (가)의 예문으로 돌아가서 외모 묘사의 불가피성 여부를 점검해보면, 괴상하고 우스꽝스럽기도 한 면모만을 무슨 '종합비타민제' 처럼 욱여넣은 그 '추물' 이 현대성의 일부이기도 한 '잔혹 취미' 를 예언하고 있다는 긍정적인 반응도 있을 법하다. 부정할 수 없는 사실이다. 누구나 짐작할 수 있겠듯이 인류는 문명화 과정을 착실하게 밟아오면서 용모/신체가 두루 '순화' 의 길에 접어들었지만, 인간에게는 본질적으로 원시 상태의 그 야수성이 잠재해 있을지도 모른다는 추측은 이때껏 치러온 숱한 전쟁이 단적으로 증명하고도 남는다. 또한 인간만의 그런 자극기아가 얼마나 내성이 강한지는 각종 마약, 노름, 게임=스포츠, 성욕 등에서도 모자람 없이 드러나 있다. 아마도 그런 저런 자극기아의 연장선상에서 컴퓨터 그래픽 아트를 적극적으로 활용한 엽기적 영상물이('아바타' 는 그 대표적인 사례라고 할 만하다) 새로운 '서사물' 오락거리로 각광받는 이유를, 덩달아 '소설 산업의 위기와 조락' 을 설명할 수도 있을 것이다. 물론 속단은 금물이지만, 마냥 기피할 수도 없는 것이 이제는 누구도 그런 눈요깃거리의 선악으로부터 자유롭기는커녕 그 종횡무진의 활약상에 넋을 놓아야 할 지경이다.

어쨌든 인간의 용모와 체격에 대한 우열과 호오의 감정은 어느 쪽이든 경계해야 옳다는 점만은 크게 강조해두어야 할 '캐릭터' 기술법이다. (반대로 잘나고/못나고에 대한 선명한 분별은 예의 '자극기아'라는 유전적 소양을 가진 '불특정 다수의 대중'이 선호하는 통속물의 한 속성일 터이므로 적절히 이용하기 나름으로 소기의 성과를 예약할 수는 있다.) 그런 이분법적인 발상은 결국 주인공의 극단적인 우상화를 불러와서 눈부신 미남이 글도 잘 쓰고, 그림에도 조예가 깊고, 노래 실력도 웬만한 성악가 뺨칠 정도이며, 말까지도 청산유수인 데다 박학다식하여 만사에 '해결사'로 활약하는, 소위 '제갈량'의 탄생을 부채질하고 마는 것이다. 그 연장선상에 만능의 수완을 발휘하는 비상한 '명탐정=수사관'이 있음을, 그런 읽을거리가 소설의 '제국'을 넓히고 있음을 모르는 사람은 없다. 실은 그런 어처구니 없는 발상 자체에 빠지는, 그 비현실성에의 집착-매몰은 자극기아의 해악임에도 인간은 '상상력'이란 구실 아래 '자위' 행위를 시도 때도 없이 마냥 바치는 추물인 것이다.

그렇다고 해서 외모의 미추에 대해서 무작정 등한할 수도 없는 노릇이다. 모든 사람의 일반적인 심성도 잘나고 못난 그 외모 앞에서는 즉각적인 품평이 확고히 머릿속에 '각인'되어버리고, 그 감상이 말솜씨나 교양 같은 다른 부대조건 때문에 빠른 속도로 묽어진다 하더라도 언젠가는 터뜨려지고 만다는 것을 다들 잘 알고 있으니 말이다. 물론 그에 대한 반응 양상은 사람마다 다르게 마련이며, 관건은 그것을 현대소설이 어떻게 수습해야 그나마 적당한 '일반론'으로 가름할 수 있겠느냐는 것이다. 이미 설명한 대로 용모의 미추에 대한 일방적인 두둔과 폄훼는 권선징악형의 단답을 강제하므로 경계해야 마땅하지만, 그 인물만이 갖고 있는 이상한 습성 따위를 지목하면서 '희화화-아이러니'를 도출시키는 편법을 제시할 수 있다. (흔히 간과하지만, 사회적 약자이자 소수자인 장애인, 여자 노인에 대한 유별난 경원과 그들에 대한 차별의식 내지 어느 한쪽의 역차별의식은 실제로 모든 작품에 골고루, 뚜렷하게 부각, 편재되어 있다. 젊은 남성/여성의 방자한 '개체성'과 기고만장한 '양성 평등의식' 같은 것이 그것이다. 진정한 양성평등의 전제 조건은 어느 쪽이든 각자의 직분에 충실하면서 다른 한쪽에 간섭과 월권을 삼가는 일이다. 요즘 다급한 화두 중 하나인 강자/약자, 부자/빈자, 세칭 갑/을 관계의 성숙한 지양도 대체로 마찬가지다.) 이를테면 한때 성인 남자들에게 꽤 널리 유행했던, 유독 새끼손가락 손톱만을 길게 기르는 버릇을 예로 들 수 있다. 보기도 흉할 뿐더러 그 비위생적인 기벽이 실제로도 당사자의 외모보다 훨씬 더 인상적이며, 쉬 잊히지 않는다. 뿐만이 아니다. 발바닥이 늘 화끈거린다는 지병을 무슨 자랑이랍시고 떠벌리면서 양말을 신지 않거나 혹은 신고 있다가도 아무 데서나 벗어던지길 능사로 삼는다든지, 어느 자리에서나 책상다리로 앉자마자 발바닥을 손가락으로 꾹꾹 누르고 쓰다듬는 불결한 습벽 따위를 지적함으로써 한 캐릭터의 '성질'을 도해할 수 있는 것이다.

옛날 소설에서처럼 이목구비에 대한 진부한 묘사를 적극적으로 자제하면서 한 인물의 외모를 선별적으로 점검하는 다음과 같은 작례는 현대소설의 캐릭터 부각법 중 하나라고 해도 좋을 듯싶다.

⇒(나)그의 아내는 키가 크고 호리호리한 젊은 여성으로, 남편과 달리 장난스럽고 천진난만한 면을 좀처럼 찾아볼 수 없었다. 어쨌든 오늘밤에는 그랬다. 어깨를 살짝 덮는 길이의 매끄럽고 곧은 새까만 머리칼이 커튼처럼 그녀의 길고 갸름한 얼굴에 드리워져 있었는데, 뭔가 흉한 것을 감추기 위해 일부러 그렇게 자른 듯 보였다. 신체적인 결함이 있는 건 아닌 게 분명했다. 그녀는 감추려는 것이 무엇이든, 그녀의 피부는 흠결 하나 없는 크림처럼 부드러워 보였으니까. 그녀를 감싸고 있는 남편의 시선이나 몸짓에서 드러나는 꾸밈없는 다정함을 통해, 그녀가 남편에게 무한한 사랑을 받고 있다는 것을, 그녀가 남편을 지탱해주는 원천임을 알 수 있었다.(필립 로스의 《유령 퇴장》 48쪽)

작가 지망생인 젊은 여자의 빼어난 미모를 간접적으로 전하는 (나)의 묘사에서 머리털과 피부와 남편의 시선이 동원되고 있음은 주목에 값한다. 이목구비에 대한 지나친 관심을 의식적으로 자제하고 있는 셈인데(본 대로 느낀 대로 기술하고 있는 작품 속의 화자는 유명한 작가로서, 이제 늙어버린 자신의 몸뚱어리에는 곤혹스런 연민을 보내면서도 예전이나 지금이나 지적 우월감에서는 여전히 강강하다고 으스대는 필립 로스 자신을 희화화한 그런 '캐릭터'로서 여성의 미모에 관한 한 예민한 정서를 가졌을 것임에도 불구하고 무례하다 싶게 노골적인 반응을 마구 드러내는 양반이다. 전립선 수술로 성행위 불능자의 자격지심이 아무 데서나 그토록 안타깝게 난반사하고 있다는, 안타깝게도 간접적인 진술이다), 이런 작례만으로도 오늘날의 미적 기준의 다양화 경향은 물론이려니와 미모의 상향 평준화 같은 세기적 징후를 읽을 수 있다. 그럼에도 불구하고 잘난 사람과 못난이는 엄격하게 갈라지고, 이왕이면 한 군데 이상 매력적인 인물을 '지어내고 싶은' 작가 일반의 욕심은 끝이 없는데, 그 창작열을 어떻게 '비틀어서' 그려야 할 것인지를 위의 예문은 선례로 보여준다.

 다양한 사례별 천착이 따라야 할 대목이지만(이를테면 단편, 중편, 장편이나, 통속물, 미스터리소설, 메타픽션, 세태소설, 풍자소설과 같은 장르별로, 남성 작가와 여류 작가, 젊은 시절에 쓴 작품과 중년/노년에 쓴 작품 등의 잣대를 들이대서), 어떤 작가는 주요 인물마다의 시들해진 신수와 갑자기 힐끔거리는 기색을 미주알고주알 들춰내는가 하면, 이목구비야 어찌 됐든 괘념치 않고 오로지 특정인의 주의주장과 덜렁거리는 언행만을 조준함으로써 그 캐릭터를 미루어 짐작하라고 내버려두는, 남녀의 용모에 기준과 그 미추에 관한 한 체질적으로 무심한 작가도 있다. 어느 쪽이든 '캐릭터' 살리기를 의식하고 있다는 단서임에는 틀림없지만, 그런 타성적 기술벽이 과연 해당 작품에 꼭 필요하며 어울리는지, 또 작가 자신이 고정적으로 써먹는 안이한 '인물 그리기' 수법이, 그것도 한사코 '말하기' 기법인 따분한 설명만으로 환칠하는 게 아닌지를 그때그때마다 준엄하게 따져봐야 할 것이다.

 아마도 '캐릭터' 만들기에서 외모 이상으로 큰 역할을 도맡는 것이 그 사람의 위신/처신과 맞먹는 복장임은 더 말할 것도 없을 듯하다. 음식의 가짓수 이상으로 다양해졌을뿐더러 그 재료(=옷감)/색감이나 모양새(=옷걸이/옷맵시/옷주제)도 이를 데 없이 풍요로워진 오늘날의 입성치레를 봐도 그 점은 여실하다. 또한 동일 제품이 대량생산되고 있음에도 불구하고 단체복이 아닌 이상 같은 옷을 입고 제3자를 만날 수 없게 되어 있는 현상이나(젊은 세대가 한때의 치기로 입고 다니는 소위 '커플 복장'은 유치하고 조잡해서 남세스러운 과시벽일 뿐이다), 어쩌다가 우연하게 똑같은 무늬와 색깔의 윗도리를 입고 회식 자리에서 마주 앉았다가는 서로가 '대형 사고나 만난 듯' 기겁하는 희한한 세태도 특기할 만한 오늘날의 사회적 풍속도다. 게다가 자신만의 이미지와 체격 조건에 맞춰 입을 수 있는 복식 '개념'에 체질적으로 무신경한 소위 '패션 테러리스트'가 아닌 한 누구라도 매일같이, 아무리 둔해도 사흘에 한 번씩은 옷을 바꿔 입어야 하는 세속계의 한 단면도를 현대소설이 어떻게 외면할 수 있겠는가. 세상사를 완전히 바꿔버린 영양식 위주의 식습관도 괄목상대해야겠지만, 평균 수명을 불과 100여 년 만에 두 배 이상으로 늘려놓은 위생관념과 더불어 '복장'은 현대성을 요약하는 가장 첨예한 '기호'임을 부정하기는 어렵다. 그래서 누구라도 세 철쯤만 입고 나서는 싫증난 나머지 그 퇴물을 헌옷 수거함에 과감히 버리고, 옷 바꿔 입기가 일상화되어 있다는 점에서도 복장이야말로 '캐릭터'를 시위하는 호위병일 수밖에 없지만, 그처럼 조변석개하는 옷 갈아입기는 그 사람의 본성과는 하등의 무관한 '물질'로서의 기표에 가깝다고 할 수 있다. 실제로도 오늘날의 개개인은 '기의'로서의 제 심성, 능력, 가치관 따위야 어찌 됐든 그의 '거죽=기표'인 이미지로 살아간다고 할 수 있고, 이런 '브랜드 장사술'을 각자의 복식 연출력이 적극적으로 도와준다.

뿐만이 아니다. 예전과 달리 요즘 세상에는 어떤 복장에라도 반드시 두세 가지 이상의 장신구가 따라붙는다. (복식服飾은 말 그대로 의

복과 장신구다.) 그것은 남자들의 구레나룻이나 여자들의 매니큐어 같은 분장술로서 외모보다 더 화려하게 또 은밀하게, 훨씬 돋올하게 그만의 개성미를 뽐내준다. 일일이 들먹이자면 끝이 없을 듯싶지단, 모자, 안경, 반지, 목걸이, 가방 따위는 기본이고, 넥타이, 손수건, 허리띠, 지갑 등등이 그것이다. 더욱이나 작금에는 휴대전화가 만인의 지참물로서 읽을거리를 대신하는 게 아니라 손장난을 겸한 오락기구로서의 제 분신 맞잡이임은 저마다 다른 그 알록달록한 케이스 속에다 꽂고 다니는 각종의 신분증이나 신용카드를 봐도 알 수 있다. 이처럼 요란스런 장신구 일체가 그것의 이용자마다에게 어떤 특이한 습벽과 '이미지'를 무한대로 점지해주고 있는데, 카메라의 초점을 맞추기에 따라 그것이 또 다른 '캐릭터'의 탄생을 부추길 게 틀림없다.

작례가 너무 흔해서 어느 것이 과연 적절할지도 헷갈리는 국면이지만, 꼭 100년 전의 사례와 최근의 것을 대비해보는 것도 의미가 적지 않을 듯하다.

⇒(다)서류 가방을 겨드랑이에 낀 채로 일을 하러 큰 거리를 따라 걸어가면서 소풍가는 자신들을 향해 이들은 난간 너머로 몸을 굽히고 수다스런 말로 마구 놀리며 고함을 질러댔다. 이때 한 남자가 두드러지게 눈에 띄었다. 지나치게 유행을 따라 재단한 연노란색 여름 양복에다 붉은 넥타이를 매고 대담하게 휘어진 파나모 모자를 쓴 그 남자는 다른 사람들보다 유달리 쾌활하게 새된 소리를 질러댔다. 하지만 아셴바흐는 그 남자를 좀더 자세히 살펴본 순간 그자가 젊은이가 아닌 것을 알고 깜짝 놀랐다. 그자가 늙은이라는 것은 의심의 여지가 없는 사실이었다. 그의 눈과 입 주위에는 주

름살이 자글자글했다. 엷게 홍조 띤 뺨은 화장 탓이었고, 색색으로 테를 두른 밀짚모자 아래의 갈색 머리칼은 가발이었으며, 앙상한 그의 목에는 힘줄이 불거져 나와 있었다. 위로 치켜 올린 콧수염과 뾰족하게 다듬은 턱수염은 염색한 것이었고, 웃을 때 드러나는 빠진 데 없는 두 줄의 누런 치아는 싸구려 의치였다. 그리고 양쪽 집게손가락에 인장 반지를 끼고 있는 그의 두 손은 노인의 손이었다.(토마스 만의 〈베네치아에서의 죽음〉 245쪽)

서류 가방, 지팡이, 연노란색 여름 양복, 붉은 넥타이, 파나마모자, 밀짚모자, 가발, 턱수염, 싸구려 의치, 인장반지 등이 한 사람의 분신과 같은 장신구들인데, 이런 '실물' 앞에서 인간은 본질적으로 자신의 '위장술'을 만들어내는 데 지칠 줄 모르는 괴덕스러운 동물이 아닌가 하는 실감을 반추할 수밖에 없다. 엄밀히 따진다면 생활의 편리를 도모하기 위한 필수품이 반이고, 나머지는 멋을 내기 위한 분장용 도구들이긴 하다. 그러나 그런 도구 일체는 풍속 차원에서 '유행'의 물결에 휩쓸림으로써 미구에는 생활 환경 전반으로 밀착, 급기야는 그 이용자의 제2의 '인격/위신'으로까지 부상한다. 그러니까 모든 장신구는 어떤 특정인의 외모 이상으로 그의 '캐릭터'를 부각시키는 데 쓸 만한 구실을 다한다고 해도 결코 과언이 아니다. 서류 가방, 지팡이, 밀짚모자 등이 그 소지자의 외모, 허우대, 언행과 조화를 이룰 때, 그것들은 이미 그의 유일한 '이름'이 되고 만다. 그러므로 어느 순간 '지팡이가 다가왔다'과 같은 문장을 얼마든지 쓸 수 있고, '지팡이 = 거죽뿐인 가짜 인격체 = 호들갑스러운 거드름꾼 = 평생 거짓말쟁이로 사는 위선가'와 같은 이미지의 다양화를 불러올 수 있는 것이다.

⇒(라)에이미 벨레트는 외투를 입고 있지 않았다. 그저 붉은색 방수 모자와 옅은 색 카디건, 그리고 사실은 등 쪽의 클립을 단추로 바꾼 담청색 환자복이라는 걸 깨닫기 전까지는 얇은 무명 여름 드레스라고 생각했던 옷에 밧줄 같은 허리띠를 맨 차림이었다. 빈털터리가 되었거나 미친 거야, 라고 나는 생각했다.(31쪽)

(마)그녀는 청바지에 가슴이 깊게 파이고 레이스가 달린 실크 블라우스를 입고 있었는데 얼핏 란제리처럼 보이기도 해서 다시 한번 살펴봤더니 실제로 조그만 란제리 상의였다. 그 위에는 끝단을 폭이 넓은 고무뜨기로 두껍게 마무리한 약간 긴 카디건을 걸치고, 마찬가지로 고무뜨기로 짠 끈을 날씬한 허리에 헐렁하게 두르고 있었다. 그것은 여성 의류라는 스펙트럼에서 볼 때 에이미 벨레트가 병원 환자복을 개조해 만든 드레스의 반대편 끝에 있는 옷이었다. 황갈색보다 더 옅고 은은한 색상의 두껍고 부드러운 캐시미어로 짠 그런 카디건은 분명 천 달러가 훌쩍 넘을 것이었다. 그걸 입은 그녀의 모습은 나른해 보였는데 꼭 기모노를 입은 것처럼 나른하고 유혹적인 안정감을 자아냈다.(52쪽)

(바)어쩌면 내가 완전히 잘못 이해했는지도 모르고, 그것은 그저 오늘날 여성들이 옷을 입는 방식, 오늘날 티셔츠를 재단하는 방식, 오늘날 여성복이 디자인되는 방식에 지나지 않는지도 몰랐다. 몸에 쫙 달라붙는 셔츠와 엉덩이가 드러날 정도로 짧은 반바지, 유혹적인 브래지어에 배를 훤히 드러낸 옷차림으로 돌아다니는 것이 그들이 접근하기 쉬운 상대라는 걸 의미하는 것처럼 보일지라도, 실제로는 접근하기 쉽지 않을 것이다.(91쪽)(필립 로스의 《유령 퇴장》)

(라)는 늙마에 중병을 앓고 있는, 한 시절에는 당대의 일류 작가의 젊은 후처이기도 했던 번역가 노파의 추레한 차림새이고, (마)에서는 대조적이게도 한창 나이의 작가 지망생인 새댁이 자기 거주지인 아파트 안에서도 나름의 복장 감각을 뽐내고 있으며, (바)는 최신의 옷맵시를 선도하는 도시 뉴욕의 거리 풍경이 '벌거벗기' 경쟁을 위한 '도발적인 거리 행진' 같다는 화자의 솔직한 의상철학이다. 특히나 (마)에서는 한 바늘땀의 실 길이까지 눈여겨봄으로써 '고무뜨기' 같은 전문 용어를 구사하고 있기도 하다. 이런 세목의 구체성은 '현장 감각=당대 재현'에 충실하려는 작가의 의지=소설관으로 읽히며, 여느 작가들이나 또 여느 현대소설들이 뻔히 코앞에서 목격했을 것임에도 기술(記述)로는 놓치고 있던 최신의 묘사 기법이라고 할 수 있다.

  이쯤 되면 현대소설의 '형식'이 카메라 아이, 곧 '피사체를 효과적으로 포착하는 카메라맨의 능력'을 최대한으로 살리는 언어 제도에 지나지 않을뿐더러, 실물의 크기를 적당히 줄여서 인화지 위에다 그대로 옮겨놓은 화상(畵像)을 이번에는 글자로 재생시키는 작업임을 한눈에 파악할 수 있다. 물론 그런 전문적인 기술에는 그 방면의 남다른 소양과, 독자의 의표를 찌를 만한 '실감'이 실려 있어야 한다. 위의 작례에서는 오늘날 복식 제도 일반에 대한 작가의 진지한 관심벽을 발휘하고 있는 셈인데, 이런 기술이 외모의 미추에 대한 상투적인 편견, 분별보다는 한결 사회동향적, 시류반영적 시각으로 현대소설의 변신과 성취를 드러내고 있는 징표가 아니고 무엇인가.

  복식이 삶의 얼마나 중요한 요체인지는 흔히 쓰는 '의식주'라는 용어의 머리글자가 옷인 데서도 드러나 있고, '패션'의 사전적 뜻풀이가 형식, 스타일, 유행, 양식, 타입 등으로 다양하게 해석될 뿐만 아니라 포괄적으로는 어떤 물건을 만드는 모양새에 따라붙는 일시적인 방식인데도 이제는 그런 본래의 뜻보다는 '최신 의상'의 대체어로 쓰이고 있는 데서도 밝혀져 있다. '의복'과 '유행'이라는 두 의미의 '패션'이, 이 도도한 조류가 삶의 형태를 어느 한쪽으로 몰아가는 풍향계이므로 소설로 하여금 그 방향을 눈여겨보라고 강요하고 있는 형국이다. 그러므로 낮 동안에는 다리미질한 신사복에다 넥타이 차림으로 빳빳하니 밥벌이에 종사하다가도 밤에는 조각보처럼 얼룩덜룩한 등산복을 챙겨 입고 나서, 일부러 허리선과 엉덩이 윤곽을 감추느라고 헐렁한 윗도리를 걸친 아내의 뒤꽁무니에서 장바구니를 들고 따라다니는 중년 사내들의 행렬로부터 가부장제의 황혼을 읽는다면, 또는 '인간 해방' 같은 거추장스러운, 외쳐댈수록 구체적인 실천과는 점점 멀어지는 그런 한낱 '시사용어'와 씨름하는 한가로운 패미니스트들이 얼마나 한심스러운지를 느낀다면 적어도 '패션 감각'에 무디지 않다는 소리를 들을지 모른다.

  바로 이런 '주류적=대세적' 복식 현장에 카메라 앵글을 들이대지 않고 엉뚱한 '소묘'로 한눈을 파는 소설은 당달봉사의 코끼리 다리만지는 작태라고, 시대착오적 발상의 선두 주자라고 업신여김을 당해도 쌀 것이다. 따라서 몸과 마음이야 어떻든 옷걸이부터 먼저 겨누는 이 시대의 지인지감법은 새심스럽게 '이미지' 득세 현상을 오롯이 대변하고 있음이 분명해 보이며, 이 왜곡 현상을 어떤 식으로든 기록하겠다는 작의는(비록 부분적일망정) 외모에의 지나친 소묘로 소일했던 전세기적 소설 서술법에 경종을 울리는 서슬일 수 있다. (도스토옙스키나 토마스 만의 작품을 두세 권씩만 집중적으로 정독해보면 각종의 그 과도한 '인물 묘사'에 질리는 한편으로, 도대체 이 잡다한 주요 인물들의 외모가 속속 터뜨려지는 여러 '사건/사고=플롯의 진행=이야기의 골격'에 그토록 중요한지, 특히나 전자는 그 그로테스크한 외모와 기형적인 신체 조건 때문에 억지로 '서사'가 조작되고 있는 것은 아닌지, 이런 '기술법=서사의 물결 같은 행진'이 그 시대 특유의 일반적인 양식이라고 할 수 있는지, 아니면 일류 작가들 특유의 도식적/상투적/자기기호嗜好적 소설 쓰기법이 이런 편견을 조장한 것은 아닌지와 같은 독후감을 시종 뿌리칠 수 없게 만든다. 오늘날의 시각에서 보면 그만큼 낡은 '서술 기법'이며, 소설의 '기술 양식'이 얼마나 발빠르게 진화하고 있는지를 보여주는 단면이 아닐 수 없다.)

학력(學力)이야 있든 말든 어느 학교를 나왔으며, 대학 '물'은 먹었느냐가 사람의 인격과 됨됨이를 판단하는 가장 기본적인 잣대임은, 특히나 우리 사회에서는 이 변별 기준만큼 가혹한 게 달리 없어서 인간관계를 처음부터 끝까지 왜곡시킨다. 이 '간판 제일주의' 앞에서는 누구라도 피해자이면서 동시에 가해자인데도 도무지 개선의 여지조차 없다. 평생토록 어떤 명문대를 나왔다는 학력(學歷)을 자랑하고 싶어 아무 자리에서나 입이 헤퍼빠진 떠버리 반치기들이 어느 집단에라도 반드시 짱박혀 있는가 하면, 소위 '가방끈'이 짧은 포한이 얼마나 깊었던지 환갑을 넘긴 나이에도 어느 사립대학의 정책대학원 '수료' 이력을 밝히는 한 광역시 시의원 입후보자의 선거 벽보 앞에서는, 도대체 누가 부끄러워해야 하고 어느 쪽이 낯을 붉혀야 할지 알 수 없어지는 판이다. 참으로 특이한, 그래서 소설적인 아이러니가 넘쳐나는 '학력

사회'가 아닐 수 없다.

 그런데 짬만 나면 남의 나라들을 뻔질나게 들락거리는 한 여행 전문가의 허튼수작에 따르면 무엇이든 배우겠다는 열의에 있어서 배달민족처럼 끈질긴 집단도 달리 없다고 한다. 다소 쇼비니즘적 허풍기가 실려 있긴 해도 그런 실정은 도처에 혼전만전으로 널려 있는 가경 중 하나다. 비근한 실례로 대학마다 경쟁적으로 신설하는 각종 '학 믄'의 대학원 과정이 등록생으로 넘쳐나고 있는 현상이 그것이다. 소위 '학력 장사'로 불황을 모르는 이런 '교육사업'의 한국적 특수성을 제대로 진단하기는 지극히 어렵다. 정치적, 사회적, 문화적, 경제적 맥락에서의 다각적인 검토가 이뤄져야 할, 그야말로 중층적/복합적 논란거리이기 때문이다. 그렇긴 해도 간략하게나마 다음과 같은 사유의 일단을 내비침으로써 소설에서의 '학력 경시/중시 풍조'에 대한 개선책에 다소간 접근할 수 있는 계기는 마련될 듯하다.

 멀게는 사서삼경을 생활의 지침으로 삼은 '고대 유학'의 확실한 정착과 교양으로서 공맹학의 전 국민적 내면화, 과거제의 (제법) 엄정한 시행과 문자 숭배 풍조(세종대왕의 자발적 '한글 창제'는 민중의 '글 기림' 사조에 대한 선험적 반응이자 그 압력에의 부응이라고 볼 수 있다), 일제강점기에 급속히 보급된 제도권 교육의 압도적인 득세, 기독교 선교사들이 먼저 타종(打鐘)한 사학의 성세와 그 영향으로 번져 나간 애국적 육영사업의 열기 등등이 이 땅을 학력만능사회로 만든 관건이었음은 확실하다. 물론 이런 분별은 오지택일형 단답 맞추기에 써먹는 구색일 뿐이지만, 한국인의 심성 '구조'에는 근본적으로 '양반=글을 아는 사람=본받아야 할 분'이라는 등식에 대한 무조건적인 경배열이 뚜렷한 유전형질로 내려오고 있다는 진단 앞에서는 위의 여러 정책적, 강제적, 외세적 요인 자체가 무색해진다는 점을 강조하려는 의도일 따름이다.

그러나 모든 '제도'는 기필코 본래의 취지와 목적을 보란 듯이 따돌리고 왜곡선을 향해 줄달음친다. 시대의 물결이, 또 다른 여러 제도가, 문명/문화 차원의 개량/개선을 거듭하는 문물이 기왕의 제도에 일대 '변주'를 모색해보라고 강요하고 나서서이다. 그런 '변주력'에 관한 한 이 땅의 융통성은 괄목할 만하다. 언젠가부터 원칙을 지키고 내규를 따르는 것은 후진 것으로 보여서 기왕의 제도에다 온갖 졸속의 편법을 보태고 갈아붙이는가 하면, 아전인수격 해석으로 아예 변종으로 바꾸는 데 출중한 임기응변의 능수들이 설치는 것이다. 다행하게도 그런 속전속결식 응용력과 순발력이 각 방면의 눈부신 성장을 몰아왔다. 교육 쪽도 예외는 아니다. 신실한 인격의 도야와 지식의 착실한 전수는 뒷전으로 몰아내고, 오로지 이력서용 학사, 석사, 박사 같은 '간판' 따기 경쟁이 교육의 공급자에게는 만년 지시자(指示者)를, 그 수요자에게는 임시 모면의 암기자를 자임하도록 부추겼다. 사고력과 창의력 따위를 철두철미하게 깔아뭉갠 이런 굴퉁이 육영의 비책은 사생결단의 '문제풀이'식 대학입시 경쟁만을 사주하다가 급기야는 '사교육 망국' 같은 한 맺힌 시사용어가 주택가마다의 상가건물에 내걸린 각종 학원 간판에서 추인되기에 이르렀다. 그런 '문제풀이' 교육은 제도권에서 요리조리 '맞춰놓은' 정답 알아맞히기에 지나지 않는 '암기식' 공부만을 강요하게 마련인데, 암기력에의 성화가 나쁜 게 아니라 그것만을 학력의 잣대로 보는 입시 '제도' 자체가 문제일 수 있는 것이다.

　물론 지식의 전수에 관한 한 그 취약성 여부는 우리의 교육 제도만이 안고 있는 고민거리도 아니다. 어느 나라나 대학 교육의 질적/양적 허실이 얼마나 심각한지는 가르치는 쪽보다 배우는 쪽이 더 절실하게 실감하고 있을 터이다. 천동설을 의심하지 않는 선생이 허다하며, 지동설에 대해 들어보기는커녕 천체의 운행조차 아리송해하는 학생이 태반인 강의실에서는 어떤 지적 '허영'도 현학의 과시에 지나지 않고, 그러므로 '한 번 더 배운다'는 말은 허망한 낭비의 되풀이일 공산이 큰 것이다. 더욱이나 오늘날처럼 지식의 발전과 그 적용/활용의 범위가 놀라울 뿐인 시절에는 더 말할 것도 없다.

　사설이 길어졌지만, 요지는 지적 '허영'과는 전적으로 무관한 '학력' 앞세우기와 그것 '의식하기'는 다른 어떤 참조 사항보다 '캐릭터'의 존재, 위상, 자격, 능력 따위를 단숨에 설명해주는 필수적 요건이라는 것이다. 묘하게도 학력은 한 사람의 전인격을 대변하면서 동시에 어떤 허상을 까발린다. 거죽과 속이 다른, 달리 말하면 기표와 기의가 전혀 엉뚱하게 뭉쳐져 있듯이 학력의 진정한 '점수' 매기기를 통해 '캐릭터'의 실가가 드러나고, 곧장 소설이 끝난다고 해도 좋을 정도로 한 인물의 교육 연한과 그의 출신 학교명은 만능 줄자로 기능하는 것이다. 아마도 학력의 이런 능수능란한 역할에 있어 예외는 거의 보기 힘들다는 단언도 있을 법하다. 왜냐하면 그렇지 않고서야 굳이 한 주인공의 학력을 밝힐 필요는 없었을 터이기 때문이다. 못배운 상놈은 할 수 없다거나, 명문대 출신은 뭐가 달라도 다르다는 내용과 결론으로 소설을 이끌어갔다면, 그것은 결국 사람은 죽는다거나, 좋은 학교야 이름값을 하지와 같은 정언 명제와 하등의 다를 바가 없고, 그 것은 이미 이야기로서의 자격 상실감으로 적격일 뿐이다.

그런데 좀더 수상쩍게도 이 학력 밝히기에서 우리 소설은 (예전과 달리) 점점 더 껄끄럽다 못해 그 운신의 폭이 옹색해진 느낌이 완연하다. 앞서 지적한 그 착잡한 '간판' 따기 경쟁에 매몰된 교육 현황과도 결코 무관치 않아 보이는데, 한편으로는 (결국 표면적으로는) 학력의 우열에 곱다시 승복하면서도 다른 한편으로는 (심정적으로는) 그것에 대한 시기, 경원이 암류하는 일종의 견제 심리에 놀아나고 있음이 그것이다. 그 실례로는 국립대, 사립대, 전문대, 지방대 같은 호명은 소설에서 얼마든지 통용되고 있으나, 더 이상의 실명 공개는 어딘가 어색하다. 기껏 S대, Y대, K대 정도의 미봉책으로 독자와의 부실한 거래는 물론이거니와 작가 스스로도 그런 마뜩잖은 호칭을 어쩔 수 없이 임시 타협책으로 받아들이고 있는 실정이다.

그러나 예전에는 그 양상이 조금 달랐다. 한국적인 특수 사정하에서 '현대소설'의 진정한 의의와 그 목적에 대해 누구보다도 소상했던, 이론적으로나 작품 실적으로나 가장 뛰어났던 문장가 염상섭이 1931년에 쓴 《삼대》에는 학교명을 '의식적으로' 골라서 쓰고 있음이 눈에 띈다. 이를테면 '경도(京都) 삼고(三高)'(23쪽), '경성제대 법문과'(55쪽), '남대문 X소학교에서'(76쪽), '수원 XX학교로나'(92쪽), '경도제대'(127쪽), '동지사 여자부 영문과'(241쪽) 등이 그것이다. 그 당시 이름깨나 나 있던 세칭 일류 학교는 당당히 거명하고, 그렇지 않은 학교는 익명화를 고수하고 있는 셈이다. 이런 편법조차 통하지 않게 된 작금의 우리 소설계와 판이한 실례로는 요즘 미국의 소설을 들 수 있다.

(영국 소설에서 상용하는 옥스퍼드, 케임브리지 등은 그 문화적 문맥에서 다른 접근이 필요할 성싶고, 일본 소설에서의 학교 호명에는, 그들의 '역사적 문맥'이 대체로 그렇듯이, 국수적 시각에서의 별것도 아닌 '자랑'이 비친다.) 역시 예의 어느 한 작가의 사생활 공개 여부에 대한 비판적 성찰을 다룬 필립 로스의 장편소설 《유령 퇴장》에서 작례를 빌려오면 이렇다. '코네티컷대학 포덤 로스쿨'(17쪽), '하버드대학'(40쪽), '애머스트대학, 윌리엄스대학, 브라운대학'(49쪽), '휴스턴에 있는 또 다른 명문 사립학교인 세인트존스 고교'(108쪽), 'UCLA의 이집트학 교수'(190쪽) 등이 그것이다. 필립 로스도 염상섭의 소설처럼 널리 알려져 있는 명문교만 거명히고 있는 셈인데, 내용상으로도 그 학교의 명예에 누를 끼치든 말든 장차 미지의 말썽이나 구설수 따위에는 괘념치 않는 것 같다.

물론 《삼대》가 지목하는 명문대와 《유령 퇴장》의 그것을, 또 그런 거명의 기반을 단순 비교하는 데는 상당한 무리가 따른다. 미국의 대학 교육 제도, 특히나 사립대학의 우뚝한 전통, 명실상부한 지덕체의 함양을 통한 영재 교육의 긴 역사, 진정한 자아의 '홀로서기'를 위한 자생적 지식욕을 권장하는 범사회적인 실용주의 기풍 등등이 '세계 제일'을 지향하고 있는 데 비해, 우리의 그것은 여러 면에서 일천하고 남루하기 짝이 없는 형편이다. 이런 유의 사대주의적 해석과 따분한 이해를 늘어놓을 것도 없이 미국 유학은 여전히 우리의 제도권 교육의 마지막 코스이자, 명성, 출세, 예우의 보증수표이며, 이 땅의 영재 육성법이 정말로 엉터리의 최상급에 가깝다는 전 국민적 합의를 일정 부분 대변하고 있다. 물론 예전에 비해 그 성가가 많이 떨어진 감이 여실하다는 반론도 막상 우리 교육 현장을 잠시라도 떠올려보면 그 '거대한 공룡의 군림과 횡포' 앞에서 꼬리를 내릴 수밖에 없을 것이다.

이런 제도권 교육의 부실한 현황, 그 모순을 예민하게 의식해서 그렇지 않나 싶게 우리의 요즘 소설은 명문대든 삼류 대학이든 학교명의 노출을 일체 금기시하고 있다. (더러 교육 현장의 조잡한 '경쟁 구도'를 희화화하거나, 일류 대학의 성망에 대한 '물신적 숭배열'을 비아냥거릴 때는 과감하게 "주제에 서울대 나왔대" 식으로 노출시키기도 하지만, 그것도 말썽이 될까봐 대단히 조심스럽다고 해야 할 것이다.) 그러나 예문에도 드러나 있듯이 미국 사회는 현대소설의 전통이 긴만큼 학교명의 실명 공개에 관한 한 작가의 자유재량권을 웬만큼 보장해주고 있는 것 같다. 양쪽의 이런 차이는 위의 소략한 교육 제도의 공과나 역사적 문맥에서 찾기보다는 소설이라는 언어 제도의 의의와 활용에 대한 일반적인 '계몽/미개'와 상관이 있을 게 분명하다. 앞에서도 누누이 강조한 대로 소설이 진정한 의미의 관형사 '현대'를 계급장처럼 붙이고 있으려면 그것이 사회상의 제반 모순과 부조리를 해부하고, 어떤 선명한 해결책을 내놓기에 앞서 기탄없는 비판의 역할을 감당해야 하며, 그런 인식 자체에 독서계 일반의 광범위한 동의가 전제되어 있어야 한다는 것이다. 그런 기본적인 '체력'을 잴 수 있는 저울의 눈금도 결국은 '계몽/미개'의 정도 차이밖에 없음은 자명하다.

강조하건대 학교명의 노출을 비롯한 유력 정치인의 함자와 그의 언행에 대한 칭송/폄훼와 소속 정당 따위의 '실명' 거론도 금기시되고있는 이 땅의 소설적 관습은 '풍토성'이라는 개념으로 재단할 수밖에 없는데, 이런 '문화적 조건'이야말로 한국 소설의 전망 없는 답보 상태를 대변한다고 단죄할 수 있을 뿐이다. 이런 형편인데도 막상 우리의 최근 소설의 배면에는 명문대, 대학 졸업 여부와 같은 학력을 철저히 엿보는 모순이 현저해서, 일일이 그 실례를 들기도 민망한 노릇이다. 대단히 어정쩡한 국면이며, 마땅한 해결책이 있을 리 만무하다. 풍토성은 단숨에, 어느 한 사람이나 한 분야의 '힘'으로 바뀔 수 없는 역사적 문맥의 일환이기 때문에 오로지 '문제 제기-의식 환기'에 자족할 수밖에 없다. '현대' 소설의 성장/성숙에 관한 한 한국적 풍토성은 여전히 척박한 게 아니라 악화 일로인 셈이다.

실제로도 특정 대학을 거명하거나 반 익명화시킨(S대나 신촌의 Y대 따위다) 소설을 읽어보면 당장에 소재상의 '현장감'이 살아오르기는 커녕 겉돌고 어울리지 않는 면면이 한눈에 드러나버린다. 어딘가 '설화소설'의 함정에 빠져버렸다는 느낌이 완연해서 한참을 이리저리 뜯어보면 '픽션'임에 틀림없는데도 엉뚱한 곳에 불시착했다는 착각을 불러일으킨다. 현대소설의 제도적 활착과 그 역할에 대한 자각에의 미진이 풍토성에 꼼짝없이 볼모로 붙잡혀 있는 꼴이다.

그렇긴 해도 학력이 '캐릭터의 '자립'에 꼭 필요한 자격증임은 더말할 나위도 없다. 적절한 시기에 그것이 밝혀지지 않으면 공연한 겸사가 내숭으로 비치거나 오만으로 오해를 살 수 있는 사례와 정확히 한 본이 되고 만다. 그러므로 주인공/부속인물을 '배울 만큼 배운' 사람으로 설정해야 한다면 '우골탑이란 말도 있듯이 도심에서 한참 떨어진 제2캠퍼스에는 우쭐우쭐한 강의동들이 짙은 녹음 속에서 장엄한 폼을 잡고' 하는 식으로 어느 대학을 지어낼 수 있고('대학'은 캠퍼스나 강의실이나 도서관 이상으로 하나의 공적 공간이며, 당연히 작가의 공간 감각=미의식에 의해 '재구성=조작해야' 한다), 내친김에 특별한 강좌명도 '개발'할 수 있으며(요즘 대학 풍토에는 얼마든지 색다른 '강의'를 개설할 수 있다), 개강이나 종강 시에 장난스러운 학생들의 박수 소리나 책상 두들기기를 집어넣는 예외적인 '학풍 만들기'로 공부하기/가르치기를 풍자함으로써 학교명의 족쇄에서 놓여날 수는 있다. 또한 그 반대로 우리 사회의 '학벌 마피아' 세력들을 비방, 조롱, 야유, 홀대함으로써 '학력'을 신랄하게 재단 평가할 수도 있겠는데, 그 저의는 물론 학교명의 노출 여부에 대한 풍토적/소설적 '금기 사항'을 문제시하자는 것이다.

그러나 마냐 최소한의 '먹물'조차 들지 않은 주인공을 내세울 때, 그의 언행, 욕망, 인간관계, 직업관, 세태관 따위의 조명에는 어쩔 수 없이 숱한 근원적 '제약'이 따른다는 것을 염두에 둘 필요가 있다. 학력이 보잘 것 없다고 해서 말도 제대로 못 해야 한다는 뜻은 아니다. '가방끈 짧은' 주인공은 오로지 세칭 4D 같은 험하고 고된 '일'이나 할 수밖에 없다는 말이 아니라 소설 속에서의 '하고 싶은 일'이 먹고 살기에 바빠서 치일 수 있다는 뜻이며, 그 정서적/심리적 반응이 다채로울 수 없는 '재갈'을 감당해야 하는 것이다. 달리 말하면 '학력'이 없음으로써 그의 신분에 어울리는 여러 '장식'에 과외의 장치를 덧대야 할 뿐만 아니라 '학력사회'를 구축한 우리의 풍토상 '서사=이야기'의 질적 수준이 얼마나 지지부진할 것인지, 또 꼭 그만큼 지질할 것인지 정도는 미리 감안할 필요가 있다는 군소리일 뿐이다.

제7장 2절의 요약

(1) 주인공의 '캐릭터'를 살리는 데는 '외모, 복장, 학력'보다 더 요긴하게 써먹을 수 있는 것이 달리 없다. 다만 그것의 활용에는 '시류적-당대적' 변수라는 나름의 제약이 따른다.

(2) '인물의 미추/신체의 우열'에 대한 편견은 흔히 과장을 불러온다. 그 과장이 '권선징악적=이분법적' 세계, 곧 통속소설에서 자주 보이는 우연의 돌출, 사건의 연쇄, 자기중심적=낭만적 '해석'과 편의주의적 결말을 사주한다. 과도한 '인물 소묘'는 전(前) 세기적 소설 기술법이기도 하다.

(3) '복장'은 주인공의 '인물'보다 그의 성격을 더 잘 드러내는 참한 풍향계다. 패션 감각은 유행을 전폭적으로 반영하면서 '캐릭터'를 부각시키는 데도 기능적이다.

(4) '학교명 밝히기'가 여의치 않은 우리 현실에는 나름의 역사적 문맥이 있다. 무학자가 치르는 여러 거친 '우행(愚行)'의 세상 그 건너편에 '학력사회'의 조잡한 경쟁, 시기, 탐욕, 비리, 위선, 거짓, 오명(汚名) 따위가 횡행한다. '학력'은 소설의 진면목을 활성화시키는 데는 일정한 역할을 감당할 수밖에 없다. 개인의 욕망의 가짓수를 늘리는 한편으로 그 세련을 부추기는 데 '학력'이라는 간판이 웬만큼 필요하므로.

3. 취미, 버릇, 기호

    어느 쪽이 형인지 동생인지 그 외모로는 분간하기 어려운 일란성 쌍둥이도 '캐릭터'는 다르듯이 어떤 주인공도 복제가 불가능하게 만들어지려면 그의 '속'이 달라야 한다. 그러나 다들 알다시피 '속'은 겉으로 드러나지 않고, 당사자가 자진해서 털어놓더라도 여간해서는 그 '알맹이'를 제대로 간파하기가 힘들다. 소설은 개개인의 그 '속 알맹이'에 대한 전문적인 정보를 '계몽' 차원에서 공급하는 데 지치지 않는 편이다.
    화장술도 유행을 타면서 어떤 미적 기준을 연달아 내놓고, 성형술도 일취월장하므로 '판박이 미모'가 흔해지고 있으며, 아무리 개성적인 옷을 골라서 사 입는다 하더라도 '어디서 본 것 같다'는 패션 감각상의 유사 의견을 불러내기 십상이다. 학력도 '대졸' 따위로 평준화되어 있어서 오늘날의 모든 선남선녀는 상투어대로 그 나물에 그 밥이다. 유사 상품이 흔한 데서도 알 수 있듯이 세상만사는 이제 서로가 서로를 베껴먹고 사는 '짝퉁' 전성시대를 맞고 있는 참이다. 그런 맥락의 연장선상에서 소위 4대 보험이 보장되는 튼실한 직장에 다니는 고만고만한 월급쟁이를 소설의 주인공으로 얼마든지 끌어와 써먹을 수 있지만, 그/그녀의 '거죽'은 사실상 거기서 거기다. 점심 시간이면 이름표 목걸이를 자랑스럽게 가슴팍에 떨어뜨리고 식당을 찾는 정규직 사원인 한 그/그녀의 '개성=캐릭터'는 어쩔 수 없이 네모반듯한 테두리가 결정되어 버린다. 정사각형이든 직사각형이든 네모꼴은 더 이상 '카피'할 것도 없다.

그러나 그 네모꼴도 '속'을 채우기에 따라서 얼마든지 다른 입방체로 변신함으로써 돌려보기에 따라 변화무쌍한, 그러나 정확히 '대칭'을 이루는 무늬의 조합물인 만화경을 닮을 수 있다는 것이 이 마디의 주제다.

사람이 사람다워지려면 하나 이상의 도락거리를 누릴 줄 알아야 하고, 그것이 다른 사람과의 '차이'를 두드러지게 드러내는 '자의식의 내면화=자기완성'의 첫 단계임은 강조해둘 만한 인생살이의 지침쯤이 될 것이다. 도락거리라고 하면 대뜸 여자/남자, 술, 도박, 식도락, 노래와 춤이 따르는 유흥 따위를 줄기차게 탐하는 병적 기질을 떠올리기 쉽지만, 그쪽 길을 좇다보면 이내 몸이 망가지거나 귀한 재물과 세월을 탕진하기 십상이다. 그렇다는 것은 그 탐닉의 바닥이 워낙 훤히 비쳐서, 그 판에 박은 시작과 끝은 이미 선인들이 숱하게 재탕, 삼탕으로 우려먹은 '돌아온 탕아' 버전에 지나지 않는다는 뜻이다. 물른 주색잡기에의 유랑길도 갈래가 많고, 패가망신에 이르는 모양새도 여러 가지라서 그것은 그것대로 진진한 탐색의 대상일 수 있지만, 오늘날에는 그것마저도 어떤 제도권 안에서 규격화의 길을 밟고 있다. 무슨 말인가 하면 탐닉의 본의가 가리키는 것처럼 돈이든, 색이든, 술이든, 노름이든 그 대상에 빠져서 허우적거리는 몰아의 경지를, 이제는 빈틈없이 짜 맞춰진 일상생활과 철저히 관리되고 수치화되어 있는 오늘날의 사회생활이 허락하지 않는다는 의미다. (적어도 '일반적으로는' 그렇다는 말이다. 물론 예외는 얼마든지 있을 테지만, 그 특별한 사례를 '소설거리'의 대상으로 삼을 수 있을는지는 의심을 품어볼 만하다. 물론 '이야깃거리'로서야 나무랄 데가 없겠지만. 흔히 '그 꼴 봤지'라며 몸조심을 당부하는 것을 '여택(餘澤)'이라고 일컫는데, 소설도 재미만 바친답시고 색사, 주사만을 우려먹으려다가는 이내 탈이 날 게 뻔하지 않겠는가.) 그러므로 음주 행각과 색사(色事)와 도박을 생업으로 삼는 전문가가 아닌 이상 그쪽으로의 진정한 탐닉 자체는 원천적으로 성립 불가능한 세상이 되고 만 것이다.

도락은 취미의 옛말이므로 이미 사어화되고 말았다는 느낌이 완연하다. 세상이 복잡해진 본을 닮아 취미는 도락에 비해서 그 종류도 월등히 많아졌고, 즐기는 방법도 개인별로 아주 다채로워진 게 오늘날의 색달라진 풍경이다. 자기 자신의 심신에다 수시로 영양가 좋은 음식을 먹여줘야 하듯이 그렇게 맛보아야 하는, 그러지 않았다가는 스트레스니 뭐니 말썽이 나고 마는 생활상의 필수품이 된 것이다. 생활의 여유가 불러들인 이 의장술은 다채로운 한편, 몰입 정도에 따라 개인적인 편차가 심하지만, 웬만한 딜레탕트들은 그 방면에서 전문가 이상의 일가견을 떨치고 있는 것이 작금의 추세이기도 하다. 이런 미풍양속의 일대 약진을 '캐릭터'가 모르는 체했다가는 세상 물정에 엔간히도 어두운 책상물림 소리를 들어야 마땅할 것이다.

요즘 세상은 딜레탕트들의 고의적인 허세가 사사건건에서 시비를 가리자고 설치는 일대 희비극의 난장판이기도 한데, 실로 그 정경은 가관에 값할 정도다. 비근한 실례는 잠시만 한눈을 팔아도 부지기수로 붙잡힌다.

  고전음악 감상에 관한 한 다들 전문가라면서 남이 말할 기회를 주지 않는 풍경도 흔해빠진 요즘 세상의 풍속도다. 심지어는 늙마의 부부가 사이 좋게 손을 잡고 막 정년퇴직한 어떤 명예교수에게 아예 성악의 발성법부터 사사하고 있는 행복한 정경도 있다. 풍경사진 중에서도 낙조(落照)를 전문으로 찍는다면서 이틀씩이나 바닷가의 승용차에서 죽치고 있는 사진가들이 벌떼 같다면 과장도 아니다. 사흘이 멀다 하고 전국의 온 산을 뼈대고 다니는가 하면 철철이 터키나 몽골을 재차 탐방하는 명색 여행가도 숱하다. 역시나 배우기에 지칠 줄 모르는 민족답게 유화반, 스케치반, 파스텔화반 등으로 갈라놓은 성인 전담의 미술학원이 수강생으로 넘쳐나고 있다는 풍문이 들린 지도 오래다. 그들은 1년에 한 번꼴로 동호인 미술전을 열며, 팔린 그림 값을 모아서 모 단체에 희사하는 갸륵한 정성으로 겹겹의 화제를 불러일으킨다. 현란한 자수 동인전에는 화환이 즐비한데도 막상 화랑 속은 파리를 날리고 있어서 법당 뒤에서나 떠올리는 '적요'라는 말이 새심스럽지만, 출품자들은 하나같이 인간문화재임을 자임한다. 자전거 타기는 하체의 근력 강화만을 겨냥하는 취미는 아닌 듯하며, 이틀에 한 번꼴로 주말농장에서 채소를 가꾸는 양반의 진짜 도락거리는 와인 감정에 커피 바리스타라면 믿기지 않을지 몰라도 엄연한 사실이다. 골프 취미야 너무 흔해서 화제에 올리기도 머쓱할 지경이다.

  겉은 물론이고 속까지 화려하게 '디자인'하는 이런 취미 치장술이 '캐릭터'를 살리는 수단임에는 틀림없다. 그러나 이처럼 흔해빠진 여러 취미의 대열에서 빠져나와 제 혼자서 한가롭게 바장이는 도락가가 과연 캐릭터다울 수 있는지는 언제라도 '시대상'을 염두에 두면서 찬찬히 따져봐야 할 숙제거리다. 무슨 말이냐 하면 골프광, 영화광팬, 바둑광, 바다낚시광 등은 이미 캐릭터로서의 희소가치가 떨어지고 말았으며, 그들은 '독서'를 취미라고 떠들어대는 사람과 동렬에 서고만 셈이다. 그러니 이런 '취미 전성시대'에는 차라리 아무런 특기나 재주도 없이 일간 신문을 경제지까지 합쳐서 네 종류나 꼬박꼬박 읽는 '캐릭터'가, 화면상에 날아다니는 세칭 실시간대 포털 뉴스만을 흡혈귀처럼 파먹고 사는 세태에서는 오히려 그 개성이 돋보일 수 있다는 말이다. 또한 비록 동네 축구의 동호인일망정 일요일마다 온종일 축구공 차기에 진력하는 '캐릭터'가 매 주일 근교의 산자락을 도보 속도로 사뿐히 지르밟고 다니는 산행인보다 이색적인 '성격'일 수 있는 것도 같은 맥락이다. (오해의 소지가 있을 만한 대목인데, 소설 쓰기에서의 창의력 발휘는 전인미답의 처녀림을 밟으려는 의욕에서 태동하며, 그런 발상의 추구는 남이 '동'으로 갈 때 숙고 끝에 '서'로 가보려는 작정에서 나온다. 그것은 한마디로 '부정정신'이다. 그 길에서 달마를 만나면 보기 싫어서 죽이든지 돌아서야 하는 것이다. 물론 '부모=일반성'을 만나더라도 그의 고행이 달라질 리 만무하다.)

 이상의 비근한 사례대로 취미도 학력 인플레이션 현상처럼 다들 '대졸' 정도라서 마땅하니 써먹을 게 없는 형편이지만, 한 인물의 '관심사'쯤으로 시각을 축소, 조정하면 어떤 '소일거리'라도 의외로 신선한 '캐릭터'를 재창조하는 데 한 수 도와줄 수 있을지 모른다. 사실상 요즘에는 인터넷이 전천후로 값싸게, 그런만큼 너무나 허름한 정보를 제공하므로 어떤 방면의 '취미'에서도 다들 알거냥하는 데림추로 행세하기에 딱 좋은 세상이다. 가령 애완동물 키우기를 취미로 가진 '캐릭터'가 인터넷에서 뽑아낸 이런저런 정보, 예컨대 특종견의 호칭, 털 색깔, 털갈이 대처법, 빈발하는 눈곱 퇴치법, 꼬리 잘라주기 따위는 주인공의 '특별한' 인간성 부각에는 별로 도움이 되지 않는다. 유치한, 낡아빠진, 식상하기 꼭 좋은, 물리기에 딱 알맞은, 자기 자랑이라 신물이 나는 '정보'이자, 이야깃거리가 될 수도 없는 '취미'인 것이다. 그러나 '관심사'라면 그런 시시한 정보에서 한 걸음 비켜나서 짐짓 어리숙한 체하면서도 자신만의 '미시적 분별안'을 슬그머니 드러낼 수 있고, 그런 허세 털어내기 내지 아는 체하는 '현학' 눅이기는 인터넷 '정보' 수준보다는 질적으로 훨씬 더 도담스러울 수 있다. 그러므로 그쪽의 수많은 동호인도, "그래? 그건 미처 모르고 있었네, 등잔 밑이 늘 어두운 법이지, 만사 이치가 이렇다니까"와 같은 실감과 반응을 불러일으킬 만한 특유의 '체험=분별'을 슬쩍 끼워넣는 것이 캐릭터 살리기에서의 '취미=관심사'의 역할인 셈이다.

마침 '음악 듣기' 취미에 관한 적절한 작례가 있다. 요즘은 성능 좋은 고가/중저가의 오디오가 널리 보급되어 있고, 조깅 중에도 음악 듣기에 몰입할 수 있는 세태라서 '명곡 감상'을 취미라고 하기도 마뜩찮지만, 다음의 작례는 그런 시류와 역행하고 있어서 오히려 그 소박미에 일정한 기품이 넘실거린다.

⇒(가)내가 아파트에 들어섰을 때 슈트라우스의 '네 곡의 마지막 노래'가 잔잔하게 흐르고 있었는데, 빌리가 CD 플레이어를 끄러 가자, 내가 도

착하기 전에 빌리나 제이미가 우연히 그 〈네 곡의 마지막 노래〉를 듣고 있었던 것인지, 아니면 내가 온다는 소리에 일부러 한 노인이 인생을 마감할 무렵 작곡한 극적으로 애잔하고 매혹적으로 감정을 자극하는 그 곡을 틀어놓은 것인지 궁금해졌다.

"그가 가장 좋아한 악기는 여성의 목소리였죠." 내가 말했다.

"두 여성의 목소리였다고 할 수도 있고요." 빌리가 말했다. "그가 가장 좋아한 조합은 두 여성이 함께 부르는 거였으니까요."(**필립 로스의 《유령 퇴장》 50~51쪽**)

독일의 작곡가 리하르트 슈트라우스가 (웬만한 음악 감상 팬이라면 다 알고 있듯이 '슈트라우스'라는 이름의 세계적인 작곡가는 세 사람이나 있고, 자칫 헷갈리기 쉽다) 죽음을 앞두고 작곡한 가곡이 하필 화자인 작가 '나'의(이 '나'도 지병인 전립선암으로 수술까지 받은 몸이라서 오줌도 못 가려 기저귀를 차고 다니며, 빠르게 닥쳐오는 죽음과 싸우면서 오로지 소설 집필에만 전념하고 있는 처지다. 물론 필립 로스의 페르소나다) 방문에 맞춰 울려 퍼졌다는 '우연'은 물론 원작자 필립 로스의 조작 행위이지만, '나'의 관심사가 여느 사람들의 '오디오 감상 취미' 이상으로 웅숭깊다는 것을 시사함으로써 이 '캐릭터'의 품성은 최상의 형태로, 곧 자연스럽게 보장되었다고 할 수 있다. 더욱이나 그에 대응하는 집주인인 젊은 작가 지망생이 슈트라우스 음악에 대해 해박한 전문가임을 자처함으로써 두 '캐릭터'가 이야기 꾸려나가기의 새로운 추진력으로 작동하는데, 이런 대목은 결국 한 인물의 '취미=관심사'의 중요성을 증거하고도 남는다.

다시 한번 짚고 넘어간다면 대개의 일반인이 즐기는 취미 항목으로서의 독서, 영화/음악/미술 감상, 골프, 수영, 하이킹, 사적지 탐방, 수목/야생화 탐사, 수석줍기 등등을 '캐릭터' 살리기에 금과 옥조로 활용할 수 있고, 또 다들 그렇게 즐기고 있듯이 얼마든지 써먹을 수 있지만, 그 쓰임새는 평범을, 인터넷에 올라 있는 정보 수준을, 상식 차원을 골고루 뛰어넘어야 하며, 가능하다면 그 방면의 전문가 이상으로 '미시적 관점'을 덧대야 한다는 것이다. 그런 관점은 결국 딜레탕트만이 누릴 수 있는 독보적인, 동호인들도 미처 모르고 있는 '개인적인 관찰안-분별력-해석력'이다. 그러자면 자기 취미 전공자답게 그쪽으로의 '탐구'도 필요하고, 특유의 변별점을 장치하기 위해서 작가 스스로의 직접 관찰, 나아가서 기발한 상상력까지 요청되며, 그 개성적인 표현력, 개념/범주 정리벽, 몰입 경위 같은 부속물이 한 '캐릭터'의 유별성을 독자에게 심어줄 것임은 자명하다. 예컨대 탐석(探石) 취미를 가졌다고 해서 무작정 너덜겅이나 강바닥만 훑고 다녀서야 그 캐릭터의 관심사가 얼마나 유치한지를 선전하는 꼴이 되고 말 게 뻔하다. 그러니 그는 산수석, 물형석(物形石), 색채석, 무늬석처럼 알아보기도 쉽고, 제대로 주웠다 하면 목돈도 만질 수 있는 돌은 한사코 마다하고 굳이 그 형태도 얄궂은 추상석(抽象石)만을 주우러 다니며, 용달차까지 불러서 실어다놓고는 그 좀 괴상한 형상에 제 나름의 의미 붙이기에 몰두하는, 그 괴석 취미에 세월 가는 줄도 모른다는 식으로 조명해야 하는 것이다. 어떤 취미라도 그것에 몰입한다면 한동안이야 허황한 딜레탕트 수준에 자족할 테지만(아무리 개인차야 있다 할지라도), 이내 성이 차지 않아서 점점 더 깊은 경계로 파고들 게 틀림없고,

그런 전문가에 준하는 경지라야만 상대방인 부속인물은 물론이고 독자 일반의 관심과 호기심을 불러일으킬 터이다. 그 수준을 획일적으로 그을 수는 없다 할지라도 수박 겉핥기식은 면해야 주인공의 성품/위신도 살아날 테고, 실제로도 그런 도락가만이 주목을 받을 수 있으므로, 소설은 당연하게도 그 경지를 조명할 수밖에 없다.

 한때 너도나도 뒤질세라 앞다투어 즐기던 취미가 어느새 유행의 물결에 떠밀려서 누구도 뒤돌아보지 않는 현상은 아무래도 국민소득의 증대, 정보의 소통이 빨라진 덕분으로 돌려야 할 것이다. 그 점은 연식 정구에 이어서 테니스가 수많은 동호인을 불러 모았던 시절이 분명히 있었건만, 이제는 골프가 대세인 현실만 봐도 알 수 있다. 물론 예외는 있으므로 아직도 초저녁이면 거주지 인근의 자투리 공원에서 제기 같은 셔틀콕을 톡톡 쳐대는 배드민턴 운동이 유일한 도락거리라는 부부도 있을 수 있다. 하지만 그 좀 후진 '캐릭터'의 전언에 어떤 '의미'를 실을 수 있을지는 전적으로 작가의 고유한 기득권이라 해도 철이 한참이나 지난 그런 '취미활동'에 생동감을 심어주려면 별도의 장치가 덧붙여져야 한다. 무슨 말이냐 하면 '철이 지나버려서 장사도 안 되는' 이야깃거리가 겹겹으로 꼬여서 그것부터 풀어가느라고(왜 아직도 배드민턴을 치고 있는가라는 '곡절'을 먼저 설명해대느라고) 막상 진짜 이야기의 진행이 늦어져버리는 것이다. (물론 그런 유의 '유행 거스르기'도 색다른, '나'는 이래 봬도 추수주의라면 대경실색하는 '진골'이야 하는 식의 참신한 '이야기 공법工法'을 들이댈 수는 있겠지만, 다소의 시대착오성을 띠고 있음은 부인할 수 없다. 이러나저러나 현대소설은 '지금/여기/우리'의 의식으로부터 한 발짝도 멀리 떨어질 수 없는, 그런 자기 과부하의 코뚜레를 숙명으로 받아들여야 한다. 역사소설이든 추리소설이든 그런 장르가 진정한 '현대' 소설이 되려면 '사실 분별'에는 지금까지 '자료=지식'의 최대치를 활용하여 가능한 한 신중을, '가치 평가'에서는 선입견이나 편견을 빼고 자기 자랑만큼은 자제하는 기량을 떨쳐야 하는 것이다.)

어쨌든 취미도 시대의 흐름을 따라 부화뇌동한다고 할 수 있다. 그러나 거름 지고 장에 따라가는 그런 식의 '취미 행렬'과는 다른 캐릭터의 속성도 얼마든지 있을 수 있다. 개개인마다 엄청난 차이를 보이는 기호(嗜好)와 버릇이 그것이다. 기호와 버릇이야말로 어떤 인물의 속살을, 오늘의 그를 태동시킨 숱한 경력, 병력(病歷), 학력까지도 넘볼 수 있는 근거를 슬며시 드러낸다.

버릇이란 말은 딱히 더 설명할 것도 없는 듯하지만, '즐기고 좋아하는'이라는 풀이를 보더라도 '기호'의 소설적 쓰임새가 무궁무진할 듯싶다. 물론 버릇/기호는 동전의 양면처럼 숫자(=10)와 글자(=십)로 서로를 보완해주고 있기도 하다. 다음과 같은 사례는 어디까지를 버릇으로 봐야 할지, 그 뒷면에는 자신만의 기호 심리가 작동하고 있는 게 아닌지 궁금증을 부풀려놓고 있다.

예컨대 사흘쯤 단체여행을 해보면 30년 이상 자별한 친구로 사귀어 온 한 동숙자만의 특이한 버릇 겸 기호를 알게 되고, 속으로 적이 놀라게 되고 만다. 그 기벽은 자고 일어나자마자 소금물로 입안을 소리 내어 가시고 나서 그 구정물을 그대로 꿀꺽꿀꺽 삼켜버리는 것인데, "죽염을 쓰기 시작한 지는 얼마 안 됐어, 그럭저럭 이 버릇도 꽤 진화한 셈인데, 잇몸 보호에는 다시 없이 좋다니까 믿어야지. 소금 맛도 그런대로 괜찮아, 텁텁한 입안도 단숨에 개운해지고. 남 눈치 보고 살 게 뭐 있어, 이 몸부터 편하고 봐야지"라면서 책상 위에 비치해두는 문구용 딱풀만 한 플라스틱통 속의 소금을 손바닥에다 가루약만큼 쏟아내어 한입에 털어넣는 것이다. 저염식 식단을 강제하는 요즘의 세상 풍속을 거스르는 이런 '소금 장복벽'을 어떻게 해석해야 할지 난감해지는 국면이지만, 역시 버릇/기호라고 이해해버리면 수월해지긴 한다.

하지만 기호는 다소 긍정적인 개인별 집착으로, 버릇을 나쁜 언행 일체나 어떤 고정관념 같은 것으로 해석하더라도 막상 한 친구의 성격을 제대로 이해하는 데 있어서 이렇다 할 도움이 안 되는 것도 사실이다. 뿐만이 아니다. 사흘 동안이나 팬티나 러닝셔츠 같은 땀내 나는 속옷을 갈아입지 않는 기벽을, 떳떳할 것도 없지만 숨길 일도 아니라는 듯이, 나는 원래 그래, 귀찮아서, 벌써 오래됐어, 새것이 나는 싫어, 라고 무덤덤히 지껄여서 상대방을 되레 머쓱하게 만드는 친구가 바로 잇몸이 약해서 새벽마다 소금물을 장복하는 예의 그 인간이라면 정녕 불가해한 괴짜가 되고 마는 것이다. 일반적으로 말하면 입안을 가신 양치물은 더러우므로 뱉어내버려야 하는데, 그 친구는, 평소에야 수챗구멍보다 더 더러운 게 사람 입안이잖아라며 알듯 말듯 한 웃음을 베어물고 더 이상의 해명을 줄이며, 자신을 이상한 눈길로 쳐다보는 이쪽을 오히려 지긋이 노려보기까지 하니 난감해지지 않을 수 없는 정경일 밖에. 해외여행 중에 사흘씩이나 속옷을 갈아입지 않으면 남에게 악취를 풍길지도 모르며, 따라서 그런 습벽은 분명히 비위생적일뿐더러 반사회적인 일종의 악취미가 아닐 수 없으니 말이다.

그러나 내친김에 냄새야 나든 말든 코끝을 싸매고 한 발짝만 더 다가가서 따져보면, 그의 그 양치질 기벽이나 새것 기피증을 일방적으로 괴상하네, 불결하네 어쩌구 떠벌릴 일도 아니다. 남에게 딱히 폐를 끼치지도 않거니와 당사자가 한사코 그러고 살아야 사는 것 같다는 데야 어쩔 수 없는 노릇이니까. 또 대인관계에서 실례라고 할 것도 없다. 오히려 속옷을 자주 갈아입어라라고 간섭하는 범사회적 위생관념이야말로 개인의 사생활에 대한 무지막지한 월권이자 얄팍한 상술로 이해할 만한 소지도 없지 않다.

외국인 혐오증과 동물기피증과 불결공포증 따위가 엄연히 나쁜 습관으로, 반사회적 위생관념으로 낙인찍혀 있다 하더라도(다들 쉬쉬해서 그렇지 상당수의 일반인이 겉으로는 '세계시민 의식' 운운하면서 인종 차별은 곤란하다고 펄펄 뛰지만, 막상 닥치면 피부 색깔에 상관없이 낯선 얼굴들을 본능적으로 싫어하고, 꼬리를 흔들며 다가오는 개들에 기겁하며, 몸과 옷가지를 시도 때도 없이 씻고 빨아대서 귀한 수자원을 허비하고 있다), 새것 기피증 같은 악습을 아무렇지 않게 지니고도 일상생활을 느긋하게 영위하는 사람도 흔하다. 그러고 보면 버릇이야말로 어떤 '캐릭터'의 이색성, 돌올성, 변별성을 강화해주는 가장 효과적인 처방전 같아 보이기도 한다. 실제로도 그런 야릇한 생활 습관의 소유자에 대한 궁금증은 점점 증폭 일로로 치달으며, 차마 대놓고 물어볼 수도 없어서 생뚱맞은 추측만 남발해야 할 지경에 이른다. 아마도 대학 재학 중과 군복무 기간을 비롯해 10여 년 동안의 직장생활을 하면서도, 뒤이어 늦장가를 들기 전까지 여기저기 옮겨다니며 하숙생활만 해온 그 경력이 속옷 갈아입기 싫은 증을(한 달쯤씩 입고 지내다가 어느 날 문득 새것을 마지못해 사고 헌 것은 버렸다는 식으로), 또 양치물조차 꿀꺽 삼켜버리는 '귀찮아' 증후군을 유발시키지 않았나 싶지만, 어디까지나 추측일 뿐이다. 그쪽에서 털어놓지 않은 다음에야 꼬치꼬치 물을 수도 없거니와 '하숙집 주인 딸에게 내숭을 떨었나'라고 넌지시 떠본들 구지레한 지난 날의 망신살이나 까발리라는 그 요청을 '귀찮아' 할 것이 분명할 테니 말이다.

이로써 웬만큼 분명해진 듯하다. 곧 소설에서의 주인공은, 나아가서 '캐릭터'의 구실은 이야기를 이끌어가는 강력한 추진체이며 그의 몸에 밴 하잘것없는 버릇조차 독자로 하여금 '그럴 리가 있나, 별나네'라든지, '틀림없이 무슨 말 못 할 내막이 있는 게지'와 같은 예단을 끊임없이 촉발함으로써 상상의 세계로 깊숙이 진입하도록 몰아간다는 것이다. 그러므로 '캐릭터'에게 어떤 버릇을, 대체로 비정상적이거나 반사회적인가 하면 비상식적이고 탈이성적이기도 한 그 집착을 점지해주는 작업은 작가로서는 아주 긴절한, 구상 단계에서부터 반드시 비망록에다 적기해두어야 하는 '일거리'다.

앞서도 잠시 얼비추었듯이 기호는 버릇보다 더 화려하고, 거의 병적이라서 거침이 없다. 안하무인이라고 해도 결코 막말이 아닐 것이다. 이를테면 가방만 봤다 하면 눈빛이 완연히 달라지는 사람이 비단 여자에 한하지 않음은 이제 꽤 알려져 있기도 하다. 게다가 그런 '가방 귀신'들은 대개 각자의 취향까지 아주 제멋대로여서 그 속의 수납 공간이야 어떻게 나뉘어 있든 괜찮다며 오로지 가방끈이 제 마음에 들어야한다고 응석꾸러기 같은 고집을 부린다. 가방끈에 쇠붙이만 달렸다하면 질겁하며, "아, 너무 무겁다, 번개를 어떻게 피하라고, 내 취향이 아니야, 어떻게 머리가 저렇게나 안 돌아갈까, 정말 알 수가 없어, 너희나 많이 좋아해" 하고서는 두번 다시 거들떠보지도 않는다. 모든 고집불통이 다 그렇듯이 그런 '가방끈' 전문의 주인은 제 아집과의 실랑이질에 지기 싫어하고, 또 진 바도 없다. 다 알다시피 가방은 몇천 원짜리에서부터 수천만 원을 호가하는 것까지 그 종류가 천차만별이며, 그 애호가 겸 수집가들은 그것 없이도 사는 '짐승 같은' 사람들을 이상한 눈길로 대하므로 이쪽도 그들을 얼마든지 논외로 따돌릴 수 있다. 하지만 입성이라면 그렇게 마냥 내버려둘 수 없다. 누구라도 매일같이 무슨 옷이든 걸치고 살아야 하며, 철철이 바꿔 입어야 한다. 그거야 어찌 됐든 그 값이라야 대수롭지도 않아서 가방과는 비교급도 아니다. 그런데 연간 소득도 털어놓기가 부끄러울 정도이며 옷걸이도 별 볼일 없는 데다 패션 일체에 대한 일가견도 없는 자칭 자유예술업 종사자인 추상조각가가 남방셔츠를 꼭 같은 걸로만 세 벌씩 사는 행태는, 일반인으로서는 좀체 이해할 수 없는 기호일 것이다. 짐승처럼 사철 내내 단벌로 지내려는 그런 '야만스러운' 기호 뒤에는 틀림없이 어떤 트라우마가 있을 테고, 외곬의 고정관념이 똬리를 틀고 있다고 봐야 하며, 스스로 애지중지하는 병적인 집착이 있으리라는 유추를 손쉽게 내놓을 수 있다.

역시 비슷한 사례로 젊었을 때부터 붉은색 옷을 즐겨 입는 여자는 환갑이 지나서도 우리의 이웃 나라인 어느 대국의 국기 같은 그 입성을 차려입고 외출한다. 블라우스나 재킷 같은 윗도리야 그런대로 봐줄 만도 하겠으나 스커트나 바지까지 새빨갛다면 아무래도 '난해'하다고 머리를 절레절레 흔들어야 정상이지 않을까. 그러나 당사자는 아무렇지도 않다는 듯이, 아니 제 마음에 차는 옷을 걸쳤으므로 곱추 같은 피에로가 오히려 더 설치듯이 제멋대로 으스대는 판이다. 어떤 색깔보다도 붉은 옷이 자기한테는 잘 어울린다는 그 고정관념을 평생토록 고수하는 사람의 성격을 지레 밝다거나, 과시벽이 없지 않다거나, 중인환시리에 옷보다 더 화사한 웃음을 베물고서 주견이라고는 눈곱만큼도 없이 오로지 치렛말만을 골라서 마구 뿌려대는 자리에 잘만 참석하고, 또 자신의 그런 역할에 지치는 법이 없는 사교술의 달인이리라는 짐작을 벼를 수는 있겠으나, 누구도 그 '붉은 옷'에 신들린 여자의 정체를 정확히 알 수는 없고, 오로지 조물주의 대역을 맡은 작가가 캐릭터를 '조작하기'에 달렸을 뿐이라고 말할 수 밖에 없다. 아마도 그 '붉은 여자'가 소설 속의 한 중요 '캐릭터'라면 주위의 여러 부속인에게 상당한 압력 행사를 떨칠 수 있을 테고, 그 시뻘건 핏빛 옷이 어느 정도까지는 그 소임을 감당해줄 것임이 분명하다.

또 다른 옷 타령도 내놓을 수 있다. 무슨 옷이든 봤다 하면 탐을 잘 내고, 시도 때도 없이 옷 갈아입기를 즐기는 사람을 '옷보'라고 하는데, 풍문에 따르면 치매기가 완연한 미수(米壽) 넘긴 노친네가 요양원에 장기 입원해 있는 중에도 주말마다 자식들이 당번제로 번갈아 문안을 가면 언제라도 당신의 풀주머니 같은 몸피를 다른 옷으로 가리고 함초롬히 앉아 있다는 것이다. 그 소름 끼치는 광경 앞에서 인간의 불가해성을, '캐릭터'라는 난제를 떠올리지 않을 수는 없을 터이다. 더불어 5주에 한 번씩 맞게 되는 셋째 아들은 유독 잔인정이 많고 그 자부도 좀 호들갑스러운 데가 있으므로 짐짓 추레한 옷을 입어야 한다는 그 노친네 나름의 판단과 그런 쓰잘 데 없는 머리 굴림에 바지런한 사고 행태가 그이의 점점 더 심해지는 망령기에 일조하고 있다는 짐작을 떠올리기는 어렵지 않다. 옷에 대한 '기호=취향'이 캐릭터 창조에 기여한 단적인 예일 수 있는 것이다.

옷 타령이라면 여자만 꼭 그처럼 집요한 기호를 발휘하는 것도 아니다. 소위 차이니스칼라라고 해서(미국 서부극의 주인공이 흙투성이 윗도리 안에 받쳐입어야 태깔이 난다) 와이셔츠의 좁장한 깃이 무슨 테두리처럼 깔끔하게 세워진 것만을 한사코 고집하는 양반이 있는가 하면, 빨래판처럼 훌쭉한 복부를 자랑한다고 그러는지 허리띠 고리가 아예 없고 배꼽 밑에 붙은 단추 하나만을 채우는 바지를 꼭 양복점에 가서 맞춰 입는 위인도 있다.

다른 한편으로 특유의 장신구를 제멋에 겨워 사는 사람도 많다. 한사코 지갑이 거치적거린다면서 바지 주머니나 윗도리 여기저기에서 돈과 현금카드를 끄집어내고, 가을부터 겨울 한철 내내 목도리 없이는 꼼짝도 못하는 사람이 있는가 하면(그래서 터틀넥 스웨터는 답답하다며 '죽어도' 안 입는다), 그 외형이 가지각색인 쓰개를 철따라 바꿔가며 대머리 위에 얹고 나다니는 '모자족'도 남녀 구별 없이 흔하다.

별난 기호라면 식생활에서 더 두드러진다고 해야 옳을 것이다. 과일 중에 가장 맛있다고들 하는 복숭아와 홍시를 물컹거린다며 거들떠보지 않는 이상한 식성의 소유자도 있다. 소위 세경(細莖) 초본식물이라는 파, 미나리, 부초 같은 것을 유독 좋아라 하는 양반이 있는데, 그 파란 풀은 생것으로든 익혀서든 아무리 포식해도 탈이 나는 법이 없다고 자랑한다. 그처럼 유난을 떠는 채식주의자를 머쓱하게 만드는 위인이 멀리 있는 것도 아니다. 한우든 돼지든 살코기를 무슨 맛으로 먹느냐면서 양, 막창, 대창, 곱창 같은 내장만 탐하는 '질긴 저작벽'에 익숙한 식도락가도 있는 것이다. 식성이란 워낙 제가끔 달라서 일일이 분별하기도 번거로울 지경이다. 비린 음식을 워낙 바쳐서 고등어 생선구이 한 토막이라도 밥상 위에 오르면 콧잔등에 웃음기부터 잔잔히 피워 올리는 위인도 많은데, 짐작건대 그런 양반의 비윗살을 맞추며 살아내기가 그렇게 수월하지는 않을 것이다. 한편으로 식탁 앞에 앉기가 무섭게 반찬 그릇의 진설 자리를 이리저리 바꿔놓는, 정리정돈벽이 있다기보다도 일종의 '공간 감각'으로서 무슨 물건이라도 '제 자리를 잡아놓고' 살아야 신경이 덜 보깬다는 수상쩍은 별종도 있다.

　이상의 여러 실례를 보더라도 요즘 다들 함부로 쓰는 '취향'의 근원은 기호/버릇의 뗄 수 없는 합작품으로서 그것의 소지자를 다시 한번 주목하게 만든다. 그런 주목을 통해 그 주인공만의 독특한 '성깔'(=캐릭터의 일부)을 유추해낼 수 있기도 하다. 물론 그런저런 별난 생활 습관을 통해 어떤 '일반성'이나 '공통성'까지 추출해내려는 헛수고까지 할 필요는 없다. 버튼다운칼라의 셔츠만 입는 사람이 유독 편협하고, 틀에 박힌 일상에의 안주를 바친다는 식의 편견은 금물일 수 있다는 말이다. '옷 입기'는 어떤 캐릭터의 취향이므로, 또 눈에 당장 띄므로 주목해야 옳지만, 그 다음부터의 '확대해석=성격 창조'는 전적으로 작가 자신의 재량권에 달려 있다는 췌언일 뿐이다. 어쨌든 기호와 버릇은 어떤 인물의 취미 이상으로 그를 '캐릭터'화하는 데 유효하게 써먹을 수 있는 조미료이며, 그 주목거리 자체가 벌써 독자들의 상당한 호기심에 불을 붙이는 촉매임에는 틀림없다. 그러니 가족이나 친지는 말할 것도 없고 가깝게/멀게 지내는 친구나 지인들 중 누구라도 그 사람만의 특별한 버릇, 기호, 취미는 있게 마련이므로 그것'들'을 적절하게 짜깁기하거나 퓨전화(=융합/통합/혼합)하거나 그 일부를 따와서 복제해 쓰면 나름의 '잊히지 않는' 캐릭터 창조에 일조할 수 있다.

제7장 3절의 요약

(1) '취미, 버릇, 기호'는 주인공의 성격 창조에 크게 기여한다. 누구에게나 몸에 밴 그 도락거리의 묘사에는 반드시 '구체성'을 입혀야 한다. 인터넷상에 떠도는 '정보' 차원의 '피상성'으로 접근하면 '캐릭터'가 살아나기는커녕 구태의연해지고 만다.

(2) '취미'에도 당대의 '대표성'이 있으므로 유행의 물결을 예의 주시할 필요가 있다. 이미 흘러가버린 '취미활동'은 참신미의 결격 사유에 들 수도 있으며, 그 시대착오성을 불식시키느라고 어떤 '사유'를 덧대면서 '이야기'의 진행을 지연시킬 필요는 없다. 물론 일부러 그런 반시류성에 초점을 맞춰 '서사'를 느럭느럭 진행시킴으로써 별스러운 '회고담'을 조작할 수도 있긴 하다.

(3) '버릇'이나 '기호'는 지극히 개인적인 생활 습관이므로 얼마든지 정밀한 '과장'이 허용될 수 있다. 외모나 체격에 대한 지나친 편애/폄훼가 극단적인 '사건 조작'의 도구로 쓰이는 것에 비하면 '버릇/기호'는 서사(=이야기의 골격과 차례)의 '외부'에서 캐릭터들의 '반응'을 드러낼 수 있는 장치다.

(4) '취미, 버릇, 기호'는 어느 것이라도 주요 인물의 '잊히지 않는 성격' 창조에 필요한 조건이므로 평소의 '인물 관찰'을 통해 임의로 조작미를 개발해야만 한다.

(5) 주요 인물의 그 별난 '캐릭터'가 작의의 양각에 도움이 되는지, 작품의 아우라에 얼마나 이바지하는지에 대한 분별은 물론 작가의 안목에 딸린 것이지만, 독자가 과연 그럴싸하게 여길지는 다른 저울로 달아보아야 한다.

4. 말투, 몸짓, 심리

얼굴, 몸과 더불어 입성 다음으로 그 사람의 됨됨이를 드러내는 것이 말투임은 굳이 강조할 것도 없다. 두어 번 만나고 나면 어느새 '인물'과 그 미추에 대한 선입견은 까맣게 사라지고, 그 양반 특유의 말버릇이나 걸음걸이 같은 것만 눈에 밟히는 희한한 '심경'을 겪어본 사람도 한둘이 아닐 것이다. 말투에는 그 사람의 지성=유무식 일체가 우러남과 동시에 그의 세태관, 곧 우리 사회의 맨얼굴을 바라보는 그만의 부정적/긍정적 시각도 즉각 배어나오며 어떤 대상을 두둔/지탄하는 편견도 묻어난다. (흔히 '편견'을 나쁜 뜻으로 써버릇하지만, '주관'은 '편견'의 다른 말에 불과하며, '편견'이 없는 사람은 있을 수 없고, 배운 사람일수록 또 개성이 강한 양반일수록 '편견'이 심하다고 해도 크게 틀린 말은 아닐 것이다. 모든 지식은 편견과 독단으로 개발, 개선한 한낱 임시적 주장에 지나지 않는다.) 지식, 상식의 유무와는 상관없이 매사에 호오가 분명한 사람은 말버릇도 다르고, 당연히 그의 성격도 오롯이 손에 붙잡힌다. 무슨 말인가를 쉴새없이 하고 있긴 해도 도대체 그 골자를 종잡을 수 없는 경우도 흔한데, 그런 위인은 어휘 수도 너무 모자라고, 그러니 표현력도 젬병임을 대번에 알 수 있으며, 그가 독서 취미와는 한참이나 멀리 떨어져 살면서도 사진 찍기와 차 몰고 다니기를 좋아하는 그의 평소 취향을 떠올리면 저절로 고개가 끄덕여지는 것이다. 그 반대로 책읽기가 유일한 취미인 천하에 '무재미/무재주'인 양반도 평소에 그렇게나 많이 쟁여둔 말/글/문장 들을 도대체 어디다 쓰려는지 입도 뻥끗 안 하고, 어쩌다가 말문을 열었다 해도 당최 무슨 말인지 혼자만 아는 소리를 중얼거리기도 한다. 답답하기는 어느 쪽이나 마찬가지이지만, 특히나 후자는 '속'에 든 지성의 함량에 비해 말주변 개발에 등한함으로써 스스로를 글타보로 만든 사람이라 딱하고, 그 말투는 그의 후천적 '개성'(=캐릭터의 일부)이 되어 있다.

  말투의 이런 직접적인 역할이 '캐릭터들'끼리의 차이를 선명하게 갈라놓기도 하지만, 이야깃거리 만들기는 물론이거니와 이야기들의 간단없는 '전개'를 이끌어가는 한편 '사건'마다의 전후관계 내지는 그 인과관계를 추스르는 가장 강력한 추진체임은, 작가로서 주요 인물들로 하여금 말을 하게 만들 때마다 심각하게 의식할 필요가 있다. 이야기의 인과를, 또는 어떤 사건(=이야기의 일부)의 경과를 풀어가는 방법은 크게 두 가지로 나눌 수 있는데, 하나는 작가 자신이 지문을 빌려서 '나/그/그녀'가 그 곡절을 설명하는 서술체 문장이고, 다른 하나는 상대방과의 대화 나눔이나 어느 인물의 속말을 들려주는 것임은 주지하는 바와 같다. 이것만 보더라도 말투의 중요성은 이만저만 크게 아님을 알 수 있다.

  손쉽게 끌어다 쓸 만한 사례를 두 가지만 들어보면 다음과 같다. 앞의 것은 한국 소설로서 벌써 80여 년 전의 일이며, 뒤의 것은 불과 10

여 년 전의 미국의 정치적, 사회적 기상도가 다소 편파적으로(민주당에 우호적이다) 그려진 세태소설이다.

⇒(가)아까 있던 손들도 벌써 가버리고 텅 빈 방에서 혼자 유쾌한 듯이 술잔을 기울이고 앉았으려니 한참이나 치장 차리느라고 거레를 하고서 경애가 나온다.

"자식새끼는 숨을 모는데 술만 먹고 돌아다니는 이러한 철저한 불량도 없을걸."

경애는 병화 앞에 다시 서며 자탄하듯이 이런 소리를 한다.

"자식이라니? 아이가 있소?"

병화는 놀랐다

"왜 동정녀 마리아도 아이를 낳았는데 나는 혼자몸이라고 아이 못 낳을까? 둘이 만드는 것보다 혼자 만드는 게 더 용하고 현대적이라우."

경애는 말끝만 붙들면 예수교를 비꼬는 버릇이다.

"흥, 딴은 용하군마는 현대적을 찾자면 애 아버지는 기저귀를 빨고 애어머니는 술 먹고 돌아다니는 게 원래 제격이지… 한데 아이가 앓는다고?"

"앓아요. 약은 지어서 이렇게 들고만 다니구…"

경애는 농담을 집어치우고 금시로 애연한 낯빛을 띠며 외투 주머니에서 양약 봉지를 꺼내 보인다.(염상섭의 《삼대》 203~204쪽)

⇒(나)"그녀는 뇌종양을 앓고 있어요." 나는 설명했다. 무슨 이야기든 해야 할 것 같아서. 그녀에게 말을 걸기 위해서.

"음, 우린 떠날 거예요." 제이미가 내게 말했다. "알라의 이름으로 끝장 나고 싶진 않거든요."

"웨스트 71번가에서 그런 일이 일어날 것 같진 않은데?" 내가 물었다

"이 도시는 그들의 병리학에서 핵심을 차지해요. 빈 라덴은 오로지 악에 대해서만 꿈꾸고, 그 악이 '뉴욕'이라고 떠들어대죠."

"그러거나 말거나." 내가 말했다. "난 신문은 보질 않으니까. 벌써 여러 해째요. 〈뉴욕 리뷰〉는 광고란을 보기 위해 산 거였소. 난 세상이 어떻게 돌아가는지 전혀 몰라요."

"선거에 대해서는 아시겠죠." 빌리가 말했다.

"사실 전혀." 내가 말했다. "내가 사는 산골 동네에선 대놓고 정치 이야기를 하는 경우가 없어요. 특히 나 같은 외지인한테는 절대 하지 않아요. 난 텔레비전도 거의 틀지 않아요. 그래서 아는 게 하나도 없소."

"전쟁에 대해서도 관심이 없으셨겠네요?"

"그래요."

"부시가 늘어놓는 거짓말도 마찬가지고요?"

"그래요."

"선생님이 쓰신 작품들로 미루어볼 때 믿기 힘든데요." 빌리가 말했다

"성난 진보주의자이자 분노한 시민의 역할은 이미 다했다오."(필립 로스의 《유령 퇴장》 53~54쪽)

위의 두 작례를 천천히 묵독해보면 그런 대화가 나온 배경이나 그 전후의 곡절은 앞뒤 문맥을 읽어보지 않는 이상 알 수 없겠으나, 그 말투만으로도 다음과 같은 '대화'의 구실을 감 잡을 수 있다.

첫째, 말투는 그 말을 하는 사람의 전인격을 대변한다는 것이다. 그 인격에 학식의 정도와 성격의 일부도 압축되어 있음은 말할 나위도 없다. 나아가서 현재 살아가는 형편과 그의 처세관까지 엿볼 수 있기도 하다. 그의 전모라고는 할 수 없을지 몰라도 차츰 그 윤곽이 분명해질 어떤 인격으로서의 '캐릭터'는 말투/말품/말발/말솜씨에 달려 있다.

둘째, 쌍방 간의 대화는 이야기 진행을 적극적으로 도와준다. 두 화자는 주거니 받거니를 통해 쌍방의 '사람 됨됨이'에 대한 전반적인 이해의 범위를 넓혀가는데, 두 남녀의 교제가 장차 도저히 뗄 수 없는 연인 사이로까지 비화할지의 여부도 각자의 그 '말투'에 달려 있는 것이다. 그들의 관심사, 유무식 정도, 경제력을 비롯한 여러 능력, 가족관계와 대인관계에서의 기질과 사교성 등이 결국 말솜씨를 통해 송두리째 드러날 것은 자명하다. 대개의 통속소설이 설명, 표현 같은 서술체 문장을 최대한으로 기피하거나 줄이면서 짧은 대화문으로 이야기를 꾸려가는 것도 말투/말품이야말로 이야기 전개에 얼마나 요긴한 도구인지를 시사한다.

한편으로 주인공 나름의 독특한 사상, 신념을 비롯한 어떤 사회 현상에 대한 자신의 견해를 떠벌리는 '장광설' 대화문으로 이루어진 소설은 일종의 경향소설이라고 할 수 있겠는데, 이런 기법은 캐릭터로서의 개성 부각보다는, 또 인생살이의 여러 곡절이나 파탄 같은 비극상보다는 세상살이의 원리를 바르게 세우는 것이 더 화급한 '사업'이라는 작의를 바로 웅변=대화로써 전달하려는 것이다. (계몽성을 앞세우는 이런 '성토성' 소설은 대화의 기발한 묘미를 살리지 않는 한,

또 어떤 현상에 대한 설명/묘사/표현으로서의 적절한 해석을 기피하는 한 그 안이한 작법 태도는 곡해/비판의 도마에 오를 수 있다.) 따라서 주인공의 그 장광설이 캐릭터의 전신상을 노골적으로 대변한다. 사실상 그런 논조, 사상, 신념 따위를 시종일관 평이한 서술문으로 설파했다가는 소설이 아니라 사설이나 논문을 방불케 할 테고, 그런 '실험적' 기법은 작가 자신의 특이한 장르 감각에 대한 시위가 된다. (물론 탈소설적인 그런 장르 감각도 일종의 '시론時論소설'로서 현대소설의 또 다른 '영토 확장'에 기여할 테지만, '말투'는 없고 논설만 난무하는 그런 캐릭터 부재 상태에서 진정한 이야기의 고유한 덕목인 '일상성=현실성=현대성'을 기대할 수 있을지는 의문이다. 이미 소설의 차원을 넘어서버린, 다른 장르로서의 '글쓰기' 행태인 셈이다.)

셋째, 말투와 대화는 어느 것이나 자연스러움을 전제로 한 각자의 '후천적 개성'을 누려야 한다는 것이다. 이 점을 흔히 등한시하지만, 대화/말투의 '자연스러움'이 이야기 자체의 사실감 제고에 제1 요건임은 새삼 강조, 실천해야 할 사안이다. 어떤 독자가 듣더라도 곧장 그 말뜻을 알아들을 수 있고, 누구라도 일상적으로 구사하는 데 전혀 어려움이 없는 입말을 그대로 따와야 하는데, 실제로 그 받아쓰기 기량은 '말처럼' 쉽게 습득되지 않는다. 실례로 흉허물 없이 지내는 한 친구와 커피숍에서 만나 한 시간쯤 나눈 대화를 녹취해서 글로 옮겨 적는다 해도 앞에서 두어 번이나 한 말을 되풀이하고, (지구상에서 가장 뛰어난 표음문자로서 이 세상의 어떤 말이라도 옮길 수 있다는) 한글로 베껴내기가 애매하거나 아예 표기가 불가능한 대목도 나오는가 하면 종결어미를 죄다 흐려버려서 의미 자체가 제대로 전달되지 않는 말이 수두룩하다. 그런데도 두 사람이 대화 중에는 의사소통이 원활하게 이루어졌으며, 이해가 불가능한 대목은 한 군데도 없었다고 서로 자위한다. 말하자면 대화를 나눈 그 장소, 그 시각이라는 특별한 '배경'이 두 사람의 의사소통을 술술 이끌어준 것이다. 사실상 쌍방의 '입말'이 의사소통에 미친 영향은 그 자리라는 '배경=사정/형편'보다 훨씬 적다고 할 수 있다. 그것을 '글말'로 가감 없이 옮겨놓았으니 요령부득의 '대화문'이 되고 만 것이다. 200자 원고지로 50장쯤 되는 그 대화록에서 동어반복부터 들어내고, 요긴한 말을 골라낸다면 다섯 장도 채 안 될 게 분명하다.

  간단히 줄이면 모든 소설 속에 나오는 어떤 대화라도, 또 주인공의 속말, 독백 등은 일상 중의 '입말'을 흉내 낸 것으로, 그것도 중언 부언을 과감하게 덜어내버리고 이야기의 진행상 꼭 '있어야 할 말'만을 최대한으로 간추린 '정리문'에 불과하다. 그러므로 모든 대화문은 평소에 누구나 편하게 쓰는 입말을 빌려서 작가가 해당 '캐릭터'의 고유한 성정에 걸맞도록 임의로(=마음대로) 재구성한 '글말'에 가깝다고 보면 틀림없다. 그럴 수밖에 없는 것이 대개의 우리 현대소설 속에서 흔히 마주치는 종결어미로서 '했구먼' '하자구' '하구려' '하쇼' '하게나' '하더라'와 같은 말은 일상 중에 거의 쓰이지 않는다. 텔레비전 속의 연속극이나 방담을 들어봐도 나이 지긋한 출연자들 역시 그렇게 말을 끝맺는 사례는 없는데도 소설 속에서는 여전히 건재하다. (역사소설에서는 '분위기'를 잡느라고 고의로 그러는 듯하다.) 이상한 현상이라기보다 좀 투미한 입말/글말의 분별력이다. 그런데도 막상 소설 속에서 맞닥뜨리면 자연스럽게 받아들이는 '관습'에 익숙해져 있는 것이다. 또한 각 지방의 사투리는 표준말 이상으로 일상 중에 마구 뒤섞여 있는데도 소설 중에는 그 '혼성 잡종어'를 적당히 순치시켜서 써버릇한다. (사투리를 홀대하는 게 아니라 아예 관심권 밖으로 내모는 이상한 풍조도 작금의 우리 소설 작단에 현저한데, 괴이한 작태다. 표준말은 '국가주의'가 개발한, 다른 목적을 위해 쓰도록 되어 있는 '효과적 수단'일 뿐이다. 문학은, 그중에서도 소설은 개인적 '방언=글말/사투리=입말'을 강구하는 언어 형식으로서 학술논문 같은 양식적 설명을 지양한다.) 물론 작가들도 알게 모르게 그런 '관습'에 보조를 맞춰서 대화문에서는 오로지 의미 전달에만 오만 신경을 다 쓰느라고 그처럼 '출신 불명'의 고리삭은 옛말 투의 입말을 주저리주저리 엮어내고 있는 것이다. 그럼에도 불구하고 소설 속의 대화문은 최대한으로 자연스러워야 한다는, 지금 당장 쓰고 있는 '입말'을 가능한 한 그대로 흉내 내기에 소홀해서는 안 된다는 '지령'은 명심해둘 만하다. 그 가락이 어색할 때 독자들은 대번에 돌아앉아버린다.

방금까지 풀이한 '입말'의 시세(時勢)를 따져보면 당장에는 억지 주문일지 모르나, 예의 그 자동기술적 '관습'을 찬찬히 뜯어보면서 그런 족쇄에서 놓여나기 위해서라도 '지금/여기'에서 불특정 다수가 원활히 쓰고 있는 '입말'을 예의 귀담아 들을 필요가 있다는 지적일 뿐이다. 하기야 '입말' 자체가 대단히 유동적(=시류편승적)임은 늘 듣는 바와 같다. 모든 '글말'이 그런 것처럼 '입말'의 시세는 차라리 급변하고 있다고 해야 옳을 것이다. 아무쪼록 작가의 청각 기능이 시각 이상으로 섬세해야 한다는 지침은 백번 지당하다. 전철칸이나 등산로 입구 같은 공공장소에서는 특히나 두 귀를 곤두세우고 우리말의 현주소가 어떻게 바뀌고 있는지 더듬어보면 의외로 놀랍고 재미있기도 하다.

어떤 인물의 성격을 파악하는 데 있어서 몸짓은 말투만큼 그 쓸모가 즉각적이지는 않은 것 같다. 그것의 모양새가 말보다는 훨씬 더 단조로워서 그런 듯하다. 휘청거리는 대나무 우죽에서 두 선남선녀가 칼싸움을 벌이는 영화 장면을 보더라도 그 화려한 동작의 가짓수는 헤아릴 수 있을 정도이며, 이내 그 거동 일체나 사지(四肢)의 움직임이 방금 보았던 그것의 반복임을 알 수 있다. 어떤 날짐승이나 맹수의 몸짓보다 수십 배 이상 유연한 그 몸놀림의 연속은 물론 주연배우들이 연극 무대에서처럼 실연할 수는 없는 것으로, 그래픽 디자인의 만능적 기술이 관객의 눈을 즐겁게 할 목적으로 조작한 것이다. 그런 속임수의 최대치조차도 막상 그 현란해 보이는 동작의 가짓수가 지극히 제한적임은 얼마나 기가 막히는 '사실'인가 (일시적으로 인기를 누리며 더러는 각광까지 받는 소위 '환상소설'이 발휘하는 최대치의 상상력도 실은 '현실'만큼 다채롭지 않다는 사실은 흔히 백안시당하고 있다. 그 발상의 근거는 '대인국'적인 것과 '소인국'적인 것으로 나눌 수 있는, 곧 과장과 축소의 변형일 뿐이다. 아마도 세상살이의 따분한 관행, 그 지겨운 반복이 워낙 막강해서, 그 넌더리나는 일상에 지쳐서 그런 '전도'의 발상을 즐기는 듯하다.) 동체와 팔다리 각 한 쌍과 머리, 등허리의 신축, 굴절, 회전 등이 아무리 자유자재로 뒤섞이며 속속 이어진다고 하더라도 그럴 수밖에 없는 이치는, 동사가 아무리 풍부하다 하더라도 다른 품사 여덟 개를 망라할 수 없는 것과 똑같은 맥락이라고 할 수 있다. '언/행'이라는 어휘대로 말이 먼저이고 행동은 그다음으로, 자연스럽게도 느리고 훨씬 더 '간추려진' 뒤에야 나오게 되어 있는 것이 인간의 정서 반응 체계이지만, 말은 헤프게, 행동은 마디게 쓰이는 것도 두 행위의 용이함 여부에 달렸다기보다는 각각 구사할 수 있는 용량의 차이 때문일 것이다.

비록 어떤 특정인의 말만큼 풍요롭고 각별하지는 않을지라도 그 움직임을 자세히 관찰해보면 제가끔 특징이 있다. 우선 남녀노소를 막론하고 모든 인간은 걸음걸이가 각자의 용모나 음성처럼 특이하다. 전화기 속의 음색만으로도 대뜸 누가 누구인지를 분간할 수 있듯이 걸음걸이는 다 어슷비슷한 것 같아도 각각 아주 판이하다. 앙바틈한 체구에 팔자걸음을 떼놓는 위인은 그 뒷모습만으로도 건달이거나 한때 격투기깨나 익힌 출신임을 한눈에 알아볼 수 있다. 같은 짐작을 활용해보면 회사원의 걸음새와 장사꾼의 그것은 어디가 달라도 다를 수밖에 없다. 신장이나 몸피, 옷걸이야 어찌 됐든 젠체하는 걸음걸이가 있는가 하면 제갈량이 그렇게 걸었지 않을까 싶게 고요를 한아름 거느리고서 차곡차곡 발걸음을 떼놓는 양반도 있다.

뿐만이 아니다. 주로 젊은 남자들이 그러지만, 어떤 자리에서라도 한쪽 다리를 다급하게 탈탈탈 떨어대는 치들도 흔한데, 그들의 표정에서는 딱히 초조한 낌새도 보이지 않는다. 잇바디도 길쭉길쭉하니 가지런하고 잇몸도 드러나지 않건만 어딘가 어설픈 웃음을 가끔씩 흘리는, 다가갈수록 멀어지는 듯한 그런 고운 미혼 여성을 수채화처럼 그려볼 수도 있다. 맥주잔까지 소란스럽게 쳐들고 재미도 없는 자기자랑으로 흥을 돋우는 술꾼도 있다. (물론 그런 위인이야 '행인 1'이나 잠시 '장면'을 채우는 부속인으로 제 소임을 감당해야 할 것이다.)

그러나 맥주병을 조용히 들고 난 후, 그 거품이 차오르는 기세를 친근한 눈길로 응시한 다음 그 누런 액체를 꿀꺽꿀꺽 소리 내면서 기다랗게 들이키고 나서 천연스레 맥주잔을 정해진 제자리에다 사뿐히 내려놓는, 그 동작 하나하나에 절도와 기품이 치렁치렁 서려 있어서 왠지 카리스마 같은 게 풍겨오는 화가도 떠올릴 수 있다. 특히나 그 화려한 색채 감각만으로도 실내가 환히 밝아오는 산자락만을 줄기차게 그리는데도 도무지 누가 알아주지도 않고, 전시회를 열어봐야 그림 값을 물어보는 감상자도 없는 그의 화력(畵歷)의 일부를 가만히 들여다보면 그 몸에 밴 뛰어난 음주 '연기'는 더 빛이 난다. 사실상 그의 그 특유의 몸짓이야말로 내일모레 환갑줄에 접어드는데도 여전히 불우를 온몸에 칭칭 감고 사는 그의 '캐릭터'에 트레이드마크 이상의 역할을 도맡고 있다.

건달의 걸음걸이를 떠올려봐도 그렇듯이 '몸짓'에는 대체로 어떤 '상투성'이 따라다닌다. 손쉽게 화가라는 '캐릭터'를 예로 든다면 다리미질하지 않은 바지, 튀는 색깔의 남방셔츠나 파스텔 톤의 후줄그레한 윗도리, 장발이나 꽁지머리, 어디서 구입했는지 짐작도 할 수 없는 남루한 테두리 달린 모자, 어깨걸이용 가방끈이 덜렁거리는 칙칙한 가방, 뒤축이 삐딱하게 닳았거나 아예 없는 신발 따위가 그것이다. 게다가 돌풍처럼 느닷없이 벌이는 연애 행각 끝에는 홀연히 자취를 감추는 식의, 더러는 그 치열한 애정 공세의 증표를 반드시 남기겠다는 투로 여자에게 임신까지 떠안기는 상투성이 화가의, 예술가 일반의 몸짓이 되어 있다. 그런 외적 장식물에 따르는 부산한 '행동거지'가 그 생업을 부분적으로라도 대변하고 있다면 망발이라고 지탄받아야할 테지만, 그런 '이미지'를 흩뿌린 실수도 실은 통속 취향의 유치한 소설들이 저지른 '캐릭터'의 상투화된 '몸짓' 때문이라고 해야 옳을 것이다. 그러나 그런 '실물' 너머에는 늘 예외적인 사례가 허다하며, 그 예외성이 오히려 화가의 전반적인 위상을, 또 그 시류적 권의를 한결 더 돋보이게 함으로써 영화적인 클리셰 일체를 비웃는다. (오늘날의 현대소설은 대체로 주인공의 '몸짓'과 그 '상투성'이라는 잣대에서는 영화의 적절한 '캐릭터'화 작업에 상당한 정도로 세뇌되어 있다고 해도 좋을 것이다. 영화의 '캐스팅' 작업과 감독의 연출력이 그만큼 우수하다는 뜻이 아니라 영상=이미지의 '일상' 지배력이 소설 '공화국'의 문자 권력보다 막강하다는 말일 뿐이다.) 가령 화려한 기하학적 무늬의 넥타이, 진부한 표현이지만 '칼날 같은 선'이 뚜렷한 바지, 반지르르 광이 나는 뾰족한 구두코, 짧게 치깎은 새치 많은 머리칼에 물기름까지 쳐바른 헤어스타일, 환한 웃음과 불콰한 얼굴색, 사교술도 좋아서 "아, 좋지요, 대찬성입니다"와 같은 탄성과 피상적인 말을 마구 흩뿌리는 속물형 화가도 많고, 사실상 화단이나 화랑가는 그런 부류가 대세를 이루고 있다고 해야 맞을 것이다.

하기야 그런저런 예외적인 치장술도 실은 어느 쪽이나 '거꾸로 보기'라는 발상의 전도(顚倒)에 지나지 않고, 구지레한 속물이든 깔끔한 출세지향주의자든 결국에는 어떤 상투화, 도식화의 길로 빠져들 수밖에 없다. 그러므로 화가든 시인이든 그의 외양에는 어수선한 가식이나 허풍스러운 위선을 덮어씌우기 자체가 이미 정형화되어 있는 기법이랄 수 있지만, 그렇다고 그런 뻔한/유치한 '기교적' 처리에 무심할 수도 없는 노릇이다. 무슨 말인가 하면 그런저런 외형의 조작보다는 그만의 몸짓, 특이한 동작, 껙껙거리거나 너더분한 말투, 주춤거리면서도 남의 눈치를 여축없이 챙기고 나서는 재바른 사고 행태 등이 '캐릭터' 만들기에서는 좀더 확실한 결정 인자일 수 있으며, 그런 발상이야말로 소설적 상상력을 열어갈 뿐만 아니라 현대성 자체의 '산문적 진실성'에 다가가는 한 방도일 수 있다는 것이다.

예나 지금이나 널리 쓰이는 사람의 '분위기' 읽기에 눈짓만큼 요긴한 것도 달리 없을 것이다. 둘 다 말이 없기는 마찬가지인데도 눈은 코나 입보다 훨씬 더 많은 '표정'과 함께 심중의 모든 감정을 말뜻 이상으로 드러낸다. 그런 정서의 민감한 작동에 무감각한 사람을 정상적이라고 보기는 힘들다. 아마도 그 변화를 무시하고도 일상을 그럭저럭 꾸려가려는 사람은 자칭 강심장이거나 백치를 자처하려는 심보라고 해도 좋을 것이다.

그런데 명민한 출세지향주의자들이 때맞춰 잘도 구현한다는 '눈치놀음'의 변화무쌍에서도 알 수 있듯이 눈매, 눈빛, 눈씨, 눈짓, 눈초리는 물론이려니와 눈웃음, 눈길, 눈독, 눈속임, 눈대중, 눈총기, 눈비음 등도 제 각각 다르다. 게다가 그것들은 용모 이상으로 다양할 뿐만 아니라 그야말로 눈 깜짝할 사이에 바뀌곤 한다. 그것의 천변만화는 여러 음색의 혼재인 일대 코러스를 무색케 한다. 그것에 둔했다가는 눈치코치가 없음은 물론이고 음치라고 해도 무방할 것이다. 말이 자신의 의사를 직접적으로 전하는 가장 편리한 수단임에는 틀림없으나, 그것은 당사자의 독서량에 준하는 어휘의 구사 폭과 상관없이 어딘가 부족하고, 대개의 경우 미흡하기 짝이 없어서 했던 말을 반복하거나 바꿔서 '표현'하려고 낑낑대기 일쑤다. 상대방도 그처럼 힘겹게 꾸려내놓은 말을 액면 그대로 믿을 수도 없으려니와 그 속내의 진정성을 정확히 알았다고 단정할 수도 없다. 오로지 자기만의 눈짐작으로 대충 그러려니 할 뿐이다. 그러나 눈짓은 절대로 그러는 법이 없다. 그것은 자율신경의 민첩한 조절 기능에 따라 즉각적으로 눈동자와 그 주위 일대의 풍부한 움직임을 통해 말로 표현할 수 없는 감정 일체까지 정확하게 드러내놓는다. 말이 기껏 베끼기로서의 '묘사=소묘=사생'에 다가가려고 버둥거린다면 눈짓은 어느 때라도 개성적이며 독자적인 '표현=다른 해석/주장'을 느긋이 구현해낸다고 할 수 있다.

　다들 늘 겪고 있다시피 이 눈짓이라는 동작의 연출력에서도 사람다다의 기량이 제가끔이다. 어떤 사람은 상당히 유식하며 눈치도 멀쩡한 유지임에도 무안할 정도로 상대방을 지긋이 노려보는 버릇이 있어서 그의 별명이 '빤히'로 통하는 판이다. 반면에 상대방과의 시선 교환을 한사코 피하는, 어딘가 꿀리고 켕긴다는 듯이, 또 수줍어하는 기색인 데다가 민망해서 차마 마주 못 보겠다는 듯이 조용한 눈길을 내리깔고 한쪽 구석에서 가만히 앉아 있는 양반도 있다. 생래적으로 거리낌이나 겁을 많이 타는 이런 양반은 대체로 자의식 비대 증상을 스스로 체감하고 있는데, 단상에 올라가면 당장 얼굴이 빨갛게 달아오르면서 말솜씨가 평소와 달리 '죽을 쑤고', 어쩌다가 여러 사람 앞에서 마지못해 노래라도 할라 치면 음치가 아닌데도 음색의 고저와 장단이 뒤죽박죽이 되며, 심지어는 가락까지 제멋대로 지어내버리는 곡경을 치른다. 눈짓과 시선 교환에서 이미 정상(正常) 미달의 불구이므로 그의 반골다운 '캐릭터'는 웬만큼 이색적으로 자동기술되는 실례라고 할 수 있다.

한편으로 힐끔거리기는 잘해도 시종 도도한 눈길로 좌중을 둘러보는 게 장기인 정치꾼 같은 무식한 인간도 있다. 또 상대방의 속내를 훤히 읽고 있다는 듯이 빙글거리면서 방금이라도 남의 젖가슴까지 어루만질 기세로 덤벼드는 매눈의 사내에게서 협잡꾼이나 갈취범의 분위기를 잡아내기는 어렵지 않다. 어리숙하다 못해 착해빠진 여자의 눈매는 대체로 그 애잔한 눈빛이 너무 서늘해서 의외로 할 말은 이렇다 할 게 없다고 시위하는 듯한 그 특징이 오래 기억에 남을 정도로 인상적이다. 음식 맛으로 치면 담백한 풍미 하나뿐이라서 비빔밥처럼 요란하지 않은 것이다. 요컨대 눈짓의 특성에 대한 나름의 주목만으로도 어떤 인물의 '캐릭터' 화에 상당한 부조가 되며, 미처 정확히 읽어내지 못한 그 눈 표정을 '장면'마다에서 다시 불러내는 것으로 이야기의 색다른 '전개'를 모색할 수 있다.

그 밖에도 우리말에 숱한 여러 동사의 반쯤을 인물 만들기에 골라 쓸 수 있을 텐데, 그러자면 역시나 평소에 주위 사람들의 자잘한 동선을 '거름지고 장에 가는' 바보처럼 열심히 주목해둘 수밖에 없다. 이를테면 자기 집 식구 중 어느 한 사람의 출퇴근/등하굣길을 유심히 관찰해보면 '그날따라' 엇길로 둘러 오거나 샛길로 줄여 올 수는 있어도 대개는 정해진 큰길이나 골목을 꼬박꼬박 걸어서 나다님을 알 수 있다. 가사노동과 자식 뒷바라지에 전념하는 가정주부의 동선도 거의 마찬가지임은 소설이 일상 중에서 무엇을 눈여겨봐야 하는지를 시사하고 있는 것이다.

누구나 알고 있는 일반인의 이런 일상을 (지면이 아까운 줄도 모르고) 하냥 사설로 풀어놓는다고 할지 모르나, 소설은 사람살이 중에 매양 벌어지는 그 항상성에서 '하필 그때' 일어난 예외성을, 그 탈일상성의 경과를 새겨봐야만 하는 하릴없는 존재의 언어적/초월적 유희라는 점을 강조하기 위해서다. 더불어 그 비상한 사실이나 현상에 어떤 필연적인 요소가 숨어 있는지도 알아보는, 크게 부풀려서 말하면 도무지 '물리지도 않는' 그 따분한 '여일성→역사성'을 통해 나름의 질문과 해답을 추구해보는 사유의 양식일 수도 있다는 것이다. 그러므로 소설의 진면목은 흔히 목격할 수 있는 세상사의 이모저모와 어슷비슷하면서도 제가끔 근소하게 다른 인생과 운명들의 우여곡절에 반드시 닥치게 마련인 어떤 계기를 천연스레 톺아보면서 거기에 무슨 일반성/특수성, 또는 필연성/우연성, 혹은 항상성/간헐성 따위가 어떻게 공존하고 있는지를 투시하는 염력(念力)의 유무다. 그러니 나이가 들수록 사리분별이 젊을 때보다는 다소 멀쩡해지는, 궁극 목적에 이르려는 그런 노년의 양식이 바로 소설이다.

　강조하건대 감성, 기지(機智), 사유 등의 혁혁한 역할에 기대야 하는 시(詩) 같은 장르와 달리 소설은 무딘 정서, 느린 분별, 둔한 체감으로, 가능하다면 작가 자신의 직업윤리적 '의식'과 임시적 세태관의 지평을 불가피하게 제한적으로만 펼쳐 보일 수 있을 뿐이다. (세상이 바뀌므로, 연륜이 쌓이므로 어차피 세상만사를 직시하는 '시각'은 바뀌게 마련이다.) 한 편의 소설 속에는 세상의 아주 작은, 너무나 미미한 '일부'가 들어앉아 있을 뿐이며, 그 배면에 깔린 한낱 '지식→계몽→교훈' 따위는 어떤 '진실'을 좇기 위해, 조금 더 부풀리면 '진리'에 다가가려는 어리숙한 시론(試論)에 지나지 않는 것이다. 그런 인식 행위 일체를, 그 하위 개념의 하나랄 수도 있는 '몸짓=동작'을 분별, 천착하지 않는 소설은 진지한 창작물이랄 수 없다. 그러니 '중설'이나 '대설' 같은 다른 신조어를 지어서 유통시키지 않는 한 '현대' 소설 앞에 '환상'이나 '장르' 따위의 관형어를 붙여서 임시적으로나마 하위의 '읽을거리'로 분류하는 지금의 관행을 따를 수밖에 없을 듯하다.

 한편으로 '심리(心理)'는 성심리, 아동심리, 여성심리, 이상심리/이상성격, 심리전, 심리 요법, 심리극 같은 복합명사를 보더라도 마음의 움직임을 일컫고 있음을 대번에 알 수 있다. 말 그대로 마음을 다스려서 그 위에 생기는 나뭇결 같은, 사람이라면 다 그것을 어루만지면서 따르거나 지켜야 하는 길이라 할 수 있다. 아마도 그것은 기억, 내성(內省), 지각 같은 사물에 대한 인식 능력 일체와 역시 개개인마다 다른 기분, 정서 따위를 거의 생리적으로 드러내는 감정 능력이 어떤 현장이나 대목 앞에서 즉각적으로 화학 반응을 일으켜서 마땅하거나 그렇지 않음을 자각하는 의식의 작용일 것이다. 의식 불명 상태가 아닌 한 대체로 어김 없이 작동하는 이 마음의 변화는 (앞에서 이미 다룬) 말투나 몸짓처럼 외부지향적인 것 같지만, 그 반응은 순간적으로 일어나서 '심중'에 흩어짐 없이 곧장 고착되어버린다. 비록 찰나에 지나지 않을지라도 그것은 잠시나마 내부지향적인 파동과 나름의 조율을 거듭하면서 어떤 형상을 꾸리려고 안간힘을 쓰지 않나 싶다. 이윽고 그것은 울퉁불퉁하거나 울긋불긋하거나 매끄럽고 파란 파스텔 톤의 단일 색조를 띤 어떤 '형태'로 마음자리에 착상되면서 얼굴 표정이나 몸짓으로 드러난다. 알기 쉽도록 평이하게, 그래서 일정한 피상성을 면치 못하는 사전적 풀이로는 마음의 움직임을 쾌/불쾌로 나눠버린다. 그러나 알다시피 싫지도 좋지도 않은 경우 또한 허다하다. 그런 무관심도 마음의 활발한 움직임이 없다는, 겉으로나 속으로나 무덤덤할 뿐이라는, 그래서 심중에 어떤 파장의 결이 생기지 않으니까 손쉽게 '불쾌'로 묶어버린다면 그 편리한 이분법을 굳이 탓할 것도 없다. 다만 '말'이 모자란다는 핑계로 마음에 든다/안 든다는 정도로 심리 상태의 미묘한 반응을 재단 평가해버리는 안이로는 소설의 사실성을, 또한 산문 '표현'의 묘리를 얻을 수 없다는 점은 첨언해둘 만하다. ('심리' 만큼은 객관적, 사실적인 설명으로서의 '묘사'를 뛰어넘어 주관적, 예외적, 개성적 '표현'을 지향해야 할 것이다.) 산문정신은 운문과 달리 합리적, 이성적, 의식적 추구벽을 끝까지 발휘함으로써 사리를 최대한 분명히 규명하는 작업이기도 하니까 그럴 수밖에 없기도 하다. (그에 반해 시의 위상이나 시작詩作의 조탁술에는 어딘가 언어 '놀이'를 감각적/정서적/감정적으로 즐긴다는 느꺼움이 완연하다. 갈/글/느낌/생각을 최대한으로 간추린다는 명분으로.)

  심리학이라는 학문의 위상이 오래전부터 워낙 늠름하고, 심리소설이라는 장르도 진작부터 그 권위를 떨치고 있으므로 '심리'를 마음, 정신, 나아가서 지식과 그 권능 전반의 '작용'으로 풀이하는, 그런 애매모호한 개념 놀이는 다소 얼뜬 수작일 수 있다. 다만 후자인 심리소설의 정의만 간략하게 알아보면, 그것은 인간의 감정, 개성, 자유를 최대한으로 존중하면서 자연에의 무한한 동경을 일삼은 낭만주의의 그 외향적 '개인'의 이해를 내향적으로, 따라서 사람이 스스로 제 속을 찬찬히 꿰뚫어보는 그 '자기 대면'의 산물이라는 학설이 있음은 주지의 사실이다. 크게 본다면 심리소설은 낭만주의에 대한 반발로 태동한 장르라는 말이고, 문학사적으로 그 선후관계도 대체로 맞아서 설득력이 좋지만, 그 훨씬 전에도 사람에게 설마 마음의 여러 작용/반작용이 있음을 몰랐을 리야 있었겠나 하는 의문 앞에서는 무르춤해진다. 하기야 더 이상의 어리석은 접근은 금물일 터이다. 왜냐하면 그렇잖아도 난해한 인간의 마음의 움직임 또는 정신의 활동, 그보다 더 큰 범위로서의 '영혼'의 불가사의한 작용과 그 영향력 및 그 영역에 대한 이해는 어느 것이라도 아리송한가 하면 신비로운 것일 터이므로 아예 멀찌감치 떨어져서 관망하는 게 상책이지 싶어서다. 그렇긴 해도 사람의 심리, 또는 인간의 영혼에 대한 나름의 집요한 관심벽을 (최초로) 토로하고, 작품으로도 대단한 실적을 남긴 근대인이 도스토옙스키임은 대체로 널리 인정받는, 문학사적으로도 획기적인 이벤트였음은 알아둘 만한 사실이라고 하겠다.

단호히 사설을 중단하고 본론으로 들어가면, 언행이 '살아 있는' 주인공의 마음자리에 어떤 심상=이미지가 문득 괴어들 수 있음은 자명하다. 누구라도 당장 체험할 수 있듯이 사람들은 어떤 특정의 순간에 유독 그것을 의식한다. 심중(心中)의 감각이랄 수 있는 그것을 의식할 뿐만 아니라 그 어떤 형체가 사라지기 전에 성급하게도 몸짓이나 말로 토해내기도 한다. 그 형체랄까 무늬 같은 것을 문장/문단으로(좀 더 정확히 말하면 '독자적인=생경한 표현'에 그치는데, 그것은 최소한의 의미 구조/문법 구조만 가진 것으로 '옳은=합당한' 문장이 아닌 경우가 대부분이다) 그려야 그 사람의 성격이 더 그럴듯하게 빚어질 텐데, 그 복잡미묘한 심상을 글자로 표현하는 방법은 몇 가닥으로 개발되어 있다. '속말=독백=내적 독백'과(엄밀히 따지면 '속말/독백/내적 독백'은 상당한 차이가 날 테지만, 여기서는 그런 학술적 분별을 괄호 밖으로 드러내 놓는다) '속생각=의식의 흐름'('속생각/의식의 흐름'도 그 말뜻과 어감에 다소의 독별성獨別性이 있음은 보는 바와 같다)이라는 것이 그것이다. ('자유연상'이라는 술어가 '의식의 흐름'보다 다소 이해하기 수월할지도 모르겠다. 구별해서 쓰기도 하지만, '자유연상'은 어떤 사물, 풍경, 현상과 당면하여 즉각적으로, 거의 무의식적으로 잡다한 '여러' 생각을 어떤 인과관계도 없이 떠올리는 사유 행태로서 '의식의 흐름' 기법을 이끌어가는 하나의 방법쯤으로 쓰인다. '자유간접화법'도 같은 맥락에서 '내/그/그녀가 말했다'가 간접화법에서 빠져 있는 말투로서, 연상이나 말을 옮길 때 동원되는, 등장인물의 '의식 작용'을 받아쓰기하는 말의 사슬이다. 물론 그 내용은 소루하든가 정치할 수 있지만, 어떤 화법이라도 글로서 옮기는 즉시 미흡/미달이 송두리째 드러나는 것은 보는 바 그대로이다. 말/글은 궁극을 추구하는 수단일 뿐이다.)

우선 '독백'은 '읽기'보다는 주로 실연을 전제로 하는 연극에서 사용하는 전문 용어인데, 무대 위에서 다른 인물이 있거나 말거나 글자 그대로 혼잣말을 지껄이는 것이다. ('공연용'이 아니라 '독서용' 희곡도 외국에서는 별도의 장르로 개발되어 있고, 일체의 설명/묘사-표현을 들어내버려서 소위 '지문'도 없이 '대화'로만 이야기를 꾸려가는 장르 소설도 있긴 하다.) 그때 그 혼잣말을 무대 위의 상대방(들)은 못 들은 체하기로 되어 있는 것이 통상 관례다. 그것은 연극의 진행상 그러기로 한 약속이다. 물론 관객의 이해를 도와주는 장치로 이 혼잣말이 맡는 역할도 다양하다. 가령 한때 벌어진 어떤 정황을 회상조로 풀어놓을 수도 있고, 자신의 속생각을 미심쩍어하거나 또는 의심 없이 토로하기도 하며, 상대방의 의중을 미리 넘겨짚기도 한다. 소설에서도 그런 목적으로 주인공이나 부속인이 혼잣말을 일쑤 지껄일 수밖에 없는 '불가피한 정황'이 돌출하게 마련이다. 그런 지껄임을 '내적 독백'이라 지칭하는데, 학술 용어라서 공연히 어렵게 다가온다. 속말을 꼬박꼬박 소리 내어 지껄이기도 힘든 게 아니라 물리적으로도 불가능하거니와, 그 말이 어떤 뜻을 확실하게 전달하려면 이미 체득하고 있는 '어순' 같은 문법을 고려해야 할 테지만, 대개의 경우 그 속말은 당사자만이 얼핏 감지하고 있는, '미정형'의 언어 뭉치일 뿐이다. 물론 그런 복잡한 속생각이 이내 묘한 화학 작용을 거쳐 '속말'로까지 단숨에 '형성' 되는 수도 있고, 그것을 '말이 되도록' 편집해서 지껄여낼 수도 있다.

실례를 통한 이해가 지면의 낭비를 줄일 게 틀림없지만, 동시에 이런 서술적 '관습'이 과연 액면 그대로 받아들일 만한 것인지도 숙고거리다. 무슨 말인가 하면 너무나 반듯하게 '문장화'되어 있어서 '말뜻'만 대강 옹동그리고 있던 그 무의식 같은 어떤 형체는 날아가버리고 '글'만 남아 있다는 느낌이 그것이다. 하기야 '글'마저도 엄격히 따지면 부실한 '말뜻'과 다소 정리가 된 '말'의 연장선상에 있는 단순한 기표에 불과할 뿐이긴 하다.

⇒(다) "그 애에게 무슨 볼일이라도 있소?"

"별일은 아니에요. 그냥 물어본 겁니다. 그런데 할머니는 이제… 안녕히 계세요. 알료나 이바노브나!"

라스콜리니코프는 몹시 당황한 표정을 한 채 밖으로 나왔다. 이 당혹감은 점점 더 심해졌다. 계단을 내려오면서 그는 마치 무엇에 놀라기라도 한 듯이 몇 번씩이나 발걸음을 멈추었다. 그리고 거리로 나왔을 때, 그는 마침내 탄식했다.

'오, 맙소사! 이 모든 게 얼마나 혐오스러운 짓인가! 정녕, 정녕 나는… 아냐, 이건 말도 안 되는 어리석은 짓이야!' 그는 단호하게 덧붙였다.

'정말로 내 머릿속에서 그렇게 무서운 생각이 떠올랐단 말인가? 내 마음이 그렇게 더러운 일을 생각해낼 수 있다니! 무엇보다도 더럽다. 불쾌하고, 추악하다, 추악하다…! 그런데 나는 한 달 내내…'

그러나 그는 말로도 탄식으로도 자신의 흥분된 마음을 제대로 표현할 수가 없었다.(표도르 도스토옙스키의 《죄와 벌》 23쪽)

아주 잘 알려진 대목으로, 주인공 라스콜리니코프가 자신의 하숙집에서 한 수전노 노파를 살해해버리겠다는 공상만 일삼다가 막상 그 전당포에서 대면하자 이제는 죽일 수도 있겠다는 '무서운' 착상을 마음에 점화시키는, 그 첫 심리 상태를 혼잣말로 읊조리고 있다. 그런터 일부 예민한 독자라면 이 착한 예비 살인범의 갈팡질팡하는('살해 의욕'을 얼핏 심중에 떠올린 것조차 혐오스럽고 더러운 데다 불쾌하고 추악하다며 자신의 망상 자체를 '부정하고' 있다) 심리적 추이를 충분히 납득하면서도 그런 황망 중에 어떻게 자신의 심중을 이처럼 정확하게 말로 표현해낼 수 있을까라는 의문을 품을 만하다. 그러니까 감탄사, 동어반복, 말줄임표 같은 기표 일체는 혼잣말의 임자가 얼마나 흥분한 상태인가를 보여주는 그 어떤 기의보다 더 큰 구실을 다하고 있기도 하지만, 그럴수록 그 생생한 혼잣말의 실감이 어딘가 과도하게 '정리되어 꾸며졌다'는 느꺼움을 쉬이 뿌리칠 수 없는 것이다. 더욱이나 라스콜리니코프조차 '말로도 탄식으로도' 자신의 흥분된 심중의 의사를 제대로 표현할 수 없다고 부언하고 있기까지 하다. 물론 주인공의 지적 능력과 굶주림에 시달리는 형편 따위를 감안하면 그런 최악의 여건이 오히려 더 명징한 자의식을 강화해서 그처럼 '조리정연한' 혼잣말을 토해낼 수 있게 했을 것이라는 긍정적인 이해도 가능하다. 그럼에도 불구하고 그의 '흥분된 마음'은 어떤 의사를 전달하는 수단으로서의 '말'을 간추려내기에는 이미 역불급이라고 봐야 옳다. 상식적으로도 그렇게 이해할 수밖에 없다. 적어도 라스콜리니코프는 초인이 아니며, '말'의 정리력에서 탁월한 무슨 비결을 지니지도 않았다.

결론은 의외로 쉽게 나와 있다. '속말'은 당사자의 '그때'의 심리 상태를 부족한 언어로나마 최대한으로 정리한, 그래서 상당한 과장/축소를 어쩔 수 없이 수용하여 터뜨린 탄성에 불과하다. (여기서 부언해둘 '해석'은, 슬쩍 악의 없이 꾸미는 '겉말'과 달리 '속말'은 근본적으로 참마음에서 저절로 우러나오는 '참말'이라는 것이다. 여러 '사정=형편=여건'의 제약으로 꾸며낸 '겉말'을 '혼잣말=독백'처럼 지껄이는 경우는 드물다기보다 거의 없다고 봐야하지 않을까 싶다.) 어떤 감탄이나 탄식이라도 다 그렇듯이 '속말=혼잣말'은 그것이 발설되었든, 속에 지닌 채로 있든(누가 들었든 말든) 다소간 언어 이전의, 의미 전달에 앞서는 놀람, 당황, 기쁨 같은 소리로서, 아, 어, 윽, 헛, 허어, 참내, 쳇 따위의 느낌을 작가가 나름의 수사로 옮긴 것이다. 옮겼다기보다는 적당히 매만지고 고쳐서 적었다는 뜻으로의 '번안'에 가깝다. 그 일련의 과정과 결과를 '소설적 약속'이라거나 '독자와의 양해 사항'이라고 이해하면서 '그럴듯한 장치술의 하나'로 읽어버릇하면 그뿐이다.

'속말=내적 독백'이 주인공의 '그때' 심중을 얼마나 효과적으로 드러내며, 그것이 그의 '캐릭터화'에 어느 정도로 일조하는지는 다음의 연이은 작례가 여실히 보여준다. 이제부터 모든 독자가 곱다시 라스콜리니코프의 저 사납고 변덕스러운 심리에 동화되지 않을 수 없는 그런 정경이 펼쳐진다.

⇒(라)그는 어두침침하고 지저분한 구석 자리의 끈적거리는 탁자 앞에 앉아 맥주를 시킨 뒤 첫 잔을 벌컥벌컥 들이켰다. 이내 마음이 편해지며, 생각도 맑아졌다. 그는 희망적으로 말했다.

'이 모든 게 헛소리야.' 그는 희망적으로 말했다. '당황할 이유라곤 전혀 없어! 그냥 몸이 약해져서 그래! 맥주 한 잔과 설탕 한 조각, 이거면 금세 정신력도 강해지고, 생각도 분명해지고, 의지도 견고해지지! 퉤! 이 모든 게 얼마나 쓸데없는 짓인가…'

이렇게 경멸하듯 침을 내뱉자, 그는 곧 어떤 무거운 짐에서 벗어나기라도 한 듯이 갑자기 홀가분해졌다. 그는 따뜻한 시선으로 술집 안에 있는 사람들을 둘러보기 시작했다. 하지만 그는 이 순간 모든 것을 좋은 쪽으로만 보려는 마음의 움직임조차도 병적이라는 사실을 막연하게나마 직감했다.
(표도르 도스토옙스키의 《죄와 벌》 24쪽)

(라)의 인용문을 찬찬히 읽다보면 대뜸 독자의 의식에 작은 충격을

주는 대목들에 이른다. 첫째는 맥주 한 잔과 설탕 한 조각만으로 '정신력도 강해지고, 생각도 분명해지고, 의지도 견고해지지'로 이어지는, 아마도 평소에 지겹게 곱씹었던 헛된 망상으로 갈고닦은 그 분석력으로써 주인공 자신의 복잡한 심리를 정리하는 대목이다. 이쯤 되면 자신의 살해 의욕을 부정하는 한편으로 그 패륜 행위를 저질러야 하는 주인공의 양가감정을 독자들은 미리 체감하고 만다. 뒤이어 '이 모든 게 얼마나 쓸데없는 짓인가'라는 부르짖음 앞에서는, 견고한 세상의 벽 앞에 마주선 인간의 무력한 자괴감을 반추하게 된다. 또 다른 한 문단은 마지막 대목인데, 모든 것을 좋은 쪽으로만 생각하는 그 마음의 여운조차 라스콜리니코프가 직감하고 있을 뿐만 아니라 그런 심중의 미묘한 변화가 바로 병적이라는 자가진단까지 내릴 수 있는 그 기질을, 그 심리의 너울을 꿰뚫고 있는 주인공의 비상한 능력마저 드러낸다. 자의식 과잉이 어떤 강박감을 부채질하여 자신의 일거일동을 일일이 뜯어보는 이런 행태를 소위 '예민한 신경'의 소유자들은 평소에도 자주 체험하지만, 그 느꺼움을 이처럼 곧이곧대로 문맥화시키기는 의외로 쉬운 작업이 아니다. 막상 읽고 나면 그 성과가 별것도 아닌 듯 비치지만, 결코 예사롭게 볼 실적이 아님은 분명하다. 정신병자는 자신의 병증을 모르는 것처럼 비치는데(과연 그런지 알 수 없다), 라스콜리니코프는 적어도 그런 미치광이 대열에 설 수 없는 인간임에도 불구하고 이중적, 아니 삼중적, 사중적 '심리'에 들볶이면서도 자기애에 매몰되어 있는 주인공이라는 것이 작가의 전언이다. 요컨대 이 모든 성취는 주인공의 '캐릭터화'를 톡톡히 뒷바라지한 작가의 '심리' 추적 덕분에 이뤄질 수 있었으며, 그 골자가 '혼잣말=속말=내적 독백'임은 말할 나위도 없다.

'의식의 흐름'이라는 두 단어의 조합은 언뜻 보기에도 쉽게 이해할 수 있는 전문 용어 같고, 실제로도 강의실 같은 데서 아무렇게나 사용하는 그 빈도수도 높지만, 막상 그것을 소설 속에 문장으로 녹여넣는 창작 과정에서는 지난한 것으로 여겨지기 일쑤다. 현실을 보이는 대로, 그것도 그 전신상을 그리자는 욕심 사나운 리얼리즘에 대한 반동으로 '현실=사회상'보다는 '인간=생활상'이나 '개인=의식상'을 본 대로/느끼는 대로, 그것도 그 부분도만을 그려보자는 모더니즘이 만들어낸 서술 기법이 '의식의 흐름'이라면 웬만큼 맞을지 모른다. 사실상 이 기술법은 어떤 현상을 제대로 보려면 우선 심중에 무슨 의식이 괴어들어야 비로소 가능해진다는 점만 떠올려봐도 그 중요성은 물론이거니와 선후관계도 분명해진다. 따라서 심리 상태의 한 갈래라그 할 수 있는 '의식'은, 범박하게 말해서, 외부의 사물 일체와 그 정황을 (감각까지 포함하는) 지각 능력으로 분별하는 것이며, 그 대상을 알고 깨닫는 일련의 과정은 거의 '순간'이라는 특징을 지닌다고 정의되어 있다. 그러니 일순간에 좋다/나쁘다, 맞다/틀리다와 같은 단순한 분별을 비롯해, 외부의 어떤 매개물이 얼핏 한때의 경험세계 일부를 기억력으로 불러오는 그런 충동적, 자동적 기능의 결과물이 '의식'인 셈이다. 자연스럽게도 그 기능은 불꽃처럼 연속적으로 다른 기억들까지 '의식'으로 점화시킨다. 그래서 '의식'에는 하나 이상의 분별을 떠올리게 하는 또 다른 자동적 기능 장치가 따라붙는 듯하고, 그 분별거리들은, 모든 인식이 그런 것처럼 상당한 인과관계가 있다는 것이다. 그러니 '흐름'은 '의식'이 늘 복수로 존재한다기보다도 점멸하고 있음을 시사한다는 점에서 아주 적절한, 그러면서도 부적절한 모순어법인 셈이다. (이런 부실한 '조어'의 생명력이 긴 것도 특기해둘 만한 세상사의 허물이자 '허울'이기도 하다.)

  좀더 분명하게 정리한다면 '의식의 흐름'에서의 '흐름'은 네온사인처럼 파딱거리면서도 줄줄 흐르는, 방금 떠올린 어떤 자각을 미처 챙기기도 전에 기억의 저장고로부터 불쑥 튀어나온 또 다른 생각, 말, 감흥, 경치, 냄새, 사물 따위를 뇌리에 점점이 새겼다가 이내 지워가는, 아니 자동적으로 지워버리는 일련의 반복 기능이다. 따라서 그 의식 작용은 '점멸' 또는 '명멸' 그 자체인데, 그것이 반복되므로 '흐름'이라고 부를 수는 있다. 그러나 그 숱한 상념 중에 하나만을 골라내서 글로 적바림한다는 것은 이미 지식, 이성, 감각이나 감정, 무의식까지도 순간적으로/자동적으로 동원한 후 상당한 취사선택의 기량을 발휘한 셈이며, 한 언어 공동체 구성원들의 '입'이 자연스럽게 만들었다기보다도 장기간에 걸쳐서 가다듬어진 '문법'이 그런 것처럼 모든 '글'은('어법'이란 말에서도 알 수 있듯이 '말'도 부분적으로는 마찬가지다) 근본적으로 어떤 뜻을 확실히 드러내기 위해 '정리=편집'을 거친 것이다. 그러므로 그 '점멸'을 모조리 문장으로 수용하는 것은 전적으로 불가능하며 또 그럴 필요도 없다. 다만 그중에서 상대적으로 그 중요도가 나은 것만 골라서 '의미화'하려는 노력의 일환을 '의식의 흐름'이라고 (과장스럽게) 부를 수 있을 뿐이다.

  '의식의 흐름'을 문장 속에, 또는 문맥 안에 집어넣는 원고 작성법으로는 다른 글자체로(대개 이탤릭체나 고딕체로 본문의 활자체와 달리 표기하는데, 영어처럼 로마자로 쓰는 글만이 아니라 한글로 쓰인 소설에도 더러 원용되는 기법이다) 대번에 알아보도록 하는 경우도 있고, 아예 별행을 잡거나 한 행을 띄워서, 이제부터 쓰이는 이 문맥은 방금까지의 '장면-현재'나 '요약-과거'와 같은 서술 기조와는 다른 것으로 한때의 경험세계에서 따온 어떤 '의식'임을 드러낸다. 글자체가 다른 전자의 문맥은 쉽게 구별이 되므로 일단 '이해'로의 의식 전환이 쉬운 편이지만, 후자는 앞뒤 문장을 찬찬히 뜯어 새기면서 읽어야 한다. 특히나 한 문단 속에 같은 글자꼴로 '의식의 흐름' 기법을 마구 욱여넣은 '현학적인' 원고 작성법은 작가의 숨은 의도와 독자의 긴가민가하는 짐작이 숨바꼭질하는 판이라 늘 가독성을 주춤거리게 만든다. 대표적인 두 예문을 차례로 인용해보면 아래와 같다.

⇒(마)어서 옵쇼, 설렁탕 두 그릇만 주오. 구보가 노트를 내어놓고, 자기의 실례에 가까운 심방에 대한 변해(辨解)를 하였을 때, 여자는 순간에 얼굴이 붉어졌었다. 모르는 남자에게 정중한 인사를 받은 까닭만이 아닐 게다. 어제 어디 갔었니. 길옥신자. 구보는 문득 그런 것들을 생각해내고, 여자 모르게 빙그레 웃었다. 맞은편에 앉아, 벗은 숟가락 든 손을 멈추고, 빠안히 구보를 바라보았다. 그 눈은 무슨 생각을 하고 있느냐 물었는지도 모른다. 구보는 생각의 비밀을 감추기 위하여 의미 없이 웃어 보였다. 좀 올라오세요. 여자는 그렇게 말하였었다. 말로는 태연하게, 그러면서도 그의 볼은 역시 처녀다웁게 붉어졌다. 구보는 그의 말을 좇으려다 말고 불쑥 같이 산책이라도 안 하시렵니까, 볼일이 없으시면. 그날은 일요일이었고, 여자는 마악 어딜 나가려던 차인지 나들이옷을 입고 있었다. 통속소설은 템포가 빨라야 한다. 그 전날, 논리학 노트를 집어들었을 때부터 이미 구보는

한 개 통속소설의 작자이었고 동시에 주인공이었던 것임에 틀림없었다. 그는 여자가 기독교 신자인 경우에는 제 자신 목사의 졸음 오는 설교를 들어도 좋다고까지 생각하고 있었다. 여자는 또 한번 얼굴을 붉히고, 그러나 구보가 만일 볼일이 계시다면, 하고 말하였을 때 당황하게, 아니에요, 그럼 기다려주세요. 그리고 여자는 핸드백을 들고 나왔다.(박태원의 〈소설가 구보씨의 일일〉 151~152쪽)

한국 문학사상 드물게도 숱한 패러디가(임꺽정, 황진이, 대원군 같은 역사적인 인물을 변주하는 경우도 있기는 했지만) 나오게 한 원작 〈소설가 구보씨의 일일〉은 작가 박태원이 30세(1938년) 때 쓴 작품이다. (출간 연대를 근거로 삼았을 뿐이다. 그 당시의 지면 발표에 따르는 여러 일반적인 '사정'을 감안할 때, 집필 시기는 추측하기 어렵다.) 작품 속에서도 그는 제임스 조이스의 《율리시스》(1922년 작)의 '새로운 시험에는 경의를 표하여야 마땅할 게지. 그러나 그것이 새롭다는 오직 그 점만 가지고 과중평가할 까닭이야 없지'라며 스스로의 비판적 경도도 언급하고 있다. 그러니까 '의식의 흐름' 기법의 타당성을 웬만큼 인정하고 바로 그 자신의 하루 일정을 소박하게나마 그 새로운 실험에 적용해본 것이며, 인구에 회자되는 만큼 이 작품에 대한 소설사적 평가나 작품의 성취도에 대해서는 단연 긍정적이다. 여러 종류의 패러디가 나온 것도 그런 세평을 부분적으로 반영하고 있음은 물론이다.

어쨌든 위의 인용문 속에 속속 박혀 있는 '의식의 흐름'을 분별하기는 그렇게 어렵지 않다. '구보=박태원'이라는 신예 소설가는 익명의 벗과 함께 막 '대창옥'이라는 음식점에 앉아서 지난날의 조그만 로맨스를 얼핏얼핏 '의식화' 한다. '어제 어디 갔었니, 길옥신자' 같은 말은 그가 기억을 더듬으면서 바야흐로 생각해낸 물음이다. 뒤이어 '통속소설은 템포가 빨라야 한다'는 경구도(이것이 바로 소설의 서술 기조 중 하나인 예의 그 '논평-해설'에 해당된다) 유학생 신분으로서 한때 도쿄에서 떠올렸던 생각인지, 서울의 한 설렁탕집에서 회상에 젖어들며 스스로 그즈음 골똘히 저작하고 있던 돈벌이의 수단으로서의 '소설 쓰기'에 대한 나름의 상념을 하필 그때 문득 떠올리게 되었는지 명확히 알 수는 없다. 그런데도 그 배면에는 회상의 주인공이 겪는, 보깨는 마음자리 같은 '의식'이 흐르고 있음을 감지할 수 있다. 앞에서도 설명한 대로 어차피 모든 '의식'은 단편적이며, 찰나적이고, 단속적일 수밖에 없으므로 어떤 논리나 인과로 꿰어 맞출 수도 없으려니와 그럴 여유도 없다. 물론 그럴 필요도 없는데 자꾸만 쇄도해오는 또 다른 여러 '의식'의 명멸을 수습하기에도 바쁘서이다. (실은 그런 줄 기찬 '의식'의 자동적 깜빡임에 '속수무책'이라는 말도 어폐가 많은데, 왜냐하면 그 유기적 '기억'의 회로 장치 자체가 인간의 정상적인 정신활동이라서 일상적으로 그러려니 하고 내버려둘 수밖에 없어서이다.) 그러나 한편으로 여느 감각이나 지각이 그렇듯이 모든 '의식'은 선명하다. 방금 사라진 네온사인의 불빛이 그렇듯이 그것은 뚜렷하기 이를 데 없다. 그래서 "만일 볼일이 계시다면"과 같은 정중한 말도 기억하고, "같이 산책이라도 안 하시렵니까"와 같은 상투적이나 의례적인 문자언어도 되새겨낼 수 있다. (지식인들이 대개 그렇듯이 주인공은 '말'보다 먼저 문법적인 '글'로 일본어＝외국어를 배운 사람이다.) '의식'의 해명할 길 없는, 어떤 불가사의한 측면일 수도 있고, 곧장 그럴듯하게 다가오는 정경의 '흐름'으로 읽힌다는 면에서 서술 기법의 일대 확장이 아닐 수 없다. 재래식으로 이야기를 풀어간다면 '요약-과거'를 통해서 그 전후 사정을 장면화시켜야 할 텐데, 그런 기술(記述)은 이야기들의 진행상(=풀어가기) 플롯을 달리 축조해야 할뿐더러 단편화되어 있는 '현대성'을 표현으로 드러내기에는 어딘가 어울리지 않기도 하려니와 여러모로 '조작적=작위적'인가 하면 비능률적이기도 하다는 것이다. 그런 이유보다는 작가 박태원과 그의 최신 '현대' 소설〈소설가 구보씨의 일일〉에는 다음과 같은 '작의'가 약여하다는 점만은 밑줄을 그어둘 만하다고 하겠다. 곧 이 희귀한 '긴 단편' 속에서 충동적으로 들먹이는 현대인의 어떤 표상 곧 의상분일증(意想奔逸症), 언어도착증, 지리멸렬증 따위 때문에라도 개개인의 '의식'은 파편화될 수밖에 없으며, 그것의 표출에는, 여전히 불비하고 다소 마뜩잖은 채로나마, 지금과 같은 '의식의 흐름' 기법이 그나마 써먹을 만한 최선의 서술법이라는 함의가 그것이다.

⇒(바) "캐시를 암스티드의 집에 남겨두는 것이 나을 뻔했다." 아버지가 말한다.

내 다리는 멀쩡하고, 아버지와 달의 다리도 멀쩡하다. "울퉁불퉁한 길에서 서로 스쳐서 약간 아플 뿐이에요. 그것 빼곤 괜찮아요." 캐시가 말한다. 주얼이 '떠나버렸다. 어느 날 저녁, 말과 함께 사라져버렸다.'

"엄마가 신세지길 원치 않기 때문이지." 아버지가 말한다. "제기랄. 어쨌든 난 최선을 다하고 있단다." '달, 주얼은 제 엄마가 말이라서 떠난 거야?

내가 묻는다.'

"아마도 줄을 너무 팽팽하게 당겨서인가봐." 달이 말한다. '아마도 그래서 주얼과 난 마구간에 있었던 모양이다. 엄마는 마차 안에 있었고. 말은 마구간에 사니까. 난, 그놈의 말똥가리들을 쫓아버려야 했어.' (윌리엄 포크너 《내가 죽어 누워 있을 때》 226쪽)

한글로의 번역에 따르는 여러 '정보'가 (완전무결해서) 곧이곧대로 믿을 만하다면 (바)의 예문에서 일반 독자가 이해하지 못할 대목은 눈에 띄지 않는다. (아무리 재미나는 통속소설에 중독되어 있다 할지라도 이렇다 할 사건/사고도 없이 밋밋한 일상의 잡담만 나누고 있는 듯한 '내용'이야 너무 뻔하다고 할 테니까.) 자식 중 한 명이 다리를 다친 모양이고, 아버지와 형제들이 어머니에 대한 일화를 떠올리며 주거니 받거니 하는 장면이다. 일상적인 대화이므로 어렵게 읽히는 문맥은 하나도 없지만, 어딘가 불친절한 설명에 급급하느라고 요긴하지 않은 말만 한사코 늘어놓고 있다는 인상을 떨쳐낼 수 없다. 또한 홑따옴표로 묶어놓은 문장들은 우리말 번역판에서는 고딕체로 표기되어 있으므로 이것이 바로 그 '의식의 흐름'임을 읽어갈수록 저절로 알게 되어 있다. 물론 그 명멸하는 '의식'은 한때의 경험을 기억력으로 불러낸 것이지만, 독자에게는 지리멸렬성 사고가 그렇다는 대로 꿈속의 장면이나 줄거리처럼 알쏭달쏭하게 파편화되어 있고, 도무지 종잡을 수 없는 잠꼬대 같을 뿐이다. 그러나 그처럼 명멸하는 '의식'의 주인에게는 그것이 자신의 뇌리에 트라우마로 아주 선명하게 붙박여 있으므로 그것만큼 중요한 것이 달리 없다는 게 작가의 주장이다.

그것이 바로 모티브이자 작의이기도 하다. 그러므로 이 창작 기법은 기왕의 모든 소설적 기술 문법을 전적으로 부정한다기보다 무시하고, '요약-과거'로 장면화하는 그 재래식 방법이 작위적이라고, 그 조작 기법 자체를 불신하고 있다는 것이다. 이런 '의식'의 일방적 유영(遊泳), 그 소략한 기술은 당연하게도 익숙한 관행의 '설명'이 아니라서 독자 일반에게는 어렵게 읽힐 수밖에 없다. 결과적으로 이런 소략한 '의식'의 추적이 무엇을 기도하고 있는지는 이 작품에 대한 전체적인 해석이 따라야 하므로 생략하지만, 모든 일반인이 일상 중에 늘 누리는, 그러나 상대방에게 곧장 말로 토로하지 않는, 또 그럴 필요나 이유도 없는 '의식'들의 조각이 언뜻언뜻 출몰하고 있는 것을 생생하게 느낄 터이므로 그런 두뇌의 자동반사적 활동을 어떤 식으로든 '문맥화'시키려는 작가들의 고심과 노력은 인정할 수밖에 없다.

이미 대강 드러났듯이 (바)의 작례는 지나칠 정도로 어렵게 구상하고, 또 그에 걸맞게 원고 작성도 '일부러'라고 해도 좋을 정도로 산만하게 조립한 측면이 다분하다. 요컨대 '의식의 흐름' 기법을 극단적으로 사용한 작례일 수 있다. 따라서 모든 주인공/부속인들이 다 그와 같은 '의식의 흐름'에 잠기어 있다면 그들 각자의 '캐릭터화'에 모든 독자가 과연 공감할 수 있을까라는 의문이 솟구친다. 소위 의식의 '차이'를 분별하는 데 적잖이 헷갈릴지 모른다는 것이다.

그렇긴 해도 '의식=생각'을 어렵게든/쉽게든, 또 글자꼴을 달리하든 말든 소설 속에서 풀어놓는 '방법'은 옛날부터 있어왔다고 해야 옳을 것이다. 예컨대 '~라고 생각했다'나 '~라고 의식했다'는 식의 친절한 설명이 그것이다. 그런 일종의 직접화법 내지 간접화법을 지양하는 '자유간접화법' 식의 돌출이 지문 속에, 또 대화 중에 행갈이도 없이 자주 튀어나옴으로써 '난해'를 조장하고 있음은 본질적으로 '원고 작성법'에 세심한 배려를 경주함으로써 결국 한 문단 속에서도 명멸하는 그 '의식'을 다른 색조의 문채(文彩)로 빛을 냈다고 해도 틀린 말은 아닐 것이다.

어쨌든 '의식의 흐름' 기법은 이제 한때의 요란한 유행이나 현상을 뛰어넘어 아주 만만한 서술 양식이 되었음은 사실이고, 따라서 그 같은 기술 자체를 껄끄럽게 여길 하등의 이유가(작가도/독자도) 없을 듯하다. 어떤 새로운 창작 기법도 적절히 '자기 것'으로 변주하여 작품마다 활수하게 써먹을 수 있는 기량은 전적으로 작가 개인의 몫일 테니까. 또 독자들은 초기의 다이얼식 전화기에서 버튼식 전화기로 바뀐 시대의 흐름에 적응해버리면 그뿐인 것이다.

그런 의미에서도 다음과 같은 또 다른 '의식=생각'의 기술은 자연스럽고, 또 그만큼 이해하기도 손쉬울뿐더러 주인공/부속인 들의 '의식' 제반의 명징한 행방을 도해하면서 그 '캐릭터화'에도 성공한 사례인 만큼 외워둘 만하다.

⇒(사)그러고 나서 그를 그토록 완강하게 일으켜 세웠던 모든 것이 그리움에 지친 나머지 다시 그의 마음속에서 와르르 무너져 내렸다. 아, 오늘 밤만이라도 한번 예술가가 아닌 인간으로 존재해봤으면! '넌 존재해서는 안 되고 지켜봐야만 한다'는 저 끔찍한 저주로부터 한번 도망쳐보았으면! '넌 살아서는 안 되고, 창조해야 하며, 넌 사랑해서는 안 되고, 인식해야 한다'는 굳건한 저주로부터 말이다! 진실하고 소박한 감정을 갖고 한번 살

고 사랑하며 찬미해봤으면! 황홀한 표정으로 쩝쩝거리는 입맛을 다시며, 너희들처럼 평범함이 주는 환희를 맛보았으면!(토마스 만의 〈굶주리는 사람들〉 87쪽)

한 예술가인 '그'가 연극 공연장을 빠져나오며 간단없이 자신의 '의식'을 반추하는 속말 중 일부다. '그'는 뭇 사람보다 자신이 우월하다는 자부심과 동시에 여러 속물처럼 평범하게 살아갈 수 없는 팔자에 대한 자괴감으로 갈팡질팡하고 있다. 옳은 예술가라면 세상의 '어리석은 행복'에 대해 비웃을 줄 아는 자신의 타고난 '재능'이 얼마나 박복한 멍에인가를 느낄 수밖에 없다는, 그리하여 진정한 삶에 늘 굶주린 사람일 수밖에 없다는 사설을 (사)의 인용문은 들려준다. 그의 '의식'은 쉽게 납득할 만한 것이다. 문장들도 정곡을 찔러서 요령을 얻고 있다. 또한 기술 자체도 강조 표시로서의 작은따옴표만을 사용함으로써 해묵은 '기억'조차 평이하게, 호소력 좋게 다가온다. 그와 같은 '의식＝기억＝생각'을 가진 주인공이 어떤 인물인지를 모르는 사람은 없을 것이다. 또한 그의 '캐릭터'를 쉬이 떠올릴 수 없는 독자도 드물 게 틀림없다.

'의식의 흐름'은 물론이려니와 어떤 참신한 '기법'이라도, 꿩 잡는 것이 매라는 속담이 가르치는 대로, '캐릭터'를 선명하게 살려내야 하며, 공연하게/어렵게 '기교'를 부리다가 꿩 놓친 매 꼴이 되어서는 서로가(작가와 독자) 민망하지 않을까.

제7장 4절의 요약

(1) 주인공의 성격을 살리는 방법으로 가장 널리 쓰이는, 따라서 어떤 인물의 특징 묘사로서 그중 지면을 많이 분할하는 것이 '말투=대화' '몸짓=행동거지=처신' '심리=속생각=의식' 임은 일반적인 경향이라고 해도 좋을 것이다.

(2) '말투'는 특정 인물의 교양 정도, 세태관/세계관, 낙관적/비관적 현실 인식 등을 그대로 드러낸다. 다만 그 '말투=대화'는 일상 중에 널리 쓰이는 말씨를 자연스럽게 받아쓰기하면서 '동어반복'을 가급적 피해야 한다는 철칙은 지켜야 한다.

(3) '몸짓'은 그 인물의 정적/동적 성격을 단적으로 보여준다. 당연하게도 '지칠 줄 모르는' 과 같은 미화는 그의 '캐릭터'를 우상화/괴물화=비인간화할 우려가 있다.

(4) '심리' 묘사는 주요 인물의 섬세한 마음의 움직임을 수놓듯이 꾸미는 '작위' 다. '의식의 흐름' 과 같은 기법도 '기억' 의 자동적 유로(流露)를 문장이라는 체에 걸러낸, 그중 요긴한 '정서 반응' 이다.

5. 나이, 생업, 기질, 지병/결함, 별명

뭐니 뭐니 해도 나이만큼 어떤 인물의 '캐릭터'를 잘 드러내는 요소도 달리 없을 것이다. 남자/여자 같은 성별 이상으로 나/그/그녀의 나이나 연령대는 그 사람의 신원을 맨 먼저 확실하게 알려줌과 동시에 그 성격 자체를 우선적으로 결정해버린다. 남자의 말투와 여자의 그것이 판이해지듯이 나이는 말솜씨를 비롯한 성정의 모난 정도를 갈라놓는다. 말의 품위도 나이에 따라 달라지듯이 '가방끈'의 길고 짧음이나 머리의 좋고 나쁨 정도도 세상살이를 겪어낸 햇수에 비례하여 그 차이가 확연히 두드러진다. 미수연이 흔한 오늘날에도 환갑 넘긴 노인들의 대화를 들어보면, 어떤 세상의 문리에도 별다른 이견(異見)이 없다는 투라서 학력이 거의 무용함을 뼈저리게 새기도록 다그친다. (물론 각자의 생업이나 전공 분야에 관한 의견이야 크게 다를 테고, 그런 차이는 한쪽의 그 방면에 대한 일정한 무식의 반영일 뿐이다.) 그런 지식 수준이야 어찌 됐든 세상살이에서의 슬기가 정상적인 보통 사람을 주인공으로 삼을 수밖에 없는 대다수 소설의 소재상의 형평을 고려할 때 머리, 학력의 우열과 상관없이 나/그/그녀의 생각, 의식, 양식(良識)의 성숙도는 연령대에 의존할 수밖에 없다. (아무리 삐딱한 '개성인'이나 악한이라도 그 자신의 소양과 '성깔'이 세상과 왜 삐꺽거리는지를 전혀 모를 수는 없고, 그것도 아예 모르는 사람은 지적 장애인이라 할 수 있을 텐데, 소위 그 '바보소설'의 희극화가 의도하는 주제의식은 시답잖을 뿐이다.) 그래서 나/그/그녀의 낡아빠진 사고방식, 중뿔난 의식, 특정 분야에 대한 한심한 몰상식 따위는 소설마다에서 '특대'를 받는 예외적인 이야깃거리로서 흔히 그것 자체가 작품의 모티브로 기능하게 되는 것이다.

주요 인물의 기력이나 정열이, 심지어는 기억력과 생활력도 보통 사람보다 다소 나을 수는 있을 테지만, 나/그/그녀의 연령대가 감당했을 경험의 총량을 부풀리면 작품의 실적이 대뜸 공소해질 우려가 다분하다. 이를테면 20대에 '별을 어깨에 단' 군인(한때 '똥별'=장성, '군바리'라는 위악적인 세태어가 유행한 적이 있다), 또는 고시 출신으로서 서른 이전에 '영감' 소리를 듣는 판검사나 지방의 수령인 군수 같은 벼락출세자의 여러 배경 중에는 시대 환경, 가문, 학력, 후견인 같은 특수성도 당연히 깔아놓아야 할 테고, 그의 언행 일체에는 서툰 노숙과 민망한 유치가 수시로 뒤섞여 있다고 조명해야 그나마 믿겨진다. 실은 그런 '바탕'마저도 허풍이거나 우연일 뿐인데, 표현의 한 기교로서 자주 쓰는 '과장벽'을 이야깃거리 자체에까지 사용(私用)한 사례라고 해야 옳을 것이다. 20, 30대라면 요즘 같은 장수 시대에는 아직 철부지와 맞먹고, 한 시절을 겪어낸 대다수의 독자는 곧장 얄궂다고, 말 같잖다고 돌아앉아버릴 게 뻔하다.

너무나 상식적인 '나이 분별'이라고 할지 모르나, 의외로 제 나잇값을 잊어버린 주인공의 무용담이 마냥 펼쳐지는 소설이 실은 아주 흔하다. 실례를 든다면, 특이한 '캐릭터'를 구축하고야 말겠다는 목표 아래 그의 연령대로서는 도저히 벅찬 '초인적' 경험과 수많은 경력과 화려한 이력을 쌓은 작례가 부지기수이며(통속소설에 특히 심한데, '재미'를 위해서 그렇게 '억지 조작'한 혐의가 짙다), 그런 비범인이 통상의 제도권 교육 연한, 사회적인 제반 통과의례 따위를 어떻게 치렀는지 알 수 없는 '별세계'의 무용담을, 괴물 열전(列傳)만 한사코 보여주는 것이다. 그것은 현실도 아니고, 그 속에서 종횡무진을 일삼는 위인들은 아마도 유령일 게 분명하다. 특히나 성욕, 식욕, 지식욕, 출세욕, 성취욕 같은 여러 욕망의 현장에서 부대낄 때, 모든 '캐릭터'는 제 나잇값을 일시적으로 망각해버리는 만용의 세계에 빠지기 일쑤라는, 상상력 분출증이라고 해도 좋을 작가들의 고질은 미리 경계해두어야 할 것이다. 엄밀히 말하면 그런 욕망의 현시 자체는 어불성설이지만, 자신의 기가 막히는 '아이디어=상상력'을 호도한답시고 표현/묘사라는 기교를 덧칠해대는 작례는 허풍선이의 상습적인 수선과 다를 바 없다. 그런 '초인적' 활약 밑에는 주인공의 '나잇값 망각증'이 도사리고 있음은 거의 확실하다.

  나이 '잡기=매기기'도 간단한 문제는 아니다. 노처녀의 나이를 서른 세 살로 골라낼지 사십대 초반쯤으로 설정, 암시적으로 노출시킬지도 선뜻 결정하기가 그리 만만하지 않은 것이다. 여러 부대 여건이 (양친의 구존 여부나 상대방인 남자의 연령 따위도 상정해야 하므로) 조금씩 간섭하려고 덤비는 데다 그녀의 사회 경력을 어느 정도까지 상향 조정해야 할지도 미리 '책정'되어 있지 않다면 특히나 그렇다. 이를테면 대학 재학 중에 피아노 교습으로 학비와 용돈을 벌어 썼다고 해도 그 과외 학습의 규모라든지, 미혼인데도 일찌감치 집을 나와서 '홀로서기'를 했는지에 따라서 그녀의 '캐릭터'와 나잇값은 완연히 달라질 수밖에 없다. 어떤 특정 작품을 구상하는 중에 겪는 고민거리로서, 이런 경우에는 1980년의 광주 민주화 운동 사태나 88 서울 올림픽 같은 역사적 분기점이 그녀의 의식이나 신체 조건, 학력 따위를 규정해버리므로 그 '영향'을 고려할 필요가 있다. 2014년에 구상했든 2015년에 기고해서 2016년 6월에 탈고했든 그녀의 진짜 생년월일이 바뀔 리야 만무하지만, 1998년 연말의 아이엠에프 외환위기 파동 때, 주인공의 가정적, 개인적 형편 따위는 어느 정도 염두에 두어야 하는 것이다. 모든 개인은 그런 큼지막한 역사적 사건과 무관할 수 없다는 점에서도 '사회적 동물'이며, 동시에 '소설적 인물'일 수밖에 없다. 물론 그런 역사적 문맥을 한사코 따돌려가면서도 이야기야 그럭저럭 꾸려갈 수 있겠으나, 옳은 소설로서의 구색을 갖추려면 당연히 그 전후 사정을 감안해야 할 '저변'의 소도구인 것이다. 자연스럽게도 이야깃거리의 치장물로 기능하는 그런저런 '소도구=디테일'의 조립 여하에 따라 그녀의 나이는 서른세 살로 암암리에 '확정'해놓을 수도 있고, 막 40대에 들어섰다는 식으로 느슨하게 잡아둘 수도 있으며, 경미한 우울증을 30대 중반에 꼬박 이태나 앓은 병력 같은 '구체성' 때문에 막연한 채로나마 '중년' 여자로 그 신원을 부옇게 부각시킬 수도 있다.

주인공이 주로 낮 동안 무슨 일에 종사하는가, 그 일로 돈을 얼마나 벌고 있는가, 그 보수로 의식주 해결이 가능한가와 같은 아주 기본적인 생활 형편은 대다수 독자의 비상한 관심사이기도 하려니와 그 인물의 형상화에 반드시 들먹여져야 하는 필수 조건이다. 요즘 세상은 내남 없이 그 '생업=일'로 어떤 사람의 인격은 물론이고, 능력 일체까지 재단 평가해버리고, 그 위신/처신과 이미지가 즉각 떠오르게 되어 있는 세상이다.

그래서 스파이라는 직업은 단연 독자의 이목을 집중시킬 만하다. 확실한 '일'이 있고, 보수가 꾀죄죄하지 않으며, 동선에 워낙 부침이 심해서 의식주 같은 잔다란 생활 방편적 족쇄로부터 놓여나 있어서이다. (물론 통속영화나 대중소설에서 그려지는 스파이의 상이 그렇다는 것이고, 대개의 정보요원은 평범하게 특정의 '소임=권력'을 누리는 사무원이자 월급쟁이일 뿐이다.) 그러나 청소년, 여학생과 같은 무직자는 그 인물이 아무리 비상한 재주꾼이고, 보통 수준의 어른조차 찜 쪄 먹을 정도로 매사에 출중한 기량을 발휘하며, 사리 분별에서도 뛰어나다고 '설정'되어 있다 할지라도 일단 맥 빠지게 만드는 '캐릭터'에 불과하다. 왜냐하면 정수리의 숫구멍도 채 덜 여문 그 어린 것이 지레 치르는 여러 통과의례는 이미 누구나 겪어본 진부한 경험담일 뿐이며, 그 모든 일탈, 반항, 모험은 기성세대가 신물을 켜고 있는 일상사의 흉내 내기에 지나지 않는, 당돌한 '조숙증'에 대한 자랑이기 때문이다. (그런 의미에서도 '미성년자'를 주인공으로 삼았거나, '소년'의 시점을 빌린 대개의 소설은 그 깜찍한 '어른스러움'에 대한 지나친 칭송이거나 그에 대한 구구한 '변명'으로 도색되어 있다. 물론 기왕의 문호들도 이 흔한 소재거리로서의 '소년 칭송담'을 놓치지 않는다. 그 대표적인 사례는 《카라마조프씨네 형제들》에 잘 나타나 있다. 다른 주요 인물의 반 세속성을 살리기 위한 도구였긴 해도 그 소년이 비정상적으로 '미화'되어 있다는 느낌도 지배적인데, 그 배면에는 작가의 '아동친애증'=어린이 콤플렉스가 암류하고 있다는 추측도 난무하는 형편이다.)

그럼에도 불구하고 '무노동 무보수'의 특정 계급인 청소년을 다룬 소설은 연애소설 같은 또 하나의 장르로 떠올라 있다. 어떤 기준으로 보더라도 (자의든 타의든) '일'과 '직분'을 나 몰라라 방기하고 (일시적이든 항구적이든) 그것으로부터의 '해방'을 구가하려는 사람이 진정한 인간으로서의 자격과 '자유'를 누리기는 힘들다. (청소년에게는 학생으로서의 '신분'에 걸맞은 '할 일'이 있다. '공부'를 비롯한 '인격' 함양에서 수시로 일탈하는 파행은 성인들이 일상 중에 누리는 '놀이' 같은 일종의 '여가 선용'이다. 비교하자면 기동조차 여의치 않은 노인의 '개인적' 자유가 어느 정도인지는 시사적이다. 사람에게 '직분'의 상실은, 그것이 나이나 다른 사유로나 제한받을 때, 그 소설의 '내용'은 파행에 대한 과도한 '경사'로 나아갈 것임이 틀림없다. 특정의 중병을 앓는 환자를 주요 인물로 설정했다면 병 치료나 요양이라는 '일' 자체가 벌써 그의 캐릭터의 많은 '부분'을 차지하고 있다.) 그래서 미성년자는 잠정적으로 자기 장래의 '생업'을 찾기 위해 사회 구성원 전체가 합리적으로 배려, 시혜를 베풀고 있는 예외적인 계층일 뿐이다. 물론 그들은 일정한 범위 안에서 감시와 보호를 받는데, 어린이나 동물을 마냥 무절제하게 감싸고도는, 실은 성인 남녀가 스스로의 친밀감을 일방적으로 즐기는, 또 과시하는 이 시대 특유의 '친애 낭비증' 같은 정서로 '청소년용 읽을거리'를 생산해내는 (소설적) 직업의식은 한번쯤 숙고해볼 만한 어떤 증후군이자 시류적 양식이다.

단언하건대 '일=생업'을 잣대로 삼는 이야깃거리의 취사분별에 대한 이런 논란의 핵심은, 당연히 시비가 극단적으로 엇갈리겠으나, '일'을 찾지 않고, '일'을 하지 않는(사기꾼에게도 정상적인 '일=생업'을 훼방하고 희롱하는 탈법적/불법적/자질적인 고유의 생계형 '업무'가 있다) 사람에게 '캐릭터'를 점지하기가 적잖이 마뜩잖다는 것을 강조하기 위해서다. 하루 종일 공상만을 일삼는, 흔히 무위도식하고 있는 이른바 '백수'에게도 그 헛된 망상 즐기기가 '일'일 수는 있겠지만, 그것은 거의 쓸모없거나 뻔한 수작에 지나지 않으며, 결국 동어 반복처럼 지겨운 것이다. 따라서 그에게 '캐릭터'가 없다고 한다면 어폐가 있겠으나, 그것이 인스턴트 음식 사먹기나 공원 산책, 이성과의 노닥거림, 무의미한 자기 취향에의 매몰 같은 반사회성/천편일률성을 면치 못하리라는 우려도 있을 만하고, '일'을 하는 주요 인물에 비해 훨씬 따분하며, 반인간적/비실제적이라서 소설적 '재미'도 반감되려니와 '캐릭터'로서의 역동감을 살리기에는 장애가 될 수 있는 것이다.

요컨대 청소년에게 '일'이라는 공부는 대체로 여느 생업과 달리 네모반듯하게 정해져 있으며, 그것은 제도권 교육을 수용하고 있는 어느 언어권에서든 어슷비슷하다. 달리 말하면 '학생은 학생이다/책은 책일 뿐이다'와 같은 수사는 의미론적으로는 하나 마나 한 소리로 하등의 쓸데없는 문장에 불과하지만, 논리적으로는 강조어법에 해당되며 더 이상 증명할 것도 없는 단언적 명제인 것이다. 그러니 학생의 '캐릭터'는 반 이상이 정해져 있고, '네모'는 네 각이 뚜렷해서 알아보기도 쉬운 형태 자체에 불과하다. 그렇다고 해서 '네모' 같은 일만 하기로 되어 있는 모든 미성년자에게 각자의 '개성'이 없고, 그것을 '캐릭터'로, 나름대로의 인권을 누리는 인물화로 빚어낼 수 없다는 말은 아니다. 다만 그 인물화의 운신의 폭이 그만큼 협소할 뿐이며, 크게 볼 때, 결과적으로 대동소이한 그 새 '캐릭터'에의 경도는 작가나 독자나 공히 어떤 대리만족 내지는 모종의 향수 달래기에 급급한, 그것이야말로 무사안일주의의 표본일 수 있다는 점이다. (첨언컨대 '소설 산업'의 선진국에서 '소재 고갈' 또는 '소설의 사양화 추세' 운운하는 그 배면에도 '생업의 네모화'라는 사회적 요인이 불가항력적으로 닥달하고 있기 때문임은 두말할 여지도 없다.)

에두른 감이 없지 않으나, 직업과 생업은 다르다. 모든 사람이 오로지 생명을 부지하기 위해서 일을 하기로 되어 있었을 원시 공동사회에서 각자가 맡은 작업은 워낙 단순했을 테고, 바로 그 단조롭기 이를 데 없는 생활 환경 때문에라도 대다수 구성원의 '캐릭터'는 어떤 변주의 여지가 거의 없다. 비약해서 말하면 소설은 철두철미하게 문명의 산물이랄 수 있듯이 '캐릭터'는 노동 환경, 더 나아가서 다양한 직종이 만들어낸 '공산품'이거나 선천적/후천적 '성정' 같은 것이 오히려 부속물로 그 '생산 품목'에 덧대어졌다고 해도 무리가 없을 지경이다. (알다시피 그 공산품은 사용자의 취향에 따라 생활필수품이 될 수도 있고, 어느 순간에 쓰레기로 버려지기도 하며, 세련미, 편리성, 내구연한 따위를 살린 신종의 '변형' 완제품으로 다시 태어나기도 한다.)

역시 대폭 줄여서 진단하면 직업은 수시로 바뀔 수도 있고, 심지어는 그것 없이도, 실제로도 그따위 것을 아예 거들떠보지 않고도 호의호식하며 잘 사는 사람은 얼마든지 있다. 돈벌이가 꽤 짭짤한 자유업이 숱한 것이다. 그것은 문자 그대로 생업이다. 자유업은 직업의 돌연변이이거나 생업의 개체 분열 현상 중 한 갈래쯤으로 볼 수 있을지 모른다. 물론 이런저런 생업을 필생의 직업으로 삼다가 마침내 나잇값을 하느라고 노동력을 잃었을 때에야 그 천직에서 놓여나는 사람도 있다. 이를테면 양복공 서너 명을 슬하에 부리며 양복점을 꾸려온 양복장이의 생업은 옷감 마름질과 재봉틀 돌리기였다. 선대로부터 물려받은 사학재단의 기둥을 하마나 쓰러질까봐 붙들고 늘어진 양반은 30대 후반에서 80대 중반까지 내내 그의 직종이 대학 총장이거나 이사장이었다. 양복지와 안감 도매상으로 40대에 졸부가 된 한 나사점 전(前) 사장이 생애 후반을 보낸 직업은 부동산 임대업으로, 그러니 수하의 두 남녀 직원에게 다달이 건물 사용료의 수금을 독촉하고, 복도 청소를 시키는 '일'이 그의 떳떳한 생업일 수밖에 없었다.

어떤 주인공이나 부속인에게라도 적당한 직업 또는 생업을 떠맡겨야 하는 일은 작가의 고유한 권한이자 좀 이상한 직분인데, 남의 밥줄의 근거를 마련해주는 이 소임도 여간 심란스러운 '작업=일'인 게 아니다. 이미 오래전에 미국은 직업의 종수를 2만 개 이상으로 불려 놓았다지만, 그중에서 어느 소설의 주인공 간판으로 써먹을 만한 '일거리'가 그렇게 넉넉하지도 않음은 여러 종류의 미국 소설의 국내 번역서들이 보여주는 바와 같다. 우리 소설이라고 예외일 수 없다. 직업의 가짓수에서도 미국에 비하면 반 이상으로 적은 형편이니까. 매양 후줄그레한 교사이거나 시큰둥한 교수이기 일쑤다. 지식인치고 되바라진 불평불만분자가 아닌 경우가 거의 없어서도 그렇다. (그런데도 명색 그 '먹물'은 늘 소수자이고 약자이며 실패자인가 하면 이상하게도 '제 혼자 잘난 투쟁가'라서 사람 행세를 제대로 못하게 만드는 여러

'악조건' 속을 마냥 부유하며 흔히 일탈을 일삼는다.) 농사꾼은 어리무던한 성정으로 언제라도 밥보다는 술을 좋아하며, 그 내자는 순박한 심성으로 걸음걸이도 얌전해서 한사코 여필종부한다. 장사꾼은 제 잇속만 발밭게 챙기느라고 앞뒤가 안 맞는 헛소리를 지껄여대는 천하의 파렴치이거나 이권 앞에서라면 다 죽이고 나만 살아야겠다고 설치는 철면피다. 공무원은 직위의 고하를 막론하고 뇌물 수뢰로 걸려들까봐 속을 끓이다가 결국 그 귀한 밥줄을 놓쳐버리고, 군인들은 하나같이 빳빳한 호국정신으로 불구자 신세를 면치 못하거나 장렬하게 산화함으로써 그의 미망인과 유복자에게 평생 불우와 한 많은 유감을 떠안긴다.

이제 웬만큼 변죽이 울려졌지 싶은데, 직업, 계급, 계층 따위로 그 소속을 편 가르는 인간 일반의 소설적 형상화에는 반드시 (약첩의 감초처럼) '전형성'을 살려야 한다고, 그것이 비치지 않으면 소설 전체의 위상도 별 볼일 없다고 닦아세우는, 드센 강령이 있어왔다. 그러나 모든 전문 용어가 그런 것처럼 '전형성'도 어느새 그 때깔이 낡았다는 분별이 우심해지고, 그 실효성을 아직도 의심하지 않는 '작풍'은 시대착오일 수 있다는 선입견을 한번쯤 가져보는 것도 '새로운 캐릭터'의 창조에 전심전력하는 작가의 '달마=진리=교본(敎本)'인 부정정신이기도 할 것이다.

그렇긴 해도 세월의 흐름에 발맞춰 그 파생 의미가 여러 개나 생기고, 자연히 말맛도 달라지는 대개의 특수어들처럼 '전형성'도 잘 해석해서 쓰기 나름일 터이므로 차제에 그 본색과 작금의 행색을 간단히 정리해보는 작업도 필요할 듯하다.

단도직입적으로 말하면 어떤 정황=형편, 사건/사고, 유형, 부류 따위에는 그것만의 본질적인 특색을 두루 지닌 '틀'이 있는데, 그것이 '전형성'이다. 실례를 들어 설명하는 것이 이해를 수월하게 이끌 듯하다. 한때의 사장족만큼 숫자도 불어나서 곧잘 만만하게 불리는 대학교수 부류는 지식을 전수하는 교육자 나름의 보편적인 특색을 갖고 있다. 그 보편성도 워낙 많아서 일일이 다 열거할 수 없지만, 무슨 문제든 깐깐하게 따지려고 들면서 선생답게 은근히 남을 가르치려는 생리가 몸에 배어 있는 부류가 교수라고 하면 과히 틀리지 않을 것이다. 물론 이런 보편성은 한편으로 기림을 받지만, 지식수준의 일취월장, 학력 인플레이션 현상, 고등교육의 일반화, '정보'의 실시간 대 교환(交換), 세분화로 치닫는 개인 '취향'들의 난무 속에서는 딱딱한 교실에서 육성으로 들려주는 '가르침'이 옛날처럼 존중의 대상이 아니라 귀찮고, 학력 만들기 때문에 어쩔 수 없이 '사서 하는 고생'의 한 '장(章)=단락'이 되어버린 감이 없지 않다. 선생이 선생 같지 않게 되었다면 예전과 많이 달라졌다는 말일 뿐이지만, 그들도 다른 직종에서 밥벌이하는 여느 월급쟁이들처럼 고달프기는 마찬가지라는 증언은 일리가 있다. 특히나 대학의 행정 일체를 주무하는 학교 '본부'라는 조직이 대내외 잡무에 불과한 '봉사'를 (교수 요원에게만 유독) 시도 때도 없이 강요하고, 취직 걱정으로 주눅 든 학생들에게 어떤 교과목을 중점적으로 가르치라는 교권(敎權)까지 틀어쥐고 있는가 하면, 연구 실적을 반년 단위로 내놓으라고, 불응하면 월급을 깎아버린다는 시위와 여축없는 시행을 밀어붙이는 것이다. 그러므로 대학 '접장'도 오래전부터 안팎 곱사등에 죽을 맛이다. 대학교수의 이런 고달픈 생활상은,

어느 대학에 소속되어 있거나 다들 겪는 '보편성'이다. 이 '보편성'은 이 시대의, 물론 한국적인 특수 현상만도 아닌 졸속주의를 대변하고 있다는 점에서 범사회적인 논란거리이기도 하다. 따라서 이런 '보편성'은 어떤 대학교수의 '인물화'에든 반드시라고 해도 좋을 정도로 깔려 있어야 실감이 날 것이다. 그것이 없을 때, 그 주인공의 '전형성'은 엷어진다고 해도 무리가 없다. (물론 낱낱이 다 그리라는 소리는 아니며, 또 그럴 필요도 없고, 그런 특수 사정만 '양각'시켜야 한다는 지적일 뿐이다.)

그러나 한편으로 모든 대학교수는 각자 나름대로의 참한 개성을 누리고 있기도 하다. 학교 당국이 논문 편수를 불리라고 죄어치거나 말거나 장단기적인 계획 아래 한두 권의 저작물 집필에만 매진하는 독불장군도 분명히 있다. (원고지 분량만으로 대비하더라도 웬만한 저작물 한 권은 논문 10편 이상에 해당된다.) 캠퍼스 내에서만 별종으로 통하는 그 특정 독불장군은 의무적으로 돌아가면서 맡아야 하는 학과장이나 무슨 연구소 소장 같은 보직마저 온갖 핑계를 끌어와서 마다하지만, 신문이나 방송 쪽에는 뻔질나게 얼굴을 팔아대는 데 부지런을 떤다. 이 '개인성=특수성'은 어떤 '보편성'에서 튀어나온 이질적인 현상이면서 이 시대의 모순이기도 하다. 물론 그의 그런 반(反)공동체적 개성은 독선주의의 표본으로서 비인간적인 작태일 뿐이지만, 출세지향주의자만이 살아남고 대우받는 매스컴 만능 세상의 불합리성이 배출한 작위적인 '괴물' 행세 즐기기일 수 있다. 이제 '현대성'은 전반적으로 이처럼 삐딱하고, 왜곡될 대로 된 만신창이다. 어쨌든 보편성 안에 도사리고 있는 이런 개별성 내지 개체성을 발굴해내지 않을 때, 그의 '캐릭터'로서의 전형성은 당장 공소(空疎)해지고 만다. 왜냐하면 그것(=개별성)이 없었다가는 신문이나 방송 또는 조금 더 수고스러울 테지만 인터넷 접속을 통해 누구나 손쉽게 알아낼 수 있는 상식 수준의 '정보', 곧 대학교수가 풍기는 일반적인 이미지만 주저리주저리 엮어놓은 꼴일 것이기 때문이다.

'전형성'의 세 번째 구비 조건은 그 배후에 넓게, 그러나 지도처럼 복잡하게 얽혀 있는 자연적, 인위적, 제도적인 제반 여건이 한 인물의 보편성/개별성에 어떤 항구적/일시적 영향을 미치고 있는가를 알아보는 사회상의 장치다. 이 사회상은 차라리 '시대상=당대상'이라고 해야 더 그럴듯할지도 모른다. 모든 언어처럼 또 어떤 유기체처럼, 특히나 판판한 평면이 아니라 울퉁불퉁한 구체(球體)로서의 현실처럼 시대상은 발 빠르게 변모, 진화하고 있어서다. 어떤 말은 점차 쓰이지 않다가 아예 사어(死語)로 내몰리고, 생맥줏집이 호프집으로 바뀌는 과정 중에 선술집은 지레 자취를 감추듯이 현실의 '실상'과 그 속의 모든 제도는 나날이 눈부시게 변화/진화/퇴화해버린다. 선생이나 대학교수도 시대상의 변화에 발맞춰서 달라져 있을 뿐이다. 당연하게도 이 시대상은 그런 변모 양상을 수용하면서 당대만의 특수한 구체성을 확보한다. 이 구체성이 약간만 후져도 당장 시대착오적이라며 독자들의 성토가 자자하게 울려 퍼지는 판이다.

어느 시절이라도 시대상의 여러 '표정/징후/집단심성' 등이 구성원의 의식보다 꼭 한 걸음쯤 빨리 달려가고 있다는 사실은 주목할 만하고, 꼭 염두에 두면서 그 뒤를 바짝 추적하는 노력을 늦췄다가는 곧장 낙오자 신세를 면할 길이 없어진다. 그 '공부'에 늦어빠진 소설이 의외로 많은데, 그것은 구체성 부각의 미숙, 달리 말하면 시대착오격인 의식 수준 때문이다. 요즘의 대학교수들은 대체로 엄처시하에서(미국의 현존 작가 중 작품 양으로나 그 시니컬한 정조로나 단연 앞서는 필립 로스는 제멋에 겨워 자칭 예술가로 떠다니는 '모자족'과 제 아기가 예뻐 죽겠다는 친여권주의자로서의 남자 '기저귀족'이 있다며 대학사회를 신랄하게 조롱한다) 아침 대용식으로 곡물과 견과류만 통째로 빻은 시리얼류를 매일 25그램 이상씩 먹을 줄도 모르고, 환율, 전셋값의 동시 앙등과 금리 인하, 소득 불균형과 누진세의 함수관계 같은 중요한 경제적 이슈가 우리의 생활을 왜 또 어떻게 공박/구속하고 있는지를 까맣게 모르면서도 10년 이상이나 입어온 검푸른 춘추복 양복을 언제쯤 헌 옷 수거함에 버릴까 하는 같잖은 고민거리를 1년 내내 머리 뒤꼭지에 매달고 어영부영 살아갈 수도 있다. 눈만 제대로 뜨고 다니면 우리 주변에서 이런 희비극적인 지식인들이 부지기수로 맞닥뜨려진다. 물론 이런 구체성의 배면에는 이 시대만이 누리는 대학교수 특유의 보편성과 한 개인의 좀 별난 기질적 독보성이 마구 뒤엉켜 있는데, 이처럼 복잡다단한 시대상의 본질을 읽어가려면 결국 거시적 관점으로 캠퍼스/사회상을, 미시적 관찰로 교수/인물을 동시에 '해부'할 수밖에 없다.

어떤 인물이나 어느 시대상이라도 그 '전형성'을 그려야 하지만, 사건/사고 같은 예외적인 이야깃거리에도 그 당대에만 자주 일어나서 씹을수록 제맛이 우러나는 토픽감들이 있다. 역시 만만한 대학사회를 예로 든다면, 자기 논문을 다들 안 알아준다고 재탕/삼탕 우려먹기, 연구비 떼먹기, 남의 지식재산 베끼기, 무슨 '설풀이'를 늘어놓고 있는지 본인도 미처 모르고 있지 싶은 인용투성이의 논문 쓰기, 제자 성희롱하기 따위가 그것이다. (이런 치졸한 '잔머리 굴리기' 경연은 옛날의 '선생사회'에서는 없었던, 무당서방들이나 저지르는 반윤리적 행실임은 더 말할 나위도 없다.) 이 모든 대학사회의 부조리에도 예의 그 보편성을 깔아놓고서 그 못나빠진 부당 행태만의 별난 '사정'에 대한 세목을 최대한으로 살려내는 소위 '구체성 드러내기'가 필요충분조건이 되어 있고, 또 반드시 그 성취에 다가가야 '현대성'이 생성, 확보되고 마는 것이다.

그 연조가 꽤 길어진 '전형성'의 행색 점검이 다소 장황해지고 말았지만, 오늘날의 특정 직업 내지 생업에서 과연 보편성, 개별성, 구체성 따위를 얼마나 골고루 발겨낼 수 있는지, 그것이 어느 정도까지 가능한지와 같은 또 다른 의문이 저절로 떠오른다. 실로 난제가 아닐 수 없다. 알다시피 오늘날에는 한때의 그 의젓하고 근엄하며, 소위 박학다식하다는 대학교수의 '대표적' 상(像)이 말끔히 없어졌다. 다들 제 잘난 멋에 사느라고 세칭 '일류 직장'에서 고분고분한 월급쟁이로 무사분주할 뿐이다. (65세까지 정년이 보장된다고 비아냥조로 '신이 내린 철밥통' 운운하지만, 최근에는 상시적 '구조조정'과 '명퇴'를 제도화하고 있는 추세이다.) 세상도 대학교수 부류를 한가롭게 연구실에서 책만 뒤적이며 '놀도록' 내버려두지 않는 듯하지만, 그들이 공연히 쓸데없는 '말=이론'들을 덧붙여서 세상사를 어지럽게 풀어가려고 설치는 듯한 특정의 '감회'도 없지 않다. 이런 판이니 대학교수라는 직업의 보편성과 이 직종이 갖고 있는 고유한 이색성을 어떻게 골라낸단 말인가. 그래도 알 만큼 안답시고 그나마 저희끼리만 기리는 지식 전수에 대한 자부심 같은 특정한 기능을 윤색한다면 그것은 가소로운 허세일지도 모른다. (누구나 인정하고 있듯이 오늘날 대학 강의실에서 들을 수 있는 지식은 다른 경로로 얼마든지 또 그 비용도 싸게 얻을 수 있다. 또한 특정 분야에 대한 전문 지식의 급수에서 '월등'한 경지에 있는 대학교수는 희귀하다고 해야 맞는 말일 것이다. 적어도 '국제적인' 기준에서는 분명히 그렇다고 볼 수밖에 없음은 '저작물'의 세계적 '유통'에서도 드러나 있다.) 그러니 요즘의 대학교수에게는 동료애, 소속감 같은 것이 없어진 지는 오래이고, '개인플레이'로 영일 없이 날파리처럼 바쁘게 지내며, 각자가 '일' 때문에 임시방편으로 관계를 맺고 지내는 주위의 여러 사정, 정황 범위 안에서 기름처럼 둥둥 떠다니는 신흥 소시민 계급이라고 봐야 맞을 것이다. 그것이 바로 작금의 대학교수 상의 '보편성'이라면 틀릴 리는 만무하다.

대학교수의 보편성이 종전과는 이처럼 판이해졌으니 그들에게 남다른 '개별성'이 돋보일 것 같지만, 찬찬히 훑어보면 꼭 그렇지도 않다. 예나 지금이나 이 땅의 고유한 풍토성이라고 해도 좋을 지식 '양아치' 노릇에는 대체로 부지런한 위인이 많아서 이런저런 잡다한 국내외의 '이론=학설'을 소개하는 데 여념이 없다. (그런 '소개'도 지식 전수임에는 틀림없고, 그것도 제대로만 한다면 대단한 직업윤리에의 매진일 것이다.) 그런 앵무새형 대학교수조차 일주일에 여섯 시간 강의도 벅차다고 말끝마다 한숨이나 토해내면서도 수업을 오후 서너시쯤에 마쳤다 하면 무지 홈스펀 양복 자락을 펄럭이면서 어딘가로 승용차를 몰고 달아난다. 흡사 엽색꾼을 방불케 하는 그들을 기인이라고 부를 수도 없으려니와 소설 속의 '예외적인 개인' 또는 '문제적인 인물'로 다루려니 그런 부류가 워낙 흔해서 희소가치도 없는 형편이다. 한편으로 극소수이긴 하지만, 새벽 여섯 시쯤에 어두운 밤길을 타박타박 걸어서 출근해 저녁 여섯 시까지 꼬박 열두 시간을 연구실에 틀어박혀 지내고, 주말도 마다 않고 1년 내내 잘디잔 글을 읽어가며 여러 종류의 사전만 뒤적거리는 한심한 책상물림도 없지는 않다. 그들은 대체로 어떤 불평, 불만도 자제하며, 안다/모른다는 말도 남발하지 않는 한편 알아도 알아도 끝이 없다는 허풍을 떨어댈 여유도 없어서 그 양반 자체는 물론이려니와 그 주위도 꽝꽝 얼어붙은 계곡 바다처럼 인적도 없고 서늘하기 짝이 없다. 어느 쪽이 보편성인지 또는 개별성인지 분간할 수 없는 대목이긴 해도 이런 양상의 적절한 지적이야말로 '전형성' 부각에는 다소 부조가 될 수 있을 듯하다. 왜냐하면 그들이 남의 지식을 왜 그렇게나 열심히 선전해대는지, 사교가다운 그들의 그 바쁜 처신이 궁극적으로 무엇을 노리는지, 계절이 바뀌는 줄도 모르고 불철주야 남의 글만 읽고 우리말로 옮기는 그의 근면한 고행이 자기만족 때문인지, 아니면 스스로 그 말석을 더럽히고 있다고 솔직하게 털어놓는 전공 학계의 비천한 수준에 다문 얼마라도 보탬이 되어보자고 그러는지와 같은 어떤 '전형성'의 본질 캐기에 다소나마 기여가 될 것이기 때문이다.

이 마디의 요지는 의외로 허무한 것일 수 있다. 그렇게나 중요하다고 강조해온 그 '전형성'을 웬만큼 살려냈다고 하더라도 세상이 워낙 빠른 속도로 변하고 있는 판에 어떤 직종의 '간판'이라고 할 만한 그 전형적인 인물은 결국 단순한 별종에 지나지 않을 테고, 거기서 그 직업만이 갖고 있는 모종의 '보편성=일반성'을 찾기는 지난할 것이 아니냐는 반박이 그것이다. 실로 대답이 궁해질 수밖에 없는 국면이다. 사실상 보편성과 개별성은 전적으로 서로 대척점에 있는, 한목에 다룰 수 없지만 그러나 동전의 양면처럼 한꺼번에 다뤄야 하는 모순관계다. 그러므로 특별한 개별성 속에 한 조각쯤 스며들어 있는 어떤 보편성을, 또는 그 반대로 보편성을 즐기면서 제 개별성을 의식적으로 촌스럽게 드러내는 얌체 같은 행태를, 혹은 그 둘(보편성/개별성)의 상당한 혼재 상태, 그 착종의 경지나 영역을 서둘러 조장하는 주변 환경을 그려냄으로써 그 모순을 지양할 수 있을 뿐이다. 어차피 '일상=삶'과 그것을 글로 재현하는 작업 사이에는 그 (사실적) 묘사/(개성적) 표현 기술이 세련될수록 '현실=실물'과는 멀어지는, 그런 얄궂은 알력이 있음은 보는 바와 같다. 글/문장/문맥/문투=산문=소설의 진수는 작가의 그런 허영심을 경계하면서 진짜에 다가간다기보다 가짜와 한사코 멀어지려는 고심의 흔적/얼룩일 터이므로.

사실주의 소설은 '디테일의 정확성도 살려내야 하지만 전형적인 상황 아래 있는 전형적인 인물'을 그려내야 한다는 엥겔스의 발언은 편지 속 문구라서 더 실감이 나고 호소력도 좋아서 좀체 잊히지 않는, 자의식과 자부심=허영심이 지나치게 강하나 '재미'도 꼭 그만큼 바치는 소설가 제위의 세속적인 성정을 겨냥한 충고임에 틀림없다. 그 후 여러 문학이론가 및 공산주의 이념 계몽가들이 그의 이 정곡을 찌른 소설관을 잡다하게 해설하여 실팍한 학설로, 한때를 풍미한 소설이론으로 올려놓았던 것은 주지하는 바와 같다. 아마도 엥겔스는 특정 계급의 현재 사정과 지향점, 이를테면 그 숫자와 대사회적 주도권이 점점 커지고 있던 당대의 소시민 계급(일컬어 프티부르주아다) 및 노동자 계층이 현재 어떻게 살아가고 있으며, 그들의 '의식'은 어떠하고 그것의 전망이 무엇인지와 같은 '내용'을 사실주의 소설은 반드시 쓸어 담아야 한다는 진심어린 당부를 토로했던 듯하다. 뜻대로 써지기만 한다면 소설가는 실로 그 강령 앞에 겸손한 자세로 성심성의껏 봉사해야 할 듯싶고, 인간의 모든 '의식활동=소설 쓰기'는 궁극적으로 자기 자신에게도 그렇지만 타자로서의 사회 전반에 어떤 '기여'를 해야만 그 효용 가치를 빛낼 수 있을 터이다. 그러고 보면 엥겔스는 그 특유의 웅숭깊은 통찰력으로 소설의 목적론을 명쾌하게 제시한 셈이 되지만, 여기서의 논란거리는 '당대'의 전형성이 과연 무엇이며, 그것이 어떻게 기능하는가이다.

이 마디에서도 이미 누누이 강조한 바이지만, 세상은 눈 깜짝할 사이에 급변하고 있으며, 자고 일어나면 어제와는 전혀 다른 현실 속에서 우리는 미처 그 달라진 '현상' 일체를 의식하지도 못한 채 살아가고 있다. (긴 말을 줄이면) 19세기 후반만 하더라도 '계급' 또는 '계층'이란 용어는 당장 가슴에 와닿는, 그 실가가 충실한 용어였을 게 틀림없음은 당시의 저작물이 웬만큼 전해주는 바 그대로다. '계급/계층'이라는 어감에서 드러나는 대로 직업의 분화가 그처럼 단일 색조를 띠며 급격하게 이루어지고 있었다는 증언이기도 하다. 그러나 지금은 보다시피 그렇지 않다. 우리 쪽 사정만 고려하더라도 '사농공상' 같은 직업 서열로서의 '계급관념'은 불과 한 세기 만에 말끔히 불식되어 있다. 그 대신 배금주의가 팽배하여 계층 간의 의식 및 이념의 격차가 심해져서 서로가 서로를 떠밀어내기에 바쁘다. 이런 차별화의 지속 속에서도 '노동=직업'이 자본가의 착취 수단이라기보다는 근로 대중의 소득 증대를 위한 도구로 보는 경향이 지배적이다. 자잘한 트집거리야 무수할 테지만, 지금/이 땅에서 '직업의 귀천의식'은 연간 소득액의 다과에 대한 관심으로 철저히 좁혀져 있다. 소위 명문대 출신의 부잣집 아들이 자영업체인 커피전문점에서 바리스타로 '일' 하며 손님의 시중꾼이라는 그 '직분'에 자족하는 사례가 그 단적인 증거다. '자신이 하고 싶은 일을 하며 살아야 한다, 좋은 직장이 꼭 옳은 직업도 아니다'라는 직업관이 꽤 보편화되어 있다면 다소 억지스러울지 모르나, 어느새 '장사'가 '비즈니스'로 신분 상승한 현상을 부정했다가는 시대착오자라는 누명을 뒤집어써야 할 판이다.

여하튼 자동차 제조회사의 조립공에 불과한 월급쟁이가 그 연봉의 천문학적인 숫자 때문에 '노동귀족'으로 불려도 어색하지 않은 시대임에는 의심의 여지가 없다. 또한 환금작물의 수확에만 전념하는 능사꾼의 연간 소득이 웬만한 관리직 직장인의 그것보다 두어 배쯤 많은 현실이 '현대'의 질펀한 속성이다. 물론 한쪽에서는 소득 불균형이 더 심화되어 계층 간의 눈에 보이는 갈등이 더 심해지고, 불신의 늪이 점점 더 깊어지고 있다는 진단도 나오긴 한다. 그런데도 지금은 다른 '낙원'을 꿈꾸는 식자계급의 열정이 엥겔스 시대와는 달리 싸늘하게 식었다기보다도 몰라볼 정도로 엷어졌다고 해야 옳을 것이다. (세상이 달라진 만큼 인간의 열정도 '관리' 되며, 바뀌고 만 것이다.) 이렇게 된 여러 현상의 원인/근인을 이 지면에서 다시 부언할 필요도, 그럴 여유도 없다. 다만 계급 없는 사회를 그토록 집요하게 실현시켜보겠다는 몇몇 사회주의 국가의 허무한 실패를 목격한 후유증 탓만은 아니라는 확실한 진단 내지 징후만은 내놓을 수 있다. 아마도 19세기식 식자계급이, 더 직접적으로는 유물사관에 나름대로 경도된 그 당시 일급 반체제 지식인들이 하나같이 전자문명의 이처럼 화려하고 급박한 도래는 미처 짐작도 못 했을 테고('전자電子'는 물질, 경제, 생산, 소비, 역사, 정치 같은 상정想定계수와는 멀찌감치 떨어져 있었고, 그럴 수밖에 없었던 것은 '과학'을 몰라서도, 과학의 능소능대한 역할과 그 영역 확대를 무시해서도 아니었다. '전자'는 전적으로 돌연변이의 우생종이었다. 어쨌든 그 당시 '비행기'를 공상했던 차원과는 전혀 다른 맥락의 세상을 전자문명이 연출해놓은 것이다), 소위 '정보'의 소통 구조가 '전자문명'에 전적으로 힘입어 어떤 체제 일반을 얼마나 단순하게/신속하게/복잡하게 관리하여 인간과 인간성을 조종, 왜곡시킬 수 있는지는 감히 상상도 할 수 없었을 것이다. (모든 지식은 이처럼 '시한부'로만 그 위세를, 검증 없는 성가를 떨치다가 소멸의 회로에 감겨버린다. 인간은 방정맞은 그 '지식'의 횡포에 부화뇌동, 기고만장하는 한낱 둔물에 지나지 않는다.) 물론 우리=현대도 앞으로 다가올 세상 그리기에는 여러 점에서 역부급이라고 해야 맞을 테지만, 역시 무소부지한 '전자문명' 덕분으로 19세기의 미래 예측도보다는 훨씬 더 신뢰할 만한 '전망치'를 내놓을 수 있기는 하다. 그러나 그것도 '인간 해방'처럼 호소력은 뛰어날지 모르나 일정하게 공허할 수밖에 없는 수사의 수준을 넘지 못하거나, '공동생산/공동분배' 같이 '인간성' 일반이 따르기에는 과외의 막대한 경비와 세월도 감당하기에 벅찰뿐더러 숱한 변종의 '제도'를 졸속으로 고안-개량하기가 거의 불가능해 보이기 때문이다. (실은 불가능하다기보다도 지금의 '세계적 체제'가 그런대로 만만해서 근본적으로 뜯어고치기가 벅차다는 '영험'에 길들어져 있다. 그렇다고 다른 세상 만들기가 '이제는 물 건너 갔다'고 꿈도 꾸지 말라는 소리는 아니다. 인간의 병적인 '환상 꾸기'는 다른 맥락으로 접근해야 할 인간학 내지는 인간사회학이지 싶어서이다.)

  이처럼 천지개벽한 세상이 '전형성'이라는 용어의 허실까지도 꿰뚫어보고 있다고 한다면, 어떤 요지에 한 발짝 바싹 다가든 셈이 된다. 어떤 '계급'이 부실하고 막연한 용어가 되고 만 것처럼 '전형성'도 다분히 그렇게 비친다는 소리일 뿐이다. 그 대신 어느 직종/직업/직분을 들먹이며, 그것에서 어떤 전형성을 들춰내자니 특정 생업 일반의 직무에 그나마 남아 있을 '윤리의식=직업관'이라는 대체어가 떠오르긴 한다. 당연하게도 불과 한 세기 남짓 전까지만 해도 다들 갖고 있던 직업의식으로서의 어떤 전형성에는 상당한 '진정성'이 있었고, 엥겔스 등은 그것을 미구에 드러날 '사실성=현실성'으로 믿었을 것이다. 적어도 그런 믿음 없이 어떻게 다른 세상을 꿈꾸었겠는가. 그러나 오늘날은 다른 세상을 꿈꿀 수 있는 예의 그런 '환상=사실성'만은 사라져버렸다고 해야 진솔한 진단일지 모른다. 장롱처럼 방을 방답게 만드는 어떤 확고한 '이념'이나 신념의 부재가 어느 직종의 종사자에게도 앞날에 대한 큰 '전망'의 부당성을 통지, 당부하고, 그 대신 사소한 작업상의 또는 생활상의 불평, 불만만을 확대재생산하는 지경에 이르고 만 셈이다. '전형성'의 실가가 이처럼 헐값으로 굴러떨어진 배경을 더듬어보더라도 오늘날의 여러 직업윤리가 얼마나 부실할 수밖에 없는지를 유추해낼 수 있으며, 역설적이게도 '전형성=인물의 성격 창조'는 현대인의 들뜬 인간성 일반을 점검함으로써 현대의 '속성'

까지 진단하도록 권면하고 있다.

　차제에 다른 어휘와 의식의 변모 양상도 덧붙여둘 만하다. 88 서울 올림픽의 개최를 정점으로 우리 사회의 각 분야를 과점한 세칭 '민주화 세력'은 곧장 '좌파/우파'의 질곡 속으로 종횡무진하는 양상을 드러냈다. 대단히 애매모호해서 어떻게 써야 정확한 것인지 종잡을 수 없는 '좌파/우파' 같은 이분법은 일단 모든 시민계층, 지식층을 정리하는 데는 효과적인 분별법인 듯하다. 아마도 계급이나 계층 같은 어휘가 그 위세를 잃어가자 대신해서 득세한 측면도 있는 데다 인간은 본질적으로 남/여, 천/지, 산/수, 심/신, 영/육 같은 대립어를 좋아하는 실용주의적 근성으로 '좌파/우파'는 쓸수록 만만해지고, 더욱이나 그 중립적 어감 때문에 한때 잠시 써먹다 버릴 유행어의 탈은 벗어버린 듯하다. ('계급, 계층'에는 어딘가 상대적인 우열감, 선호도, 부당성 같은 속뜻이 골고루 배어 있다.) 그럼에도 불구하고 흑백 같은 이분법에는 회색을 모르거나 무시해버리려는 저의와 거드럭거림이 넘실거린다. 다잡아 말해보면 '사태 파악력'을 선점하려는 의욕이 부채질한 방법론답게 모든 이분법에는 세상을, 인간을 단순화 내지는 도식화시키고 마는 고집이 드세다. (세상/인간도 실은 이분법이다.) 아이러니하게도 세상을, 인간을 빨리 이해하려는 그 힘 좋은 과단성이 많은 것을 옳게 해석, 설명하지도 못한다. (물론 어떤 이데올로기도 능소능대한 잣대일 수는 없다.) 가령 어디서부터 우파인지, 어디까지가 좌파인지 그 경계조차 모르는 사람이 의외로 많다. 아마도 먹물깨나 든 지식층 대다수를 비롯하여 원예작물의 재배가 아니라 '영농'에 전념하는 귀촌인 부부조차 '좌파적=진보적' 사고와 '우파적=보수적' 생활관을 하등의 갈등 없이 공유하고 있다고 봐야 할 것이다.

좀더 극단적인 실례를 들 수도 있다. 여러 사람 앞에서 정부의 이런저런 시책과 세속계의 풍정에 대해 사사건건 '엉망이야'라고 비판하는 가납사니를 좌파로 분류해도 될 테지만, 막상 당사자의 진정한 속내는 어떤 생활상의 변화 일체를 끔찍이 싫어할 뿐이고, 그냥 이때껏 살아온 대로 오로지 정직하고 근면하게 살아가면서, 권력을 세습하고 주체사상 같은 말 같잖은 조작물을 신성시하는 것만으로도 북한 체제를 사갈시하며 "그 썩어빠진 체제를 당장 바꾸라고 대들기는커녕 살살 권면하지도 못하는 일체의 통일론은 사기고 협잡이다, 틀렸나"라고 고함치는 '유지'일 수 있다. 보다시피 그의 극단적인 두 본심은 다 일리가 없지 않다. 그런데 이 세상은 그를 회색분자로, 종파분자로, 기회주의자로, 보수꼴통으로 재단 평가한다. 이분법의 결정적인 취약점이 바로 드러나고 만 국면이 아닐 수 없다.

세상의 변화에 따라 개개인의 사고 행태는 얼마든지 바뀔 수 있다. 실은 그처럼 아침에 내놓은 생각과 저녁에 드러내는 의견이 정반대로 달라도 아무런 불편 없이 살아가도록 되어 있고, 그렇게 살아가야 수월하다. 이해나 해석도 마찬가지다. 분류하고 정리하려다가 세상을 곡해하고, 사람을 오해하는 것이다. '인심=여론'이 아침저녁으로 바뀌는 이치를 봐도 그 점은 분명하다. 그렇다면 그토록 조변석개하는 사람의 마음 작용은 결국 이 사회를 이토록 굴러가게 만드는 제도 일체에 대한 시비의 관념이다. 여러 사람이 더불어 잘 살자고 만든 온갖 제도를 이용하기에 따라 한쪽에는 풍요와 우등을, 다른 쪽에는 가난과 열등을 가져왔으니 그 개선책을 마련해보자는 것이 시비의 본색이다. 그래서 또 다른 제도를 불러들인다. 법 위에 법을 쌓는 것이다. 이런 악순환의 회로에 빠질 수밖에 없으므로 진정한 '인간 해방'은 최초의 제도를 만들기 직전, 진실로 '인간다운' 성정으로 어떤 선의의 규약조차 없이도 살아가는 에덴동산을 희구할 텐데, 그것은 불가능하다. 스스로 인간이 만든 제도에 길들어지면서 살아왔기 때문에 달라진 신인류와 그 본성은 환원 '불가'인 것이다. 그렇다고 해서 인간과 전혀 다른 별종과 그들을 수용하는 환경을 만들겠다는 발상은 헛된 망상에 불과하다. 다만 그런 '이상향'을 관념상으로라도 설정해두는 목표의식은 중요하며(법을 지키든 말든 법이 없는 세상과 있는 세상은 전혀 다른 것과 같은 이치다), 그런 환상의 자유조차 없다면 '동물의 세계'가 되고 말 것이다. (어떤 사람의 세계관을 '낙관/비관'으로 재는 잣대는 바로 그 '이상향'에 대한 쓸데없는 집착의 강도에서 비롯된다고 할 수 있다.) 그러니 여러 정치적, 경제적, 사회적 제도 일체에 대한 찬반 성향을 두고 '좌파=진보적' 또는 '우파=보수적'으로 분류하는 셈인데, 그 밑바닥에는 인간성 회복에 대한 희원을 누가 더 고집스럽게 추구하느냐 하는 정도의 차이가 있을 뿐이다. 실은 이 '인간성 회복'도 워낙 막연한 말인 게 분명하므로 그 대신에 인간과 그 활동 및 관념을 일시적으로 강제한 제도의 복무 지침을 다소 구체화시킬 수 있는 용어가 위에서 강조한 '직업윤리'이고, 그것의 고수가 한 개인의 성격에 어느 정도의 '전형성'을 불러올 수 있다는 것이다.

그러나 이미 점검해보았듯이 세상의 발빠른 변화가 어느 특정 직업에서 꼭 지켜야 하는 '윤리적 책임의식'을 쉴새없이 교란시킨다. 대학교수가 수강생들의 지적 갈증을 달래줌으로써 사회로부터 일정하게 기림을 받는 현상은 여전히 부분적으로 현저하지만, 사생활에서 그의 변신 능력, 극단적으로 말하면 반인간적인 면모까지 연출할 수 있는 사례는 세상의 추이에 대한 불가피한 응수이자 수용이라서 어쩔 수 없는 양해사항인 것이다. 이런 추세 속에서 대학교수라는 특정 직업에 '전형성'을 요구한다면 그것의 반 이상은 직업윤리를 개차반으로 깔아뭉개는 비이성적 행태가 되고, 필경 그 '캐릭터'는 가짜나 위선의 탈을 쓴, 그것이야말로 전형적인 상투성 그 자체가 되고 말 것이다. 그렇다면 모든 직종의 '캐릭터'가 결국은 반인간적인, 어떤 '괴물' 그리기에 종사한다는 도식까지 나올 수 있는 국면이 되고 만다. 따라서 어느 특정 직업의 전형적인 면도 빛이 바래지고 만 것이 오늘의 현실인 만큼 '전형성'이라는 용어의 시효성 상실을 목격하고 있다는 느낌이 여실하다.

어쨌든 위의 논지를 정리하고, 결론을 이끌어내면 이렇다. 인간/(소설적) 인물을 여러모로 철저히 이해하고, 나름때로 해석하기 위해 발명한 '캐릭터'를 어떻게 부각시키느냐 하는 난점이 인간성 캐기, 수많은 직종의 분화에 따라 그것의 하위 개념인 '직업윤리'를 통한 '전형성' 창조로까지 이어졌다는 것이다. 그런데 그 흐려진 '전형성'조차 세상과 인간이 함께 시대착오라고 돌아앉아 버리니까 현대소설의 주인공들은 하나 같이 진정한 '인간'의 면모를 보여준다기보다도 어떻게든지 그 '괴짜'의 면면을 드러내기에 바쁘고, 그것이 소위 '캐릭터' 창조라는 강제적 금과옥조가 되어 있는 꼴이다. 이상하기 짝이 없는 현실이자 반듯하고 옳으며 순수한 '인간'을 골라가면서 죽이든가 무시해버리는, 사람다운 사람의 부정이나 멸시를 소설이 퍼뜨리는, 따라서 '사람'을 그리지 않고 다들 '괴짜'만을 앞다투어 대량생산하는 형국이니 말이다. 하나같이 상당한 감수성을 지녔다고 자부하는 작가들이 이런 곤혹감을 모를 리 없어서 그들은 일쑤 그런저런 '직업윤리'를 강제하는 생업의 종사자를 기피한다. 직장인, 공무원, 군인 등의 전형성과 이색성=개인성을 아무리 뒤섞어봐야 결국 '괴짜' 아니면 '낙오자'든가 각자의 고유한 직업윤리를 위반한 비행자에 불과할 테니까. 실제로 선행 작품들은 그런 '유형'의('전형'의 반대 개념이다) 인물을 수없이 복제해놓기도 했다. 그래서 그런 제약으로부터 다소나마 자유로운 예술가 제위와 사장족 같은 부류를 즐겨 '캐릭터'로 부상시킨다. 물론 그들이라고 해서 각자의 고유한 직무윤리가 없을 리 만무하지만, 적어도 그들에게는 웬만한 탈선이 용납되며, 또 그래야만 그 '괴짜성'이 '캐릭터'의 우군이 될 수 있어서이다. 사물의 형태에 집착하는 추상 조각가나 산마다에 다른 색깔을 덧칠하는 화가의 사적/공적 일탈은 '괴물'로서보다는 세속계의 제반 불합리를 비추는 '거울'일 수 있는데, 그 '작업=직업'의 성격이 '직업윤리'보다는 탈일상성을 우선적으로 요구하고 있음은 명백하다. 실존 인물로서의 조각가나 화가도 다른 직업의 종사자보다는 다소나마 덜 규격화되어 있다고 봐야 할 테지만, 소설 속의 그들은 어떤 '전형성'에서 일탈해 있으므로 훨씬 더 자유롭고, 운신의 폭이 넓은 만큼 비로소 어떤 규격품에서 벗어날 수 있는 것이다. 그러니까 그런 조각가나 화가들은 제가끔의 '작업'에 최대한의 성실로 임하는 그 '속성'으로 직업윤리를 그나마 고수하는 그럴듯한 속물의 반열에 올라 있다. 그러므로 '괴물'이 아니면서 그나마 인간적인 체취를 풍기고 있는 셈이 된다.

논지가 복잡다단했지만, 직업을 통한 인물 창조에서 어떤 '전형성'을 찾아내려다가 자칫 잘못하여 인간의 기본적인 속성이나 '원형'까지 망가뜨려서는 안 된다는 지론에만큼은 방점을 찍어두어야 할 것이다. '괴물'을 그리는 장르는 달리 있고, 무협소설의 주요 인물들이 흔히 반(半)인간 반 괴물로 등장하여 독자들의 절대적인 호응을 얻는 것은 인간성 자체에 드리운 어떤 답답한 '전형성'에의 반발이라는 측면이 농후하다. (흔히 말하는 '대리만족'은 자신의 한계에 대한 보상 심리가 아니라 인간으로서 지켜야 하는 본성과 윤리에의 억압이 불러온 일탈적/단발적/임시적 해방의식에 불과하다. 그 해방감을 노리는 상업적인 '예술'도 흔한데, 돈/인기에의 중독증이 그 영역을 무한대로 넓히고 있다.) 그렇긴 해도 사람의 천성, 인격에 숨어 있는 개개인의 특성과 일반적인 속성이 어떤 특정 환경에서 모종의 수단과 매개에 의해 어떤 '전형성'으로 탈바꿈하는지는 작가마다 개별 작품에서 세심히 고려해야 하는 대상이어야 할 것이다.

모든 이론은 그 탄생의 근거가 명확하게 보여주듯이 지나친 '일반화'를 겨냥하다가 종내에는 자가당착에 빠지고 마는 맹점이 있다. 세파에 시달리다보면, 또 나잇살이나 지긋이 먹으면 이론 자체가 자신의 한때 치부를 비추기도 해서 곤혹스러워질 때도 있다. (세상 자체가 어떤 특정의 이론이라도 수용收用/불용不用하는 일종의 변신술, 보기에 따라서는 그 까탈스러운 포용성/배타성을 제멋대로 이해했다는 뜻이고 그 만용=어리석음을 뒤늦게 깨닫는다는 말이다.) '전형성' 이론도 예외는 아니다. 어떤 사람에게도 자신의 '생업=직분'에 충실한 그 소위 '전형적'인 면모야 없을 리 만무할 테지만, 동시에 대개의 일반인은 그런 '유형'에서 한참 벗어난 개인적 특성을 누리며 살아간다. 생활이 그렇듯이 그의 '의식' 자체도 바로 옆 좌석의 동료와는 유별난 것이다. 오늘날에는 더 말할 것도 없다.

이런 전반적인 현상이 '현대성'이다. 계급의식, 소득 수준, 지식 교환 같은 여러 함수가 극단적으로 불균형 상태였던 19세기 세상에 비하면 21세기는 다른 행성으로 재창조되었다고 해도 과언이 아니다. 굳이 비율로 따져보더라도 대학교수를 천직으로 알고 그 본분에 최선을 다하는 모범적 성정의 소유자가 3할 정도나 될까 말까 한다면, 나머지 7할쯤은 다른 직종의 종사자와 같은 성향과 '의식'으로 일상을 꾸려간다고 해도 막말은 아닐 것이다. 이런 현황 속에서 대학교수의 '전형성'을 그린다는 것은, 이론상으로는 그럴듯할지 모르나, 일상인의 탈을 쓴 '가짜'이거나, 아니면 대학교수라는 위장막을 덮어쓴 평범한 속물일 수밖에 없다. (강조해둘 만한 현상은 '먹물'이 들수록 약삭빠른 속물임과 동시에 위선의 탈을 두껍게 덮어쓰고 있으며, 그들의 지능지수도 상대적으로 다소 나으므로 세속화에 재빠르게 적응할 수 있음은 사실인데, 문제는 그런 여건을 제도화시켜준 사태야말로 '현대성'의 핵심이라는 것이다.) 그런 특이한 '캐릭터'의 양산은, 다른 직종에까지 확대 적용해보면, 결국 '기인(奇人)' 열전을 재촉한다. 모든 소설의 내로라하는 주인공에게 다소간 기인적 풍모가 없지 않음은 사실이겠으나, 그런 소설적 현상을 '전형성'으로 설명할 여지는 없다. '캐릭터'를 살리려다가 '인간'을 죽이고 마는 가부장적 '이론' 일체에 무조건 승복하는 자세로는 남다른 '인물 창조'가 과연 이뤄질지 의문인 것이다.

사람의 성격을 따질 때, 제일 많이 앞세우는 말은 아무래도 '기질'일 것이다. 유전적 성향이 지배적인 가운데, 후천적 소질로서의 체질, 환경, 영향 같은 변수에 의해 결정되지 싶은 이 기질=획득형질은 사람마다 외부의 어떤 현상이나 자기 내부의 심적 동요를 수습하는 과정에서 각각 다르게 드러내는 정서적 반응이다. 더 쉽게 말한다면 감정의 발산 양상이 제가끔 어떻게 다른가라는 '차이'쯤 된다.

그런 차이는 세상살이/인생살이 도중에 각자가 몸소 겪은 경험의 총량에서 비롯된다고 할 수 있다. 이를테면 부모의 모나지 않은 성격, 그들의 '직업/생업'에 대한 성실한 자세 등이 자식의 기질에 절대적인 영향을 미칠 것임은 확실하다. 또한 당사자의 타고난 신체적 조건, 가령 뚱뚱하거나 키가 작지는 않으며 호남형이라든가 하는 체형도 '기질'의 상대적 차이에 결정적 요인이 될 수 있음과 동시에 또 다른 변수도 얼마든지 떠올릴 수 있다. 조실부모했음에도 불구하고 양자로 들어간(극단적으로는 해외로 입양했을 수도 있겠다) 이모부/고모부 댁이 워낙 부유하고 그 양친의 교양과 행실도 모범적이라서 일류 학교를 골라가며 다닌 행운 따위는 유전형질과는 전적으로 무관한 후천적 '기질'의 생성을 도왔다고 해야 할 것이다.

누구나 성장기 때 한 번 이상씩 겪게 되는 경험이지만, 그것의 충격파가 다르듯이 그 형태도 다종다양한 '기질' 형성의 인자로는 '영향 관계'를 빼놓을 수 없다. 어떤 특별한 인물과의 만남 같은 것이 그것이다. 아침마다 정해진 시간에 자기 병원으로 뚜벅뚜벅 걸어서 출근하던 이웃 사람인 소아과 전문의의 특이한 풍모와 행인들과의 눈맞춤을 기피하려고 그러는지 늘 하늘만 보고 다니던 그이의 삶은 평생토록 특정인의 '기질'에 어떤 영향 인자로 작용하기에 충분하다. 조모의 느닷없는 죽음, 첫 정을 나눈 연인과의 이별 같은 정서적 충격도 '기질' 형성에는 변수로 작용할 게 틀림없다. 독서 체험, 여행 경험, 미술관의 그림 관람, 고전음악 감상, 폭음/폭식 후유증 같은 일종의 성장통은 개개인의 '의식' 일체에 엄청난 지각 변동을 야기, 성숙을 촉발하면서 각자의 '기질' 고착에 막강한 영향력을 행사했을 텐데, 이런 정서적 충격 일체는 횟수를 거듭할수록 최초의 그 충격파를 차근차근 진정시켜가면서 그 사람만의 '주체성'이 된다. '성격'이 정신활동과의 관련 아래 드러나는 어떤 특징이라면 '기질'은 아무래도 육체적인 수용 능력으로서의 기력과 체질에서 비롯되는 이성적/감정적 경향이랄 수 있을지 모른다.

혈액형이 크게 O형, A형, B형, AB형 등 네 가지로 나뉘는 것처럼 기질도 다혈질, 신경질, 담즙질, 점액질로 분류해놓고 있음은 대단히 시사적이다. 말할 나위도 없이 이런 분류도 이론을 좋아하는, 무엇이든 깔끔하게 '정리'하려는 인간 본성의 발명품이라고 해도 좋을 것이다. 그러나 예외 없는 법칙은 있을 수 없다는 말대로 이 분류도 꼭 들어맞는다고 할 정도로 성에 차지는 않는다. 가령 대개의 사람은 스스로를 신경질쟁이로 자처하면서도 남들의 중뿔난 간섭, 뭇 제도의 성가신 훼방 따위를 묵새기는 데 이골이 난 '인내의 명수'라고 자부할 수도 있는 것이다. 그러니까 위의 분류대로라면 신경질적 기질에 담즙질 성깔도 자심한 쪽이거나 다른 호칭을 하나 더 만들어 붙여야 될 판이다. 물론 다혈질적인 사람도 많다. 대체로 말한다면 한국인의 기질을 대표한다고 해도 좋을 이 다혈질은 (사전적 정의에 따르면) 감정의 움직임이 상대적으로 빠른 편이고, 자극에 민감하여 흥분도 잘하지만, 그런 감정 상태가 오래가지 못하고 곧 식어버리므로 매사에 성급하고 인내력이 없는 사람을 일컫는다. 두뇌 회전은 꽤 좋은데, 당최 진득한 사리분별 끝에 실속을 챙기지 못하는, 변덕이 심해서 대응에는 한몫할지 몰라도 장단기적인 안목 아래 궁심을 성사시킬 줄 모르는 이런 위인들은 누구에게나 그 '속내'가 훤히 들여다 보인다는 취약점도 두드러져 있다. 다혈질과는 대조적인 기질이 점액질이다. 이 기질은 어떤 자극에도 반응이 둔하다. 매사에 열정도 떨어지고 활기도 느려터져서 다혈질이 조류를 연상시킨다면 이 기질은 파충류를 떠올리게 하는 면이 있다. 자연히 보수적인 성향도 만만하다. 정에 치우치지도 않는다. 그러나 세상이 어떻게 돌아가든 자신의 의지를 관철시키는 고집이 세고, 남으로부터의 수모나 사회로부터의 홀대 따위를 안중에 두지 않고 오로지 참으면서 초지일관하는 소신에 맹목적으로 집착한다.

  보기에 따라서 이 네 기질은 어슷비슷하다. 다혈질의 우군에 신경질이, 점액질의 동지로는 담즙질이 버티고 있는 형상이다. 외부의 자극이나 내부의 동요에 대한 반응과 그 대처법이 유사해서이다. 그러나 모르긴 해도 고대 그리스의 의학자 갈레노스가 2세기경에 설파했다는 이 기질론에는 어느 것이 상대적으로 더 낫다/못하다는 우열의 잣대가 숨어 있지는 않은 듯하다. 사람들의 타고난 기력이나 체질을 유심히 관찰해본 뒤 그에 따라 달라지는 일상생활 중의 처신, 감정의 표출과 그 뒷수습 따위는 크게 네 가지로 나뉠 수밖에 없다고 한 것이다. 딴은 그럴듯하며, 모든 분류, 정리, 규칙, 습속 따위는 사실상 필요와 편리에 의해서 자생적으로 만들어진 것인 만큼 없는 것보다는 훨씬 낫다는 데 의미가 있다.

불과 150년 전쯤이지만 우리나라에서도 네 가지 체질론을 고구(考究)한 사람이 있으니, 다 아는 대로 사상의학의 창시자 이제마(李濟馬)다. 이 학설은 음양, 이기, 건곤 같은 이분법적 사고 체계를 집성한 것으로 그만큼 이해하기도 쉬울뿐더러, 앞서의 서양식 네 가지 기질론에 못지않은 신체, 기질, 심성 수렴론이다. 신문마다 환절기에는 반드시 이 네 가지 체질론을 도표화하여 각 체질에 적합한 식품까지(소위 특정 체질과 '궁합'이 맞는다고 한다) 소개해대는 통에 진부해졌지만, 사람의 체질, 성격, 기질, 감성 등을 종합적으로 또 상대적으로 고찰하는 시각이 이채로운 것도 사실이다. 그러니까 어느 한쪽의 신체가 좋으면 꼭 그만큼 다른 한쪽의 장기가 약할 수 있다는 대조적인 관점인 것이다. (서양 의학이든 한의학(韓醫學)이든) 의학도 근본적으로는 사람을 살리자는 학문이지만, 그에 못잖게 소설도 궁극적으로는 옳은 '캐릭터'를 만들어냄으로써 어떤 인물의 체질과 기질이 어떻게 조화(造化)의 묘를 살리는지 얼마간이라도 알아야 할 터이다. 차제에 여기서도 사상(四象)의 판이한 기질론을 간략하게 풀이하면 다음과 같다.

사상의학은 우선 태양인(太陽人)을 폐가 크고 간이 작은 체형이라고 특대(特待)한다. 이 체형은 음식의 소화와 그 영양분의 저장을 관장하는 간의 기능이 상대적으로 떨어지므로 소식이 오히려 좋고, 폐가 좋으므로 그의 일상 중 동선에는 언제라도 그 활약이 눈부시게 실려 있다. 용모도 이목구비가 단정하며, 사고방식도 직관에 의존하는 일종의 천재형에 가깝다. 논리, 합리, 조리 따위를 시뜻하게 여기는 만큼 자기

주장을 굽히는 법이 없다. 한마디로 말하면 자존심이 드세고 독선적이라서 타협을 모르는 반사회적 인물이다. 아마도 이 체형의 반열에 올릴 수 있는 역사적 인물은 석가모니나 예수처럼 '새로운 세상'을 스스로 만들어낸 위인일 듯하다. 그들은 어떤 모진 고행에도 지칠 줄 모르며 자기 신념을 관철하기 위해서는 죽음조차도 초개(草芥)처럼 여긴다. 세상은 그런 반(牛) 창조주로서의 종교가들만으로는 이끌어갈 수 없으므로 위험 앞에서도 늠름한 모험가, 전장 바닥의 무시무시한 용장 등도 태양인으로서의 자격을 웬만큼 갖췄다고 볼 수 있을 것이다. 그러고 보면《삼국지》나《수호전》과 같은 영웅호걸담의 주요 인물들과 공상 속의 외계인과 몸통부터 우람한 괴물 같은 사나이들이 종횡무진의 활약상을 떨쳐대는 숱한 대중소설과 블록버스터류의 선정적인 영화 속 주인공들도 모조리 이 태양인으로 묶어두어야 할 듯싶다. 또한 한여름에도 더운 줄 모르고 추위도 안 타서 겨울옷도 없이 지내며, 몇 끼 굶어도 잘 견디는가 하면 아무리 한목에 거머먹어도 배부르다는 소리를 안 한다던 (홍명희 소설 속의 멋진 '캐릭터') 임꺽정 같은 인물도 태양인일 기질이 뚜렷하다. 그러나 1만 명에 한두 사람이나 있을까 말까 하다는 희귀한 체형이 바로 이 태양인이라니, 현대소설의 웬만한 '캐릭터'로 부려먹기에는 버거운 존재임을 알아둘 만하다. (그렇기 때문에 대중용 통속소설에는 아예 작정하고 '태양인' 기질을 주인공의 '캐릭터'로 점지해주면 그런대로 '개연성'이 다소 높아진다.)

    태음인은 체질상으로는 태양인의 대척자(對蹠者)다. 간이 크고 폐가 약한 체형인 것이다. 하지만 근골(筋骨)은 우뚝하고 체력도 좋아서 처신에 무게가 잔뜩 실려 있는 편이기도 하다. 자신의 의지를 끝까지 밀어붙여서 소기의 목적을 이뤄내는 굴침스러운 기상이 현저하며, 사람을 부리는 포용력과 일을 추슬러내는 두름성도 나무랄 데가 없다. 다만 일 욕심 같은 것이 지나쳐서 '나 아니면 안 된다'는 황고집으로 여러 무리에서는 물에 기름처럼 겉도는 것이 병폐다. 그 연장선상에서 세상이 아무리 변해도 내 갈 길은 따로 있다는 집념을 떨치느라고 다소 퇴영적인 일면도 없지 않다. 그래도 먹성은 한결같이 좋아서 아무 음식이나 다 잘 먹고 후딱 삭일 수 있으며, 일 욕심처럼 그런 식탐이 '일하는 사람은 나인데 설마 세상이 남의 편을 들까'와 같은 억척과 낙천적 기질을 스스로 누린다. 그 유아독존성은 더러 주위 사람을 불편하게 만들면서 우군보다 훨씬 더 많은 적군이 그를 꼼짝 못하도록 에워싸도 눈하나 깜짝 안 할 만큼 담도 큰 쪽이다. 그러고 보면 이런 인물이야말로 '절륜의 정력'을 과시하면서, 제 혼자 잘난 체하는 여느 소설의 남자 주인공으로서는 제격일 듯하다. 행동거지가 평범한 일반인들과는 눈에 띄게 다른 대개의 괴짜, 세파를 헤쳐가는 삶의 방정식이 특이한 기인들을 '캐릭터'로 부각시키는 소설의 '관습'을 떠올리면 태음인은 무리 없이 웬만한 주인공 역할쯤은 너끈히 감당해낼 수 있을 듯하다. 어쨌든 지식욕도 강하고 집념에 사로잡혀 살아가므로 무슨 사건/사고라도 일단 저지르고 난 후 어떤 수습책을 모색하는 유형이기에 소설 속의 '성격'으로는 두루 써먹기에 맞춤할뿐더러 독자들의 성에도 차려니와 작가 역시 마음대로 부려먹기에 딱 좋을 만하다.

소양인은 소화기가 강하고 생식기 계통은 약한 체형으로 분류되어 있다. 하체가 부실한 편이지만 대신 상체가 튼실해서 언행에 생기가 늘 넘쳐난다. 무슨 일에나 민첩하게 나서는 사람인 것이다. 따라서 감정에 치우칠 때가 많고, 이성의 작동에는 태무심하다. 그 다감한 정서가 일쑤 매사에 비판적인 성향을 앞세우면서 자기감정과 어긋나는 대상을 이성적으로 따져보지 않고 일단 감정적으로 적대시해버리는 쪽이다. 그런 만큼 끈기도 부족하고 의지력이 약한 편이라서 큰일을 이뤄내기에는 체질상 무리가 따른다. 그 대신 작은 일을 ('큰일'이라고 다 좋은 것은 아니다. 사상의학의 미덕은 '상대적 관점', 한쪽이 좋으면 다른 한쪽이 나쁘다는, 좋은 게 나쁠 수도 있을 뿐만 아니라 그 반대로 나쁜 게 좋을 수도 있다는 특유의 발상이 아주 그럴듯하다) 자기 시각에 맞춰 섬세하게 가꿔내는 데는 제격이다. 일이 제 깜냥에 어울리든 말든 어떤 성취욕을 맛보고 말겠다는 태음인과는 달리 나름대로의 '과정' 자체에 매몰되는 체형인 것이다. 우리 주위를 일별하면 오늘날의 대다수 직장인은 소양인으로 길들어지는 게 아닐까 싶고, 사회, 직장, 인간 같은 유기체는 그 속의 각종 기관, 부서, 장기(臟器) 등에 제 몫의 역할만을 감당해내라고 강요하는, 곧 소양인으로 양성하는 데 전력하는 것처럼 보인다. 소설에서 이런 인물은 의외로 단정한 작품으로서의 성취를 이끌어내는 데 큰 역할을 맡을 수 있다. 일반적인 서민들의 표상이라고 해도 좋을 유형이라서 신뢰감도 실릴뿐더러 소심한 중산층 인물이 가끔씩 저지르는 일상에서의 어떤 실수, 해프닝, 일탈 따위에는 누군들 안 그럴까라는 친근감이 느껴져서다. 그러니까 제법 그럴듯한 멜로드라마로서 누선을 자극하거나 연방 웃음을 터뜨리게 만드는 영화의 주인공들로는 태음인과 소양인의 기질/소양을 각각 반쯤씩 섞어놓았거나, 어느 한쪽의 주특기를 과장스럽게 조명해놓

앉을 공산이 큰 것이다. 가령 사소한 언쟁을 물고 늘어져서 인간관계를 옹색하게 만들며 스스로를 '왕따' 시킨다든가, 자신의 이해(利害)와는 하등의 관계없는 대선/총선의 결과에 흥분하는 계층의 대다수가 부분적으로는 태음인이나 소양인의 소질적 특색을 그대로 드러내는 것은 흔한 '풍경'이라고 해도 무리가 없을 듯하다.

  마지막으로 소음인은 소화기가 약하지만, 생식기 기능이 강한 체질이라고 묶어놓는다. 체형도 그에 걸맞게 허리가 가늘고(뱃구레가 훌쭉하고 통통한 차이로 먹성과 소화력의 정도를 알아볼 수 있다고 한다) 엉덩이가 잘 발달해 있다고 단정한다. 성격은 내성적, 사색적이며 결단력이 부족해서 매사에 우물쭈물하며 애매모호한 언행이 장기다. 대뜸 여성 일반의 신체적/정서적 특질을 대변하는 기질이 바로 이 소음인이 아닌가 하는 생각을 불러일으키게 한다. 실로 육감적인 체형의 그런 소음인 여성은 길거리에서도 자주 목격된다. 대개의 남성들은 그런 여성의 야무진 뒤태에서 별의별 화려한 연상을 다 끌어다 모으기에 바쁘다. 그러나 마나 원래부터 입이 짧아서 어떤 음식이라도 깨죽거리는가 하면 무슨 일이든 할까 말까 하는 견주기를 즐기고, '마음의 정리' 라는 말을 입에 달고 사는 타입이다. 이런 유형의 여자는 오래전에 어느 한쪽을 골라잡아놓았거나, 이렇다 하게 '정리' 할 것이 없는데도 '어째 어수선하니 마음 둘 곳을 모르겠다' 는 독백으로 스스로에게 최면을 건다. 마음자리가 늘 엉뚱한 곳에서 헤매고 있는 것이다. 그러니 고집도 없고, 무엇인가를 성취해보겠다는 집념도 있는 둥 없는 둥 약하지만, 머릿속은 분주해서 하루에도 몇 번씩이나 고대광실을 지었다가 허물기를 반복한다. 백해무익한 상상력이 뛰어난 게 아니라 제멋대로 즐기기를 일삼는 것이다. 물론 혼자서 즐기느라고 그러는데, 당연히 비사교적인 성정이라 포용성, 두름성, 협조성 같은 처세술이 보잘것없다. 필경 성선(性腺)의 왕성한 활동도 바로 그 상상력 비대증이 몰고 온 이상 증세일 것이다. 남자나 여자나 이런 유형은 일종의 칩거형으로서 연구실이나 작업실(더불어 집필실까지도) 같은 데 묶여 있으면 남들보다 한결 앞서는 성과를 올릴 확률이 높다. 지식인, 문인, 학자 중에도 느닷없이 덮쳐오는 춘사(春思)를 어떻게 처리할 줄 몰라서 한동안씩 갈팡질팡 허둥거리다가 종내에는 자신의 직위나 위신을 슬그머니 벗어버리는, 흔히 '얌전한 고양이가 부뚜막에 먼저 오른다'는 파격을 보여주곤 하는데, 대체로 그들은 소음인 기질이 혁혁한 것이다. 소설 속에서도 이 소음인의 구실은 뜻밖의 다양한 변주로 '새 인물=특이한 캐릭터'의 탄생을 기약할 수 있을지 모른다. 햄릿 같은 인물도 전형적인 소음인 기질로 보이며, 통속소설에 자주 등장해서 더러 선망과 질시를 부풀려놓는, 두 여자 사이에서 번민하는 대개의 이기주의적 '남성상'은 어김없이 자신의 하체 능력을 은근히 시위하는 나르시시스트인 것이다. 물론 그런 자기도취형 인물은 제 몸 간수에도 극성스러워서 걸핏하면 '심신'이 고루 아프다는 핑계를 둘러대며 남의 동정, 연민, 도움을 불러들이는 데 게으르지 않고, 하등의 번민할 잡이가 아닌 일을 일부러 지어내서 그 속앓이거리를 마냥 즐긴다. ('시인 기질'이라는 말이 있음을 모르는 사람은 없을 테지만, 그 단적인 특성은 '엄살=과장벽'을 표면화/내면화시켜서 남들의 관심/동정을 불러일으키겠다는 것이다.) 늘 아프다면서도 온갖 일을 다 집적거리고, 돈이 없어 미치겠다는 말을 입에 물고 살면서도 은근히 사치를 누리는 데 바지런을 떨어가며 산다. 다른 유형의 사람들 눈에는 그런 하찮은 고민거리를 일부러 꾸려서 달고 살아야 사는 것처럼 산다고 착각하는 소음인들이 가소롭겠지만, 그들의 심적 동요는 달착지근한 성적 환상처럼 나름대로의 의미가 없지 않은 것이다. 하기야 그들 같은 부류가 있음으로써 숙제거리를 잔뜩 끌어안고 있는 세상의 면면이, 그 구지레한 치부가 솔직하게 드러나고, 소설의 '인간 열전극(列傳劇)'이 더욱더 풍요로워지는 것은 사실이다.

이상에서도 웬만큼 구별되었듯이 사람의 기질 분류에 관한 한 갈레노스의 그것보다는 이제마의 사상체질론이 여러모로 구체적이고, 알아듣기도 쉬울뿐더러 훨씬 더 그럴듯해 보인다. 그렇다는 것은 사람마다 팔자나 숙명처럼 타고나는 체질을 형태적인 외모와 기능적인 장기로 나누는 과학적인 접근도 돋보이며, 그 양쪽을 절대적이 아니라 상대적인 우열로 파악하고 있는 객관적인 조준도 한결 탁월해서이다. 소화기가 좋으면 호흡기가 다른 사람에 비해 다소 안 좋을 수도 있고, 상체가 발달한 사람은 하체가 부실할 수도 있다는 쌍방의 장점/단점 대비론은 지나치게 단순해서 소박한 덕담 같지만, 그 밑바닥에는 만민평등사상이 확고하게 둥지를 틀고 있다. 누구라도 그렇게 태어날 수 있다는 가설은, 함부로 둘러대는 말쟁이의 사담(私談)같이 들리기도 하지만, 실로 신선한 착상이 아닐 수 없다. 그러니 각자가 자신의 체형을 돌아보고 그 고유한 체질을 알아서 그 장점은 살리고 단점에 대해서는 경계를 늦추지 말라는 의학적 '심신/처신 관리술'로 읽히는 것이다.

이제 기질론의 요지는 대체로 분명해진 듯하다. 혈액형으로 어떤 특정인을 적극적인 사교가로, 또는 사색형의 은둔가로 재단해버리기에는 어딘가 공소한 느꺼움이 완연하다 O형이 45퍼센트를, A형이 40퍼센트를, B형이 10퍼센트를, AB형이 5퍼센트를 차지한다는 한 통계를 참조하더라도 어떤 혈액형만이 '내성적' 기질을 공유한다는, 또는 그럴 소질이 다분하다는 가설은 믿기지 않는다. 실제로도 그렇지 않은 사례는 흔한데, 가령 변덕스럽고 고집이 세서 스스로 잘난 체하는 예술가에 AB형이 많다는 통설은 반쯤이나 맞을까 하는 의심을 사고 있기도 하다. (통계상의 AB형 희소성이 어느 직종보다 그 종사자가 적은 장인 및 예술인을 한쪽에다 묶어놓지 않았을까 하는 짐작도 떠올려지지만, 혈액형이 과연 어떤 직업의 선택과 적응에 맞는지는 의문이다.)

그렇긴 하나 갈레노스의 네 가지 기질론은 그 선명한 '말뜻'의 선용만으로도 어떤 인물의 성격 규정에는 효과적임에 틀림없다. 가령 '그는 다혈질이라서 무슨 말을 하다가도 제풀에 버럭버럭 큰 소리를 내지르는가 하면, 잠시라도 천연히 앉아 있질 못하고 실내에서도 공연히 분주살스럽게 서성이곤 했다'와 같은 문장에서의 '다혈질'이라는 말값은 단연 빛난다. 물론 이런 식의 설명투 '말하기' 기법보다는 실제로 그가 어떤 장면에서 누구와 어떻게 벌인 언쟁이, 또 어느 특정 사건/사고에서 치른 그만의 행동이 그야말로 다혈질 기질을 대변하는 것이었다는 '보여주기' 식으로 그려야 비로소 '몫값'을 할 터이다.

사상의학의 네 가지 체질론에 드리운 장점은 이미 위에서 밝힌 대로다. 묘하게도 태양인은 태음인과 소양인의 장점/단점을 각각 보완하면서 소음인과 정반대 체질이라는 대비가 여간 참신하지 않다. 역시 같은 맥락으로 태음인은 태양인, 소음인과 같으면서도 다르지만, 소양인과는 대척점에 있어서 상반된 기질을 드러낸다니 단연 그럴듯해 보이는 것이다. (이 이중 이분법의 선명한 분별이 두 쌍의 조합으로 '미흡'을 보충하고 있는 형국이다.) 그 네 가지 체질의 다양한 면면을 하나씩 떼어서 다른 쪽에 붙이거나, 어느 한쪽으로 몰아붙이는 식으로 세포분열을 일삼다보면 희소가치가 우뚝한 '캐릭터'의 형질을 창조해낼 수 있을 것도 같다. 가령 천성의 호상(虎相)인 어느 태양인이 중년에 갑자기 중병을 앓고 나거나 상처(喪妻)를 하자 그 뒤부터는 소음인으로 돌변하여 '득도' 운운하며 혼자서 산행을 일삼는 데 빠졌다는 '설정'은 그 개연성이 높아 보일 뿐만 아니라 '성격'의 무상(無常)을 제대로 보여주는데, 그 골간은 사상의학의 상생상극적 발상에 빚지고 있는 셈이다.

  다소 장황한 기질론을 소개, 나름대로 정리한 소이는 물론 다른 데 있다. 누구라도 매일같이 생생하게 체험하듯이 사람은 근본적으로/태생적으로 '불평등하게' 태어나서 평생토록 그 멍에에서 놓여날 수 없다. 이를테면 천성의 음치로, 오래 걷기가 불편한 편평족으로, 시력이 갓난쟁이 때부터 너무 나빠서 평생을 안경쟁이로 살아가는 사람이 있는가 하면, 머리숱과 눈썹이 새카맣게 숱진 미태로, '백옥 같은' 피부로, 조각처럼 선명한 이목구비로, 출중한 총기에 달변/달필로 주위 사람의 부러움을 한 몸에 받는 팔자도 있다. 그런 결함/충족은 결국 박복/분복으로 이어져서 어떤 생애의 '일상성'을 관장해버린다. 이 '일인극'은 '일생극'으로까지 연장되어 1년 내내 편두통에 시달리는가 하면, 수시로 도지는 허리 디스크로 며칠씩 자리보전하는 한창 나이의 여자가 그래도 세 자식의 뒷바라지에는 빈틈이 없도록 추스르기도 한다. 중년 남성의 3분의 1이 둘 중에 하나로 고생한다는 고혈압과 당뇨는 이제 감기 몸살 같은 일상적인 징후에 지나지 않고, 그 고질이 불면증과 조울증을 불러와서 시름이 깊어질 수도 있다. 이런 신체적/정신적 결함과 지병에 대한 '고찰'은 의외로 '캐릭터'의 부각에 거의 헌신적인 제 몫을 다할 게 틀림없다. 실제로도 오늘 날의 신체적 결함은 그 대부분이 물질적 풍요와 미의식과 유행과 의학적 기술 등등의 대대적인 공세에 노출된 호들갑스러운 '성형 욕구'의 표적물일 뿐이다. 마찬가지로 대개의 개인적인 지병들도 예전부터 내려오는 단순한 질환인데, 요즘의 현대 의학적 상식으로는 도저히 용납할 수 없는, 반드시 무찔러야 하는 공포의 천적이 되어 있다. (심기증=건강염려증과 부실한 '정보'의 야합이 30분간의 산책으로도 너끈히 이겨낼 수 있는 온갖 '증상/만성병'을 '확대' 생산하고 있는 현대성은 당연히 주목감이다. 허풍스런 말솜씨로 성분 미상의 약을 팔러 다니던 한때의 약장사 상술을 요즘에는 신문과 텔레비전의 약광고가 명색 '임시적인 과학'이라는 당의정을 입혀 연일 대대적인 공세/공갈을 퍼붓고 있다.) 세상이 이렇게 바뀌고 말았으니 현대소설은 일상적인 심신 장애물을 간과할 수 없을 뿐만 아니라 그 일시적인/개별적인 '불편'의 양상, 징후, 특성 따위가 '캐릭터'의 면모를 괴물처럼 비정상적으로 꾸며놓아야 할 것이다. 그 부조화, 불평등에 등한할 때, '백옥 같은 피부'를 지닌 이상한 인물들만 설쳐대는 선정주의 통속물이 되고 말 소지는 다분하다.

 한편으로 그런 개인적/부분적인 결함/지병 같은 불리한 조건을 너끈히 극복하고, 다른 쪽에서 장기를 개발하는 사례는 작중의 한 '캐릭터'를 이중으로 부각시키게 되는 셈이니 사상의학의 맥락과도 상통한다고 하겠다. 이를테면 체질적으로 술을 한 방울도 못 마시는 사람이 있다면, 그의 그 부분적 결격 사유는 기왕의 '주사(酒邪) 백태'를 다룬 진부한 소설들과는 다른 별세계를 창조해낼 '승화'의 길을 열어놓는 게 될 테니 말이다.

어쨌든 잠정적 결론을 서두르면 특정의 직업에 종사하는 사람들이 공통으로 가진 '기질'은 없다고 봐도 무방할 듯하며, 만약 그런 것이 있다면(가령 경찰/세무 공무원, 종교인, 신문 기자, 각종 학교/학원의 선생 같은 직업인들이 '밥값/술값 내기'에서 인색하다는 통설은 우스개에 지나지 않고, 그들의 개인적 '돈 씀씀이'나 절약가 '기질'을 대변하지도 않는다), 그 공통 함수는 '직업 근성'으로, 따라서 후천적, 생활 환경적 요인의 과부하 탓으로 이해해야 할 것이다.

인물 만들기, 나아가서 주인공에게 '개성' 심어주기 작업에서 '별명'만큼 그 사람의 성격 전부를 분명하게 표현해주는 것도 달리 없다. 어느 특정인의 생김새, 행동거지, 경력, 차림새, 직업, 태생지, 출신 계층 따위에서 따온 그 단호한 호칭은 '캐릭터'의 이미지를 즉시에 반 이상 확정해버리는 효과를 발휘하는 것이다. (소설적 '형상화' 솜씨에 달려 있긴 하지만, 이 '별명'의 확정성이 성격의 변화무상을 표현하는 데 방해가 되기도 하나, 대체로 처음에 호명한 그 별명은 그 이후의 개성 '변주'에도 유효하게 작용한다. 일종의 반사이익을 보는 셈인데, 가령 '깍쟁이'였던 한 '되모시'가 후처살이로 들어가더니만 아예 '돈버러지'가 되고, 더불어 허세 부리기에 이력이 붙은 '건공잡이'로 변했다는 식이 그것이다.) 일찍이 한글권의 구성원들은 이웃 사람의 특징을 싸잡아 지칭하는 데에도 해학적 소질을 유감없이 토해놓았음은 다음과 같은 순수한 우리말이 웅변하고 있다.

'별명'만 따로 묶어놓은 한 우리말 갈래 사전에서 몇몇 사례를 빌려오면, 거위영장(=몸은 여위어 가날프고 목이 길며 키가 큰 사람), 널감(=늙어서 죽을 때가 된 사람), 느루배기(=해산한 다음 달부터 계속 월경이 있는 여자라니까 생리가 아주 정상적인 튼실한 체격이라는 지칭어인 듯하다), 되리(=거웃이 없는 여자), 따라지(=키, 몸이 작아 풍채가 보잘것없는 사람), 모도리(=조금도 빈틈없이 썩 야무지게 생긴 사람), 버커리(=늙고 병들거나 고생살이로 살이 빠지고 쭈그러진 여자), 어간재비(=키가 크고 몸집도 큰 사람), 화보(=얼굴이 넓고 살이 두툼하게 찐 여자) 등은 생김새의 특징을 여축없이 짚어낸 맛깔스런 우리말 별명들이다. 이런 별명만으로도 어느 주인공의 '캐릭터'는 벌써 '말해진' 것이니 그의 언행 일체에 그 호칭에 걸맞은 구체성만 '보여주면' 되는 것이다. 또 개똥상놈, 겉똑똑이, 건성꾼, 굴퉁이(=겉모양만 그럴듯하고 속은 보잘것없는 사람), 놋보(=사람됨이 천하고 더러운 사람), 다갈마치(=온갖 고생을 다 겪은 야무진 사람), 득보기(=행태가 아주 못난 사람), 말재기(=쓸데없는 말을 수다스럽게 꾸며내는 사람), 무당서방(=공것을 좋아하는 사람), 물신선(=좋은 말을 듣고도 기뻐할 줄 모르고 언짢은 말을 들어도 성낼 줄 모르는 사람), 보비리(=재물을 몹시 아끼고 인색할 정도로 다랍게 쓰는 사람), 스라소니(=약으면서도 어리석은 사람), 앙가발이(=남에게 잘 달라붙는 사람), 옷보(=옷을 매우 좋아하거나 탐내는 사람), 쥐포수

(=하찮은 것을 얻으려고 애쓰는 사람), 트레바리(=까닭 없이 남의 말에 반대하기를 좋아하는 사람), 판장원(=어느 분야에서 재주나 인격이 기중 나은 사람), 활량(=무위도식하면서 재물 따위를 다랍지 않게 써버릇하는 호탕한 남자. 씀씀이가 헤픈 사람의 기질은 자신의 수입원이나 그 총액 따위에는 늘 무심한 편이지만, 언제라도 돈이 없다고 엄살도 잘 떨어댄다) 등은 어떤 특정인의 언행이나 됨됨이를 골라잡아 이름 붙인 호칭인데, 우리 조상들의 비상한 눈썰미도 그렇거니와 지인지감(知人之鑑)이 얼마나 뛰어났는지를 한눈에 알아볼 수 있다. 조상들이 이처럼 적확한 사람 판별어를 만들어놓았음에도 불구하고 활수하게 쓰지 않은 것은 인간 이해를 건성으로 해대거나 그 속내를 알아보지 않으려는 건성꾼의 소행이 아닐 수 없다. 따라서 소설 속의 '캐릭터' 파악력도 그만큼 둔해서 사람다운 생동력이 한참이나 떨어진다는 단언도 나올만한 것이다. 실제로도 작금의 우리 소설의 주인공들 중에서 위의 괄호로 뜻풀이까지 한 별명과 명실상부하게 근사한 '캐릭터'가 있었던지 자성해봐야 할 일이다.

또한 직업과 사람살이에 따라붙는 별명도 여간 재미있는 게 아니다. 각수장이는 조각을 업으로 삼는 사람이다. 어떤 제품 하나를 만드는 데 들이는 시간과 능률 따위를 감안하여 얼마씩 정한 삯을 받으며 일하는 사람을 객공잡이라고 하는데, 오늘날 인력시장에서 날품을 제공하는 부정기직 근로자 일반과 서비스업체에서 시간제 임시직으로 일하는 소위 '알바생'들에게도 해당되는 호칭이다. 건깡깡이 또는 날탕은 어떤 일을 하는 데 아무런 기술이나 기구(器具)도 없이 매나니로(=맨손으로) 덤비는 사람을 일컫는다. 또한 이렇다 할 뜻도 재주도 없이 살아가는 사람 역시 더러 건깡깡이라고 한다는데, 요즘 대학 교육은 그런 허수아비 같은 인물이나 양산하는 제도가 아닌지 걱정스럽다. 반치기는 가난한 양반을 지칭한다고 하지만, 요즘의 고학력자 중에도 이런 출신이 흔한 것은 보이는 바대로다. 일정한 일이 없는데도 공연히 싸돌아다니며 놀기에 바쁜, 요즘의 대다수 조기 명예 퇴직자들을 이렇게 호칭하기에 딱 알맞은 말로는 발록구니가 있다. 무엇이든 배우다가 중도에 그만두거나 제 밥벌이에 익숙하지 못한 장색을 벗장이라고 불러버릇한 모양인데, 명색 북디자이너, 패션디자이너, 편집자, 사진가, 화가, 소설가 등등 나름대로 개성적 창의력을 발휘해야 하는 직종에 그런 반거들충이가 많음은 주목할 만한 시류적 '풍경'으로서, 특기 교육의 부실을 시사하는 우리 사회 특유의 기현상이 아닐 수 없다. 오늘날은 각 방면, 모든 직업에서 '아마추어'가 섣부른 실력/능력/경력/학력으로 전문가연하며 설쳐대는 통에 세상이 공연히 수다스러워지고 덩달아 '물정(物情)'도 무턱대고 들떠 돌아가는 현상 역시 눈여겨볼 만하다. 불땔감은 아무 데에도 쓸모가 없는 사람을 홍보하는 말인데, 그 비유가 워낙 적실하다. 어떤 일에든 건성으로 덤비는 사람을 생무지라고 홀대한다. 어깨너머문장은 남이 배우는 옆에서 얻어들어 공부하여 일가를 이룬 사람이니, 박복하게 태어났으나 귀, 눈, 머리가 제법 출중한 반골의 호칭으로서는 제격이다.

    출신 성분에 따른 지칭어도 꽤 다채롭다. 날탕은 지닌 것이라곤 이름밖에 없는 빈털터리의 이칭이다. 어떤 부류 가운데서 그렇게 대단할 것이 없는 하찮은 사람을 너부렁이라고 한다. 늦깎이는 남보다 사리를 늦게 깨달은 사람이지만, 학교를 만학도로 마쳤거나 출세의 보람을 중년에야 겨우 맛보거나, 돈이나 권력을 환갑 전후에 틀어쥐었을 경우까지 확대하여 쓸 수 있을 듯하다. 두루치기는 여러 방면에 다 능통한 사람인데, 어떤 좌석에도 빠지지 않는 '백수' 일반의 지칭어로도 합당하다. 옴살은 마치 한 몸같이 매우 친밀하고 가까운 사이로서 동의어로는 짝패, 짝동무 등이 있다. 물건을 꼭 사가는 단골손님을 정짜라고 호칭했다니 장사치들의 조어 능력도 상당한 셈이다. 쩨마리는 어떤 부류 중에서 제일 못한 찌꺼기를 지칭하며, 그와 같은 계보에는 옳은 구실도 못 하고 자리만 떡하니 차지하고 있는 허수아비도 있다.

누구나 겪는 바대로 별명은 여러 개 가질 수 있다. 나이를 먹어감에 따라 성격이나 기질도 버릇처럼 달라지고, 학력, 재력 따위나 직장 근무처에 따라서도 호칭이 바뀔 수 있어서이다. 당연한 노릇이지만, '성격 창조'도 그런 과외의 이칭까지 주목하고, 그 배경을 적바림함으로써 한 인물의 인생 유전을 조감해야 하며, 그 전모를 약술(略述)하는 데 별명이 요령 좋게 도와준다. 사건/사고의 전후에 대한 군말을 대폭 줄여줌과 동시에 '캐릭터'의 본성을 대번에 살려낼 수 있으니까. 선행 작품에 명멸한 별명의 실례는 워낙 부지기수라서 일일이 거론하기도 번거롭지만, 다음과 같은 작례도 음미해볼 만하다.

⇒(가)최서방은 윤서방이 대신 들어서고 반년이 다 된 보리누름철에야 나타났다. 뭉구리로 막 깎은 머리에 살품을 가리던 긴 수염은 전에 있던 그대로였으나, 얼굴은 크게 틀려 구겨 뭉친 마분지처럼 잔뜩 메마른데다 주제꼴도 땟국에 전 베등걸이와 무릎까지 기어올라간 잠방이나마 어레미구멍보다도 승새가 엉근 막베여서 여간 볼쌍사나운 것이 아니었다.(이문구의

〈명천유사〉 323쪽)

    위의 짧은 작례는 우리식 사소설을 특유의 수필조로 써서 독보적인 장르 감각을 개척했을 뿐만 아니라 순수한 우리말을 충청도 지방 사투리에 녹여넣음으로써 흠잡을 데 없는 한글 문장/문맥을 엉구어 낸 불세출의 작가 이문구의 덜 알려진 한 단편 속에 슬그머니 들어앉아 있는 한 문단이다. 작가 자신이면서 소설 속의 화자인 '나'의 집 머슴 최서방은(평생토록 홀아비로 살았으니 '서방'이라는 호칭도 오감한 별명이다. 물론 '서방'은 사위에게 주로 붙이는 호칭이지만, 벼슬/혼인 여부와 상관없이 나이 지긋한 사내 명색에게 만만하게 또 홀하게 부르는 경칭이긴 하다) 늘 까까중처럼 머리를 바싹 깎은 뭉구리였으며, 성질도 고약해서 옹두리(=나무줄기에 박힌 불퉁한 혹)에다 외꼬부리(=못생기게 비틀리고 꼬부라진 오이의 충청도 사투리)이고, 문간방을 혼자 쓴다고 문간마님으로 불리기도 하는 위인이다. 소위 '이름 없이 죽어가는' 숱한 민초의 '한 많을 것도 없는' 한평생을 그리고 있는 위의 단편은 그야말로 '캐릭터'의 변모 과정을 '별명 지어 붙이기'로 진솔하게 조명해내고 있다. '인물 이해-인간 해석'은 결국 '이름 짓기'에 다름 아니라는 소신을 웅숭깊은 시선의 문장 귀신 이문구는 에둘러 털어놓고 있는 것이다.
    외국의 실례도 우리보다 결코 못하지 않다. 어떤 '거대 서사'도, 기가 막히는 '우연'의 사건/사고도, 복잡다단한 우여곡절도 없이 마냥 가난하게, 그러나 인정과 인품을 누리며 살아가는 소시민의 일상극을 담담하니 그리고 있는, 짧은 '이야기들'로 쓴 단편 묶음집인 제임스 조이스의 《더블린 사람들》에서도 다음과 같은 별명들이 그 인물의 '성격' 일부를 조촐히 보여준다.

⇒(나)대부분의 사람은 레너헌을 거머리 같은 자라고 생각했지만 그런 평판에도 불구하고 수완과 말재주가 뛰어나 그의 친구들은 그를 적대시할 수 없었다. 그는 친구들이 모여 있는 술집에 불쑥 나타나 주변에서 눈치를 보다가 술판에 슬쩍 끼어드는 배짱도 있었다. 그는 또한 수많은 이야기, 우스꽝스러운 시, 수수께끼로 무장한 재주 많은 방랑자였다. 게다가 어떤 종류의 무례함에도 무감각했다. 누구도 그가 어떻게 생계를 해결하는지 알지 못했지만 막연하게 그의 이름은 경마 정보지와 연결되어 있었다.(63~64쪽) 그는 절름발이였고 그 때문에 그의 친구들은 그를 절뚝이 홀러핸이라고 불렀다. 그는 끊임없이 여기저기를 돌아다녔고 매시간 길모퉁이에 서서 논점을 이야기하고 메모를 했다.(181쪽)(제임스 조이스의 《더블린 사람들》)

(나)의 작례에서는 한 인물이 '건달'로서 제격인데, 그에게는 거머리, 수완가, 방랑자 같은 면모가 두드러졌다고 한다. 이런 다면적 인물을 '실경'으로 그리려면 어차피 '별명' 지어 붙이기에 의존할 수밖에 없음은 우리의 일상생활이 매일같이 선히 보여주고 있다. 주인공이 말더듬이든 절름발이든 보이는 대로 호명하는 언어 관습이 곧 소설인 것이다.

이름 짓기/별명 붙이기와 아울러 '임시 호칭'으로 어떤 주요 인물의 존재감을 부각시키는 기량도 반드시 숙지해야 할 '캐릭터' 양각법 중 하나다. 일종의 '한정' 기술이랄 수 있는데, 이것은 단순한 '수식'과는 그 성질이 판이하다. 알다시피 '수식'은 표현, 묘사라는 말로 대체할 수 있는 세련된, 정확한 '설명'으로서의 일반성, 곧 누구라도 대뜸 알아들을 수 있는 어떤 대상의 모양을 좀더 명백히 나타내기 위해서 '꾸미는' 말의 기능적 측면이다. 요컨대 '수식어'에는 작가의 주관적 관점이 배어 있기는 하지만, 그 수식에는 독자의 이해를 도우려는 상당한 객관적 시각이 묻어 있다고 할 수 있다. 어쨌든 수식어는 어떤 정황의 '설명'을 위한, 또 독자의 재미와 가독성을 위한 모종의 '배려' 내지 '고려'의 표현술일 뿐이다. 그러나 '한정'은 단연 주관적이다. 여기서의 주관은 작가 자신이나 그를 대변하는 작중 화자나 주요 인물들인 개인, 곧 그 주체의 인식 작용이다. 그 주체만의 인식, 일반인과 다른 의식으로 어떤 인물에 대한 그때그때의 인상을 제한하는 것이 '한정'이다. 이 '한정'은 어떤 특정 인물의 '임시 호칭'에 값한다. 말할 나위도 없이 그 임시 호칭이 그렇게 부르는 사람의 그때 심경을 대변하면서 '캐릭터' 부각에 일조를 보탠다. 말 그대로 이 임시 호칭은 수시로 바뀐다. 그 변화가 비호칭자의 성격을 일정하게 반영하며, 점점 한 인물의 전반적 형상화를 재촉한다. 설명을 덧붙일수록 난삽해질 수 있으므로 작례를 보충하면 다음과 같다

앞에서도 여러 차례나 작례로 따서 쓴 토마스 만의 중편 〈베네치아에서의 죽음〉은 한 작가의 동성애 증후, 여행지에서의 사색과 관념의 유희, 당국의 전염병 엄폐에 대한 서민의 무력감, 불가사의한 죽음의 도래 등등의 작의=주제의식을 점착력 좋은 문장으로 천착한, 읽기도 까다롭고 독후감도 번번이 달라지는 '수상한' 작품이다. 작가 자신도 역작으로 자부하고, 진작부터 명편으로 공인된 작품이라서 여기서가

지 별나게 조명, 과찬할 여지는 없지만, 주인공인 작가, 이미 서두에서 귀족 칭호까지 받았다고 공언한 구스타프 아셴바흐의 숱한 임시 호칭만은 주목할 만하다.

⇒(다)여행을 떠나기로 한 아셴바흐는 작품과 관련된…(243쪽) 여행자는 외투로 몸을 휘감고 책을 무릎에 올려놓은 채 쉬고 있었다.(246쪽) 그런데 이번에는 바라보는 자에게 자신의 완전한 옆모습을…(259쪽) 작가의 뒤에는 그의 휴대용 짐을 든…(268쪽) 정신적 애착과 신체적 능력 사이의 이러한 다툼은 초로의 작가에게…(269쪽) 이리하여 도망자는 먼젓번 방과…(271쪽) 고맙게도 불운한 일이 생겨 이곳에 붙잡혀 있게 된 손님은 짐을 도로 찾는다 해도…(273쪽) 얼마 가지 않아 관찰자는 이토록 고상하고…(276쪽) 열광한 자의 생각은 이러했다.(278쪽) 작가는 완전한 느낌이 될 수 있는 생각과 완전한 생각이 될 수 있는 느낌에서 행복을 느낀다.(279쪽) 매혹당한 자는 현관에 몸을 숨기고…(289쪽) 모험가인 아셴바흐에게는…(291쪽) 그럼에도 그 고독한 남자는 자신에게…(293쪽) 늙어가는 남자는 승리감과… 사랑에 빠진 남자는 이들의 눈에 띄어…(295쪽)고독한 여행객은 완전히 그에게…(296쪽) 그것은 고독한 남자가 들어본 적이 없는…(298쪽) 다음날 오후에 그 고집불통인 남자는 외부 세계를… (300쪽) 시련을 겪은 자는 신경이 쇠약해지고…(306쪽) 소년을 바라보는 그 남자가 앉아 있었다.(313쪽)(토마스 만의 〈베네치아에서의 죽음〉)

(다)의 예문은 주인공을 수시로 '한정'하는 임시 호칭이 얼마나 다채로운지를 말해주고 있다. 작가가 한 인물의 '캐릭터'를 그때그때마

다 제대로 부각시키기 위해서 여행자, 바라보는 자, 작가, 도망자, 손님, 열광한 자, 모험가, 고독한 남자, 늙어가는 남자, 사랑에 빠진 남자, 여행객, 고집불통인 남자, 시련을 겪은 자, 그 남자 등으로 탈바꿈시키고 있는 것이다.

　실제로 소설 속의 모든 '나/그/그녀'는 철수나 영희이면서 남편/아내이고, 부장/대리이며, 고지식한 남자이거나 손이 큰 여자이지만, 가을에는 만성비염 환자로서 오전 중에는 내내 코를 풀어대는가 하면, 가족들에게는 쉬쉬하면서도 스스로 경미한 우울증을 앓고 있다고 자처하며, 일상에 어떤 자극을 주기 위해 시작(詩作)의 미궁을 헤집는 언어채집가일 수도 있다. 그런데도 대개의 저열한, 그러나 그 작품 평은 오히려 요란한 우리 소설들은 주인공들에게 마냥 '단벌 신사'로 행세하도록 구기박질러서 인권을 유린하는가 하면 그통에 읽는 재미를 한사코 가로막기에 바쁘다.

　길게 말할 것도 없이 어떤 인간이라도 뜯어볼수록 다양한 일상조, 성격적 '구색'을 골고루 다 갖추고 있음은 일상생활 중의 작가 자신이나 주위 사람들을 눈여겨봐도 대번에 알 수 있다. 그런데 하물며 소설 속에 한몫 낄 수 있는 인물로 골라서 뽑은 주인공임에랴. 그렇긴 해도 솔직하게 따져보면 어느 특정의 주인공을 살아 있는 사람답게 만드는 '캐릭터'의 성분은 작가의 '한정'에 따라서 그 일부만 드러날 수밖에 없다. 그래서 아무리 뛰어난 선행 작품의 개성적인 주인공이라 할지라도 그 '캐릭터'의 실체를 반쯤이나마 조명했다면 그런대로 자족할 만한 성과를 거둔 셈이 된다. 하기야 모든 작가는 사람 같은 옳은 사람을, 삐딱하거나 모자라거나 모나거나 제발 살아 있는 인간을 한 번쯤은 꼭 낳고 싶은 안달에 겨워서, 그 강박관념에서 놓여날 수 없는 숙명의 체념가에 불과하다.

제7장 5절의 요약

(1) 주요 인물의 '나이'를 35세 같이 명시적으로 드러낼 필요는 없겠으나, 30대 중반까지 특별하게/평범하게 살아온 그 연륜의 때는 암시적으로라도 작품의 배면에 깔려 있어야 '캐릭터'가 떠오른다.

(2) '생업' 또는 '직업'에 따르는 고유한 속성/자의식을 반영해야 한다는 것이 '전형성' 창조인데, 직업윤리에 최선을 다하면서도 더러 일탈적 행위를 부각시킴으로써 그 '개인성'을 조명해야 한다. 그러나 주인공만의 고유한 '예외성'을 그린다는 구실로 흔히 '괴짜'를 창조해냄으로써 '캐릭터'의 실감을 반감시키는, 유치한 발상을 휘두르곤 하는 것이 작가 일반의 거친 세상해석/인간이해이다.

(3) '기질'을 심어주기 위해서는 더러 상투적으로 혈액형 등을 참조하지만, 사상의학에서 말하는 네 가지 체질론도 고려해볼 만하다. '말하기=설명하기'보다는 '장면'을 통해 '보여주기'가 주인공의 기질 만들기에 훨씬 더 주효하다.

(4) '별명'은 주요 인물의 개성을 즉각적으로 들려준다는 점에서 가장 효과적인 명명법이자 '인물 그려내기'이다. 그러나 주인공이 수시로 맞닥뜨리는 '상황 대처 능력'을 '한정'하는 일종의 수사적 표현도 '캐릭터' 조성에 크게 이바지한다.

6. 부속인의 출몰과 대우

'주인공'이라는 말은 여러모로 쓰기에 편리하고 입에 익어서 실감은 좋지만, 정확한 용어는 아니다. 대뜸 영화 배역의 중요도를 가르는 '인기 배우'라는 말로도 들리는 데다 거기에 따라붙는 '조연자'도 꼭 마땅한 지칭어가 아니라서 그렇다. (누가 '무엇'을 도와준단 말인가?) 영어의 메인 캐릭터를 옮겨놓은 '주요 인물' 정도가 그래도 좀 적당한 말 같지만, 어딘가 우열을 따진 어감이 뚜렷하다. 누가 어떻게 우수하고 열등한지, 그 우열을 분별하는 잣대는 무엇인지, 소설에서의 역할 '배분'에도 진정으로 우열이 있을는지와 같은 의문 앞에서 선뜻 답을 내놓을 수 없어서이다. 더욱이나 그 '주요 인물'의 대척점에 서 있거나 바로 곁에서 서성이는 위인을 호칭할 이름도 마땅치 않아서다. 증속인, 대등자, 동등인, 부주인공, 조력자 등도 여러 점에서 그 적확도가 조금씩 떨어진다. 그렇다고 독립인이나 단독자와 상반되는 용어를 만들어내자니 어폐가 우심해져서 탈이다. 영웅, 용사, 위인, 여신, 여장부, 여걸 같은 의미가 완연한 히어로와 히로인을 적당히 옮겨보자니 그 본의와는 점점 멀어진다.

그래서 앞 장에서도 산발적으로 선을 보인 '부속인'은 중심인물에 딸렸다기보다도 그 역할이 제한되어 있으며, 지면에 등장하는 횟수가 상대적으로 적은 여러 인물을 지칭하는 용어로 삼았는데, 역시 썩 맞춤한 말은 아니다. 하기야 자주 써버릇하면 의외로 마구 부리기에는 꽤 괜찮을 듯싶고, 그런대로 잘 길들어질 것 같기도 하다. 주요 인물과의 우열 개념도 없는 데다 비단 '주인공'조차도 이야기의 '본의'를 붙좇는 한낱 부나비 같은 부속인일 따름일 테니까.

  단도직입적으로 말하면 부속인의 위상은 주요 인물의 그것 못지않게 중요롭다. 그 역할도 정확히 그런데, 그것이 있음으로써 주인공의 실존감/주체감 일체가 제대로 조명발을 받을 수 있어서이다. 주인공은 현실에서든 환상 속에서든 결코 단독자일 수 없다. 그것이 가능하다면 그는 인간이 아니라기보다는 사회적 동물일 수 없다. 아마도 유령이거나 신의 명령만을 좇는 천사에 가까울 것이다. (천사가 자기 소임을 신에게 어떤 식으로 전할까?) 그럼에도 불구하고 주요 인물은 흔히 의식적으로든 행동상으로든 자기 본위의 단독자 내지는 고립인이기를 자처한다. 그런 의미에서도 주요 인물이 '독립인'으로 행세한다는 것은, 비록 그가 칩거자이거나 수십 년 간 감방에서 수인생활을 감수해야 하는 처지라도 도저히 실현 불가능한 자가당착이다. 적어도 현실적으로는 그렇다. 왜 그처럼 '홀로서기'를 염원하는지, 그런 행태가 개개인마다 어떻게 다른지 따위는 개별 소설들의 궁극적인 지향점이기도 하므로 여기서는 그에 대한 언급을 미뤄둘 수밖에 없지만, '더불어 살기'로 되어 있는 세상의 구조가, 또는 그 역사적 문맥이(장구한 세월에 걸쳐 알게 모르게 의식화 되어 있는 '공동체 의식' 같은 맥락이 그것이다) 개인의 여러 능력으로는 감당하기에 벅차서일 것이다. 그래서 인간은 혼자이고 싶다가도 일상생활의 영위를 위해서 가족을, 벗을, 이웃을, 선생을, 부하를, 아랫것을, 후배를, 제자를, 동료 등등을, 그중에서 특정한 '일' 때문에 만나야 하는 거래자를 찾거나 지어내야 한다. 이처럼 남과의 교환 바라기는 거꾸로 일상의 반복/일탈/복귀가 얼마나 따분한지를 보여주는데, 그 전기(轉機)(=고비, 터닝포인트)마다 단독자가 되려다가 주저앉은 주요 인물들이 찾는 모든 사람이 바로 부속인이다. 물론 그 일시적인 단독자도 입장을 달리하면 당장 부속인의 지위에 오른다. 어차피 사람은 서로가 서로를 붙잡고 따라가야 하며, 서로 매여 있게 마련이고, 겨끔내기로 버금 자리를 서로 바꿔 앉는 것이다. 이 숙명 앞에서는 누구라도 꼼짝없이 승복, 따르기로 되어 있다.

  잘 만들어진 영화에서 '조연=부속인'들이 장면마다에서 얼마나 생동감 좋게 활약하며, 그들이 주요 인물의 후광 노릇을 어떻게 제대로 잘하는지는 새삼스럽게 강조할 것도 없다. 소설 속의 그들도 분명히 그렇다. 그들은 아무런 특징이 없는 '개성인'일 수도 있고, 남루한 누더기 차림의 일상인인가 하면, 온몸에 위선, 독선, 가식, 거짓, 아첨, 비굴 따위를 치렁치렁 두르고 설치는 속물이기 십상이다. 누구라도 그런 '위장된' 행태를 밥 먹듯이 예사로 치르지 않던가. 그들은 행인처럼 우연히 마주친다. 또는 친구처럼 주요 인물이 마음대로 고를 수도 있다. 모든 친구가 그런 것처럼 그들은 한동안 죽기 살기로 가깝게 지내다가도 불시에 까맣게 멀어지는가 하면 어느새 죽었는지 살았는지도 모른 채 10여 년의 세월을 흘려보낸다. 나/그/그녀는 주요 인물과 달리 그 자격에 어떤 제한도 없다. (대개 간과하지만, 이 자격에서 무소불위한 위치에 있다는 부속인의 지위가 주요 인물의 위상을 크게 제한, 위협한다. 그만큼 부속인은 '사람다운 사람'으로 떠오를 수 있는 권한과 여지가 많아지며, 오히려 아주 개성적이다 못해 '괴짜' 같은 주요 인물의 '사람다움'을 부각, 교화시킨다. 미성년자나 비정상인들을 주요 인물로 그린 소설에서 맡는 부속인의 지위를 보면 그 전도(顚倒) 양상이 현저하며, 그래서 그런 일종의 '성장소설'은 일방적인, 작가 자신의 독선적인 '교양'을 선전한다.) 무학력자/고학력자, 노인/청년, 추남/면추, 미인/박색, 무능력자/무직자, 근면가/나태가, 부자/빈자 중 어느 것이라도 택할 수 있고, 그 어느 쪽에도 속하지 않는 어중간한 무골충을 불러올 수도 있다. 그럴 수밖에 없음은 주요 인물이 무학력자이거나 '벙어리' 같은 신체 불구자일 수는 있지만, 그런 예외적인 경우의 소설적 성취에는 많은 '제약'이 따른다. 게다가 모든 부속인은 주요 인물보다는 상대적으로 '사람다울 수 있는' 여지가 더 많기 때문에 그 맡은 '역할'을 제대로 소화해내기도 한다는 점은 크게 강조해둘 만하다.

요컨대 어느 정도의 '정상성'이 주요 인물의 인격, 성격, 자격 전모에 구비 조건으로 갖춰져 있어야만 나/그/그녀의 '운신'의 폭이 넓어진다. 그것이 불충분할 때 나/그/그녀의 모든 욕망, 갈등은 비정상적이거나 허황해지거나 보잘 것이 없어진다. (그래서 중산층의 욕망과 갈등은 하류계층이나 상류계층의 그것보다 훨씬 더 다채롭다. 달리 말하면 중산층의 이야깃거리 및 이야기들이 상류층/하류층의 그것보다 상대적으로 더 풍성함은 의심의 여지가 없다. 같은 맥락에서 지적 장애인의 사고/행태는 보다시피 워낙 단순하고, 그 동어반복형 일상 자체는 아주 작은 이야깃거리를 제공할 수는 있어도 옳은 규모의 '이 야기'일 수도, 소설의 중심축일 수도 없다. 물론 그것을 '관찰'의 대상 으로 삼을 수는 있다.) 바보를 더러 주요 인물이나 부속인으로 등장시 키는 것은 이 세상의 모든 '정상성'에 대한 야유이거나 희화화일 뿐이 다. 그러나 부속인이라면 바보라도, 심지어는 지적 활동이 미미한 백 치라도 상관없다. 그가 정상인을 관찰할 수도, 관찰의 대상일 수도 있 을 것이기 때문이다.

웬만큼 에둘러 말했듯이 부속인의 '우연'한 등장은 때/곳을 가리지 않는다. 그 위상이 그렇듯이 그 출몰도 워낙 자유자재인 것이다. 슬그 머니 주요 인물 곁으로 다가오거나, 문득 그의 시야에 붙잡힌다. 찾으 려면 어느새 눈에 안 띄거나, 쫓아가면 헛것처럼 떠올려지지도 않는 다. 그러므로 주요 인물과 밤낮을 함께 보내는 비서, 애인, 동료, 아내 /남편 등은 실제로는 그 지위나 권한에서 부속인의 자격을 벗어나 있 다고 해야 맞을지 모른다. 부속인의 등장이 이처럼 임의롭다는 것은 그 행방과 퇴장에서도 얼마든지 자유로울 수 있으며 주요 인물과 동 일한 자격을 누린다고 할 수 있다. 특정의 '장면-현재'/'요약-과거'에 서 비중 높은 역할을 실수 없이 소화해서 주인공의 기억에 늘 짠하니 남아 있는 인상적인 부속인이라 할지라도 어느 순간부터 그의 자취를 홀연히 지면에서 감출 수 있으므로 이야기의 골갱이는 그 역할상 역 전(逆轉)되어 있다. 주인공의 의식 일체가 부속인의 행방을 쫓고 있는 셈이니까. 독자가 아쉬워하든 말든 얼마든지 그럴 수 있다는 것은 작 가의 방자한 '작의'의 소치일 수도 있고, 기교적, 심미적 '배치 감각' (=플롯)의 작동으로 이해할 수 있는 한 단면인 것이다.

선행 작품에서 잊히지 않는, 오히려 주인공보다 더 뛰어난 '캐릭터'로서의 소임을 다한 부속인의 작례는 숱하다. 앞마디에서 예문으로 활용한 예의 단편 〈명천유사〉에도 화자 '나'를 비롯한 그 부모, 부엌데기 옹점이, 머슴 윤서방, 이웃 사람 등이 부속인으로 속속 적재적소에 배치, 따문따문 그 못난 얼굴들로 돼먹잖은 지청구를 일삼다가도 어느 순간 홀연히 그 자취를 감춘다. 흡사 무슨 가공식품처럼 끼때마다 허기를 때우고 영양을 보충하느라고 애지중지 매달리다가도 유효 기간이 지났다 하면 매몰차게 쓰레기통에 내다 버리는 꼴이다. 그러다가도 어느 시점에는 뜬금없이 불쑥 나타나버릇하는 행동거지가 부속인의 천성이다. 예의 그 괴팍한 성미의 머슴 최서방도 늙마에야, 거의 다 죽어가는 폐인의 몰골로 작품의 끝자락에서야 '환생'한다. 이런 곡절은 물론 '구성=플롯 짜기'의 묘미라고 풀이할 수도 있지만, 근본적으로는 부속인의 '본분=역할'이 부모나 처자식과는 달리 평생을 함께할 수 없는, 그러나 혈육만큼이나 문문한 '타인'이기 때문이다. '남=타인'은, 요즘의 학술적 유행어 '타자'까지, 주요 인물인 '나/그/그녀'에게는 근본적으로 우군이면서 적군이다. 그들의 그 두 얼굴이 주요 인물의 여러 욕망과 모든 갈등을 한편으로 부추기면서 다른 한편으로는 누그러뜨린다. 그러니 주요 인물의 '캐릭터' 키우기에는, 나아가서 그것의 최종적인 '조합'에는 부속인 만큼 그 역할이 우뚝한 것도 달리 없는 셈이다. 훌륭한 용사와 충성스러운 참모가 장군의 승리를, 그 위엄을 보장해주다가 마침내 개선가를 합창하는 이치와 다를 바 없는 것이다.

차제에 또 다른 작례를 들 수도 있다. 역시 앞마디의 〈베네치아에서의 죽음〉에서는 여행기 소설답게 유일한 주요 인물인 작가 아셴바흐가 숱한 사람을, 결국 '타인'일 뿐인 인물들을 만난다. 호텔 종업원을 비롯하여 여러 명의 특징적인 행인, 곤돌라 사공, 쇠갈고리를 든 노인, 숙박객, 시(市) 공무원, 가게 주인, 이발사, 떠돌이 악사, 가수 패거리 등등을 필요에 의해 만나고, 그보다 더 자주 '우연히' 맞닥뜨리지만, 이내 '용도폐기처분'한다. 토마스 만이 대개의 작품에서 부속인을 아무렇게나 함부로 써먹고 곧장 버리는, 실로 비상한 재주를 보여주는 데는 적이 놀라지 않을 수 없다. 그때마다 그 부속인의 외모를, 버릇을, 복장을, 동작을, 장신구를 예의 관찰, 묘사함으로써 독자로 하여금 장차 그 '인물'의 부상(浮上)을 점치게 만들다가도, 결국에는 코끝도 안 비치게 내버림으로써 허를 찌른다. 아마도 그런 장기를 통해 작가의 '인간 불신증' 따위도 읽을 수 있겠지만, 그것보다는 부속인의 '지위'는 어차피 그럴 수밖에 없다는 토마스 만 특유의 작법을, 일컫는 바대로의 아이러니를 이해할 수 있다. (일화, 평전, 에세이, 일기 같은 기왕의 여러 잡문을 통해 알려져 있는 대로라면 토마스 만은 변덕쟁이에다 괴팍한 위선가로서 남의 호의조차 철저히 불신했다는 기벽을 남기고 있으므로 소설 속의 '부속인'들이야 얼마든지 적당히 이용해먹는 냉정한 이기주의자였을 것이다.) 하기야 토마스 만만 그런 게 아니라 모든 소설의 주요 인물들은 대체로 안하무인에 기고만장한 '캐릭터'를 과시함으로써 '괴짜'가 되며, 부속인을 마구 홀대함으로써 사람다운 품위를 저버림으로써 제 위신을 세우는데 오로지 급급한다 이 대비는 다소 우스꽝스럽다가도 한편으로는 파렴치한 유아독존 감정으로 남을 못살게 구는 악취미에 길들여진 인간의 보편적 심상을 되돌아보게하는 예의 문학적 '관습'과 통하고 있다. '타자'의 불행을 보며 은근히 즐기는 사디즘적 성향은 신문 지상에도 매일같이 질펀하게 널려 있으며, 그러면서도 세상살이를 개선 내지는 순치하련다는 위선을 선전해대는 데 지치지 않는 것이다. 한마디로 세상이 위선/위악의 그물로 뒤덮여 있다는 엄연한 증거에는 어떤 변명도 통하지 않으며, 소설 속의 '주인공/부속인'에 대한 대우에서도 그 점은 여실히 드러날 수밖에 없다. 어차피 소설은 세상을 반영하는 거울이면서 그 반사물의 미추를 분별하는 모순적인 언어 양식이니까.

부속인의 등장/퇴장이 제멋대로이듯이 그 빛남의 정도도 대체로 그렇다. 다만 그 명멸의 정도는 늘 상대적이며 비교적이라고 해야 맞을지 모른다. 그 대상은 당연하게도 부속인이 따라다니게 되어 있는 주요 인물이다. 주요 인물이 빛나면 그는 상대적으로 흐릿해진다. 부속인이 싱싱하니 살아 오르면 주요 인물은 시들시들 풀이 죽는 이치와 일맥상통한다. 그렇다고 해서 부속인에게 이렇다 할 '개성'이나 '캐릭터'가 없다는 말은 아니다. 부속인도 덩달아 나름의 개성을 누릴 수밖에 없음은 그 본색이 근본적으로 주요 인물의 라이벌이기 때문이다. 그러므로 그 '캐릭터'도 주요 인물의 그것과는 정반대 쪽에 있다고 할 수 있다. 주요 인물이 태음인이라면 부속인은, 반드시 그에 맞서는 태양인, 소양인, 소음인 중 하나의 소양과 성정 및 기질을 곳곳에서 드러내야 두 도반(道伴)의 '개성미'가 각각 살아난다. 말하자면 싸우면서 사랑하고, 감싸면서도 밀쳐내는 앙숙 사이가 주인공/부속인의 숙명적 관계인데, 모든 욕망, 갈등은 그들의 조화/부조화가 빚어내는 마찰음에 지나지 않는 것이다. (외부에 드러나는 체격까지 그런 대비를 적용하면 뚱보/홀쭉이 같은 코미디물을 겨냥하는 셈이 되지만, 그것도 주인공/부속인의 원형을 보여준다는 점에서 시사적이다.) 그러면서도 더러는 주요 인물의 대리인 구실 또한 너끈히 치러낼 수 있음은 서로가 주인/노예처럼 숙명적으로 공생하면서 기생하는 처지라서 알게 모르게 닮아가기 때문이다. 서로의 영향관계가 이처럼 상반되면서, 한쪽이 커지고 부풀어 오르면 다른 쪽은 작아지면서 오그라들어도 만부득이 공존할 수밖에 없는 상태를 생물학에서는 '길항 작용'이라고 한다는데, 주요 인물과 부속인의 그것이 정확히 그렇다고 할 수 있다. 어떤 주요 인물의 과시벽이 우스꽝스러울 정도로 지나치고 꼭 그만큼 입신양명에 허덕거리는 한 윤똑똑이라면 그 부속인은 대체로 어리무던하면서도 가만히 제 궁량을 견줘보는 찬찬한 숫보기이게 만드는 '장치'도 실은 예의 그 이분법적 도식의 확대 적용으로서 주/객에 대한 사리분별의 결과다. 이야기의 속성과 그 진척을 위해 어쩔 수 없는 '구도'라기보다도 거꾸로 욕망과 갈등의 진원지가 바로 그런 대비에 있어서이다. 한쪽이 거만을 떨어대는 건공잡이라면 그 앞의 '남'은 반드시 알랑이나 약둥이가 된다는 이 도식이 (이야기를 제대로 '조작해 가다' 보면) 신기할 정도로 맞아 들어가는 데 소설 창작의 묘미가 있다고 할 수도 있다. 그렇다는 것은 주요 인물의 개성과 심리적 경사가 저절로 그런 반작용을 불러오며, 부속인도 '타자' 일반과 맞설 수밖에 없으므로 서로가 서로에게 대립자이면서 대등자가 되는 것이다. 비록 지위로나, 지면에서 차지하는 비중으로나 주인보다는 못한 노예이지만, 노예에게 나름의 성질이 있음은 말할 나위도 없다. 작가의 출중한 안목은 부속인의 '재량'을 마음껏 펼칠 수 있는 '자리'를 얼마나 원활하게 마련해주느냐에 달려 있음은 크게 강조해둘 만하다. 일찍이 주인은 수동적/예속적 존재에 불과하며 노예가 오히려 그 직분상 능동적/주체적이라서 제 상전의 의식/행위를 쥐락펴락한다는 학설도 있었는데, 소설 짓기에서도 주요 인물/부속인의 언행 일체에 적용해볼 만한 것이다.

제7장 6절의 요약

(1) 주요 인물, 또는 주인공의 대립어로는 부주인공이나 조연자, 조력자를 떠올릴 수 있지만, '부속인'이 한결 그럴듯할 수 있다. 허울 좋은 가부장제의 황혼기를 맞고 있는 '현대성' 아래서는 가장의 대외적 주체성을 인정하면서도 경제권을 비롯한 여러 실속을 임의로 좌지우지하는 '안주인'처럼 '부속인'의 역할을 오히려 알차게 지어내야 '현실성'이 살아오르기 때문이다.

(2) 주인공은 '단독자'가 되려다 실패하는 인물이다. 그러나 '부속인'은 주인공의 대립자이면서 동시에 대등자이므로 성공/실패와 무관한 방관자일 수 있다.

(3) '부속인'의 자격 조건은 주인공의 그것보다 훨씬 더 광범위하게 열려 있다. 어떤 유형의 '괴물'도 부속인의 지위를 너끈히 누릴 수 있어서이다. '그들'의 출몰이 워낙 빈번한 데서도, 그를 일단 등장시켰다가 가볍게 영구 퇴장시켜버리는 '대접'에서도 그의 출신이나 여러 능력 따위는 고려의 대상이 아님을 알 수 있다.

(4) 비록 주인공과 운명을 같이하지는 않지만, '부속인'을 개성 좋은 캐릭터로 살려내야 작품의 진가가 떠오른다.

제8장
작의를
살려야 한다

1. 작의란 무엇인가

　우리는 '주제'라는 말을 함부로 써버릇한다. 대개 다 남용이거나 오용에 가깝다. 제도권 교육에서 특정 작품이나 어떤 한 문단의 이해력을 알아보는 방법도 그렇고, 시험 같은 데서도 '주제'를 파악하는 문제를 자주 내는 통에 그렇지 않나 싶은데, 실은 애매하기 짝이 없는 용어다. 한 문단 속에 숨어 있다는 '소주제'라는 용어도 문제풀이용으로는 널리 쓰이고 있지만, 생각할수록 아리송해진다. 심지어는 일상생활에서조차 "주제 파악도 제대로 못 하는 꼬락서니 하고는"이라며 혀를 끌끌 차는 광경이 흔한 판이니 더 말할 것도 없다. 하기야 누군들 제 '주제 파악'이 그렇게 쉽겠는가.

　비근한 실례는 도처에 널브러져 있다. 이를테면 천안함 폭파 사태든 세월호 침몰 사건이든 도저히 일어나서는 안 될 사고가 터지는 즉시 매스컴의 휘황찬란한 조명과 수다한 사회적 네트워크의 입방아가 (세칭 포털 뉴스라는 미명 아래) 합세하여 무명의, 무적(無籍)의, 장소 불명의 '인민=여론=세론' 재판을 떠벌리는 통에 '주제'가 이내 모호해져버린다. 그다음부터는 본말전도의 덫에 갇혀버리는 동시에 '주제'는 아예 맨홀에 빠져서 그 종적조차 찾을 길이 없어진다. 아무리 뛰어난 시사평론가라 할지라도 위의 두 실화의 주제를 선뜻 이해하고, 그 전말과 귀추를 요령 좋게 꿰차서 시비를 가려내기는 꽤 벅찬 난제일 것이다. (따져보면 요란한 보도 경쟁과 시시각각 달라지는 여론의 풍향계가 점점 실화를 재미 삼아 엿가락처럼 늘이는 연속극으로 만들어가고 있어서다.) 모르긴 해도 대개의 화제가 그렇게 굴러가듯이 시간이 흐를수록 더 헷갈리는 장광설들만 음색이 다른 채로 난구하는 바람에 주제를 오리무중으로, 흐리멍덩한 꼴로 몰아가는 데 일조를 보탤 게 틀림없다. 오늘날의 제반 사회적 말썽거리들이 이 지경이면 분명히 '주제'라는 말뜻의 헤픈 사용을 한번쯤 곱씹어봐야 하지 않을까 하는 의문이 고여든다.

알다시피 '주제'는 어떤 작품 속에서 작가가 중점적으로 드러내고 싶은 생각의 골자, 좀 거창한 뉘앙스를 풍겨서 쓰기에 늘 주저가 서리는 '사상' 내지는 '사유' 또는 '사고'의 흔적이다. 이런 교과서적 뜻풀이는 '사상'이라는 용어의 개념에, 그것이 늘 옳을 리는 만무하다는 전제를 무시하더라도, 자세한 의미 부여만 자제한다면 틀린 해석은 아닐 것이다. (아무리 시원찮은 소설일지라도 설마 작가의 '사상'이야 없을까만, 자기 자신에게는 이렇다 할 '사유'가 없다고 노골적으로 나대는 '속 빈' 소설은 많다. 물론 모든 작가의 어떤 '사상'은 남의 것과 다른 '사투리'의 음색이 들리지 않는 한 이렇다 할 의미도 없는, 동어반복에 지나지 않는다.) 구수한 입담으로 술술 풀어놓는 학창 시절의 추억담 한 토막이나 뻔한 삼각관계에다 선정적인 장면과 외설적인 대화로 분칠한 호색물 같은 작품일망정 그 속에 작가가 역설하려는 '내용=주제'가 없을 리는 만무할 것이다. (성행위와 성심리는 개개인의 일상과 일생을 공연히 분답스럽게 요절내는 요물일지도 모른다는 것이 모든 호색물 소설의 한결같은 '주제의식'일 것이다. 또는 성본능이야 한낱 일시적 유희에 불과하므로 적당히 즐길 만한 오락거리이지 별건가라는 가벼운 '주제'도 있을 수 있다. 보다시피 그런 주제의식은 한결같고 이미 누구나 써온 상투적인 너스레이므로 옳은 '주제'일 수는 없다.) 실제로도 이 '내용'이야말로 얼마나 재미있는가라고 묻고 있는 작가 자신의 육성을 굳이 '주제'가 아니라고 말할 수 있겠는가. '내용=주제'라는 도식에는 그 작품만의 유일무이한 '소재=읽을거리'로서의 제재(題材)라는 말이 숨어 있다. 제재는 말 그대로 특정한 이야기에 써먹는 각종의 '소재=재료'다. 이런 말뜻의 풀이가 틀리지 않은데도 '주제'는 거창하게 또는 텅 빈 것 같게 다가온다. 중심 되는 재료라니 어딘가 미흡하고, 어느 것을 골라내야 할지 난감해지는 것이다. (하기야 모든 용어의 '남용'은 그 뜻의 확산이라는 미덕과 아울러 그 '함의'의 부실/허실을 재촉하는 듯하다.) 기중 요긴한 '소재=재료'에 숨어 있는 작가의 생각이라니? 말이 될 것 같기도 하고, 너무 막연한 '호의'나 작품의 '그릇'을 미리 재단 평가하고 있는 것 같기도 하다.

또 반복한다는 지탄을 충분히 고려하면서도 결코 지면의 낭비는 아니라고 강변하면서 부언하면 이렇다.

소설은 '이야깃거리=재료'의 축조로 이루어진 성(城)이거나 집이다. 간단히 말하면 적소성대(積小成大)다. 이야깃거리는 파전, 동치미, 새우젓과 삶은 돼지고기를 비롯하여 등산로에서 문득 시선을 앗아가는 구절초, 깡똥하나 다부져 보이는 핫팬츠나 볼레로, 키 큰 나무 낙우송

밑에 나지막한 석등 하나를 함초롬히 박아둔 이층 양옥 앞의 잔디밭 같은 것까지도 죄다 이야기의 재료라고 할 수 있다. 그 '재료=제재'들은 일차적으로 어떤 이야기를 구성하는 '성분=요소'에 불과하지만, 쓰기에 따라 '의미 있는 물음'으로 탈바꿈할 수도 있는데, 가령 무더기로 피어난 구절초 군락지는 기억의 무상함을 일깨우는 촉매제일 수도 있고, 가을에만 유독 떠들어대는 결실, 수확 같은 상투어가 세상살이를 얼마나 값싼 한 구절의 감상문으로 만들어내는지를 표현하는 매개물일 수도 있다. 이쯤 되면 이야기를 구성하는 무수한 '요소=이야깃거리' 중 아주 작은 '구절초 군락지'가 한 작품의 '모티브'로 떠올라 있을 뿐만 아니라 그 산뜻한 '영감'의 맹렬한 작용으로 한 편의 이야기의 '구성'을 차츰차츰 촉발시키고 있음을 짐작하기는 어렵지 않다. (나중에 작품이 소기의 목표대로 어느 가족이라도, 또 어떤 일반 시민이라도 이용할 수 있는 집이나 성으로 지어졌을 때, 구절초는 '객관적 상관물'이 되기도 할 것이다.) 물론 '구절초'는 어떤 소설의 제목으로까지 비화할 수도 있을 테지만, 그것이 이야기 전체의 '내용물'에서 차지하는 비중은 크지 않다. 거의 미미하다고 해도 좋을 경우가 흔하다. 그러니까 '구절초'는 무수한 '정보' 중 하나에 불과하지만, 다른 정보들과의 거래를 통해 일정한 '분별'에 이른다. 그 '분별'은 필경, 비록 한시적이긴할망정 '사물/세상'을 이해하는 도구/수단으로서의 어떤 '지식'의 형용을 서서히 갖춰가기 시작한다.

그러나 이야기는 이야깃거리의 총집합이므로 엄연히 다르다. '그의 부친이 대중목욕탕에서 사우나를 하다가 졸지에 심장마비로 급서했다. 향년 여든여덟 살이었다'로도 충분한 것이 이야기다. 물론 닷새

전에 그의 백부가 중풍으로 이태나 자리보전을 하다가 아흔세 살의 나이로 돌아가신 후라서 그 줄초상은 너무나 어이없는 변고였다는 또 다른 이야기가 연이어 만들어질 수도 있다. 이 짧은 두 토막의 이야기에서('일화/삽화'라고 할 수 있는 이런 이야기'들'의 질서 있는 집합이 한 편의 소설이다) 제재로 쓰인 대중목욕탕, 사우나, 심장마비, 중풍 따위와 손을 맞잡고 있는 '죽음'도 '이야깃거리=화소(話素)'인데, 이야기를 구체화시키는 '도구=재료'로서 그 쓰임새는 끝난다. 더 이상의 의미 부여를 작정한다면 숱한 '수사적' 표현을 덧붙여야 한다. 그 '수사'가 얼마나 장황하게 이어질지는 작가 자신조차 감히 예상할 수 없을 것이다. 물론 그 수사가 웬만큼 조촐하고 적실하기까지 하다면 예리한 독자는 그 설득력을 통해 작품의 '주제들' 중 하나를 끌어내올 수도 있을 것이다. 이를테면 인간의 개인별 수명은 의학의 발달과는 전적으로 무관하고, 개인적인 건강 관리 버릇도 사나운 팔자의 질시 앞에 서는 아무 소용도 없다는, 조물주의 변덕스러운 해코지벽(癖)에 속수무책을 자탄하는 느꺼움과 그 정경이 그것이다. 그러니까 모든 이야기에는, 그것이 매양 듣는 사소한 이야기라 할지라도 중심적인 '소재'가 있듯이 그 내용을 간추려낼 수 있는 '주제'가 반드시 껴묻어 있다. 이야깃거리(=정보)에는 주제가 있을 수 없지만, 이야기 한 자락에는 '주제'가 있을 수밖에 없고, 그것도 복수로 있기도 하며, 독자마다 상이한 '주제의식'을 발겨낼 수도 있는 것이다. 작가가 '주제의식'을 갖고 있었든 말든 독자의 독후감은, 적어도 '주제 알아보기'에서는 달라지게 마련이다.

    그렇다면 그런 이야기는 한 문장 안에도 있는 듯 만 듯 들어 있을 수 있고, 한 문단 속에는 여러 개씩이나 숨어 있을 수 있으니까 '주제'의 가짓수가 불어나는 것은 당연한 추이다. 헷갈리기 딱 좋은, '주제 빈발' 내지는 '주제 사태'에 직면한 꼴인 것이다. 이러니 한 편의 작품 속에 들어 있는 이야기들마다에 주제가 하나나 그 이상씩 들어 있는 판이 된다. 그야말로 '주제 만발'에 '주제 전성시대'에 봉착한 격이 되며, '말이 많으면 쓸 말이 적어진다'는 속담의 진가를 절감하게 되고 만다.

좀더 큰 잣대를 들이대면 모든 소설은 특정의 한 인물의 생로병사를 조명한다. (물론 소설 한 편 속에서 여러 사람의 '일상=생로병사'를 다루기도 하겠으나, 그 '복수'는 결국 '단수'일 뿐이다.) 태어나서 늙어가며 병들었다가 죽어가는 이 '일생극'에 예외는 있을 수 없다. 길면서도 찰나처럼 짧은 그 과정에서 기쁨, 슬픔, 노여움, 욕심, 근심, 사랑, 미움 같은 인간의 일곱 가지 감정을 온몸으로 감당해낸다. 어떤 작품이라도 생로병사에다 이 칠정(七情)의 적당한 조합을 조준할 수밖에 없다. 주제가 많을 수밖에 없다기보다도 어느 작품에서라도 그것은 대동소이하게 정해져 있다고 해도 과언은 아닐 것이다. 다만 똑같은 주제라 할지라도 그 '수사'는 판이해진다는 첨언을 달아놓아야 할 테지만.

그럼에도 불구하고 소설은 자잘한 이야기'들'의 집합만으로는 옳은 '일상극/일인극/일생극'이 될 수 없다. 그 이야기들을 구슬로 삼아 목걸이로 꿸 수 있는 조리(條理)가, 그 취지(趣旨)가 필요해서다. 말하자면 그 잡다한 이야기들을 한군데다 비끄러맨 본질적인 의도, 그래서 그만큼 요긴한 뜻을 간추려야 하는 것이다. 그것을 일이관지(一以貫之)라고 일컬어오며, 우리말로는 그물을 거둬들일 때 그 코에 꿰어 잡아당기게 되어 있는 줄인 벼리다. 벼리의 다른 풀이로는 책의 내용을 간추려서 작은 제목으로 펼쳐 넣은 '차례'라는 뜻도 있으므로 이래저래 아주 안성맞춤이다. 그러므로 한 작품 속에는 벼리가 여러 개도 있을 수 있는 셈이다.

사실상 이야기는 우리 주변에 지천으로 널려 있다. 방금 지난여름의 막바지께 잠시 전철 속에서 만난 후 겨울 들머리인 이제야 서로의 근황을 20분 이상이나 주거니 받거니 한 친구끼리의 전화 통화의 내용 중에도 여러 개의 이야기가 속절없이 떠올랐다가 물거품처럼 사라진다. 더러는 그 이야기마다에 서로의 품평도 곁들였는가 하면, 한 쪽이 그렇지 않다고, 잘못 알고 있다는 예사스러운 '사실 확인/가치 분별'을 내놓아서 상대방은 즉각, "그런가, 나는 모르고 있었네, 그 사람이 원래 허풍이 좀 심했지, 말버릇도 그게 뭐야, 무슨 조폭 말씨처럼 앞으로 잘 모시겠습니다, 주의하겠습니다 이러고, 제가 무식해서 말이지요를 입에 달고 살았잖아, 또 걸핏하면 두고 보십시오 이러고, 제 딴에는 교만을 그렇게 치장한 거야, 우스꽝스럽게도. 내 식으로 말하면 공간 감각이 거의 팔푼이 수준이었어, 다 제 잘난 멋에 살기야 하지만"이라고 받았을 수도 있다.

신문이나 텔레비전의 이야기 제조술은 더 말할 것도 없다. 매일같이, 매시간마다 숱한 이야기를 대량생산해대고 있다. 그 이야기 홍수에서 어느 것을 골라낸다 하더라도 그것은 이미 수다 그 이상도 그이하도 아니다. 어떤 단편적인 사건/사고/일 따위가 아무런 인과관계도 없이 속속 벌어지고, 그 이야기들이 뿔뿔이 제 궤도에서 일탈했다가 낯선 곳에서 헤매는, 핵분열 같은 양상의 그것은 정신분열증 사고가 내지르는 허튼소리와 다를 바 없다. 그 천방지축을 호되게 나무라봐야 아무런 소용도 없다. 왜냐하면 정신병 환자에게 정신 차리라는 고언은 어불성설이니까. 제멋대로 길길이 날뛰는 그 이야기들을 갈래짓고, 쓸 만한 것과 버릴 것을 가려내는 분별, 요컨대 '질서 세우기=편집하기'는 결국 어떤 '대의=취지=도리' 아래에 묶여야 하는 것이다. 그것을 '주제'와 갈음한다고 해도 틀린 말은 아니다. 한자 '제(題)'의 본뜻에는 얼굴에서 튀어나온 이마라는 의미가 있다고 하니 적잖이 그럴 듯하다. 귀, 눈, 입, 코가 각각 제 할 일을 다하면 그것을 높다란 데서 취합하여 하나의 '이름 짓기'로 분별하는 일은 이마의 소관 사항이라는 것이다.

'주제'라는 말의 허실을 따져보았지만, 여전히 맹맹하기는 마찬가지다. 그 말 자체는 나무랄 데가 없는데도, 한 작품 속에 '주제'가 여러 개씩이나 있을 수 있다는 것하며, 그것들마다를 잘 분별하여 하나로 뭉뚱그려서 '이름 붙이기'도 헷갈리기 딱 좋은 일거리 같으니 말이다. 실로 그렇다. 그래서 '주제'라는 다소 거창하고 허황한 말뜻의 기세를 누그러뜨리면서 실속을 챙기는 '작의'를 대체어로 내세우는 것이다. '작의'는 '주제'와 달리 독자마다의 분별력을 열어놓는다는 말맛부터 우선 괜찮다. '주제'가 택일을 강요하는 어감을 주는 데 반해 '작의'는 오히려 여러 개의 짐작을 최대한으로 보장한다는 낌새도 있는데, 그것은 '주(主)'와 '작(作)'이라는 뜻글자의 의미상 차이 때문에 그럴 수밖에 없기도 하다.

잡다한 이야깃거리(=정보)를 최대한으로 수집하여 자잘한 이야기

(=정보들의 취사분별)를 성 쌓듯이 만들고, 그 조작된 '일의 형편=사정(事情)'들의 인과가 어떻게 벌어져서 마무리되었느냐 하는 것이 소설 한 편의 본색이다. 수고스럽기 짝이 없는 그 성 쌓기 작업에는 분명히 어떤 '의도'가 처음부터 있었을 것이고(그런 게 없다면 개미처럼 무작정, 아무런 설계도도 없이 땅 밑을 파들어가는 무모한 행위일 수 있다. 물론 개미 입장에서는 나름의 계획 같은 게 있기도 할 테지만, 그런 논점은 범주를 달리해서 다뤄야 할 논란거리다), 작품 속에 그것이 비치지 않는다면 '동어반복'의 쓰레기에 불과할 것이다. 외침을 막겠다든지, 경계를 뚜렷이 하려고 그런다든지와 같은 '목적=의도'도 중요하지만, 그 내부의 모든 일상을, 그 내력과 유물을 반드시 지키고 보호하기 위해서라도 진작에 지어졌어야 했을 터이니 말이다. 그것이야말로 바로 성을 쌓도록 죄어친, 그렇게 애써 만들게 한 '작의'다. 물론 그것은 일차적으로 작가의 '의도'다. 주지하듯이 '의도'는 작가의 생각이다. 그 특별한 생각은 당연히 어떤 목적을 상정한다. 곧 목적은 어떤 지향성을 띠게 되지만, 독자는 '그렇지 않을까'라든지, '이런 말을 에둘러 하려는 것 같아'라는 짐작만 할 수 있을 뿐이다. ('작의'를 너무 두드러지게 드러내는 장르는 신문 사설이나 학술 논문 같은 다른 종류의 글쓰기다.)

'작의'의 이해, 나아가서 해석은 독자마다 임의로운 것이며, 작가도 그것에는 간섭할 수 없게 되어 있다. 왜냐하면 작가의 참다운 '의도'야 확고했다 하더라도 그것이 작품 속에 제대로 형상화되어 있지 않은 경우가 허다할뿐더러 또 어떻게 배어 있는지에 대한 각자의 분별은 가지각색일 수밖에 없어서이다. 우선 작가가 처음부터 머릿속에 그렸던 '작의'만 하더라도 수십 개로, 그것들마다 화려한 '수사'를 곁들여 늘어놓을 수 있을 터이다. 심하게는 흥미진진한 치정소설을 쓰겠다는 '의도'로 특이한 모티브를 잡았을 수도 있겠으나, 그것이 작품 속에서 어떻게 구체화되어 있는지는 별개로 치더라도, 작가가 노린 것이 결국 '재미'뿐이었다면 '작의'가 없는 것이 되고 만다. 그래서 '작의'는 이야기들의 '집합'이 만들어내는 한가닥의 '의의=가치'다. '가치' 없는 소설에서 무슨 의미를, 어떤 의도를 골라낼 수 있겠는가. 온갖 이야기를 얽어내는 대다수의 소설에서 '작의'를 읽을 수 없는 것은 작가가 작품을 다른 '목적'으로 지어냈기 때문인데, 그가 노리는 것이 무엇인지는 굳이 따질 가치도 없는 일이다

제8장 1절의 요약
(1) '주제' 또는 '주제의식'이라는 용어는 '소주제'라는 말이 가리키듯이 아주 흔하게 쓰인다. 한 작품에 여러 개의 주제가 있을 수 있다면 그 이해→해석이 난해해질 수 있다.
(2) 한 편의 작품에서 작가가 의도한 한 가닥의 '의의=가치'를 '작의'로 명명, '주제'의 대체어로 쓸 수 있다. '작의'가 없는 소설이 의외로 많은데, 그런 작품에서 작가가 추구한 '목적'이 무엇인지를 점검해보면 흥미롭다.

2. 이야기에는 주제가 없다

일단 '이야기에는 작의가 있을 수 없다'라는 단순 명제를 내놓는 것이 여러모로 편리할 듯싶다. 선명한 분별을 위해서도 그렇고, 혼선을 막기 위해서라도 이처럼 설명의 순서를 역행하는 것이 유리해서다.

알다시피 '수다'는 남녀노소 누구나 즐기는 두 사람 이상의 대화다. (흔히 여자들이 수다를 독점하는 것처럼 잘못 알고 있는데, 그것은 여성 일반이 남자들보다는 활동의 범위가 상대적으로 좀더 제한되어 있고, 그 대신 이해타산을 따지는 범주가 대체로 '일상성'에 맞춰져 있으므로 상대방과의 친화력에서는 남자들보다 다소 앞서서 끼리끼리 잘 어울려버릇함으로써 이야기 나누기를 즐기는 덕분일 뿐이다. 남자들의 모임이 얼마나 시끄러운지를 보면, 그들의 맞장구가 무엇을 겨냥하고 있는지를 넘겨짚어보면 대번에 그 점은 분명해진다.) 수다의 골자는 말할 나위도 없이 이야기다. 이야기의 종류는 숱하다. 그때그때마다 시의성을 띤 화제가, 또는 화자의 관심사로 떠오른 당시의 화두가 이야기의 근본 재료로서 그것은 거의 무궁무진하다. 어떤 수다를 귀동냥하더라도 그것에는 나름의 특색이 있게 마련이다. 다만 청자가 흥미를 가질 만한 것인지 어떤지가 경우에 따라서 다를 뿐이다.

어쨌든 그 수다 자체에는 말하는 사람이나 듣는 사람의 의중이 비치지 않을 수도 있다. 그렇긴 해도 모든 화자/청자는 옳다 그르다, 좋다 나쁘다, 된다 안 된다와 같은 자신만의 고유한 편견을 어떤 종류의 이야기에라도, 또는 그 화제의 여러 대목에서 분명히 내비친다. 그런 분별은, '편견'이 대체로 그렇듯이, '사실'의 정확한 이해/해석에서 미흡하거나 골자가 빠져 있고, 따라서 모든 '판단' 자체가 부실해서 수다스러워진다.

그러나 한편으로 당사자의 성격이나 말버릇에 따라 그런 감정적/이성적 분별을 언중에 감추거나 언외에다 흐릿하게 깔아놓기는 한다. 또한 말주변이 좋은 사람은 일부러 자신의 그런 판단을 드러내지 않을 수도 있고, 아주 중요한 대목에서는 누구라도 개인적인 반응을 자제하거나 애매모호하게 얼버무릴 수는 있다. 어쨌든 화자/청자의 그런 감정 표현은 찬반, 시비처럼 이분법적 정서 및 사고에 기대는데, 그것은 이야기의 구성 요소이기도 하고, 이야기가 어떤 결말을 향해 나아가는 수단에 지나지 않는다. 요컨대 그런 감정 내지 정서의 즉각적 반응은, 이야기 속에 묻혀 있는 자잘한 이야깃거리에 대해 화자/청자가 평소 마음에 품고 있던 생각의 일단이라고 할 수 있다. 이 회포의 상당 부분은 만인 공유의 것이다. 이를테면 어떤 경우에라도 개인이 다른 '타자'에게 물리적 행사, 곧 손으로 때리거나 꼬집거나 쥐어박거나 해서는 안 된다는, 그런 야만적인 행태는 징치감이라는 데 동의한다. 그러나 종족 별로 또는 언어권별로 그런저런 폭력 행사가 어느 정도까지는 용인(容認)되기도 하는데, 그 범위 내에서는 남녀노소가 쉽게 공감대를 형성하고 있는 데서도 알 수 있듯이 '회포' 그 자체는 거의 상식에 준하는 지역적인 또는 인종적인 소양이며, 이 공통분모가 이야기를 성립시키는, 또한 이야기가 무언가를 향해 계속 꾸려지는 관건이다. (앞 장에서 밝힌 이야기의 '보편성' 내지 '일반성'이 바로 이것이다.) 그러나 예외적으로 특별한 소양을 소지, 그 신념을 아무 데서나 터뜨리는 소수의 문제적인 개인은 얼마든지 있을 수 있다. 예컨대 거짓말을 잘하고, 공동체 생활에 반발하는 철부지 소년은 아무리 그의 예능적 소질이 탁월하다 하더라도 제한적인 채로나마 호된 닦달이 불가피하다는 소신에 투철한 개인이 있을 수 있는 것이다. (그 자신의 '매질 교육'이 이 시대의 다수 의견과 배치됨을 충분히 의식하는 것만으로도 그는 어떤 반론이라도 수습할 자격이 있다.) 거꾸로 말하면 상식에 반하는 그런 개인의 평소 생각이 어떤 이야기의 진행을 방해하고 있는 것을 보더라도 모든 '수다=이야기'에는 청자/화자의 기본적인 호오의 감정이 스며들어 있음을 알 수 있다. 그러므로 화자/청자의 소회는 이야깃거리와 동일한 한낱 이야기의 구성 요소에 지나지 않는다. 그런데 보다시피 그런 중뿔난 '소신'은 단지 이야깃거리의 하나에 불과하므로 그것은 이야기의 하위 단위이며, 그것에 무슨 '작의'가 들어 있을 여지는 아예 없거나, 엷든가 옅을 수 있다.

한편으로 모든 이야기는 나름의 구색을 맞추고 있다. 그 구색은 흥미진진한 요소인가 하면, 청자에 따라서 새로운 소식일 수도 있고, 듣고 난 후 이내 느끼는 어떤 정서적 반응 같은 것이기도 하다. 어떤 이야기에도 이처럼 재미, 정보, 교훈 등을 촉발시키는 장치가 내장되어 있다. 비록 재미의 정도나, 정보적 가치에서나, 교훈적인 효과 면에서 두드러진 차이가 나긴 할 테지만, 이야기마다에 그것들이 대체로 고루 뒤섞여 있는 것도 사실이다. 그것들이 바로 이야기 자체의 속성이면서, 개별 이야기들이 저마다 발휘하는 특징이기도 할 것이다. 이야기가 끊임없이 만들어지고, 확대재생산되는 현상도 바로 이런 속성과 특징의 내발적 구축력 및 그 호소력 때문임은 분명하다. 이야기의 이런 속성과 특징이 제대로 변별력을 발휘하지 못할 때, 청자의 청취력 및 감응력은 '썰렁해진다'고 예상할 수 있다. 어느 한 청자의 그런 반응은 필경 방금 들은 이야기의 내용 중 흥미로운 사실이 없거나, 새로운 정보가 드물거나, 어떤 감상을 채근하는 '감동적인 요소'가 그 당장에는 보이지 않기 때문일 것이다. "재미있는 이야긴데 한번 들어 볼래"라든지, "너 어젯밤 텔레비전 중계 봤어? 어떻게 됐어?"라거나, "연예인들은 왜 걸핏하면 음주운전으로 말썽이야, 대리운전 시키면 쪽팔려서 그런가"와 같은 화두에는 곧이어 쏟아질 이야기의 내용을 짐작하게 만드는 그 속성이 비친다. 그 속성을 통해 재미, 정보, 교훈 같은 이야기의 기능과 그 특징을 청자는 소득으로 챙길 수 있을 텐데, 이 흔한 깨우침을 '주제'라고는 할 수 없다. ('주제'라는 개념어 자체에도 이미 어떤 단순성과 아울러 포괄성이 배어 있어서 화자의 진정한 '본의=속뜻'을 간취해내기는 역불급인 것처럼 보인다.)

위의 예문을 통해서도 알 수 있듯이 '음주운전 사고'는, 물론 화자의 말솜씨에 따라 차이가 드러날 수밖에 없지만, 얼마쯤 양해 사항이기도 하다는 요지의 뉘앙스를 풍길 수 있다. 그런데 그 화두의 '주제'는 술을 마시고 승용차를 운전하는 과실을 성토하는 쪽에만 국한되어 있는 것처럼 보인다. 이야기마다 그 부대 '정황=경우'가 워낙 다양할 수밖에 없는데도 '주제'는 권선징악 같은 이분법적 분별만 강요하는 한계를 스스로 드러내고 있는 것이다. 사실상 모든 이야기에는, 심지어는 똑같은 이야기일지라도 화자의 말솜씨에 따라, 당연하게도 청자의 그때그때 청취력 정도에 따라 달리 이해-해석될 여지는 거의 무한대로 열려 있다. 하물며 그런 무수한 이야기'들'의 집합체인 소설에서야 더 말할 나위도 없다. 그래서 똑같은 이야기라 할지라도 할 때마다/들을 때마다 각각 그 고유한 빛깔과 무늬를 띠게 마련이다. 그러므로 '주제'가 무엇인가라는 물음은 결국 권선징악 같은 골자 '알아맞히기'를 강요하는 것이 된다. 단답형에 가까운 그런 이야기의 '의도' 파악은, 소설 속의 숱한 이야기를 떠올려보면 여러 개의 '주제'가 저절로 태어나서 어느 것이 진짜인지 알 수 없는 꼴이 되고 만다. 주제가 여러 개라면 귀걸이가 되든 코걸이가 되든 상관없다는 말이 아니고 무엇인가. 달리 말하면 권선징악처럼 이미 정해진 정답(定答)이 아니라 여러 개의 옳은 정답(正答)을 찾아가는 과정에 소설짓기/읽기의 재미와 본분이 실려 있다는 뜻이다.

강조하건대 이야기의 재생적 성격과 반복적 성향을 고려할 때, 아무리 똑같은 사실을 옮기더라도 화자의 말재주, 평소 소양, 어떤 의도의 유무와 그 경중에 따라 '작의'는 확연히 달라질 수 있다. 분식(粉飾)하기에 따라서 이런 외형 바꾸기는 어떤 사실의 중요한 '내용=플롯'보다는 그것을 옮기는 과정에 화자의 '주장=의식'이 한결 두드러지게 반영되어 있음을 보여준다. 실은 이런 '꾸미기'가, 곧 화자의 수사(修辭) 능력이 그 이야기의 '줄거리=내용'보다 더 중요하며, 그 미묘한 차이를 알아보는 청자의 독해력은 제각기 다르다. (세 사람이 똑같은 이야기를 한자리에서 들어놓고도 그 반응이 각각 다른 것은 청취력-

이해력의 기민/우둔을 드러내면서 그 특정 화제에 대한 청자들의 관심도가 달랐음을 추인한다.)

그러나 이야기 듣기에서 그 '내용 파악'은 아주 손쉽고, 꼭 그만큼 대수롭지 않다고 할 수 있다. 어떤 종류의 이야기라도 그 '내용'만큼은 모든 청자가 거의 동일하게 '소화'해내고 있음이 그 점을 증명하고도 남는다. (더러 이야기'들'이 얽히고설킨 소설의 줄거리에, 또 의도적으로 '어렵게' 풀어간 결말 따위에 곡해가 있을 수는 있지만, 그런 경우도 재독再讀이 쉽게 이해를 도와준다. 물론 잘 짜인 소설에 한할 테고, 그에 대한 해석-평가는 달라질 테지만.) 그렇긴 해도 누가 좀더 정확히 들었느냐 하는 저울질은 그 이야기의 본의에 대한 진지한 접근으로 나아간다. 그 뉘앙스를 읽을 수 있는 기량이 '주제 파악력'이라면 대체로 맞는 말이겠으나, 여전히 '주제'라는 어휘는 겉돈다는 난점이 있다. 평소에 화자들이 흔히 "무슨 말인지 알지? 내 이야기의 글자를 꼭 짚고 넘어가야겠어?"와 같은 말로 다짐을 놓지만, 대개의 청자는 이미 속으로 "결국 그놈이 순 엉터리에 사기꾼이고 알건달이었더란 소리네 뭐"라며 '주제'를 파악하는데, 사실상 그것은 권선징악 같은 정해진 답을 먼저 내놓은 '내용'에 지나지 않는다. 한쪽의 허둥떨기와 요란한 덧칠하기를 짐짓 면전에서의 '속아주기'로 대응하는 이야기에는 '주제'라고 할 게 없다기보다도 뻔한 시비, 곧 단답형의 '질의/응답'의 교환만 있을 뿐이라는 사실은 흔히 간과되고 있다. 그러므로 이야기에서 챙길 수 있는 것은 주로 그럴듯함의 근거와 그에 대한 찬반의 의사 표시에 국한됨을 숙지해둘 만하다.

제8장 2절의 요약

(1) 이야기에는 딱히 '주제'라고 부를 만한 게 없다고 할 수 있다. 왜냐하면 어떤 이야기에라도 그 '내용'이 과연 그럴듯한가 아닌가에 대한 판단을 화자/청자가 우선적으로 주고받기 때문이다. 쌍방의 그런 호응은 '사실 파악'일 뿐이지 '가치 분별'은 아니다. '내용'은 '주제'의 집합에 지나지 않는다.

(2) 소설은 이야기 '들'의 집합이다. 그 집합이 어떤 특유의 화학적 반응에 따라 '작의'를 건져내야만 진지한 소설의 위상에 값한다고 할 수 있을지 모른다. 물론 그런 '작의'는 작가의 사전 준비로, 집필 중의 작품 내적 실현으로, 독자의 성실한 이해-해석으로 그 작품만의 유일한 '가락'이 된다.

3. 소설에는 작의가 있다

———————

주지하는 바와 같이 소설은 자잘한 이야깃거리가 모여서 이야기가 되고, 그런 이야기들이 인과관계에 얽매여 개연적/필연적 조화와 반응을 빚어내는 언어의 매체다. 여기서의 '개연적 조화'는 모든 사물, 곧 책, 필기도구, 제도권 교육, 느티나무, 산행, 생일축하 케이크 사가기와 같은 '일상'의 운영이 자연스럽게 또는 인위적으로 꾸려지는 '타성적 관행' 일체를 말한다. 이 범위 밖의 기발한 착상도, 이를테면 특정 이데올로기 내지 사유의 유희 같은 작가마다의 '환상 가꾸기'까지도 이야기의 범주에 속할 수는 있겠으나, 그것이 '일상=현실'을 벗어나면 '공상'의 세계가 될 것이므로 별도의 장을 마련해야 할 터이다. (가상假像의 세계를 다룬 소설의 진정한 가치는 독자의 취향에 따라 다르게 받아들여지므로 별도의 장르로 '특대'해야 할 것이다.) '필연적 반응'은 그런 이야깃거리'들'이 뒤섞여서 빚어내는 나름의 특유한 색깔이거나, 어떤 '기운=분위기=기미'다. 비슷비슷한 '일상극/일인극/일생극'일지라도 그 속에 떠돌아다니는 여러 자잘한 소재=이야깃거리=재료=정보'들에 따라 그 '기미=가락'이 달라짐은 이 '필연적 반응'의 차이 때문이다. 대체로 그것은 그 '재료'들을 녹여내는 문체의 수사적 기능의 조홧속이라고 할 수 있다. 숱한 '사연=내용'을 거느릴 수밖에 없는 소설은 어느 것이라도 당대를 가장 적나라하게, 그만큼 포괄적으로 이해하도록 강권한다.

단언컨대 어떤 진지한 소설이라도 인생살이/세상살이에서 적어도 한 움큼의 '깨달음' 정도는 일러준다. 물론 독자들의 독해력은 워낙 천차만별이라서 그 깨달음의 편차는 클 수밖에 없다. 이처럼 이야기 한 자락에서 얻어내는 소득이 사람마다 다르듯이 어떤 깨달음도 들려주지 않는 '무의미'한 소설도 흔해 빠졌다. (차례나 작가 후기 같은 '부속물'을 먼저 읽고 난 후 본문을 스무 쪽만 훑고도 벌써 그 소설의 수준을 알아채서 내팽개치는 경우 그 책의 진정한 '가치'에 대한 오해는 지극히 개인적인 편견일 뿐이겠지만, 그런 성급한 판단에도 어느 정도의 일리는 있다. 우리는 늘 '사실'을 나름대로 정확히 인식하기 전에 편견이나 선입견으로 그 '가치'부터 따져서 주장을 내세우지만, 그 일련의 의식화 과정이 개개인의 무능 때문만은 아니다. 사회적 '대세'나 당대의 '입김' 따위로부터 모든 독자는 무제한으로 자유롭기란 불가능하다는 말이다. 요컨대 하나를 보고 열을 안다는 속담대로 어떤 작품의 전체적 '정조'에 대한 선입견=가치 조명은 사실파악/가치 분별을 한꺼번에 아우르는 '이야깃거리/이야기들의 집합→정보/지식의 분별→소설의 작의'의 축조 과정에서도 두루 통용되고, 그 성과의 음미에도 써먹을 수 있을 듯하다. 언어의 조립 경과/성과가 그것을 송두리째 낱낱이 노출시키고 있으므로.)

어쨌든 소설 한 편은 그런 깨달음들을 쌓아감으로써 어떤 '작의'를 지향한다. 달리 말하면 그 목적을 위해 소설은 처음부터 끝까지 봉사하기로 되어 있다. 그러나 대개의 소설은 이야기'들'의 막강한 과부하에 짓눌려서 자신의 지향점을 도중에 까먹기 일쑤다. 첫 문단의 첫 단어를 어떤 것으로 골라잡을까에서부터 마지막 문장에 쓸 여러 어휘를 간추릴 때까지 작가가 오로지 이야기들로 차곡차곡 쌓아가는 집짓기에만 골몰하다보면 곱다시 겪게 되는 낭패가 바로 이것이다. ('담장'은 이럴 수 있다는 '개연성'과 '방'은 천장 때문이라도 이래야 한다는 '필연성'을 취합해야 비로소 집짓기가 간신히 이루어진다.) 집짓기가 끝나고 나서 그 구조물이 그럭저럭 네 식구가 살아가는데 불편하지는 않아도 막상 여느 집들과 어떻게 다르고, 어디에다 중점을 두었는지가 두드러지지 않아서 작가 자신도 우두망찰하는 경우가, 심지어는 자기의 재능의 한계를 비로소 절감하며 비감에 젖어버리고 마는 수가 비일비재한 것이다.

왜 이 이야기를(=소설 전체) 지금 지어내야 하느냐, 이런 이야기들은 벌써 숱하게 있었고, 그중 몇몇 작품은 일찌감치 가작, 역작, 명작, 걸작이라는 평판을 받아오지 않았나, 그 선행 작품과 다른 것이 무엇인가, '내용'이야 진작에 비슷한 것으로 판명이 났으므로 결국 문체가 남달라야 하는가, 똑같은 이야기라도 풀어가는 방식으로서의 플롯을 특별하게 짜면 이색적으로 비칠까와 같은 질문을 작가는 기고에서부터 탈고까지 계속 되뇌지만, 그 모든 자문자답은 결국 '작의'의 유무로 귀결된다. 방금까지 '주제'가 낡았을뿐더러 부적절한 개념어라더니 이제 새삼스럽게 그 비슷한 '작의'를 들고 나서면서 그 중요성을 강조한다고 성화를 댈지 모른다. 그러나 '작의'가 있는 작품과 없는 작품은 확연히 구별되고, 작가가 나름대로 어떤 '의도'를 분명하게 파지하고서 그것을 용의주도하게 '어디든' 깔아놓은 구조물은 대번에 표가 난다는 단정만은 명심해도 좋을 것이다.

우선 '작의'는 작가의 '의도'이면서 그 작품만이 유일무이하게 거느리는 '뜻=의의=가치'라고 할 수 있다. 거꾸로 말하면 작의가 없는 작가도, 그것이 없는 작품도 근본적으로는 있을 수 없다. 누구나 겪는 대로 오늘날은 서사물 전성시대다. 만화, 연극, 뮤지컬, 영화 같은 서사물은 현대의 아이콘이자 '대세'가 되어 있고, 휴대용 컴퓨터나 전화기로 전철 속에서도 즐길 수 있는 '게임' 같은 데서도 아주 얄망궂을 망정 한 토막의 '서사=이야기'를 끄집어낼 수 있다. 이처럼 다종다양하게 개발된 여러 서사물의 본질적인 지향점은 일반 대중의 환심 사기다. 곧 그것들은 대중의 흥미에 봉사하기 위해 '이야기 조작열'에 빠져서 '이야기 연이어 가기'라는 덫에 갇혀 있다. 대중이 재미있다고 하면 만사형통이고, 작가의 '작의'는 충분히 보상받은 셈이 된다. 아주 단순하게도 '재미=작의'라는 등식이 성립되고, 그것은 소위 스토리 텔러의 전공 분야다. (스토리 텔러=이야기 작가와 소설가를 구별하는 잣대는 이야기들의 과도한 '조작' 능력이 갈라놓고, 그렇게 억지로 만들어진 기상천외한/비현실적인 이야기의 가락이 대동소이하다는 점에서도 '작의'의 유무에 대한 가치는 분명해진다.) 알다시피 재미는 작의를 살리기 위한 수단일뿐 그것 자체가 목적일 수는 없는데도 본말전도의 사태가 벌어진 것이다.

흔히들 한 편의 소설 속에 일이관지하는 요지 같은 것으로 '작의'를 이해하지만("도대체 이 작품의 중심 테마가 뭐야?"와 같은 아리송한 말을 아무렇게나 써버릇하는 데서도 알 수 있듯이), 오해의 소지가 워낙 다분하다. 실제로도 꼭 집어내서 말하기가 적잖이 난삽한 이 '작의'는 작가의 본의와는 무관하게 작품 속에 암류하는 추상적 '견해'로서의 한 점 발광체라고 할 수 있을 텐데, 그것은 어떤 인과의 점철로 빚어지는 몇몇 이야기'들' 속에 있는 것이 아니라 그 '바깥'에 있다고 해야 옳을지 모른다. 그러니 숱한 이야깃거리, 전체 이야기 중에 슬쩍슬쩍 끼어드는 일화=삽화(번거롭지만 '작은 이야기'라고 지칭할 수 있다. 소설은 '작은 이야기들'의 집합체다), 주요 인물/부속인들이 치르는 여러 중요한 사건/사고 등을 비롯한 언행, 의식, 심경 변화까지도 아우르는 이야기의 연쇄 일체를 '외부'에서 지그시 투시하는 '시선'이 작의의 진정한 골격에 값한다. 자연스럽게도 그 시선은 작품 곳곳에 편재(遍在)(=두루 퍼져)되어 있다고 할 수 있다. 그러므로 '작의'는 분명히 하나이면서 보는 각도에 따라 그 빛깔이 달라지는 다의적多義的 발광체다. 이 모순은 한 낱말에 여러 뜻이 있는 것처럼 이해하기 나름인가 하면 누구라도 다르게 읽을 수 있다는 '해석'의 여지를 열어놓는다.

작례를 읽어보는 것이 '작의'의 실체에 대한 부분적인 해명을 도와줄 듯싶다.

⇒(가)신기함이란 편하든 불편하든 상관없이 그 자체로 어떤 가치를 의미 하는 것이다. 어떤 체험이 완벽하게 유쾌함과 신뢰감을 주지는 않을 것 같다고 해서 대뜸 닻을 내리고 체험을 회피해야 옳을까? 인생에서 다소 섬뜩하고 꼭 편하지만은 않은 일이 벌어진다고 해서, 다소 괴롭거나 속상한 일이 생긴다고 해서 인생을 '떠나는' 것이 옳을까. 그럴 수는 없다. 그대로

머물러 있어야 하는 것이다. 인생을 구경해야 하고, 인생을 향해 자신을 드러내 보여야 한다. 그래야만 뭔가 배울 게 생기는 것이다. 그래서 우리는 그대로 머물러 있었다.(토마스 만의 〈마리오와 마술사〉 126쪽)

널리 알려져 있는 대로 〈마리오와 마술사〉는 토마스 만이 원숙기에 접어들면서 발표한 단편 중 하나로서, 그 쇼킹한 소재도 흥미롭거니와 파시즘의 생태에 대한 노골적인 소묘와 이성적 비판, 그 비극적 종말을 예언한 은유로도 읽히는, 다분히 정치색 짙은 '작의'가 지배(紙背)를 철하는 작품이다. 노련한 산문가답게 작가는 작중 화자의 육성을 빌려서 작품의 여러 구석에다 자신의 '작의'를 한편으로는 비유적으로, 더러는 의도적으로 심어두는 데 최고의 기량을 발휘하고 있다.

(가)의 인용문도 그중 하나인데, '인생=삶=일상'이란 결국 호기심에 이끌려서 어떤 파국의 현장을 무력하게 목격하는 과정임을 시사하는 대목이다. 사람의 삶이란 아무리 이성적인 사고에 기대어 매사를 합리적으로 분별, 처신한다고 하더라도 결국에는 어떤 '필연적 우연'에 의해 봉변을 치르거나 대재앙을 겪고 만다는 암시가 위의 작품에는 시퀀스마다 연기처럼 뿌옇게 풀어져 나온다. 아무리 후각이 둔한 독자라도 그 냄새를 못 맡을 리는 없다. 표면적인 이런 '작의'의 배면에는 파시즘의 무자비한 폭거가 우중의 하잘것없는 분별을 얼마나 우롱하고 있는지가 부속인인(거의 주요 인물이나 마찬가지다. 이런 실례를 보더라도 주역/단역 또는 주요 인물/부속인 같은 대칭적, 이분법적 분별은 이해-해석을 위해 임시로 빌려 쓰는 하찮은 '이론'에 불과하다) 한 최면술사의 방자한 행태를 통해 여지없이 까발려지고

있으며, 그의 비명횡사가 시사하는 은유적 기능도 명약관화하다. 웬만한 독자라면 충분히 어떤 독후감을 착착 챙길 수 있는 작가의 이런 '모티브=본의'가 이 작품의 '작의'로까지 읽힐 수도 있다. 그러나 일반적인 이런 독후감만이 옳다는 단정은 삼가야 한다. 얼마든지 다른 독후감이 나올 수 있으며, 그런 감상을 제대로 읽지 못했다고 단죄할 수 없기도 하다. 모든 독후감이 그렇듯이 어떤 감상의 토로도 주관적, 일방적일 뿐 객관적으로 정당한 '가치 파악=평가'라고 하기에는 무리가 있는 것이다. 이를테면 파시즘의 대두, 그 만행의 일상화, 무력한 민중과 예견되는 파국의 먹구름 같은 분위기를 암울하게 그린 이 작품의 '암시적' 성과보다는 여행지에서 겪는 방정한 한 소시민의 일상극/일인극/일생극을 통해 작중 화자의 진지한 사유와 품위 있는 처신에서 배어나오는 인문주의적 세계관 등도 압도적인 '역사'의 완강한 진행 앞에서는 언제라도 파리해질 수밖에 없다는 그 표면적인 '감상'이 한결 더 진진하다고 우길 수 있어서이다. 요컨대 모든 독자가 제가끔 달리 읽을 수 있는 여지를 열어놓기 위해서 '작의'로 새길 만한 여러 '장치'와 작가 자신의 육성인 '논평-소회'를 작품 전반에다 깔아놓고 있다. 그런 작가의 의도가 사금파리처럼 자잘한 빛으로 흩어졌다 모였다 하며 어떤 발광체를 빚어낼 텐데, 그것의 광도가 어느 정도인지는 전적으로 독자 개개인의 감상 수준에 맡길 수밖에 없다.

어쨌든 분명하든 흐릿하든 '작의'가 배면에 현저하게 깔려 있고, 역작일수록 그 농도가 짙다고 할 수는 있다. 그것이 (가)의 작례처럼 작중 화자의 '논평' 형식으로 드러날 수도 있고, 이야기의 연쇄 중에 일어나는 여러 사건/사고의 한쪽 귀퉁이로부터 진액처럼 묻어나올 수도 있기는 하다. 그것을 어떻게 분별하는지에 대한 정답(定答)은 천부당만 부당하며 어렵사리라도 정답(正答)을 찾을 수 있을 터이며, 오답(誤答)은 즉각 가려낼 수 있을 뿐이다. (다만 독자마다 다를 수밖에 없는 그 '작의 맞히기'에서 어느 쪽의 호소력이 한결 나은지를 각자가 골라낼 수 있다. 정곡을 찌른 평론은 독자는 물론이고 작가조차 미처 생각하지 못한 '작의'를 읽어낸 그 '해석=해설' 때문이겠는데, 그 독후감에는 특정 대상작 속의 모자이크 중 한 편린이 '작의'를 기중 잘 반영하고 있다는 '날카로운 관찰'에 의한 설득력이 실려 있어서다.)

또 다른 손쉬운 사례를 들 수도 있다. 앞에서도 예문으로 사용한 바 있는 〈무진기행〉은 단편으로서도 비교적 짧지만, 의외로 자잘한 '작은 이야기=에피소드=일화'가 많이 섞여 있어서 웬만한 독자라도 그 짙은 안개 속에서 좀체 '작의'를 찾기 힘들다고 난색을 표할 수 있다. 어떤 독자는 세태소설임이 분명하니 당대의 지방 도시에 켜켜이 서린 칙칙한 권태의 풍속도라고 단정한다. 한편으로 현대소설의 해설에 조예가 깊은 소장파 국문학자는 서울에서 열등감에 찌들어 사는 한 월급쟁이가 고향 방문을 통해 '잃어버린 자아 찾기'에서 파탄을 맞는 비극적 정조를 발겨낸다. 그런가 하면 오늘날의 가족, 사랑, 아내, 애인, 성욕 같은 '제도=메커니즘'이 실은 가식, 허상, 위선, 몰염치를 앞세운 파렴치한 사기 행각에 불과하다는 위악적 통속물이라고 강변하는 감상자도 있을 만하다. 그 모든 '작의 읽기'가 나름의 작품 해설에 다가가 있음을 부정할 수는 없다. 당대의 세태 조명에 상당한 성취를 빚어낸 단편의 '작의 찾기'가 이처럼 보석의 한 단면 뚫어보기와 다를 바 없을진대, 하물며 훌륭한 장편소설의 '작의 읽기'는 오죽 다채로울 것인가. 흔히들 명실상부한 장편소설의 결정판이라고 상찬하는《마의 산》이나《마담 보바리》같은 장편소설을 읽고 난 후 그 독후감을 간추려보면 이 점은 더 분명해진다. 당장에라도 수많은 '작의'가 서로 질세라 앞을 다투며 뛰쳐나오는 형국이다. 가령 제목만으로도 '마'는 암시적, 추상적, 상징적 허상인데, '산'은 즉물적, 현실적, 자연적 현상이라서 이 분별만으로도 '작의'의 일단에 조리를 세울 수 있다.

강조하건대 작의는 결코 거창한 것이 아니다. 두루뭉술하게도 인생의 허무를 그렸다'처럼 허황한 말일 수 없는 것이다. 차라리 손으로, 눈으로 감지할 수 있는 구체적인 '실물'이 '작의'의 진정한 발췌를 도와줄 게 틀림없다. ('주제'보다 '작의'는 훨씬 더 다채롭고 그만큼 이해-해석의 여지를 열어놓는다.) 이를테면 밝게 타오르는 황혼처럼 노인의 어떤 일상도 얼마든지 화려할 수 있다는 췌언조차 작의일 수 있다. 한 편의 소설을 지탱하는 기둥 줄거리에서보다는 거기서 뻗어나간 작은 가지인 한 삽화에다 '인생=삶'의 의미를 점화시키는 것도 작의의 한 부분을 대변하기에 족하다. 주요 인물이 어느 시점에서 "그새 세상이 너무 많이 변해버렸어"라는 독백을 흘릴 때, 그 의미심장한 말에 따르는 숱한 이야깃거리-일화-이야기가 일시에 무슨 조핫속처럼 공명의 합창을 터뜨린다면 그것도 작의의 일단일 수 있는 것이다. 어휘 하나에, 문장/문맥 속에, 사건/사고 중에 '작의'들은(작가가 겨냥한 '의도'와는 상관없이) 숨어 있다. 그것이 없는 소설은 대번에 표가 난다. 이른바 왜 이런 이야기를 썼을까에 뒤이어 장르 불명이잖아라는 독후감이 현저할 때, 그런 소설에서는 건져낼 어떤 작의가 보이지 않는다. '재미'를 유독 바치는 소위 대중용 통속물에서 작의를 찾아낼 수 없음도 그런 예인데, 그 속에 담긴 이야기들의 상투성, 주요 인물/부속인의 천편일률성, 플롯의 여일한 무색성, 문체의 평범성 등이 워낙 두드러져서 그렇기도 하겠지만, 작가의 시각 자체가 이 '세상=현실'을 있는 대로 무심히 보아온 그 '타성'에 바쳐지고 있어서 이렇다 할 '작의'의 태동이 있을 리도 없고, 성실한 독자라도 달리 뜯어보려는 의욕마저 생기지 않은 데야 어쩌겠는가.

달리 작의의 테두리를 좀더 구체화시킬 수도 있다. 떠버리는 어떤 화제에도 남보다 먼저 신바람을 낸다. 모르는 것이 없지만, 하나라도 옳게 아는 전문 분야가 전무해서다. 다른 사람들은 다 그 허황한 말솜씨의 진부함을 알고 있는데도 그 떠버리만 그것을 모른다. 제 자신을 제대로 아는 떠버리는 이 세상에서 드물다. 그런데도 그는 스스로가 전문가인 체하며 떠들어댄다. 그 신명이 그의 직업이자 성격이다. 그는 자아도취에 겨워 지내는 만큼 자문자답에도 늘 능수능란하다. 그런 임기응변에서 어떤 화제, 현상, 이념에 대한 저작(咀嚼)기능을 찾아내기는 어렵다. 떠버리에게서 사유의 흔적이 비치지 않는 것은 그의 언어 자체가 처음부터 끝까지 범상하거나 유치해서가 아니라 그 속의 핵심적 '작의'가 없거나, 있다 하더라도 평범하기 짝이 없는 남의 것 투성이로서, 인터넷에서 떠돌아다니는 여러 '정보'를 적당히 채집, '짜집기'한 바로 그 상투적인 '생각'이기 때문이다.

작의가 보이지 않는 모든 통속소설은 떠버리의 그 현란한 말솜씨와 닮아 있고, 흡사 달착지근하지만 영양가는 전무한 음식과 같다. 혼자서 기고만장하며 좋아라 날뛰지만, 실은 그 말잔치가 남의 생각을 제멋대로 우려먹고 있는 표절 행각인 것이다. 진정한 '작의'는 남의 말과 생각과 시각과 양식(樣式)을 되풀이하지 않는다. 많이 묻고 있지단, 어떤 해답도 없다고 읊조리는 것이 오히려 '작의'의 실체에 근접하려는 자세다. 혹시라도 떠버리의 그 요란한 자문자답과 닮을까봐 걱정스러워져서 작가는 혼자서 제 '분신=작품'의 소임을 샅샅이 겨눠 보는 것이다. 그러니 어떤 범상한 화두라도, 있을 법한 세속계의 화제도, 좀 이상하거나 특별한 현상도, 남의 중뿔난 참견도 찬찬히 따져보고 일단 의심한다. 이내 '그럴 리가'라며 그 개연성을 부정하는 한편 '그럴 수밖에'라는 필연성을 찾으려는 모색이 '작의'의 생성을 적극적으로 도와준다. 이른바 제법실상(諸法實相)에 대한 자신만의 득의의 생각을 피력함으로써 소설 속 이야기는 비로소 유의미한 '작의'의 실체 구실을 다하게 되는 것이다.

제8장 3절의 요약

(1) 이야기의 연쇄만으로는 '작의'가 살아나지 않는다.
(2) '작의'는 거창한 것이 아니다. 어떤 작품이라도 작가 자신의 득의의 세계관을 배면에 피력하면 그것이 '작의'에 값한다.
(3) '작의'가 보이지 않는 소설은 이야기의 조작에만 몰두함으로써 작품의 '의도'를 놓쳐버린 것이다. 대체로 떠버리의 숱한 말(=정보의 한 소재)에서 쓸 만한 '말씨'가 거의 없는 것과 소설/이야기의 상관관계는 상당히 유사하다.

제9장
제목을
어떻게 꾸며내나

1. 제목의 탄생

작품의 제목이 얼마나 중요한지는 새삼스럽게도 강조할 만한데, 그 점은 어떤 경우라도 자기 이름이 제 모든 '이미지'를 대신하고 있는 '사회적 관례'가 곧바로 알려준다. 제목은 말 그대로 얼굴을 관장하는 이마 위에 번듯하니 올라붙어 있는 작품의 이름이다. 당연하게도 작가 자신이 스스로 지어 붙인, 이른바 자호(自號)다. (더러는 친구가, 선배나 선생이, 동료가 우연하게 작명에 개입하거나, 작가가 아무리 머리를 쥐어짜도 '이거다' 하며 썩 마음에 드는 '이름'이 떠오르지 않을 때, 남의 시집 같은 데서 그 일부를 따오거나 적당히 첨삭해서 쓰는 사례도 드물지 않다. 작품의 말미에 따온 출처를 밝힌다 하더라도 간신히 '표절'의 경계만 벗어났지 남의 것을 제멋대로 도용한 흔적은 엄연하다.) 얼굴뿐만 아니라 자신의 이력, 신원, 능력 일체까지 대변하는 것이 이름이듯이 제목도 꼭 그렇다. 신체와 직위와 기량이 아무리 빼어나도 그 우열은 검열을 마친 다음에 드러나는 것이라서 우선 얼굴의 이목구비가 시원시원해야 하는 이치와 같은 것이다. 또는 용모야 그 바탕이 겨우 옹색을 면했다 하더라도 꾸미기에 따라서 한결 돋보이는 수가 많음은 자주 겪는 바 그대로인데, 제목 달기도 대체로 그

렇다고 할 수 있다. 이름 지어 붙이기야말로 그 작품의 명운, 팔자를 점지하는 일이라서 그 과정 및 결과에 대한 '학습'도 반드시 익혀야 할 소설 작법상의 소정의 기술(技術)인 것이다. 그렇다는 것은 그 '내용'이 꽤나 멀쩡한 작품도 제목이 공연히 까탈스럽게 비치거나, 어둠침침하거나, 호들갑스러워서 옳은 대접을 못 받고 이내 사장되어버리는 선례가 적지 않아서이기도 하다. 그 반대로 이야기 구색도 제대로 못 갖춘 '되다 만' 작품이 번듯한 제목으로 '평생' 호의호식하는 팔자를 누리는 경우도 허다하다.

　작가마다 이 제목 짓기에 적잖이 골머리를 썩인다는 사실은 널리 알려져 있기도 하고, 그 고충에 따르는 기행(奇行)도 숱하다. 모티브, 플롯, 일화, 이야기의 세목 등은 물론이려니와 첫 대목과 마지막 문장까지 죄다 머릿속에, 또는 창작 노트상에 메모 형식으로 구상, 작성되어 있건만 왠지 걸맞은 제목이 도무지 떠오르지 않아서 며칠씩이나 우두커니 앉아 있는 작가도 없지 않다. 그러다가 영영 기고조차 못하고 마는 게 아닌가 하고 애를 태우다가 다른 잡일에 쫓겨 흐지부지되는 경우도 없지 않은 것이다. 이런 작가는 제목이 정해져야 비로소 한 편의 소설을 꾸려가는 습벽에 제 재능을 볼모로 잡혀두고 있는 꼴이다. 그런가 하면 정반대의 경우도 있다. 어차피 제목은 나중에 짓는 것이라는 신조를 좇아 일단 기고부터 하고 보는 '건설적인' 작가도 있는 것이다. 줄변덕이 좀 심해서 몇몇 그럴싸한 제목을 일찌감치 골라놓았긴 해도 역시 탐탁잖아서 쓰는 도중에, 또는 다 쓰고 나면 문득 좋은 '간판'이 떠오를 것이라는 기대에 떠밀려서 그럴지도 모르는데, 기왕에 그런 경험을 두 번쯤만 겪고 나면 꼼짝없이 그 최면에 포로가 되고 만다. 제목이야 차차 짓지 뭐, 편집자나 출판사 사장이 은근한 '간섭'을 들이밀면 그것도 귀담아들어야 하니까라면서. (물론 예비 작가군에게는 해당되지 않지만, 주위의 '조언'을 은근히 기대하는 심리 상태에 예외는 있을 수 없다)

  제목을 먼저 지어놓고 뜸을 들이든, 한달음에 써나가다가 어느 순간 문득 떠오르는 대로 지어버리든 두 경우 다 한동안씩 머리악을 써야 함에는 틀림없다. 그렇긴 해도 어느 쪽이든 어떤 기발한 '착상의 장난'에 휘둘리면 별것도 아닌, 지극히 평범한 제목인데도 '이것밖에 없다'는 이상한 최면에 걸려들게 된다. 이 '착각'에 들리면 어떤 작가라도 다른 것은 안중에 없어진다. 작가 자신의 평소 지론으로도 자가당착이며, 시류와도 너무나 겉도는 구투의 제목을 붙여놓고 혼자서만 좋아라 하는 격인데, 옆에서 보면 딱하기 짝이 없는 진풍경이지만 누가 감히 이래라저래라 간섭할 수도 없다. 그런 자기도취벽은 누구나 한 번 이상씩 겪는 통과의례이기도 한데, 그 결과는 대개의 독자를 어리둥절하게 만들고 만다. 대번에 '이 작가도 벌써 맛이 갔나'와 같은 반응을 불러일으키는 것이다. 엉뚱한 조어, 합성어, 복합명사 따위를 끌어다 쓰는가 하면, 소수의 독자만이라도 알아달라고 그러는지 일부러 '비문장형' 제목도 달아댄다. 또한 작가 자신만의 독특한 '가락' 내지 '취향'을 과시한답시고 서로 모순되는 두 대칭 어구를 한사코 선호해서 '적과 백'이랄지, '하늘의 기둥, 땅의 뿌리' 같은 억지를 부리기도 한다. 이런 실례를 일일이 다 들자면 하루해로도 모자라겠지만, 어떤 경우라도 제목 짓기에서 얼마나 고심했는가를 읽기에는 충분하다.

  그런가 하면 얼굴 꾸미기에 무슨 기를 쓰고 난리야, 그저 읽기 편하고, 외우기 쉽고, 뜻도 소박하니 참한 것이면 그만이지 하는 식으로 지은 수더분한 제목도 의외로 많다. 가령 이웃 나라의 한 유명 작가는 소설 제목이 별거냐는 듯이 '행인' '하룻밤' '편지' '회상' '문' '명암' '태풍' '피안' '마음' '도련님' 같은 보통명사를 다소곳하게 이마 위에 붙여놓고 있다. 희한한 발상이 아닐 수 없다. 아무리 근대문학의 초창기여서 나름의 '계몽적' 자세에 성실했다 하더라도 무슨 '작문 제목' 같은 평범한 것을 명색 현대소설의 '이름'으로 올려놓는단 말인가. 독자의 호기심을 끌 만한 요소도 전혀 안 비치고, 그렇다고 어떤 신비감이랄지 은유나 상징으로 읽힐 소지도 지레 가로막아 놓고 있으니 말이다. 하기야 너무나 범상한 그런 제명이 그 시절에는 오히려 상당한 호소력을 던져주었을지도 모르고, 그렇다고 보면 작가 자신의 심사숙고가 얼핏 비치기도 한다. 그런저런 사유를 끌어와서 대조를 해봐도 역시 작가 자신의 기질, 성격, 교양과 일정한 연관이 있을 듯하고, 더욱이나 그의 남다른 소설관이 워낙 확실해서 '얼굴'이야 비록 못생겼을망정 '몸과 마음'으로 진심을 보여주련다, 이 단심을 불특정 다수의 독자가 몰라준들 그거야 설마 내 탓이라 할 수있을까와 같은 속셈이 있지 않았나 싶지만, 그런 쉬운 제목 달기의 저의에는 수많은 독자를 슬하에 거느리고 싶은 과도한 욕심이 꿈틀거리고 있었는지도 모른다. 물론 이런 추리도 그의 작품세계를 웬만큼 알고 난 후 '제목의 개성화'와 '내용의 은유화'에 대해 나름의 생각을 다져본 덕분이다.

위의 보통명사형 제목은 원숙기에 접어든 작가들이 자연스럽게 답습, 애용하는 제목 짓기 기법이라고 해도 될 듯싶다. 우리도 젊었던 한 시절에는 한창 들떠서 이런저런 기교를 잔뜩 부려보기도 했으나,

그게 다 부질없는 '객기'였다는 조로, 기중 '알아듣기 쉬운 놈을' 일부러라도 골라잡으련다는 심사로. ('문학은 결국 나이가 말한다'는 원로 문인들의 소회를 뒤집어보면 젊을 때는 누구라도 조리정연한 '이론'과 화려한 '수사/기교'를 좋아한다는 이치가 나올 법도 하다. 그러니 제목 달기에서의 '멋부림'도 젊은 작가의 한시적 특권이기는 할 것이다. 물론 예외야 무수할 테지만.) 또 작의를 부분적으로나마 반영하고 있으면 됐지 더 이상 뭘 바라냐는 식의 뚱한 신념으로. 사실상 소설은 어김없이 '지적-정신적/신체적 경험의 연륜'을 그대로 반영하는 매체이므로 세상을 반쯤 들여다본 주제임에도 다 알고 난 것처럼 행세하는 '철없는 시절'의 습작인가 하면, 그런 과시벽을 부추기는 교만한 장르이기도 하다. 게다가 그런 낡은 관행에 무작정 끌려가는 한편으로 무사통과되는, 어떤 무지한 '말잔치'도 웬만큼 용납하는 언어예술이다. (모든 '글쓰기'가 선행의 저작물에 대한 독후감에 불과하다는 자조自嘲의 밑바닥에는 자기현시욕이, 그 무지/무식에 대한 섣부른 자기기만이 깔려 있음에 틀림없다.)

　말과 글은 세상의 변화를 그대로 반영한다. 세상이 유동적이듯이 언어도 정확히 그렇다. 말이 먼저 바뀌고 글이 그 뒤를 바싹 붙좇는다고 해야 옳겠지만, 부분적으로는 언어가 세상의 풍속을 변화시키는 데 제법 '헌신적'이기도 할 것이다. 제목도 그런 시속의 흐름을 그대로 따른다. '흙' '사랑' '무정' '삼대' '감자' '동백꽃' 등은 그 시대만의 특별한 유산 같은 산물이다. 오늘날 그처럼 평범한(차라리 유치하기 짝이 없는) 보통명사, 추상명사를 소설 제목으로 달았다가는 그 작자의 사심 없는 인품보다는 시대착오적 사고 행태를 일단 의심해봐도 좋을 것이다. 하기야 관점에 따라서는 일부러 요란한 제목을 피하고, 이런 때일수록 더 조촐하니 자그마한 것으로 제목을 삼아서 '알아보는 눈'과만 상대해야지라고 나름의 어깃장을 부린다고 할 수 있을지 모른다.

외국의 사례도 오십보백보다. '업둥이 톰 존스의 이야기' '오만과 편견' '위대한 유산' '한 여인의 초상' '채털리 부인의 연인' 등에서 당대의 시속을 (피상적으로나마) 떠올리기는 어렵지 않다. 특정 제목이 다행하게도 당대의 여러 표정 중 하나를 그럴싸하게 담아낼 수도 있을 테지만, 아무리 욕심 사나운 작가라도 그런 만용까지 함부로 부리지는 않을 터이다. 그러나 동시대를 함께 살아가다보면 늘 마주하는 풍속에 대한 시각은 유사하고, 작가들의 의식 중 반 이상은 어떤 공통분모로 뭉뚱그려지게 마련이다. 어쩔 수 없이 서로가 부분적으로 닮아가며, 서로를 베끼지 않으려고 기를 쓰지만 필경 '대세'에 자기 의식의 일부를 맡기면서 보행 속도를 맞추게 되고 만다. '성인도 시속을 따른다'는 옛말은 괜한 소리가 아닌 것이다. 그러므로 시대의 물결에 한 발을 담그고, 다른 쪽 발은 그 유행과 일정하게 거리를 두겠다는(물론 이런 행태는 단순한 수사적 표현일 뿐이지 철저히 모순되며, 실천하기도 용이치 않다) 심지의 내면화만이 유별난, 참신한, 첨단적인, 그러면서도 쉽게 와닿고, 부르기도 편하며, 튀지도 않는, 그래서 당대의 징후의 일부를 선도하는 제목의 탄생을 도와줄 것임은 분명하다.

제목 짓기에도 어떤 '유행'이 있고, 자기 개성을 살린다는 명분 아래 그 '대세'를 마냥 거스를 수도 없다는 논지는 자칫 오해를 살 만하다. 왜냐하면 무조건 남의 뒤를 졸졸 따르는 무리 중 하나로서 추수주의자가 되거나, 남의 눈치를 할끔할끔 살피는 일방 제2인자를 자처하는 소위 모방 전문가로서의 아류주의자가 되라는 뜻으로 들릴 수도 있어서이다. 그러나 선례를 알고 부화뇌동하는 패러디, 기왕의 숱한 제목을 적당히 얽어 맞추는 식의 짜깁기인 패스티시, 유무형의 이윤과 수익을 독점하려는 상표전용권과 달리 제목은 공유해도 된다는 법률적 근거를 아전인수격으로 써먹는 뻔뻔스러운 '표절=도용' 등을 염두에 둔다면 그런 섣부른 기우를 웬만큼 떨칠 수 있다. 하기야 따지기로 든다면 모든 소설 제목은 선행 작품의 그것들을 조금씩 비틀거나, 이름, 가문 같은 고유명사를 다른 것으로 대체하거나, 명시의 한 구절을 빌려 쓰는 식이다. (뿐만 아니라 남의 나라 작품 제목을, 그것도 기중 '유명짜한' 것을 골라서 제 것인 양 버젓이 '차용'한, 너희는 무식해서 이런 게 있다는 것도 모르지 투의 시건방진 우리 소설도 무수하다.) 제목 짓기의 상투성 피하기는 이처럼 어렵고, 어떤 독창성을 추구하자니 독자라는 대중 일반의 유무식을 감안하지 않을 수 없어서 저절로 한계에 부딪히고 마는 것이다. 이런 고비에는 원용, 인용, 오용, 남용, 절용(節用), 도용, 착용(錯用)의 의미를 정확히 알고 그 범위를 최대한으로 좁혀서(이것저것 다 참조하겠다는 식의 욕심은 금물이라는 지적이다) 반쯤만 선용한다는 자기 투의 작명법에 대한 기율을 세울 필요가 있다. 그런 뜻에서라도 어떤 '유형' 몇몇을 간략하게 언급하면 다음과 같다.

  우선 '문장형' 제목을 거론할 수 있다. 한때 너도나도 한번씩은 다 써먹은 유형인데, 비근한 실례로는 '그대 다시 고향에 못 가리'라든가 비록 명시에서 따온 것이긴 해도 '누구를 위하여 종은 울리나'도 있고, '서부 전선 이상 없다'와 같은 반어법으로 전쟁과 주인공의 전사戰死를 희화화한 것도 있으며, 최근의 것으로는 '나는 공산주의자와 결혼했다'처럼 화제를 불러일으키려는 저의가 노골적인 것도 있다. 지금도 이런 문장형 제목이 나름의 성가를 톡톡히 누리고 있음은 말할 나위도 없다. 손쉽게 책장 속의 아무 책이라도 빼내서 소위 책날개 라는 자사의 광고용 출간 서적 목록을 훑어보면, '누가 말렘을 죽였는가' '이빨을 뽑으면 결혼하겠다고 말하세요' '김 박사는 누구인가?' '무당벌레는 꼭대기에서 난다'와 같은 제목들이 '소리 없는 깃발'처럼 펄럭이고 있다.

이런 문장형 제목을 짓는 작가의 속셈을 짐작하기는 어렵지 않을 듯싶다. 무엇보다도 한 문장의 의미가 전달하는 단호한 호소력이 뛰어나면서, '그래서, 그다음에는?'과 같이 독자의 궁금증을 불러일으킬 것이라는 모종의 기대치가 깔려 있다고 봐야 할 것이다. 혹은 이런 의도도 있지 않을까 싶다. 즉 선행(先行)의 어떤 제목과도 다른, 남의 것과의 차별화를 통해 자신만의 독보성을 누리겠다는 강박증이 훤히 비치니까. 그러나 그런 강박증은 대체로 자기만족에 그치고 만다는 제약이 따르고, 그런 고심이 인구에 회자하지 않을 때 아무런 소득도 없다는 '궁색' 앞에서는 민망해진다. 별난 것, 새로운 것, 기발한 것, 한눈에도 기교와 재치가 와락 달려드는 듯한 것을 선호하는 독자는 사실상 극소수에 지나지 않으며, (장삼이사 같은) 대다수의 독자는 여전히 무난한 것, 알기 쉬운 것, 부르기도 편한 것 따위를 기리며 어떤 '낯선 것'에 대해서는 원초적인 거부반응을 보인다는 '일반적인 공감대'와 대면하고 나면 맥이 빠지는 게 사실이다. 생각하기 나름이라며 간단히 치부하고 말지 모르나, 실제로도 기다란 제목은 외우기도 어렵고, 화제에 오를 때 일일이 주워섬기기도 거추장스러운 난점이 있다. (줄임말로 의사 교환에는 아무 지장이 없다는 토를 달 테지만, 그런 변명도 듣기 나름이며, 귀찮은 것은 어쩔 수 없다.) 또한 작가 자신의 본의와는 어긋나게 그 작품의 작의를 흐릿하게, 단순하게, 뭐가 뭔지 알 수 없게 만들 소지도 다분하다. 아무리 선의로 해석하려고 해도 제목으로 드러내려고 한 '작의'의 일부를 알아보기는 지난한 것이 사실이다. '아무도 대령에게 편지하지 않는다' '바람과 함께 사라지다' '나무들 비탈에 서다'와 같은 특이한 제명에서도 비치듯이 막연하게나마 그 작품의 '분위기'만을 짐작하도록 강요할 뿐이며, '멋'을 앞세우느라고 '실속'은 멀어지고 만 느낌이 완연하다. (작가가 노리고 있는 '은유'도 알 만하고, 그 속이 비치는 '치장술'의 효과가 꾸민 만큼 크다는 것 역시 대번에 알아볼 수는 있지만, 지나치게 '기교적'이라는 느껴움이 쉬 가라앉지는 않는 것이다.)

달리 말하면 고심 끝에 애써 지은 '기교 만발'의 제목들은 그 의미의 확정성이 '작의'를 멀찌감치 밀쳐내버린 꼴이다. 이것을 주목해 보더라도 작명 솜씨는, 홀하게 말하면, 다분히 기교적인가 하면 다들 겉멋을 부리느라고 치장술이 요란하고, 더불어 독자의 이목을 끌려는 각고의 음험한 야심을 작가 혼자서 지레 즐긴다고 지적해도 될 것이다. 얻는 게 있으면 잃는 것도 그만큼 많다는 사실은 예술 제작에서의 '기교 부리기'가 반드시 참조해야 할 사항인데, 제목 작명법에서도 예외는 아닐 듯싶다. 장단점이 이렇게 확연하게 떠올라 있음에도 불구하고 문장형 제목은 모든 작가가 한번쯤은 써보고 싶어하는 이상한 마력을 지니고 있는 듯하다. 독자야 어떻게 생각하든 말든 우선 자기만족부터 챙기고 보는 것이 예술 행위의 골자이자 작가들의 고질적 우행(愚行)이니까 딱한 사정이지만 어쩔 수 없기도 하다.

그다음으로는 명사형 내지 복합명사형과 그것에다 수식어를 덧대는 제목을 초들 수 있다. 근대소설의 초창기부터 이 단호한, 그래서 직접적이면서도 즉물적인 제목 자체가 주류였음은 주지하는 바와 같다. (앞질러 말하면 비록 장르도 다르고 고유명사이긴 해도 '햄릿' 역시 이 유형에 속한다.) 물질명사든 추상명사든, 심지어는 '고양이'와 같은 보통명사나 '알렉산드리아' 같은 도시명도 일단 제목으로 붙여지면 그것의 함의는 즉각 다채로워지고, 묘하게도 신비스러운 상징성까지 띠게 되는 것이 이 제명법의 최대 장점이다. 작가는 물론 그 암시성을 노린다. 예컨대 '아버지'나 '어머니' 같은 진부해빠진 제목이 의외로 절절한 호소력을 발휘하는 것이다. 작가도 그럴 테지만, 대다수의 독자도 '아버지' 같은 당돌한, 그러나 한편으로는 너무 만만한 이런 제목에서 어떤 애달픈 그리움이나 엄한 자애로움에 따르는 회상을 반추하게 되고, 그것 자체가 이미 그 작품이 지니는 '작의'의 한 맥락을 진솔하게 짚어내고 있어서 일석삼조가 된다고 해도 과언이 아니다.

이런 명사형 제목의 사례는 동서고금에 걸쳐 숱하다. '죄와 벌' '삼총사' '진주 목걸이' '보물섬' '표본실의 청개구리' '마지막 잎새' '동물 농장' '전망 좋은 방' '날개' '이방인' '변신' '소리와 분노' '임꺽정' 등의 고전적 제명이 그것이다. 최근의 국내 작품 제명으로는(책명이기도 하다) '침대' '인어공주 이야기' '뱀' '여름' '푸른 유리 심장' '비자나무숲'

'나비잠' '향' 같은 것도 눈에 띈다. 아주 평범한 이런 제목이 오히려 그 소박한 무기교 때문에 호소력도 좋고, 어떤 '작의'의 이미지도 얼핏 떠오르게 하는지 모른다. 물론 독자에 따라서 심심하다고, 오늘날과 같이 휘황찬란한 전자문명 시대에 "엔간히도 답답하네, 보나 마나 따분한 사설이 늘어졌겠네" 하고 지레 아는 체할지도 모르나, 작가는 오불관언이다. 실은 그런 윤똑똑이 같은 독자들을 싸늘하게 따돌리겠다는 작가의 본심이 위의 명사형 제목에는 노골적으로 비치며, 그것이 '작의'의 일부이고, 적어도 이 작품에는 어떤 향신료도 묻히지 않았다는 시위가 두드러지게 읽히기도 한다. 하기야 그런 '의도성'을 애써 피하려고 고심했는데 거꾸로 읽고 있다고 항의할지도 모르지만, 바로 그런 은근한 본심이 비치며, 그걸 못 읽을 수는 없다는 대꾸 앞에서는 대답이 궁해질 게 뻔하다.

대략이나마 드러나 있듯이 제목은 지을 당시 작가 자신의 기질, 성향, 기분, 의도 등에다 그즈음 감명 깊게 읽은 특정의 저작물로부터의 '영향'을 적나라하게 반영한다고 봐야 할 것이다. 이색적인 것을 기어코 발굴해내고 말겠다는 고심은 어떻게든지 독자의 관심을 끌어모으고 싶은 욕심의 구체화라고 할 수밖에 없는데, 그것이 오롯이 보인다는 소리다. 그런 욕망조차 가지지 않은 작가가 어디 있겠는가. 그러니 모든 작가는 세상의 흐름을 자신만큼 속속들이 또 정확히 읽고 있는 사람은 드물 것이라는 자부심에 얼매여 산다고 할 수밖에 없는데, 동시대 및 동서고금의 여러 제목의 '됨됨이'도 웬만큼 꿰차고 있을뿐더러 작품의 성취 정도와 대비한 그 제목들의 '허풍스러운' 장단점까지 거론할 수 있다는 식이다. 그런 남의 눈치 살피기는 급기야 '독자의 반응은 어떨까'와 같은 제멋대로식 예측까지 짚어가는 지경에 이른다. 어떤 작가인들 제 '자식'의 '얼굴'이 불특정 다수의 독자에게 어떻게 보일까 하는 노파심을 저만큼 따돌릴 수야 있겠는가. 시류에 밝고 영리한 작가만이 그토록 노심초사하는 것도 아니다. 소설은 어차피 세태를 곧이곧대로 반영한, 유효 기간이 명시된 시제품인 만큼 우선 '간판=제목'으로 시류와 영합해야 하는, 유행에 부화뇌동할수록 소기의 목적을 넘볼 수 있는 상품일 뿐이다. 작가 자신의 세계관이 시류와는 도저히 화해를 모색할 '머리'마저 없다고 해도 어쩔 수 없는 노릇이다.

어쨌든 제목은 한 시절의 기상도에 적극적으로 부응하여 '태어난' 사생아 같은 상표에 지나지 않는다. '특정 시기'에는 어떤 작가라도 그 '일시적 야합'에 온몸을 던질 수밖에 없는 것이다. 한편으로 유행을 따르지 않겠다는 반동적인 발상도 결국에는 마찬가지다. 남들과는 다르고 싶고, 그들의 어슷비슷한 '문패'와 내 것은 당연히 다른 대우를 받으려는 그 야심은 겸손을 가장한 교만과 아집을 얼렁뚱땅 얼버무리는 너스레와 다를 바 없어서다. (다들 겪어 봐서 잘 알듯이 요즘 세상은 대인관계가 워낙 다양하게 맺어지고 있어서 사교술이라면 누구나 자신의 고유한 '포장술'을 하나씩은 장만해두어 적절히 써먹고 있다. 독자관리술도 결국은 남들과의 친화력을 적극적으로 드러내면서 제 잇속을 챙기려는 자기포장술의 일환일 뿐이다.) 실은 아주 무던한 보통명사형 제목도 그 밑바닥에는 그런저런 고도의 참작 기량이 깔려 있다. 아무리 둔하다고 해도 그것을 읽어내지 못하는 독자는 없다. 제목 짓기에서도 독자와 작가는 일종의 '속 보이는' 심리전을, 잘

'매만져서' 좋게 보이려는 미인계를 펼치고 있는 꼴이다. 이 '현대성' 앞에서는 누구라도 따따부따 따질 것 없이 꼬리부터 내리는 관행을 우리는 익히 봐오고 있다.

그러나 마나 제목 짓기에 따르는 고충, 그 열정은 나잇살이 지긋해 질수록 알게 모르게 엷어지고 싸늘하게 식어간다. 어느 시점부터 "무난한 게 좋아, 쉽게 읽히는 게 낫다 마다, 이제야 반질반질하니 화장독 같은 기교를 잔뜩 처바른 것은 생리적으로 싫증이 나는데 어째, 이 나이에 독자한테 아양을 떨어봐야 쿰쿰한 입내가 등천한다고 오히려 내빼버릴 텐데, 머"라는 체념이 제법 어우러져서 제목 짓기에 관한 한 그렇게 까다롭게 굴지 않게 된다. 그렇다고 공력을 들이지 않는다는 소리는 아니다. 작가마다 그런 정열의 강도가 다르긴 할 테니까. 소설 짓기/쓰기, 제목 달기와 같은 필생의 작업은 아무래도 경험의 '연륜'은 물론 이려니와 개인적인 편차도 심할 테고, 그 직업윤리에의 진지성에 따라 폭도 클 테지만, 나잇살과 더불어 어느 정도의 원숙미는 보장해준다고 할 수 있다.

제9장 1절의 요약

(1) '제목'은 작품의 '얼굴'이므로 성의껏 치장해야 한다. 지나치게 기교를 부려도 대번에 '티가 나서' 곤란하지만, 한때 유행했던 '무정/유정/동행'과 같은 보통명사로는 그 밋밋한 평범성 때문에 시대착오적이라는 오해를 살 수도 있다.

(2) 제목 짓기에서도 그 시대의 '중심 기류'를 반영하지 않을 수 없다. 그러나 그 유행의 물결을 예의 주시하면서도 자신만의 개성적인 '제목'을 발굴하려는 고심의 고삐를 늦춰서는 안 된다.

(3) '문장형 제목'은 그 호소력이 뛰어나다는 장점이 있다. 그러나 작품의 '작의'와 겉돌기 쉽고, 여러 점에서 불편하다는 단점도 두드러진다.

⑷소설 제목의 '기발성/평범성'은 '문학적 연륜'과 무관하지 않다. 나이가 들수록 쉽고 무난한 것을 좇는 경향이 그것인데, 작가에 따라 편차는 심하겠으나 '일반론'으로 이해할 수 있을 듯하다.

2. 제목 짓기의 참고물

    제목 명명법에 무슨 일정한 틀 같은 게 있을 리는 만무하다. 그런게 있다면 아예 무시해버리고 차라리 청개구리식의 엇먹는 발상에 매진해야 기발나면서도 생각을 재촉하는 '이름'을 만들 수 있을지 모른다. 타고난 '몸'이야 어떤 꼴이든 일단 옷맵시부터 나고 봐야 하듯이 오늘날처럼 디자인 만능 시대에는 특히나 치장=꾸미기에 신경을 쓰지 않을 수 없으니까. 그래서 제목의 글자 수까지 헤아리는 판이다.
    작가들이 머리를 싸매고 지어놓은 동서고금의 소설 제목들을 일별하면 하나같이 고만고만하다는 사실 앞에서는 어떤 '이론'이나 '설명/고구'의 보잘것없음을 탄하고 싶어진다. 오로지 독창력을 짝지 삼고 이 풍진 세상을 살아가는 작가들이 제 자식에게 해 입힌 옷 수세와 화장술이 너무 딱해 보여서다. (주요 인물의 '이름 짓기'에서 고심한 그 결과와 대체로 상동하는 꼴이다.) 독자들이 보기에는 분명히 그렇다. 그런데 막상 작가 자신은 '이것 말고는 없다'라고 단언하면서 제 고집에 꼼짝없이 휘둘린다. 이 괴상한 자기최면에 걸려들면 제 옷맵시가 벌거숭이인 줄도 모른다. 그러니 그 남세스러운 자태를 만천하에 뽐내고 있는 꼬락서니가 아닐 수 없다. 그것들은 하나같이 각자의 귀한 업둥이라서 '한동안'은 한껏 기림을 받는다. 더러 극소수의 독자가 독후감이랍시고 "뚝배기보다 장맛이라더니 제법 구뜰하네, 그러고 보니 투가리도 잿물이 제대로 올라붙은 것 같기는 하네"와 같은 덕담을 내놓을 수도 있다. 개중에는 몇 날 며칠 머리를 쥐어짜서 작명한 제목인데도 출판사 쪽의 여러 명색 전문가가 영 마땅찮다며 다른 것을 제시하는 바람에 마지못해 그 '남의 옷'을 걸치고는 "내 몸에는 안 맞아"라며 시큰둥해하거나, "그래도 패션 테러리스트는 면했으니"라는 자기 위안으로 시종 떨떠름해할 작가도 있을 게 틀림없다.

 작가라면 누구라도 이처럼 성가시면서도 설레는 '매무새' 작업으로서의 제목 달기에 심통을 사납게 부리지만, 뾰족한 '이름'이 떠오르지 않을수록 최초의 '모티브=영감의 구체화 작업'에서 여러 이야깃거리를 엉구었던 그 시점으로 되돌아가야 한다. 얼핏 '이야기=소설이 될 것 같다'는 영감을 무슨 축복처럼 어느 순간 맞닥뜨리고, 그 이야깃거리에 살을 붙여가던 시발점으로 되돌아가면 '무엇'을 그리려고 그토록 장시간 머리를 쥐어짰는지 어렴풋이나마 알게 된다. 아마도 대개는 "그렇지, 감이 좀 오는 것 같네, 그랬던 모양이야, 그걸 그리겠다고 설친 거고, 다소 낡았을까"와 같은 헛소리를 중얼거리면서 어떤 특정의 '작은' 이야기들을 조립해가던 정황이 새록새록 떠오를지도 른다. 필경 그쯤에서는 제2의 '작의'까지 거머쥐는 행운도 누릴 것이다. 요컨대 제목 짓기에서 그 작품의 '작의' 일부를 드러내는 것은 아주 자연스럽고, 자기 작품에 대한 작가로서의 기본적인 경의다. 제 작품의 '의도'에 대한 도리 지키기는 그것의 성취를 위한 기도이자 신뢰이기도 하다.

작품의 심장이자 머리이며 마음이기도 한 이 '작의'의 일부를 표제로 삼은 실례는 숱하다. 아마도 모든 작품의 반쯤은, 또한 세칭 명작의 반열에 올라 있는 작품 중에서도 반 이상은 '이것'으로 제목을 삼고 있다고 해도 지나친 말은 아닐 것이다. 이를테면 '죄와 벌' '변신' '적과 흑' '이방인' '유토피아' '세설' '미국의 목가' 등에서 그 작품의 모티브, 나아가서 '작의'를 읽기는 어렵지 않다. 독서 경력이 상당한 독자는 해당 작품을 읽지 않아도 작가의 육성을, 그 음역의 폭까지 짐작하고도 남을 것이다. 한 작가의 작품세계, 작풍, 소설관 같은 작품 외적 '분위기'를 요약해준다는 점에서도 이런 제목 달기는 주체적이며, 해당 작품의 '내용'을 중후하게 대변한다. 소설짓기/쓰기를 한낱 가벼운 읽을거리 만들기/얽기나 이름 날리기, 돈 벌기 따위의 수단으로 여기는 작가에게도 개별 작품마다에 따라 다른 특별한 '작의'야 의당 늠름할 테지만, 그것의 일부를 제목으로 변주할 만큼 자신과의 타협에서, 세상과의 '눈짓 맞추기'에서 고분고분하기는 쉽지 않다.

작가마다 고유한 생리랄지 유별난 기질이 있게 마련이며, '이 시대에 소설이 무엇이어야 하는가'에 대한 각자의 생각은 천양지차라는 점에서도 제목이 시사하는 바는 적지 않다고 할 수 있다. 제목을 통한 '작의'의 반영은 작가로서의 어떤 신념(=직업 윤리)의 표현이라고 볼 수 있다는 말이다.

대체로 대중용 통속물에 전념하는 작가들의 의식은 제목 짓기에서도 그 수더분한 안이성이 즉각 작동한다. 곧 '독자=세상'의 눈치 살피기에 능한데, 그렇다는 것은 딱히 '작의'랄 것도 없었고, 그런 거야 아무래도 좋다는 자의식이 넘쳐나서이다. 그 반대로 묵직한 추상명사를 들고나와 작품의 현학적, 관념적 기조를 과시하는 취향은 '독자＝세상'과의 벽 쌓기에 불과하다는 매도에 궁색해질 게 틀림없다.

'작의'를 드러낸다는 빌미로 선정적인 제목을 일부러 모셔다놓고 독자의 호기심을 바로 자극하는 사례도 흔하다. (이쯤 되면 아무리 진지한 소설만 쓴다고 자타가 인정해 마지않는 작가라도 궁극적으로는 오로지 '소통'을 위해 독자와의 '타협'에 전전긍긍하고 있음을 눈치챌 수 있다.) '밀회' '고백' '질투' '성적 인간' 등이 그것이다. 묘하게도 독자 일반의 성선(性腺)을 은근히 압박하는 이런 제목은 작품의 '기율＝형식'과 '내용＝정조(情調)'의 일부를 반영하고 있다고 봐야겠는데, 그렇다는 것은 어떤 '얼굴'이라도 한 개인의 전모를, 그 자신의 '진의＝작의'를 대변하기는 원천적으로 불가능해서다. 이것이 '작의'로서 제목 달기의 약점이라고 할 수 있다. 욕심 사나운 작가들이 '작의'의 일부만 따올 수밖에 없는 고충으로 속이 타서 엉뚱한 허세를 부린 흔적이 위의 제명에도 얼비치고 있는 것이다. 작가의 허영심과 독자의 기대 심리에 대한 부응이 적절히 희석되었다고 보면 그뿐이지만, '작의'라는 고삐에 얽매인 작가의 고심은 늘 상당한 보상은커녕 허무한 도로(徒勞)에 그치고 마는 듯하다.

독자로서는 작품의 '속살'이야 나중 일이고 '민낯'이 훤하니 잘날수록 일단 '대면'하기가 편할지 모른다. 비록 '진짜' 얼굴은 천태만상일지라도 화장술의 세련 등에 힘입어 어슷비슷한 판박이들이 설치는 세태임에랴. 그래서 일단 '튀고 보자' '눈에 띄어야지'라는 기치를 내걸고 요란스런 제목이 지나치게 많은 게 현실이다. (다품종 소량 생산체제를 구축한 작금의 소설 시장이 제목의 말값에 허장성세를 불러오는 듯하다.) 그에 대한 반발로 한쪽에서는 아예 민짜 얼굴로 나서기도 하는데, 앞서 거명한 그 멋없는 보통명사형 제목이 그렇듯이, '이 생얼굴은 어떤가'라면서 덤비는 식이다. 하지만 그 무작위의 궁심도 속내가 훤히 보이기는 마찬가지다. (여기서 차마 그 사례를 열거할 수는 없다. '시각' '귀중한 목숨' '헤어질 때' '자부심'과 같은 자칭 점잔 빼는 제명을 열거할 수 있을 뿐이다.) 어떤 특정 제목에 대한 선입관이 독후감과 맞아떨어지는 경우가 드문 것만으로도 '작의'의 부실을 점칠 수 있겠는데, 막말로 '시각'이 없는 사람이나 그런 소설이 과연 지구상에 있겠는가라는 의문 앞에서는 (작가야 할 말이 없지 않겠으나) 독자로서는 난색을 표하지 않을 수 없다. 요지는 제목과 작품의 성취 정도는 일치할 수 없는데도 작가들은 그것의 화장술에 그토록 허무한 '작위=조작'을 일삼고 있다는 것이다. 하기야 그런 작위적 '공작工作'을 죽을 둥 살 둥 즐기는 것이, 소설 쓰기가 늘 그렇듯이, 작가들의 고유한 신념 윤리라는 점도 강조해둘만하다. (지나놓고 보면 맥 빠지기 딱 좋을 만한 심정적 집착이 신념=고집인데도 다들 한시절 내내 그 못난 고주박을 파헤치려고 아등바등하는 인간의 우둔이라니.) 그러므로 '작의'를 고려한 제목 붙이기에는 '작위'를 최대한으로 삼가면서 다소곳한, 짐짓 티 안 나게 겸손을 앞세우는(이 졸작의 '본의'는 별것도 아니라는 식으로 옹동그려서), '허세 감추기'라는 두 번째 위장술을 어울리든 말든 걸치고 나서는 품 재기도 '필요악적인' 자세일 수 있다. '외출복'을 함부로 입고 나설 수는 없으니까.

  제목 짓기에서 두 번째로 많이 써먹는 기법은 '내용=소재'에서 그 '일부'를 빼내오는 것이다. 비교적 손쉬운 방법이며, 이런 유형이 모든 소설 제목의 반 이상을 과점할 것임은 분명하다. ('작의'의 일부로 제목을 달겠다는 작가 자신의 애초에 '기획력'은 대체로 중도에서 파국을 맞고, '내용'에 기대서 '작의'의 꼬리를 슬그머니 감추곤 한다)

구차한 설명을 늘어놓기보다는 바로 실례를 들이미는 것이 이해를 도울 듯싶다. '대위의 딸' '이상한 나라의 엘리스' '베네치아에서의 죽음' '연애소설을 읽는 노인' '젊은 베르테르의 슬픔' '영원한 남편' '아버지와 아들' '롤리타' '포로기' '한때 흑인이었던 남자의 자서전' 등이 그것이다. 제목만 보더라도 소설 속에서 흘러가는 이야기가 어떤 내용인지, 누가 무슨 경험을 치르는지 따위를 어느 정도까지는 짐작할 수 있다. 독자의 호기심을 충동여서 읽게 만드는 유인 효과 면에서는 앞서의 '작의' 따오기 제명보다 이쪽이 한 걸음쯤 앞선다고 해도 좋을 것이다. 그런 의미에서도 이 소재 맛보이기가 독자를 더 적극적으로 의식한 제목이라서 단연 실리적인 착상이다. 실제로 작가 자신의 모티브도 제목과 유사할 수밖에 없는 것이 그 특정의 이야기를 쓰고 싶게 만들었던 핵심적인 '요소=이야깃거리'를 빌려오는 것이고, 그 압축미는 뜻밖의 긴장감을 불러온다는 장점이 워낙 크다. 열린 시각으로 보면 어떤 '소재'가 작가 자신에게는 아주 각별해서 어떻게 풀어갈 것인지(플롯=형식이다), 그런 내용을 통해 '작의'를 어떤 식으로 드러낼 것인지에 대한 고심은 일단 뒤로 밀쳐두고, 그 압도적인 이야기의 핵심부터 소개 하겠다는 '의욕'을 솔직히 드러낸 것이다. 읽어보지 않아도 알 수 있겠듯이 베네치아라는 유명한 관광도시에서 누가 죽음을 맞는다는 특별한 이야기는 '주제=작의'와는 아무런 상관도 없다. 비약해서 점쳐보면 오늘날처럼 이혼이 흔한 세상에서는 '영원한 남편'에 대한 환상이 워낙 비등한 만큼 여전히 호소력 좋은 제목이라고 할 수도 있다.

 소설 속의 '재료=소재'를 제목으로 빌려 쓰는 경우도 몇 가지로 나눌 수 있다. 그 첫째는 주인공의 이름을 따오는 것이다. 외국에서는 '돈키호테'나 '햄릿' 같은 선례가 아주 뚜렷해서인지(이런 문학적 '전통'의 위력을 의식하지 않는 작가는 드물다. 작가도 눈치가 빠른 편이지만, 소설 쓰기는 당대의 전반적 '기운'에 대한 눈치 살피기를 간과할 수 없으니까) 주인공의 이름을 제목으로 노출시키는 데는 어떤 심리적 압박도 없는 듯하다. '안나 카레니나' '댈러웨이 부인' '파우스트 박사' '위대한 개츠비' '데미안' '오기 마치의 모험' '비의 왕 핸드슨' '훔볼트의 선물'과 같은 현대소설의 제목이 그것이다. 주인공의 이름에는 자동적으로 그 사람의 신원, 성별, 직업뿐만 아니라 적당한 수식어도 따라 붙는데, 이것 역시 소재의 일부를 차용함으로써 독자의 관심을 곧장 유도하려는 전략인 셈이다. 더욱이나 별칭으로 아예 그 인물의 성격과 신원까지 규정해버림으로써 독자의 흥미를 유발하는 기교도 같은 맥락이다. 그런 수식어를 덧붙여서 소설의 내용에 대한 궁금증을 불러일으키는 사례로는 '벙어리' '백치' '그리스인' '탐험가' '노름꾼' '은둔자' '사전꾼' '희생자' '공작부인' 같은 것이 있다. 한편 우리 소설 제목에 주인공 이름을 사용하는 작례가 외국의 그것에 비해 상대적으로 드문 현상은 아무래도 성과 이름이 세 자로 고정되어 있고, 동명이인이 흔한 전통과도 무관하지 않을 성싶다. (물론 서양에도 《성경》에서 뽑아 쓰는 '마리아' '미리암' '폴' '존' '사무엘' '데이비드' 같은 동명이인이 많지만, 소설의 제명으로 따오기는 부담스러울 터이다.) 또한 성인이 되고 나면 사회에서나 가정에서나 연장자에게는 '대접'하느라고 함부로 이름을 호명하지 않는 휘명(諱名) 관습도 소설 쓰기 및 제목 달기에는 적잖이 거치적거리는 게 사실이다.

두 번째의 경우로는 자연 환경, 좀더 구체적으로 말한다면 시공간을 제목으로 따오는 사례가 있다. 안개가 무시로 자주 끼는 '나루터=항구도시'라는 작명의 '무진기행', 도시의 한 지역을 거명한 '맨해튼 트랜스퍼' '하얼빈' '낙동강' '오키나와에서 온 편지' '베니스의 상인' '북회귀선' '고요한 돈강' 등이 눈에 띈다. 그 대척점에 있는 시간성 제목은 '만세전' '암야' '해방의 아침' '모란꽃 필 때' '메밀꽃 필 무렵' '그해 겨울은 따뜻했네' '휘청거리는 오후' '1984년' '먼동' '봄밤' '들밤' 등으로 독자에 따라서는 그 계절 감각이 쉬 잊히지 않거나 독후에 작품의 내용을 떠올리기가 용이하다고 할지 모른다.

세 번째 경우는 앞서 잠시 언급한 보통명사, 사물의 이름 수식어가 딸린 구(句)나 절(節) 같은 제목이다. 책장에 꽂힌 서너 권의 저작물을 손 닿는 대로 골라서 그 속의 책 소개란에 적힌 것 중 눈에 띄는 제목만 거론해도 다음과 같이 다채롭고, 그만큼 풍요롭다. '유리벽' '정결한 집' '웃는 동안' '동백꽃' '고향' '젊은 느티나무' '피아노 치는 여자' '황금 물고기' '곰' '열세 걸음' '인간 짐승' '비오는 길' '승강기' 등이 그것이다. 무기교의 기교라기보다는 너무 평범한 듯하지만, 그 함의까지 추측하자면 작가 자신이 고심한 흔적도 웬만큼 읽히는 제목들이다.

'소재'의 일부를 드러냄과 동시에 어슷비슷한 제목에 아주 넌더리가 났다는 작가 자신의 선언적 의지를 강렬하게 부각시킴으로써 '작중의 문장'을 집어올린 것 같은, 그야말로 거추장스러울 정도로 치렁

치렁한 제명도 있다. 이를테면 '미래를 도모하는 방식 가운데' '나정만씨의 살짝 아래로 굽은 몸' '초록이 지쳐 단풍 드는데' '목 놓아 우네' '다른 눈송이와 아주 비슷하게 생긴 단 하나의 눈송이' '움직이면 움직일수록 이상한 일이 벌어지는 오늘은 참으로 신기한 날이다' 등이 그것이다. 이런 유의 제목은 그 남다른 변별성 및 독보성을(희화화로 비칠 뿐 '독창성'으로까지 읽을 여지는 없어 보인다) 두드러지게 선언하느라고 기를 쓴 흔적이 역력하지만, 독자로 하여금 기억의 재생을 불편하게 만듦으로써 오히려 '외우기'를 강요하는 듯한 꿍꿍이 속도 읽힌다. 굳이 이런 '무정부적'인 제명을 단 의도를 짐작하기는 어렵지 않다. 어차피 요즘은 소설을 읽지 않고도 얼마든지 재미있게 살 수 있는 시대다. 전자문명의 현란한 찰나성, 임의성, 작위성, 소모성 따위를 감안하면 '이야기 양식'을 거창하게 취급하는 의식 자체가 복고풍 체제지향주의랄까, 원만주의에 세뇌된 속물의 무자각적 발상이 아닌가와 같은 자의식의 일대 시위일 것이다. 물론 그런 자기현시도 작가만이 누릴 수 있는 개성의 한 표현 방법이긴 하지만, 그 저의는 너무나 뻔하다. 치기의 발로와 주목받고 싶은 기대가 그것이다. 제명을 그렇게 '조작'할 수밖에 없었던 '강박증'을 창의력의 일부로 이해하는 독자가 과연 얼마나 될지도 의문이다. 물론 독자 일반의 환심이나 살 궁리로 머리가 두 개라도 모자라는 대다수 '먹물' 계급을 위해 소설이라는 '제도'는 아무래도 무용지물이 아닐까라는 그 '메아리 없는 육성'이 귀한 것은 인정해야겠지만 말이다.

그 밖에 좀 색다른 제목을 열거하기로 든다면 '제명 작법 설명서' 같은 본격적인 참고서를 집필해야 할 것이다. 그중 하나로는 도무지 제목감이라고 할 수 없는 접속사를 점잖게 '간판'으로 내거는 경우로 '그러나' '그래도' 등이 있기도 하다. 역시 소설 자체를, 또는 이야기 양식을 반쯤 희화화하고 있는 셈인데, 그럼에도 불구하고 사람이라면 누구라도 '작은 담화/담론=소설'을 글로 지어서 널리 읽히려는 욕망을 주체하지 못한다는 역설(逆說) 앞에서 모든 소설 제목이 비웃지 않을까 싶기도 하다.

제목 짓기에 따르는 참조 사항으로 반드시 짚고 넘어가야 할 것은 외국어의 사용 내지 그 남용이다. 오늘날과 같은 '지구촌' 시대에, 또 인터넷의 광범위한 사용(私用)으로 직간접의 외국여행이 일상화된 이런 시절에, 그것이 사람 이름이든 지명이든 외국어 상용을 제한할 수는 없겠으나, 지나친 남발은(소설 내용상 시간적으로나 공간적으로 무국적 상태라 할지라도) 경계해야 할 사안이다. 요즘 세상에, 아니 그렇기 때문에 더욱이나 작가로서의 '세계시민성'을 부정할 수는 없겠으나, 소설 '내용' 중에서 불가피하게 사용하는 경우야 어쩔 수 없다 하더라도 제목에까지 외국어를 쓰는 것이 과연 '작업 윤리/신념윤리'와 걸맞을지는 작가 스스로 엄격히 따져보고 판단을 내릴 문제다. 특히나 정서가 한창 펄펄 들끓고 원기도 왕성한 '한 시절'에는 누구나 선부른, 자가당착의, 허세에 지나지 않는 현학을 아무렇게나 휘저으며 아는 체해서 망신살을 입게 마련이므로 제목은 물론이고, 본문 중의 문장에서도 외국어 상용은 가급적 자제하는 '처신'이 의외로 성숙한 기량의 확보와 발전을 진지하게 도와주므로.

제9장 2절의 요약

(1) 제목 달기는 크게 두 가지로 나눌 수 있다. '작의'를 반영하거나, '소재'의 일부를 따오거나 드러내는 방법이 그것이다. '구상-기고' 당시의 모티브를 되돌아보는 이 방법은 의외로 작품의 성취 정도를 점검하는 계기도 마련해준다.

(2) '작의'를 살려서 제명하면 제목이 추상화로 빠질 우려가 있으나, 그만큼 작품에 무게가 실리는 장점도 있다. '환멸' '전쟁과 혼란' 같은 작례에는 구체성이 웬만큼 두드러져 있지만, 역설적이게도 소설의 이야기스러움을 부정함으로써 독자성을 누린다.

(3) '소재'에서 골라낸 제목은 그 구체성으로 말미암아 독자의 호기심을 끌어모으는 데는 단연 효과적이라고 할 수 있다. '고양이와의 슬픈 작별' '목사의 친구'와 같은 제목은 일단 소설적인 그 작명만으로도 독자와의 소통이 여의롭다. 내용상으로나 형식적으로나 지나친 기교의 난무는 소설의 이야기다움을 제멋대로 굴러가게 함으로써 얻는 소득이 보잘것없는데, 제목 짓기에서도 예외가 아니다.

제10장
소설의 성취는
문장/문체가 좌우한다

1. 원고 작성을 정성스럽게

  모든 소설의 원형은 원고이고, 그 원고는 문장으로 빼곡히 채워진다. 그러므로 소설은 처음부터 끝까지 문장으로 꾸려지는데, 그 내용 곧 이야기는 어느 것이든 고만고만하다 하더라도 문장/문체로 모양/색깔을 내기에 따라 그 성취의 정도가 완연히 달라질 수 있다.
  하늘 아래 새로운 것이 없다는 진부한 상투어대로 세상사/인간사는 어떤 지역, 어느 언어권에서나 어슷비슷할 수밖에 없다. 어떤 이야기라도 하루 단위의 생활세계에서 허덕거리고('일상극'이면서 '사실극'이라는 소리다), 개개인이 사회/남과의 조화/불화를 어떻게 헤쳐나가느냐를 엿보며('일인극'이면서 '대중극/통속극'을 겨냥할 수밖에 없다), 작품의 길이와 생애의 장단에 상관없이 사람의 한평생을 조명하게 되어 있으므로('일생극'은 한 사람이나 두 사람의 생을, 그것을 부분적으로든 전체적으로든 조명함으로써 당대의 기상도=기운을 드러내게 되어 있으므로 '현대극=세태극'이 되고 만다) 사랑하다가 싸우고 헤어지며, 종국에는 진부한 생활을 영위하다가 죽어간다. 모질게 단언하면 모든 이야기는 거의 천편일률적이라고 해도 결코 과언이 아니다. 주요 인물의 이름이 바뀌고, 시공간과 그 부대 정황과 소도구들

이 다소 달라질 뿐이며, 사건/사고/사유(思惟=事由)의 모양새도 대동소이에 그칠 수밖에 없다.

그렇긴 하지만 이야기를 풀어가는 '방식=플롯'에 따라 똑같은 연애극, 모험극, 추리극, 기행극, 세태극 등도 환골탈태할 수는 있다. 하기야 그 정도의 상이점도 궁극적으로는 '문장'의 차이 때문에 빚어진 일종의 착시 효과라고 해야 맞을지 모른다. 그런데 이 문장력은 한 작가의 모든 기량을, 곧 이야깃거리 분별력, 이야기 구성력, 인물 형상력, 세상 분별력 등을 솔직하게=곧이곧대로 대변한다. (문장이 좋으면 내용, 작의, 구성 등이 고루 뛰어나다고 할 수밖에 없다. 이야기는 풍부하고 그 내용도 참신한데 문장이 엉터리라는 지적을 억지로 이해하자면 헷갈리고, 그 반대로 문장은 깔끔하고 정확한데 이야기가 재미없다거나, '플롯=이야기의 짜임새'가 엉성할뿐더러 내용의 현실감이 떨어진다는 독후감은 흔히 듣지만, 그런 헛소리는 원천적으로 어불성설이다. 잔칫집에서 온갖 음식을 실컷 잘 먹고 나서 김치가 기중 맛있더라는 우스개나 마찬가지여서이다.) 소설을 소설답게, 곧 소설을 생동하는 유기체로 만드는 그 기량은 이야기의 큰 그림을 파악하는 능력, 꼭 필요한 대목과 빠뜨려도 괜찮은 세사(細事)를 분별하는 안목, 세상사를 돌아가게 하는 여러 이치와 제도에 대한 취사력(取捨力), 인간사의 다사다난과 우여곡절을 톺아보는 이해 등일 텐데, 그것을 (대화로나) 글로써 드러내야만 비로소 그의 해석력이 돋보인다. 이 '해석력=표현력'은 아무리 비근한 이야기라도 완전히 다른 현실감, 유별감, 완결감을 불러일으킬 수 있다. 결국 (중언부언이긴 한데) 이야기를 실어 나르는 매체로서의 문장은 그 독자성 때문에 빛나고, 독보적인 문장/문체와 그 특이한 감각 일체는 소설사에 살아남아서 다소의 영향을 끼칠 수있지만, 이야기의 '내용'은 그 유사성, 진부성, 상투성 때문에라도 쉬 잊히거나 이내 삭아버린다고 해도 막말은 아니다.

다른 장르에서의(예컨대 그림 그리기, 노래/소리하기, 악기 연주하기 등) 표현적 기량이 그런 것처럼 소설 쓰기에서 가장 기초적이고 근본적인 능력인 문장력도 각자가 고도의 자습과 줄기찬 훈련의 반복으로 '개발'할 수 있을 따름이다. 진부한 표현대로 문장가가 되는 자질은 타고나지 않으며, 그것을 배우고 익히는 데 왕도가 있을 수 없다. 오로지 절차탁마로 스스로 감돌과 보석을 캐낼 수 있을 뿐이다.

무엇보다도 정확한 문장을 쓸 수 있는 기량의 확보가 관건이랄 수 있겠는데, 그러자면 다음의 실천 사항에 대한 이해를, 나아가서 버릇들이기를 체질화/일상화하는 것이 첩경일 듯싶다. 소위 '문장삼이(文章三易)'가 (비록 한자문화권의 발상이긴 해도 그 요령은 여전히 새겨들을 만하다) 그것으로, 먹과 붓과 종이가 유일한 필기도구였던 그 시절에도 좋은 문장에 대한 욕심은 치열해서 선인들은 그 지침을 이토록 명쾌하게 적바림해두었는데, 생각할수록 경이로울 뿐이다. 말 그대로 '문장은 세 가지가 쉬워야 한다'는 것이다. 적어도 문장 수련에 관한 이 지침 이상으로 정곡을 찌르는 가르침은 달리 없어 보인다. 다음에 이어지는 설명은 당연하게도 현대적 해석에 불과하지만, 그런 만큼 철저히 익혀둘 만하다.

첫째, '이견사(易見事)'로 문장은 뭐니 뭐니 해도 우선 보기가 쉬워야 한다는 것이다. 요즘은 누구나 다 컴퓨터의 한글 자판으로 소정의(단편/중편/장편 같은 장르를 겨냥하면서 작가 스스로 '예상' 원고 매수를 정해놓지만, 흔히 쓰다보면 그 분량은 제멋대로 불어난다) 소설 원고를 작성한다. 따라서 옛날에 흔했던 난필/악필로 읽기 어려운 원고는 제도적으로 없어졌다. 그러니 '보기가 쉬워야 한다'는 지침은 시대착오적인 잠꼬대로 들릴지도 모른다. 그러나 분명히 그렇지 않다. 기계가 '작성해주는'(여기서 볼펜 같은 필기구로 '쓰지' 않는다는 의미는 '정성'이라는 잣대를 들이대면 자못 커진다) 원고일수록 성의를 다 쏟아부어야 정확한 문장, 올바른 문단의 축조에 이를 수 있다는 사실은(경험해보면 곧장 알게 되지만) 아무리 강조해도 지나치지 않다.

  다시 한번 역설하건대 문장력 배양의 비결은 바로 이것이다. '최대한의 정성을 기울여 완제품 만들기에 임하라.' 그 세부 지침으로 우선 자신의 원고에서 맞춤법, 띄어쓰기가 얼마나 정확하게 되어 있는지(컴퓨터가 일러주기 전에) 스스로 감별할 수 있어야 한다. 의외로 이 '규칙'에 등한한 원고가 (예비 문인/기성 문인들 것 중에서도) 많은데, 이런 버릇으로 훌륭한 문장가가 되겠다는 야심을 품는 것은 얼토당토않은 망상일 뿐이다. 무슨 기벽인지, 아니면 자신만의 시각적 기호(嗜好)인지 원고 전체를 고딕체나 궁서체로 '쪼아대는' 만행도 '규정 위반'으로 호되게 닦아세워야 할 것이다. 한때 내로라하는 기성 문인 중에 유독 빨간색 볼펜으로 원고를 작성하는 기인도 있었고, 첫 문장의 첫 자를 셋째 칸부터 작성함으로써 원고지 열 줄을 죄다 두 칸씩 비워두는, 원고 매수를 불리려는 '잔꾀'였는지, 아니면 한때 시나리오 작가 지망생이었는지 알 수 없는 괴상망측한 '작태'도 있었다고 하는데, 그런 기벽으로 명문장을 남겼다는 풍문이 들려오지 않는 것을 보

1. 원고 작성을 정성스럽게

면 역시 어설픈 문인 행세로 평생을 분주하게 소일하다가 덧없이 사라진 양반이었을 게 분명하다. 그와 엇비슷하게 요즘에는 A4 용지에다 나름의 무잡한 '편집 감각'을 제멋대로 과시한 '장난기투성이' 원고도 적지 않다. 행갈이를 설사하듯이 자주 하거나 한 행 띄우기(=격행隔行)의 다발로 원고 매수를 임의로 늘리거나 '웃음'을 뜻하는 이모티콘(=약물)을 제멋대로 덧대는 횡포가 그것이다. '보기가 쉽지 않은' 이런 원고는 대체로 엉터리 문장으로 환칠되어 있을 뿐인데, 하루바삐 글쓰기를 작파해야 그나마 사람 행세를 제대로 하며 살아갈 수 있을 것이다.

그다음으로 쉼표, 마침표, 큰따옴표, 작은따옴표, 대시 같은 부호가 정확히 찍혀 있는지 검열하는, 섬세한 교정 능력의 구비도 필수적이다. 이 교정 능력의 반복과 확보는 자동적으로 '퇴고-가필'의 버릇 들이기로 이어지고, 그런 '교열 습관=문장 수련'은 다듬을수록 술술 읽히는 '음감=문맥'으로 나아간다. 강조나 인용의 표시로서, 또 책명이나 작품명의 지시로서 작은따옴표나 겹낫표 등을 빠뜨리고 있다면 '일단 되다 만 문장'임을 명심해둘 필요가 있다. 특히나 쉼표가 반드시 찍혀 있어야 할 자리에 없다거나, 없어도 되는데 군더더기로 붙박아놓아서 가독성을 훼방한다면 당연히 '틀린 문장'이라는, 완벽주의자로서의 '결벽증' 기르기도 문장력의 일취월장에 밑거름이 된다. 그밖에 영자(英字)를 꼭 써야 하는지(특히 팝송 가사나 명언/명구의 인용이나 학술 용어/전문어의 소개에 이런 시시껄렁한 과시벽이 제멋대로 노출되고 있다), 한자(漢字)를 괄호 속에 병기할 필요가 있는지에 대한 나름대로의 주관이 드러나 있어야 함은 말할 나위도 없다.

대형판 한글사전 뒤쪽에는 대개 부록으로 '한글 맞춤법' 고시가 딸려 있는데, 그 속의 '문장 부호' 항목은 대체로 지켜야겠지만, 소설 속에서의 사용/원용에는 상당한 '배려'가 뒤따라야 한다. 여기서의 배려는 말할 나위도 없이 원고 작성자인 작가 자신만의 개성, 취향, 주관을 뜻하는데, 몇몇 사례를 들어두면 이렇다.

가운뎃점(사과·배·감 따위로 시각적 가독성이 한결 낫다), 쌍점(문방사우: 붓, 먹, 벼루, 종이 같은 것으로 설명을 간추린다), 빗금(세상사/인간사 같은 대립물이나 '주제의식/작의' 같은 대등물 따위의 약식화로 문장에 속도감과 탄력을 붙여준다) 등의 부호는 소설에서는 군더더기로 보이니 아예 없는 셈 치겠다는 소신을 실천할 수도 있다. 그러나 한편으로 이 세 부호는 인문학 서적에서는 적극적으로 활용하여 문장의 활달한 전개, 의미 전달의 신속성에 크게 이바지하고 있는 것도 사실이므로 그런 딱딱한 선입관을 욕심 사나운 소설 장르가 장차 어떻게 '원용'할 수 있는지가 숙제거리이긴 하다. 더불어 소괄호의 사용에도 상당한 주의와 나름의 문체 감각이 요구된다. 왜냐하면 어느 특정 소설 원고의 '성격'에 따라 이 소괄호를 쓰는 것이 어떤 '분위기'를 전달하는 데 도움이 될 수도 있어서이다. 물론 이 부호는 기왕의 모든 인문학 서적들이 폭넓게 사용해오던 것인데, 요즘에는 소설에서도 활수하게 쓰임으로써 그 부연 설명에 특이한 해학, 보완, 강조, 이해 점증과 더불어 이중적인 '음색'을 들려주는 '기능적 효과'를 창출해내고, '읽히는 맛'에 힘을 실어준다 (각자의 취향 나름이라고 할지 모르나, 부호조차도 문장의 일부로서 당대의 한 '서술적' 표징이기 때문이다.) 이를테면 '정신분석학 이론은 (아무리 좋게 보더라도) 그 반 이상이 일반화하기에 어려운 반(半) 과학을 과대 포장했다는 혐의를 불식시키기는 힘겹고, 그 기원에는 이 신학문의 교주가 떨친 이상한 사례 연구, 영향관계 은폐술, 추종 세력의 조직화 같은 (유태인다운) 특유의 고집과 집념이 깔려 있다'와 같은 실례를 들 수 있다. 또한 부연 설명하는 데 자주 쓰는 쌍줄표와, 이미 한 말을 정정하거나 변명하면서 화제를 바꿀 때 쓰는 홑줄표는 서양식 수사법으로 한글 문장에는 그 활용도가 상대적으로 크게 떨어지는데, 아마도 '글쓰기'의 우리식 전통에서라기보다는 가독성도 떨어지고, 읽기에 불편하다는 약점 때문인 듯하다. 소설은 다른 장르의 글보다는 우선적으로 술술 읽혀야 한다는 대강령에서 한 치라도 벗어나서는 당장 결딴나고 마는 산문 양식임을 명심할 필요가 있다.

그다음으로 '한글 문장' 일반의 취약점이라고 해도 좋을 '문단 분별=행갈이=개행(改行)'은, 작가마다의 고유한 자의식과 무관하지 않지만, 역시 엄격하게 지켜야만 하는 불문율이다. 알려져 있는 대로 한 문단은 '사고의 궤적'을 적시하거나 장면의 전환을 표시한다. 다음과 같은 작례는, 비록 서양식 소설 기법이긴 하지만, 그대로 실천해야 할 본보기라고 해도 좋을 것이다. 왜냐하면 아직도 '그가 한숨을 토하며'에서 줄을 바꾸고, "전화 받아봐, 무슨 헛소리를 하는지 알다가도 모르겠어"라고 쓴 다음 다시 행갈이하여 '말을 흘렸다'처럼 구식으로 (또는 교과서식으로) 원고를 작성하는 실례가 드물지 않아서이다. (이런 경우에도 작가의 고유한 '기득권'을 드러낸답시고 원고 작성 '수법'도 창의력의 일종이라며 고집을 부리곤 하지만, 전적으로 퇴영적인 발상의 현시일 뿐이다. 역사소설에서 그런 잦은 행갈이 작성법이 예스러운 '정조'를 드러낸다고 할지 모르나, 역시 비상식적인 사고다. 왜냐하면 역사소설도 '오늘'의 관점에서 본 당대의 부분적 재현에 불과하니 말이다.)

⇒(가)브렌다는 웃음을 지었다. 그녀는 아버지가 자기 이야기를 한다고 생각하는 것 같았지만, 나는 그가 말하는 사람이 해리엇이 분명하다고 생각했다.
"결혼식 마음에 들어요, 아빠?" 브렌다가 말했다.
"우리 애들 결혼식은 다 마음에 들지…" 그는 내 등을 철썩 때렸다. "너희 둘, 뭐 원하는 거 있냐? 가서 즐겁게 놀아. 잊지 마." 그는 브렌다에게 말했다. "'너'는 내 허니야…" 그러더니 그는 나를 보았다. "우리 벅이 원하는 건 뭐든 나한테는 좋은 거지. 회사에 사람이 아무리 많아도 사람 하나는 언제나 더 쓸 수 있는 법이네."
그를 똑바로 보지는 않았지만 나는 웃음을 지었다. 그 너머에서 리오가 샴페인을 마시며 우리 셋을 지켜보는 게 보였다. 그는 나와 눈이 마주치자 손으로 표시를 했다. 엄지와 검지로 원을 그린 것이다. '바로 그거야 바로 그거!' 하는 뜻이었다.(필립 로스의 〈굿바이, 콜럼버스〉 179쪽)

한 사람의 말이 계속 이어질 때는 중간에 어떤 설명문이 길거나 짧게, 또 두 번 이상씩이나 들어가는 한이 있더라도 행갈이를 하지 않는다는 것과, 영화의 한 시퀀스처럼 장면은 바뀌더라도 같은 장소에서 벌어지는 여러 사람의 행동, 표정, 분위기 등은 속도감이 느껴지도록 (행갈이 없이) 한 문단으로 꾸려간다는 것을 (가)의 예문이 보여준다.

아주 간단하고 편리하며 원고량을 줄일 수 있고, 압축미도 살아 나는 (서양식) 소설 원고 작성법인데, 우리 소설 문장에는 이런 '격식'이 드물거나 있어도 좀 어설프다. 그래서 '한글 소설'은 어딘가 긴장미가 떨어질뿐더러 자청해서 '안이성'을 드러내고 만다.

또한 같은 사람의 대화라도 '화제'가 바뀌면 행갈이를 해야 하는 '준규칙'을 지켜야 시각적으로 덜 피로하다. 물론 소설 전편을 대화로만 꾸리는 '양식'도 있고, 그런 형식의 고집을 스스로 기리느라고 아예 행갈이를 무시하는 '기법' 또한 가능하나, 그런 이색성도 작품에 따라 선별적으로, '드물게' 써먹을 때 그 희소가치가 살아날 것임은 자명하다.

대화를 표시하는 부호도 큰따옴표를 쓸 것인지, 아니면 줄표(—)를 앞세울 것인지를 작품의 특성에 맞춰 임의로 결정할 수 있겠는데, 일단 정해졌으면 처음부터 끝까지 일관성을 유지해야 함은 물론이다. 더러는 아예 어떤 부호도 쓰지 않고 행갈이만으로 대화를 구별하는 작품도 있다. 그런 부호 자체 내지 생략이 그 작품의 이색성 부각에 얼마나 이바지하느냐에 대한 판단은 전적으로 작가 자신의 안목(=분별/자의식)에 달려있는 셈이다. 이야기들의 배치 감각(=플롯 짜기)에 서툴러서 '현재-장면' 속의 대화와 '과거-요약' 속의 대화를 구별한답시고 부호를 달리 쓴다든지(예컨대 전자의 것은 큰따옴표로, 후자의 것은 작은따옴표로 표기하는 식이다), 장면이 바뀔 때마다 '한 행 띄우기=격행(隔行)'으로 원고를 작성함으로써 일관된 서사 양식의 단편화 내지는 모자이크화를 시도하는 작례가 요즘의 한 '흐름'이긴 하지만, 그것이 '날림공사'로 비치지 않을지 역시 해당 작품마다의 정조

(情調)에 발맞춰 심각하게 고려해봐야 할 것이다.

그 밖에 '보기에 편한' 원고를 작성하는 기량으로 활자체, 자간, 행간, 한 행당 글자 수, 한 쪽당 행수 등의 선택에 대한 각자 나름의 '편집 감각'을 개발해야 할 테지만, 평소에 본문 체제가 일목요연한 '좋은 책자'에다 눈독을 들이면서 일종의 '공간 감각'에 눈을 뜨는 미의식의 개발과 그 훈련을 스스로 쌓아갈 수밖에 없다.

둘째는 '이식자(易識字)'다. 문장은 읽자마자 바로 알기 쉬워야 한다는 것이다. 아주 쉬운 지침 같지만, 이것이 제대로 지켜지는 소설이 의외로 희귀하다. 나름대로 잘 쓴다는 평판이 자자한 기성 문인들도 흔히 제 신바람에 놀아나서, 또 자신만의 강박증에 시달리다가 결국에는 혼자만 알아보는 '아리송한 문장'을 간단없이 써대서 편집자의 지적을 받는 사례는 바로 이 지침에 등한해서다.

널리 알려져 있다시피 모든 문장은 통사(=문법)가 반듯하게 갖춰져 있어야 히고, 의미(=말뜻)가 제값을 누리면서 적확하게 전달됨으로써 제 구실을 다한다. 우리말의 '가락'을 모르는 사람은 없으므로 통사 부문은 비교적 '정확하게' 굴러갈 것 같아도, 어순이 천방지축으로 날뛰는가 하면(대개의 번역서가 어순을 그르쳐서 무슨 말/뜻인지 알 수 없는 '되다 만 문장'으로 일관하고 있다), 어법도 들쭉날쭉이고(종결어미 '~다'를 썼다 말았다 하는 사례가 흔하다), 구어와 문어에 대한 분별이 없어서 어의/어감이 뒤죽박죽으로 짜여서 도무지 '읽히지 않는' 문장/문단이 수두룩하다. 눈으로(또는 입으로 소리 내어) 읽자마자 바로 무슨 '말=뜻'인지 알아볼 수 있는 문장을 만들려면 우선 어휘력이 정확해야 하는데, 흔히 이 대목에서 모든 작가는 '어울리지도 않는 허영'을 부린다. (실은 소설 쓰기라는 작업 자체가 내 이야기, 내 말, 내 문장, 내 앎을 과시하려는 본능의 산물이며, 그런 의미에서도 모든 소설가는, 비록 정도의 차이는 있을망정, 생리적인 '상상력 비대증'과 '자기 과시벽'에 겨워 사는 허영꾼일 수밖에 없다.) '잘' 알지도 못하는 어려운 단어를 일부러 골라 써버릇함으로써 엉터리 문장을 만들거나, 의미 자체를 뒤틀어 도대체 무슨 뜻인지 알아볼 수 없도록 '재주'를 부리는 것이다. 그런 부적확한, 부실한, 불분명한 단어는 대개 한문에서 받아와 우리말로 정착한 것들이거나, 평소에 늘 입에 익은 것이라서 어떤 '자의식 없이' 내뱉는 외국어이거나, 책깨나 읽었다는 자기 현시욕에 기대서 남발하는 학술어, 개념어, 전문어이기 십상이다. 특히나 이런 우스꽝스러운 허영심은 젊은 작가라면 누구나 통과의례로 저지르는 꼴불견이지만, 중년 넘어서까지 그 버릇을 부끄럽게 여길 줄 모르는 한심한 사례가 드물지 않음은 역시 '글쓰기=자만심 발로'와 같은 등식을 떠올리게 만든다. 그처럼 '의미'가 배배 틀어져 있거나, 허황해져버린 문장에 비하면 자신의 풍부한 어휘력을 과시한 답시고 이 말 저 말을 마구 끌어다 씀으로써 좀 너덜너덜해졌달까, 구지레한 문장은 약과다. 한 사물에는 하나의 말밖에 없다는 일물일어(一物一語)주의나, 그 비슷한 일사일언(一事一言)주의도 결국은 가장 맞춤한 어휘만을 골라 씀으로써 자기만의 표현력을 기르라는 금과옥조인데, 다들 이 철칙에 목을 매느라고 '글이 안 써진다'면서 머리를 떨구고 있는 것이다.

  문법 따르기와 의미 다듬기에 덧붙이는 꾸미기로서의 수사(修辭) 기법은 흔히 문장의 3대 조건이라고 일컫는다. 그런데 이 수사도 그 기본은 어휘의 쓰임새에 대한 취사 분별에 불과하다. 주지하듯이 모든 문장은 크게 지시적 기능과 유희적 기능으로 나뉜다. 지시적 기능은 어떤 사정에 대한 간단한 설명('막내가 감기 들었대요'와 같은 것이다), 소박한 의사 표명('저는 오늘 커피 안 마실래요' 따위다), 무심한 권유('책을 읽어봐, 대번에 알지'와 같은 의사 타진이다)로 쓰인다. 그런 일상적인 '구어 체계'만으로는 세상살이가 너무 재미없으므로 말장난으로서 반쯤은 문어화된 수사적 능력을 발휘하는 것이 '배우고 본 바 있는' 인간만의 후천적 유희 본능이다. 그런데 이 유희적 수사 능력을 찬찬히 뜯어보면 어떤 사물, 형편, 동작 따위를 자세히 표현하려는 장식성('백옥 같은 살결에 단순호치의 미녀였다' 같은 표현을 말한다), 이때껏 자주 써온 관습적인 언어 수작을 원용하는 전통성(상투적인 언어 기술과 속담의 인용 같은 것이 이것이다), 다른 사물에 빗대는 비유성(직유법, 은유법, 환유법, 대유법, 제유법, 완곡어법, 위선어법/위악어법, 모순어법 등이 있다), 남들과 다르게 말하려는 개별성(인생관/세계관의 차이 때문에 각자가 개발, 세련화하는 언어유희와, 궤변가로서 견강부회 같은 '어렵게 말하기' 따위가 이 수사법이다), 간접적으로 말하는 소위 변죽 울리기 같은 암시성(폐질환을 앓고 있는데 '가슴이 안 좋아'와 같은 것으로, 세상사/인간사에는 노골적으로 말할 수 없는 대목이 부지기수다) 따위가 있음을 알 수 있다.

흔히 '문장이 좋다'는 말은 바로 이 수사적 기능을 지시적 기능보다 한결 능수능란하게/적확하게 구사했다는 칭찬이지만, 소설마다의 특성에 따라서 두 기능의 문장/문단/문맥 전반에서의 비율은 달라진다. 작품 또는 어떤 대목에 따라 지시적 '기술'과 유희적 '표현'을 번갈아 쓰면서 적재적소에 '안배'할 수 있는 취사능력을 맞춤하게 발휘해야 하는 것이다. 어느 한쪽으로 치우쳐버리면 독자들은 당장 그 단조로움에 하품을 베어 물거나(대체로 지시적 기능으로만 쓰면 이렇다), 그 너더분하고 수다스러움에(자기 자랑처럼 허풍스럽게 '묘사벽/표현벽'을 과용하면 이런 수모를 당하기도 한다) 진력을 내며, 대번에 "이런 엉터리를 더 읽으라고"라며 책장을 덮어버린다.

이미 드러났듯이 '묘사/표현'이라 할 수 있는 이 수사력을 발휘하는 데는 정확한 어휘 감각의 확보가 최우선이다. 그런 기량은 저절로 언어 감각 전반에 대한 이론적, 정서적 감성 일체의 개발, 조탁에의 길을 열어준다. 차제에 그 구체적인 실천 방법까지 간략하게 말한다면, 어휘 용량이 상대적으로 월등하게 풍부했을 뿐만 아니라 우리말의 어감을 맛깔스럽게 제대로 살려서 활수하게 써온 염상섭, 최일남, 이문구 같은 선행 작가들의 작품을 숙독하면서 조금이라도 미심쩍은('정확히' 알지 못하고 있는 경우가 대부분이다) 단어는 별도의 어휘 수집 노트에다 베껴두고, 그 뜻을 사전 찾기로 익히면서 스스로의 어휘량을 늘려갈 수밖에 없다. 특히나 사전의 뜻풀이를 후딱 읽고 마는 '겉핥기'를 지양하고 아예 '베끼기' 버릇을 길들이면서 두 가지 이상의 뜻풀이가 있는 어휘는 그 쓰임새를 찬찬히 '고찰'할 필요가 있다. 이런 '집중과 선택'의 자세는 사전에서 미처 적바림해두지 않은 부가적 '의미'에 대한 각자의 '개안=언어 감각의 활달한 개진'을 도와준다(시어詩語의 '의미' 확충은 좋은 본보기이지만, 산문에서도 어떤 어휘의 색다른 쓰임새가 안성맞춤의 효과를 드러낼 때, 그 문장은 단연 보석처럼 빛난다. 특정 어휘의 제2, 3차적 의미가 전무한 소설의 '따분한 정서'는 성실한 독서를 시종 민망하게 몰아가서, 그 독후감이 "공연히 시간만 낭비했잖아"에 이른다.)

결국 문장의 남다른 풍채는 그 풍부한 '어휘량과 구사력'이 대변한다. (백번 강조하건대 어휘 용량이 작고서야 정확하고 풍요로운 '묘사/표현'을 기대할 수 없고, 어휘량은 사고/사유의 유치/정치를 즉각 알려주는 육성이다.) 단조로운 어휘만으로 쓰인(쉽게 말해서 썼던 '단어'를 연거푸 자주 쓰는 가난한 어휘력이 이것이다) 문장의 소설은(예컨대 사전을 한 번도 찾아보지 않아도 되는 단편도, 심지어는 한 권의 소설책도 의외로 수두룩하다. 대중용 통속소설은 그 좋은 본보기다) 논리적으로도 그 '내용=이야기'가 도저히 기발할 수 없음은 이로써 명백해진 셈이다. 따라서 모든 소설 원고는 그 속의 어떤 문장이라도 풍부한 어휘의 각축 아래 그 의미들이 새록새록 움터야 하는 것이다. 그런데 '의미'는커녕 오문(문법적으로 완전히 틀린 문장으로 써서는 안 되는 문장이다. 오문이 '뜻=의미'를 웬만큼 전하고 있다면 어폐가 심하지만, 그 문장의 진정한 의미는 오리무중이다), 비문(오문과 반대로 문법은 대충 맞아 들어가는데, 곰곰이 따져보면 의미가 부실한 사례다. 대화에 주로 많이 쓰인다. 오문/비문의 실례는 다음 마디에서 상술할 것이다), 악문(오문과 비문이 종횡무진으로 뒤섞인 문장으로 도대체 무슨 '말'을 하고 있는지 알 수 없거나 대강 짐작만 할 수 있는, '문장/문단'에 대한 기본적인 '절도'와는 겉도는 일종의 '지리멸렬성' 사고 행태다. 소위 관념적인 소설에서 자주 목격되며, 우리의 논문/학술서적도 반 이상이 개념/범주 설정을 잘못해서 이 말했다가 저 말하는 식이다)이 아무렇게나 흩어져 있는 소설은 딱하기도 하려니와 그 시비를 '지시적으로' 단죄할 어휘를 찾기가 실로 난감하다.

차제에 한 작품 속에서도 지시적 기능의 문장과 유희적 기능의 문장이 어떻게 번갈아가면서 그 역할을 다하는지 작례를 통해 알아보면 다음과 같다.

⇒(나)엘리는 남자 쪽으로 다가갔다. 어쩌면 이 사람은 추레프만큼 고집이 세지 않을지도 몰랐다. 추레프보다 합리적일지도 몰랐다. 사실 이건 법의 문제 아닌가. 그러나 소리쳐 부를 수 있을 만큼 가까이 다가갔음에도 부르지는 않았다. 그의 모습 때문에 입을 열지 못한 것이다. 검은 코트는 남자의 무릎 아래까지 내려와 있었고, 두 손은 무릎 위에서 마주잡고 있었다. 뒤통수에는 꼭대기가 둥글고 챙이 넓은 탈무드 모자를 꾹 눌러쓰고 있었다. 목을 가린 턱수염은 아주 부드럽고 숱이 적어 그가 무겁게 숨을 쉴 때마다 숨결에 날렸다가 제자리로 돌아오곤 했다. 그는 잠들어 있었다. 곱슬곱슬한 구레나룻은 양쪽 뺨까지 내려와 있었다. 얼굴을 보니 엘리 또래인 것 같았다.(필립 로스의 〈광신자 엘리〉 402쪽)

⇒(다)이윽고 턱수염을 훑고 내려와 가슴에서 멈춘 그의 손은 마치 지시봉 같았다. 눈이 질문을 하자 눈을 덮은 물이 출렁였다. **얼굴은 괜찮소? 이대로 유지해도 좋겠소?** 그런 표정이 그 눈에 어려 있어, 엘리가 다른 데로 고개를 돌렸을 때도 계속 그 눈이 어른거렸다. 지난주에야 핀 노란 수선화의 속이 그 눈이었다—자작나무 잎이 그 눈이었고, 코치 램프의 전구가 그 눈이었고, 잔디밭에 떨어진 새똥이 그 눈이었다. 엘리 자신의 얼굴에 박혀 있는 두 눈이 그 눈이었다. 그 두 눈은 엘리의 눈이었다. 그가 그 두눈을

만들었다. 그는 몸을 돌려 집안으로 들어왔다. 그가 창의 가장자리, 커튼과 장식 쇠시리 사이로 내다보았을 때, 녹색 양복은 사라지고 없었다.(필립 로스의 〈광신자 엘리〉 450쪽)

(나)는 한 남자의 행색을 보이는 대로 '사실'로서 옮기고 있을 뿐이다. '설명'뿐으로 어떤 묘사도 없다. '같았다'는 추측만 덧붙이고 있을 뿐이다. (굳이 분별한다면 '숨을 무겁게 쉰다'라는 문장에서 '무겁게'란 말이 묘사라고 할 수 있다.) 그야말로 지시적 기능의 문장인 것이다. 그에 비해 (다)는 같은 남자의 외양을, 그것도 그 사람의 '말이 많은' 눈 표정만을 좀 지나치다 싶게 다각도로 비유하면서 풍부한 독자적 '표현'을 한껏 펼쳐놓고 있다. '그의 손은 마치 지시봉 같았다'는 직유법의 '묘사'를 제외한 나머지의 비유적, 개성적, 유희적인 '표현'이 작품의 클라이맥스를 위해 꼭 필요한 정서적 반영으로 독자의 공감대를 울릴 게 틀림없다고 작가는 생각한 것이다.

셋째는 '이독송(易讀誦)'으로 문장은 일단 읽기 쉬워야 한다는 것이다. 묵독을 하든 음독을 하든 문장이 술술 읽히려면 어순(語順)이 제대로 지켜져야만 하는데, 우리말은 상대적으로 어순이 덜 까다롭다고 알려져 있다. 그럭저럭 뜻이 통하는 데는 무리가 없다는 평계로 이 어순을 뒤죽박죽 헝클어뜨려놓은 문장이 많음은 매양 봐오는 바와 같다. (앞에서도 지적한 대로 외국어를 엉터리로 익혀서 도무지 뜻이 통하지 않는 소위 '번역문체'의 난맥상은 바로 이 어순이 엉망이어서이다.) 읽어가다보면 긴 수식어 구실을 하는 구나 절이 어디에 걸리는지 종잡을 수 없는 경우가 흔한 것이다. 또한 쉼표를 붙여놓아야 할 자리에 빠뜨려서 읽기가 당장 털털거리는 문맥도 적지 않다. 뿐만 아니라 주격 조사 '는/~가/~이/~은'이 연이어 나옴으로써 번역 문체를 방불하게 하는 문장도 수두룩하다. 또한 '어절(語節)=문절'의 종성(終聲)이 반복됨으로써 읽어내기가 껄끄러워지는 수도 빈번하다. ('나를 유혹할 생각을 할 남자' 같은 문장 속의 한 절에 어절마다 '리을' 받침을 연이어 씀으로써 가독성을 떨어뜨리고 있다.) 술술 읽히지 않는 이런 비구어적 요소는 소설다운 문장과는 상극이라 할 만하다. 읽히는 문장 쓰기에 진력한 실례로는, 이웃 나라의 한 작가라서 거명하기가 좀 껄끄럽지만(일본어는 우리말에 비해 받침음의 가짓수가 훨씬 적음에도 불구하고 그것을 요령껏 피해가며 문장을 '조립'해갔다니 그 고충이 상당했을 터이다), 밤새 원고지에 작성한 자신의 문장을 소리 내어 읽느라고 목이 쉬곤 했다는 일화도 남기고 있을 지경이다. 어쨌든 몇몇 작례를 통해 술술 읽히는 모범적인 문장의 견본을 알아보면 다음과 같다.

⇒(라)일 분이 지나자 폰 린링엔 부인이 오른쪽 커튼을 젖히고 두꺼운 갈색 융단 위를 소리 없이 걸어 그에게 다가왔다. 그녀는 아주 단순하게 디자인을 한, 붉고 검은 바둑판 무늬의 옷을 입고 있었다. 전망실로부터는 먼지 입자들을 훤히 비춰 보이는 광선 줄기 하나가 곧게 죽 내리떨어지고 있었는데, 이것이 그녀의 숱이 많고 붉은 머리카락 위에 닿아 그녀의 머리카락은 일순간 황금색으로 빛났다. 그녀는 탐색하듯 그녀의 이상한 두 눈을 그에게로 향하고 있었으며, 여느 때처럼 아랫입술을 앞으로 내밀었다.

⇒(마)하느님이 자기만을 열심히 괴롭히려 드는 것만 같았다. 그 때문에 한결 으쓱해진 그녀는 전에 없이 스스로에 대하여 긍지를 느꼈고 전에 없이 남들을 경멸했다. 호전적인 그 무엇이 그녀를 들뜨게 했다. 남자들을 두들겨 패주고 얼굴에 침을 뱉어주고 모조리 박살을 내고만 싶었다. 그녀는 파랗게 질린 채 분노에 떨며 눈물 젖은 눈으로 텅 빈 지평선 저쪽을 더듬으면서 숨 막히는 증오의 감정을 즐기기라도 하는 듯이 계속 빠른 걸음으로 앞을 향해 걸었다.

인용의 출처를 일부러 밝히지 않은 것은 어떤 선입관 없이 숙독해 보라는 배려의 소치이지만(비록 번역 문체이긴 하다), 찬찬히 묵독해 보면 과연 '소설다운' 문어들이 술술 읽히게 짜여 있음을 쉽게 알아챌 수 있다. 두 예문 다 여성 인물의 동정, 심리적 정황을 (객관적으로) 묘사/(주관적으로) 표현하고 있는데, 우선 막힘없이 읽힌다는 '실적' 자체는 주목할 만하다. (라)에서 '옷' 수식하는 두 절/구, 곧 '아주 단순하게 디자인을 한'과 '붉고 검은 바둑판 무늬의'가 각각 어절이 네 개씩이나 달라붙어서 길기 때문에 쉼표를 사용해서 분리해 놓고 있다. 이때 쉼표가 빠지면(실수로 오타라 할지라도) 틀린 문장이라기보다도 '읽히지 않는 문장'이라고 독자의 지탄을 받아 마땅할 것이다. 또한 '~는데'/'~지만'/'으나'/'~다면' 같은 연결어미가 딸린 문장들은 윗말(=종속절)과 아랫말(=주절)을 이어주는 고리 역할을 하는 것인데, 이 경우에도 쉼표를 붙이는 것이 읽기에도 또 그 뜻의 재빠른 이해에도 편한 게 사실이다. 물론 쉼표를 붙이는 것이 군더더기로서 오히려 가독성을 떨어뜨린다는 나름의 '신조'에 충실한 문장을 틀렸다고 할 수는 없겠으나, 어느 쪽이 합리적인지는 각자의 판단에 맡겨야 할 것이다. 다만 앞말과 뒷말의 각 어절이 한두 개로 단출할 때는 쉼표를 붙이는 것이 오히려 거치적거릴 수는 있겠는데, 이를테면 '더 먹고는 싶지만 과식으로 속이 보깰까봐 겁이 나'와 같은 것이 그 실례다. 쉼표의 이런 임의성이 제대로 드러나는 문맥은 대등절의 나열에서다. (마)의 예문에서도 '남자들을 두들겨 패주고'와 '얼굴에 침을 뱉어주고'처럼 '주고'의 반복으로 읽기가 따분해지는 게 사실이다.

이런 경우에도 쉼표를 붙임으로써 속도감을 높이고, 또 이해의 편의를 도와주는 한편 반복의 성가심을 눅여줄 수 있다고 보이지만, 물론 각자의 생각 나름이고 보기 나름이긴 하다. 소설 문체의 가독성과 쉼표의 관계는 이처럼 중요한데(그러나 이 중요성에 무신경한 '정서'의 소설이 의외로 많다), 또 경우에 따라서/ 작가의 주관에 따라서 번다할 정도로 꼬박꼬박 덧붙이는가 하면, (무심한 탓인지 아니면 의미 전달의 선명성에 등한해서 그런지) 쉼표 붙이기에 인색한 문장도 많으므로, 차제에 몇몇 사례를 익히면서 각자의 '쉼표관'을 확립할 필요가 있다.

⇒(바)사실을 말하자면, 한눈을 팔아서 손해 볼 것은 없었다. 대부분의 예술작품보다 그녀가 더 볼만했기 때문이다. 그녀는 살집이라고는 없었고, 몸이 가벼웠으며, 키는 훌쩍 컸다.

⇒(사)현재는 점점 사정이 바뀌어서, 공리적 의의를 가지고 씌어진 소설이 그것 때문에 '저급'이라고 여겨지지 않는 형국이 되었다지만, 그러나 계

급 투쟁이나 사회개혁을 다룬 작품이라 하더라도 어떤 형태로든 연애 문제를 다루지 않는 것은 절대로 없다고 해도 좋다.

(바)의 세 번째 문장은 중문인데도, 비록 그 각각의 어절이 두세 개씩 단출하지만, '없었고'과 '가벼웠으며' 다음에 각각 쉼표를 붙이고 있다. 이때의 쉼표는 그 의미를 강조하는 구실을 톡톡히 하고 있는 게 사실이지만, 묵독할 때 당장 시각적으로도 선명해서 좋다. 작가가 간단히 '품'을 들인 반사 효과인 셈이다. (사)는 전체적으로 복문에 해당되지만, 서두의 중문 형식에는 어김없이 쉼표를 쳐서 의미를 분리시키는 한편, 그다음에 나오는 '~지만'과 같은 연결어미도 윗말의 조건문과 아랫말의 대응을 분명히 매조져놓고 있다. 실로 쉼표의 빛나는 구실이자 그 효과가 아닐 수 없다. 쉼표가 붙고 안 붙고에 따라서 문장의 가독성, 의미의 선명성이 이처럼 달라지는 것이다. 따라서 쉼표야말로 묵독이든 음독이든 '술술 쉽게' 읽히게 만드는 당의정이자 문장의 의미 전달에는 요긴한 기둥이라고 해도 좋을 것이다.

잘 읽히게 거드는 '문장 다듬기'의 또 다른 비결 하나는 어절의 종성이 똑같거나 비슷한 음으로 연이어 반복되는 경우를 적극적으로 삼가는 것이다. 보다시피 (바)의 첫 문장은 여덟 개의 '어절=문절'로 짜여 있다. '사실을, 말하자면, 한눈을, 팔아서, 손해, 볼, 것은, 없었다'가 그것이다. 이 어절들의 종성이 매번 달라야 한다는 철칙은 지켜질수록 가독성이 높아진다. 연이어 나오는 같은 발음은 문장이 안 읽히도록 방해하는 장본인이라는 것이다. 가령 '터무니없게도 과장도 심해서'라거나 '관용이 요청되는 요긴한 시점' 같은 문장 속의 어절어서 종성 '도'가 겹친다든지, '는'과 '한'이 발음상 그 받침이 니은으로 반복되면 당장 읽기가 껄끄러워지고 만다. 우리말을 일상 중에서 능숙하게, 또 그 어휘량을 풍부하게 구사하는 말재주꾼의 말솜씨를 유심히 들어보면 어절의 종성 반복만은 '체질적으로' 철저히 피하고 있음을 알 수 있다. 단순히 언어 습관이라고 치부할 게 아니라 '구어' 자체의 활달한 쓰임새가 그렇게 개발되었다는 증거로 봐야 할 것이다. '문법=통사'는 구어 속에 흐르는 일반적인 규칙을 명문화시킨 것에 불과하며, 문장은 결국 의미 전달을 확실하게 드러내려는 '구어'의 받아쓰기라고 이해하면 원고 작성이 한결 수월해질 게 틀림없다.

제10장 1절의 요약

(1) 원고는 정성을 다해 작성하는 버릇을 길들여야 한다. '장인(匠人)'의 완제품을 겨냥하는 그런 자세가 훌륭한 문장, 나아가서 좋은 작품을 쓸 수 있는 첩경임은 반드시 명심, 실천해야 한다.

(2) 부호도 문장의 일부로서, 특히나 '쉼표'를 일관성 있게 또 정확히 붙이는 나름의 규칙을 성실히 지켜야 한다.

(3) 어려운 문자(=한자어/영어)를 함부로 쓰는 허영심은 기껏해야 알거냥하는 현학일 뿐이다. 가급적이면 평소에 잘 쓰는 '구어'를 골라서 목독 즉시 이해가 되도록 술술 읽히는 문장이 좋은 '소설 문장'임을 숙지할 필요가 있다. 한 문장 속의 어절들 중 종성이 같은 음으로 연이어 나와서 읽기가 껄끄러워지는 것은 기필코 피해야 한다.

(4) 소설 문장은 '지시적 기능'(=설명)과 '유희적 기능'(=묘사/표현)을 적재적소에서 마음껏 활용할 수 있다. 어느 쪽이라도 지나친 편중은 가독성을 떨어뜨리므로 과감한 취사분별이 필요하다.

2. 동어반복은 금물이다

 독자들의 취향은 워낙 제가끔이라서 아무리 명작이라도 반쯤 읽고 나면 재미없다면서 내팽개치는 수가 허다하다. 가령 《카라마조프 씨 네 형제들》같은 역작은 그 명성이 자자한 데다 숙독을 강요하는 사회적/교육적 압력이 워낙 드세다. 세칭 필독서답게 누구나 사서 읽는다기보다도 의무적으로 '볼' 수밖에 없는 것이 현실이다. 그러나 그 방대한 소설을 끝까지 흥미진진하게 열독하는 독자가 (오늘날) 과연 몇 명이나 될까. 모르긴 해도 100쪽쯤 읽다가 책장을 덮고는 나중에 짬을 내서 나머지 부분을 반드시 읽겠다며 '비치용'으로 방치하는 구매자가 절대다수이지 싶다. (책이 귀하지 않은 요즘 세상에서는 '적독積讀 풍조가 고학력자들의 겉멋으로 활착되어 있다.) 인터넷과 휴대전화기 속에서 펄떡이는 싱싱한 '볼거리'가 넘쳐나는 오늘날에는 모든 명작이, 또는 그런 '종이 저작물'은 점점 더 '보관용'으로서 그나마 옹색한 제 갸륵한 위신을 수습해야 할 처지에 놓여 있다.
 그렇다면 끝까지 읽히게 만드는 소설의 필요충분조건은 무엇일까라는 의문이 떠들고 나선다. 수순상 '일단 재미있어야 한다'는 대답이 저절로 나올 만하다. 틀림없는 말이긴 한데, '재미'는 결국 '내용=이

야기'에서 흘러나오는 즐길거리다. 재미를 일구는 그 이야기가 문장으로 풀어지고 있으므로 '술술 읽혀야' 하고, '읽히는' 문장 작성법의 초보적인 원칙 몇 가지는 앞마디에서 간략하게나마 설명해둔 바 있다. 그러므로 '내용'보다는 '문장'이 재미의 지속을 유지시키는 동력원임은 논리적으로도 타당한 셈이다.

좋은 문장 쓰기의 대원칙이면서 동시에 막힘없이 읽히는 문체/문단 짜기/엮기의 기본적인 요령 하나는 '같은 단어'를 한 문장 안에서 절대로 반복해서는 안 된다는 것이다. 이 철칙은 어떤 경우에라도 꼭 지켜야 하는데, 억지로라도 같은 어휘를 안 써버릇하면 '지어내는 이야기'가 마르지 않는 샘물처럼 속속 불어나고, 따라서 '이야기 조작술'의 기량이 몰라볼 정도로 향상되는 망외의 소득까지 누릴 수 있다. 물론 그런 망외의 소득은 나중에 따질 계산서이고, 또 각자가 몸소 체험할 수밖에 없는 터이므로 여기서는 만부득이 뒤로 밀쳐두지만, '동어반복' 피하기로 문장의 풍요로움 내지는 세련화, 고급화까지 기대할 수 있다는 사실만큼은 명심해둘 만하다. 어쨌든 '동어반복' 피하기의 절대적 가치는 논리적으로도 명징하게 펼쳐 보일 수 있다.

앞에서도 이미 간추렸듯이 지시적 문장만으로는 '사실' 전달에 급급하므로 재미가 떨어지며, 짙푸른 녹음이 없는 나무처럼 헐벗어서 독자의 '정서 환기'에는 별무신통이다. 그래서 '화자=작가'의 가치 분별을 적절하게 가감해야 이야기 진행도 활발해질 뿐만 아니라 박진감이 살아 오른다. 말하자면 다소의 과장/축소를 임의로 조정하여 독자로 하여금 '감흥'을, 일종의 감정이입을 맛보게 하려면 문장에다 '유희적' 요소를 덧붙여야 하는 것이다. 이 유희적 요소의 대종은 비유법일 수밖에 없다.

비유법은 크게 여덟 가지로 세분되어 있다. (수사법을 잡다하니 스물네 가지로 갈라놓는 학자도 있기는 하다.)

첫째, 직유법은 우리말에서 '마치/같이/처럼/듯이' 등의 부사나 조사나 어미가 따르는 문장에서 폭넓게 쓰인다. 다들 가장 많이 쓰므로 그 객관적/일반적인 소묘=묘사는 호소력도 좋고, 학식의 유무나 독서 취향에 관계없이 누구라도 쉽게 알 수 있다는 장점이 워낙 크지만, 너무 자주 쓰면 문장의 품위가 떨어진다는 결점도 있다. (특히나 한 문장 안에서 연거푸 쓰면 수선스럽기만 한 말재간꾼으로 비친다.) 이를테면 '언제라도 버섯처럼 벽을 등지고 가만히 서 있다가도 누가 부르면 또르르 달려가는 위인이었다'와 같은 문장에서 '버섯처럼'이라는 직유법은 한 인물의 체격, 처신, 성격을 즉각 띄워올리는 효과가 여실하다.

둘째, 은유법(=암유법)인데, 모든 시(詩)의 정체는 사실상 이 비유 기능에 기대고 있다. 대체로 은유는 표면상 비유의 형식을 취하지 않는 특장을 누린다. (이것이 흔히 직유처럼 비치게 하는 말맛의 얼룩이기도 하다.) 당연하게도 '같이/처럼/듯이' 같은 말을 사용하지 않으며, 유추를 통해 어떤 대상끼리의 유사성이나 공통성에 착목, 그것을 암시적으로 또는 역설적으로 드러내는 것이다. 물론 그 유추에는 오감을(=시각, 청각, 후각, 미각, 촉각) 비롯하여 제육감이라는 직감(=감정/정서 일체)을 주로 동원한다. 사람마다 오감의 활용도는 다르고, 그 정도도 천차만별이다. 각자의 지식/감성의 체계와 그 수준에도 현격한 차이가 있어서 은유의 세계는 거의 무한대로 넓다고 할 수 있다. 그러나 자칫하다가는 주관적 시각이라는 미명 아래 흔히 억측을 불러오거나 자아도취에 겨워 혼자만 즐기는 '방언'에 이르기도 한다. 물론 문학=소설은 저마다의 독보적인 '방언=사투리'를 지향하나, 그 '표현'은 '새로운 의미'의 발굴에 그쳐야지 '난해'에 이르러서는 당장 그 전후 문맥에 오해를 불러와서 사달이 난다. 어쨌든 '깃발은 소리 없는 아우성이다'에서 '아우성'은 대표적인 은유의 실적으로 손색이 없다. 또한 '무슨 옷을 걸쳐도 그는 고릴라다, 옷걸이가 그 모양에다 나무 그늘 밑에서나 어슬렁거리고 있으니까'와 같은 비유에서 '나무 그늘 밑'이 무슨 뜻으로 쓰이고 있는지는 차차 밝혀질 터이다.

셋째, 환유법(=대유법)인데, 어떤 대상의 인접성을 비유의 기준으로 삼는다. '요람(=어린이, 출생)에서 무덤(=늙은이, 죽음)까지의 복지 정책' 같은 것이다.

넷째는 의인법이다. 활유법이라고도 하는데, '민들레가 활짝 웃었다'와 '백두산은 말이 없다' 등이다. 의인법도 쓰기에 따라서 동화처럼 유치해지거나, 감상적 정서 비대증을 현시하는 '찬송가'가 될 수 있으므로 남발은 경계해야 한다. 특히나 '분노한 바람' 같은 의인법은 '감상적 허위/오류/궤변'이라고 단죄하는데, 그래도 하찮은/유치한 감정을 자극하는 시/운문투 수필에서는 여전히 널리 쓰이고 있다.

다섯째는 제유법으로 어떤 대상 전체를 부분으로, 또 그 반대로 한 부분을 전체로 비유하는 수사법이다. 가령 '오빠부대'는 공연장에서 소란을 피우는 여고생이나 여중생을 뜻하지만, 그 장소(=쓰임새)는 한정되어 있다. '밥만으로 살 수 없다'도 '밥'이 먹을거리 일체를 대변하고 있지만 또 다른 함의도 없지 않다.

여섯째는 완곡어법이다. 에둘러서 넌지시 표현하는, 노골적인 언사나 저속한 말을 피하는 기법이다. "두 사람 사이는 요즘 어때? —가끔씩 만나서 식사도 하고 그러나봐"와 같은 대화에서 '식사'의 실상이 무엇인지는 그때그때마다 다를 수도 있고, 그 뜻을 반쯤만 이해할 수도 또 오해할 여지도 없지 않다. 그러나 재치가 번득이는 문장이라면 대체로 완곡어법을 자유자재로 구사하는 축에 들고, 그 말맛이 가독성을 높여준다.

일곱째는 위악어법으로 멀쩡한 옷을 누더기라고 한다든지, 박색이 아닌데도 "거의 면추 수준이야"라고 너스레를 떨어댄다든지, 한때의 세태어로서 '군바리'나 '똥별'도 같은 맥락이고, 먹성이 유달리 좋은 사람을 '훈련병 입'이라고 하는 따위다. 반대로 위선어법도 있다. 가령 한 마을의 집단 민원 시위를 목격하고 나서는 '환경보호 투사들'의 '팔로 하늘 치기'에 결기가 무섭더라고 한다면, 상당한 조롱, 해학, 야유, 냉소가 버무려져 있어서 위선어법의 효과가 단연 새삼스러워진다.

여덟째는 모순어법인데, 의외로 사용 빈도도 높고 적절하게 활용하면 정곡을/의표를 찌르는 표현으로 묘한 뉘앙스를 전해준다. 흔히 특정 인물의 변덕스러움을 욕하는 데 다들 신바람을 내곤 하지만, 그 밑바닥에는 인간 일반이 알게 모르게 행사하는 양가감정이 도사리고 있는데, 그런 정서도 실은 모순어법으로 드러난다. '공공연한 비밀' '사자(使者)의 실종' '뜨겁고 시원한 국밥' '냉정한 열애' '선의의 거짓말/보복' 따위가 그것이다.

그 밖에도 허풍스럽기만 한 과장법과 미화법, 무슨 설교처럼 이 달저 말을 잔뜩 주워섬기는 열거법, '꿩 대신 닭'이나 '꿩 먹고 알 먹는다'와 같은 인용법, '개도 딸 생긴다'와 같은 풍유법(=우화법, 알레고리), '아, 고독이여, 무심도 하여라'와 같은 실없는 영탄법, 행실이 개차 반인 사고뭉치를 보고 '잘했다, 신문에 대서특필해도 성이 차겠냐'라고 하는 반어법, 마땅히 할 말을 선뜻 떠올릴 수 없어서 임시방편으로 기왕의 화제를 강조할 경우나 '재미없는 글'을 습관적으로 쓰면서 원고지를 불려가는 '제자리걸음'형 글줄 따위에서 두루 써먹는 자문자답형의 문답법도 있는데, '도대체 오늘날의 사교란 무엇인가? 겸손과 허세를 앞세운 이기적 염탐질이든가 잇속 챙기기거나 표나게 아첨하기가 아니고 무엇이란 말인가' 따위가 그것이다.

어떤 비유법을 끌어다 쓰더라도 그것이 수사적으로는 다른 말로의 대체어 찾기, 달리 말하면 '동어반복' 피하기임은 더 말할 나위도 없다. 어떤 대상에 대한 독자적인 생경한 '표현'이나 여느 형태, 정황에 대한 적절한, 그 윤곽만 재빨리 따오는 스케치로서의 '묘사'에 이르려면 반드시 비유할 대상을 들먹여야 하며, 그런 '다른 말 찾기'가 문장 다듬기의 기본인 것이다.

소설은 논설이나 학술서의 일방적인 설명, 단조로운 진술, 진지한 서술의 차원을 넘어 작가 특유의 정서, 시각으로 풍부한 감정을 토로하는 언어적 제도이자 소통의 장치다. (바로 그런 정감 일체는 작가 자신만의 진솔한 '가치 분별'에 의존하고 있다. 물론 그 '가치 분별'은 객관적인 진실과는 거리가 멀 수 있으며, 학술 논문처럼 진리를 지향하고 있지도 않다. 진리는커녕 절대다수가 추인하는 '진실'조차 버르집고 나서는 형식이 소설이다.) 이 표현/묘사를 다채롭게 끌어내는 비유적 문장을 자유자재로 구사할 수 있는 기량만이 가없이 펼쳐져 있는 방대한(이 표현 곧 '가없이 펼쳐져 있는'과 '방대한'은 겹치는 수사이지만, 동시에 가독성을 감안한 '강조어법'일 수도 있는 것으로 학술 논문에서는 용납할 수 없지만, 소설에서는 더러 통용될 여지도 있는 셈이다) 원고지를 메꿔갈 수 있다. 아무리 복잡다단한 사건/사고라 할지라도 지시적 설명만으로 원고량이 불어나는 데는 한계가 있게 마련이다. 대개의 대중용 통속소설이 쓸데없는 대화로, 속생각으로, 중얼거림으로 지겹게 제자리 뜀뛰기만 하는 '관습적' 매문 행위도 결국은 어휘력 부족증이 사유력 쇠퇴증을 불러오며, 그런 생각 기피증이 비유 불능증에 이르러 있다는 시위와 다를 바 없다. 하기야 할 달이 없다는 것은 표현력 부족의 시인이며, 어휘력이 바닥났음을 자백하는 것이고, 결국 생각/사고/사유가 그처럼 단순, 유치하다는 선언이기도 하다. 어차피 똑같은 말을 해놓고 또 연거푸 할 수는 없게 되어 있는 것이 소설이라는 양식임을 대개의 소설가는 모른 체한다. (일상생활 중의 대화나 전화 통화를 유심히 들어보고, 그것을 녹음했다가 그대로 받아쓰기를 해서 읽어보면 얼마나 동어반복이 심한지 대번에 알 수 있다. 그것을 그대로 소설의 문장으로 옮겨놓을 수 없다는 '사실'은 문장 수련에 시사하는 바가 크다고 하겠다.)

요컨대 동어반복 피하기의 미덕을 간추리면 이렇다.

첫째, 가독성을 높여준다. 같은 말의 되풀이는 이내 따분해지고 물리기 때문에 그렇다. 오죽했으면 듣기 좋은 칭찬도 늘 들으면 싫다는 속담까지 있을까.

둘째, 의미의 생생한 확정성을 높여준다. 한 문장 안에서 같은 말을 두 번이나 그 이상 쓰면 당장 그 뜻이 애매해지거나 중언부언이 되고 마는 것이다. (다만 의미를 '강조'할 때는 예외적으로 쓸 수도 있지만, 그것도 반복되면 이내 지루해지고, 싱거워지고 만다.)

셋째, 다음 문장으로의 연결 고리를 저절로 열어준다. 주로 비유적 기능이 표현/묘사의 풍요를 불러와서 곧장 '내용'의 핍진성과 아울러 그 신축성을 두드러지게 하는 것이다.

한 문장 안에서 같은 말을 (반복해서) 두 번 쓰면 안 된다는 이 철칙을 확대해석하여 곳곳에다 활용할 필요가 있다. (앞에서 강조한 '어절의 종성'을 똑같은 음으로 되풀이하지 말라는 것 역시 '반복' 피하기다.) 이를테면 (우리말의 특성상) 종결어미로 자주 쓸 수밖에 없는 '있었다/것이다/이다/있다/했다/한다/하다/스럽다'의 따분한 반복도 금물이다. 더러 강조한답시고 문장의 종결어미로 '있었다'를 세 번씩이나 연거푸 사용하기도 하는데, 역시 그 '따분한 정경'은 목불인견이다. 그 역으로 '그는/ 내가/그녀가/그것은'과 같은 주어가 연거푸 이어지면 당장 술술 읽히지도 않을뿐더러 그 실적만으로도 초보적인 '작문'이 되고 만다. (윗말을 또는 위의 문장의 뜻을 받는 부사나 부사 상당 어구를, 예컨대 '그런/이런/저런'이나 같은 맥락의 '그/이/저'를 다음 문장의 첫 단어로 도치시키는 것도 결국은 '동어반복' 피하기의 일환일 뿐이다.) 극단적으로 말하면 한 '문단=단락'의 첫 단어까지도 똑같은 말의 반복을 피해야 할 텐데, 문단 길이의 길고 짧음에 따라 독자들이 그 따분한 되풀이를 미처 모르고 지나갈 수는 있을 터이다. (하기야 모든 예술 행위에서의 '반복'을 자기 모방, 자기기만이라며 무작정 나무랄 수 없는 것은 그런 변주=재현이 작가 자신의 예술관의 '심화'인 측면이 다분한데도, 그것의 향수자들은 즉각 사기 행각이라고 일침을 놓는데 주저하는 법이 없다. 유사품類似品 끼리의 그 미묘한 차이를 감상하는 분별력이 '취향'의 근거이기도 하다.)

 그런 동어반복의 횡행은 필경 '내용상'으로까지 연장될 게 틀림없다. (그래서 어휘, 형식, 내용은 언제라도 상동관계를 유지한다. 곧 스타일이 내용 그 자체인 것이다. 소설에서의 모든 내용은 스타일로써 만들어진 임의로운, 가상의 거푸집에 불과하다.) '내용=이야기'의 근본적 주축인 인칭대명사로서 '나/너/그/그녀/그들' 등과 대명사 '그것' 정도의 다발은 어쩔 수 없다 하더라도 호칭으로서의 '당신/여보/자기/사장님/선생님' 같은 어휘도 대화나 지문에서 남발하면 이내 작품의 품격이 너덜너덜해지는 사례는 주목할 만하다. 같은 맥락을 '이야깃거리'나 '이야기' 쪽으로 확대해볼 수도 있다. 이를테면 상호와 위치만 바뀐 술집, 찻집, 숙박업소가 한 작품 속에서 두 번 이상씩 나온다거나 주요 인물/부속인들이 등장할 때마다 그 용모, 옷주제, 체격, 행태, 취향 따위를 꼬박꼬박 늘어놓는다거나, 명화名畵, 명곡, 영화, 팝송의 가사 같은 문화 양식을 적당한 장면에다 상투적으로 깔아대는 '관습' 등등도 '동어반복증후군'의 지칠 줄 모르는 설레발이라고 할 만하다.

 좀 심하게 단정하면 어떤 특정 작가의 이야기 서술벽이나(작품에 따라붙는 그만의 특이한 '가락'이라고 할 수 있다) 그 내용에 자주 등장하는 '여행벽, 회고 취향, 저회취미' 같은 기본적인 특징도 실은 '작풍'이라기보다는 일종의 무심한 '동어반복증후군'으로 이해해야 온당할지 모른다. 물론 그런 동어반복증후군은 아무리 뛰어난 작가라도 그 변주 능력에 한계가 있다는 단적인 증거일 뿐 사기라고까지 폄훼할 수는 없을 것이다. 왜냐하면 모든 예술의 창작 행위는 부분적으로 그런 시행착오의 줄기찬 되풀이를 통해 어떤 개선과 완성을 지향하고 있으므로 어쩔 수 없는 '업보'이기도 하다. 문제는 작가가 자신의 그런 고행으로서의 통과의례를 얼마나 치열하게 의식하면서 작업 윤리/신념 윤리에 투철할 수 있느냐는 것이다. 그러나 아무리 '바꾸겠다'고 발버둥쳐도 개개인의 어떤 '투'는 한동안씩 쉬 떨쳐지지 않으므로 애초의 그 '동어반복' 피하기, 곧 같은 말을 한 문장 속은 물론이려니와 한 문단 안에서도 되풀이하지 않는 습벽부터 길들이는 것이 그나마 차선책임과 동시에 장래의 '자기 변신-작풍 쇄신'을 기약할 수 있는 그루터기는 되는 셈이다.

그러므로 모든 작가는 자신의 '전작(前作) 극복'에 시달리는 중증의 노이로제 환자라고 할 수 있다. 그래서 자기 자신의 구작(舊作) 수준을 넘어서겠다는 다짐은 그때까지의 실력을 송두리째 부정하는 것인데도 신작을 써나가다보면 다시 제 '동어반복'에 우쭐해지는 모순덩어리가 작가의 진정한 정체인 것이다. 그러나 보는 바대로 대개의 작가는 '붕어빵' 찍어내듯이 오로지 작품의 양산 체제를 구축함으로써 전작을 방불케 하는 답보 상태의 회로에 갇히고, 그 동어반복증후군의 노예로서 자족한다. 작가는 '창작=새 의미 찾기'를 구실 삼아 어리광을 일삼는 한낱 행내기로 그칠 숙명과 무작정 싸워야 할 뿐이다.

제10장 2절의 요약
(1) 한 문장 안에서 같은 말을 반복해서 써서는 안 된다는 수사법의 철칙이 비유법을 불러

왔다고 할 수 있다. 문장의 유희적 기능이랄 수 있는 비유법은 크게 여덟 가지로 분류할 수 있다. 직유법, 은유법, 환유법, 제유법, 완곡어법, 위악어법, 모순어법이 그것이다.

(2)비유법마다에 장단점이 있을 리는 만무하다. 각자의 활용 능력에 따라 그 적절성 여부가 즉석에서 갈라질 뿐이다.

(3)동어반복증후군은 종결어미의 되풀이에서도 엿볼 수 있으며, 소설 '내용상'의 따분한 '관습'도 적극적으로 기피해야만 '전작(前作) 극복'이라는 작가의 고유한 작업 윤리에 성실히 복무하는 것이 된다.

(3)동어반복 피하기는 결국 어휘력의 신장으로 나아가게 마련이다. 어휘력의 '가난'은 사고력의 결핍, 사유의 장애, 저속 만발로 이어지며, 그 통속 취향 자체가 동어반복의 영구적인 답보에 이른다.

3. 문장/문체는 개성이다

　원고량이 길든 짧든, 기고에서 탈고까지 걸린 시간이 일주일이든 두 달이든 스스로 생각하기에 그런대로 '완성도'가 높은 작품을 세 편쯤만 쓰고 나면 어떤 작가라도(공모전을 통한 '등단' 여부를 따질 것도 없다. 등단 제도도 다양해졌을 뿐만 아니라 소설을 적어도 두 편 이상 '완성'시켜본 후, 여전히 이야기 조작에 자신의 열정을 쏟겠다는 사람은 명실상부한 '작가'로서 손색이 없다) 자신의 '문장력＝문체 감각'을 심각하게 의식, 반드시 엄숙한 자성의 기회를 가져야 한다. 이런 자기 검열에 무지하거나 등한하고서도 어떤 소기의 목표를 추구한다면 그것은 전적으로 헛된 망상이기도 하려니와 자기기만에 지나지 않는다. 좀 속된 비유를 들먹이자면 바로 이 지점에서 일류 작가와 삼류 작가가, 또는 소설가로서의 대성과 소성의 길이 뚜렷하게 갈라진다. (오해의 소지가 다분한 대목인데, 삼류 작가일수록 오히려 더 많은 작품을 양산할 수도 있고, 더불어 대중의 박수갈채도 받으면서 딴에는 요란한 수상受賞 실적도 쌓아가기는 할 테지만, 그런 추수주의적 세속계의 여러 제도에 대한 저항정신＝반골 기질만이 옳은 문장/문체관의 잉태를 담보한다.) 강조하건대 어떤 문장/문체에 대한 대중(또는 평단)의 평가는 판이할 수 있고, 그 선호도도 마찬가지다. 골치 아프게 자꾸 '생각해봐라'를 강요하는 지적인 문장을 선뜻 이해하기 어렵다고 툴툴거릴 수 있는가 하면, 평범한 서술문으로 그려가는 문체가 적실하니 마음에 와닿는다면서 높게 감싸는 지지층도 많은 게 현실이다. 이처럼 상반되는 평가로 독자층이 두 갈래로 갈리는 것은 독서 행위에 대한 가치관 차이 때문임은 더 말할 나위도 없다. 당연히 어떤 작가라도 자기만의 독보적인 '문체=스타일'을 갖고 싶어한다. (자기 문체가 없는 작가가 의외로 많다. 줄잡아 8할 이상이라고 해도 좋을 것이다. 문체가 없는 소설에서는 어떤 특별한 '내용'도 태동할 수 없게 되어 있다. 묘한 원리인데, '남의 것' 베끼기와 어지러운 '등어반복'의 횡행이 독창성의 씨앗을 지레 파먹고 있어서 그렇다.) 물론 '자기 문장'을 확보하기가 손쉬울 리 만무하다. 그래서 더러 "그것은 타고나야 할걸"이라는 체념도 토해 내고, "기를 써봐도 남들처럼 매끄럽게 착착 감겨오지 않으니 그냥 내 식으로 쓰고 말아야 되나봐"라며 자족에 겨워 양지쪽에다 둥지를 틀어버리기도 한다. 그러나 '언어 감각=문체의식'에 대한 소양도 다른 분야의 지식이나 기량처럼 '반복 학습'에 따라 습득할 수 있는 것임은 새삼 강조해둘 만하다. (아무리 낮게 쳐주더라도 문체 감각에 대한 선천적인 재주는 2할 이하일 게 분명하다. 그 나머지의 반 이상도 일종의 '완벽주의'의 발로로서 지칠 줄 모르는 '퇴고 습벽'에 의해 자기만의 '문장'이 조금씩 살아날 뿐이다. 나머지 반은 물론 선행 작품의 숙독을 통한 '감 잡기'로서의 집요한 학습량이 결정해줄 것이다.)

'자기 문장'을 가지려면 선행하는 여러 작품의 '가락'을, 제가끔 그

울림이 특별한 '흐름' 일체를 익혀야 한다. 곧 통속소설이든 명작으로 알려진 작품이든 닥치는 대로 천천히 숙독하는 것이다. 숙독이란 말 그대로 익숙해지도록, 몸에 밸 때까지 읽는 것이므로 그럴싸하거나 신선하게 다가오는 대목(=설명/묘사/표현)에는 밑줄도 긋고, 잊어버리지 않도록 공책에다 그 부분을 베껴도 보면서 '참고용'으로 보관하며 '숙지=오래도록 기억하기'라는 생활 방식부터 길러야 한다. 문장을 차분하게 숙독하는 이런 버릇 길들이기를 장기간에 걸쳐서 집요하게, 지구력과 인내력을 갖고 '취미'로 가꿔가다보면 자기만의 '문장감각'과 '문체관'이 확립될 테지만, 결코 쉽지 않은 일이다.

좀더 쉽게 풀이해야 실천하는 데 각자의 요령을 세울 수 있을 듯하다. 술술 읽히게 만드는 문장 학습에는 '다독'만큼 요긴한 첩경이 달리 있을 리 만무하다. 읽을거리라면 어떤 것이라도 손에 잡히는 대로 부지런히 독파해가야 하는 것이다. 실제로도 술술 읽히는 '문장'으로 지어진 책자는 무엇이라도 '재미'가 있게 마련이다. 그런 다독의 습관은 마침내 쓰고 싶은 의욕을 부추기게 되어 있다. 일컬어 다작 욕망의 내습이자, 그것의 일상화다. 그런 다작이 '다사(多思)'를, 곧 생각거리를 연방 불러들인다. (많이 듣고多聞, 많이 읽고多讀, 많이 생각하라多商量 라는 세칭 '삼다 문장 학습론'도 결국 똑같은 말이다. 다만 글짓기에 앞서 충분한 '준비'와 '관심'이 필요하다는 점에서 섣부른 문장 감각을 경계하고 있기는 한데, '어휘량'이 보잘것없는 주제로서는 '생각거리'도 하잘 게 없을 것은 뻔하다. '생각이 많다/생각이 깊다'는 말이 그럴싸하게 통할 것 같아도 어휘력이 가난한 주제로서야 그 사고의 양과 질이 고루 하찮을 것임은 분명하다.)

그러나 무턱대고 이 책 저 책을 마구 섭렵한다는 것은 시간적으로도 무리이고, 쓸거리가 아무리 많다 한들 그 이야기의 대개가 선행 작품들이 다룬 것을 미처 모르고 덤비는 허튼수작이기 십상이며, 생각거리 찾기도 세상사/인간사에의 상당한 이해가 갖춰져야 할 터이므로 역설적이게도 남의 생활양식/사고방식부터 경청해야 비로소 궁리의 대상을 붙잡을 수 있는 것이다.

이런 일련의 '배우고 익히는' 과정과 그것에 들이는 품이 얼마나 지겹고 따분한 노릇인지를 모르는 사람은 없다. 그러니 자기 스스로가 지치지 않는 '요령'을 개발하면서 '즐기기'에 빠지라는 당부는 공연히 재미도 없는 '명작'을 의무적으로 읽을 필요도 없다는 직언이다. 차라리 베스트셀러를 숙독하면서 그 잘잘못을 반드시 '노트화'해가며 통독하거나, 비록 대중용 인기물로 신문의 화제란과 광고의 조명을 독점하는 유행 작가의 작품이라도 읽다보면 "아무래도 나하고는 거리가 너무 머네"라든지 "별것도 없네, 다시 찾아가며 읽을 작가는 아닌 게 틀림없어"와 같은 느꺼움이라도 챙길 수 있다. 그런 식으로 즐기다보면 저절로 선행 문장들의 잘잘못을 분별하는 안목도 고여들게 되어 있는데, 그런 과정은 모든 학문의 '익히기'와 똑같은 경지이기도 하다. 말하자면 누구 문장은 아무래도 그 반지레한 미태가 피상적이라서 탐탁잖지만, 수더분하나 물리지 않는 이쪽 문체는 좀 나아 보인다는 분별이 생기면서 각자 나름의 취향이 슬슬 모이기 시작하는 것이다. (엄밀히 따진다면 '술술 읽히는 문장'의 요체는 그 '내용'보다는 '문체' 내지는 '문단'에 좌우되는데, 재미있게 읽히는 그런 '단락=문단'에도 새로운 '설명/묘사/표현'이 연이어지지 않으면, 곧 이야깃거리의 '동어반복'이 나타나면서 이내 시시한 읽을거리로 돌변한다.) 그렇긴 해도 선행의 좋은 문장을 읽어가면서 먼저 터득해야 하는 기본적인 기량은 오문, 비문에 대한 검열의 눈씨다. 흔히 이것에 등한해서 자기 문장의 의미를 독자 일반에게 제대로 전하지 못해 난처해하며, "아무리 써봐도 옳은 문장이 안 나와서" 죽을 맛이라는 엄살을 떨어대곤 하는 것이다.

 오문은 말 그대로 틀린 문장이다. 어렵고 거창한 어휘를 골라 쓰려는 허영(쓴 사람도 그 뜻을 잘못 알고 있는 경우가 태반이다), 일반인들이 알아듣기 힘들거나 대체로 잘못 이해하는 학술어('이데올로기'나 '텍스트' 같은 말이다), 특정 분야에서만 쓰는 전문어(병원에서나 환자에게 쓰는 용어다), 유행어/세태어/속어(한때 특수계층이 많이 쓰는 말들로 "내가 쏠게" "뭐야, 진짜?" "멍 때리고 있다" 따위다), 제법 박식하다는 문잣속 등을 잔뜩 늘어놓고 있는데도 막상 무슨 말뜻인지 알 수 없는 문장은 오문이다. (소설 문장은 일상어로, 언문일치를 좇아 불특정 다수의 일반 독자들이 읽자마자 그 뜻을 즉석에서 알 수 있게 읽는 '소통'의 수단일 뿐이다.) 그러니 오문은 절대로 써서는 안 되는 문장이다. 그런데도 오문은 모든 소설 속에서 눈에 자주 띄고, 쉽게 알아볼 수 있음에도 불구하고 다들 저지르곤 해서 말썽이다. 어순이(문법의 기본은 이것이다) 뒤죽박죽이거나, 어휘의 정확성이 떨어지거나, 단어의 뜻을 잘못 알고 썼거나, 종속절과 주절의 호응관계가 꼬여 있든가 너무 떨어져 있거나, 기다란 수식어가 어떤 말을 꾸미는지 헷갈리거나, 멋을 부린답시고 끼워넣은 조건문, 삽입구, 삽입절이 얽혀서 혼선을 빚거나와 같은, 자신의 실력과 겉도는 '과욕'은 그 '의미'가 곧장 아리송해지고 마는 엉터리 문장/문맥을 낳는다. 무슨 말을 하고 있는지 알아볼 수 없는 이런 오문은 공부 삼아 그 문법적 적부(適否)를 따져보면 틀림없이 타산지석으로 삼을 만한 탈(=허물)이 불거져 나오게 되어 있다. 그러면 장차 이렇게 써서는 안 되겠다는 '대안'이 떠오른다.

한편 비문의 경우는 적잖이 까다롭다. 사전적 풀이대로라면 비문은 일단 문법적으로 틀려서 되다 만 엉터리 문장이라고 정의할 수 있다. 엉터리 정치가가 정상배라는 통용어로 여전히 정치판을 휘젓고 돌아다니듯이 '비문=엉터리 문장'도 생활 현장에서는 폭넓게 쓰이고 있는 현실을 소설에서는 어떻게 수용할 것인가. (읽을거리, 볼거리처럼 '먹을거리'가 문법적으로 맞는 말인데도 '먹거리'가 일상생활에서 워낙 득세함으로써 공용어로 추인받고 있는 사례와 견줄 수도 있다.) 그러니까 비문은 문법적으로나 논리적으로 틀린 말인데도 일상생활에서 널리 쓰이고 있어서 소설 속에다 부려놓아도 부분적으로/일시적으로 의미 전달이 활달한 문장까지 그 범주에 끼워넣을 수 있다. 그러그보면 그 범위는 꽤 확장되고, 실제로도 말깨나 하고 산다는 식자들 또한 아무렇게나 쓰고 있는 형편이다. 몇몇 실례를 들어보면 다음과 같다.

1) 그는 일주일 동안 병가라고 한다./ 그는 일주일간 병중이었다.
2) 북한산도 간단치 않아./ 전 소설은 별로거든요./ 그 옷은 좀 그런데.
3) 얼마나 까칠하게 대하는지 아주 민망해지데.
4) 색깔 있는 보석이 먼지 묻은 천에 싸여 있듯 매력으로 싸여 있었다.

1)은 '그=병가(病暇)'라서 논리적으로 틀려 있다. 또 '간'과 '중'은 겹치므로 비문법적이다. 그런데도 두 문장은 일반적으로 널리 쓰이며, 무심결에 문어로 통용되고 있기도 하다.
　2)는 자주 들을 수 있는 대화체이지만, 사실상 비논리적인 말이다. 아마도 북한산 등반도 만만하게 봐서는 큰코다친다는 뜻일 것이다. 또 소설 읽기를 별로 좋아하지 않거나 소설이란 장르 자체의 가치를 상대적으로 하찮게 여긴다는 함의가 깔려있는 듯한데, 그 정확한 뜻은 역시 종잡을 수 없다. 그러나 일상 중에서는 상대방이 그 말뜻을 정확하게, 오히려 그 너머의 허세까지 알아듣고 있을 게 틀림없다. 물론 '별로'라는 부정적인 부사의 쓰임새가 무척이나 다양하고, 그 뉘앙스도 시시때때로 다르며, 그 말 다음에 따르는 '동사'가 생략되어서 ('좋아하지 않거든요'라든지 '안 읽어서요' 같은 말을 줄이고 있다, 자신의 그런 약점을 허세로 위장하면서) 애매모호한 게 아니라 오히려 풍부한 말맛까지 자아내고는 있다. 의미만으로 따진다면 비문이라기보다도 달문(達文)이라고 해야 할지 모른다. '그런데'는 당장 적절한 말이 안 떠오르거나, 마땅한 말이 없어서 얼버무리는 일종의 대명사이자 접속사이지만, 말뜻은 분명할 뿐만 아니라 뉘앙스도 풍부하다. 그 옷이 어울리지도 않고, 어딘가 모자라고 아쉬운 구석이 있지만, 꼭 집어내서 말하기가 당장에는 거북하다는 것이다.
　3)의 '까칠하다'는 몸이 야위어서 살갗이나 털이 거칠고 윤기가 없다는 사전적 풀이를 요즘의 쓰임새대로 '쌀쌀맞게 대한다'거나 '냉정한 행태, 근엄한 말투' 따위를 약간 빈정거리면서 해학기를 얹은 뜻으로 대신 쓴 것이지만, 막상 그 정확한 말뜻은 오리무중이다. 상대방의

신상이 몰라보게 달라졌는지, 면담 분위기가 다소 냉랭했는지 물어봐야 할 지경인 것이다. 그야말로 어중돼서 다잡아야 할 어휘가 아닐 수 없다.

4)는 의미가 분명하다. 문법도 틀려 있지는 않다. 그러나 읽히지는 않는다. 따져보면 '싸여 있듯'과 '싸여 있었다'가 겹쳐서 선뜻 말뜻이 잡혀오지 않고 곱새겨야 하는 셈이다. 정확한 '표현'에 이르기 위해 문법을 엄격하게 지키다가 도리어 역효과를 낸 꼴이라고 해야 할 것이다. 욕심을 줄이고 그냥 '싸여 있듯 매력적이었다, 그런 고혹적인 분위기가 혹 끼쳐왔다'로 퇴고할 수도 있을 것이다.

다소 우회한 감이 없지 않지만, 모든 '말=어휘'는 당사자가 쓰기 나름으로 빛이 나고, 그 뉘앙스도 시시때때로 달라지며 그만큼 풍부해진다. 상대방은, 눈치와 말귀가 둔한 사람이 아닌 한, 그 말뜻을 충분히, 더러는 지나쳐서 곡해나 오해를 불러올 정도로 남의 심중을 넘겨짚어 읽어내기도 한다. 그러니까 모든 어휘에는 사전에 쓰인 뜻풀이에 상당하는 '표시성=명시성'이 있어서 그 뜻으로만 한정하여 쓰도록 규정하고 있다. 반면에 그 이차적 의미로서의 '공시성=함의성'도 있으므로 그 뜻으로도 쓸 수 있음은 물론이다. 말하자면 언외지의 (言外之意)가 있을 수밖에 없는 것이다. 글도 정확히 그렇다. 두어 단계 줄여서 말하면 소설 속에서 작가가 골라 쓴 모든 어휘 감각은 그것 나름의 공시적 의미가 다양한 빛깔로 그 자리에서만 특별한 어의, 어감(=말맛, 뉘앙스)을 거느린다. 그런데 그처럼 애써 골라 쓴, 그 제2의 의미를 고려해서 써먹고 있는 어휘들이 어느 작가의 경우에는 '기가 막히게' 맛깔스러운데, 다른 작가의 것은 어딘가 버성긴달까 모래 씹는 맛일 수 있다. 작가 자신조차도 그런 어색함, 미세한 차이로 삐꺽거리는 톱니바퀴처럼 껄끄러움, 어휘끼리의 버석거림 따위를 미처 의식하지 못하는 경우가 허다하다. 이런 작은 '흠'을 알아채는 섬세한 통찰안이랄까 감식안을 기르고 습득해야만 훌륭한 문체에 대한 분별력도 생기고, 그때부터 자기 취향에 맞는 '문체관'이 확립되어갈 터이다. 물론 단숨에 이뤄지지는 않는다. 아마도 다년간 책읽기의 일상화를 통해 절대 독서량을 웬만큼 확보해야 가능할 것이다. 그럼에도 불구하고 오늘날은 다종다양한 매체의 발달과 고등교육의 일반화로 저마다 할 말이 많다는 자기도취증에 빠져서 남의 말/글은 귀담아듣지 않고 읽지 않는 풍조가 만연하다. 나무랄 데 없이 빼어난 문장의 '제도적인' 품귀 현상은 그만한 시대적/세태적 연유도 있는 셈이다.

어쨌든 문장 수련에 관한 한 예외가 있을 리는 만무하다. 그게 있다면 예의 그 재능론, 자질론 등일 텐데, 그런 천부의 소질은 밤을 세워가며 읽는 독서량과 그에 쏟아붓는 끈질긴 근성과 견주면 무시해도 될 만한 자격일 뿐이다. 보다시피 우리 주변에는 영민한 머리를 타고난 준재들이 허송세월 끝에 허랑한 말자랑꾼으로 주저앉은 사례가 얼마나 많은가.

'자기 취향'은 물론 막연한 말이 아니다. 그러나 정의하기는 간단하지 않다. 어느 특정 소설의 '내용'이 아무리 흥미진진하다고 하더라도 그에 대한 평가가 독자마다 다르듯이 문장, 나아가서 문체 전반에 대한 음미력도 제가끔 판이하다. 다르기 때문에 쉽게 구별되고, 자신의 취향도 저절로 터득된다고 할 수 있다. "쓸데없이 작중인물의 심리를 묘사한답시고 장황하니 했던 말을 하고 또 해대는 문장은 정말 질색

이야"라는 성질 급한 독자가 있는가 하면, "재치 있는 말장난을 한참 읽다보면 이내 신물이 나고 머리에 남는 게 하나도 없어서 허망해져, 엉터리야"라며 시큰둥해할 수도 있는 것이다. 아무래도 이런 자기 취향은, 개개인의 기질, 소양, 추구벽, 관심사, 학력, 독서 습관 같은 구비 요건들이 그때그때마다 묘한 감각적 인식을 불러일으켜서 그런 분별안에 크게 영향을 미쳤을 테지만, 그 성향 일체도 나이가 들어감에 따라 또 사회적인 '기운' 일체에 의해서도 바뀌게 마련이다. 오히려 이런 외적 강제력이 개인적인 자질을 압도, 다른 감식력을 조장할지도 모른다.

곧바로 특이한 문체들을 작례로 들어보고, 그 특장과 상대적인 미흡을 음미하면서 자기 취향과의 부합 여부를 알아보는 것이 득이 될 듯싶다. 당연한 노릇이지만, 어떤 선입관을 사전에 가로막기 위해서 작가 이름과 그 출처도 밝히지 않았다.

⇒(가) 일요일엔 실컷 늦잠을 자는 버릇이 든 나도 다음 날 아침만은 비교적 일찍 일어났다. 식사를 끝내고 신문을 읽자니, 마치 기차를 기다리는 동안 신문을 사서 급히 훑어볼 때처럼 볼거리가 하나도 없는 듯 시시하게 느껴졌다. 나는 곧 신문을 내던졌다. 그러나 채 5분도 못 되어 다시 집어들었다. 나는 담배를 피우기도 하고 흐려진 안경알을 정성들여 닦기도 하고 이런저런 일들을 하며 아버지가 오기를 기다렸다.

아버지는 좀처럼 오지 않았다. 나는 아버지가 일찍 일어난다는 걸 잘 알고 있었다. 그의 성급함에도 어릴 때부터 잘 길들여져 있었다. 나는 조바심이 나서 전화라도 걸어 어찌 된 셈인지 이쪽에서 아버지의 형편을 물어볼

까도 생각했다.

　어머니와 허물없는 나는 늘 아버지를 꺼렸다. 하지만 진짜 속을 들여다보면, 상냥한 어머니가 엄격한 아버지보다 오히려 무서웠다. 나는 아버지에게 야단맞거나 잔소리를 들을 때, 면목없어하면서도 역시 남자는 남자라고 속으로 생각하는 일이 자주 있었다. 하지만 이번 경우는 여느 때와 달랐다. 아무리 아버지지만 그리 쉽게 얕잡아볼 수 없었다. 전화를 걸자고 마음먹고서도 나는 끝내 걸지 못했다.

　세 단락으로 이뤄진 위의 문장은 우선 술술 잘 읽힌다는 장점을 갖고 있다. (옥에 티처럼 두 번째 문단에서 종결어미 '있었다'가 연거푸 반복되고 있긴 하다.) 잠시만 따져보더라도 막힘없이 읽히는 이유가 어떤 어려운 어휘도 사용하지 않아서 그런 것임을 깨달을 수 있다. 일상 중에서 가장 친근하고 평범한 대화를 천연스럽게 옮겨놓은 듯한 그런 느낌을 받는 것이다. 그래서 작가의 느긋한 자세마저 훤히 떠오른다. 어떤 가식도, 호들갑도, 과장도 없다. 작중 화자 '나'의 솔직한 심경을 술회함으로써 평생 거짓말이라고는 하지 않았을 듯한, 고지식하나 진지하기 짝이 없는 위인상을(이것이 앞 장에서 설명한 바로 그 '캐릭터' 작업의 실적이다) 곁에 있는 듯 떠올릴 수 있다. 게다가 답답할 정도로 정직하고 신실한 '나'의 심경과 처신이 은근하게도 찬찬한 해학기를 전해준다. 이것이야말로 이 문체의 미덕이라고 할 수 있기도 하다. 어떤 기교도 부리지 않는, 일부러 무덤덤을 가장해 누구라도 쉽게 읽을 수 있는 평서문이라서, 언뜻 보기에는 이야기의 줄기와 잔가지를 '서술=설명'하는 데 꼭 필요한 이런 기량쯤은 쉬 익혀서 써먹을 수 있을 것도 같다. (첫 번째 문단의 '마치 기차를' 운운하는 대목이 그나마 유일한 직유로서의 '묘사'다.) 그러나 결코 그렇지 않다. 단조롭고, 어떤 수식도 없으며, 주인공 자신을 '객관적으로' 관찰하는 이런 문장이 차라리 어렵다고 해야 할지 모른다. 그럴 수밖에 없는 것이 일차적으로 '쓸 말'이 많지 않고, 어떤 기교도 부리지 않으려니까 '동어반복 피하기'가 더 어려워지는 것이다. 그러면서도 잘 읽히게 만드는 '가독성'을 높여야 하므로 평서문은 흡사 '쓸 말 제한'과 '흥미 진작' 같은 모순을 동시에 추구하는 격이라고 할 수 있다. 뿐만 아니라 복문과 중문을 짐짓 자제하고 있음도 눈에 띈다. 첫 문단에서 '되우기도 하고'와 '닦기도 하고'가 유일한 중문인데, 초조한 심경을 반영하는 이런 동작의 나열에는 쉼표도 붙이지 않은 '~고'의 반복이 '강조' 역할을 감당하고 있는 셈이다.

⇒(나)그러나 문경이는 자기의 생각이 정반대인 것을 깨닫지 못하였다. 시부모나 남편을 잘 만났다고는 못 할지 모른다. 부친이 사십 넘으면서부터, 외도에 흘러 가사를 불고하고, 자식교육에 무관심이었던 점으로 보아서 분명하였을지 모른다. 그러나 자애를 아끼지 않는 모친이 있고, 오라비가 있다. 뉘게 내놓아도 빠질 데가 없다고 자랑하는 오라비요, 또 사실 냉정하고 우애 없는 남매가 아니다. 그만한 불만은 이 세상 살자면, 뉘게든지 있는 것이다. 누구나 참을 수 있는 정도의 불평이다. 그러나 고명딸로 귀엽게 자라난 문경이는, 어린애가 보채듯이 조그만 흠집만 나도 입을 커다랗게 벌리고 울려는 것이다. 고생을 모르고 자라난 사람은 자기감정을 과장하는 것이다. 더구나 문경이는 나이는 스물이 넘었다 해도 키만 얼부덩 하

였지, 마음은 역시 어머니 젖꼭지 만질 때와 별로 다름없는 소녀. 자기의 조그만 불평이나 불만을 저항하고 이겨나갈 생각은 없이, 나는 가정적으로 불행한 사람이다라고 비관해보는 것이다. 비관해보는 것이 또한 한 가지 재미도 되는 것이다.

그러나 그와는 반대로 돈이나 교육으로는 남부럽지 않게 행복하다는 그 행복이, 도리어 빈껍데기인 데는 정신을 못 차리는 것이다. 과시 문경이는 돈 있는 집 딸이다. 밥을 굶는다는 것이 어떠한 일인지 이십 평생에 경험을 못 해보았으니 알 수가 없다. 양말에 구멍이 뚫어져본 일이 없고, 삼등 차라고는 타본 일이 없다. 그러나 돈 있는 집 딸일 따름이지, 제가 돈을 가진 것은 아니다. 돈 만 원 때문에 남편과도 떨어져 있고, 공부도 못 하는 지금의 문경이를 보면 알 일이다. 돈 쓰는 법은 배웠지만, 돈 낳는 법은 배워본 일이 없는 문경이다. 이 점은 원영이도 일반이나, 문경이는 여자이니만치 한층 더한 것이다. 여자의 경제적 독립이란, 오늘날 어떠한 여자에게나 그렇지만, 문경이에게는 더구나 바랄 수도 없는 일이다. 이러한 종류의 여자는 돈을 써주는 사람이 없을 때, 최후의 경제 수단으로는 몸을 밑천으로 내놓는 것밖에, 다른 도리라고는 없게 길러진 사람이다.

교육—그는 고등여학교에서 우등으로 졸업한 것을 자랑한다. 그러나 배운 것이라고는 오믈렛과 아이스크림 만드는 법을 배웠고, 양요리 먹는 법을 배웠다. 그러나 지금은 그것도 만들자면 어정쩡하다. 스웨터를 짰고 어린애 양복과 두렁이를 만드는 법도 배웠다. 그러나 지금 뱃속에 있는 아이가 나온 뒤에 그런 것을 만들어 입히자면, 다시 이 원 삼 원 하는 참고서를 사야 할 것이다. 그보다는 삼월 오복점에 가서 짜는 실값보다 싼 것을 살 수 있다. 귀찮아서라도 사다가 입히리라. 치마저고리는 침모가 만들어줄 것이다. 김치 깍두기는 찬집이 담가주리라. 남편은 양복만 입으니까 뒤 거둘 필요도 없다.

(나)의 예문은 보다시피 (가)와는 판이하다. (가)의 단순명쾌한 '사실' 설명력에 비하면 너덜너덜하다고 해도 좋을 정도로 수다스러운 문장이랄 수 있다. 어느 쪽이 좋다/나쁘다 하는 가치 분별은 문체 감각에 대한 각자의 취향 나름이므로 함부로 말할 수 없다. 다만 그 특징과 변별점만 점검할 수 있을 뿐이다.

우선 (나)의 문장은 단문, 복문, 중문을 활수하게 번갈아 쓰고 있다. 이게 가독성의 원천이다. 더불어 현재형과 과거형 문장을 마구 섞어 쓰는 데서도 알 수 있듯이 '변화' 곧 '반복'의 기피만이 술술 읽히는 문장의 요체임을 보여준다. 만연체라고 해도 좋을 장문이 잘 읽히는 것도 결국은 언문일치를 나름껏 실천하기 때문으로 같은 맥락이다. 둘째, 이 말 저 말을 아무렇게나 끌어다 쓴다 싶게 풍부한 어휘량이 돋보인다. '얼부덩' 같은 말은 사전에 등재되어 있지도 않지만, 그 말 뜻을 대번에 알아볼 만하며, '두렁이' 같은 등재어는 '치마 같은 아기 옷'으로 풀이되어 있으므로 작가로서는 꼭 이 말밖에 없다는 소위 '일물일어' 주의에 입각한 어휘력 과시가 되는 셈이다. 이처럼 사전에 표제어로 올라 있지 않은 사투리나, 사전 속에는 숨어 있지만 대다수 일반인이 모르는 희귀어/사장어의 '발굴'에 집착하는 '골동품 수집가형' 작가가 있을 수 있다. (마찬가지로 이런 '낯선' 어휘가 나오면 신기해하고 사전을 찾아보면서 익히려는 독자가 있는가 하면, 제가 모르는 말이 자꾸 등장하는 데 짜증을 일구는 '신경질적인' 독자도 있다. 작가가 어떤 종류의 독자를 겨냥할지, 그 구미를 얼마나 충족시킬 것인지는 전적으로 임의롭게 결정할 수밖에 없겠지만, 대체로 '타협'의 선을 갖고 있으며 그것이 그의 언어관이자 '소신'이 된다.) 맞춤한 어휘를 찾아서 적재적소에 앉힘으로써 득의를 맛보려는, 따라서 적확하기 이를 데 없는 '묘사'보다는 자기만의 '표현'을 발굴하겠다는 그런 병적인 집념은 모든 작가가 누리는 기질적 생리라고 할 수 있다. 물론 그 정도에 차이는 있겠으나, 어떤 작가라도 따분한 '동어반복증후군'에는 혹독하게 시달리면서, 마음에 드는 '묘사/표현'을 지어내기 위해 딱 들어맞는 어휘를 찾느라고 머리를 싸매고 끙끙거리면서도 한편으로는 남들이 잘/자주 안 쓰는 단어를 '빛나게' 써먹으려고 거의 광분한다고 해도 빈말이 아니다. ('나무 그릇'이나 '나무 식기'라는 말 대신 '두가리'를 찾아내서 잠시나마 들떠오르는 감정을 추스르는 식이다.) 그러나 그런 집착이 언제라도 뜻대로 이루어지는 것은 아니다. 사전을 통째로 외울 수도 없으려니와 누구라도 기억력의 용량에는 한계가 있어서이다. 그렇긴 해도 (앞서 말한 대로) 별도의 '어휘 수집 노트'를 장만하여 평소에 어휘량을 차곡차곡 늘려 가는 일과의 실천은 직업윤리이기도 하려니와 '글쓰기'도 멀리 내다 보는 '장사'라면 그런 상술이야말로 '밑천 증식'에 해당될 것이다. 그리하여 동어반복이 안 보이고, 상큼한 우리말이 곳곳에서 알차게 쓰임으로써 적절한 표현에 다가가는 문장이야말로 수량이 풍부한 장강처럼 유장하게 흘러갈 게 틀림없다.

　셋째, 자세한 설명과 적확한 표현에의 의욕은 어떤 대상에 대해 그만큼 할 말이 많다는 증거이고(작가 스스로 박학다식하다는 자기최면의 발현이랄 수 있겠는데, 실은 이런 '과시벽=현학 취향'이 소설 쓰기의 원동력이다), 이야기 자체의 완벽한 조작을 위해서 주변의 모든 이야깃거리를 아낌없이 끌어다 쓰겠다는 욕심의 발로라 할 수 있다. 수다스럽다든지, 지루하다든지, 굳이 다 말하지 않아도 알 만하다든지 하는 독자의 지청구쯤은 못 들은 체하련다, 이야기의 성(城)을 제대로 쌓아가려면 벽돌 한 장이 아쉬운 판인데 단어 씀씀이를 아끼랴라는 신조인 것이다. 그 대상은 보다시피 주인공의 심경, 가정형편, 성장 내력, 현재 처지, 성격의 일부일 수도 있고, 어떤 특정한 사건/사고에 대한 인과일 수도 있다. 그런 전후 사정과 내막을 미주알고주알 죄다 발겨내는 것이 과연 합당한지, 어차피 지면은 제한되어 있는데 딱히 필요치도 않은 (독자들의 상상력을 열어놓게 만들라는, 어떤 판단의 여지를 남겨두라는 식의 '생략'을 부추기는 '가르침'이 흔하지만, '쇄말주의=트리비얼리즘'으로 명백하게 단죄할 사단이 아닌 한 그런 성마른 '간섭'은 대개 피상적인 이야기 조작을 성원하는 것이나 마찬가지다) 대목들을 주저리주저리 엮어놓는 것은 쇄말주의의 장본이 아니고 무엇인가라는 의견을 개진할 수 있다. ('쇄말주의'는 곡해할 소지가 다분한 용어로 주로 부정적인 의미로 쓰이지만, 어떤 사태/현상의 '본질'을 탐색하자면 그 주변의 여러 여건, 상태, 인과 따위를 자세하게 고찰하지 않을 수 없다. 인간의 '고뇌'나 그 '심리' '사상' 등은 더 말할 나위도 없다. 보다시피 현상과 본질은 겉과 안으로서 한쪽이 다른 한쪽을 통제, 규정한다. 따라서 엄밀하게 따진다면 '피상적인 판단' 같은 관용어는 형용모순이다. '판단'은 겉만 봐서 '알았다'고 할 수 없을뿐더러 그처럼 부실不實하거나 미비한 고찰로 어떤 인식에 이르러 '그렇다/맞다/아니다'와 같은 판정을 내릴 수는 없을 것이기 때문이다. 요컨대 구체적인 실상의 재현이라는 미명 아래 그처럼 구지레한 일상사, 잗다란 인간 심리의 음영까지 죄다 너덜너덜한 말로 그려야 하는가라는 쇄말주의에 대한 극단적인 불신/공박과, 그래도 세상사/인생사를 제대로 파악하려면 만부득이하거니와 아무리 훑어봐도 당장 덜어내도 좋을 불요불급한 대목은 상대적으로 훨씬 적다는 대응은 세태관, 나아가서 소설관의 현격한 차이로서 서로 멀찍이 떨어져서 '딴살림을 차릴' 수밖에 없다. 물론 신문/잡지 연재용 소설이라는 발표 양식이 임시 모면책으로 중언부언을 점점 부풀려놓았으리라는 타당한 혐의와 그 실적을 원고 마감 시간에 늘 쫓긴 당사자들인 염상섭, 도스토옙스키, 나쓰메 소세키도 곱다시 인정해야 할 테고, 그 당시 발표 형식의 대종은 매일, 또는 다달이 정해진 매수의 원고를 써서 매체에 보내야 했다.)

  물론 각자의 어휘 수집벽, 문체관 등은 상대적으로만 두드러지는 주특기 같은 것이라서 어느 쪽이 낫다고 함부로 말할 수는 없다. 그 작가만의 개성적인 '문체=가락'을 일부/대다수 독자가 싫어할 수도 좋아할 수도 있을 뿐이다. 언제 읽더라도 물리지 않으면서 세월의 풍화를 이겨내고 살아남는, 평범한 가운데서도 조금씩 다르며, 나름의 특이한 (개성적) '표현'을 일궈낸 문체가 '무엇으로' 짜여 있는지만큼은 예의 주시해야 하며, 그런 '속 깊은 문체'를 귀감으로 삼을 수 있을 뿐이다.

  사실에 대한 설명이 장황하고, 사례를 자주 들먹이는 소위 '말이 헤픈' 문체는 수선스럽기도 한 만큼 당연히 부정적인 측면도 없지는 않다. (그런 '말 재미'에 생리적으로 무감각한 독자들도 있으며, 본인의 문체관이 그들의 불평까지 참작할 수는 없다고 하면 그뿐이긴 하다.) '사건=이야기'의 진행이 느려터져서, 또 그 통에 이야기 가지가 자꾸만 엉뚱한 쪽으로 뻗어나감으로써 묘사/표현이 다른 글감을 불러오듯이 '줄기'가 쭉쭉 곧게 뻗어가기는커녕 점점 배배 틀린다는 지적이다. (거짓말이 다른 거짓말을 불러와야 앞뒤 말이 그냥저냥 구색 맞춰 들어가듯이 그것은 흔히 그렇게 굴러간다. 만용, 애교, 수치, 홍소 등이 일단 터뜨려졌다 하면 연방 이어지는 것도 같은 이치다. 통속적인 대중소설 속의 이야기 '연쇄'는, 막상 지어내기로 들면 그렇게 어려운 작업이 아니다. 이른바 '대하소설' 속의 그 많은 '내용'=이야기들은 작가의 능력이라기보다는 그 길이 자체가 생산을 독려한 잉여물이다.) 사실이다. 그래서 만연체는 말 그대로 칡덩굴처럼 이리저리 구불거리는 것이다. 그것이 수식을 강화하고, 했던 말을 달리 설명하느라고 땀을 뻘뻘 흘리며, 부연 기술이 엿가락처럼 길어지게 몰아간다. '본말전도'는 충분한 설명력, 빠뜨릴 수 없는 묘사력, 자랑 삼는 표현력 등에 치중하는 만연체 문장이 제일 먼저 염두에 두어야 할 경계색이라고 해도 좋을 것이다. (나)의 예문에서도 접속부사 '그러나'와 종결어미 '것이다'의 수다한 빈발은 원가지에 또 곁가지가 겹겹으로 붙어버린 결정적인 증거다. 물론 그런 '동어반복'은 '강조'와는 전적으로 무관한 것으로 가독성을 떨어뜨리는 흠결 요인이다.

  소설이 당대의 모든 풍속, 풍류, 풍경 등을 재량껏 반영, 복사하고 있는 것처럼 문장도 그 시대의 한 풍향계로서 어떤 '물결'에 동참하지 않을 수 없다. 여기서의 물결이라면 '대세=유행'이기도 하려니와 당대만의 고유한 정보, 지식 같은 사회적/문화적/인문적 지표 곧 그 시대만의 지적 향수(享受)의 총체를 가리킨다. 문장은 그 성취의 총량을 기술해야 하는 도구에 지나지 않으며, 어떤 소설의 특정 문체라도 그 시대의 지적 압축물임을 자임할 수 있다. 거꾸로 말하면 부실할뿐더러 애매모호한 문장과 그런 문체 감각이 무사통과되는 사회는 적어도 그 당대의 지적 수준이 부분적으로 현격히 미달 상태임을 대변하는 셈이다.

해방 후부터 오늘날까지의 우리 사회를 거시적으로 조망해보면 그때그때마다의 지적 성취도를 손쉽게 가늠할 수 있다. 지금도 여전히 허황한 또는 얄팍한 문체/문맥이 고명한 필자가 썼다는 '브랜드' 때문에 무시로 횡행하고 있는 것은 권위주의 사회의 지적 열악성을 곧이곧대로 반영한다. 이를테면 정치적 기류, 사회적 변동, 문화적 성숙 등으로부터 문장은 간단없이 영향을 받고, 문체는 그 압도적 기운을 어떤 제약도 없이 빨아들인다. 문장/문체야말로 한 사회의 전반적인 숙성 정도를 알아보는 척도이면서 그 시대만의 특이한 '기류'(=정서)를 읽을 수 있는 지표인 것이다. 지나친 사례일지 모르나 '기체후 일향 만강하옵신지요'와 같은 문안 편지가 통용되던 때의 문체 감각은 그 시대의 지적 풍토를 압축적으로 보여준다. 따라서 간결체가 성행하던 시대가 있었지만, 모든 정보, 지식이 활발하게 유통되는 오늘날에까지 과연 그런 단문이 합당할 것인지는, 개개인의 문장관 및 문체 감각과는 별도로, 자문해볼 여지가 있다. 말할 나위도 없이 만연체 같은 문체 감각은, 작가 자신의 지적 수준이나 특유의 취향과는 무관하게, 당대의 복잡다단한 사회 구조, 점점 충동적으로 터뜨려지는 여러 감정 표현을 만부득이 수용해야만 하는 생활세계, 자기분열적인 의식 수준 등을 어떻게든지 수렴하려는 노력의 일환이다. 그러므로 장황한 문장, 중문/복문이 혼재하는가 하면 온갖 수식어가 '없이 사는 집구석'에 많은 자식처럼 주렁주렁 매달린 것 같은 문체는 자생적으로 개발된 것이 아니라 그 시대의 절박한 요청에 의해 저절로 태동한 어떤 인식의 적자(嫡子)로 볼 여지도 없지 않다. 그 반대로 아직도 단문으로 오늘의 사회적/문화적/인문적 의식의 중층화 현상을 그리려 한다면 밑천도 없이 사업을 떠벌이겠다는 허릅숭이의 작태나 다름없다고 해도 틀린 말은 아니다.

아무려나 한 시대의 의식 전반을 대변하는 것처럼도 보이는 만연체 문장의 작례는 워낙 많아서 바야흐로 '단문의 시대는 거(去)하고' 장문의 세력이 활개를 치는 양상이다. 가령 다음과 같은 예문이 당대의 비상한 화제를 모았던 문제작의 일부이며, 그것도 작의를 상당히 드러내는 대목임은 주목에 값한다.

⇒(다)요컨대, 우리가 다른 사람들의 가장 사사로운 일에 대해 이야기를 들을 수야 있겠지만, 그럴 경우 고통에 부대끼면서 노력하고 싸워나가는 각 인간의 영혼을 존경하는 마음으로만, 그리고 섬세하고 분별력 있는 공감의 마음으로만 그 이야기를 들어야 한다. 왜냐하면 풍자조차도 공감의 한 형식이기 때문이다. 우리의 공감이 흘러나오거나 움츠러드는 방식이야말로 바로 우리의 인생을 진정으로 결정하는 요인이다. 그리고 바로 여기에 소설, 즉 제대로 창조된 소설이 갖는 엄청난 중요성이 존재한다. 그런 소설은 우리의 공감 의식을 자극하여 흐르도록 해주고, 그 흐름을 새로운

곳으로 이끌 수 있으며, 또 우리의 공감을 죽은 것들을 피해 멀리 떨어지도록 이끌 수 있다. 그러므로 소설은 제대로 창조되었을 때 삶의 가장 내밀한 부분들을 드러내 보여줄 수 있다. 왜냐하면 예민한 각성의 물결이 밀물과 썰물로 가득 찼다가 빠져나가면서 깨끗이 씻어내고 새롭게 해줄 필요가 있는 곳은 무엇보다도 바로, 삶의 내밀한 열정적 부분이기 때문이다.

  그러나 소설 역시 소문과 마찬가지로, 기계적이고 인간 영혼에 무감각한 가짜 공감과 혐오를 자극해 조장할 수 있다. 소설은 사실상 가장 타락한 감정들조차 미화할 수 있는데, 그런 감정이 '관습적인 측면'에서 '깨끗한' 것일 때 그렇다. 그럴 경우 소설은 소문과 마찬가지로 결국 사악한 영향을 끼치게 되며, 또 소문 이야기와 마찬가지로 그것이 표면상으로는 항상 천사들 편에 서 있기 때문에 오히려 더 사악한 영향을 끼친다. (중략) 바로 이러한 이유로 소문은 듣는 사람을 수치스럽게 만드는 것이다. 그리고 똑같은 이유 때문에 대부분의 소설은, 특히 대중소설은, 역시 읽는 사람을 수치스럽게 한다. 오늘날 대중은 자신의 악덕에 호소하는 것에만 반응을 보이고 있다.

소문과 이야기와 대중소설의 차이를 비롯하여 말/언어로서 조작해내는 '관습' 차원의 제반 양식에 대한 작가의 도저한 사유를 토로하고 있는 예문이다. 작가 자신의 그런 남다른 인식은 물론 상대적으로 특출한 것이지만, 동시에 당대의 지적 지표를 절대적으로 반영하고 있다. 이런 최상급의 사유 체계를 단문으로 작성한다는 것은 거의 불가능하다고 봐야 할 것이다. 예문에서도 '부대끼고/노력하고/싸워나가는'과 같은 유사한 동사를 겹겹으로 나열한다. '공감'도 '흘러나 오거나 움츠러드는' 형태로 그 섬세한 울림을 변주한다. '깨끗이' 씻어 내고 '새롭게' 해줄과 같은 형용사의 씀씀이도 활달해서 어떤 '개성적/자각적 표현'의 진수를 노리고 있다. 이런 식의 '어휘 자랑'을 번다스럽다고 매도할 수도 있겠으나, 그 반대편에 있는 단조로운 '미문'이 당대의 인식 체계를 얼마나 정확하게 반영할 수 있는지를 진지하게 비교, 숙고해볼 만하다. 글 읽기, 나아가서 소설 읽기의 목적이 궁극적으로는 인간사/세상사에 대한 진지한 지적 탐색에 있다고 한다면 그 우열은 대체로 분명하게 갈라진다.

당연하게도 오늘날의 소설 읽기는 대중문화의 활발한 소비 추세에 힘입어 단순한 소일거리로, 그래서 시간 때우기에 지나지 않는 측면도 있으므로 (다)의 예문과 같은 '심각한 인식'의 반추는 특정 계층의 자기 과시물로 그치고, 일반 대중의 통속 취향에서는 우선적으로 태제될 확률이 단연 높다. 어차피 소설 '공화국'에는 개별 구성체들의 (=작가별 상품으로서의 소설들) 기능 분화가 잘 되어 있으므로 문장도 그 각각의 직분에 맞춰서 조립할 수밖에 없기는 하다. 따라서 독자들로서는 어느 한쪽이 자신의 취향에 맞는지 분별하고, 그쪽만을 선호하게 되고 만다. 작가는 그런 취향에 좌고우면할 것도 없고, 기질상 자기 문체 감각이 쉬 바뀔 리도 만무하다. 그렇다고 해서 궤변에 가까운 온갖 사설(辭說), 개인적 일화를 시시콜콜 주워섬기는 사담(이를테면 사소설이나 신변잡기류 소설에 특히 심하다), 어슷비슷한 말을 잔뜩 끌어모으는 산만한 묘사/표현벽 따위가 지면을 과점하는 만연체가 무조건 좋다고만 할 수도 없다. 독자가 천층만층 구만층이듯이 작가들의 성향도 가지각색이므로 담담하니 직정적인 단문을 선호할 수도 있다. 읽어가다보면 속속 그 의미가 가슴에 와닿고, 어렵고 까다로운 어휘가 없으며, 형용사, 부사 같은 수식어를 가급적이면 안 쓰거나 딱 하나만으로 한정하는 단문 위주의 문체를 선호하는 계층이 없지 않다. 오히려 이쪽이 독서계의 주류라고 해도 좋을 것이다. 물론 그런 작례도 부지기수다.

⇒(라)그날 밤 우리는 호텔에 들었다. 객실 밖의 길고 텅 빈 복도, 문 앞에 나란히 놓인 우리의 구두, 두툼한 융단이 깔린 방바닥, 창밖에서 내리는 비. 방 안은 밝고 쾌적했다. 불이 꺼지자 매끈한 시트와 편안한 침대가 우리를 들뜨게 했다. 그리고 마침내 우리 집에 돌아왔다는 느낌, 더 이상 혼자가 아니라는 느낌, 밤중에 깨어나도 그리운 사람이 어디 가지 않고 곁에 그대로 있다는 느낌이 달콤하게 몰려왔다. 그 밖의 모든 것들은 비현실적이었다. 피곤해지면 잠들고, 잠에서 깨어나면 옆에 있는 사람도 깨어나서 외로울 틈이 없었다. 남자는 종종 혼자이기를 원하고, 여자 역시 혼자이기를 바라는 때가 있다. 서로 사랑하는 남녀는 상대방의 그런 기분에 서운해 하기 마련이다. 하지만 진정으로 말하거니와 우리에게는 결코 그런 서운함이 없었다. 사람들은 남과 함께일 때, 혹은 많은 사람들을 상대하면서도 나 혼자라는 고독한 감정을 갖는다. 나 또한 그런 감정을 느껴본 일이 있었다. 많은 여자들과 함께 있으면서도 고독했고, 그것이야말로 고독 중에서도 가장 쓸쓸한 고독이었다. 하지만 우리가 함께 있으면 결코 외롭지 않았고 전혀 두렵지 않았다. 나는 잘 알고 있었다. 밤은 낮과 같지 않음을. 모든 것이 다르며, 밤의 일은 낮에 설명할 수 없음을. 낮에는 그와 같은 일이 존재하지 않기 때문이다. 고독을 알기 시작한 사람들에게 밤은 무서운 시간이다.

하지만 캐서린과 함께 있는 동안에는 밤이라고 달라지는 것이 전혀 없었고, 오히려 반가운 시간이 되었다. 사람들이 세상에 너무 많은 용기를 가져올 때, 세상은 그들을 제압하기 위해 죽여야 한다. 실제로 세상은 그렇게 한다. 세상은 지위의 고하를 가리지 않고 누구나 때려 부순다. 그러면 많은 사람들은 바로 그 부서진 곳에서 더 강해진다. 하지만 아무리 부서지지 않으려 해도 세상은 그를 죽인다. 아주 착한 사람, 아주 점잖은 사람, 아주 용감한 사람을 가리지 않고 닥치는 대로 죽인다. 설사 이런 부류의 사람이 아니더라도 세상은 언젠가 그를 죽인다. 단지 그리 서두르지 않을 뿐이다.

꽤 긴 한 문단의 예문이다. 어려운 문잣속이 하나도 보이지 않는다. 꾀까다로운 문장이 없어서 독서와는 담을 쌓고 사는 일반인들에게도 술술 읽힌다. 비록 '고독'이라는 관념어를 남발하고 있긴 해도 의미가 아리송한 대목은 한 군데도 없다. 다만 후반부의 '세상은 그들을 제압하기 위해 죽여야 한다'부터 그 후의 사설이 그 힘찬 구호성 강변에도 불구하고 이렇다 할 호소력으로 다가오지는 않는다는 푸념을 내놓을 수는 있겠다. 그러나 한편으로 세상이 인간에게는 늘 무자비할 정도로 적의를 드러낸다는 부정적인 시각을, 그래서 서술자의 허무적인 세계관으로 확대해석할 여지를 열어놓고 있을 뿐이다. 그러나저러나 (라)의 한 문단은 너무나 평범해서 더 이상의 설명 자체가 허튼소리로 들릴 만한 작례다. 이 지독한 범상성은 모든 독자에게 쉽게 다가갈 수 있다는 그 장점 자체가 오히려 허물이자 특징일 수 있으며, 대다수 독자가 좀더 말초신경을 건드려서 흥분을 부추기는 자극기아 증후군으로 전전긍긍하는 오늘날에는 너무나 밍밍해서 싱겁기 짝이 없는 문체처럼 비치기도 한다.

일상의 진면목에 대한 성실한 모색, 진지한 사유를 일용할 양식으로 누리고, 그런 유의 책읽기를 즐기는 독자라면 위의 예문은 졸렬하고, 피상적인 문체의 표본이라고 매도하는 데 주저하지 않을 것이다. 가령 중간 대목에서 '많은 여자들과 함께 있으면서도'부터 '오히려 반가운 시간이 되었다'까지의 일곱 문장은 수박 겉핥기식 표현의 대표적 사례라고 할 만하다. '밤의 일은 낮에 설명할' 수 없는데, 그 이유는 '낮에 그와 같은 일이' 일어나지 않아서 그렇다니, 무슨 뜻인지 알 듯 말듯 한 게 아니라 성인 남녀 사이의 그 뻔한 '밤일'을 애써 어중간하니 표현해놓고 있다는 낌새가 여실하다. 그러나 정확한 표현 자체를 일부러 기피하는 듯한 그런 부실한 문장도 그 시대만의 잠정적인 도덕적 기율 때문에 어쩔 수 없었을 것이라는 두둔과 함께 그럴수록 주인공의 심경 변화는 아주 중요하므로 훨씬 더 소상하게 그려져야 한다는 부정적 시각이 팽팽하게 맞설 수 있다. 아마도 대중용 통속소설을 즐겨 읽는 독자야 그런 시비에 무심할 수도 있으며, 그러니 좀더 적나라한 남녀 간의 정사(情事)를('밤의 일'이란 바로 그 사정일 테니까) 암시적으로라도 그렸어야 했다는 노골적인 불평을 내놓을 만하다. 그런 가치 분별은 이 시대의 선정적인 표현 '기술'에 세뇌되어 닳을 대로 닳은 일부 독자의 무분별한 문장관이 내뱉는 하릴없는 투정에 지나지 않을 수도 있다.

(라)의 문체와는 여러 점에서 대척점에 놓여 있는 다음과 같은 작례는 책읽기에 웬만큼 단련된 독자들도 긴장하지 않을 수 없게 만든다.

⇒(마)결국 우리 스스로 인정하고 당연시하고만 그런 상태와 갈등을 일으키게 된 것은 우리 잘못 때문이었다. 우리가 부주의한 탓이었다. 게다가 또 다른 갈등까지 겹쳤다. 그러니까 앞서 벌어진 일들이 순전히 우발적으로 야기된 것은 아닌 듯했다. 요컨대 우리가 공중도덕을 어긴 꼴이 된 어떤 일이 벌어졌다. 여덟 살배기 우리 집 딸아이는 신체의 발육 상태로 보면 나이보다 족히 한 살은 더 어려 보였다. 참새처럼 몸이 마른 그 아이는 수온이 허락하는 한도 내에서는 비교적 오랫동안 물속에 들어가 있다가 다시 옷이 젖은 채로 해변에서 놀이를 계속하곤 했다. 그래서 아이는 우리한테 허락을 얻어서, 모래가 달라붙어 뻣뻣해진 옷을 물에 행구려 했다. 더럽혀지지 않게 해서 다시 입으려는 것이었다. 그래서 아이는 불과 몇 미터 떨어져 있는 물까지 벗은 채로 달려가서 수영복을 털어내고 돌아왔다. 그런데 그 아이의 행동, 곧 우리의 행동이 사람들에게 한결같이 조소와 못마땅한 불쾌감을 불러일으킬 줄 누가 알았겠는가? 설교를 하려는 것은 아니지만, 어느 나라를 막론하고 지난 몇십 년 사이에 사람들이 인체를 대하는 태도도, 특히 벌거벗은 몸을 대하는 태도는 사람들의 감정을 지배할 만큼 근본적으로 바뀌었다. 세상에는 사람들이 '아무 생각 없이' 대하는 것들이 있게 마련이다. 전혀 자극적이지 않은 어린아이의 몸에 대해 우리가 한때 인정했던 그 자유로움도 바로 그런 예에 속한다. 그런데 여기서는 어린아이의 몸도 자극으로 받아들여지는 것이다. 애국소년단 아이들은 괴성을 질렀다. '푸지에로' 녀석은 손가락을 입에 대고 휘파람을 불어대기까지 했다. 우리 가까이 있던 어른들 역시 흥분해서 큰 소리로 이야기를 주고받는 것으로 보아 조짐이 심상치 않았다. 도시풍의 연미복에다 해수욕장에서는 어울릴 법하지 않은 중절모까지 걸친 어떤 신사가 당황해서 어쩔 줄 모르는 자기

부인한테 시정하는 조처를 취하겠다고 말하더니 우리 앞으로 다가와서 공개 비난을 하는 것이었다. 감각을 즐길 줄 아는 남쪽 나라 사람 특유의 온갖 열정이 엉뚱하게도 점잔을 빼며 미풍양속을 훈계하는 용도로 쓰이게 된 것이다. 그 사람 주장에 의하면, 우리가 잘못을 인정해야 하는 몰염치함은 손님을 환대하는 이탈리아의 호의를 고마운 줄도 모르고 모욕적으로 악용한 것이나 다름없기에 더욱더 비난받아 마땅하다는 것이었다. 연미복을 입은 그 신사는, 공공 해수욕장에서 지켜야 할 수칙의 조항과 정신뿐 아니라 조국의 명예까지도 손상되었으며, 조국의 명예를 지키고자 자기는 우리의 국위 침해 행위가 그냥 어물쩡하게 넘어가지 못하도록 신경을 쓰겠다는 것이었다.

(마)는 보다시피 대단히 논리적이고 지적인 문장이다. 잘잘못을 따져 들어가는, 원인과 결과를 저저이 캐내는 논리적인 사고가 행간에 넘쳐난다고 할 수 있다. 어떤 직정적인 감정 토로도 배제하면서 철저한 관조 끝에 쓰인 문투임을 대번에 알아볼 수 있는 것이다. 여행 중에 겪은 경험담을, 그것도 어린 딸애의 천진무구한 벌거숭이 소동 끝에 당한 수모를 기록하고 있는데, 그로 인해 중뿔나게 잘난 체하는 무모한 교양주의 앞에서 꼼짝못하고 당한 모욕에 크게 치를 떨었으며, 그 후 두고두고 잊히지 않는 그 창피에 대해 여러 각도에서 통렬한 사유를 이어왔다는 흔적이 한 문단 전체에 실핏줄처럼 자욱이 엉겨 있다. 이런 문체 감각은 소설이라는 양식이 근본적으로 그 '내용=이야기'에 있는 게 아니라 '형식=문체'에 있음을 확실하게 보여준다. 문체는 결국 형식의 골격이며, 스타일 그 자체인 셈이다. 그러니까 '플

롯'도 문체의 한 세부에 지나지 않으며, 그런 의미에서도 스타일은 아무리 똑같은 이야기라도 그 내용을 달리 전하는 어조와 작의를 곧이곧대로 떠올리는 독자적인=자족적인 '표현'을 철두철미하게 관장한다고까지 말할 수 있다. 따라서 문체야말로 형식이며, 소설은 그 형식미로서 성취의 높낮이를, 그 성숙미를 음미할 수 있는 유일한 산문 장르가 되는 것이다.

덧붙인다면 바닷가 해수욕장에서 연미복 차림에다 중절모까지 덮어쓰고 나타난 한 사내의 기고만장한 공중도덕관과, 그 우스꽝스러운 애국열 앞에서 쩔쩔매는 세계시민인 작중 화자의 '파리한 교양주의'가 묘한 대비를 이루면서 빚어내는 아이러니도 주목에 값한다. 흔히 현대소설이 마땅히 겨냥해야 하는 최대의 지향점은 '아이러니' 빚어내기 또는 '새타이어' 창출에 있다고들 하는데, 그런 풍자적, 반어적 가락의 지배적인 '조성'도 궁극적으로는 '스타일=문체의식'에서 나옴을 (마)의 작례는 착실하게 보여주고 있다.

그러나 한편으로 위와 같은 지적인 문장을 선호하는 '세력=독자'가 극소수에 지나지 않음도 인정할 수밖에 없다. 소설 읽기를 교양 진작의 한 방편으로, 또는 국제적인 시각의 함양과 명실상부한 세계 시민의식의 고취를 위한 수단으로 여기는 세칭 '고급 독자'만이 즐기는 '근엄하고 진지한 스타일'을 흥미 본위의 통속소설을 찾아 읽는 절대다수의 일반 독자가 외면할 것은 자명하다. 어떤 대상/현상에 대한 사유의 흔적이 조금도 묻어 있지 않은 '싱거운 문장'으로, 허섭스레기를 방불케 하는 허튼 대화로, 평이한 설명으로 사건/사고, 사달/사정의 행방과 그 연쇄만을 쫓는 소위 '페이지 터너=재미난 소설'을 경중경

중 읽다가 내팽개치는, 그런 독자도 얼마든지 있을 수 있으며, 오히려 그런 글 읽기 세태가 인기 작가의 유명세를 부추기면서 독서 풍토에서 '가벼운 읽을거리=연문학(軟文學)=좋은 소설'과 같은 전도된 현상의 득세를 조장하고 있는 셈이다. 그러니 이런 도식을 대입시킬 수밖에 없는데, 곧 독자가 문장/책을 선택해서 읽듯이 작가도 자기만의 문장 감각을 드러내면서 그런 문체 '미학'에 최선의 노력을 경주함으로써 두 세력이 각각의 독서 풍토를, 그 고유의 자치적 '일인 공화국'을 잘 보존할 수밖에 없는 것이다. 하기야 책과 독자는 서로를 배척하면서 길들이는, 팽팽한 길항관계를 유지할 수밖에 없으므로 어느 쪽이 다른 한쪽을 의식할 필요도, 그럴만한 이유도 찾기 어렵다. 작가든 독자든 오로지 어떤 취향에의 경사와 그 자기만족, 자기변호가 영원히 만나지 않는 평행선을 달릴 수밖에 없는 것이다. 물론 사람에 따라 또 연륜이 쌓여감에 따라 그 취향이 자연스럽게 바뀔 수도 있으며, 다른 쪽 세력의 전반적인 동정을 예의 주시할 수도 있겠으나, 편식/편애 습관을 그처럼 간단하게 뿌리 뽑기는 쉽지 않는 게 세상의 이치이기도 하다. 획득형질은 죽을 때까지 누리는 각자 고유의 자격증이니까.

⇒(바)하지만 그녀의 이모는 괴팍함을 고급스러우면서도 편안한 아이러니 혹은 희극으로 바꿔놓아 그녀가 그때까지 접한 평범한 말씨가 과연 이렇게 흥미로운 적이 있었나 자문하도록 만들었다./나이가 들어감에 따라 마음대로 살기 더 어려워지는 것 같으니 이 세상과 기꺼이 작별하겠다는 임종 전의 막연한 결심은 이를 데 없이 영특한 딸과의 작별이 가슴 아파 상당히 약해지기도 했다./책을 아주 많이 읽었다는 세평이 서사시의 여신에

게 드리운 구름처럼 그녀를 감싼 터라 어려운 질문을 퍼부어 대화를 썰렁하게 만들겠거니 짐작했던 것이다./불충분한 증거에 근거해 자신이 옳다고 여기는 습관이 붙었고, 이에 근거해 자신에게 경의를 표하곤 했다./요컨대 빈약한 지식과 드높은 이상, 천진한 동시에 느긋한 기질, 호기심과 낯가림, 활달함과 무관심의 혼합, 멋있게 보이고 싶고 가능한 한 더 멋있게 보이고 싶은 욕망, 관찰하고 경험해서 알고야 말겠다는 단호한 결의, 섬세하고 산만하고 불꽃같은 정신과 진지하고 독특한 상황의 산물의 조합으로 그녀를 묘사할 수 있다./그들은 초가지붕을 얹고 나무기둥으로 버팀목을 한 시골집, 격자창과 벽면에 사포질을 한 선술집 등을 거쳐, 한 여름이 무성하게 만든 산울타리 사이에 놓인 오래된 공유지와 흘끗 보이는 텅 빈 장원을 지나갔다./그녀는 뚫어져라 그를 바라보았는데, 그 눈은 광낸 커다란 단추, 견고한 용기의 고무 고리를 고정시키는 데 쓸 수도 있을 단추 모양의 장식을 연상케 했다./그럼에도 불구하고 그녀는 전혀 감탄사라는 잔돈을 주머니에 넣고 다니는 것 같지 않았다./하지만 경험은 이상의 썩 믿을 만한 모조품을 제공해줄 수 있고, 지혜의 직분은 모조품일지언정 최대한 이용한다는 데 있다./결혼이라는 바로 그 사실에는 일정한 의무가 따르고, 의무는 결혼에서 얻어지는 즐거움의 양과 전혀 무관하다./그 목소리는, 밝고 강하고 명확하고 세속적인 여자가, 현실감과 친밀감과 존재감의 화신인 이 여자가 자신이 운명을 좌우한 사람이라고 선언했다.

(바)의 예문은 어느 유명한, 그러나 일부의 '고급 독자'나 편애하기에 딱 좋은 한 장편소설에서 드문드문 발췌한 이색적인 문장들이다. 인류가 발명한 모든 단어는 결국 쓰자고 만들었다는 사실을 환기라도

시키려는 듯이 욕심 사나운 '어휘 수집벽'을 과시하고 있다. 그런 만큼 어떤 대상과 사건에 대한 설명이든, 주요 인물의 심경 변화를 잡아채는 미묘한 표현이든, 특이한 장소와 풍경을 스케치하는 소묘든 그 각각의 미세한 '기미'까지 놓치지 않고 죄다 '언어의 힘'이 미치는 한 '내 주관대로=문체관대로' 그리고 말겠다는 집요한 의욕이 행간에서 넘쳐난다. 뿐만이 아니다. 아무리 평범한 일반인이라도 그들에게는 매사에 양가감정, 곧 한편으로는 좋고 미더우면서도 다른 한편으로는 싫고 마땅찮아서 거슬리는 그런 상반되는 심리가 병존함을 직시하고 그것마저 숨김없이 '발굴'해내고 있기도 하다. (일반인의 이런 엄연한 심리적 정황을 떠올릴 때, 통속소설에서 흔히 보이는 '단면적' 정서 표현이 얼마나 '가짜'인지를 즉각 알 수 있다.) 당연하게도 이런 문체는 어떤 대상의 '기미'와 당대의 '기운'을 놓치는 법이 없고, '이야기=사건'의 진행이야 굼벵이처럼 느럭느럭거려도 할 말은 다하고 말겠다는 주의로 문장 하나하나를 '조탁'해나간다. 말 그대로 어휘를 하나씩 골라내서 돌에다 아로새기듯이 글자들을 찬찬히 이어붙이는 식으로 만들고, 깎아내서 다듬는 손길로 가공하며, 쪼고 파내는 장인의 눈매로 세공하는 경지라 이를 만한 것이다. 그러니 모든 표현에는 지나치다 할 정도의 구체성이 깃들어 있으며, 실물/실경의 재현에 최대치의 언어 감각이 쏟아부어져 있다. 그러자니 허투루 글을 쓰는 게 아니라 정성 들여 문단을, 나아가서 문체를 차곡차곡 조립해가는 형상이라서 문장마다에는 저절로 어떤 '사유'의 경지가 묻어난다.

   모든 인간은 말할 나위도 없이 어떤 '생각'의 연쇄를 언어로 이어가게 되어 있으므로(그래서 '언어'로 불러낼 수 없는 '사유'는 막연하거나 허황한 공상 내지는 망상이며, 쓸모 없는 '상상력'이 저지르는 가벼운 '서사물=소설류'는 대량 생산과 동시에 버려지는 재활용품과 비슷하다, 유사품이 속속 나오는 현대성을 보더라도) 작가들은 자기 사상을 글로 번역하는 게 아니라, 자신의 그 언어 감각 곧 어휘의 조립과 조율 능력이 그의 사유 전반을 통괄, 글쓰기를 통해 평소 사고(思料)의 일단을 비로소 반듯하게 확정짓는 것이다. 달리 말하면 우리의 모든 언어 행위가 반 이상 관습적이고, 상투적이며, 형식적임은 매양 느끼고 듣는 바 그대로인데, 대개의 문장도 정확히 그 본을 그대로 닮아있다. 따라서 그런 평범한, 개성미나 이색성이 비치지 않는 문장/문체는 사실상 지루해빠진 소일거리로서의 '작문'에 지나지 않으며, 그런 수준의 '산문 쓰기'는 (소설이든 문학평론이든) 거의 헛된 정력 낭비 그 이상도 그 이하도 아닌 셈이다.

(바)의 작례에서도 사유의 그런 치열성과 그것의 확정 과정이 엿보이는데, '결혼관' 같은 것은 그 이색성만으로도 단연 독보적이다. 흔히 결혼에는 남녀 쌍방이 쉴새없이 감당해야 하는 의무가 따른다고들 하지만, 실은 그것이 결혼생활에서 얻는 사소한 즐거움과 그 밖의 이점과는 전적으로 무관하다는 주장은, 작가 자신이 평소에 여퉈온 사유의 핵심이기도 할 것이다. 바로 그 사유의 흔적이 어휘의 취사 선택권을 그때그때마다 무소불위하게 발휘하는 집필 중에 묘한 상승기류를 일으켜서 결혼생활의 '대차대조표'를 작성, 선언하기에 이른 것이라는 추리를 독자에게 강요하고 있다.

독자들로 하여금 인간의 사유가 미치는 광활한 경계까지 넘보도록 종용하는 (바)의 문체 감각은 사실상 '사실 염탐→진실 규명'을 위해서 벌이는 언어와의 힘겨운 사투다. 그런 치열한 대결의식에 허위의식이 개입할 여지는 근원적으로 제거되어 있다. 따라서 어떤 고정관념에 빠져서 대충 '작성'하는 여타의 문체 '미학'보다는 적어도 '위증'할 소지가 그만큼 줄어든 셈이다. 인간은 누구나 관습적이고 일상적인 여러 매개체에(타자의 언행 일체와 기왕의 매스컴, 책자 등에 쓰이고 들려오는 숱한 '언어 습관' 등이 바로 그것이다) 세뇌되어서, 좀더 적절하게 말한다면 그런 구태의연한 언어 질서에 적극적으로 부화뇌동함으로써 위선적이거나 위악적인 사고 행태에 길들어진다. 그런 고정된 시각으로 세상사/인간사를 응시하는 버릇의 족쇄에 누구나 꼼짝 못하고 붙들려 있다. 그래도 '개성'이라며 호도하고, 대개 '날조'하기도 하는 그런 시각의 근원에는 '현상 파악'에 대한 어리무던한 타협/복종이 깔려 있을 뿐이다. 누구와라도 따뜻하게 '대화'하라는 권유, '가족'이야말로 지상 최고의 안식처라는 식의 범사회적/전 지구적 '선동'은 엄밀한 의미에서 위선에 정확히 값하고, 단순히 돈을 많이 가졌다는 사실만으로도 자본가라고 우대하거나 공동선을 위해 증여세를 4할씩 뜯어가는 갈취식 세법은, 당사자의 의사 표현과는 무관한 '위악적' 제도일 뿐이라고 단정할 수도 있다. 대개의 일반인은, 특히나 글쓰기를 고유의 업으로 삼는 작가들은 위선이든 위악이든 어느 한쪽에 과도한 지지를 보냄으로써 그것을 자기만의 '관점'으로, 그래서 '개성적인 자각'이라고 분식, 선전한다. 보다시피 그것은 스스로 길들이고 즐기는 착각이며, 남에 대한 우롱이거나 야유에 지나지 않는다. 요컨대 그런 시각 자체는 어떤 대상/사태를 본질까지 파고들어가기에는 여러 형편상 불가능하므로 대충 그 거죽만 훑고 말겠다는, 말의 눈가리개가 그렇듯이 한쪽만 주목해야 지름길을 최대한으로 빨리 질주할 수 있다는 그 과격한 '조급성'에 기댄 '진실 외면 내지 호도'의 경과 조치에 불과하다. 자기주장만이 옳다는 과단성 좋은 믿음은 실제로 남을 속이기 이전에 작가 자신의 '양심'을(그런 것이 과연 있기나 하다면) 저버리는 것이다. 그런 언어 습관은 아무리 잘 봐주더라도 인간으로서의 최소한의 품위를 스스로 내팽개친 것이 아니고 무엇인가. 그러고 보면 우리의 언어활동은 근본적으로 사기 행각 그 자체라고 해도 틀린 말은 아니다. (바)의 문장들은 그런 심각한 '악질'의 위증죄를 저지르지 않겠다는 최소한의 곡진한 성의를 어휘 선별에다 경주하는데, 그 점은 '감탄사라는 잔돈'이나 '지혜의 직분' 같은 '인격화/사물화'의 비유를 통해 여실하게 드러나 있다.

진실되고, 정확하며, 섬세하기 이를 데 없어서 사유의 진경을, 진실 규명에의 의지를 읽을 수 있는 (바)의 문장 감각은 물론 특이한 표현에의 의욕, 집착에 기인하는 것이지만, 그런 기교적인 서술 일체를 대다수 일반 독자는 철저히 경원, 무시한다. 이런 수박 겉핥기 식의 감상적 편견은 어쩔 수 없는 '현실'이고, 곱다시 수용할 수밖에 없는 억울한 현상으로서의 오래된 '비문(碑文)' 같은 것이다. 지금으로부터 불과 130여 년 전인 발표 당시에도 그랬고, 고등교육이 보편화되어 있으며 소위 자본주의 세상의 모든 선남선녀가 온갖 고급스러운 '즐길 거리'를 '문화'라는 들뜬 구호 아래 마구 소비해대는 오늘날에도 사정은 마찬가지다. 그러므로 세상의 전모와 인간의 치부를 정치한 문장으로 까발리겠다는 작가의 서슬이 시퍼런 의지는 독자 일반으로부터 무찰스런 냉대를 받게 마련이고, 이 '불화 관계'에 어떤 타협점을 찾기는 원천적으로 불가능하다는 진단이 나오고 만다. 그래서 작가는 자신의 특유한 문체 감각을 고질처럼 버릴 수 없는 터라서 독자의 반응 따위야 아무래도 좋다는 식이고, 하잘것없는 통속소설의 끈질긴 세뇌 공작으로 말미암아 지능 발달이 만년 정체 상태인 독자 일반의 '눈높이' 쯤이야 개선될 여지가 전혀 없으므로 두 '입장=현실'이 서로를 개 닭 보듯이 멀뚱거리고 있는 형상이다. (독서 시장에서 유치한 문장이 정치한 문장을 지속적으로 구축하는 이런 전반적인 현상은 역설적이게도 우중愚衆의 양산을 꾸준히 부채질함으로써 대중 문화의 번창 일로에 일정한 역할을 감당하고 있다.)

대략적으로나마 밝혀진 대로 (바)의 문체는 작가 자신의 독보적 사유를 발판 삼아 사실화로서의 '묘사'보다는 해석하기가 까다로운 추상화로서의 '표현'을 집중적으로 강화함으로써 독자로 하여금 성가시게도 '따져가며 숙독, 재독하라'는 식으로 이성에 호소한다. 이런 논리적, 관조적, 정적(靜的)인 문장을 대다수의 독자가 그 이성 강요적 서슬 때문에 듣기 싫다고 한다면, 그 대신에 감성적, 동적인 문장이 '아무래도 부담스럽지 않다'는 지적도 일리가 있을 법하다. 사실이다. 그런 문장은 소위 감상주의의 두툼한 '살점'을 제대로 발라내면서 독자의 감성에 노골적으로 호소한다고 할 수 있다. 이성 따위는 우선적으로 배제해버리고, 작가 자신의 감정을 어떤 여과도, 분별도, 심지어는 분식(粉飾)도 없이 솔직하게 토해버리는 것이다. 아마도 보이는 대로 또 느끼는 대로 적어감으로써 어떤 역사적 경험이나 그에 상동하는 추체험과 작가 나름의 '가치 분별'조차 유보해버림으로써 종내에는 엄연히 목격하고 있는 '현실'마저 치지도외하는 어리석음의 노출까지 사

양치 않는다. 감상주의가 엿보이는 문장은, 비록 정도의 차이는 있겠으나, 모든 소설 속에서 '반드시' 상당한 기득권을 행사하면서 안하무인의 위세를 떨치고 있다. 이해하기 나름이긴 하나, 감상주의는 좋다/나쁘다 할 것도 없이 우리 일상 속 곳곳에서 버젓이 네 활개를 퍼덕이고 있는 것이다. 펄럭이는 국기 앞에서 순간적으로 엄숙해진다든지, 개인적 취향과 고질의 편견과 부정확한 '정보' 때문에 오로지 이름 팔아먹기와 이름 날리기가 직업인 특정 정치인이나 몇몇 예술계 유명인을 끔찍이 싫어하고, 그들의 공과는 물론이거니와 일거수일투족조차 폄훼, 무시하는 심리도 실은 감상주의와 멀리 떨어져 있지 않은 반이성적 행태임은 의심의 여지가 없다.

⇒(사)백에서 속갈피를 뒤적이니까 한편 구석에서 티켓이 나왔다. 일 년에 잘해야 한 차례씩이나 얻어들을 수 있는 교향악단의 밤이었다. 지금쯤은 차이코프스키의 파테티크가 연주되기 시작했을 것. 그는 요즘 며칠 동안 제정신이 어디로 팔려버렸던 것을 새삼스럽게 생각해본다. 그러나 기뻤다. 어떤 숭고한 일에 정성을 썼다는 만족이 그의 마음을 느긋하게 어루만져준다. 음악회 티켓 같은 것, 열 장 스무 장이 무효로 되어버려도 그는 도무지 아깝지 않다고 생각해보는 것이다. 음악회라면 하찮은 학생들의 연주회에도 빠지지 않고 쫓아다니던 것을…

나는 왜 좀더 이르게 어머니의 행복에 대해서 생각해보지 못하였을까. 딸 하나만으로 젊은 어머니가 행복될 수 있으려고 얼마나 많은 무리가 그곳에 감행되었을까. 그렇던 나머지 어머니의 옆을 떠나면서 어째서 나는 어머니의 행복에 대해선 터럭만큼도 생각함이 없었을까. 스물에 홀몸이 되서서 나 하나만을 위하여 청춘을 불사르고 화려한 꿈을 짓밟아버린 어머니가 아니냐. 이제 무슨 염치에 나는 어머니에 대해서 심술이나 투정을 부리려고 하는 것일까. 어머니도 나머지 여생을 행복하게 보내셔야 한다.

⇒(아) "좋아요." 미나코가 먼저 말했다.
"알았습니다."
가오루도 말했지만, 그녀는 추모한다는 도키와의 말이 실감으로 다가오지 않았다. 우오즈는 날이 갈수록 더욱 또렷하게 그녀의 가슴속에 살아있었다.
"그럼."
도키와는 예복 윗도리를 벗어 한 손에 들고 두 여자와 헤어져 걷기 시작했다. 오만하게 가슴을 젖히고 인파 속으로 걸어가는 도키와 다이사쿠의 뒷모습이 가오루에게도 미나코에게도 왠지 노쇠해 보였다.
"그럼 나도 이만 실례하겠어요. 틈이 나면 우리 집에도 놀러오세요."
이번에는 미나코가 가오루에게 인사하고 떠났다. 이제 우오즈는 이 세상에 없어. 우오즈가 없으면 나도 없는 거나 마찬가지야. 야시로 미나코는 햇살이 반짝이는 역 광장의 공허한 풍경 속으로, 그 속에서 공허한 하나의 점이 되기 위해 걸어갔다.
도키와와 미나코가 가버린 뒤에도 가오루는 그 자리에 그대로 서 있었다. 그러고는 눈을 반짝이며 어디서 꽃을 살까 하고 생각했다. 우오즈 교오타는 없지만, 그의 아파트를 아름다운 꽃으로 장식하고, 그 속에서 그의 유품을 정리하는 것이 오늘 고사카 가오루가 할 일이었다.
가오루가 해야 할 일은 아직도 많이 있었다. 내일도 모레도 아파트를 정리하면서 바쁘게 보내야 한다. 유품이 정리되면 우오즈의 고향에도 가봐야 한다. 그리고 어느 정도 차분해지면 호타카에도 다시 한번 올라가봐야 한다. 호타카에는 다소 무리를 해서라도 올 가을이 가기 전에 꼭 올라가고 싶었다. 뒤블러의 시에 나오듯, 아름다운 빈터를 찾아 거기에 작은 돌무덤을 쌓고, 그위에 우오즈 교오타와 오빠 고사카 오토히코의 피켈을 꽂기 위하여…

위의 두 예문 중 (사)의 두 문단은 1940년에 발표한 한국 작가의 간편에서 따온 것이고, (아)는 1957년에 책으로 출간되어 곧장 베스트셀러 반열에 오른 일본의 한 인기 작가의 장편소설 중 마지막 대목이다. 두 작가 다 웬만한 독서가들에게는 그 이름이 친숙하지 않나 싶은데, 막상 그들의 작품세계 전반에 대한 이해도는 그 자자한 성망 때문에 오히려 왜곡되어 있는 듯하다. 어쨌든 위의 작례에서도 보다시피 두 작품 다 삼인칭소설인데, 여성이 주요 인물로서 이야기의 주축을 떠받치고 있으며, 공히 그들의 동정, 속생각, 다짐 등을 애절하게 기술하고 있다. 술술 잘 읽히며, 어려운 어휘도 없어서 묵독과 동시에 그 의미도 속속 다가온다. (다만 전자인 한국 작품의 예문에는 비문이 보인다. 그 당시의 일반적인 문장 습벽으로, 작가의 소탈한 문장관으로 이해할 수는 있다.) 어떤 독자라도, 특히나 소설 장르를 애독함으로써 세상사/인간사에 대한 전반적인 지식/안목을 넓히려는 사람들은 이런 문장의 소박미에 곱다시 홀려 들지 않을 수 없을 것이다.

사실상 소설 읽기의 본령은 있을 수 있는(=그럴듯한) '이야기'들을 통해 세속계의 풍속 일부와 주요 인물들이 치르는 다양한 인생살이를 추체험함으로써 약간의 상식/지식, 교훈, 깨달음을 얻는 여기 즐기기다. 그런 지적 유희의 기회가 늘어날수록 독자 개개인의 취향에 따라 일종의 '정신적 허기'도 때우고 느끼면서 세상사/인간사에 대한 심도 있는 '해명'을 요구할 수도 있을 테지만, 소설이라는 장르에는 어쩔 수 없이 상당한 제약이 따른다. 왜냐하면 수준의 차이야 있을 수 있겠으나, 어떤 작가라도 나름대로 세상살이의 변화무상과 인생살이의 우여곡절에 대한 속 깊은 철리와 궁극적인 해설쯤은 풀어놓을 수 있고, 그런 사설은 곧장 '따분한 설교'로 들려서 여러 독자의 관심 권역 밖으로 내몰리고 말기 때문이다. 당연한 논리의 추이대로 극소수의 자별한 독자만이 그런 '심도 있는' 사설을 좋아한다면 결국에는 작가 혼자만이 이해하고, 좋아하는 세상 해석/인간 이해를 통해 여러 독자와의 정서상 공감대를 형성하려는 소설의 본래 '사명'을 내팽개치고 아리송한 문장, 집요한 묘사벽, 터럭을 그리느라고 얼굴을 못 잡는 쇄말주의를 한사코 드러냄으로써 소위 무류(無謬) 지향적 문체의 조립, 집적으로 자족하는 이런 현상은 흡사 골방에서 제멋에 겨워 힘겹게 수집한 골동품을 온종일 쓰다듬으면서 이리 보고 저리 견주는, 바라볼수록 어여뻐서 어쩔 줄 몰라 하는 그런 완상 제일주의와 조금도 다를 바 없는 것이다. 그런 행태야말로 퇴영적이라고 해도 무방할 터이다. 작가 의식＝소설관 나름이기는 하겠으나, 아무리 '초인적인' 문호급 작가로서 '글쓰기'에 관한 한 무소부지의 권력을 휘두를 수 있다 해도 시대의 흐름을 선도할 수는 없으므로 그 유속(流速)을 일반인보다는 딱 한 걸음 앞서 점검할 사명감에 쫓기는 초라한 신세에 불과하다. 앞서 예문으로 소개한, (바)의 그 사유의 최대치를 보여준다는 정치한 문장 감각도 (사)와 (아) 같은, 까다롭지도 않고 이렇다 하게 꾸미지도 않았건만 나름의 품위를 드러내는 소박한 문체 앞에서는 당장 어떤 도취벽, 자화자찬 같은 것이 엿보여서 까다로운 취향의 세칭 '고급 독자'라도 이내 머리를 절레절레 흔들어댈지 모른다. 연이어 그 소수의 독자는, 주인공의 심경이 과연 이 지경으로까지 미세할 수 있을까, 말장난은 아닌 것 같지만, 어휘 나열벽이 지나친 것 아닌가 하고 고개를 갸우뚱거릴 게 틀림없다.

대비를 위해 다시 예문을 따와서 부언해보는 것도 의미가 있을 듯하다.

⇒(자)고양되고 우월한 느낌으로 저 아래 펼쳐진 세상을 내려다보면서 판단하고 선택하고 동정할 수 있는 지복의 높은 위치로 올라서지 못하고, 다른 사람들이 느긋하고 자유롭게 살아가는 소리가 위에서 들리고, 그래서 실패의 자괴감이 더 깊어지는 구속과 억압의 세계로 떨어진 것이다.

보다시피 이 한 문장은 만연체의 표본답게 치렁치렁 늘어졌다. 고상한 어휘를 겹겹으로 쌓아가며('판단, 선택, 동정'의 나열이 과연 정당할까, 장인적 근성이 빚어낸 자아도취가 아닐까), 어떤 의미를 곡진하게 전달하고 있음은 명백하다. 찬찬히 두어 번 숙독하고 나면 그 뜻을 8할 이상쯤은 어림짐작할 수 있고, 틀린 말이 아님도 알 만은 하다. 그럼에도 불구하고 종작없다는 느낌과 아울러 작가 자신만의 특별하고 미묘한 어휘 감각 추수벽, 그것의 성취에 따르는 자기만족이 지나치다는 메마른 감상을 지을 수 없다. 일반 대중의 언어 습벽에 귀를 기울인 흔적도 보이지 않는 데다 독자의 문장 취향과 감수성을 계몽시키려는 '배려'가 숨겨져 있는 것 같지도 않다. 이런 난삽한 문장을 일부 비판적인 독자는, 안하무인의, 기고만장한, 겉멋에 놀아나는, 자기도취벽에 겨워 혼자서 좋아하는, 중언부언을 일삼는 유아독존형 문체라고 매도할지 모른다. 그런 비판적인 시각쯤이야 치지도외해버리는 작가의 이런 특이한 문체 '미학'은 소통과 공감의 양식인 소설의 본질적 위상과 분명히 어긋나지만, 그런 '서술벽' 자체가 이미 다른 '목적', 곧 내용(=이야기)보다 형식(=문체)이 먼저 일정한 성취를 보장한다는 나름의 소설관을 염두에 두고 있으므로 일단 괄호 속에 묶어둘 수밖에 없다.

 이와는 정반대로 (사)나 (아)의 예문에 드리운 지배적인 정서 자체는 대다수 독자가 그럴싸하게 여기는 공통 감각인 감상주의(=센티멘털리즘)다. 흔히 이성과 의지를 우선적으로 배제하면서 지극히 또 일방적인 '정서 과잉'을 감상주의라고 지칭하며 부정적으로 매도하지만, 세상 속의 여러 공동체에서 또 개개인이 매일 치르는 자잘한 일상극 중에서 '감정' 자체가 '이성'보다는 압도적으로 생활세계 전반을 관장하며, 존중받고 있음은 보는 바 그대로다. (사)와 (아)의 작례를 골라낸 텍스트에 비춰 말하더라도, 사상범으로 감옥살이 끝에 출감한 애인과의 동거생활을 미리 어루더듬어가는 여성 화자의 환한 정서는 그 어느 때보다도, 또 그 또래의 누구보다도 다정다감할 수밖에 없을 것이다. 한편으로 등반 중 조난사를 당한 남성에 대한 그리움을 곱씹는 또 다른 텍스트의 사례도 대동소이하다. 둘 다 대단히 애절하고, 한쪽이 긴 절망의 세월을 이겨내고 바야흐로 다사로운 생활감정에 휩싸여 들떠 있다면, 다른 한쪽은 유품을 정리하면서 뼈저린 애상을 반복, 자제해야 하는 기나긴 벅찬 순간들을 목전에 두고 있으므로 독자들의 가슴을 찡하도록 자극하기에 부족함이 없다. 이런 현실적/소설적 정황 앞에서는 누구라도 정서상의 고양을 느끼게 마련이다. 소위 '감정의 분출'을, 북받치는 감동의 연쇄를 경험하게 되는 것이다. 아름다운 풍경 앞에서, 또는 슬픈 정경을 보면서 느끼는 일반인의 이런 보편적인/즉각적인 감정 표현은 그것 자체로 순수하고 소박해서 어떤 가식이 보태질 짬도 없는 순간적인 '마음=심경의 유동감'이다. 그 '감동의 물결'을 언어로 표현하는 데는 어렵거나 고상한, 화려하거나 자극적인 '어휘 자랑=문갓속'이 당치 않다. 그냥 소박한 말로, '진심을 염두에 둔 평범한 문체로 당사자의 마음 상태와 그 움직임을 솔직하게 털어놓으며, 작가가 주인공의 심정이 되어 '그럴 수밖에 없을 것이다'라는 유추를 그려가면 그뿐이다. 물론 그 성과는 독자들의 판단에 따라 달라질 수도 있지만, (사)와 (아)의 예문은 그 실적을 부분적으로나마 절절히 보여주고 있다.

그러나 일부 작가는, 또 대개의 통속물 소설들은 그 지켜야 할 경계선을 뛰어넘는 만용을 부린다. 분수에 걸맞지 않은, 점점 더 현실과 멀어지는 '허영'을 부리기 시작하는 것이다. 그런 신바람은 이내 '감정 과잉'으로 치달아 특정 대상에 대한 옳고 그른 분별력을 잃어버려서 편파적이 되고 말며, 그 '정서 비대증'을 작가 스스로도 의식 하지 못하거나 혼자서 먼저 즐기는 경우가 대부분이다. 그런 '일방적' 정서 분출은 급기야 "운명적인 만남이었다"와 같은 허풍스러운 연애 감정을, "아, 너무 심하다, 문득 화톳불이 떠올랐다" 같은 음란방조적 성(性)

문답을 (제멋에 취해) 떠벌리는 지경으로 치닫는다.

차제에 '감상주의'에 대한 진지한 이해를 통해 작품 속에서 그 감정/감각의 유로를 어떻게 활용할지를 알아보는 것도 생략해서는 안 될 소설 작법상의 한 요령일 듯하다. 누구나 동의하듯이 소위 '근대국가'의 발명 이후 광범위한 계층의 짙은 민심으로 자리잡은 '애국' 및 '우국' 앞에서 다들 묵념하거나 기립하는 압도적 정서 일체는 감상주의의 표본으로 손색이 없을 것이다. 영화 같은 서사 장르에서 전가의 보도로 써먹는 이런 감상주의가 소설 속에서도 가슴이 뭉클해지는 명장면들을 남기고 있음은 주지의 사실이다. 1970, 1980년대의 소위 '민주화' 투쟁을 후일담 형식으로 들려주는 서사물들은 대체로 국가주의를 독과점하는데 (애국의 본령은 국가주의에 기초할 수밖에 없다는 그 속단은 언제라도 일반 대중을 앞세우면서 선동의 도구로 이용된다), 겪어본 사람들은 알듯이 그런 정황 자체는 '현실'과 일정하게 유리된, '과장스러운 소수의 별세계'에 지나지 않는다. 자아도취적인, 울컥하는 그런 감상주의의 현저한 개입이 오히려 나라, 국민, 애국심 등의 실체와는 겉돌았음이 경험상 사실이고, 신문 같은 매체의 과도한 위선적 '조작', 관력에의 얄삽한 아부로 사실을 곡해, 진실을 외면한 과오였음도 이제는 웬만큼 가려져 있다. (구체적인 예로는 그 당시의 민중 일반은 힘겹게 살아 남았으며, 그들을 하나같이 비정상적인 정치체제와 열렬히 싸워온 '투사'로 선양하는 '감상담'이 그것이다. 알려져 있는 대로 인간은 환경에의 적응에 관한 한 무한한 인내력을 발휘하며, '보통 사람의 얼굴'을 가진 '악'의 만행과 마주하면 일단 이 고비만 어떻게든 넘기고 보자는 '수동적 저항'으로 일관한다. 그 놀랄 만한 수동적인, 타의에 의해 마지못해 치르는, 오로지 '살아남고 보자'는 인내력을 사후에 어떤 시각으로 조명한다는 것 자체가 벌써 상당한 '감상주의'를 배태하고 있음은 새삼스럽게 더 강조할 논란거리도 아니다.) 역설적이게도 '역사의 현장'에까지 감상주의(= '사실'을 임의로 침소봉대한 후 즉석에서 엉뚱한 개별적, 임시방편적 '가치 분별'을 장기로 삼는다)의 침입을 허용한 셈이니 일반 시민을 겨냥한 이 정서의 파급 효과는 거의 무한대라고 해도 과언이 아니다.

  일상사 중에도 그런 감상주의를 조장하는 소재는 부지기수다. 나쁘다/좋다 할 것도 없이 일반인들이 매일 치르는 그런 이야깃거리를 어떻게 '조작'하느냐 하는 방법론을 잠시 유보해두고 '인물'만 열거해 보더라도 그렇다. 똘똘한 아이와 어른이 나누는 우문현답과 그에 따르는 어린 것의 깜찍한 기행(奇行), 조숙한 청소년이 통과의례를 지레 겪으면서 기성세대와 충돌하는 파행, 장애인, 노인, 노숙자 같은 세칭 '뿌리 뽑힌 국외자'와의 피치 못할 한시적 동고동락, 한때 서로를 제 몸처럼 아껴주었던 연인들의 이별극 등등에는 어쩔 수 없이 '본질 호피형'의 감상주의가 스며든다. '자연물'에 대한 무조건적인 예찬론도 대개는 '자연/환경 제일주의형' 감상주의를 불러들인다. 그래서 나무나 꽃, 개나 고양이, 고래나 여우, 말과 소 같은 동물과 막역한 대화를 나누고, 그들에게도 '온기'가 있다는 식의 진부한 휴머니즘을 이끌어 내기도 하는데, 이런 소재의 상투성은 여러 공장에서 단순 재생산되는 '기성품'을 방불케 한다. 더욱이나 자연의 이런 의인화 작업은 범신론으로까지 연장되어, 심지어 어떤 특정 종교와 그쪽의 건축물, 예배 의식 일체, 그 주변 환경, 담임 목사, 주지 스님, 주교 신부 같은 주무자에 대한 무의식적인, 아니 무사분주한 경배열로까지 확대되고 만다. 뿐만 아니라 '사물' 자체를 감상주의의 도구로 삼는 데도 현대소설은 지칠 줄 모른다. 예컨대 여성용 핸드백, 고가의 유행 옷, 시계 같은 장신구, 골프채, 자동차, 보석 같은 기품 과시용 지참물에 대한 수상한 집착을 흔히 페티시즘이라고 조롱하지만, 그 밑바닥에도 '시속을 따르고 말겠다'는 무반성적/ 탈역사적/대중추수적 감상주의가 깔려 있음은 확실하다.

요컨대 인간의 사고/행태 일체에는 다양한 '형식'의 감상주의가 면면히 흐르고 있으므로 소설 속에서도 그것이 어떤 식으로든 녹아들 수밖에 없다. 그러나 그것이 어떤 수위를 넘어서면 당장 지적받을 대상이 되고 만다. 가령 사랑을 나누는 남녀의 밝은 '앞날 그리기'라는 낙관주의, 방정한 처신으로 동료들의 귀감이 되는 어떤 주인공의 빳빳한 이상주의 같은 것이 과장스럽게 '허세'를 떨치면 감상주의의 부정적 측면을 드러낸 사례가 되는 식이다. 그런 낙관론, 이상론은 근본적으로도 '현실'과 한참이나 동떨어져 있으며, 그런 발상에 기초한 이야기의 '내용'에 사실감이 제대로 살아오르기를 기대할 수는 없는데, 거기에다 '감상주의적 표현'까지 덧댐으로써(대체로 사실적인 '묘사'에도 둔하다) 그 소설의 성취는 점점 더 가공의, 비현실적인, 좋게 보더라도 유치한 동화의 세계로 급격히 굴러떨어져버리고 만다. (동심을 자극하는 동화의 핵심은 소박한 감정에의 접근일텐데, 당연히 '현대소설'과는 별개의 장르인데도 실은 '동화적인' 발상과 그 세계를 구축하는 반소설이 아주 흔하다.)

문체로 분별한다 하더라도 감상주의는 정직한 서술 기조를 일탈함으로써 화려체로, 더러는 단조로운 평서문으로, 어떤 사유의 흔적이 보이지 않는 무미건조한 간결체로 나아간다고 할 수 있다. 그에 반해 만연체는 언제 어디서라도 떠들고 일어나는 보편적인 인간 정서로서의 감성에 재갈을 물리는, 곧 '가슴이 무너져 내렸다' 식의 공허한 과장벽, '눈물을 머금고 돌아섰다'와 같은 상투성 따위를 피해보려는 탄작용으로 읽히기도 한다. 물론 만연체도 흔히 잡다한 사변이 끼어듦으로써 즉각 본질이나 진실 추구를 내팽개치고 허황한 장광설의 넋드리에 그치고 마는 예가 없지는 않다.

어쨌거나 간결체든, 화려체든, 만연체든 어느 것이라도 부정적인 측면과 긍정적인 측면이 상존하는바 감상주의에도 적절히 써먹을 것과 그렇지 않은 것이 작품마다의 전반적인 '정조'에 따라 달라진다고 할 수 있겠는데, 그것을 일방적으로 과장스럽게 활용할 때 대중영합주의의 소지를 스스로 떨치고 나서는 꼴이 된다는 점은 강조해둘 만하다. 쉽게 말해서 감상주의의 본바탕은 '본질 기피→현상 무시→요행수 기대→편의주의→자기도취/자가선전→비관/낙관의 증대'와 같은 도식에 매몰되며, 당연한 추세로 대중의 기호에 영합하려는 속성이 다분하다. 따라서 모든 감상성은 승부에만 광분하는 스포츠 열기 같은 일시적 일체감의 고취에 봉사하게 되며, 가짜 화해로서의 소위 '해피엔딩'에 매진하는 전철을 밟아간다. 사실상 수시로 분출하는 감정의 위선적/위악적 면면에 이성이 그때마다 적절한 제동을 걸지 않으면, 그 결과는 무심한 것 같으면서도 냉엄한 '현실'과의 즉각적이고도 영구적인 격리 내지는 결별로 치닫고 마는 것은 늘 목격하고 있는 그대로다. 독자의 흥미 유발만을 노리는 그런 감상주의는 신흥 종교에 (교리상 가까운 종파로부터는 즉각 '이단'으로 따돌림 받는) 신들린 맹신자의 지배적 정조와 다를 바 없다고 해도 결코 과장이 아니다.

　이상에서 분별해본 대로 문장은 길게 쓸 수도, 짧게 쓸 수도 있다. 형용사나 부사의 사용 빈도수를 가급적 줄이는 취향을 선험적으로 발휘하는 작가도 드물지 않다. 이런 개성은 각자의 독서 취향, 타고난 성정이나 후천적으로 개발된 기질, 성장 환경과도 무관하지 않을 게 틀림없다. 게다가 시대적 변수도 알게 모르게, 그러나 어김없이 작동할 것은 확실하다. 누구라도 유행의 물결 앞에서는 작위적으로 무심한 '포즈'를 취할 수 있지만, 전혀 무시하면서 살아가기는 힘들기 때문에 그렇다. 짧은 문장을 선호하는 경향이 특정 시기에 강풍으로 밀어닥치면 누군들 그 세력권으로부터 떨어져 살아내기는 힘겨운 노릇이다. 그렇다면 전자문명이 '문화 환경' 전반을 좌지우지하고, 각종 신상 발언이 소위 SNS를 통해 활발하게 교환되고 있는 매체 전성시대인 오늘날에는 아무래도 단문으로, 또 짧은 문단으로 복잡다단한 '현실'의 진면목을 설명하기는 벅차다기보다 격에 어울리지 않는다는 논법도 나올 만하다. (자료 조사를 그친 후 통계 수치로 대응해야 할 터이나, 요즘의 일반적인 문장/문단이 예전에 비해 월등히 길어진 점은 사실일 것이다. 물론 인기물/비인기물과는 상관없이 '진지한' 소설만을 대상 작품으로 선정해야 할 테지만.) 어쨌거나 별스럽게도 짧은 문장의 속도감이 좋아서 그런 작품을 즐겨 읽는데도 막상 쓸 때는 호흡이 긴 만연체에 길들여져 있는 작가도 없지는 않겠지만, 이론과 실제가 이처럼 대조적인 경우는 드물 것이다.

　그러므로 장문이든 단문이든 각각 일장일단이 있다고 보는 것이 타당하다. (귀에 걸면 귀걸이이고 코에 걸면 코걸이라는 속담은 문학 현장에서는 그 적용 범위가 넓기도 한 셈인데, 어떤 '원칙'으로 대응하다보면 예의 그 '독창성'의 씨를 말리는 못된 본색이 드러날 수도 있어서이다.) 그렇기 때문에 한 문단 속에 짧은 문장과 긴 문장이 번갈아 나오고, 현재형 문장과 과거형 문장과 미래형 문장이 섞바뀌어들며, 극단적으로는 서술문/의문문/감탄문이, 심지어는 속생각/간접화법/직접화법/자유연상/의식의 흐름 같은 '형식'이 다채롭게 갈마들면 ('형식' 따위야 아무래도 좋다는 재래식의 '안이한' 통속소설에 길들어진 독자에게는) 다소 혼란스럽긴 할망정 그 변화 때문에라도 읽기에 가속도가 붙고, 의미의 다양한 개진과 확산이 이루어질 텐데, 이런 이상적 문체 미학을 실현시키기는 거의 불가능하다고 봐야 할 것이다. 우선 이론과 실천은 언제라도 대차대조표로 따질 수 없는 별개의 장이라는 고충 말고도 작가마다의 개성이라는 선천적 기질, 후천적 성향이 워낙 완강한 데다 집필 당시에는 '이야기들'의 그럴듯한 얽기에만 허둥지둥 매달리느라고 '문장 엮고 다듬기'에 어떤 원칙이나 이론을 따르기는 난망이라는 경험칙을 늘 겪어야 하므로.

이를테면 현재형 문장으로는 고기붙이를 유난히 바치는 주인공의 평소 '생활 습관'으로서의 먹새, '지구는 둥글다'와 같은 상식, 은유로서의 '지구는 환자다'와 같은 논평 따위를 기술하고, 연이어 '그의 생각은 달랐다'와 같은 과거형 문장으로 사건/사고의 기술에 매진하는 식으로 제한적인 변화에만 집착하며, 또 그 정도의 성과에 만족할 수밖에 없는 실정인 것이다. 마찬가지로 '의식의 흐름'이나 속생각으로만 이야기의 진행을 꾸려가는 실적도 그 작가만의 의미 있는 성취가 되고, 구어체에만 기대는 통에 부드럽게 읽히기는 하나 박력이 없을 뿐만 아니라 무슨 뜻인지 막연한 문체도 실은 개별 작가들의 선험적인/체질적인 문체관일 뿐이다.

그렇긴 해도 '좋은 소설 문장'의 위상을 확립하고, '개성적인 산문 문체'의 독보적인 체신을 선양하기 위해서는 최소한 다음과 같은 유의점만은 금과옥조로 삼을 만할 것이다.

첫째, 사실의 기록과 그 판단에 급급한 신문의 기사나 논설, 나아가서 어떤 진실의 증명에 다가가는 논문 따위의 주도적인 가락인 단조로운 서술형 문장만은 적극적으로 기피해야 할 것이다. 당연한 당부 같지만, 소설에도 의외로 그런 평이한 설명형 위주의 문장이 많다. (앞의 여러 작례를 비교, 검토해보면 수월하게 평서문의 힘없는 호소력이 체에 걸러질 텐데, 그에 대한 취사분별은 각자의 취향과 교양 정도에 달려 있다.) 우선 기사, 논설, 논문 투의 기술은 그 어휘의 가짓수가 제한되어 있으며(오해의 소지가 있을 만한 대목인데, 주로 형용사, 부사, 동사의 사용에 제약이 따르고, '밝힌다'보다는 '해명한다'와 같은 어휘를 골라야 하는 상투적/고정적 문체의 성격 탓이다), 자연히 그 진술 능력도 어떤 감흥을 일구기보다는 따분한 설명을 통해 '교훈'을 강요해서 지루하게 읽힌다. 소설의 가독성을 떨어뜨리는 결정적인 요인이 바로 이것인데, 보다시피 소설은 기사, 논설, 논문보다는 어휘량이 상대적으로 풍부한 만큼 그 길이가 월등히 길다. 그래서 논설의 길이와 논문이 매수가 일정하게 규정되어 있는 점도 나름의 불가피한 이유가 있는 것이다.

차제에 소설 문장이랄 수 없는 사례 몇몇을 신문 기사 투에서 골라보면 이렇다. 가령 '중국집 배달부 대다수가 신원 불명자임은 오늘날 우리 노동시장 현실이 임시직 만연 사태에 당면했음을 반증한다'와 같은 문장에서 보이는 명사 나열은('중국집-배달부-대다수'와 같은 거친 표현은 물론 신문의 기사 중 한 대목이지만, 학술 논문에서도 빈번히 목격되는 최근의 무성의한 서술법으로, 다수가 쓰면 통용된다는 시장경제의 '실가' 존중과도 무관한 횡포다. 이런 지배적인 '자동기술 습벽'을 그대로 소설에도 직수입하여 '삼성 개인용 탁상 피시' 같은 무분별한 작문을 작성해댄다) 실로 어휘 조작술에 무신경한 난맥상이 아닐 수 없다. 이런 문장이야말로 읽히기는 하고, 그 의미야 곧장 전달되긴 해도 비문이랄 수 있다. 또 '엄마 백반집' 같은 일종의 '구어'는 제 모친이 꾸려가는 음식점인지, 그런 상호를 붙이고 있다는 뜻인지 종잡을 수 없는데도 '되다 만' 소설들에서 흔하게 보이는데, 그렇다고 어떤 해학적 분위기를 살리는 것 같지도 않으므로 문체 감각과 담을 쌓고 지내는, 소위 무잡한 한 문장으로 떠올라 있다. 또한 '초혼에 실패한 사람으로 재혼한 배필은…'과 같은 문장에서도 입에 익은 상투적인 문잣속 '실패' 따위를 얼마나 '자각' 없이 함부로 쓰고 있는지 여실히 드러난다. 이런 허술한 어휘 감각, 상투적인 표현=자동기술적인 어법이 하나둘 모이다보면 어느새 그 소설은 누더기에 구닥다리로 돌변해 있다. 문체에 아무런 '제 테깔=맛'이 없어져버린 것이다.

어떤 작품에라도 구상화처럼 선명한 색깔, 명확한 윤곽, 적절한 구도(=공간 감각) 등을 전편에, 곧 문장/문단 하나하나마다에 아로새긴다는 자세를 몸으로 익혀둘 필요가 있다. 말처럼 쉽지는 않다. 완벽주의자 되기도 만만치 않은 게 아니라 어느 정도까지는 타고나야 하는 '팔자소관'이 아닐까 하는 생각도 들고, 그런 강박증에 쫓기다보면 곳곳에서 틀리지는 않고 그럭저럭 의미는 통하나 어리벙벙한 문장이 저절로 원고지를 채워가고 있어서다. 또한 자기는 아무래도 만연체 문장에 익숙하고, 내용과도 잘 어울린다는 자부심 겸 자기최면에 겨워서 한사코 길게 쓰는 '체질'도 꼭 좋은 것만은 아니다. 가령 다음과 같은, 자주 맞닥뜨려지고 그때마다 이게 진정한 번역체 문장인가, 결국 번역 문체는 축자역(逐字譯)을 말하는가, 어순/의미가 다른데 축자식 번역이 가능한가와 같은 의문들이 샘솟듯 하는 문장이 그것이다.

⇒(차)그는 왠지 그녀의 뒤를 쫓아야 할 것 같아서 걸음을 잽싸게 놀리고 있었으나, 그때 마침 지팡이를 짚고 느릿느릿 걸어가는 노인네와 그 보호자가 2차선 도로를 막아버렸는 데다 신호등의 빨간 정지신호 때문에 급정거한 소형 승용차 속의 젊은 여성 운전자가 그의 허름한 운동복 차림을 비난하는 듯이 빤히 쳐다보고 있었으므로 일시에 부끄러워졌고, 추적해야 한다는 강박증이 다소 느슨해지고 말았다.

다변중독자가 마구/쉴새없이 쏟아내는 이런 지리멸렬한 문장은 그 길이 때문에라도 어떤 뜻이 중요한 것인지 헷갈린다. '그녀를 추적하겠다'는 심경에 쫓기고 있음은 분명한데, 불쑥불쑥 튀어나오는 노인네와 여성 운전자 같은 주어가 도대체 무슨 소용에 닿는지 막연한 것이다. 하나도 놓치지 않겠다는 현미경적 시선을 과시하고 있는 셈인데, 그 '욕심 사나운' 열의가 실은 원줄기를 놓치고 잔가지만을 샅샅이 들여다보는 형국이다. 이런 한눈팔기식 문장이 한두 개씩 쌓이다 보면 사건의 전개도 느럭거려지고, 자연스럽게 '작의'도 엉뚱한 쪽으로 뻗어나가게 된다. 요컨대 늑장 부리는 문장은 만연체의 진의를 곡해하고 있을 뿐만 아니라 '실물'을 그려내거나 그 대상물의 가장 요긴한 특징을 '구체적으로' 잡아채는 안목과 그것을 문장으로 다듬어내는 솜씨가 아직 부족하다는 증거일 뿐이다. 만연체의 이런 잔가지 같은 '의미'의 남발에는 바로 하나의 논지만을 전하는 논설, 논문투의 짧은 서술문이 오히려 타산지석이 된다.

어휘수집가로서 적확한 의미를 전할 수 있는 단 하나의 단어만을 '발굴'해내는 작업은 작가로서의 기본적인 자세이지만, 그렇다고 해서 그런 이색적인, 새록새록한 표현이 문장 하나하나마다에 붙박여 있을 수는 없다. 모든 문장이 색다르고, 기발나며, 독보적인(=개성적인) '표현'이었다가는 그것을 이해하면서 곱씹는 데 상당한 시간을 들여야 할 텐데, 그랬다가는 당장 소설의 '소통' 자체가 여의롭지 않게 되고 느려터지고 만다. 소설 문장이 언문일치가 되어야 함은 일반인들이 널리 쓰고 있는 '구어'라야만 서로 '의사소통'이 이루어지기 때문이다. 그러므로 여느 소설에서나 널리 쓰이는 통상적인 표현, 그것을 조금씩 바꾼 평범한 문체를 송두리째 거부할 수는 없는 것이다. 좀더 직설적으로 말해 한 페이지당 두세 문장씩만은 꼭 공들여 씀으로써 여느 독자라도 즉각, "그것 참 참신한 표현이네, 늘 겪으면서도 미처 꼭 맞는 말로 잡아 채지 못한 느낌을 제법 그럴싸하게 집어냈네"와 같은 독후감을 내놓는다면 그 작품의 문체 성취도는 우수하다는 판정을 받을 만한 것이다. 거꾸로 말한다면 대개의 작품은 수십 페이지씩 평범한 문장들로 환칠하고 있으며, 사전으로 그 정확한 뜻을 알고 싶은 어휘가 좀체 보이지 않는, 흡사 경고문이나 안내문처럼 쉬운 문맥으로 이야기만을 수다스럽게 널브려놓고 있다. 어쨌든 어떤 풍경을, 주요 인물의 심경을, 사회 현상의 이면을 이야기 진행상 또 작의의 압축 과정상 중점적으로 그려야 할 대목에서만 독자적인 '스타일' 감각을 발휘하면 비로소 '나머지' 소설 문장들도 그것마다 특이한 음색을 들려주게 된다. 자기류의 문체가 가끔씩 묘한 가락을 들려주면 다른 문장들도 그에 호응하여 조화로운 '화음'으로 떠받들어주는 것이다.

'소설은 문장이다'라는 경구는 진리라고 해도 무방하다. 그만큼 의미심장하고 새겨 읽어야 할 면면이 이 경구 안팎에 '무겁게' 들어앉아 있다. 이를테면 기발한 '내용=이야기'를 절절이 그린 작품일지라도 문장에 어떤 '가락'이 배어 있지 않으면 가작이랄 수 없다. 한마디로 무색, 무미, 무취해서 이렇다 할 향수의 대상으로는 부적격의 낙인이 찍히고 마는 것이다. 선행 작품 중에 이미 가작/역작/명작으로 공인받은 작품은 그 '내용=이야기'가 아무리 하찮고, 심지어는 그것과 유사한 다른/남의 작품 '줄거리'가 전부 또는 일부 숨겨져 있다고 할지라도 그 문체가 이미 무류의, 유별난, 이때껏 본 적 없는 그것만의 개별적인 '가락'을 통해 '드문 하모니'를 빚어내고 있음은 주목에 값한다. 다시 한번 강조하건대 이미 고전의 목록에 올라 있는 진짜로 훌륭한 작품은 일단 술술 읽히고, 읽을수록 가독성이 따라붙는 그 '문체=스타일'이 뛰어나서이지 그것의 '이야기=내용'이 특별나서가 아니다. 그러므로 그것은 잘 읽히면서도 감미롭고, 곳곳에서 그것만의 자생적/이색적인 '교향곡'을 들려준다. 흔히 이 단순한 사실을 간과하거나, 색다른 이야기의 발굴, 조작에만 열을 내느라고 제 주제를 잊어버린다. 요약하면 이야기를 풀어내지 못하는 게 아니라 문장/문체를 부드럽게/힘차게 이어갈 수 있는 그 선율 개발에 자신의 언어 감각이 구능해서 따라가지 못하거나, 그 무력감을 대강이나마 감을 잡고는 있어도 그 근본적인 결격 사유에 대해서만큼은 힘주어 두 눈을 감아버린 채로 '글이 안 풀린다/못 쓰겠다'는 한숨을 토해내고 있는 것이다.

결국 '문체'만 남고 '내용'은 잊힌다는 말도 나올 법한데, 문학사적 관점을 들이대더라도 전자의 이바지가 후자의 그것보다 크다고 해야 옳을 것이다. 그럴 수밖에 없는 것이 당대의 '현실=내용'을 뛰어나게 형상화했다는 평가의 가늠자는 결국 그 '문체'의 위신에 대한 칭송일 터이기 때문이다.

이쯤에서 흔히 당대에 인정받지 못한 작품은 후대에도 소생할 여지가 거의 없다는 통설 역시 따져볼 만하다. 그러니까 '문체'가 반듯하고 특이한데도 시절을 잘못 만나 '불우(不遇)'를 겪은 작품이 설혹 당대의 여러 변수(예컨대 '발표 양식'이 시시한 매체였거나, 유행 작가에게만 관심을 경주하는 독자 일반의 불찰, 끼리끼리 작당하여 옹호/배제를 본업으로 섬기는 평단을 비롯한 '제도'상의 무능 따위가 그것이다) 때문에 '묻혀버렸어도' 언젠가는 다시 살아남을 여지는 있다고 봐야 할 것이다. 앞서의 그 조급한 통설이 부분적으로만 틀렸다는 것이 아니라 예외는 어느 분야에나 있게 마련이며, 시대별 작품 감식안의 무식하고 무능한 '무분별'은 반드시 수정, 극복되어가리라고 믿을 수밖에 없다. '학문=문학'이 어떤 식의 지향을 추구하면서 나름의 세련과 발전에 이르는 것을 보더라도 그 점은 분명하다. 오히려 당대에

'명작'으로 읽혔던 작품군#이 혹평이나 무시의 대상으로 떠오른 사례가 문학사에서 적지 않음도 시사적인데, 그 점 역시 그 잣대는 '내용=이야기'보다는 '문체=스타일'에 있음이 명백하다. 왜냐하면 그것의 '내용'상 조작에 바쳐진 현상 파악력의 상대적 미비가 '문체'로 고스란히 드러나고 말았으니 그 정황증거에 어떻게 눈을 감는단 말인가.

대개의 작가는 자신의 문체 취향에 고집을 부린다. 사설을 길게 널브리며, 지리멸렬한 묘사가 끝없이 이어지는 만연체/요설체를 극도로 혐오하는가 하면, 단문 위주의 평이하고 속도감 좋은 서술문을 선호하는 작가도 있게 마련이다. 다들 하나같이 문체관에 관한 한 가장 엄격한 원칙론자인 것이다. 서로가 상대방의 별난 선호의식을 병적이라고 타매하는 이 아이러니는 자기 취향에 맞는 문체가 저절로, 아니, 획득형질로 정해진다는 사실을 시사한다. '저절로'는 '선험적으로'와 맞바꿔 쓸 수도 있는 부사이지만, 굳이 따진다면 다소 어폐가 없지는 않다. 왜냐하면 청소년 시절부터 독서 취미에 길들여지면서 어떤 문체에 대한 상대적인 선호감이 환경과 훈련으로 개발, 정착되어갈 터이기 때문이다. 그러므로 자기 취향은 후천적으로 갈고닦은 각자의 고유한 속성에 값하는 것이라서 어떤 식으로든 쉬 바뀌기가 힘들다고 단정해도 좋을지 모른다.

그래서 모든 문체는 특정 작가의 기득권이나 독보적인 '가락'으로 떠오른다. 눈 밝은 독자라면 아무개의 문체를 대번에 알아보는 것도 그 때문이다. 누구의 문체인지 알아볼 수 없을 만큼 평이한, 극단적인 예로서 신문 기사, 논설, 논문 같은 서술문 일색의 문장을 구사하는 작가의 작품에서 어떤 '독창성=개성'을 기대한다는 것은 나무에 올라가서 물고기를 잡겠다고 설치는 꼴이므로 자기 '스타일'을 촘촘히 의식하면서 '문체를 태깔 나게 길들어 가야' 하는 것이다.

독자들의 취향도 작가 이상으로 다양하다. 아마도 그들의 감식안이 작가들보다 훨씬 더 까다롭고, 줄변덕도 심하며, 그 요구나 투정에도 떼쟁이 이상의 일리가 있다고 봐야 할 것이다. 그래서 아무개의 문체는 내 취향이 아니라는 무지막지한 폄훼도 통한다. 그러니 작가가 독자의 문체 취향을 미리 고려한다는 것은 논리상으로도 어폐가 있다. 각자가(=작가 쪽과 독자 쪽이) 제가끔 자기가 갈 길을 고수할 수박에 없으며, 서로가 추구하는 '보석 찾기'의 길이 다르므로 어쩔 수 없이 딴살림을 차려야 한다. 애초부터 서로 등지고 제 갈 길을 찾아 나선 마당에 무슨 소통을 바라겠는가. 다만 단조로운 문장, 생각을 강요하지 않는 쉬운 문체를 대다수의 독자가 좋아한다는 일반적인 '경향'을 참고할 수 있을 뿐이다. ('소설은 독자와의 소통'을 목표로 하는 언어 제도이지만, 그것이 꼭 '다수'를 겨냥하고 있지는 않다는 말이다.) 그러므로 그런 '대중적인' 글월이 여러 독자의 정신적인 부담을 덜어 줄 테니까 많이 읽힐 확률이 단연 높을 것임은 자명하다. 물론 정도의 차이는 있겠으나, 독자 개개인의 취향도 엄연히 다르다. 모시 발처럼 촘촘하니 곱게 짜인 문체의 맛을 알아보는 극소수의 독자층이 있는가 하면, 허겁지겁 사건/사고의 뒤죽박죽만을 쫓느라고 얼기설기 엮어놓은 그물 같은 문체가 선뜻선뜻해서 읽기에 편하다는 대다수의 독자층도 있을 뿐이다.

종합적으로 말하면 문체란 일정하게 나이를 반영한다고 할 수 있다. 젊은 한때는 다들 '이론'을 좋아하는 현학기가 만만해서 잘 알지도 못하는 '문잣속'을 드러내는 데 주저하는 법이 없지만, 그런 치기도 세월이 웬만큼 '자연 치유'의 길을 열어준다. 나이가 들어감에 따라 쉬운 말을 적극적으로 사용하면서, 독자의 반응이야 어떻든 일체 염두에 두지 않고 스스로 그 뜻을 충분히 파악한 문체 '감각'의 때늦은 발휘에 주력하는 작가 일반의 성숙한 '체질' 변화도 모든 자기모순은 저절로 지양(止揚)의 길을 찾는다는 그 철리를 되돌아보게 한다.

제10장 3절의 요약

(1)문장을 간결체, 화려체, 만연체, 건조체 등으로 나누는 것은 문체의 '맛'을 이해, 설명하려는 상대적인 고찰일 뿐이다. 술술 읽히면서 그 뜻만 분명하다면 한 문단 속에 간결체와 만연체를 얼마든지 섞바꿔 쓸 수 있어야 소설 문체의 진가가 드러난다.

(2)소설 문장은 언문일치에 기초해서 다듬어져야 하며, 읽자마자 문장 하나하나마다의 '의미'를 곧장 알 수 있어야 한다. 어떤 대상에 대한 '구체적인 묘사-개성적인 표현'을 노리는 이 선결 조건은 소설 전편의 모든 문장에서 지켜져야 한다. 더러 소상하고 치밀한 객관적인 '묘사'를 구사하여, 이른바 사실성 부각에 주력하는 이색적 문장을 쓸 수도 있겠는데, 그런 독보적인 '표현력'이 작품 전편에 흘러넘치면 일반 독자의 경원을 사게 된다. 객관적인 '묘사'를 자제하면서 주관적인 '표현'으로 생략의 묘미를 아우를 때 '사실' 전달과 '작의'(=성취) 부각이 이루어진다.

(3) '감상주의'는 우리의 생활 환경 곳곳에 스며들어 있다. 일방적, 자의적(恣意的), 자기만족적인 문체에는 어김없이 감상주의가 배어 있으며, 그것이 사실/진실의 해석과는 일정하게 겉돌고 있음은 분명하다. 감상주의에 대한 경계의식은 작가의 소양=획득형질에 맡길 수밖에 없다.

(4)문체는 '개성'의 산물이다. '이야기=내용'(이것은 '사실 탐색'에 기초하고 있다)과 '문체=형식'(이것은 어떤 '관점=사상'으로 고찰하느냐 하는 '가치 분별'에 기대고 있다) 중 어느 것을 중요시하느냐에 따라 작품의 성취 정도가 판가름난다.

(5)문체에 대한 취향은 작가 쪽이나 독자 쪽이나 제가끔 가지각색이다. 어느 쪽이나 일방통행을 고집하므로 서로 등지고 각자의 '보석 찾기'에 매진할 수밖에 없다.

제11장
작가의 오솔길

1. 소설가의 자세

　(1)소설은 작가 자신만이 이 세상에서 유일무이하게 알고 있는 어떤 특출한 이야기를 여러 독자에게 전하겠다는 소신의 표현이다. 물론 자기중심적으로 생각하면 그렇다는 소리일 뿐이고, 이론적으로야 모든 이야기는 대동소이하면서 그 '세부'와 '문체'에서 제가끔 유별나다고 할 수 있다. 그 이야기는 안부, 소식, 소문, 정보, 지식 등을 아우르면서 양심, 분별, 불만, 도덕(사람으로서 '해서는 안 되는 행위'에 대한 개인적 규범), 윤리(사람으로서 경우에 따라 반드시 '지켜야 하는' 도리), 정의, 신념 따위에 대한 작가적 심성 일체를 버무려내지만, 작가는 그 특정의 '뉴스'에 관한 한 유일한 전문가는 아니다. 소설이라는 '제도=형식'이 작가를 잠시 알거냥하는, 현학기가 있는 전문가로 고용했을 뿐이다. 그런데도 대개의 작가는 자신의 그 전문가적 세상 해석/인간 이해에 기고만장한 육성의 음량/음색을 낮추는 법이 없다. 그런 열정은 섣부른 발표 의욕으로 말미암아 축소, 조정의 길을 밟을 수도 있을 테고, 어떤 사명감, 과시벽, 성취욕에 부대껴서 확대, 비상할 수도 있을 것이다.
　그러나 마나 그 '뉴스'의 질은 작가 자신이 과신하고 있는 정도로 참신한 것도, 그 분야에서 해박한 것도, 전체적으로나 부분적으로 더 없이 소상한 것도 아니다. 아마도 허술하기 짝이 없는 '정보 뭉치'를 자기도취에 빠져서 요란하게 과대 포장한 읽을거리라고 해야 그나마 반쯤 맞을지 모른다. 그러므로 언어를 매체로 삼는 다른 장르에 비해, 가령 시의 면모와 견줘 보더라도 소설의 '허세'는 단연 우뚝하다. 모르는 게 없다고 덤볐는데 스스로 무식만을 드러냄으로써 망신살 입기에 딱 좋은 장르가 바로 소설이라고 해도 막말은 아닐 것이다. 예컨대 '건축'과 그 시공의 세부에 대한 최첨단의 지식을 그쪽의 일급 전문가로부터 자문받아서 소설을 썼다 하더라도, 또 그 성취가 작가 스스로나 전문적 감식자인 문학평론가의 눈으로 봐도 당장에는 나무랄 데가 없다 하더라도 조만간 아주 평범한 습작이거나 기성 작품의 냄새가 배인 위작으로, 헐렁하기 짝이 없는 졸작으로 돌변할 수 있다. 유행도 바뀌고, 그쪽 '세계'의 발 빠른 성장 때문에도 그럴 수밖에 없다. 그래서 소설 속의 이야기가 갖는 '뉴스성'은 한시적으로만 유통 가치를 누린다. 모든 학문/지식이 그런 것처럼 소설도 선행 작품들의 미숙/미비를 극복의, 지양의 표적으로 삼을 뿐이다. 어차피 모든 소설작품은 스스로 한계를 지닌다. 한계라기보다도 소설작품은 근본적으로 모순적인 장르다. 모르면서 아는 체해야 하고, 다 알고 있다는 조로 서술해놓아야 하는 '엉성한 언어 뭉치'니까 말이다. (언어는 근본적으로 엉성할 수 없다. 적어도 정직, 정확을 신조로 발명되었으니까.)

작가도 꼭 마찬가지다. 자만심을 가져서는 안 되는데도 자만 없이는 소설을 쓸 수 없다. 진정으로 겸손한 작가라 할지라도 남들 앞에서는, 소설 쓰기에 당면해서는 자만심을 내세우지 않을 수 없는 모순을 즐겨야 하는 것이다. 단언할 수도 있다. 작가는 본질적으로 모순적인 존재일 수밖에 없다. 왜냐하면 매번 자신의 전작 따위야 '없었던' 것으로 치부하고 어딘가에 숨어 있을 신천지(=신작)를 개척하러 앞으로, 가능한 한 더 멀리 나아갈 수밖에 없는 한낱 '임시적' 존재로서 특정한 대상을, 그것도 볼 것만/보이는 것만을 눈과 머리로 읽은 다음 자기 '육성'으로 옮기는데 자족할 뿐이니까.

어떤 한 편의 소설이라도 그 탄생에서 소멸까지의 과정을 추적해 보면 어쭙잖은 재능을 타고난 막바우의 고달픈 팔자를 떠올리게 된다. '소설/소설 짓고 쓰기' 앞에서 최대한 몸을 낮춰야 하는 이유가 여기에 있다. 다시 한번 강조하건대 제대로 알지도 못하면서 다 잘 안다고 으스대야 하는 어릿광대 노릇이 작가의 숙명인데, 이 기막힌 이치를 '연륜'만이 간곡하게 가르쳐주지만, 그 자연의 나이테의 보조가 너무 느려터져서 '집필→발표' 의욕이 사그라들 때쯤에야 저 멀리서, "거봐 이제사 뭣이 좀 보이는가" 하고 다가와서 가리늦게 성화다. 그러나 세태어대로 '환갑 청년'의 노경에 이르러서도 소설/소설 짓고 쓰기를 무슨 노리개처럼 가지고 놀아대는 노추가 드물지 않다. 그런 경망이 과연 예외적인 사례라고 누가 장담할 수 있을까. 또 자기 '가락' 일체에 주접의 배설물 같은 흔적이나 없을까로 번민하는 작가가 과연 몇이나 될까. 만년까지도 철이 안 드는 망신살을 소설가라는 직업이 얼마라도 보상해 준다면 그의 인품은 천생 제갈동지가 아니고 무엇인가.

(2)모든 작가는 눈치도, 말귀도, 처신도 재바르다. 영민한 사교가들이 갖추고 있는 이 자격에 '함량 미달'인 작가가 나름대로 행세하고

있는 소설가일 리는 만무하다. 그래도 대다수의 작가는 하나같이 "난 눈치도 없고, 말귀도 어두워서"라며 너스레를 떨어대느라고 분답스럽다. 그 행태는 전적으로 속이 뻔히 들여다보이는 '작위적인 모션'이다. (어떤 시인이 '포즈'라고 명명한 바로 그것이다.) 그 위장, 허세, 과장은 곧장 이해해줄 만한 직업적 넉살이긴 해도 그 촌스러움은 주위 사람을 민망하게 만든다. 용케도 우스꽝스러운 언행까지 덧댄 그런 은폐술이 일부 독자에게 제법 그럴듯한 제스처로 통용된다 하더라도 당사자에게는 뻔뻔스러운 가면을 두 겹으로 덮어쓴 이력 말고 무엇이 남겠는가.

소설 쓰기가 제 몸에 어울리는지 어떤지 따져보며 그 천직(賤職)에 매달리는 사람이 과연 얼마나 될까. 대개의 작가는 제멋에 겨워서, 쓸티없는 '일/문물'(=사물事物)에 정신이 팔려서 사람으로서의 본성을 잃어버린다는 뜻의 그 완물상지(玩物喪志)에 이른다. (오로지 '먹고살기 위해', 아니면 '달리 할 일이 없어서' 소설 쓰기를 업으로 삼는다고 하면 얼마나 맥 빠지는 노릇인가. 설혹 그렇다 하더라도 그렇게 막말을 못하는 직종이 있는 듯하다.) 그래서 요즘 세상의 철리에 부응해서 더러는 만인의 환심을 사는 데 능수능란한 사교가로 변신하는가 하면, 마명에는 연예인이나 정치인보다 더 너더분하게 앞장서고, 배금에는 상인을 능가하는 수완가도 없지 않다. 그들은 그나마 잔머리를 잘 굴려서 소설을 쓰듯이 '거짓 겸손'이 몸에 배어 있으므로 자신의 위상을 포장하는 데 능하다. 그 명연기도 일급 배우 이상임은 보는 바대로다. 그럴 수밖에 없는 사정은 오늘날의 작가가 예전의 고상한 선비 행세를 그대로 따를 수는 없고, 그들도 오래전부터 돈독이 오를 대로 오른 세상과 일정하게 보폭을 맞추면서 살아야 하는 세속인이라서, 일찌감치 글깨나 읽은 속물로 자처해서이다.

그러나 한편으로 이 땅의 모든 작가는 아직도 유아독존의 기개로 똘똘 뭉쳐 있는 비생활인이자, 여러 면에서 한참이나 후져빠진, 우리의 여러 환경적, 정치적, 이념적, 사회경제적 여건상 철두철미하게 '되다 만 직업인'이기도 하다. 우선 그 뜨르르한 자존심의 정체가 무엇인지 알듯 말듯 할 때도 자주 있다. 대중의 기림을 받는 소설을 '창조'하기 때문에? 자신의 작품이 어느 누구의 그것과도 비교급이 아닐 만큼 우수하다는 고질의 망상에는 과연 무슨 근거가 있기나 할까? 이 두 자만심은 세상 물정을 몰라도 너무 모르는 고질의 시대착오증이 내면화되어 있다는 확실한 방증이 아니고 무엇인가.

다들 알다시피 오늘날 소설이라는 언어예술은 정보의 소통이 여의롭지 않았던 예전처럼 기림을 받을 만한 계몽의 도구가 아니다. 또한 어떤 작품이라도 곳곳에 구멍이 숭숭 뚫려 있는 누더기는 아니라 할지라도 한낱 '시간 때우기'용 여기로 양산해내는 숱한 대량생산품 중 하나에 불과하다. 한마디로 그의 가내수공품은 '객관적인 평가'를 받을 만한 대열과는 다소 멀리, 비록 오십보백보이기는 하나, 떨어져 있다. 말을 줄이면, 작품의 옥석 분별에 관한 한 주관적/편파적 평가는 어제오늘의 적폐도 아니다. 명작으로/고전으로 정평이 나있는 선행 작품들은 그만한 성취를 일궈낸 당대의 수준작일 수도 있지만, 그에 못지않은 가작들도 팔자가 기구해서 평생토록 푸대접을 받다가 결국 사장(死藏)되고 마는 사례도 허다하다. 이런 문학사적 실례에 반 이상 승복하는 한편으로 자신의 작품에 대한 아쉬운 애착과 안타까운 미련을 하루빨리 떨쳐버리고 속속 다음 작품에 달겨들면서, 전작(前作)의 모든 미숙을 깡그리 잊고 기어코 참신한 신작을 쓰겠다는 결의로 반쯤 미칠 필요가 있다.

요컨대 작가는 숙명적으로 자신의 앞선 작품을 부정하는, 그 진부하고 상투적인, 어느새 낡아빠져버린 언어 무더기를 짓밟고 어딘가로 나야가야 하는 고행의 순례자다. 달마(=식자 계급)를 만나면 달마를 죽이는 부정정신을, 부모를 만나면 부모를 죽이는 반속정신을 가져야 하는 것이다. 체념이라는 다디단 심리적 노리갯감을 일상화하며 살아가라는 이런 덕담은, 진정한 예술인으로 일생을 영위하겠다는 위인의 인성/기품 교화에도, 이 풍진 세파를 이겨내는 처세술에도 상당히 유효하다. 소설 한 편 쓰기에 바치는 그 뜨거운 끌탕과 싸늘한 머리 굴림과 어수선한 마음자리를 생각하면, 또 그 후의 초라한 보상을 두량하면 겉으로는 얼뜨기, 엄살꾸러기를 위장하면서 속으로는 몽니쟁이, 도섭쟁이로 살아야 하지 않을까 싶다. 어차피 작가는 위선/위악을 겹겹으로 덮어쓴 이중인격자에 불과하니까.

(3) 작품의 성가는 그만한데도 오로지 의젓한 인품의 유지만으로, 세평에 초연한 체하는 가식의 고수만으로 (진실한) 소설사에서 한자리하는 작가가 되기는 힘들지 모른다. 편편마다 빼어날 수야 없겠으나, 적어도 서너 편 이상은 동시대의 여러 가작과 어깨를 겨룰 만한 나름의 개성적인 수월성과, 그때까지의 고만고만한 소설 문법에서 완연히 일탈한 참신성을 보여주어야 비로소 제 목소리를 내는 작가로서의 자격이 주어진다. 그만한 작품을 써내기까지의 참담한 신고를 어

떻게 헤쳐나가느냐 하는 숙제거리에 관한 한 작가마다 제 고유의 수단/장기야 없을까만, 여기서도 선택지조차 필요 없는 단답을 내놓을 수 있을 듯하다. 그것은 신작이 전작보다는 한 군데 이상이 나아져서 그새 자신의 이야기 '꾸리고 엮기' 솜씨와, 그 성취를 분별해내는 안목이 꼭 한 걸음 늘었다는 것을 스스로 확신할수 있도록 배전의 노력을 쏟아부어야 한다는 것이다. 좀더 쉽게 말한다면 신작은 전작보다, 그 전작은 그 전전작보다 한 가지 이상은 반드시 달라져 있어야 한다는 뜻이다. 이것이 바로 '동어반복'을 한사코 피하면서 제 갈 길을 찾아나서야 하는, 지도상에도 없는 험로를 개척해가는 작가의 '생업윤리'이자 남의 말을 따오면 '신념윤리'이고 '책임윤리'이다.

이를테면 일인칭 소설을 썼다면 그다음 작품에서는 삼인칭 화자를 잡는다거나, 전작에서는 젊고 영악한 여성을 주인공으로 삼았다면 이번에는 평소 직원들에게는 거만하고 그만큼 노회하지만, 집에서는 말이 헤프고 집사람 눈치 살피기에 허둥거리는 늙은 노인네를 조명한다는 식의 '소재/제재(題材) 갱신' 버릇 들이기가 그것이다. '얼굴'만 바꾼다고 될 일도 아니다. 캐릭터 형상화에서 특정 인물의 자의식(=내면 풍경)에 줄변덕을 심어주기는 가히 어렵지 않다. 묘사력에서 단문을 걷어내고 복문의 과감한 도입을 시도할 수도 있다. 이야기 전개에서 어떤 계층/직업의 속성에 관한 나름의 생경한 해석력을 열어가려는 고충과 싸워야 한다. 예컨대 조리 없는 말로 상대방을 현혹시키는 집단이 상인, 종교인, 지식인들이라면 그들의 말값을 저울질해보는 것보다 더 요긴한 '작의'가 달리 있을까. 양지가 있으면 음지가 있을 것 아닌가.

어느 한 부분이나 다문 한 대목이라도 전작보다는 서늘한 기운이 우러나오거나, 소박한 가운데서도 운치가 비치며, 어떤 '배경=공간'이 그 작품의 분위기 조성에는 다소 별스러운 이바지가 되었다와 같은 스스로의 대차대조표 작성에 부지런을 떨어야 한다는 고언이다. 최대한 '먼 시선'으로 자기 작품의 성취도를 점검해가지 않는다면 그것은 작가로서의 직무 유기자 생업 태만이다. 마감 시간에 쫓겨 허둥지둥 작품을 쥐어짜내놓고서 어떤 반응을 기다리는 그런 '다람쥐 쳇바퀴 돌듯' 하는 타성으로, 일단 면피는 했다는 안이(安易)로 '지양/승화'를 기대한다는 것은 전적으로 자기도취든가 자기기만일 뿐이다.

  작품 제작에 나름껏 매달리면서 날씨 핑계, 소재 점검, 돈 걱정, 건강 염려증, 생활 여건 같은 자질구레한 구실를 끌어다 대는 짓거리처럼 한심한, 거지처럼 동정을 사려는 작태도 달리 없을 것이다. 핑계도 길들이면 '버릇=전공'이 되는 사례가 우리 주위에는 아주 흔하다. 바쁘고 아프다거나, 글이 죽어도 안 써진다는 구실 같은 부드러운 유혹과 매일 싸워나가는 자세야말로 장인적 기질이 아니고 무엇인가. 혹독한 자기부정에 이어 냉정한 자기 반성에 몰두하면 웬만한 '권태'쯤은 저절로 꼬리를 감추는 것이 일상사의 철리이기도 하다. 언제라도 어느 분야에서나 호들갑만큼 천박한 자기과시가 달리 없다는 것을 세상사는 자주 가르쳐준다. (그러나 문학은, 소설 꾸리기는 세상/인간에 대한 지나친 자가선전으로, 야단스러운 정서 반응을 강조, 사주한다.)

  (4)그렇다면 그런 일련의 자기 검열은, 역시 '문학(文學)'이라는 특수한 조어가 지적하는 대로 '문=글월'이 '학=배움'을 이끌면서 넓혀가는 한편, 그 '공부'가 결국에는 '문장'의 묘미를 밝혀감으로써 소기의

성취에 이를 수 있다는 원리를 일러준다. 읽으면서 쓰고 쓰면서 읽는다는 자세의 생활화는 결국 끊임없는 자기부정-자기 갱신을 도모하는 아주 손쉬운 '창작' 술책에 지나지 않는 셈이다. 예술 행위에서 강조해 마지않는 '창조'는 새로운 어떤 형상물을 생각, 연구, 조작해내는 것인데, 그러자면 작가 자신의 모든 사고 체계를 의심하고, 그때까지의 제 작품을 송두리째 부정하라는 화두와 다를 바 없다. 그럼에도 불구하고 한두 작품의 명편을 썼다고(그것도 대개는 소수의 평론가가 추수주의적 관점으로 입에 발린, '날카롭다' 어떻다 해대는 구태의연한 문투로의 '호평'을 어떤 선입관=공식에 맞춰 부려 놓은 것에 불과하다) 그것만을 애지중지하며, 골동품 애호가처럼 그 대단찮은 기물을 쳐다볼수록 기가 막힌다며 축축 늘어지고 마는 작가들이 동서고금에 걸쳐 의외로 많다. 크게는 문학이, 좁게는 소설이 멀쩡한 범인(凡人)을 순식간에 바보로 탈바꿈시키기도 하는 요물이자 중독성이 강한 마약인 셈이다. 그들의 그런 답보 상태가 전적으로 전작에 대한 지나친 자위 습벽과 자기부정에의 태만 때문임은 재론의 여지가 없다.

(5) 우스개같이 들리지만 예전에는 10년만 공부하면 드물게도 글을 많이 읽었다고, 한 지역에서는(그래봤자 요즘의 한 구(區)에 해당될 터이다) '학자가 났다'는 선성이 파다했다. 그 당시에는 사서오경 같은 책들만 달달 외우다시피 재독 삼독하다보면 저절로 '도가 트이고', 시문(=시가와 산문)의 창작(=자기 표현)에 웬만큼 두각을 나타낼 수 있었을 것이다. 오늘날의 수험서처럼 필독서가 그토록 한정되어 있었던 것은 그 당시의 생활상이 그만큼 단순했다는 뜻이기도 하다. 그러

나 지금은 지식 전반의 분화가 워낙 다채로워서 '10년 공부'로는 턱도 없음이 저저이 밝혀져 있다. 보다시피 대학 진학률이 8할을 넘는 우리의 학력사회에서는 제도권 교육만도 최소한 장장 16년을 거의 반강제적으로 이수해야 한다. 그런데도 다들 자나 깨나 '공부 부족증'에 시달리면서, 명저 한 권도 제대로 이해한 게 없다며 '지적 불구자'를 자처하기에 스스럼이 없는 판이다. 이런 대세 아래서는 자기 저작물로 불특정 다수의 '우중(愚衆)'을 어떤 식으로든 교화시키려는 지적 허영꾼인 소설가들도 늘 '책 허기증'에 시달리는 것은 당연한 업보다. 어떤 이야깃거리라도 '다 아는 체하려면' 생체험 따위야 나중 일이고 남들이 먼저 책으로 풀어놓은 세상 해석/인간 이해의 족적을 바짝 붙좇아가지 않을 수 없어서 그렇다. 게다가 그들의 그 해석력/이해력이 과연 어느 정도로 그럴듯한지를 알고 나서야 자신만이 본 전혀 다른 세상을 웬만큼이라도 창조해낼 수 있어서이다.

작가의 평생 '수학(修學)여행'은 결국 상투어대로 '산더미처럼 쌓인 읽을거리'의 답습으로, 그것도 혼자서 매일 꼬박꼬박 치르는 의식 같은 것으로 요약할 수밖에 없겠는데, 그 독파에도 일종의 요령 세우기는 불가피하다. 가령 세간에 널리 알려진 명저들을 우선적으로 골라서 읽어가야 할 테지만, 그 종수/권수도 부지기수여서 '욕심'이 당해내지 못할 것은 뻔하다. 그러므로 인문학 쪽 저서를(요즘에는 여러 장르의 저작물과 번역서들이 제법 구색을 갖춰 다양하게 출간되고 있으며, 그쪽 신간들 중 의외로 소설보다 재미있는 것이 숱하다) 한 권 통독하고 난 뒤 그다음에는 소설을, 그것도 고전과 현대물을 번갈아 읽는 식으로 자꾸 '변화'를 주다 보면 세상사를 크게/정밀하게 보는 시각이 점진적으로/상호 보완적으로 열려감을 체감할 수 있다. 그 '변화'를 좀더 구체화시켜보면 미국 작가의 최신작을 독파한 다음에는 영국 작가나 독일 작가를 읽는다는 식으로, 또 고전과 베스트셀러를 번갈아 통독한다든지, 남성 작가/여류 작가 일반에 드리운 특이한 세상사의 반영 양상을 주목하면서 속으로 "역시 못 당하겠네, 우리가 졌네"와 같은 씁쓸한 독후감을 뒤적이면 '자기 취향'의 진정한 성숙도를 감지할 수 있게 된다.

그와 같은 규칙적인 '이 책 저 책 마구 골라 읽기'는 그 효과가 미구에 실팍하게 드러난다. 한마디로 '변화'가 불러오는 반사이익이라고 할 수 있는데, 우선 문장 감각에서부터 젊은 한때는 누구나 천방지축으로 누리는 그 감상성의 허물을 수월하게 벗어버리면서 나름의 논리를 세울 수 있는 이문이 제법 크다. 인문학 쪽 저작물의 통독 덕분에 소위 지적인 문체가 자연스럽게도 이야기의 질적 심화를 부채질하며, 그 점은 어휘 구사량의 상대적 풍부성과 그 질적 정확성을 보장해주는 것이다. 이야기의 기술(記述)에서 그 핍진성이 월등하게 앞서는 관건이 바로 이것이다. 더욱이나 소재(=이야깃거리)상으로도 매번 다른 것을 추구하는 생리가 저절로 몸에 배어든다는 점 역시 다방면의 독서 습벽이 불러들이는 과외의 이득이다. 풍문에 기대는 구수한 고향 이야기, 시시콜콜한 신변 체험기, 한국동란 전후의 고생담, 민주화 투쟁의 후일담, 노동자 세상의 저항적 생태극 같은 '주종목'의 상품만을 줄기차게 확대재생산하는 작가들의 '졸아붙은 작풍'이 우리 작단의 특이한 풍토성임은 널리 알려진 사실이지만, 그런 단일 종목에의 매진은 독자의 기대감을 따돌리는 무책임한 처사로 비칠 수 있다. 물론 그런 집요한 추구벽이 한 작가의 개성으로 비치는가 하면 작품세계의 웅숭깊은 단일색을 점증시키는 장점이 될 수도 있겠지만, 쉬임 없는 '변신=자기 갱신'만이 창작 행위의 근본적인 도덕률이라는 공식과도 한참이나 겉돎을 시인해야 할 것이다.

  내친 김에 좀더 솔직한 진단을 내놓으면 다들 입에 발린 소리로 다방면의 책읽기와 명작 숙독을 권장하지만, 그 실천은 근본적으로 불가능할지 모른다. 젊은 혈기가 한눈팔기의 유혹에 무심히 빠지는 데다가 설혹 준재급의 감수성을 가진 신예 작가나 문학평론가들이 숙독 끝에 내놓은 '명작 예찬론'은 반 이상이 설익은 오독일 공산이 다분해서이다. 세상의 규격과 인간의 한계를 웬만큼 터득한 후, 지긋한 '연륜'만이 명작의 인품/전신상을 알아보는 눈씨를 확보한다는 이 철리를 젊음은 원천적으로 이해할 수 없다. 그러나마나 인간이 불량품임을, 영원히 지적 미달아에 불과함을 깨우쳐주는 자극제가 문학/소설이고 연륜임을 깨닫는 데 한 평생을 허비, 소진하고 말다니 얼마나 어이없는 망신살을 타고난 것인가.

  (6)국내외 여행, 사람/이성 사귀기, 취미활동 같은 소재 발굴용 직접 체험을 한껏 누리기에는 여러 장애물이(돈, 시간, 심신의 여유, 가족의 성화 등이다) 속속 훼방꾼처럼 따라붙으므로 부득불 간접 체험 곧 책읽기만이 소설가의 고유한 '생업'이랄 수 있겠으나, 그것마저도 마귀 같은 세상 잡사와 그에 달라붙는 온갖 걱정거리에 곱다시 치여 살다보면 '하루에 꼭 100쪽' 이상은 읽겠다는 평소의 생활 지침이 번번이 무너지기 십상이다. 누구나 천재일 수 없듯이 대개의 사람은 독

종이 될 수 없으며, 세파에 시달리다보면 '자기 타협'에는 능수 능란한, 흡사 비누처럼 매끄러운 속물이 되고 마는 법이다. (직업별로 따지더라도 '문인'만큼 속물이 절대다수인 집단도 흔치 않을 것이다. 그렇게 보이지 않는다면 그들의 위장극이 제법 세련되었거나, 일반인들이 속고 있든가 잘 봐준 덕분이다.) 그렇긴 해도 효과적인 독서 체험으로 나름의 '실력-실적'의 착실한 비약을 기대하려면 '메모' 습벽을 일상화하는 것도 한 방법이다.

  내남없이 기억력에는 한계가 있게 마련이고, 아무리 '눈에 불을 켜고' 읽더라도 어떤 명저의 진의를 제대로 파악하기가 쉽지 않음은 다들 잘 알고 있다. 머리의 우열, 독서 능력의 내적 충실 정도를 따질 것도 없이 모든 문학도의 지적 부실과 아는 체하는 현학 취향은 거의 선천적/체질적 고질이다. 나이가 들수록 다소 나아지기는 할 테지만, 세칭 '신예' 작가들의 작품 수준은 아무리 잘 봐준다 할지라도 거의 엉터리라고 해도 과언이 아니며, 어느 분야나 마찬가지로 초보자의 그런 미숙/미달/미흡은 만부득이하다. 그래서 '공부'하는 자세로서의 '메모-낙서' 버릇이 요긴한데, 어렵게 생각할 것 없이 독서 중에 책의 여백에다 문득문득 떠오르는 느낌도 그대로 적어두고, 밑줄도 그어가며, 오래도록 기억해두려거나 나중에 어디다 '인용'으로 써먹을 만한 어휘, 구/절, 삽화, 연대, 이름, 날짜 같은 내용의 일부를 별도의 창작 노트에다 적어두기 시작하면 의외로 그 쓰임새가 많아지고, 그 효과도 가히 놀랄 만해서 수시로 적이 우쭐해진다. 그런 노트가 몇 권씩 쌓이면 역시 기억력의 한계 때문에 써먹을 거리로 보관해둔 책명은 물론이고, 그 창작 노트 속의 '비장처'까지 샅샅이 뒤적거리느니라고 낑낑대게 마련이지만, 그럼에도 불구하고 자기만의 '낙서' 습벽은 또 다른 이점도 불러온다. 곧 자신의 '느낌'을 필경 느낌표/물음표 같은 부호 낙서로, 표현하기 시작하다가 어느새 간단한 독후감(=비판적 안목)을 적을 수밖에 없도록 유도한다. '과연 그럴까?'나 '역시'나 '딴은'이나 '하기야'나 '부분적으로는'과 같은 찬사와 의문이 저절로 괴어들 텐데, 그때 그 저작물의 장단점을 가능한 한 솔직하게, 그것도 혼자서만 알아볼 수 있는 '되다 만 문장'으로 적어두는 습벽은 해당 저서/작품의 질적 수준과 세상을 보는 저자의 시선을 품평해내는 자기만의 특별한 '시각=안목'을 길러준다. 누군들 독서 체험에서 얻는 각자의 평가 잣대야 없을까만, 그 느낌을 '글-낙서' 수준으로라도 적어버릇하는 것과 '좋은' 머리만 믿고 속으로 삭이다가 이내 잊어버리는 해이한 생활 습관은 엄청난 차이를 낳는다. 하물며 그것이 창작 노트로 쌓여가면 그 격차는 점점 더 벌어진다고 단언해도 좋다. 모쪼록 그런 뿌듯한 '메모 습벽'을 생체험해보라고 권장할 수 있을 뿐이다.

가령 다음과 같은 실례가 그것이다. 비록 낙서 수준이긴 할망정 문장력의 일취월장에도 상당한 성과가 따를 것은 분명하다.

⇒(가)지리멸렬한 일상의 나열이다. '노인 전문의치고는 얼굴 혈색이 별로여서 왠지 마음이 누그러졌지만, 이쪽 말을 듣기보다 보랍시고 성의껏 받아 쓰기만 하는 통에 어딘가 미덥지 않았다'와 같은 문장도 나무랄 데가 없다. 하지만 작의를 관통하는 무슨 힘 같은 게 도시 안 보여 아쉽다. 모든 어머니는 당사자에게만 자모이고 현모인데, 어쩌자고 다들 이렇게나 자꾸만 자랑거리라고 주저리주저리 늘어놓는지. 사고에 일정한 추수주의, 무반

성적 상투성도 거슬린다. 실망과 민망의 교차. 아랑곳하면 토라질테니.

(나)왜 단식을 한다는 건지. 단식 중에 시시각각으로 밀어닥칠 게 뻔한 정신적/신체적 반응/고통에 태무심하다. 단식 중에는 온몸에서 고약한 냄새가 등천한다는 것은 상식인데, 의식은 점점 첨예해지고. 이런 소루성은 이야기 자체가 피상적임을 자가선전하는 꼴이다. 문장도 역불급. 절, 사찰, 사원을 분별해서 써야. 사원은 모스크의 번역어이고, 이 땅에서는 쓰기가 좀 어울리지 않는데. 언어 감각이 미지수. 사원을 시적 은유로 썼다면 거기서 무슨 해학이나 조롱이 나올까. 화제작을 읽고 나면 그 엉터리 품평에 마구 칼질을 해보는 재미가 제법 쏠쏠. 사디즘이 별건가, 이내 심드렁해질 텐데, 그걸 모르니.

(다)오늘의 우리 농촌이 이처럼 무릉도원이라니. 텔레비전의 현장 르포를 방불케 한다. 대화는 사투리가 구색을 맞춰서 구수하니 입맛에 감겨온다. 소설의 대화에서 사투리를 살려내지 못하면 어법상 망한 것이다. 압도적으로 낙천적인 세계관. 농민들이 도시의 서민/노동자보다는 두 배 이상 등 따시고 배부른 것은 사실인 듯하다. 전신 노동/자유업에 대한 당연한 보상이다. 모르는 '세상'을 소설로 접하면 자격지심이 겹겹으로 몰려와서 대번에 씁쓸해진다.

위와 같은 독후감 정리 습벽은 남의 작품을 개괄적으로 평가하는 나름대로의 '기율=안목'을 길러준다. 덩달아 자기반성을 유도하는 이런 작품 감별법은 알게 모르게 창작 의욕까지 부추기며, 자신의 작품에서도 일정한 개선점을 점화, 선양시킨다. 어차피 문학은, 소설 읽고 꾸미기는 작품의 성과와 한계를 저울질하면서 어떤 '지양'을 모색하는 언어반성적 제도일 뿐이다. 사람이 가르쳐주는 게 아니라 글을 읽음으로 써 스스로 깨우쳐 가야 하는 학습만이 '옳은 소설'을 살리는 길이다.

(7)비록 낙서 수준에 그칠지라도 독후감을 적어버릇하면 저절로 정독하는 데 길들여진다. 언젠가부터 세상이 온통 다독을 권장하느라고 수선스럽지만, 닥치는 대로 읽는다는 것도 과외의 정력과 시간을 축내기에나 딱 알맞을까. 이렇다 하게 '남는' 게 없을뿐더러 그처럼 무엇에 쫓기듯 후딱 읽어봤자 정독자가 한 권 읽을 때 기껏 두세권 독파하는 데 그칠 뿐이다. (그러나 아이러니하게도 다독 경험을 일정한 '경과 조치'로 거치지 않고는 정독의 경지에 이를 수 없다.) 다독의 맹점은 숱한데, 부실한 내용 파악으로 텍스트의 '작의=진의'를 곡해하는 잘못이 엄청나게 크다는 사실이 한 가지다. 차라리 안 읽었더라면 '모르는 소리는 안 했을걸' 하는 후회만 반추하게 되니 이래저래 손해만 바가지로 뒤집어쓰는 꼴이다. 물론 다독자라고 다 그렇지는 않을 터이므로 일반화하기에는 무리가 있겠으나, 텍스트 전반에 걸친 몇몇 '작의들'을 놓치는 어리석음은 '관점'의 차이라고 엄벙뗑을 놓을 여지도 없다. 다독은 이런 근본적인 경망에 대한 어떤 대책도 내놓지 못한다. 오로지 정독만이 해결책이며, 재독할 수밖에 없다면 벌써 귀한 시간을 빼앗기게 되니 적잖이 억울한 노릇이다. 뿐만 아니라 충분히 알고 있다는 섣부른 자기 확신 때문에 눈으로 훑기만 하는 어휘 감각은 다독의 폐해 중 가장 큰 것일지도 모른다. 왜냐하면 '작의'의 오해는 그 기초 단위인 '어휘 감각 익히기→문장/문단의 정치미 맛보기→문체 감별하기'와 같은 일련의 과정에 대한 태무심이 불러온 과실일 것이기

때문이다. 따라서 긴가민가하든가, 그 쓰임새가 아리송하다거나, 사용 빈도수가 떨어지거나, 전후 문맥으로 어떤 '감'은 잡히지만 정확한 뜻을 모르거나, 전혀 생소한 어휘들은 샅샅이 밑줄을 그어놓고, 한 페이지를 숙독한 후에는 모조리 사전 찾기를 통해서 숙지해야 옳으며, 그래야 자신의 '말=어휘량'이 풍성해진다. (안 읽힌다는 것, 곧 가독성이 떨어진다는 말은 결국 어휘력이 짧아서 동어반복을 일삼는다는 지탄일 뿐이다.) 대단히 비경제적이며, 지름길을 놔두고 사서 둘러가며 성화다고 툴툴거릴지 모르나, 실은 이런 정독이야말로 문학도의 기본자세이기도 하고, '실력 배양'에는 가장 구더운 '영양소'임은 더 말할 나위도 없다. (역시나 아이러니하게도 나이가 웬만큼 들어야 정독의 묘미를 알게 된다는 것은, '배움=교육'보다는 연륜만이 알찬 지혜를 집어준다는 것은 인간의 치명적인 맹점이자 숙명인 듯하다.)

  덧붙인다면 사전 찾기로 익힌 어휘는 당연히 예의 그 별도의 '창작 노트'에 등재시켜놓아야 할 테고, 그 뜻풀이조차 베껴 쓰기를 해두면 제 어휘량을 늘리면서 충분히 익히는 데에도 크게 도움이 된다. 방금 위에서 써먹은 어휘 '맹점'과 '구덥다'의 의미를 모르는 문학도는 없을 터이나, 막상 사전 찾기로 그 뜻을 숙지해보면 얻는 '소득'도 짭짤하려니와 사전의 뜻풀이에 어딘가 '불충분한' 구석이 있음을 깨치는, 사전이 만능일 수는 없지만 그래도 믿을 것은 그 등재어 풀이밖에 없음을 '통절히' 느끼는 학습의 재미도 수월치 않은 것이다. 요컨대 문장 감각, 작의 부각 같은 소설 꾸리기의 요체에 대한 독선생으로는 결국 사전/텍스트와의 정면 대결, 곧 숙독 말고 무엇이 있겠는가. 그런 독실한 대면은 궁극적으로 독서인 자신과의 진정한 독대일 텐데, 문학도가 성실하게 제 갈 길을 헤쳐가려면 '자기 점검'의 회로에 빠져드는 일 말고 또 무엇이 있을까. 문학은, 소설 꾸리기는 누구로부터 가르침을 받기 전에 스스로 배우려고, 또 깨치려고 노력해야 하는 일생일대의 과업일진대, 그 도구야 '남'의 책뿐이잖겠는가. 그 '남'의 책들이 틀림없이 나와는 다른 눈을 갖고 있을 터이므로.

(8)자신의 소설관이 있고 없음의 차이는 워낙 크다. 싱거운 소리 같이 들리지만, 의외로 그것이 없거나 설혹 갖고 있다 하더라도 부실한가 하면, 앞뒤가 뒤죽박죽인 상태로 생떼거리나 써대는 작가가 많은 은 보이는 바 그대로다. 들은풍월인지 뭔지 "환상적 리얼리즘, 그거 좋던데"라든지, "역사적 현재형 문장으로 써야지, 우리말 종결어미 것이었다가 다 망쳐놓는다고, 언제적 말이야, 도대체"와 같은 말을 수월하게 지껄이곤 하지만, 막상 환상적 리얼리즘의 '실체'나 그런 것을 한글권에 이식하는 것이 과연 가능할지에 대해 제대로 사유를 진척시켜본 흔적이 말밑에 전혀 묻어 있지 않은 경우가 많은 것이다. (그쪽 방면의 소문난 책을 한 권만 숙독하면서 열심히 그 진위를 나름껏 따져 보면 의외로 자기 주관에 살이 붙는다.) 뿐만 아니라 그처럼 부실한 소설관마저 수시로 변하는가 하면, 책을 펴낼 때마다 만부득이 옮겨 다녀야 하는 출판사들의 그 알량한 '주의주장'에 당장 세뇌당해버린 '임시 가공'의 지론을 무슨 가면처럼 덮어쓰고 조리 없이 떠들어대는 엉너리꾼들도 워낙 흔하다. (짐작은 대체로 믿을 만한데, 대개 구름처럼 두둥실 떠올라 있기는 하나 수시로 돌변하는 그 알량한 소설관을 어떤 '테두리' 속에다 집어넣을 숙고를 차일피일 방치해놓고, 다

른 일로 늘 무사분주하지 않을까 싶긴 하다.)

　나름대로 행세하는 작가가 되려면 반드시 자신만의 유별난 '작가 의식-소설관'을 개발할 필요가 있다. 소설관이라니까 거창하게 생각해서 지레 주눅들 것도 없다. 거추장스럽기만 할 뿐, 본인은 말할 것도 없고 슬하의 권솔들까지 피곤하게 만드는 한복만은 평생토록 입지 않겠다는 정도의 홀가분한 '신념'을 애써 지켜나가면서 스스로 그 '부대 정황'에 대한 관심-천착을 이어가다보면 웬만한 경지에 이를 수 있는 것과 같은 이치다. 이를테면 한복만이 갖고 있는 그 특이한 정서, 그 복지(服地)의 경제성, 그 색깔의 조합, 그 옷걸이와의 조화, 그 옷감의 미태와 시대적 추이, 제대로 모양을 내서 옷맵시를 갖춰 입기가 얼마나 어려운가에 대한 회의, 화폭/화면 속에 흐르는 그 치렁거리는 동선의 각진 율동감 등등을 열심히 살피면서 어떤 '정리벽'을 발휘해 보는 것이다. 물론 그때그때마다 다른 나라 옷들과의 비교-고찰에 대한 느낌과 그 후일담을 예의 창작 노트에다 적바림해두는 식으로.

　소설을 그 길이에 관계없이 몇 편 탈고하고 나면 자신의 '작가 의식'을 어떤 식으로든 조금씩 '정리'해봐야 하지 않을까 하는 강박증에 휘둘릴 수 있다. 그 녹록지 않은 싹수를 내버리거나 짓뭉개지 말고 더러 물도 주고, 햇빛도 쬐여주면서 잘 건사해가면 된다. 가령 현대라는 이 눈부신 공동체에는 아직도 숨겨진 비경이 곳곳에 산재해 있으니 그것을 중인환시리에 드러내보려는, 이른바 소재주의적 관점에서 '재미'의 근원을 탐색해가는 작업만 하더라도 개척-개발해갈 길목과 구석은 두루 많다. 겉으로는 엄전한 체하면서도 속으로는 해학적 음담 나누기에 물리는 법이 없는 인간/세상의 이치를 감안할 때, 섹스 장면의 야한 묘사는 어느 선까지 가능할까, 거지/노숙자로 꼬박 10년 동안 고생한 끝에 벤츠를 몰고 다니는 졸부의 형상화가 오늘날의 우리 독서 풍토에도 '먹힐까', '재미' 앞에 '잔잔한, 아기자기한, 소박한, 담담한, 선이 굵은' 같은 한정어를 붙일 수 있는 이야기의 조작에 '우연성'을 어떻게 다룰까 등의 궁리를 이어나가면 예상외로 한 주먹 이상씩의 소득이 문득 손에 집히곤 할 것이다. (소설을 안 쓸 때 펼치는 이런 공상은 재미도 있으려니와 세상이 만만해져서 숨쉬기가 한결 편해진다. 가령 개량한복이 우리의 일반적인 옷거리와는 분명히 어울리지 않는데도 유명 인사들은 왜 수시로 '소화해내지도 못하는' 그 옷을 입고 사진 발을 받으려 할까와 같은 반추가 그것이다. 인간과 세상은 언제라도 모종의 눈속임을 위해 한통속임을, 운동선수들의 그 '하이파이브' 하듯이 과시하니까.)

소설 쓰기는 어느 대목에서나 고도의 '집중-선택-천착'을 요구하며, 그런 경과가 '조작-정리-편집'을 통해 소기의 특출한 '세상'을 탄생시켜내듯이 자신의 작가의식-소설관도 마찬가지다. 막연히 '재미' 있는 것이면 무엇이든 쓴다든지, 소설 '공화국' 안의 여러 장르에 대한 개념을 정리해보지도 않은 채, 혼자서 꿍얼거리는 식의 심각한 '관념' 만발의 이야깃거리나 널어놓는다든지와 같은 창작 자세는 미구에 자기 회의를 자청할 소지가 다분하다. 무작정 유명세나 돈벌이를 노리는 소위 '무개념'의 미련퉁이 작가와 거기서 한 걸음이라도 앞질러 나아간 소설가의 위상, 더불어 그 처신/기품도 천차만별이라는 것쯤은 알아야 하고, 그런 자기 신조의 착실한 실천은 작품세계의 단단한 위용이 곧이곧대로 보여줄 터이다.

2. 등단과 입신의 장벽

(1)세상살이가 예전과 달리 워낙 복잡다단하게 굴러가고, 그만큼 살기가 편해지기도 해서 그렇지 않나 싶게 소설가가 되려는 사람도 많아지고, 그들이 등단하는 길은, 명색 심사위원이라는 선배 작가들의 작품 '감별'을 거쳐 작가라는 호칭을 얻어걸리는 '요식적 절차'는 여러 갈래로 뚫려 있다. 그중에서도 연말이면 경향 각지의 신문사들이 앞다투어 투고를 독려하는 세칭 '신춘문예' 공모제가 전통도 가장 길고, 나름대로의 권위를 누리고 있음은 주지의 사실이다. 그 밖에 각종 월간지, 계간지 등에서도 정기적으로 작가 지망생에게 등용문을 열어놓고 있다. 또한 자가선전을 통한 사이버상의 등단으로 '얼굴 없는' 작가도 늘어나는 추세라고 하고, 저자 자신이 발간 비용을 다 부담하고 출판사는 편집, 장정, 제작, 영업 일체를 도맡는 형식의 소위 '자비 출판 후 등단'도 개인 소득의 신장으로 이제는 아주 손쉬워졌다. 그 외형이 여러 가지인 공식적 '문단'들이 인정하든 말든 그런저런 자기광고로 돈도 벌고 이름도 날리는 인기 작가가 드물지 않음을 모르는 사람은 없다. (출판업종은 근본적으로나 역사적 문맥으로나 자유업에 속하는 만큼 '문단 질서' 따위에는 얼마든지 냉담할 수 있

고, 출판사와 그 종사자들은 그 제도적 적폐와 자기 방식대로 싸우면서 돈벌이 영업에 오로지 매진하고 있다.)

알려져 있는 대로 '신춘문예'라는 작품 공모전은 우리나라에만 상존하는 특이한 데뷔 제도다. 일제강점기부터 내려오는 유서 깊은 작가 선발 제도인 만큼 작가 지망생에게는 한때 선망의 대상이었고, 지금도 모든 문학도는 그 성취욕으로 한 시절을 설레곤 하는 게 사실이다. 그거야 어떻든 그 '작품 감별'의 내막에 대해서는 대개의 투고자가 잘못 알고 있는 수가 많다. 그럴 수밖에 없는 것이 매해 신문사별로 응모 작품이 수백 편씩 쌓이지만, 그중에서 예선에라도 간신히 통과할 수 있는 수준의 작품은 여남은 편에 불과한 데다, 단편 소설 한 편을 써서 투고하여 당선의 영광을 누리려는 그 야심이 흡사 무슨 오행수를 바라는 투기 행위 같아서다. 차제에 그런 무지막지한 도박사들의 연례 '참가' 행사를 밀막기 위해서라도, 또한 이름 날리기/상금 따먹기에서 '성공'할 수 있는 오솔길을 들려주기 위해서라도 잠시 그 '선발' 과정을 점검, 반성해보는 것도 그 의의가 자못 크지 않을까 싶다.

정월 초하룻날 신문 지면에 작품과 당선자의 신원이 대서특필되는 영예와, 단편소설의 경우는 200자 원고지 한 장당 거의 10만 원꼴인 그 거금의 상금 때문에라도 이 '화끈한' 등단 제도는 기림받을 만하고, 그만큼 도박 심리를 부추기는 면도 없지 않다. 어쨌든 수백 편의 투고 작품을 산더미처럼 쌓아두고 한날한시에 '감별'하는 데는 등단한 지 10년 안팎의 비교적 '젊은' 작가들을 예심위원들로 불러 모으는 것이 통상 관례다. 대개는 신문사 안의 널찍한 회의실 같은 데로 서너 명의 예심위원을 문화부의 문학 담당 기자가 소집하며, 다과를 앞에 부려놓고 대여섯 시간에 걸쳐 투고작들을 손에 집히는 대로 읽도록 주문한다. 실은 읽는 게 아니라 '보는' 것이고, 좀더 정확하게 말하면 제목을 비롯한('제목'에서도 벌써 '예비 통과 가능 여부'의 싹수가 반쯤은 비치며, 몇 번 심사장에 불려나간 예심위원들의 그런 조촐한 지레 판단은 대체로 들어맞는 확률이 높은 편이다) 첫 쪽과 그다음 쪽 정도만을 제법 찬찬히 '훑어' 간다. 대체로 그쯤에서 '버릴 것/올릴 것'은 쉽게 분별할 수 있다. 오문, 비문투성이의 문장들이 자욱한 판이라서 더 이상 그 '내용'을 건성으로 훔쳐봐야 시간 낭비에 불과해서이다. 이 단계에서도 소설의 성취 정도를 재는 잣대로는 '문장=내용' 같은 등식이 통용될 뿐만 아니라 문체의 정밀성과 그 우열이 이야기 전개에 그대로 반영됨을 새삼스럽게 확인할 수 있다. (실은 시간이 워낙 빠듯해서 예심위원들조차 문장의 '정확성'을 일일이 따져볼 심정적 여유가 없다고 해야 좀더 정확한 말일 것이다.)

단도직입적으로 말해서 신춘문예 투고작의 8할 이상은 '소설짓기/쓰기 공부'가 전혀 되어 있지 않은 신출내기들이 각자의 들은풍월이나 피상적인 직간접의 경험을 아무렇게나 얽어 맞춰놓은 수다스러운 '이바구' 한 자락에 지나지 않는다. 소설이랄 것도 없고, 그야말로 장르 불명의 낙서에 가깝다고 해도 과언이 아니다. (이런 기막힌 '한국적 풍토성'을 훤히 알면서도 담당 기자들은 번번이 작년보다 투고작 편수가 늘어났다는 자랑 투의 기사를 작성하는데, 다음 해의 경쟁률을 높이려는 저의가 아니라면 허랑한 자가선전일 뿐이다. '양질의 학습과 수련'이 없는 한 작품 편수의 증가가 질적 개선을 보장하지 않는다는 창조의 '일반 원리'가 제대로 통하는 현장이 아닐 수 없다.) 선행 작품들을 착실히 숙독하는 소설짓기/쓰기 공부에 최대한 게으름을 피워놓고서는, 자신의 신세타령만 한사코 들어보라는 이런 넋두리 경연대회는 원고 작성자도 공연한 헛고생을 사서 하는 꼴이고, 몇 시간씩 주리를 틀며 시력을 혹사시키는 예심위원들로서도 '차마 할 짓이 아니다.'

 이러구러 '골라내기'보다 '버리기'에 주력하는 예심도 막바지에 이른다. 그때쯤에는 예심위원들이 저마다 골라놓은 서너 편씩을 내밀고, 담당 기자와의 합의 아래 본심에 올릴 작품을 10편쯤이나, 더러는 15편까지도 추려낸다. 이 편수는 그때그때마다 전적으로 임의롭게 정해진다. 한두 편 더 본심에 올리자는 선심 베풀기에 인색할 하등의 이유가 없어서다. 이미 짐작으로도 투고작의 수준 감별에 따르는 거친 일솜씨의 만부득이함이 드러났지만, 예심 통과작의 상당수는 '안 읽히는' 그 문장력 때문에(소위 '가독성'이라는 잣대로 저울질하기가 아주 손쉽다) '수준 미달작'이 분명한데도 본심에서의 구색 맞추기를 위해 억지로 집어넣은 생무지급들이다. 실제로도 올릴 것이 그 정도밖에 없었다는 감별사들의 한숨 섞인 실토정은 경청할 가치가 충분하다고 하겠다. 마땅히 본심에 올릴 만한 작품이 없다는 딱한 사정으로 말미암아 무슨 곁다리처럼 딸려온 '되다 만 물건'이 꼭 두어 편씩이나 끼여 있는 지배적인 현상도 특기해둘 만하다. 개중에는 고등학교 2학년생이 풋풋한 교우관계를 한가롭게 늘어놓는가 하면, 조폭의 일원으로 의리상 대신 감방살이를 했다는 중늙은이가 교도소를 돌아다니며 교회(教誨) 설교를 전담하는 어느 스님과 나누는 인생문답을 소설이랍시고 적바림해놓아서 실소를 깨물 수밖에 없는 사례까지 있을 지경이다.

 본심도 대체로 마찬가지다. 아무리 따져 보더라도 서너 편이 그나마 본격적인 소설의 틀을 웬만큼 갖춘 것이라 할 수 있는데, 그 점은 심사평을 꼼꼼히 '해석'해보면 상대적으로 흠이 좀 덜한 작품을 고를 수밖에 없었다는 심사자의 딱한 하소연이 육성으로 들릴 지경이다. 낙선자들이 흔히 '날림 심사'라고 성토하는 것은 일차적으로 투고작의 전반적인 수준에 대한 무지가 자심해서이며, 마지막까지 당선을 겨루는 작품 서너 편의 결정적인 흠이 얼마나 '되다 만 상태'인지를 몰라서 내놓는 투정일 뿐이다. (경험에 기대서) 숱한 실례를 들 수도 있다.

  가령 남은 서너 편의 작품은 당연하게도 술술 읽히는 문장력을 과시하고 있지만, 대체로 각자의 문체라는 '개성'이 안 보인다고 해야 맞을 것이다. 그중에서도 아주 매끄러운 미문으로 장황하게 설명만을 일삼는, 소위 '장면 제시=보여주기'를 통한 대화의 소화력을 의도적으로 무시하고 오로지 '말하기=들려주기'로 일관하는 작품도 있다. 당연하게도 너무 재미없다는 첫인상이 심사가 끝날 때까지 쉬 사라지지 않는다. 마땅히 떨어뜨려야 할 커다란 흠결인 것이다. 현대소설 짓기/쓰기가 남의 말을 경청할 줄 모르는 오늘날의 일반적인 '대화술'과 그 시끄러운 다변증에 일침을 놓기 위한 지침의 도구일 수도 있겠는데, 자기 사설만 자꾸 들어달라고 억지스럽게 떼를 쓰는 행패도 기가 찰 노릇이며, 대개의 그런 일방적인 사담은 횡설수설로 굴러가게 되어 있다. 이런 결격 사유는 선고(選考)위원에게 부정적인 인상 곧 감점 요인으로 크게 각인되고 말아서 동석한 본심위원이 아무리 이것으로 결정하자고 추천해도 선뜻 동의할 수 없게 만든다. 그런가 하면 온갖 고생담, 연이어지는 여러 사건/사고 같은 한 많은 '사연을 터질 듯이' 욱여넣은 투고작도 있는데, 이런 '이야기 조작 비대증'이 인상적인 것은 사실이지만, 텔레비전 연속방송극이나 시트콤 같은 그런 엎치락뒤치락극은 소설의 드라마화에 부적합하다는 것이 아니라 너무나 진부하며 시류를 알게 모르게 베끼는 그 무지한 뻔뻔스러움이 밉살스럽기 짝이 없다. 현대소설의 '전신상'에 대해 너무 무식할 뿐더러 소설이 무엇이어야 하는지에 관한 주관이 전무한 것이다. 한편으로 문학 담론(읽기/쓰기에 대한 너절한 고충담과 비장한 각성기), 영화 감상담(방화/외화에 대한 자잘한 정보 나열과 '봐주기'식 논평), 미술애호벽(주로 서양화 쪽 명화 한두 점에 대한 지독한 편애나 화가 주인공의 들쭉날쭉한 일상극과 그 좀 기이한 개성의 좌충우돌기), 음악광의 집착극(특정 악기의 연주자, 독창자, 지휘자의 기막힌 솜씨에 매료된 사연이나 록음악에 대한 감상 전문인의 여러 상식적인 일화 들려주기) 등등에다 동그란 직사광선 같은 탐조등을 들이대는 딜레탕트들의 '허허실실극' 한두 편도 근자에는 약방의 감초처럼 반드시 본심에 올라온다. 물론 그런저런 내용이나 작의를 대번에 못 알아보는 심사위원은 있을 수 없다. 스스로야 잘 쓰든 못 쓰든 남의 작품을 감별하는 터는 '눈이 아주 밝은' 전문가들인 것이다. 그럴 수밖에 없는 것이 그들도 그런 '고정적인' 상황극을, 그 꼼짝하지 않는 '행위 거세극'을 적어도 서너 편씩은 한때 써본 경험이 있기도 해서이다.

그러니 심사위원들은 하나같이 시큰둥한 독후감을 내놓는다. 들춰내기로 들면 어느 투고작이라도 흠이야 부지기수인 것이다. 젊을 때는 그런 비생활극이 그렇게나 멋져 보였건만, 그것이 이제는 부질없음을, 그 실물 앞에서는 왠지 민망스러워짐을 느껴서다. 실제로도 그런 유의 예술애호 취향극은 들척지근해서 입맛이 당기지도 않거니와 투고작 속의 그 '새것 같은' 이야기가 실은 달밤과 낙엽을 좋다 마다 하는 음풍농월처럼 들리기도 하고, 특정 예술, 취향/취미에 대한 일방적인 교언영색으로 비치기도 하므로 언젠가부터 자주 들어온 가락임을 새삼스럽게 환기시켜주고 있어서이다. (너무 고만고만해서 식상하기에 딱 좋은 이야기를 자기 혼자서만 새것으로 착각하고 있다는 지적이다.) '애호벽'(=상찬벽)이라는 말이 지적하는 대로 그런저런 작품들에는 들을 만한 '비교 우위/가치 분별'이 희귀하다기보다 대체로 어슷비슷해서 읽을수록 심드렁해진다. '모르는 게 없는 것 같은' 그 다변증이 실은 남의 말을 그대로 옮기는 것이고(무의식중에 '무단 인용/표절'을 일삼고 있다는 명백한 증거다), 제 주의 주장이라봐야 '대안 없는 투정'이기 일쑤인 까닭에서다.

(2) 신문사 쪽에서는, '하나같이 형편없다고' 했다가는 다음 해의 투고작이 격감할 거라거나, 작가 지망생들에게 심사를 까다롭게 한다는 유언비어성 '지레 겁주기'로 비치거나, 경쟁 신문들에서는 으레 당선작을 내놓는 데 비해 상대적인 열패감을 감수해야 한다거나와 같은 기우 때문에 마지못해 그나마 기중 나은 작품을 하나만 골라 달라는 무언의 압박성 눈길을 심사위원들에게 들이민다. 언젠가부터 '당선작은 반드시 낸다'는 이 '편법'이, 신춘문예 투고작의 양적 팽창과 질적 저하를 부채질하고 있다는 총평이 나돌게 하는 주범이기도 하다.

어쨌든 꿩 대신 닭이라도 뽑아야 하는 심사위원들은 여러 차례나 '해본 솜씨로' 손쉽게 타협책을 내놓는다. 기중 약점이 덜 두드러진 차선의 작품을 고르는 것인데, 그것마저도 그 미비한 구석이나 결정적인 흠을 심사위원 중 한 사람이 예비 당선자를 불러 이렇게 저렇게 고치라는 주문을 내놓는, 말하자면 '조건부 당선'이 그것이다. 다른 투고자, 곧 본심에까지 오른 예비 낙선자들에게는 '짜고 당락을 억지로 끼워 맞추는 협잡'으로 비칠 소지가 없지 않지만, 주최 측이나 심사위원들도 '제도에 치여서' 저지르는 만부득이한 임기응변책인 것이다. 물론 '주문 사항'은 여러 가지다. 100매가 넘는 원고 매수는 사실상 모집 요강상의 규정 위반에 해당되지만, 불필요한 대화 같은 것을 과감히 줄이라는, 20매 안팎을 덜어내라는 주문을 내놓기도 한다. (이런 요청은 백번 타당한데도 투고자는 대체로 이제 당선은 기정사실화됐다고 자부하며, 딴에는 자존심이나 상한 듯이 또 줄일 게 없다는 '시먹은 배짱으로' 무시하기 일쑤지만, 나잇살이 지긋해져서 자신에게도 소설을 읽는 나름의 안목이 생기면 그런 꼴사나운 고집이 치기였음을 뒤늦게 시인하며 겸연쩍어하게 마련이다.) 또한 개연성이 없는 두 주인공의 인간관계에 어떤 필연성/우연성을 조작하라는 '내용 뜯어고치기'를 요구하기도 하며, 맞춤한 문장력이 더러 보이긴 해도 곳곳에 오타, 비문, 오문이 있어서 고치라는 당부를 들이밀기도 한다. (요즘은 신문사 쪽의 문학 담당 기자가 당선자에게 원고 파일을 이메일로 보내라고 하며, 신년호 제작이 화급한 통에 오타가 있는 채로 신문 지면에 그대로 게재되는 수도 있다. 그럴 때는 어김없이 이따위 흠집투성이 작품을 뽑았나 하는 독자들의 원성도 날아오게 되어 있어서 심사위원까지 곱다시 욕을 보는 경우도 없지 않다.)

(3) 이런 당선작 '만들어 내기'의 억지가 자주 일어나는 해프닝은 아

니지만, 그렇다고 아주 드물지도 않다고 장담할 수 있다. 어차피 여러 불특정 독자의 독후감이 인색하게나마 그럭저럭 당선작 '감'이긴 하네 정도는 되어야 하고, 엉터리 작품을(흔히 '말도 되지 않는다'고 혹평 한다) 뽑았다는 결정적인 허물만은 없어야 한다는, 심사자로서의 소심한 면피의식이 발동해서다. (덧붙인다면 '심사'라는 말에는 다소 어폐가 있는 듯하다. 이웃 나라에서는 '선고選考'라는 말을 상용하고 있다. 문학판의 관습/전통과도 무관하지 않은 용어 사용법상의 무심한 사례다. '전형銓衡'이라는 의미는 '선고'와 비슷하나 그 뜻이 어렵기도 하고, 다른 쪽에서 쓰이고 있다.) 이런 면피의식이 먼저 고려하는 것으로는 소설 내용상의 지나친 반윤리성 따위도 거론할 수 있다. 가령 부모의 시신 유기라든지, 생전에 술꾼이었던 부친의 폭력 행사에 무참하게 시달린 경험을 일방적으로 타매하는 반도덕적 대목은 이야기의 골격상 웬만큼 설득력 좋게 그려져 있다 하더라도 '정초'부터 거슬리는 게 사실이다. 소설의 구실에 계몽적 역할이 있음은 부정할 수 없지만, 그것을 빙자하여 추잡한 부도덕 행위까지 노골적으로 까발림으로써 효도의 실상에 대해 경종을 울리겠다는 발상이 과연 옳은가는 분명히 다른 자리에서 꺼내놓을 주제인 것이다. 물론 요즘에는 신문사 쪽에서 소설의 '내용'까지 간섭하지는 않지만, 심사위원들도 대체로 그런 반도덕적 이야기의 '만행'에 제동을 걸 줄 아는 지혜가 있다기보다도 그럴 만한 연치에 접어든 인사들이기 때문이다.

이처럼 소설 내용상 '알아서 처신해야' 하는 이야기들로는 문란한 성행위 묘사, 뻔한 주거니 받거니로만 서사를 꾸려가는 통속물 취향, 별다른 까닭도 없이 주요 인물 '죽이기'식의 안이한 결말 처리, 이국(異

⑩ 취미인지 뭔지 미국인을 주인공으로 삼아서 그들의 일상과 사건/사고를 그리는 '가짜 세계화' 소설(재미동포 사회조차 철저히 거세되어 있을 뿐만 아니라 히스패닉계의 구지레한 일상만 조명하는 엉뚱한 '신자유주의적' 이야기도 있다), '하하, 호호' 같은 의성어와 '나랑 너랑' 같은 동화조 조사의 사용, 주요 인물이 명색 작가인데도 세상 물정을 너무 모르는 시대착오증의 노출(이런 메타픽션물이 본심에 꼭 개밥에 달걀처럼 한 자리씩 차지하는 기이한 '현상'도 주목에 값한다) 따위를 들 수도 있다. 다들 아직 제 목소리를 가진 작가로 인정하기에는 무리다 싶은 그 허물이 작품 전면에 두드러져 있는 것이다.

동어반복 같아서 점점 더 수상해지는 국면이지만, 적어도 신춘문예 당선작은 본심에 오른 작품 중 그나마 다소 낫다는 서너 편 중에서 상대적으로 결점이 덜한 것이라 '운 좋게' 뽑혔다고 보면 틀림없다. 그 작품의 성취도가 뛰어나서 당선작으로 채택된 것이 아니라는 소리다. 그러니 당선되었다고 자랑할 일도 아니며, 낙선했다고 기죽거나 툴툴거릴 것도 없다. 하기야 상금과 영예를 한꺼번에 거머쥐고, 마침내 '꿈에도 그리던' 문단에 이름을 띄워올림으로써 명색 소설가라는 평생 자격증과 '허울이야 멀쩡한' 직업을 얻게 된 행운은 얼마든지 좋아라 해야 할 테고, 그만한 실력조차 없었다면 그처럼 큼지막한 문운이 따라왔을 리 만무하다. 그러므로 상당한 실력과 그만한 운이 꼭 반반씩 부추겨서 어렵사리 등단한 셈이지만, 좋은 소설 쓰기는 나중 일이고, 우선 어떤 작품이 진정으로 훌륭한, 그야말로 명작으로 '행세할 만한' 것인가를 분별하는 눈부터 스스로 알아서 길러야 하는 급선무가 발등에 떨어진 셈이다. 장차 한국 소설사에 자기만의 작은 자리나마 차지해보련다는 야심을 가진 신예 작가라면 적어도 아주 상식적인 '직업의식'이라도 소지, 그것의 실천에 매진해야만 비로소 소설가라는 자격에 부끄럽지 않을 것임은 두말할 나위도 없다. 그 방법은 이미 누누이 상술(上述)한 대로 '삼다', 곧 다독, 다작, 다상량에 나름대로 진력하는 것이다. (실은 실천하기도 쉬울 것 같은 '삼다' 학습법이지만, 막상 어떤 '명작'을 읽어야 하며, 어떻게 '써야' 하고, 도대체 무엇을 생각할 것인지를 자문해보면 막연하기 이를 데 없을 것이다.)

(4) 위에서 밝혀진 대로 신춘문예라는 공모제에 의한 등단은 확률상으로는 지극히 어렵다. 복권 따위에 비할 바는 아니겠으나, 수백 편과의 경쟁을 거쳐야 하고, 게다가 마지막 서너 편 중에서는 결점이 다소 덜한 것으로 판명나는 '운'까지 타고나야 하니 말이다. (심사위원들의 눈도 물론 제가끔이고, 그 분별안이 꼭 바르고 옳다고 장담할 수도 없다. 오독도 독해자가 떠맡은 권리이자 타고난 능력인 것이다.) 그러나 그중에서 10편 안팎을 골라내는 예심까지 통과하려면 전적으로 '문장력/형상력'에서 상당한 두각을 드러내고 있어야 한다. (이 보잘것없는 '수준'에도 미치지 못하는 작품이 본심에까지 올라온다는 앞서의 사례는 오늘날 등단 지망생들의 한심한 '평균치' 실력이 어느 정도인가를 웅변으로 말해준다.) 그 '턱걸이'까지는 운보다 실력이 우선적으로 통한다는 말이다. 작품의 서두가 너무 껄끄럽게 읽히고, 서사의 진행도 답답할 지경으로 지지부진하다는 허물 때문에 A4 용지 3쪽쯤에서 내팽개쳐지는 '불운의 수작'도 없지 않다고 알려져 있다. 그러나 단시간에 눈을 혹사시켜야 하는 예심위원들의 그런 연례적 불찰도 역시

'운도 실력에서 나온다'는 농담으로 충분히 상쇄할 만한 것이다.

어쨌든 예심을 통과하지 못하는 작품은 우선 '문장력'에서 상당한 결격 사유가 있다고 봐야 한다. 그렇긴 해도 웬만큼 '술술 읽히는 작품들'이 예의 그 '불찰'로 말미암아 선외작으로 굴러떨어지는 사례가 없지 않은 걸 보면 아무래도 예심제의 허점을 한번쯤 논란거리로 삼을 만할뿐더러, 예심위원들의 자격, 곧 작품의 잘잘못을 감별하는 잣대와 문장력을 알아보는 안목의 타당성 여부를 의심해볼 만하다. (투고작 전부를 균등하게 나눠서 예심위원들의 작업실로 배송한 다음, 심사에 충분한 기한을 준다거나, 한자리에서 한 작품당 두 사람 이상의 눈을 거치는 '윤독'을 시행하는 등의 제도적 개선책을 거론할 수 있겠으나, 그런다고 해서 심사의 엄정성과 무류성이 확실하게 보장되는 것도 아니다.)

'몰라도 되는' 정보를 수집하여 얄팍한 상식을 주워섬기거나, 어디선가 본 듯한 이야기를 하염없이 풀어놓거나, '설명/묘사/표현'에 정성을 쏟지 않은 문장력으로 거칠게 원고를 작성하는 습벽 따위는 작금의 신춘문예 투고작 대다수가 가진 공통점이다. (아무리 줄여 잡아도 5할 이상의 작품이 '내용/문장'이야 어찌 됐든 원고 작성에서 벌써 무성의한 흠집투성이의 하치들이라고 보면 틀림없다.) 이런 폐단의 책임은 전적으로 원고 작성자의 불성실한 자세, 소설이 뭔지도 모르면서 오로지 상금이나 탐내는 도박 심리, 소설 쓰기를 여기나 잡기로 여기는 말재기/반치기 같은 작태에 기인하는 것이지만, 그런 엄두라도 내보라고 한사코 등을 떠밀어대는 요물은 말할 나위도 없이 퍼스널 컴퓨터다. 그러므로 투고작은 매년 불어날 테지만, 소설가 지망생들의 전반적인 실력이 나아질 전망은 캄캄하다고 단언해도 좋다.

(5)두어 차례 이상 여러 신문사의 신춘문예 공모전에 투고해보았으나(동일 작품을 여러 벌 '복사'해서 중앙지/지방지에 중복 투고하는 것을 금하고 있지만, 요행수를 바라고 그러는 작태는 여전히 공공연한 비밀이며, 내용은 같고 제목만 임시로 바꾸기도 하고, 신작은 쓰지 않고 무슨 미련이 그토록 검질긴지 두어 해 전에 탈고한 구닥다리를 조금씩 고쳐서 매년 연례행사처럼 전국 방방곡곡의 신문사 들에다 '돌리기'를 해대는 편집광도 드물지 않은 형편이다), 본심에도 오르지 못하는 실력이라면 소설 짓기/쓰기의 '공부' 방법을 근본적으로 바꿔야 옳다. 이야기 꾸리기에서도 독학은 한계가 있게 마련이며, 자신의 맹점을 미처 모르고 있거나 제 방식만이 옳다는 옹고집으로는 아까운 세월이나 축내게 마련이라서 딱하다는 소리다. 그런 고집은 엉뚱한 데서 제자리걸음이나 하며 헛힘을 쏟고 있는 꼴인데, 독학자들은 일쑤 유별난 제 자존심에 휘둘려서 곁눈질할 줄도 모르므로 만년 실패의 덫에서 헤어나오지 못하는 것이다.

실제로도 오늘날의 '독학'은 어느 전공 분야든 비능률적이고(대학 및 대학원에서의 '학력 만들기'는 어렵지 않다는 소리다), 시대의 흐름과도 겉도는 낡아빠진 학습법이다. 소설 쓰기 공부라고 예외일 수는 없고, 그 방법도 누구에게나 활짝 열려 있다. 무슨 소리인가 하면 비싼 학비나 시간적 제약 때문에 국문학과/어문학 계열/문예창작학과와 같은 제도권 교육에서의 공부가 부담스럽다면 기성 작가를 찾아가서 솔직하게 자문을 구하는 것도 한 방법이라는 말이다. 성실한 교사 또는 인격적으로 훌륭한 은사라는 뜻으로서의 '멘토'제는 요즘 성행하는 일종의 집단적 과외수업인 셈인데, 알게 모르게 그런 '소설 쓰기지도 교실'을 꾸려가고 있는 유명 작가는 의외로 많이 널려 있다. 개중에는 '문장을 좀더 다듬어라'라든지, '주제가 약하다'와 같은 얼렁뚱땅이질로, '꾸물대지 말고 힘 좋게 써봐'와 같은 너스레로 족집게 과외선생을 자임하는 사교가형 멘토도 없지는 않을 터이나, 그런 허술한 약장수식 구변이 '학습'을 빙자한 심심파적 모임에 불과한 줄 알았다면 귀한 시간과 아까운 과외 교습비와 가외의 열정을 '장기간' 쏟아부을 필요는 없을 것이다. (첨언해둘 것은 그런 과외수업에 발표하는 습작품도 반드시 '자기 창작물'임을 알아볼 수 있는 '탈고일' 같은 비장의 '증거 자료'를 확보하고 있어야 나중의 표절 시비를 미연에 방지할 수 있다는 점이다. 알려져 있다시피 요즘은 '피시 전성시대'인 만큼 함께 소설 쓰기 실습에 임하는 '동인'들도 남의 작품을 부분적으로든/전체적으로든 부지불식간에 '도용'하는 사례가 비일비재하다. 하기야 따지기로 들면 멘토에게든 동인에게든 제 작품을 읽어봐달라고 '앙청'하는 비례非禮에도 최대한 조심스러워야 자기 창작물의 '육체'를 고스란히 지켜낼 수 있을 것이다. '표절' 소동은 장차 자주 터뜨려질 글쟁이들의 추태이므로 사전에 경계해야 한다는 '원작 명시화' 작업에의 조언일 뿐이다.)

본심에도 이미 한두 차례 올랐을 뿐만 아니라 심사평에도 언급된 '화려한 경력'이 있는, 그러나 간발의 차로 여전히 당선, 등단의 길에 접어들지 못한 독학자도 기왕의 학습법을 바꿔야 할 때가 있고, 그 점에서는 대학에서 문학 관련 학과나 문창과에서 공부한 작가 지망생도 마찬가지다. 자신만의 읽기/쓰기를, 또는 이때껏 모셔온 멘토의 지적이나 문우의 품평을 한번쯤 냉정하게 점검, 그 미흡, 변죽 울리기 따위를 솔직하게 추인, 개과천선의 길을 모색해볼 수 있다는 권유이다. 이를테면 신문에 실린 심사평도 전적으로 믿을 게 못 되는 것은 그 짧은 지적/상찬에서도 비치는 대로 거의 요식 행위로서의 '입에 발린 소리'일 것은 짐작하기 어렵지 않기 때문이다. (문청들은 그 '부분적인' 심사평을 침소봉대하며 무슨 대단한 전리품이라도 되는 양 여러 사람에게 떠벌리거나 혼자서 자나 깨나 곱씹기를 즐긴다. 하기야 기성 작가들도 세평 삭이기에서는 매한가지다.) 솔직한 품평은 따로 있게 마련이며, 작품의 '전반적인' 미달 정도를 정확하게 알아보려면 다른 경로를 찾아야 하는 것이다. 그 길은 역시 위에서 예시한 대로 작품을 꼼꼼하게 읽고 매서운 평가를 들려주는 한편, 소설 읽기/꾸미기에서 바른 요령을 가르쳐주는 현역 작가를 찾아가서 진솔한 자문을 구하는 적극적 자세이다. 결혼, 취업, 졸업 같은 중대사를 제쳐놓고 등단부터 해야겠다는 작가 지망생이라면 좀 번거롭긴 해도 그런 자문 받기에 쓸데없는 주저벽, 같잖은 자만심, 공연한 자격지심 따위에 휘둘려서 우물쭈물했다가는 영영 '되다 만 작가'로 한 세월을 허송할 게 뻔하다. 우리 주위에는 '그런 한이 서리서리 맺힌' 부모, 형제, 동료, 선생들이 아직도 자기연민에 겨워 지내는 처량한 모습을 자주 목격할 수 있는데, 실은 자신들의 꽤 쓸 만한 재능의 싹을 그 고집스러운 '독학벽'이 지레 뭉개버린 것이다. 고집은 부분적으로 칭찬할 만한 개인적인 성정이긴 해도 모든 관념이 그렇듯이 그것의 노예가 되어버리면 그 폐단이 당사자의 삶 전반을 망가뜨리기도 하며, 생각을 바꿀 줄 모른다는 것은 결국 아둔하다는 소리를 들어 마땅하다. 그렇긴 해도 소설 짓기에서 불과 두어 걸음 앞서가는 '독선생'을 찾아가기 전에 자신의 재능과 제반 능력을 철저하게 해부, 검열하는 소위 반구(反求) 정신부터 챙겨야 옳겠지만, 그런 자기투시가 작금의 요란딱딱한 문학 환경상 가당치도 않으려니와 제 못난/잘난 얼굴을 저 혼자서 한참이나 뜯어봐야 무슨 할 말이 있을까 싶기는 하다.

  (6)월간지나 계간지의 신인 작품 공모제에서 시행하는 심사경과도 대체로 신춘문예의 그것과 동일하다. 그러나 아무래도 공기(公器)라는 점에서 대규모의 독자를 상대하는 신문이 훨씬 앞서고, 잡지는 문학 동호인들의 전문적인, 또 그들만의 각별한 취향에 부응하는 특유의 성격 때문에 투고작 선별에도 얼마쯤의 차이가 나는 것은 불가피하다고 봐야 옳을 것이다. 가령 엽기적인 폭행, 추행, 살해 장면, 노골적인 반수주의(半獸主義)로서의 성희(性戱), 배타적인 특정 이념의 옹호 및 그런 류의 경향소설 따위가 신문에서는 다소 제약을 받을 수 있겠으나, 잡지에서는 작품의 성취도와는 별개의 화제로 삼기 위해서라도, 좋게 봐서 어떤 '징후'라는 단평을 앞세우며 두둔, 추천할 수도 있다. 긍정적으로 말한다면 신춘문예용 투고작보다 월간지/계간지 쪽의 그것이 질적으로도 한결 개성적이며, 훨씬 더 본격적이랄 수 있는 것은 작품 편수의 상대적인 약세가 증명하고 있기도 하다. (신문사의 연중행사인 신춘문예 공모제와 잡지사의 그것을 투고 편수만으로 비교하면 10분의 1쯤 될 것이다. 잡지 쪽 투고작들이 훨씬 적은 대신 그만큼 본격적으로 준비를 거친 작품들이라고 할 수 있다.) 하기야 투고작 중에서 기중 낫고, 가능한 한 절대적으로도 곧 어떤 '눈'으로 봐도 탁월한 작품 한 편을 뽑는다는 규정 아래서는 투고 편수 같은 '양'이 개별 작품

의 '질'과는 전적으로 무관할 수밖에 없다. (아마도 투고작의 과다로 예심이 소홀하다는, 또 그럴 수밖에 없다는 '확신' 때문에 수모를 겪고 있는 문청들이 잡지 쪽에다 투고해 제대로 판정을 받아보겠다는 궁심이 투고작의 양/질을 잴 수 있는 척도이기도 할 것이다. 신춘문예 쪽이 아무래도 소설 습작 쓰기에 매달리는 초보자들이 허황한 투기 심리에 들떠서 '투고' 자체에 의미를 두고 있다고 해도 틀린 말은 아닐 테니까 말이다.) 바로 이 이상한 '투고 심리', 재미 삼아 습작 쓰기에 임한다는 자세를 일정하게 반영이라도 하듯이 잡지 쪽 투고작들도 반 이상은 수준 미달의 태작(駄作)이게 마련이다. 이쪽에서도 본심에 오르는 소수의 작품 말고는 죄다 '안 읽힌다'고, 어떻게 다른 식으로 설명할수록 어려워질 뿐이어서 그냥 기초 실력이 부실하다고 할 수밖에 없는 습작들이 투고 편수만을 늘리고 있는 것이다. 명색 한층 문명(文名)을 떨치고 있는 기성 작가의 글도 마찬가지이지만, 문장은 일단 술술 읽혀야 하는데, 이 가독성의 정체를 자세히 설명하면 할수록 점점 더 오해를 불러일으키기 십상이다. 더 이상 해석하기가 난감한 단순명제처럼 문장/문맥의 속성에는 그런 면면이 분명하게 내장되어 있다.

　본심에서의 선별도 신춘문예 쪽이나 잡지 쪽이나 다를 바가 없다. 다들 고만고만한 장단점을 골고루 갖추고 있어서 어느 것을 뽑아도 좋고, 죄다 떨어뜨려도 괜찮은 작품 서너 편이 최종적으로 남게 되는 것이다. 그중에서 굳이 하나를 골라내는 방법도 어차피 신춘문예 쪽과 어슷비슷할 수밖에 없겠으나, 문학적 소양에는 무식하지만 정치/경제/사회 전반에 대해서는 할 말이 많은 일반인을 대다수 독자로 거느린 신문의 예의 그 공기적 성격 따위를 염두에 두지 않아도 되는 만큼 선택의 폭이 다소 열려 있다고 보는 것이 타당할지 모른다. 그렇다고 아무것이나 고른다는 의미는 아니며, 답답할 정도로 이런 저런 구색을 골고루 갖춘 '모범작'보다는 다소 모가 날망정 참신하고, 제 '목소리'가 있어서 싹수가 보이며, 결기 같은 게 얼른얼른 비치면서도 어떤 실험을 겨냥하고 있는 '품질'이 고득점을 받을 확률이 높다고 할 수 있다. (예의 그 '멘토=기성 작가=소설 쓰기 교습실 접장'들에게서 이것저것 고치라는 '가르침'을 고이 받들어서 여러 차례나 '수정'한 작품은 천생 '모범작'이랄 수 있겠는데, 이런 '짜깁기 작품'은 '이해 당사자=최초의 독자인 그 멘토와 투고자'들에게는 감쪽같을지 몰라도 심사자들에게는 대번에 표가 난다.)

물론 당락을 좌우하는 이런 분별이 일반적인 채점법이라고 할 수는 없다. 왜냐하면 심사위원들의 면면이 그때그때마다 달라지기도 하려니와, 그들마다의 성향과 분별안도 제가끔이며, 게다가 특정 작품의 문장력/형상력을 채점하는 기준이 제멋대로인가 하면, 그런 일관된 눈씨도 없이 그날의 기분에 따라 또 동석자가 연장자라서 그 눈치를 살피느라고 '마음에도 없는 판정'에 곱다시 승복해야 하는 경우도 흔하기 때문이다. (거꾸로 연하자=문단 후배가 제 고집이, 제 독후감이, 제 소설관이 옳다고 빡빡 우기는 시건방진 작태도 문학판만의 진풍경으로 용납되고 있다.)

특히나 강조해둬야 할 사안은 심사위원마다의 독해력이 그들의 작품만큼이나 들쭉날쭉 고르지 않다는 사실이다. 한 심사자는 어떤 투고작의 결정적인 허물을 감추거나 제대로 발겨내지 못하고서도 좋은 점만 극구 과찬해대는가 하면, 다른 동석자는 분명히 잘못 읽고 왔으면서도 저렇게 엉뚱한 사설만 주절거린다고 속으로 은근히 타박한다. 당선작으로는 '죽어도' 동의할 수 없다고 거부권을 행사하는 것이다. 이런 신경전/탐색전이 모든 심사장의 단골 메뉴라고 해도 과장은 아니다.

가령 다음과 같은 몰풍경도 있다. (물론 이런 비화를 소개하는 저의는 문학 이론이 얼마나 짱짱하면서도 한편으로 허술한가를 들려주려는 데 있다.) 특정의 농작물이나 축산물을 재배, 사육하는 오늘의 농촌 실태를 제법 그럴싸하게 다룬 작품이라면 작금의 문학판과 책 소비시장에서는 홀대받기에 딱 좋은 '출하품'이지만('도시물 소설'에 비해서는 상대적으로 인기가 없다는 소리다), 그런 '환금작물'도 더러 그 구수한 입담을 자랑거리 삼아 본심에까지 올라오곤 하는데, 문득 한 심사위원이 그걸 '알레고리' 운운하며 시큰둥하게 과소평가할 수도 있다. 풍유, 우화, 상징 조작의 일환으로 써먹는 그 문학 용어의 본의를 개인적으로 확대해석해서 전용(轉用)한 것이 아니라면 오늘날 우리 농촌의 여러 사정을 '사실감' 좋게 그린 작품치고 그런 '비유'로 읽을 여지는 거의 없는 게 이 땅의 '지금 실정'이다. 비록 개개인이 온몸으로 의식할 수는 없었다고 해야 바른 소리겠지만, 산업화/민주화라는 대세에 우리 모두의 삶이 속절없이 부대꼈던 1970년대 중반 이후부터 우리 농촌의 외형과 농민의 의식 전반이 완전히 달라졌음은 주지의 사실이다. 일제강점기, 해방, 한국동란, 군부독재와 같은 파란만장한 대수난극 속에서 하냥 허우적거렸으면서도 그 본성을 좀체 잃지 않았던 우리의 농경사회가 '돈맛'을 알고부터 얼마나 발빠르게 표변했는지는 농경지를 한눈에 바꿔버린 비닐하우스가 단적으로 증명하고도 남는다. 곡해할 소지가 다분하므로 다른 설명을 줄인다면, 오늘날의 모든 소설은 우선 천연히 정독하면서 '상식 수준'으로 감상해야 한다는 소리다. 공연하게 온갖 어려운 문학 이론을 끌어 와서 현학적인 독해를 일삼는 풍조는 물론 출중한 재사들인 문학평론가 제위의 밥벌이용 입심 때문이지만, 그런 이해가 한국 소설의 어떤 지양과 바람직한 지향에 과연 어떠한 득책이 될 수 있는지를 한번쯤 '가슴에 손을 얹고' 솔직하게 물어봐야 한다는 것이다. 그렇다고 해서 그들의 그런 평가 잣대를 가당찮다고 가로막고 나설 수도 없다. 말할 '자유'와 어렵게 '분별'한 평가를 두고 시비를 따져봐야 무슨 소용인가라는 뜻이 아니라 일일이 맞는 말뿐인 여러 '문학 이론'에 제동을 걸 수도 없으려니와 어떤 경우에라도 '용어=언어' 자체의 사적 전용을 그냥저냥 버려하는 것이 문학판의 근본적인 질서처럼 군림하고 있어서이다.

(꽤나 마땅하지 싶은) 사설이 작품의 '이해-해석-평가'에 따르는 시비의 차이로 비화했지만, 요지는 어떤 정독이라도 읽을 당시 '독자=심사자'의 심경(선고할 당시의 공적/사적인 업무와 그 작업의 강도 및 스트레스의 정도), 지식(그즈음 심사자가 읽고 있던 '역사비평'의 영향력 따위), 환경(심사 의뢰 측이나 동석한 심사자들과의 친소관계) 등등이 알게 모르게 '객관적 평가'를 훼방 놓기도 해서 전적인 오해, 곡해를 불러올 수 있다는 소리다. 좀더 적극적으로 말하면 모든 소설 텍스트는 아무리 샅샅이 또 여러 번 읽는다 하더라도 그 성취를 정확히 평가하기는 어렵다는 사실만은 강조해둘 필요가 있다. 특히나 소설 한 편의 품격 자체는, 물론 웬만한 성취에 이른 작품일수록 다양한 평가를 이끌어낼 수밖에 없는 장르라서, 그 다면체적 체질 때문에 해독(解讀)의 대상이 된다. 하물며 투고작의 우열을 '반드시' 가려내야 하

고, 당선작을 꼭 골라야 한다는 강박에 시달리는 날품팔이 같은 '심사'에서 옳은 평가를 내놓는다는 것은 숲에서 물고기를 찾는 소행일지도 모른다. 그러므로 그날의 '운수'가 사나우면 90점을 충분히 받을 투고작이 어떤 특수 용어의 무람없는 횡포와 그 힘 좋은 파장에 밉상으로 된통 걸리고 말아서 당장 60점으로 과소평가될 수도 있다는 소리다. 보다시피 그 원인은 어떤 용어(=문학 이론)의 사용(私用)이 불러들인 파장 때문인 것이다.

(7)주인공들이 밥도 안 먹고 동분서주하면서 장면마다 심각한 갈등을 점증시키는 활극도 영화사에 남는 수작일 수 있듯이 소설작품의 팔자도 얼마든지 그렇게 굴러갈 수 있다. (이렇다 할 능력도 없는 양반이 평생토록 호의호식하는 팔자를 보면 '만민 평등' 같은 달콤한 구호성 '명분=지식' 따위가 얼마나 허황한 말잔치이며, 그에 대한 맹공을 퍼붓기 위해서라도 소설의 일정한 구실과 역할에 경의를 표하고 싶어진다.) 면밀히 뜯어보면 허점투성이인데도 호평을 받은 출세작이, 그 운좋은 첫 '평점'에 수많은 추수주의자의 부화뇌동까지 합세해서 평생을 거들먹거리는 팔자의 허름한 작품이 무수하다. 마찬가지로 흐릿한 묘사, 꾸물거리는 서사 진행, 군더더기가 덕지덕지 껴묻은 정황 설명 등으로 지면을 장황하게 메꿔가고 있는데도 독자 일반의 절대적 호응이 온통 그 작품에만 쏟아지는 '이상 현상' 앞에서는 '객관적 평가 기준'이나 온갖 '문학 이론' 따위도 무색해진다. 이런 변수를 모든 게 운수 소관이며, 어떤 '우연'의 겹침이 보잘것없는 '실력'을 밀어줄 때 인생의 성공/실패가 결정된다고, 그런 일종의 운명론이 소설

작품의 명운에도 통한다고 이해한다면, 지금까지의 요지를 전반적으로 곡해한 셈이 된다. 왜냐하면 그런 '우연적 진리' 밑에 작동하는 여러 인과관계를 자세하게 맞춰보지 않은, 소중하기 짝이 없는 각자의 '경험'을 함부로 다루고 그 허술한 제 판단을 맹신하고 있어서다. (세상만사는 그런저런 편견/선입견으로 그 시비가 갈라져 있기도 하다. 어떤 '득세'는 전적으로 '우연'의 산물일 수 있다는 말이다.)

적어도 당락을 결정하는 심사위원들의 일반적인 분별력은, 무엇보다도 생동감 있는 문체 앞에서는 꼼짝없이 '뽑아도 괜찮겠다'라는 주관적 단정만이 모든 심사의 공정성을 웬만큼 보장하는 잣대일 수 있다. 문장 하나하나에 도사린 통사/의미/수사의 정확한 구사, 읽히는 속도감, 어떤 독자라도 쉽게 그 정경을 떠올릴 수 있는 문단별 설명력/묘사력/표현력 같은 언어 감각에 무심한 심사자는 있을 수 없다. 말을 줄이면 가독성 좋은 문체만이 해당 작품의 팔자를 고쳐갈 수 있는 유일한 '우연적 진리'다. 이것이 확보되어 있다면 어떤 문학도에게라도 등단 같은 제도는 요식적 절차에 지나지 않는다. 언젠가는 예의 그 '팔자론'도 그의 실력을 눈여겨봐두었다가 적극적으로 밀어주며, 결국 눈먼 공돈처럼 '등단=수상'의 통지가 굴러오게 되어 있다고 장담할 수 있다. 역시나 오해의 소지가 있을 듯해서 부언하면 문장이 먼저이고 이야기=내용은 나중이라는 잔소리일 뿐이다. 문장 속에 섬세한 손길과 곡진한 힘이 배어 있으면 기발한 이야기는 저절로 따라오고, 그 속의 이야깃거리도 술술 제자리를 잡아가며, 인물마다의 성격/언행에도 자연스러움/유별스러움이 소복이 고여드는 것이다.

(8)신춘문예 출신자든, 잡지 등을 통한 여타 공모전의 당선자든 그들에게는 발표 지면이 최대한으로 제한되어 있다. 어쩌다가 우연한 조건 몇 개가 겹쳐져서 원고 청탁을 한두 번쯤 받을 수는 있겠지만, 작가의 이름 정도나 한정된 범위 안에서 알려지는 그 기회의 효과도 간단없는 세월의 흐름 속에서 이내 퇴색하고 만다. 제2작, 제3작의 성취가 몇몇 문학평론가를 위시한 독자들의 눈에 들 정도로 뛰어나다고 하더라도 이내 무참히도 사장되게 마련이다. 기라성 같은 기성 작가는 거치적거릴 정도로 많고, 문학시장은 협애 일로를 걷는 이 땅의 특수한 사정상 그렇게 돌아갈 수밖에 없으니까. 그래서 등단의 환희는 딱 1년 안에 말끔히 가셔지는 것이 작금의 신인 소설가들의 여일한 동태다.

달리 말하면 명색 공모전을 통한 등단자의 9할 이상이 문단에서, 소설 작단에서, 독자층에서 제명대로 살아남지 못하고 쉬 잊혀지고 만다. 작가라는 허울 좋은 간판을 내걸어놓기는 했으나, 원래부터 소설이라는 상품이 생활필수품도 아니라서 수요라는 게 있을 리 만무하고, 그 소비에서도 고만고만한 동종의 생산품이 지천으로 깔려 있어서 곧장 개점휴업 상태를 맞아버린다. 한두 해가 물 흐르듯 지나가버리면 작가라는 명함을 내놓기도 어설퍼지고, 실제로도 소설 쓰기를 아예 내팽개치고 말거나 한두 편 써봐도 영 탐탁잖기도 하려니와 여기 저기서 불거지는 흠집/미달이 남세스러워서 슬그머니 전을 거둬들일 채비를 차린다. (실은 제 작품의 잘잘못에 대한 명확한 인식이 없기 때문에 자기 소설 전반에 대한 우스꽝스러운 '열정'을 혼자서 쓰다듬는 식의 자위에 겨워 지낸다고 해야 옳을 것이다.)

그래도 어느 분야나 그렇듯이 소수의 정열가는 경향 각지에 드문드문 숨어서 그럭저럭 연명하게 마련이다. 개중에는 예의 단편소설을 주 종목으로 삼는 신춘문예나 잡지 쪽의 공모전에서 번번이 낙방의 고배를 마신 '운수 사나운' 작가 지망생도 있고, 어쩌다가 '운 좋게' 덜컥 당선 통지를 받은 바 있으나 도무지 이름이 안 팔리는 명색 기성 작가도 있다. 그들이 자부하는 실력은 각자의 열정만큼 신뢰할 수 있는 것이 아니지만, 오로지 누가 알아주지 않는다는 그 뿌리 깊은 한이 부글부글 끓고 있는 것만큼은 틀림없다. 그래서 그들은 재도전을 시도한다. 곧 계간지나 월간지를 발간하는 '재력 좋은' 출판사나 신문사에서 시행하는 장편소설 공모전에 투고하는 것이다. 탐낼 만한 상금을 내걸고, 당선과 동시에 단행본으로 묶어 내줌으로써 작가로서의 화려한 입신을 보장해주는 이 공모전이 예전에는 신문의 연재소설용 소설 찾기에서 비롯되었음은 주지하는 바와 같다. 문학적 성취와 상업적 성공을 동시에 노리는 주최 측의 전략을 한눈에 파악할 수 있었던 기획인 셈인데, 매일 연재용 '소설=이야기'가 근본적으로 술술 잘 읽혀야 하고, 그 실적은 한마디로 '재미있다'로 뭉뚱그릴 수 있으므로 신문의 부수/독자 확장에 크게 기여할 것은 말할 나위도 없다. 그런 오락적 기능의 장기를 제대로 발휘할 수 있는 장르는 아무래도 장편소설이라야 걸맞다. 그런 의미에서도 단편소설의 평가에 재미라는 잣대를 들이대는 것은 천부당만부당한 짓거리라고 해도 무방할 것이다. (덧붙인다면 문학 전반의 수준이 일천했던, 하기야 그런 기운은 지금도 건재하지만, 한때의 우리 소설 풍토에서는 단편소설에 지나친 재미/교훈을 요구하는 무언의 부당한 '압력'이 드세서, 이야깃거리의 억지스러운 조작, 예의 그 '주제의식' 심화 따위를 강조하는 경향이 지배적이었다. 거시적인/미시적인 문학사적 분별이 별달리 없었던 덕분으로 이 헐렁한 '전통'은 여전히 나름의 성가를 유지하고 있다.)

어쨌든 장편소설의 공모를 기획하는 주체들은 흥행을 통한 '소설시장-소설 산업'의 활성을, 더 직접적으로 말하면 '돈벌이'를 노리고, 투고자들은 상금과 작가로서의 입신을 단숨에 거머쥐려는 궁심으로 몸이 달아 있으므로 이 제2의 등단 제도도 어느새 우리만의 문학판 연례행사로 자리잡았다고 할 수 있다. 문학의 여타 장르와는 판이하게 장편소설은 어차피 책 시장을 겨냥하면서 독자의 반응에, 그것도 절대다수의 추종에 기대야 하며 이런 제도화된 구조가 이 장르의 활성화/정체화/쇠퇴화를 관장한다. 따라서 장편소설이야말로 그 생산에서부터 소비에 이르기까지 철저하게 자본주의적 시장경제의 원리에 부응하는 첨단 수공예품에 값한다고 할 수 있다. 그 경쟁이 치열하다는 점에서 그렇고, 시속의 흐름을 즉각적으로/한시적으로 반영해야 한다는 점에서도 그 점은 확실하다.

(9) 공모전에 투고한 장편소설의 심사도 앞서 예로 든 두 심사장의 풍경과 거의 동일하다. 예심을 거치며, 읽어야 할 분량이 워낙 많기도 하려니와 심사의 공정성도(주로 작품명을 쪽지에 적는 투표로 다수결 원칙에 따라 결정한다) 기해야 하므로 심사위원이 다소 불어나는 점이 다를 뿐이다. 주최 측이야 무조건 좋은 작품을 골라달라고 주문하지만, 상품성이 있느냐 하는 것, 즉 고급 독자가 아니라 일반 독자들이 얼마나 재미있게 읽을지를 고려해야 한다는 것도 다르다면 다르다. (물론 그런 '사정'을 겉으로나/속으로나 전혀 의식하지 않는 체하

는 '어벌쩡한' 인품의 심사자도 없지는 않다.) 그렇긴 해도 작품의 절대적 조건 중 하나가 우선 재미있게 잘 읽혀야 하는 것이니까 좋은 작품이 재미없을 수는 없고, 재미있는 작품을 졸작이라고 할 수는 없다. 다만 심각한 내용과 작의를 제법 올곧게 형상화한 가작은 있을 수 있고, 대중의 누선과 성적 감흥만을 자극하는 그 상투적 재미를 지치지 않고 그려내는, 흡사 감상적인 연속방송극 같은 오락소설이 있을 수는 있다. 그러나 오늘날 이 땅의 작가 지망생들은 실력이 워낙 고만고만해서 흥미진진한 추리적 통속물도, 색다른 구성과 참신한 문장 감각으로 포장한 역작도, 기발한 착상으로 어떤 '환상'을 조작하는 실험작 등도 써낼 재주, 야심, 능력이 없다고 해야 그나마 근사한 진단이랄 수 있다. 설혹 그렇게 비치는 가작이 나타났다 하더라도 그 설익은 '품성'이 완연해서 애석하게도 선외로 밀려나는 수준에 그치는 형편이다.

  심사자가 겪는 심적 고충이 장편소설이라고 해서 달라질 리는 만무하다. 이쪽도 역시나 예심 통과작의 반 이상이 수준 이하여서 그렇다. 억지로 편수를 맞추느라고 본심에 간신히 올린 작품이, 그 털털거리는 문장력 때문에라도 소설 쓰기를 진작에 작파해야 다른 살길이 뚫릴 것 같은 무지몽매한 문청의 습작들이 본심 심사위원들의 독후감을 심란하게 만드는 것이다. (이처럼 '철부지 시절'을 내남없이 다 겪었다는 관용-배려가 심사자들의 심성에는 아예 없는 듯하다. 사람은 대개 다 제 자신의 올챙이 적 어리석음을 모르기도 하려니와 남의 미숙은 얕잡아보면서도 자신의 결점에는 힘주어 눈을 감아버리니까.) 그 '모자라는' 작품들을 과단성 좋게 '논외작'이라고 밀쳐버리고 남은 작품들이 공히 꼭 반반씩의 장단점을 갖고 있는 것도 마찬가지다. 읽히는 문장의 맛이 그런대로 담백한데도 했던 이야기를 또 하고 또 해대는 동어반복증후군이 자심한가 하면, 내용에는 다소 기발성이 엿보이지만, 제 목소리가 없거나, 화제작이라서 다들 알고 있는 여러 외국 영화/소설의 기법들을 적당하게 후무리고 있는 것이다. 특히나 후자는 스스로 '표절'하고 있다는 의식조차 없는 아둔한 작품인가 하면, 대뜸 이것이 바로 제 남루한 아이디어를 남의 옷에다 짜깁기로 오려 붙인, 그 아류작이라는 생각을 떼칠 수 없게 몰아간다.

모든 공모전의 투고작들이 한결같이 보여주는 이런 질적 수준은 결국 소설 쓰기를 위한 근본적인 '공부 부족증'의 후안무치한 노출벽이라고 단죄할 수밖에 없다. 누구라도 그 문턱만 넘어서면 대번에 전혀 색다른 분위기가 온몸을 감싸는 그런 '집'을, 어떤 별난 개성의 소유자라도 그 속의 구조, 장식을 눈여겨보면 다문 한두 달만이라도 살고 싶어하는 그런 보금자리를 지어놓아야 한다. 그러자면 기왕의 여러 주거 양식을 최대한으로 참조해야 자신만의 어떤 청사진이 나오게 되어 있다. 그런데 선행의 그런 참조물을 도외시한다면 아예 세상 물정과는 담을 쌓고 지내겠다는 유아독존의 방자한 행태나 다를 바 없다.

위의 비유를 서열화해보면, 남이야 뭐라든 제 할 말만 떠벌리는, 도무지 그 다변증의 '집'은 시끄러워서도 당장 뛰쳐나오고 싶은 작품이라서 당연히 하치다. (떠벌이들의 말씨를 새겨들어보면 그 속실력이 판조사 급임을 대번에 알 수 있다.) 그 다변증에서 주워섬기는 온갖 '정보'는 대개 케케묵은 것이라서 내다 버려야 하는 폐기물인데도 막상 당사자는 그것을 보란 듯이 내밀고 있으니 딱하기 짝이 없는 것이다. 그다음의 중치로는 남의 말이라면 아무렇게나 주워듣고, 그 하찮은 '정보'를 적당히 오려내서 덧붙이는 작품을 들 수 있다. 상치는 하치와 중치의 장단점 중에서 버릴 것과 살릴 것을 웬만큼 공글린 후, 나름의 신선한 '소신'을 제 '가락'으로 들려주는 인품＝그릇이다. 막연한 소리 같지만, 그런 찬찬한 연찬이 쌓이면 '소신＝시각＝감각'이 저절로 따라붙게 되는 것이 이쪽 세상의 이치다.

(10) 압축미를 요구하는 단편소설의 축조에는 자신의 샘솟듯 하는 착상, 무궁무진한 이야깃거리, 활달한 문장력을 욱여넣기가 아무래도 벅차다 싶은 나름대로의 '자기 확신'이 섰다면 '큰 집' 짓기로서의 장편소설에 도전해볼 만하다. 역시 비유로 풀어보면 단편소설과 장편소설은 트랙에서 질주하는 육상 경기와 야외에서 펼치는 마라톤이나 비탈, 언덕, 벌판 따위의 험한 지형을 발길 닿는 대로 걷는 트래킹만큼이나 다른 별개의 장르이므로 각자의 재질도, 각오도, 순발력/인내력도 달라야 한다는 소리다. 어쨌든 위에서 누누이 강조한 대로 이야기를 지어내서 현대 소설로 엮고 쓰기에의 피나는 '자기 공부'를 웬만큼 소화해낸 나머지 오늘날의 이 반(反)소설적인 사회적/문화적 풍토 전반에 대해 나름의 육성을 갖고 난 후라야 '긴 이야기'를 꾸며낼 수 있음은 말할 나위도 없다.

이미 밝혀진 대로 심사위원들의 부실한 독해력과 편향적인 시각 때문에 '운이 사나워서' 간발의 차이로 탈락의 고배를 마실 수도 있다. 또한 심사평에서 지적한 당선작/낙선작의 장단점은 어디까지나 (제한된 지면 때문에라도 적당히 간추린) 부분적인 감상담에 지나지 않으므로 맹신할 것도 없다. 오히려 자신의 해묵은 실력에 좀더 적극적인 신뢰를 보내는 한편 심사위원들의 작품 감별력을 점검해본다는 심정으로 당선작을 열독, 그 장단점을 예의 독후감 정리로 혹독하게 자성하는 기회도 가져야 재도전할 오기가 살아날지 모른다. 물론 믿을 만한 기성 작가를 찾아가서 솔직한 품평의 '점수'를 알아보는 것도 과외의 허무한 노력과 아까운 세월과 적잖은 '경제적 부담'을 줄이는 한 방편일 테지만, 적어도 장편소설 쓰기에 도전하는 작가 지망생이라면 그런 자문 구하기 행태조차 과연 어떤 '수련 과정'으로 받아들일지는 각자가 판단하기 나름이다.

보다시피 모든 '인생'은 뻔하고 한심하다. (문인=소설가의 삶은 더 따분해서 가장 비천한 생업일지 모른다.) 그러나 어떤 전기(轉機)를 마련하고, 그것을 적절한 때 잡아채는 사람과 그 과정에서 탈락하는 사람은 우선 그 후의 인생행로도 달라지지만, 세상을 직시하는 시각 자체에 엄청난 차이가 생긴다. 작가는 어차피 '주체'의식의 갈고닦기를 평생 직업으로 삼은 답답한, 들인 품에 비해서는 그 보수가 형편없는, 대체로 세상을 삐딱하게 노려보는 그런 행태와 삶을 자청해서 즐기는 자유인일 따름이다. 등단하려고 어떤 '수련기'를 겪든, 끝까지 독학을 하든, 문창과에 적을 걸어두든, 아니면 소설창작교실에 등록하여 사사를 받든 각자가 제 나름의 '습작 일구기 공부법'을 개간하면서 기왕의 모든 선행 작품의 성취를 단숨에/순차적으로 갈아엎을 각오로, 그러면서도 오로지 '문학=소설' 앞에서만은 언제라도 겸손하면서 한편으로는 그 후광을 제 깜냥껏 두르고자 수시로 예의 그 '문운' 앞에 찾아가 꼬리를 흔들어댈 여유를 부려야 하는 것이다.

3. 자기 관리

---

(1)작가는 온종일 바위처럼 꿈쩍도 않고 책상 앞에 앉아서 사전이나 뒤적거리며 개기는 데 싫증을 내지 않는 사람이다. 사전이라면 우리말 큰사전을 비롯하여 최소한 한한(漢韓)자전, 영한사전, 한영사전, 일한사전 정도는 구비해놓고 덤벼야 적확한 어휘의 적시(適時) 채집에 편리하다. (이웃 나라의 어느 유명한 소설가는 사전을 사 모아버릇한다지만, 우리 나라는 살 만한 사전의 가짓수도 한정되어 있다. 심지어는 유비어사전도 옳은 게 아직 없는 실정이다.) 물론 인터넷으로도 얼마든지 어휘를 수집할 수는 있겠으나, 그 활용도가 여러 종이책 사전들만큼 동시 다각적/대비적일 수 있을는지는 의문이다. 어쨌든 암기력이 시원찮고 의심증이 심해서 사전을 열심히 찾아보는 작가가 있는가 하면, 출중한 머리로 사전을 뒤적거릴 짬도 아깝다는 듯이 원고량을 줄줄 불려나가는 신통한 소설가도 있다. 마찬가지로 작품도 그 어휘량의 많고 적음에 따라 필독서/애독서의 범위를 웬만큼 정확하게 나눠볼 수는 있을 것이다. 물론 여느 사람들이 일상적으로 사용하는 쉬운 언어로도 얼마든지 그럴듯한, 또 훌륭한 작품을 써낼 수 있겠으나, 그것이 다루는 내용 전반의 수준은 그 평이한 어휘력이 말하는 대

로 평균치 범작일 게 틀림없다. 그럴 수 밖에.

　좀 이상한 시각일 터이나, 작가별로 소설 쓰기에 따르는 수단과 목적이 어떻게 다른가를 재는 잣대로 사전 찾기의 빈도수를 들 수도 있을 듯하다. 맞춤한 어휘를 찾아서 생생한 설명/묘사/표현을 이끌어내려는 작가의 그 숙수다운 솜씨와 컴퓨터 자판을 무슨 달인처럼 두드려대는 손놀림이 각각 겨냥하는 '일차적' 목표도 다를 수밖에 없지 않을까 싶어서다. (독자의 반응, 문학평론가의 단평 따위에 대한 지나친 '기대'는 이차적인 목표일 수 있다.) 전자가 장인처럼 공들인 수제품을 만든다면, 후자는 대량생산에 길들여진 기성품 제작자라고 할 수도 있다. 그 차이가 작품의 질적 가치와 연동하지 않을까 싶지만, 독자=시장은 그 구색의 분별에 흔히 등한하기 짝이 없다.

　(2)여느 전문직/기술직 종사자보다 유독 제 몸 관리에 관한 한 오만 신경을 다 쓰는 직업인이 작가라고 해도 빈말은 아닐 텐데, 그만큼 정서적으로 예민하기도 할뿐더러 글쓰기에 쫓기는 강박증이 평소에도 무시로 덮쳐서 심신 자체를 아주 녹초로 만들곤 해서이다. 다들 그 섬세한 심경의 변화를 글쟁이답게 과장하는 버릇도 자심해서, 걱정도 팔자다, 건강염려증이 있나, 무슨 청승인가 하고 속으로 비웃을지 모른다. (더러는 그 특유의 엄살을 제 성격상의 고정 레퍼토리로 활용하는 데도 게으르지 않은데, 그런 호들갑의 의도성은 워낙 빤해서 촌스럽기도 하려니와 밉살스럽기까지 하다.) 그러나 흔히 말하는 대로 무슨 천형(天刑)처럼 정신노동과 육체노동을 동시에 감당하려다보니 어쩔 수 없기도 하다. (이게 바로 과장이다. 육체적으로는 눈을 혹사시키

며, 한때는 볼펜을 계속 '가동'시키는 악력으로 손가락에 못이 박혔으나 이제는 컴퓨터 앞에 가만히 앉아 있어야만 하니 허리께에 간단없이 몰려오는 하중의 둔통을 이겨내야 할 뿐이다.) 정신노동 쪽은 주로 머리를 한껏 쥐어짜서 이른바 상상력으로 이야기를 조작하는 것이고, 육체노동 쪽은 장시간 책상 앞에서 엉덩이 씨름으로 버텨내는 끈질긴 인내력이다. 그래서 대개 자전거 타기, 산행, 조깅/마라톤 같은 정기적인 체력 단련에 매달린다는 풍문이 자자하다. 뿐만 아니라 식습관도 건강 유지에는 아주 종요로운 것이므로 양곱창이나 인삼즙을 상용하는 미식가도 있고, 한때는 인기 작가라야 다달이 두둑한 월급식 원고료를 받곤 했던 신문연재소설을 매일같이 8장 안팎씩 쓰느라고 소위 '피를 말리고 뼈를 깎는'(이런 과장이 글쟁이의 허풍스러운 단면이자 말버릇이다) 작업용 기력 보충제로 뱀탕을 장복하는 양반도 있었음은 널리 알려져 있다. 머리로는 낑낑 용을 쓰면서 오래도록 앉아서 버티자니 온몸을 주리 참듯 견뎌야 하는 작업이라서 진이 빠지므로 양방(良方)이라면 다들 눈에 불을 켜지 않을 수 없는 것이다.

 그러나 마나 건강이란 챙기기 나름이라면서 유난을 떨어대는 게 작금의 일반적인 풍속이 되어 있지만, 그렇다고 썩 좋아지는 것도 아니다. (주위의 친인척과 지인들을 점검해보면 대번에 어떤 '감'이 잡혀 올 것이다.) 평소에 하던 대로 몸가축에 유의하면서 천연히 근신하는 것으로 족한 사례도 허다하다. 그러므로 사전을 뒤적거리고 글씨를 쓸 기력만 있으면 충분하다고 생각해야 편해진다. 누구라도 어디가 남들보다 안 좋다는 지병을 두 개쯤씩은 갖고 있게 마련이고, 그것을 잘 다스리며 일상생활을 그냥저냥 꾸려갈 정도에 만족해야 한다는 소리다. 거북이 덩치가 다른 생물에 비해 작지 않은 축인데도 멸종을 면하면서 기백 년 이상씩 너끈히 장수하는 것은 오로지 눈도 간신히, 그것도 느리게 뜨는 그 천연스럽고 게을러터진 생리 때문이 아닐까 싶은데, 그 무사태평주의는 시사하는 바가 크다고 하겠다. 오늘날의 찬란한 지구문명이 있기까지는 인류의 정신적/육체적 근면성이 절대적인 동력원이었을 테지만, '과외의 운동'이 인간 개체의 수명 연장에 과연 얼마나 기여했을지는 장기간의 학제적(學際的)인 연구거리가 아닐까 싶다. (작금의 '매일 한 시간 이상씩 땀을 흘릴 정도로 운동하라'는 독려는 과영양식과 의학 정보가 퍼뜨린 일시적/위협적인 사생활 간섭이자 최근의 경망스러운 이상한 풍조다.)

다른 작업과 마찬가지로 글도 건강해야 쓸 수 있는 게 사실이지만, 그렇다고 건강 상태가 최상으로 순조롭다고 해서 소설이 잘 써지는 것도 아니다. 건강이야말로 과욕은 금물이며, 부조(不調)만 그럭저럭 면한다면 그런 다행이 없다고 처신해야 온당할지 모른다. (이 점은 나이가 들어서야 겨우 알게 되는 철리 같은 것이다. 사흘 전까지 고뿔로 기진맥진하다가도 한결 우선해지면 이내 내가 언제 아팠냐며 교만해지는 것이 인간의 타고난 불출 근성이다.)

강조하건대 지병 하나도 없는 완벽한 건강 상태가 작가에게는 차라리 대적(大敵)일 수 있다. ('건강 만점'이 과연 있기나 할까 싶지만, 평소의 지병조차 한결 숙지근해지는 호조(好調) 상태가 한시적으로 이어질 때가 있기는 하다.) 오히려 그처럼 튼튼하고 씩씩한 건강이, 아이고, 소설이라면 진절머리가 난다고, 슬슬 게으름도 좀 피워가며 쓰라고 스스로를 보챌 수 있을 테고, 부잣집 자식이 세상 형편을 제멋대로 해석해서 팔푼이 소리를 듣듯이 그런 시답잖은 우월감이 작품 속에 녹아 들어서 사람살이를 온통 장밋빛 일색으로 그린다면 얼마나 허무한 노릇인가. 실제로도 세상/인간을 그토록 화려하게 꾸며 내놓는 엉터리 소설이 아주 많다. 따져보면 그런 건강이 긍정적 사고를, 무비판적 시각을 조장하는 데 크게 이바지하는 듯하다. 하기야 매사에 절제(=이성적 단련)할 줄 모르는 과욕 부리기(=감상주의적 행태)도 '건강한' 사고 행태가 배양한 자기도취의 잉여물일 것이다.

(3) 작가는 책읽기와 글쓰기가 그의 고유한 직무다. 다들 이 글자와의 눈씨름에 싫증을 내는 법 없이 종사하지만, 그렇다고 늘 책과 원고지만(요즘은 컴퓨터의 화면과 자판) 붙들고 살아갈 수도 없고, 또 그렇게 살아지지도 않는다. 자신만의 여기로 심신을 고루 편하게 놀리기도 해야 책읽기/글쓰기에 평생토록 정진을 거듭할 수 있는 것이다. 말하자면 '장기전'에 대비하는 나름의 지혜를 미리 장만, 실천해야 하며, 이 점이 여느 직능인과 다른 점이기도 하다. 그렇다고 엉뚱한 소일거리에 할 일 없이 빠지라는 말은 아니다. 술, 색, 화투놀음, 바둑, 마작, 경마, 바다낚시, 산행 같은 도락이 소설보다 훨씬 더 재미있음은 말할 나위도 없고, 그것들이 이야깃거리로는 써먹기에 따라 안성맞춤일 수도 있다.

보기/생각하기에 따라서 다른 말이 나올 수도 있겠으나, 각자의 취미, 소일거리, 관심사 등이 자신의 생업에 당장 써먹을 수 있는 소재이긴 하다는 말이다. 가령 클래식 음악을 고품질의 오디오로 하루에 두 시간씩 감상하기, 흘러간 명화를 비디오로 '되감기' 기능을 활용하며 명장면의 감흥을 만끽하기, 그림 전시회장에서의 느낌 간추리기와 화집을 루페로 톺아보기, 패션 잡지, 대형 지리부도(한심하게도 온갖 불요불급한 번역서를 줄줄이 펴내며 오로지 돈벌이에만 눈독을 들이는 우리의 갸륵한 출판계는 아직 옳은 지리부도책 한 권도 못 펴내고 있다. 지리부도책이야말로 아슬아슬한 모험과 그 이야깃거리의 보물창고로서 상상력 항진에는 다시없는 특효약인데 말이다. 객쩍은 소리가 아니라 지도책 한 권을 못 펴내는 이런 문화적/사회풍토적 수준 차이가 소설의 '실적'에 그대로 드러나고 만다), 나무나 풀 사전, 세계 각지의 풍광 소개 책자 같은 전문 서적을 다달이 한 권 이상씩 구입하여 일주일에 한나절은 꼭 멍청하니 뭉그적거리면서 그 사진판 위에 피어나는 온갖 상상을 이어 가기 등등의 별난 도락은 웬만한 식자층이면 마음껏 즐기는 여가 선용이지만, 작가는 그 복락을 제 직업에 언제라도 적절히 활용할 수 있다는 점이 다르다. 소위 건강을 위해 온몸으로 때우는 여러 운동, 결국 승벽(勝癖) 부리기에 그치는 골프 같은 각종 시합이나 돈을 따먹으려는 투기질조차도 작가에게는 생업의 연장일 수 있는 셈이다. 그러나 그런 소일거리에 빠질 만큼 넉넉한 시간도 없고, 늘 "글 안 쓰고 뭐하나"라며 제 자신에게 구박을 주는 심경과 싸우는 터라 여러 사람과 허허거릴 수도 없는 처지가 작가의 숙명이기도 하다.

평균 수명의 연장에 발맞춰 여든 살에도 장편소설을 써서 펴내는 현역 작가가 외국에는 드물지 않은 오늘의 세계적 추세를 보더라도 이 땅의 작가 제위 역시 각자의 정신적/육체적 건강 챙기기에는 어떤 색다른 일을 즐기면서 그것에 일가견을 갖는다는 의미의 그 도락거리를 적극적으로 장만해야 우리 소설의 지리부도도 한결 두툼해지고 소상해질 게 틀림없다. 물론 그런 탐닉은 오로지 글쓰기/책읽기에 장기적으로 매달리는 데 보조 수단일 뿐이라는 명분으로 말이다.

 (4)작가든 일반인이든 처신이라면 공적인 것과 사적인 것으로 나눠서 분별하는 것이 편리할 듯싶다. 그렇다면 작가 자신의 사생활이야 당연히 일반인보다 비정상적이라고 해야 타당할지 모른다. 왜냐하면 이별, 불륜, 실패, 음행, 삼각관계, 해후, 동성애, 질투, 혼음 등에 대한 상식 차원의 '양심선언'과 도덕의식을 작품상에 고취해야 한다는 '강박'에 시달리면서도 예의 그 탁월한/비정상적인 상상력에 기대서 머리로는 온갖 부도덕한 잡념을 일구는 데 능수능란한, 언제라도 두세 개씩 무시로 출몰하는 '페르소나'(=등장인물 또는 가면을 뒤집어 쓴 제2의 작가)로 하여금 일단 범죄를 저질러버리라고 사주하는 예비 음모가가 바로 작가일 테니 말이다. 그래서 작가는 그 직분이 직시하는 대로 철두철미하게 모순된, 범죄인과 정상인이 안팎으로 공존하는 두 얼굴의 인간이다.

 소설도 모순된 양식이기는 마찬가지다. 현실을 그린다면서 실은 그 실상 위에 신기루처럼 떠 있는 작가 자신의 이상향과 피해망상증으로서의 지옥도를 번갈아 지향하면서 한편으로는 둘 다 깡그리 지워가야 하니 말이다. 또한 작의를 어떻게든지 작품 곳곳에다 은은한 향기처럼 피워 올려야 한다면서도, 다른 한편으로는 그 낌새가 노골적으로 드러나서는 유치하고 어째 촌스럽게 비친다고 방정을 떨어대는 판이니 말끝마다가 서로 옳세라고 싸우는 꼴이 아니고 무엇인가. '캐릭터'

살리기에서도 마찬가지다. 캐릭터는 반드시 가장 인간적이면서도 어떤 '속성=전형성'을 드러내야 한다고 해놓고서는 이내 개성만큼은 살려야 한다니 미친 사람의 두서없는 '요령'에 가깝다. 이런 모순을 알면서도 그 순치 내지는 조화 작업에 전심전력하는 사람이 온당한 정신의 소유자라면 그것도 벌써 말이 안되는 엉터리 수작이다.

요컨대 작가는 어린애이면서 어른이다. 다방면에 유식한 체하며 살아가야 하는 가면 쓴 생활인인가 하면, 물과 공기만 있어도 살아내기에는 부족함이 없다는 무능한 사색인이기도 하다. 여자끼리의 섬세한 눈치놀음도 즉각 알아채는 꼼꼼쟁이이면서도 공연히 정치판 같은 '남의 일'에도 전문가인 양 아랑곳하며 설친다. 한마디로 허풍 심한 건성꾼인 것이다. 뿐인가, 겉으로는 득도한 무슨 학승처럼 속을 깡그리 비워서 그저 허허실실로 살아간다면서도 동료 작가가 어느 날 매스컴의 조명발을 좀 낫게 받으면 즉각, 허, 이 친구도 출세할 날이 다 있네, 쥐구멍에도 햇빛이 드네 마네 하던 때가 엊그제 같은데라며 어이없어 하는 샘바리이기도 하다.

거듭 강조하건대 소설이 영판 그렇듯이 작가는 모순 뭉치에 불과하다. 한마디로 상식이라는 줄자로 그 키와 몸무게를 달아봐야 무슨 수치가 나올 리 만무한 흉물이 작가라고 하면 얼추 맞을 것이다. 비인격자임은 말할 나위도 없고, 부도덕한 위선자인가 하면, 돈과 명예를 죽기 살기로 탐하는 전형적인 속물이자 애바리다. 그런저런 이중적 성격과 다중적 인격을 얼마나 그럴듯하게 '연기'하느냐에 따라 그만의 고유한 인품과 소위 카리스마라는 '계급장'이 따라붙는다고 봐야 할 것이다. 일급 작가는 물론 그 계급장이 높은 만큼 대체로 명연기자다.

자기 딴에는 한껏 멋을 부리지만, 그 어색한 겉멋도 일부러 연출한 '모션'일 뿐이다. 작금의 작가는 예전의 그 '선비'와 대척점에 있다고 보면 거의 틀리지 않는다. 그 실례로 매스컴이 자기를 잊어 버리지 않도록 일부러 실없는 '화제'를 자가 생산하는 이상한 성정의 모도리도 있고, 그런 작가를 우상시하는 수상한 무리가 하등의 쓸데 없는 여론 같은 것을 잊을 만하면 조작해내느라고 동분서주하는 우스꽝스러운 '장면'을 연거푸 연출해대기도 한다. 하여튼 시대가, 세상이 글의 구실을 바꿔놓았으므로 독서가/저술인의 지체와 인격도 거들먹거리는 벼락부자처럼 완전히 달라지고 만 것이다.

그러므로 작가에게 '다정한 문우'로서 서로 속을 터놓고 지내는 동료가 두어 명 있다는 고백은 전적으로 입에 발린 군소리일 뿐이다. 적어도 오늘날에는 그럴 수밖에 없는 것이 모든 작가는 소설이든 잡문이든 (제 능력과는 별개로) 글을 양산하려는 과욕에 치여 있으며, 그런 매문/매명 행위로 살아가야만 하는 불가항력적인 현대의 시속에 쫓기고 있어서다. (국내든 국외든 소설 산업도 대량생산/대량소비 체제를 구축하기 시작한 것은 20세기 후반, 1960, 70년대부터라고 보면 틀리지 않을 것이다.) 산문 집필의 성격상 시인들과는 판이하게 시간과의 싸움에 늘 부대껴야 하는 처지여서 그렇지 않나 싶은데, 모든 소설가는 인정에, 소비에, 친절에, 시간에, 돈에 최대한으로 인색하다 못해 그것들을 최소한으로 줄여서 쓰는 게 아니라 어떻게 하면 짐짓 모른 체하며 살아갈 수 있을까를 염두에 새겨두느라고 전전긍긍하는, 매사에 잔달게 구는 잔풀내기라면 거의 틀림없을 것이다.

금전 부분만을 따로 떼서 한마디만 덧붙이면 소설가 일반은 자린

고비라고 해도 과언이 아니다. (우리는 당최 돈 씀씀이가 헤퍼서 탈이라고 시월거리는 '족속'이 있다면 그 위장에 속고 있다고 봐도 무방할 것이다.) 개중에는 철철이 제 몸에 어울리는 옷도 빼입고, 특색 있는 넥타이, 목도리, 모자 따위를 걸치고 모임에 나타나는 멋쟁이도 있긴 하나, 소수의 그런 이들은 단연 예외적인 인물일 뿐이며, 그들의 또 다른 이면은 엔간한 검약가도 찜 쪄 먹을 정도임은 두말할 나위도 없다. 원고료와 인세 수입이란 것이 워낙 들쭉날쭉해서, 또 그림값처럼 몇 년에 한 번씩이라도 목돈을 손에 거머쥘 수 있는 처지도 아니어서 돈 씀씀이에 그처럼 인색하다면 분명히 잘못 짚은 진단일 것이다. 오늘의 내로라하는 작가들 중에는 명실상부한 부르주아에 합당한 재력가도 숱한데, 그들이 지나치다 싶을 정도로 근검절약을 생활화하는 것은, 그 하늘을 찌르는 자존심 비대증, 남들보다 '지성'에서 앞선다는 알량한 우월감, 선민의식이라고 해도 좋을 독선적인 제가끔의 '신조', 고상한 직종에 종사한다는 가식적/자기현시적 직업윤리 따위를 생리적으로 몸에 친친 두르고 있는 한편 그런 민감한 의식을 제멋대로 아무 데서나 임의로, 좀스럽게도 계산속으로 휘둘러대는 그 안하무인의 생리 때문이다.

　보다시피 작가도 예전에 비해 수십 배나 불어났고, 그들은 여느 평범한 직업인과 조금도 다를 바 없으며, 또 달라서도 안 된다. 자동차 공장의 조립공조차 세계 경기와 국내 주식 시장의 기복 현황에 해박한 것만 보더라도 오늘날에는 특정 분야의 기능인이라고 해서 어떤 자리에서나, 또 항시적으로 지적 우월감을 드러냈다가는 큰코다치기에 딱 알맞다. (실은 '자존심'이나 '질투심' 같은 인간 심리는 하도 이상해서 제 주제, 제 능력, 제 입장, 제 출신과는 상관없이 그 불같은 기고만장에 휘둘린다. 제 주제와는 분명히 비교급이 아닌데도 남 잘 되는 꼴을 못 봐내는 심리적 암투와 싸우며 사느라고 영일이 없는 것이다.) 작가들의 그 유별난 자의식은 그 직업윤리와도 무관한 듯하다. '직업에 귀천이 없다'는 구호가 각자의 노동력을 제값에 떳떳하게 갈 수 있으며, 그 밖의 인간적 주권 행사에서는 대등하다는 뜻을 완곡하게 표현했다면 임원과 평사원의 직무/보수가 크게 차이나는 데서도 알 수 있듯이 '입에 발린 위로'처럼 들리는 것도 사실이다.

그런데 작가는 노동 품값으로 저울질해봐도 임금노동자보다 한참이나 뒤지고, 수입이 늘 그 모양이니 여러 점에서 '주체적'이라기에는 무리가 있다. 그러므로 얼굴 없는 독자 다수의 일반적인 기미, 곧 그들의 세태관에 늘 신경을 곤두세우는 처신 자체도 시사적이다. (걸핏하면 '내 독자에게 미안하다'와 같은 말로 내숭을 떨어대는데, 얼마나 진심인지는 그야말로 '하늘'만이 알 일이다. 정치인들이 뻔뻔스럽게도 말끝마다 '국민'을 앞세우는 말버릇을 그대로 베껴 써먹고 있는지 어떤지 알 수 없는 것처럼.) 다들 제 잘난 멋에 취해 산다지만, 보수로 따진다면 작가는 독선기신(獨善其身)에 자족할 하등의 여유도 없는 신세인 것이다. 실제로도 오늘날의 작가는 직업적으로나 인간적으로나 옛날의 그 선비 근성이라는 유전자만을 물려받고서 현대의 시속에 허그한 날 보대끼고 있는 형편이라 처신하기가 여간 어정쩡한 퇴물이 아니다.

물론 이 시대의 흐름에 적극적으로 부화뇌동하는, 인기 연예인에 버금가는 자기포장술로 제 일신의 전모를 자주 까발리는 탤런트형 작가도 없지는 않다. 그런 세태영합주의가 '포즈'치고는 대단히 어설픈 것도, 하기야 각자의 시각에 따라서 그 평가는 다르겠으나, 숨길 수 없는 사실이다. 그렇다고 작가이기 때문에 생활 전선과는 뚝 떨어져서 마냥 초연하게 살아가라는 권유가 통할 리도 만무하다. 생활 현장이 다른 직업인들보다 오히려 더 그들의 '외도'를 부추긴다고 해야 옳을 지경이다. 돈의 유혹에, 그 뒤에 반드시 따르도록 되어 있는 '자기 홍보'에 둔할 수 없는 처세술이 그것이다. 그것과 싸우지 않는 작가는 있을 수 없다. 생활 전선에서 살아남기 위해서는 다른 어떤 명분도 내세울 게 없으니 그렇다. 작가의 처세술이 매사에 얼마나 어정쩡해지는지는 이 대목에서 절정에 이른다. 생활 조건과 '욕망=소비 수준'은 여느 직업인과 다를 바 없을 텐데, 생활 전선에서 부딪히는 처세술에서 묘하게도 자기 개성과의 적당한 조율, 귀찮은 타협, 성가신 눈치놀음 같은 것에 얽매이지 않을 수 없는 이 '숙명'이 작가의 심성 일체와 처세까지도 점점 더 비정상적으로, 그러니까 일반인과 달리, 많이도 삐딱하게 만들고 있는 듯하다.

(5) 작가만의 고유한 기득권인 '자의식'의 근원을 '인문(人文)'이라는 오래된 조어(造語)에서 찾아보는 것도 나름의 의미가 있을 듯하다. 보다시피 '인문'이라는 말은 사람과 글이 나란히 놓여서 한쪽의 구체명사와 다른 쪽의 추상명사가 대등함을 시사한다. 사람이 글을 만들 테지만, 결국 글이 사람을 다스린다는 것이다.

사람을 사람이게 만들어주는 가장 영험한 수단이 글인 만큼 작가들은 그것을 스스로 지어낸다고 자부심을 지니고 매사에 휘둘러댄다.

물론 여기서의 작가는 꼭 소설가만을 지칭하지 않는다. 이런저런 정보를 취합하여(이 '정보'조차 그 근원지는 '글'이며, 책이다) 세상의 한 측면을 이해하도록 도와주는 저술가까지 '작가=지어내고, 만들어내는 사람'일 수 있다. 가령 누구라도 '치정소설의 이면사' 같은 책을 다년간의 천착 끝에 펴낼 수 있을 텐데, 이런 논픽션물의 작가가 상상력으로 이야기들을 얽어내는 픽션물의 소설가보다 그 자의식의 밀도가 엉성하다고 단정할 수는 없을 것이다.

  어쨌든 비록 부실하기 짝이 없고, 심지어 곳곳에 근거 없는 헛소리를 사석에서의 우스개처럼 흩뿌리고 있는 조악한 글=소설조차 불특정 다수의 독자에게 좋든 나쁘든 영향을 끼친다는 점이, 곧 글이 사람을 움직이고, 만들고, 다스린다는 전래의 사실이 모든 작가로 하여금 기고만장한 자부심을 갖게 하는 원동력임은 의심의 여지가 없다. 그래서 인문학 또는 인문주의의 선두 주자는 (그 범위가 너무 넓은) '학문' 다음에 '문학'일 수밖에 없으며, 마침맞게도 현대의 세계상이 의낙 복잡다기하므로 운문보다는 산문이 그 근사치에 다가가기가 상대적으로 나아서 '작가=소설가'의 위상이 점점 더 뚜렷해지는 듯하다.

  그런데 상투적인 표현대로 '하늘을 찌르는' 작가의 그 자의식을 드러내는 개인별 '포즈'는 너무 다르고, 그 세련도에서도 작품의 성취도처럼 격차가 심하다. 어떤 작가는 별것도 아닌, 심지어는 누군가에게 손가락질을 받았다는 제 허물마저 무슨 자랑이랍시고 여러 동료, 친척들 앞에서 마구 떠벌리기도 하는데, 그의 겸손조차 그런 과시벽의 일종이라서 그 엉터리 짓은 허풍선이를 방불케 한다. 그와 정반대의 유형은 자기 일신상에 대해, 이를테면 작업 현황, 경력, 사적인 인간

관계, 취향, 근자의 심경/동정 따위에 대해서까지도 일체 함구하며 자기 자신을 신비화시키는 의도적인 '과묵형'이다. 짐작이 가는 대로 후자의 자의식, 고집, 천착벽이 더 드셀 것은 뻔하지만, 말주변도, 해학도, 관용도 베풀 줄 모르는 주제가 남의 '한계'만 꼬박꼬박 공박한다면 그 자만은 불평분자의 투덜거림보다 못한 한낱 자세(姿勢)로 치부해도 좋을 것이다. 요컨대 작가의 자존심은, 인간을 인간답게 재구성한다는 빌미로 그 '캐릭터화'가 흔히 '비인간적인 흉상(凶相)'의 창조에 매몰되는 데서도 알 수 있듯이, 비정상적으로 뒤틀려 있다고 봐야 옳지 않을까.

(6)어쨌든 작가의 시각, 그 개성이 일반인들과는 단연 다르므로 사회생활을 원만하게 꾸려가기에는 다소 껄끄러움이 따르게 마련이다. 더러 그 튀는 행동과 중뿔난 대인관계, 유별스런 세계관 때문에 따돌림을 당하거나 기피 인물로 찍히기도 하고, 그런 개성적인 언행이 막연한 채로나마 멋있어 보여(누구나 일시적으로는 감상에 젖어 '착각'을 즐기기도 하므로) 선망의 대상이 되기도 한다. 그러나 남들로부터 노골적으로 경원당하는 그런 처지로서 장기간 사회생활을 영위하기는 불가능하고, 단기간이라도 연방 '모나게' 헤쳐나가기는 벅차기 짝이 없다. (실은 무수한 금전적인 장애와 대인관계를 비롯한 사사건건의 말썽들이 속속 불거져서 세속계에다 허리를 납신거리라고 족쳐댄다.) 그 타협은 직장생활과 결혼생활을 할 수밖에 없도록 강권하는 생물학적 연령대에서 정점을 맞는다. 여기서 일찍감치 '해도 후회하고 안하면 생고생을 더 한다'는 우스개가 직장생활과 결혼생활 둘 다에

통하는 대상이야말로 예술인 일반과 그 친족인 작가 부류라고 단언해도 과언일 리는 만무하다.

직장생활부터 말한다면 문인이라는 제1직업은 그 벌이가 대체로 워낙 보잘 것이 없어서 제2의 직업을 어쩔 수 없이 가져야 한다는 소리다. 그렇다고 몸으로 노동을 파는 막벌이는 예의 그 자의식/자존심 때문에도 불가능하지만, 체질적으로도 마땅찮으므로 글을 팔든가 말을 팔 수밖에 없다. (직업관도 우리와는 다르고 노동시장도 열려 있는 미국에서는 작가 지망생 및 신진 작가들이 택시 운전수, 지역 신문 기자, 해충 구제원, 바텐더, 정원사, 연설문 작성자, 상품 설명서 기안 및 교정사 등등으로 임시직을 갖는 모양이지만, 그런 직종에 잠시라도 종사하여 오로지 호구나마 간신히 챙기려고 해도 우리 작가들에게는 아직도 숱한 심리적/사회적 '압력'이 가로놓여 있다.) 글을 팔려면 전기나 사사(社史)의 대필 및 집필, 잡문 쓰기 같은 일에 종사해야 하는데, 물론 직장이랄 것도 없는 만큼 벌이 자체가 불연속적인 데다 그 보수도 그럭저럭 호구지책으로나 삼을 수 있는 수준이다. (물론 예외도 있게 마련이어서 일종의 편집회사에 소속된 한 고정 멤버는 10여 년간 저 혼자만의 작업실에서 '주문배수'로 사사나 자서전 대필, 정치가 및 그쪽 떨거지들인 재력가 제위나 그 후손/측근의 앙청으로 개인 홍보용 '원고'를 작성해줌으로써 중대형 아파트도 장만했다고 한다.) 말을 파는 직업은 주로 교편을 잡는 것인데, 이 경우는 문인이라는 직업을 부수적으로 거느리면서 그 소속 학교에서 예의 그 경원의 대상이 되기 십상이다.

나름대로 자기 '지조'를 지키려는 작가라면 어떤 벌이에 종사하든,

흔한 표현대로 제 몸에 안 맞는 옷을 입은 듯 매사에 어정쩡해지면서, 시도 때도 없이 여기서 이렇게 얼쩡거려서는 안 되는데라든지, 정말 할 짓이 아니네, 이러고 살다가 마는가와 같은 자기연민, 자기 회의에 휩싸인다. 그래도 산 입에 거미줄을 칠 수야 없잖은가 하고 그 직장을 억지로나마 고수하는 작가는 한동안 소설 짓기/쓰기를 여기로 삼다가 종내에는 그 생활의 타성에 젖어 스스로 제1의 직업을 포기하기에 이른다. 완강한 세월의 풍화 앞에서는 용빼는 재주가 없는 한 다들 지레 삭아갈 수밖에 없는 것이다. 그런 일종의 타성태를 더 꼬드기는 것은, 묘하게도 글쓰기라는 노동 자체가 이제는 낡아빠진 가설(假說)로 판명 난 예의 그 용불용설을 때맞춰 찾아먹느라고 그러는지, 반년쯤만 볼펜과 원고지를 멀리해버리면 (요즘에는 컴퓨터 자판 두드리기지만) 아무리 버둥거려봐도 도무지 '원상 복구'가 되지 않는다는 (기가 막히는) 사실이다. 잘 썼든 못 썼든 또 성에 차든 말든 '예전의 그 가락'을 회복하기가 그렇게나 힘들어지는 것이다. '죽어도' 안 써지는 그 심란한 곡경을 어떻게든지 이를 악물고 극복하는 열정적인 작가도 있지만, 온갖 적당한 구실, 맞춤한 핑계, 그럴듯한 변명을 둘러대며 쓰다가 말기를 몇 차례 거듭하다가 결국 '한시적 절필'을 선언하는 날에는 그때가 바로 작가로서는 이름뿐인 산송장이 되는 기일(忌日)이다. 그러고 나서도 어쩌다가 뜬금없는 원고 청탁을 받기도 하고, 남의 작품을 심사한다든가 여러 '문학 관련 잡일＝허드렛일'에 종사하며 작가로서의 과외활동을 멈추지 않는 유명 인사도 많기는 하지만, 그런 생활력은 스스로 제 수하를 정리해버림으로써 '거세당한' 건달 맞잡이로 호의호식하는 그 늘품과 하나도 다를 바 없다. (역설적이게도 '소설 쓰기'를 작파한 그런 문인들이 심사, 강연 등으로 더 분주살스럽게 문명을 떨치는 풍토성은 인격의 난해한 단면으로 해석해야 옳을 것이다.) 그처럼 작품이 안 써진다는 자기 위안은 자신의 무능 곧 작가로서의 근원적 자격 미달을 추인하고 있을 뿐이다. 따라서 그의 등단작이나 그후 몇 편의 출세작은 어쩌다가 요행수로 빚어진, 뜻밖에도 과분한 평가까지 받은 습작이었음을 자복하는 꼴이 되고 만다. 그러므로 작가라는 직함을 가졌다면, 또 그 본업의 위엄을 적어도 반쯤이라도 누리려면 직장 같은 생존의 수단을 어떻게 꾸려가든/작파해버리든 오로지 글을 쉬지 말고 생산해내는 뱃심, 열정, 근면, 기량부터 길러야 한다. (산문이든 소설이든 꾸준히 써야 하는데, 우리 문학판의 지질한 전통은 장르의 벽이 지나치게 두텁다는 전근대적 풍토성을 아직도 면치 못하고 있다. 소설가는 오로지 소설만 쓰게 되어 있는 이상한 현상은, 위에서도 잠시 언급한 발표 양식의 '제도적 한계' 탓이기도 하지만, 소설가들의 '글 실력' 부족과 다른 장르, 예컨대 본격적인 '에세이' 같은 양식에 대한 무관심 탓이다. 신문, 잡지 등의 청탁에 따른 잡문 쓰기는 책값/술값/옷값 충당용 용돈벌이라기보다 '이름 날리기/팔기'에의 몸부림이며, 그럼으로써 지명도를 오히려 지저분하게 만드는 데 일조할 우려마저 다분하다.)

이런 본업=글쓰기에의 충실한 복무는 그 생업 자체를 소설의 소재로 삼을 수 있는 가외의 혜택도 준다. 그러므로 작가라는 직종은 적어도 30, 40년에 걸치는 장기적인, 그래서 필생의 혼을 바치는 작업이라할 수 있으므로 한 시절의 '생업' 종사는 적당히 관리하면서 버티기 나름이며, 그 경험의 총체가 장차 그의 옹근 작품세계로 떠오를 것임은 말할 나위도 없다. 살아내기가 먼저이고 글쓰기는 나중이라는 소리가 아니라 생업 때문에 본업을 내팽개치는 속물은 여느 직장인과 다르지 않을뿐더러 공연히 작가라는 이름으로 수선을 피우는 속물이든가 문단 사교가일지도 모른다는 말이다.

   결혼생활도 직장생활과 크게 다르지 않다 이점도 있는가 하면 꼭 그만큼 결점도 많은데, 함께 생활을 꾸려가기 위해서는 배우자에 대한 상당한 의무/권리 행사에 성실히 복무해야 한다는 점에서 그렇다. 다만 직장생활처럼 주종관계/상하관계가 아니라 어디까지나 대등관계라는 점이 다를 뿐이며, 어차피 눈치 보기/눈감아주기와 같은 구속감, 늘 상대방을 의식해야 하는 자아박탈감, 못마땅한 것투성이라도 언제나 '인간적인' 배려, 관용, 위무 같은 정서적 갈등/긴장을 소화해 내야 할뿐더러, 그 고행을 매일같이 헤쳐나가기란 결코 만만치 않으므로 비장한 각오가 필요하다. 여기서의 각오는 어떤 경우에라도 최대한의 자제력을 발휘해야 한다는 '자위권/자유권'의 엄격한 유보로 간추릴 수 있다.

   그러나 결혼생활은 배우자와의 '동거' 자체만으로도 여느 직장인들의 직장생활과 마찬가지로 적당한 안정감을 준다는 이점이 있다. 사실 이 이점은, 다들 무시하거나 미처 깨닫지 못한 체하지만, '홀로 살기=독신생활'에서 부딪히고 말 그 허전한 상실감을 떠올려보더라도 엄청나게 값진 것이다. 물론 그 안정감에는 물질적/정신적 여유, 의무/권리 행사에 웬만큼 충실하고 있다는 섣부른 자기도취, 어떻게든지 살아내지기는 할 것이라는 막연한 자기최면 내지 기대감 따위가 뒤섞여 있지만, 그 혜택은 어떤 욕망의 대상이든, 가령 출세욕, 지식욕, 성욕, 금전욕을 비롯한 개인적인 여러 취향에의 성취욕을 상당 부분 희생한 나머지 간신히 거머쥔, 아무리 열심히 꼬불쳐봐도 비자금의 장만에까지는 이를 수 없는 한낱 거스름돈에 지나지 않음을 잊어서는 안 된다.

차제에 좀더 노골적으로 말해두어야 논의의 밀도가 다소 짙어질 수 있을 듯하다. 결혼생활은 금욕주의와의 철저한 동맹/작별을 전제해야 하므로 그런 폭폭한 생활을 견뎌낼 만한 무쇠 같은 '정신적 길항력'을 미리 갖추고 있지 않거나, 배우자의 암묵적인 동의 아래 그 단련으로 잔뼈가 굵어지지 않으면 아주 곤란해진다. 물론 성가시기 짝이 없는 구속적/강박적 생활세계로부터 돌려받는 우수리 같은 그 감정을 쌍방이 나눠 가진다는 말은 빈말이다. 모든 감정이 대체로 그렇듯이 어떤 기분이라도 혼자서 감당해내야 하고, 아무리 부당한 '간섭'이라도 겉으로는 타당하게, 따라서 태연스럽게 받아들일 만반의 준비가 되어 있어야 하는 것이다. 이를테면 배우자와 그에 딸린 '환경' 일체는 가혹할 정도로 모든 '욕망=성취욕'에의 기대를 단숨에/잠정적으로 무산시키는가 하면, 그 실천에의 접근을 집요하게 방해한다. 남자/여자가 관성적으로 치르는 일과는 분업 체계에 따라 웬만큼 협조적이지만 (수입 맡기기와 가사 노동에의 봉사 같은 잡일 떠맡기), 그 밖의 대소사에서는 대체로 각자의 취향과 개성이 부딪쳐 비협조 상태의 잠정화가 들쭉날쭉 일어나는 현상이 어느 가정에나 보편화되어 있다. 구체적으로는 자식 하나 더 낳기, 집 사기 및 큰 집으로 이사하기, 영화 보기, 가외의 가방 하나 장만하기와 같은 의사 표현에서도 한쪽의 '욕심 제지력' 앞에서는 신경전을 벌여야 한다. 뿐만이 아니다. 모든 결혼생활은 사생활의 본적지이므로 그 내밀한 사정은 철저히 보호되어야 하고, 배우자와 자식의 소재, 신원, 능력 등에 비밀주의를 엄수해야 하는데, 이 철칙의 사수에 허술한 작가가 대다수라는 현실은 금욕주의를 애초부터 화려한 '공상'이라고 따돌려놓는다.

오늘날 '가족'의 가치는 그 어느 때보다 엄연해져버렸다. (아마도 각종 매체가 가정의 '온기'를 피상적으로 옹호, 교사하기 때문에 '자식 가진 가족'만을 신성시하는 분위기가 조성된 듯하다.) 그러니 가족에 대한 무한 책임감을 기피한 독신주의자 작가는 (여성이든 남성이든) 인간사/인생사의 꼭 반쯤을 옳게 모른다는 막말을 들어야 될 지경이다. 논리적으로도 어불성설이다. 상상력으로도, 목격담으로도 얼마든지 애틋한 가족애쯤이야 싱싱한 실물로 소묘해낼 수 있을 테니 말이다. 요컨대 사생활을 최대한으로 보호해야 한다는 현대의 보편적 '기강'을 작가들은 '글=소설'로써 까발리는 데 조금도 주저하는 기색조차 없으니 이런 모순을 어떻게 설명해야 할 것인지가 '심각한 이야깃거리'로서, 이 소재야말로 현대성의 실상에 다가가는 진정한 작가 의식일 있을 것이다.

(7)신체적인 건강 상태는 그런대로 여의롭게 돌아가는 것 같건만, 어느 시점부터 소설이 도무지 써지지 않는 때가 시기별로/계절별로, 심하게는 한창 마감 시간에 쫓기면서 탈고를 눈앞에 두고 있는 마당인데도 하루에 두어 차례씩이나 덮쳐올 수가 있다. 이를테면 문득 참 조용으로 자신의 '옛날' 작품을 훑어보다가 그때나 지금이나 이렇다 하게 달라진 것이 없다는 사실을 새삼스럽게 깨닫고, 아, 아직도 이

지경인가, 제자리 뜀뛰기만 줄기차게 하고 있는 꼴이잖아, 이게 사기 행각이 아니고 무엇인가와 같은 자기반성에 맥빠질 수 있다. 모든 작가가 주문으로 외우고 있는 대로 '동어반복'은 작가의 직업윤리상 최대의 금기 사항이다. 어떤 경우에라도 자신의 신작이 전작과는 어디가 달라도 달라야 하며, 그 수준도 나아져 있어야 한다는 복무 지침에 충실해야 하는 것이다. 그러니 작가는 운명적으로도 자신의 모든 '과거'를 송두리째 부정하면서 어딘가로 나아가지만, 동시에 '과거'를 파먹고 살아가는 모순적인 존재일 수밖에 없다. 아무리 발버둥질쳐봐도 그 '과거'의 아성은 아주 견고해서 뛰쳐나오기가 힘겹기 짝이 없다. 이내 힘에 부침을 알고 곧장 절망한다. 글이 안 써질 수밖에 없다. 절필을 심각히 고려해봐야 할 시점인 것이다.

단적인 실례로 대략 10년쯤 열심히 소설을 써서 그럭저럭 이름깨나 날리는 작가가 된 후에는, 예컨대 40대 중반의 어느 한 시점에는 틀림없이 혹독한 '권태기'가 문득 길을 걷는 도중에 찾아온다. 당분간 절필하면서 작품의 면모를 대대적으로 쇄신시키고 싶은, 이때껏 모질기 견뎌온 '자신=자의식'의 전부를 원고지처럼 확 구겨버리고 말겠다는 그런 '변덕'이 내부로부터 사납게 용솟음침을 느낀다. 어쩔 수 없다. 그런 강박증에 휘둘리고 나면 벌써 글이 알아서 배신한 애인처럼 꽁무니를 사리며 허둥지둥 저만큼 내빼고 있는 게 보인다. 그렇다고 이제 와서 '과거'를 말끔히 청산하고 잘해보자며 사정하고 싶지는 않다. 이래저래 어떤 '타협'의 여지도 없으니 불가항력을 자인, 승복할 수밖에 없다.

그런 절필 시한이 짧게는 두 달에 그칠 수도 있고, 길게는 두어 허나 계속되기도 한다. 찬찬히 따져보면 어느 대목에 이르자 저절로 머리가 주억거려지기도 한다. 작가 자신이 어떤 대상의 '사정' 전반에 대해 잘 몰라서 그랬거나(실은 '잘' 모르는 게 아니라 거의 '백지 상태'였는데도 아는 체하고 덤빈 만용이 탈이었건만, 그것을 애써 부정하는 버릇이 작가의 생리다. 강조하건대 '알거냥하기'는 소설가의 확고한 밑천이자 치명적인 약점으로서 모든 작품은 당대를 거짓 증언하는, 가치 분별을 사실 확인보다 앞세우는 위증의 조악품일 수 있다), 문장/문맥이 술술 풀려나오지 않았을 뿐만 아니라 쓰는 족족 성에 차지 않았거나, 줄줄 써나가다보니 뒤에 쓸 말과 이야깃거리가 앞질러 나오는 통에 그렇게 되고 말았다거나(플롯을 웬만큼 꼼꼼하게 짜서 '노트화'해두었다고 해도 이런 '복병'은 도처에서 출몰한다) 같은 이유가 불쑥불쑥 나타났는데도, 그때마다 허둥지둥 "일단 이번에는 넘어가고, 다음에 철저히 고치지 뭐"라며 자기 회피에 길들어져 있었음이 한눈에 붙잡힌다. 아무리 둔한 사람이라도 그것을 모를 수는 없다. 산행이 건강 유지에 좋다는 자기최면에 휩싸여 오솔길도 보이지 않는 첩첩산중을 땡볕 속에서 마냥 헤매고 만 꼴인 것이다.

  실은 그런 자기 회의가 어제오늘의 일만도 아니다. 200자 원고지 100장 안팎의 단편소설을 쓸 때라도 기고에서 탈고까지 수십 번씩 일어나는 그런 자기부정은 이야기 및 이야깃거리의 발굴(=착목, 영감), 부대 자료 채집, 이야기 얽기로서의 구상 같은 모티브화의 전 과정 중에도 몇 번씩이나 들이닥친다. 포기해버릴까, 나한테 벅차지 않을까, 전작처럼 또 따분해지고 말려나, 좀 과감하게 빨간색이나 노란색으로 때깔을 내도 좋았을 텐데, 어쩌다가 이렇게 구지레한 옷가지만 입고설랑 잘난 체했으니 망신살이 뻗친 거지, 창피한 줄도 모르고라면서 말이다. 그러면서도 어느새 작품은 반쯤 써놓고 있다. 다시 한번 차근차근 자기변명을 꼽아보고 나서 그때까지 써둔 부분을 면밀히 뜯어 읽고 나면 (속으로 중얼중얼 '소리 내어' 읽는 방법도 의외로 주효하다) 틀림없이 어디서 '막혀버렸는지' 그 해답이 찾아지기는 한다. 물론 그처럼 막혀버린 구석이 두 개 이상일 경우도 허다하다. 캐릭터 하나가 처음부터 너무 '속살'을 다 드러내고 설쳤다든지, 어쩌다가 부속인으로서의 젊은 여자의 대화가 무식한 데다 진부해빠졌다든지, 문단이 예상 밖으로 길어져버려서 서사 진행이 굼뜨고 말았다든지 하는 '임시 하자(=흠)'이 눈에 띄는 것이다. 그 작은 허물들이 조금씩 쌓여가자 어느 순간 '작의'대로 나아가지 않는다고 성화를 부리다가, 급기야는 자신의 '무능'에 대한 신경질적인 반응을 보였으며, 그런 조악한 심리적 반사(反射)가 삐뚤빼뚤한 문장으로 풀려나오는 통에 짜증스러웠고, 마침내 '아무리 쥐어짜도 안 써진다'와 같은 막말과 한숨을 토하게 되었던 것이다. 절필할 수밖에 없었던 이유를 오래전부터 차곡차곡 쌓아왔을 뿐만 아니라 '과거'와의 이별에 공연히 주눅이 들어서 겁을 집어먹고 있었던 정황이 여러 개나 속속 떠오른다.

   그렇다고 해서 모티브 전반이 잘못되었다고 지레 자탄할 것도 없다. 불필요한 이야깃거리가 있다면 다른 작품에 써먹겠다며 빼내서 달리 보관해두면 되고, 자잘한 허물 따위는 눈감아버리면 그뿐이다. 그 도로(徒勞)가 몰아올 피로와 허탈감에 지레 졸려서 역정스럽고, 털버덕 퍼더버리고 싶은 게 사실이지만, 그런 때일수록 어차피 새 술은 새 부대에라는 말도 있으니 하는 심정으로 썼던 것을 과감히 폐기처분할 수 있어야 한다. 처음부터 온전히 다른 작품을 쓴다는 각오로 첫 문장을 바꿔놓고 나면 의외로 그때까지의 짜증, 체념, 성화, 싫증, 신경질 같은 치졸한 정서 반응이 스르르 녹아버리는 '희한한 경이'를 맛볼 수도 있다. 뒤이어 두어 문단만 '갈아 끼우고' 나면 이 두 번째 기획, 시도가 훨씬 더 양질의 작품을 탄생시킬 조짐이 보인다는 '자기 신뢰'가 반드시 싹튼다. 그때쯤이면 잘 쓰고 말겠다는 의욕까지 충천함을 완연히 느낄 수 있다.

그러다가도 어느 순간에는 또 예의 그 '자기 학대증'이 느닷없이 떠들고 일어난다. 별수 없이 정필(停筆)해야 한다. 요즘 말로 '멍 때리기'로 한동안 머리를 온통 하얗게 비우거나(사실상 이 말에는 어폐가 다분하다. '멍 때리면서도' 얼핏얼핏 소설의 구석구석을 훑고 있으며, 그런 뒤적거림 속에서 몇몇 문장을 채록, 보관할 채비를 차리느라고 머릿속이 오히려 몇 배나 더 분주살스럽다), 인기 작가들의 통속물은 가급적 따돌리고 오래전부터 필독서로 점찍어둔 인문학 쪽의 저작물들, 예컨대 전기류/평전류, 문학 이론서/근간-기간의 문학평론서, 사회사/미시사/거시사 방면의 책들을 작정하고 읽거나, 두어 시간에 걸친 산책으로 심신의 긴장을 풀어버리는 것도 한 요령이다. 특히나 후자는 대단히 효과적인데, 발길 닿는 대로 걷다보면(근린공원, 산책로 같이 한적한 곳은 피하는 게 좋다. 자연은 대체로 고정적이라서 어떤 연상의 매개물로서는 제한적이다. 물론 때에 따라서, 개성에 따라서 그 효과, 느낌은 판이할 것이다. 하기야 한낮의 한적한 숲길에서 문득 당장 써먹어야 할 문장, 쓸 만한 이야깃거리, 주인공의 뻣뻣한 말투와 이상한 심리가 속속 떠올라서 들뜨는 경우도 허다하다) 주거 양식, 행인의 언행, 인공적/자연적 환경의 조화 따위에서 당장 '남보다 먼저 써먹을 만한' 동정이 여러 개씩이나 눈에 붙잡힌다. 실은 그런 '실물'의 원용(援用) 가치는 뛰어나다. 보라색 터틀넥 속의 유난히 흰 목과 턱 주위의 주름살, 화살나무나 남천촉의 선홍색 이파리 같은 인위적/조작적 광경 앞에서는 즉각 어떤 '착상=아이디어=영감'들이 '빨리 써먹어라'라며 줄줄이 괴어들기도 한다. 소위 사물을 노려보면서 지식을 아우른다는 격물치지(格物致知)의 실천 무대는 일상 중의 지금/여기에 달려 있는 것이다.

  잠시 머리를 식혀야만 하는 정필의 기간은, 작가마다 다소의 차이는 있겠으나, 이틀 내지 사흘 안으로 끝내는 것이 바람직하다. 불가피한 볼일이 갑자기 들이닥쳐서 나흘쯤이라도 원고를 내물렸다가는 그새 예의 그 말 같잖아서 '지랄 같은' 용불용설이 조만히 준동하는 통에, "이제는 아예 머리가 어떻게 되고 말았나봐"라고 탄식하는 족족 옳은 문장을 단 한 줄도 풀어낼 수 없어진다. 그 돌덩이 같은 경직(硬直)을 각자 나름의 양방(良方)으로 녹여내자면 또 상당한 시간을 허비해야 할 뿐만 아니라 짜증, 자괴감 같은 자신만의 생리적 반응과 힘겨운 씨름을 해야 하므로 이래저래 손실이 너무 커서, 과장법으로 연명하는 사람답게 흔히 '억장이 무너진다'며 푸념을 일삼게 된다.

  작품별로 따라붙는 그런 정필 기간은, 스스로 정해놓은 마감일과 청탁한 실무자 쪽의 독촉 때문에라도 흡사 맞을수록 들떠오르는 무슨 성심리 같아서 어떤 식으로든 절정으로 치닫고, 종내에는 시드러울망정 끝을 보게 된다. 성에 차든 말든 탈고의 기쁨은 크고, 그 기분은 우선 홀가분하다고 해야 기중 그럴듯하다. 원고지 위에다 손으로 써서 원고를 완성했던, 지금도 그러는 소수의 퇴물들은 흔히 마지막 문장의 마침표를 찍고 난 후 연이어 '끝'이라는 기호를 괄호 속에 써넣기가 왠지 꺼림칙하여 돼지꼬리표라는 동그란 올가미 선을 그리는데, 그때의 해방감은 실로 가뿐하기 이를 데 없다.

　작가마다 성격이 다르듯이 팔자도 판이해서 쉬지 않고 꾸준히 작품을 '생산'해내는 사람도 있고, 걸핏하면 무슨 쇼맨십처럼(실은 '엄살'을 즐기는 것이지만) 스스로 잠정적인 절필기에 들어가네 마네 하는 떠벌이도 있다. 두 쪽 다 정상이 아니지만, 그렇다고 비정상적이랄 수도 없다. 전자 쪽을 먼저 언급하면 그처럼 쉴새없이 써내는 체력, 정열, 집념도 벌써 범인(凡人)으로서는 도저히 감당할 수 없는 노릇이지만, 그토록 쓸거리를 속속 장만해내는 기량은 '탁월한 경지'라고 우스개 삼아 상찬하고 말 게 아니라 우러러볼 만한 예외적인 어떤 '현상'으로 보이기 때문이다. 그런 다작주의의 모범을 보이는 작가로 국외 쪽에서는 괴테, 도스토옙스키, 유고, 헨리 제임스, 토마스 만 등이 줄줄이 떠오르지만, 역시 그 시대만의 비경(秘境)처럼 다가와서 이내 심드렁해진다. (위의 대가들의 예외적 '현상' 중 하나는, 흔히 간과하지만, 신작이 언제라도 그 전작을 압도하면서 '새것'을 보여준다는 사실이다. 똑같거나 우려먹거나 맛이 간 '음식'을 포장만 바꿔 내놓는 다작주의는, 모든 상품의 다른 이름이 쓰레기이듯이, 낭비만을 조장하는 헛된 품팔이에 지나지 않는다.) 서구의 이런 힘 좋은 다작주의는 지금도 면면히 이어져오는 듯한데, 그중 한 소설가만 거명한다면, 최근에 그의 작품들이 차곡차곡 번역, 소개되고 있는 미국의 유태계 작가 필립 로스를 들 수 있다. 일흔일곱 살의 나이에도 마지막 작품이라며 장편을 발표하는가 하면, 나이 들수록 미국의 사회상과 기성 체제 전반의 심부를 과감히 비판하면서 그 해체한 부분을 현미경으로 뜯어보는 기량이 뛰어나다. 한마디로 그의 열정적인 창작혼은 경이에 값한다. 하기야 관점에 따라서 그야말로 과대평가를 받고 있는 장본인이라그 할 수도 있겠으나, 의외로 미국은 물론이고 세계적으로도 그의 독자는 극히 미미한 듯하다. 하지만 그의 소설은 읽히는 가독성, 재미, 구성 감각도 뛰어나며, 세대, 흑백 인종, 남/여, 화이트칼라/블루칼라, 시오니즘/반유태주의 간의 갈등 같은 다양한 '퓨전화'로 탁월한 문학적 성취를 번번이 '달리=새것으로' 이뤄낸다.

이런 선례를 참고하면서 이 땅의 잠정적 절필, 예컨대 개인적인 사정과 여러 이유로 3, 4년씩 안 쓰다가 영영 '개점휴업' 상태에 들어가고 마는, 소수의 고급 독자가 보기에는 허송세월하고 있는 듯한 이런 '한국적 현상'은 차제에 주목할 만하다. 바로 말하면 잠정적이든 영구적이든 절필은 작가 개인의 내부적 요인과 외부적 요인으로 나눠서 고찰해볼 수 있다.

먼저 내부적 요인도 작가 개인의 건강 상태와 문학적 기량이 맞물려 있다고 봐야 할 텐데, 어느 것이나 자기 관리라는 잣대로 잴 수밖에 없을 듯하다. 따지기로 든다면 누군들 자신의 건강에 소홀하겠으며, 또한 작가라고 설마 장수를 바라지 않으랴만, 자잘한 병치레야 위에서 초들은 문호들도 공히 겪었고, 심지어는 대수술을 받으면서 죽을 고비도 숱하게 넘겼다는 '역사적 기록' 앞에서는 말문이 궁색해진다. 따라서 건강 관리는 전적으로 작가 개인의 사생활에 해당되므로 여기서는 논외로 돌릴 수밖에 없다. 이런 대목에서는 '장수'도 그만의 문학적 기량이자 자산이라는 등식이 통용될 법하다. 자기 재능을 상습적으로 '도중하차'시키는 절필자나 박복하게도 요절한 '귀재'들은 우선 그 작품량의 절대 수 부족만으로도 문학사에 남을 작가로서의 자격 미달인 셈이다. 그래도 대개의 문학사는 그들의 요절을 신비화하고, 그 과작도 신성시한다. 대개의 경우 '과작'은 무능무력, 잡일로 무사분주, 냉소벽·나태·변명·자기기만 같은 타성태(=나쁜, 고질의 안주安住/안심安心 습벽)를 억지스럽게 호도/두둔하는, '재미도 없어서' 쌍방이 심드렁해지고 마는 말장난일 뿐이다.

한편으로 문학적 기량의 요체는 전작(前作)의 수준을 어떻게든 뛰어넘어야 한다는 강박증과 통하며, 이 고충은 작가마다 항시적으로, 거의 자나 깨나 부둥켜안고 끙끙거리는 일종의 발악이다. "잘 안 써진다, 아무리 붙들고 있어도 뭣이 안 나온다, 머리가 온통 꽁꽁 막혀서 아무것도 안 보인다, 원래 내 주제꼴이 천하에 속물이었으니 특별한 게 나올 리 만무하지, 그걸 요새야 알아간다니 엔간히도 투미한 작자네, 지랄같네, 이 심사가" 같은 탄식도 실은 기왕의 자기 능력에 대한 지나친 편애나 자부에 기인하는데, 그 전작의 성취도가 그렇게나 자화자찬할 만한 '물건'도 아니라는 '객관적 사실'을 인정하지 않는 데서 비롯된 것임은 말할 나위도 없다. (이론적으로는 백 퍼센트 타당한 말이지만, 일반적인 세평, 매스컴의 상투적인 옹호벽, 광고 문안에 곁다리로 붙어 다니는 판에 박힌 추천문과 격찬, 몇몇 문학평론가의 '입에 발린' 과찬은 떠올릴수록 솔깃해서 대개의 작가는 자주 그 자위에 젖어 시간 낭비를 일삼곤 한다. 아마도 잘 쓴다고 자타가 공인하는 작가들이 그런 '자기애', 곧 골동품 수집가들처럼 그 집요한 완롱 취미가 자심할 것은 자명하다.) 게다가 이 '전작 극복증'은 그런 유의 작품 세계에서 일탈하려는, 말하자면 색다른 소재 발굴, 별난 '구성＝플롯 ＝형식'의 개발, 세태 전반에 대한 삐딱한 균형 감각, 확 달라진 문체 감각에의 집착 같은 '몸부림'까지 동반하는 통에 날은 저물어오는데 도 첩첩산중에서 헤매는 꼴이 되고 만다. 그런 욕심의 과부하는 작가 자신의 능력을 뛰어넘는 허영일 뿐으로, 타고난 문호급 소설가도 성 전에 이룰 수 있을지 말지 장담하지 못하는 경지다.

  문학은, 특히 소설 쓰기는 완강한 언어의 조율물로서 모든 체계가 그렇듯이 '자기 갱신'을 '혼자서' 이뤄내기는 벅찬 과업이다. 한 언어 권 내에서 동시대의 인문학 수준을 어느 정도까지는 반영한다는 점만 으로도 어느 소설가 개인의 걸작 탄생 같은 '평지돌출'은 무망하다고 보는 것이 옳은 사고방식이다. 물론 천부적인 문호급 개인이 단숨에 월등한 수공예품을 만들어내서 세계적 수준으로의 근접을 꾀할 수도 있겠으나, 당연히 드문 사례로 봐야 한다는 일반론을 펼 수 있을 따름 이다. 그러므로 어느 작가라도 작은 '개선'에의 자족, 미미한 '변화＝ 변주'에의 모색을 강구할 수 있을 뿐이다. 그런데도 모든 작가는 제 분수도 모르고 그런 욕심을 애지중지하며 제멋에 겨워 사는 어릿광대 다. 사실상 대개의 소설가는 매번 제 재주 이상의 '완제품'을 바란다 는 점에서도 영락없는 허영꾼이며, 그 상품의 실가(實價)는 안중에도 없 고 오로지 호가(好價)에만 정신이 팔려 있는 욕심쟁이다. 그러니 욕심, 허영을 버리기보다는 나잇값을 하기 위해서라도 차츰 줄여나가야 한 다. 전작의 '분위기', 성취의 장단점 일체는 깡그리 잊어버리든지(물 론 그것은 물리적으로 불가능하지만), 조금씩 부분적으로 바꾸고 나아지기를 기약하면서, 비록 작가 자신의 섬세한 눈길에만 붙잡히는 것일지라도 이번 작품의 어느 대목만큼은 다소 달라졌거나 그런대로 괜찮아졌으니 이것만으로도 대만족이며, 다시 차기작에서 또 다른 약간의 '변주' 능력을 시험해보자는 식이 바람직한 창작 태도인 것이다. 아주 간단해서 실천하기도 어렵지 않을 것 같은 이 '점진적 개량주의'는 의외로 그 과욕의 준동 앞에서 번번이 휘둘리고 말아서 더 큰 낭패를 보게 된다. 그때쯤에는 '정신적 수양' 같은 창작 자세의 일대 변화가 주효할 듯하지만, 그런 머릿속 기획력도 결국 부질없는 장단기 계획의 입안으로 압축될 수밖에 없다. 이를테면 향후 1년 동안만 단편을 안 쓰겠다, 5년 안에는 작가로서의 지극히 개인적인 입상(立像)만이라도 구축해보자, 나아가서 중년, 말년 같은 시기별 자화상의 '윤곽'이라도 그리며 착실한 보폭을 떼어가자는 식의 '자기도회(韜晦)-자기중심주의'는 단연 생산적인 창작 기강일 수 있는 것이다. 물론 이론적으로, 공상 속에서만 그렇다.

요컨대 세상만사의 인과를 직간접 체험의 강화로 조금씩 깨달아가면서 인물/사물/문물의 곡절과 신비를 터득해가는 즐거움을 착실히 누려야 하는데, 작가마다 다른 인생관/세계관의 약동 때문에 이런 원론적인 탐색과 지향이 장기적으로 이어지기는 거의 불가능하다. 아무리 경제적/물질적 여건이 잘 갖추어져 있고, 신체적/정신적/가정적 배후 지원이 살갑게 이어진다 하더라도 막상 그런 호의적인 전제 조건이 작가 자신의 창작 의욕에 그다지 도움이 안 되는 것은 어쩔 수 없는 일이다. '개성'이라는 정서 반응이 그런 저런 우호적 환경마저 시시때때로 변덕스럽게 받아들이곤 해서 그렇다. 물론 그런 변덕스러움이 작가 자신은 말할 것도 없고 주위 사람들을 피곤하고 짜증나게 만들지만, 작품의 진척 상태가 순조로우면 다소 진정하는 일반적인 경향이 있기는 한데, 자기 관리만이 그 조울 증상을 합리적으로 다독거려줄 것임에 틀림없다. 그러므로 절필, 과작의 극복은 전적으로 각자 나름의 자기 정화(淨化), 거의 무망하지 싶은 평정심에의 접근을 위한 요령과 처신에 달렸다고 할 수밖에 없을 것이다.

절필을 강요하는 외부적 요인도 크게 둘로 나눌 수 있을 듯하다. 그중 하나는 작품의 '발표' 의욕을 백안시하는 제도적 '환경'이다. 작가 자신의 소설가적 재질이나 당시의 진정한 실력과는 무관한 이 환경적 요인으로는 우선 문학지의 지면 제약이 소설가의 증가에 부응하지 못하는 우리만의 사정을 거론할 수 있다. 이 악조건은 더 큰 외부 사정 때문에 당장은 물론이려니와 앞으로도 개선의 여지가 전혀 없다. (문학지 구독에 무심한 독자층, 문학 애호와 그 수요의 확산을 위한 출판사 쪽의 기획 및 의욕 부족, 인기 작가만을 편애/옹호하는 독과점 체제의 불가피성 따위다. 책읽기와 거리가 점점 멀어지는 작금의 '휴대 전화기 전성시대'까지 과부하되어 있다.) 게다가 그 소수의 문학지의 지면 배정도 잘 '팔리는' 신예 작가에게만 편중되어 있다는 혐의는 기정사실이기도 하다. 메뚜기도 유월이 한철이라는 속담은 우리 작가들에게도 그대로 들어맞지 않나 싶은데(장차는 그 '조로(早老)' 현상이 어떻게 바뀔지 알 수 없으나), 젊은 열정으로 한창 많이 써질 때, 그들의 '진'을 속속 빼서 '장사'하려는 출판사의 재바른 기획력과 그에 부응하는 편집자의 성화가 깔려 있다. 출판업도 명운을 걸고 '소설 산업'을 본궤도에 올려놓아야 하는 사업이므로 젊고 재능 있는 작가에의

'구애' 작전은 출판사와 소설사(小說史)의 질적/양적 풍요에 기여하는 바가 적지 않다. 그러나 한창 '뜨는' 작가들만의 작품 생산량 점고(漸高)가 한국 소설사 전체의 다양성 제고(提高)와는 배치(背馳)되며, '한탕주의'의 본색이 원래 그렇듯이 정상적인 경쟁 체제도 아니다. 다양한 계층의 선수들이 열려 있는 '공간=제도=경쟁 체제' 속에서 공을 차야 그들끼리의 진정한 기량 향상과 스포츠 산업 전반의 발전을 기약할 수 있고, 그 실례를 프로 축구/야구에서 매일 봐오는 것과 판이하게 우리 문학판과 출판계는 전통적으로 장사를 '길게' 할 생각은 없는 듯 성급하게 '단물'만 짧은 시간 안에 빨아먹으려는 기세가 현저하다. (좀더 노골적인 진단을 내리면 젊었던 한때 쓴 작품이 아무래도 유치할뿐더러, 나이 들수록 원숙한 가작/명작이 써지는 일반적인 경향을 보더라도 우리 소설 작단의 이상한 '편중' 경향은 백해무익하다. 물론 오늘의 상황만은 아니고, 매사를 단견으로, 임시방편으로, 조급성으로 대처하는 우리 특유의 역사적 '풍토성'과 무관하지 않으며, 그 밑바닥에는 경제력의 일천과 그 상대적 열등의식이 뿌리 깊게 내면화되어 있다. 만사는 역사적 문맥에서, 유전성/풍토성을 아울러 점검해야 타당한 현상 파악→해결에 이를 수 있는 것이다.)

문학 애호층이 인구 증가에 비례하여 불어나지 않았거나 최근까지도 미미한 현상 역시 젊은 소설가들의 한때 '빤짝 경기'와 그 후의 무단한 잠정적 절필, 노년에 이를수록 작품 생산량이 급격히 줄어드는 이른바 일생일업주의의 때 이른 파기와도 깊게 연동되어 있다고 봐야 할 것이다. 거의 전통이 되다시피 한 우리 소설계의 이런 파행은 전반적인 소설 수준의 답보 상태, 세계 문학에서의 '변방화', 선입관 비평으로 '제 자식 감싸기' 조의 자족, 우물 안 개구리 같은 기고만장에 뒤이은 자조(自嘲)벽을 낳고 있으며, 이런 기류가 소설의 생산과 소비를 자극하지 못하는, '발표' 자체의 제도적 낙후상과 맞물려 있다는 진단을 내놓게 하고 있다. 아마도 당분간 이런 시행착오 기간은 계속될 듯하며, 그 발전적 지양은 역시 자본의 힘, 문학 및 인문학 향수층의 각성과 배증(倍增)에 의해서만 이루어질 것이라고 점칠 수 있을 듯하다. (진정한 '국격'과 민도의 궁극적 지향점은 결국 문학/인문학의 세련고 그 양적 풍요에 달려 있으며, 그 잣대는 출판 동향이 바로 알려줄 턴데, 보다시피 손쉽게 '번역 사업'에만 의존하고 있는 우리의 풍토성은 이미 유전 인자로 정착되어 있다고 단언할 수밖에 없다.) 더욱이나 스마트폰, 인터넷을 비롯한 전자 매체들의 다양한 정보 공유/교류의 전천후적 활성과 일상화 같은 시대적 징후가 진정한 문학 향수층의 증가를 철저히 가로막고 있는 것도 사실이다. 그 밖에도 소설의 가치에 대한 인식과 소설 읽기의 의의를 감수성이 가장 예민한 시기에 (즐기게 하기는커녕 억지로 주입시키려는 투의) 입시 과목용으로 홀대하는 제도권 교육의 한계, 소설의 의미 평가에서도 대중용 통속소설과 고급 독자용 교양소설로 양분하는 우리 사회의 편벽된 '압력'이 소설 '공화국'의 시혜 확산에 악조건으로 기능하고 있다. 한글문화권의 이런 기형화는 모든 재능 있는 젊은 작가를 쉬 지치게 만들며, 흔히 '조로 현상'이라고 매도하는 작가 일반의 정필 내지 절필도 실은 문화적 '환경=제도' 전반의 졸렬성 때문에 빚어진 '내림'임은 말할 나위도 없다.

물론 '환경' 탓만 하며 청처짐하니 허송세월하고 있을 수는 없다.

('개인'은 어느 때 어떤 분야에서라도 '집단=환경'의 희생자이면서 극복자이기도 하다.) 단편, 중편, 장편이든, 추리물이든 교양물이든 장르를 불문하고 발굴한 이야깃거리가 웬만큼 '작의화' 및 '플롯화=형식화'가 되었다면 열정적으로 써야 하며, 작품의 성취도를 최대한으로 높인 고도의 소설미학적 '완제품'을 제작해놓고 때를 기다리는 것이 작가로서 최선의 직업윤리적 처신이다. 그 후에 알음알이를 통해 발표/출간을 부탁하거나 자력으로 활자화에의 길을 염탐해보면 반드시 길이 뚫리게 되어 있다. (우리의 '시장' 구조가 아직도 건전한 '경쟁'을 철저히 가로막고 있으며, 그것을 몇몇 '힘 좋은' 출판사와 그 종사자 및 그 아류들이 전횡하고 있으므로 각자도생의 길을 찾을 수밖에 없다.) 이런 일종의 장인적 '생산' 기강을 고수하면서 자력으로 '시장 개척'을 도모해보려는 자세가 긴요하다. 어차피 소설 지어내기의 고와 낙을 자청한 터이며, 글로 짓는 그 '소우주'의 탄생에 신명을 바치려고 한 만큼 그다음의 발표 의욕도 문학적 열정의 하나이므로, 그런 섭외력 역시 직업인으로서 갖춰야 할 자산이다.

다행히도 요즘은 우리 출판계도 총체적 경제력의 증가 일로에 따라 다기화되어 있는데다 재정적 여력도 상당하고, 순도 높은 작품에 대한 '발굴' 의지와 '알아보는 안목'도 구비하고 있어서 좋은 작품이라면 언제라도 책으로 묶어낼 수 있는 여건은 웬만큼 조성해놓고 있다. 한마디로 말해서 등단하는 길이 무수해진 것처럼 공인받을 수 있는 제도가 제한적으로나마 열려 있는 것이다. 앞으로는 소설 '공화국'의 선진 제국들처럼 미발표 작품으로만 묶은 단편집이나 중편집의 출간도 가능할 테고, 장편소설의 경우는 문학지의 연재나 신문/잡지의 공모전에 기대기보다는 전작 출판이 양성화될 추세임이 확실하다. 따라서 모든 작품은 출판사에 기고(寄稿)를 통한 발표 형식을 밟을 수밖에 없을 듯하다.

소설 창작과는 별도로 이루어지는 이런 대외적 교섭은 에이전트 제도가 보편화되어 있지 않은 우리 사회의 형편상 작가 스스로 온전히 감당해야 하는 일종의 대외 교섭력이자 처세술이다. 그런 사교적 처세술은 작품의 성취 정도보다 더 중요할 수 있으며, 각자가 스스로 개발, 활용, 결정하기 나름이지만, 대원칙 하나는 출판사 편잡자(=사장)를 성실한 자세로 대함으로써 을(=작가)이 갑(=편집자)을 길들이는 묘수를 찾아야 한다는 것이다. 물론 여러 사정상 그런 적당한 '타협'은 무망한데, '출판하지 않겠다'는 칼자루는 작가가 거머쥐고 있으므로 한시적일망정 뻣뻣할 수 있다는 소리다.

한편으로 내부적 요인은 작가 개인의 창작 의욕 상실일 수밖에 없겠는데, 그런 정열의 쇠진을 사주하는 '타력'은 저마다 다양하다. (혼인한 경우에는) 금전적인 고충, 부부 쌍방의 알력, 긴장, 신경전, 자식/부모/친지와의 불화/친화 같은 중뿔난 '훼방꾼'이 돌풍처럼 시도 때도 없이 밀어닥치는 것이다. 그런 지질한 일상의 '장기지속적' 군림 앞에서 지치지 않는 '장사'는 있을 수 없다. 사실상 어느 작가라도 그 타력에는 일찌감치 항복 문서를 써놓았다가 그때마다 잽싸게 내놓아야 편해지며, 마지못해 집필 여건 일체를 탈바꿈함으로써 대응할 수밖에 없다. 새 작업실에서의 적응도 만만한 일은 아니지만, 그런 노동 환경이 제법 맞춤하니 갖추어졌다 하더라도 어느 순간 느닷없이 "이렇게 끙끙거리며 써서 뭣하나"라는 회의(성취 욕구의 탈진 상태)가

덮쳐오게 마련이다. 그런 자기부정-자기 불안은 급기야 열등감, 비하감, 낭패감, 결핍감, 절망감 등등을 한꺼번에 우르르 몰아와서 자신은 물론이려니와 세상만사에도 냉소를 퍼붓기에 이른다. 엎친 데 덮친 격으로 소설이라는 인공적 조작물 자체의 의의까지 의심하기 시작한다. 이런 끔찍한 자기연민, 자기 모멸감을 느껴보지 않은 작가가 있다면 그는 타고난 낙천주의자이거나, '좋은 팔자가 늘어진 무지렁이'이거나, 아니면 행복하게도 신경이 쇠말뚝만큼이나 튼튼한 대장부일 것임에 틀림없다. (아마도 유일한 예외로는 괴테를 들 수 있을 듯하다. 작가라는 이름을 내걸고 쓴 첫 소설이 베스트셀러로 국내외에서 화려한 각광을 받고, 뛰어난 재능과 전인적 체력과 줄기찬 노력으로 다방면에 걸쳐서 인류 문화사에 위대한 업적을 남긴 그는 그야말로 불세출의 대문호인데, 그런 '운명'을 타고나기가 어려운 줄 익히 알면서도 대개의 글쟁이는 감히 그 까마득한 대상을 부러워하다가 피폐해지곤 한다.)

그런 자기부정의 주된 요인으로는 독자층의 무시, 냉대, 혹평 따위를 논란의 도마 위에 올려놓을 수 있다. 여기서의 독자층은 최초의 원고 통독자인 편집자를 비롯해서 소수의 문학평론가들, 매스컴 관계자, 불특정 다수의 소설 애독자로 나뉘는데, 대체로 그들의 반응은 작품을 읽고 나서도 화술의 세련화에 빙충맞고 무심한 우리 '문화인' 특유의 습벽대로 무덤덤하다. 아예 안 읽었다는 내색조차 비치지 않음으로써 조잡한 '권위'를 의식하는 거짓 시늉에도 능할 지경이다. 밑줄을 그어가며 꼼꼼히 읽었거나, 겅중겅중 날치기로 독파했거나 상관없이 일언반구도 없는, 소위 '무덤처럼 조용한 반응'이 일반화되어 있는 것이다. 더러는 뻔한 덕담으로서의 '재미있대요' 같은 마지못한 면칭을 내놓는 독자도 있긴 하나, 그들의 그 부수수한 엉너리에는 수사적(修辭的) 묘미가 전무한 데다 본심이 무엇인지도 훤히 비쳐서 점직스러워진다. 특히나 그 방면의 직업적 전문가인 문학평론가들의 품평을 작가생활의 초년생들은 귀담아듣지 않을 수 없는데, 대개 그 추수주의적 시각, 엉뚱하게도 '남'(=문학 이론)의 잣대를 빌려다 쓰는 권위적 언사 등이 훤히 비쳐서 대번에 떨떠름해진다. 고평(高評)이라도 그 인색한 화법이 듣그럽거나, 다른 작가와의 '비교'도 은근히 자존심을 건드리며, 우회적으로 지적하는 혹평/단평에는 아예 떡심이 풀어진다. 문학평론가들도 주문 생산자임은 마찬가지이므로 청탁자 쪽의 눈치 살피기에 이골이 나 있게 마련이라 그런저런 찬사/폄훼의 배경에는 이해할 여지가 알곡처럼 박여 있지만, 작가 쪽에서 하루라도 빨리 '머리가 굵어져버리면' 그들의 독해력→해석력에서 배울 것은 거의 없어진다. (읽는 '방식'은 독자의 소양과는 무관하게 각각 다르다기보다 상당한 정도로 차이가 난다. 이 차이가 해당 작품의 긍정적인 '의미'의 도출과 그 재생에 크게 이바지한다. 그러나 마나 작품을 '알아보는 눈'은 만국 공통어나 마찬가지인데도 문학평론가들은 발표 매체와 지면 안배 따위를 고려하면서 자신의 평가를 '전략적으로' 조종, 시위하기에 능하다. 실은 그런 시각 조절 능력이 그들의 고유한 업무이기도 하다. 물론 이런 '풍토성'은 점점 기승스러운 추세인데, 그 배면에는 예의 그 '제도적 난맥상'으로서 끼리끼리 뭉쳐서 '봐주기 경쟁을 영리 행위'로 일삼는 관행이 있고, 숱한 문학지가 그 매체들이다.) 두둔하든 머라카든 그들의 하릴없는 품평은 모든 노파심의 한결같은 가락이 그렇듯이 쓸데없는 아랑곳으로 들리기 십상인 것이다. 물론 개중에는 작품의 작의와 함의까지 성실하게 또 개성적으로 읽어내면서 '격려성 당부와 관용적 칭송'을 들이미는 고만한 문학평론가도 없지는 않지만, 우리 소설계 전반이 누리는 작금의 성취 수준과 문학평론 쪽의 그것이 항상 일정한 상동관계에 있다고 볼 때, 그런 소신조차 듣기 좋은 '지청구'에 지나지 않을 소지는 다분하다. 그렇다고 그런 품평을 전적으로 무시하며 독불장군을 자처하라는 소리는 아니며, 혹평이든 호평이든 심적 충격을 잘 추스르며, 그 지적의 '내막'을 면밀히 따져보는 근성은 필요하다. 당연하게도 그런 평가에 대한 어떤 반응을 제대로 내놓을 수 있는 '장치'가 마련되어 있지 않으므로 작가라는 멍에는 스트레스에(=심정적 긴장 상태) 장기적으로/무제한으로 노출되어 있다. 모든 스트레스가 다 그렇듯이 그 멍울의 축적이 결국에는 자기 회의를 부채질하며, 소설 및 문학평론에 대한 불신으로 터뜨려지고 마는 것이다.

편집자, 문학평론가, 동료 작가 같은 전문적인 독자는 작가의 장래의 승승장구뿐만 아니라 이해(利害)관계와도 밀착된, 그 품평이 행사하기로 들면 (다소 세속적인 표현이지만) 상당한 '권위/권력'까지도 휘두를 수 있는 일종의 구조적 장치이자 제도라는 점을 '의식'해야 한다. 특히나 문학평론가라는 직분은 작가와 공생하는 처지이면서도 다소 고압적인, 그 영향력을 의식할수록 그것의 덩치는 점점 더 우람하니 커지게 되고, 그런 체신을 몽따고 있으면 예의 그 편파적인 품평을 적절히 남발하는 음모가 일당으로부터 작가 자신만 '왕따' 당하고 있다는 착각에 빠지기도 한다. 더욱이나 그들의 혹평보다 더 가혹한 심판은 '무시'다. 어떤 내색도 비치지 않음은 물론이거니와 '이번 작품은 좀 그렇데, 난 별로 심심찮게 읽었지만'과 같은 가식의 격려조차 없는 경우가 그것이다. 면전에서 난색을 보이는 것보다 더 혹독하고 못된 암수(暗數)인 이 '무시'는 문학판, 나아가서 고급/저급, 일류/이류 같은 서열 경쟁이 치열한 '예술=문화상품' 경매장에서는 비일비재한 침묵의 선별 작업이다. (하기야 예술판/문학판이야말로 지극히 주관적인 분별→평가로, '정실비평'이라는 혐의가 여실한 데다 그 뒤에 줄을 서는 뭇 추수주의자들의 번지레한 호평과 여러 매스컴 종사자들의 심심풀이용 연례적 화제 띄우기가 개별 작품의 성과를 우대/특대함으로써 엉터리 경쟁을 교사하는 난장판이긴 하다.) 어떤 작품이 이 냉랭한 '무시'에 걸려들면 그 후속작은 물론이고 그 작가의 숙명까지 결코 순탄하지 않은 명운/내림이 면면히 이어져 내려오고 있는 것이다. 아니다. 어떤 행운의 계기가 달려들지 않는 한 그의 작가적 운명은 그 시점에서 끝났거나 그 대체적 '윤곽'이 잡혔다고 봐도 무리가 없다. 작품 자체에 대한 정확한(과연 얼마나 '정확'할 수 있는지도 의심스럽긴 하다) 평가와는 별개로 작동하는 평단의(평단이라봤자 그렇게 많은 숫자의 평론가가 있는 것도 아니고, 그중에서도 '입김=권력'을 행사하는 데 나름의 이골이 난 '대세 조종자=추수주의자'는 극소수다) 그 우연한 냉대 때문에 멀쩡한 기량의 작가가 삼류 소설가로 주저앉혀지고, 고심 끝에 비록 모기소리처럼 여릴망정 스스로 절필을 선언하는 작가도 부지기수다. 모든 예술 분야가 다 그렇듯이 문학판, 그중에서도 소설 작단의 종사자는 안팎곱사등이다. 그 이름값의 부침이 워낙 격심해서 흡사 살얼음판을 조심조심 걸어가야 하는 눈치꾸러기가 작가의 진정한 면모라고 단정해도 가히 틀린 말은 아니다.

　매스컴 관계자들과(대표적으로는 신문사의 문학 담당 기자다) 일반 독자들의 대면 반응은 더 냉혹하다. 비록 꿔다놓은 보릿자루 같을망정 바로 옆에 작가를 놔두고도 요즘은 좋은 소설이 안 보인다고 툴툴거리는 식이다. '무시'가 아니라 아무개라는 작가가 '아직도 글을 쓰고 있는가'라는 투로 푸대접하거나, 기피 인물이라도 되는 듯이 그들은 아예 그 이름조차 입에 올리기를 삼가곤 한다. 인기 작가들에게는 그처럼 살갑게 경애의 감정을 숨기지 않던 그들의 처신을 떠올려보면 그 상대적 열패감은 처참해진다. 게다가 그런 박대의 공기는 편집자, 출판사 쪽에 전염병처럼 단숨에 퍼져서 그들의 대접도 완연히 달라진다. 소위 책이나 이름이 '잘 팔려서' 쌍방이 누이 좋고 매부 좋은 관계의 인기 작가와 초판 500부도 팔리지 않아서 그 재고품이 발길에 차이는 작가를 각각 분수에 맞춰서 '차별대우'하는 것은 인지상정인 것이다. 거짓말이 거짓말을 불러들이듯이 자격지심을 지닌 작가는 점점 더 외고집에 옹생원으로 저 혼자만의 유배지에서 칩거하게 되고 말며, 그런 행태 일체도 어른스럽지 않게 비친다. 그 어설프고 삐딱해진 거동을 대하기가 어려워져서 출판사 쪽도 알게 모르게 '말'을 걸지 않음으로써 서로가 서로를 따돌리는, 어느새 아주 뻑뻑한 사이로 바뀌어버린다.

　어떤 식으로 등단했던 모든 작가는 대개 다 한동안씩 위와 같은 홀대를 감수해야 한다. 어느 날 아침에 멀쩡한 하늘로부터 무슨 축복처럼 눈먼 문학평론가의 '옹호'가 있기 전까지는 곱다시 그런저런 수모를 '신인'으로서 겪을 각오가 되어 있어야 하는 것이다. 그러니까 강심장, 불굴의 의지, 인내력, 집념 같은 짯짯한 성정은 소설가라면 구비하고 있어야 할 대(對) 독자 처신술인 셈이다. 물론 그런 처신술에는 누구라도 속아 넘어갈 만한 위장술이 요구된다. 아무 작품이라도 본심과는 정반대로 "아, 괜찮던데요, 난 재미있게 잘 읽었어요, 좀 싱겁긴 했지만요"라든지, 누구라도 "그 사람 꽤 괜찮아요, 우스꽝스럽기도 하고"와 같은 위선과 위악을 제 자신도 미처 분간하지 못한 채로나마 떠들어대는 처신이 그 일례이고, 그런 반미치광이 행실은 오늘날 어느 분야의 종사자나 다 얼마쯤씩 소지하며 살아가게 마련인 것이다. 문인=소설가는 말로/글로 살아가는 사람인 만큼 그런 위선/위악의 포장술에 관한 한 지치지 않는, 아주 재기발랄한 천생의 개발자일 수밖에 없다.

미친 사람처럼 다들 그런다고는 할 수 없을 테지만, 일부 작가는 냉혹한 '시장경제' 속의 문학 동네에서 하루빨리 자수성가자나 벼락 부자가 되고 싶어서 별의별 위장과 가식을 다 동원한다. 작품의 성취도야 어찌 되었건 오로지 전문적/일반적 독자의 관심을 끌기 위해 기발한 소재를('잔혹 행위' 같은 것이 대표적인 사례로 이런 식의 자극 기아를 방치하면 결국 '네크로필리아=시체 식탐 및 애호증'도 불사할 터이다. 이런 국면은 직업윤리 이전에 '작업상'의 도덕적 파행을 점치게 한다), 해프닝에 가까운 색탐(色貪)과 성희(性戱)를, 무작정 긴 문장/문단을, 호기심을 유발할 의도 아래 일부러 촌스럽기도 한 엉터리 제목 등을 억지스럽게 조작한다. (독자 일반의 얄팍한 호기심을 붙잡으려는 얄쌍스러운 제목 붙이기는 작가와 편집자가 합심해서 저지르는 호객용 상술이다.) '예술=문학'은 새것만이 독창적이고, 그래야만 살아

3. 자기 관리

남는다는 구실 아래. 젊은 시절의 철없는 '객기'라 할 수 있는 작품 내용/형식상의 그런 (치졸하고 얍삽한) 작위적 행태는 연륜이 쌓여감에 따라 다소 묽어지긴 한다. 어차피 어느 것이나 소설이라는 '인공물'에 값한다는, 어불성설의 변론을 내놓으면서. 뿐만이 아니다. '화제'를 만들기 위해서라면 소설 외적인 '재주넘기'까지 동원하는 데 주저하지 않는다. 모든 구색을 퓨전화하고, 어떤 이색적 기능도 짬뽕화시키는 현대성의 마술적 흐름상 '소설 시장'에서의 그런저런 얄궂은 재능의 일대 약진은 독자와의 찰나적인 밀착에는 주효할 게 틀림 없고, 그것도 '소비자를 왕으로 모시는' 직업윤리에 포함시킬 만한 포장술이라고 과찬할 만한 것이다.

그러나 문제는 그런 '자기 폭로-자기 희화화' 내지 '자기 혹사-자기 기만'의 감행에도 불구하고 소기의 목적을 이루지 못할 때(독자 일반의 시큰둥한 반응을 말한다), 작가 자신이 겪을 허탈감은 그동안 거의 절대시해오던 독자 제위는 물론이려니와 소설의 의의조차 적대시하는 경지에 이를 것이라는 점이다. (모든 독자는 사실상 우중愚衆의 일부라는 타당한/부당한 논리의 노예가 되고 만다는 뜻인데, 과반수를 겨우 넘은 찬성만으로도 국민 일반을 신성시/백안시하는, 직분 참칭의 전문가인 정치가들의 그런 상습적인 '입치레' 행태와 정확히 일치한다고 보면 틀림없다.) 그런 딱한 정황은 재능의 낭비를 떠나서(어차피 현대의 흐름은 각 분야의 낭비를 조장, 권장함으로써 진정한 '가치 분별'을 오도, 거대한 가짜의 세상을 구축한다. 현대성의 실체의 핵심이 바로 이것이다.) 불요불급한 여러 재원財源의 탕진이라는 점에서도 사전에 밀막아야 옳을 대규모 전염병이다.

그러므로 내적 요인이든 외적 요인이든 절필할 만한 사정에 봉착했을 때는 과감하게 한동안 글을 쓰지 않고 철저한 '자기 대면' 상태에 빠지는 것도 자기 관리의 한 방법일 수 있다. 그런 자세가 오히려 독자에게나, 또 그 고된 품만으로도 우상시할 만한 작업으로서의 스설한테나 진정한 윤리적 '자기방어-신념윤리'인 셈이다.

 작가라는 평생 직업을 영영 내동댕이치지 않는 이상 절필 기간 중에도 무위도식할 수는 없다. 엎어져도 돌멩이 하나라도 주워서 일어난다는 근성으로 쉬임 없는 직간접의 체험 쌓기를 통한 메모 습벽에 더 매달려야 하는 것이다. 비근한 실례로 우리나라의 선행 작가 중에 어휘량이 가장 풍부한 염상섭의 널리 알려진 장편 두어 권을 숙독하면서 조금이라도 미심쩍은 단어는 일일이 사전을 찾아가며(아무리 독서량이 상당한 작가라도 한 페이지당 적어도 다섯 번 이상씩은 한글 사전'과 '한자사전'을 뒤적여서 물어봐야 하리라고 장담할 수 있다) '창작 노트'에 기록해가는 일과(日課)가 그것이다. 이런 어휘 채록 습관이야말로 문장력의 퇴화를 밀막는 최선의 보루이며(용불용설이 부분적으로 믿기는 한편 도저히 믿을 수 없는 학설임을 체험할 만한 귀중한 기회다), 그렇게 소중히 모아둔 단어들은 하나도 버릴 게 없을뿐더러 종내에는 이야깃거리의 태동에 불씨 역할을 톡톡히 하게 되어 있다. (작가/예술가에게도 등급이 있듯이 문장/문체에서도 진정한 급수를 매길 수 있을 텐데, 그것의 채점에는 '어휘 수'가 가장 기본적인 잣대일 터이다. 어휘량이 가난하다는 것은 사고의 장애자거나 지체아임을 정신병자들이 여실히 보여주고 있다.) 단언컨대 어휘 수집벽은 본업에의 복귀에 첨병 구실을 솔선수범하고도 남는다. 이를테면 그 전후의 착상 맥락이야 고스란히 떠올릴 수 있든 말든 창작 노트의 한쪽에 적어둔 '허물다, 허깨비, 허드렛일, 허상, 허우룩하다, 활수하다'와 같은 어휘 군락을 직시하며 어떤 이야깃거리/이야기의 영감을 떠올리지 않을 작가가 있기나 하겠으며, 왜 소설을 쓴다 만다고 주책을 부렸을까 하는 후회를 곱씹지 않을 절필 문인이 어디 있으랴. 더 쉽게 말하면 모든 착상, 어떤 생각의 물결도 결국 '어휘' 하나에서 비롯되며, 그것의 집합은 곧 이야기들의 골격으로 탈바꿈한다. 흔히 자아의 방어 기제 중 하나라는 '승화'를 어휘 조합에 적용시켜도 될 터이다. (인간의 모든 대對사회적 욕망은 일단 '좌절'을 겪었다가 다른 식의 궁리를 찾는다는 그 '승화' 말이다)

그러나 사전 편찬자로 전직할 생각이 없는 한 무작정 어휘나 채집하며 마냥 허송세월해서도 곤란하다. (물론 시대적 기운이 사전 편찬자라는 직업의 영원한 퇴장을 종용하고 있긴 하다.) 절필 기간을 향후 2년 이내에 끝내겠다는 다짐을 새록새록 상기하면서, 다시 집필할 수 있는 '힘'의 비축량을 수시로 점검할 필요가 있다. 병고, 횡액, 불운, 의기소침 같은 개인별 절필 소인이 아무리 심각하다 하더라도 본업에의 복귀는 빠를수록 좋다. (사실상 자신의 작업장에 언제쯤 재취업할 수 있을까를 가늠하다보면 어느새 절필 소인은 반쯤 소멸 해버렸음을 확인하게 된다.) 어쩌다가 느닷없이 글쓰기가 그토록 싫어졌을 때처럼 어느 날 문득 다시 글을 쓸 수 있겠다는, 다시 글을 쓰고 싶다는, 전보다는 아무래도 '생각'도 좀 여물고 '말'을 골라내는 기량도 얼마쯤 늘었을 테니 뭐가 달라도 달라졌을 거라는 자기 확신이 와락 달려드는데, 누구나 겪는 착잡한 한 시절의 고비에 이른 바로 그때를 '이때껏 놀아온 버릇대로' 이런저런 이유/핑계를 끌어다대며 차일피일 미뤘디가는 예의 그 못나빠진 용불용설이 모질게도 가차 없이 내습함으로써, 그 희생자로 물러설 확률이 높아진다. 그러니까 나름의 준비성을 어떻게 갈무리하느냐에 따라 재기의 발판은 쉬 마련되기도 하며, 절필 마감 후의 첫 작품이 어떤 속도로, 또 어떤 모양새로 완성을 향해 질주하느냐가 결정된다고 하겠는데, 의외로 그 복귀는 어느 순간 들이닥칠 수 있으므로 호시탐탐 자신의 방만한 처신을 일거에 털어버리고 일어설 마음의 태세를 갖추고 있어야 하는 것이다.

장기간이든 단기간이든 절필 시기는 모든 작가에게 반드시 닥친다. (그런 불운이자 행운을 겪지 못하는 작가가 있다면, 그의 문학적 감수성과 소양 일체는 자격 미달이라고 단정할 만하다.) 그 기간을 어떻게 생산적으로 보내느냐 하는 것은 온전히 당사자의 자기 관리 사항이다. 작가라는 본업의 성질이 그렇듯이 누구도 자신의 집필/절필을 도와주지 않는다는 사실을 흔히 잊고 지내지만, '문운'도 스스로 품앗이하기 나름이라는 철리만큼은 신줏단지처럼 책상 위에다 모셔놓을 필요가 있다. 언젠가는 써질 테지, 세월에 맡겨야지, 별 뾰족수야 있으려고와 같은 달콤한 체념을 되뇌면서. 어쨌든 그 기회를 활용하기에 따라 그 전과 그 후의 작품세계가 전적으로, 작품의 양과 질이 완연히 달라지므로 절필 기간은 충전기이자 분기점일 수 있다.

(8) 작가의 사생활은 어차피 작품상에 드러나게 마련이다. (소설은 근원적으로 '일상극-일인극-일생극'일 뿐이다. 모든 작중인물은 결국 작가 자신의 '가면을 뒤집어쓴 분신=페르소나'에 지나지 않는다. 비

단 이성異性이라 할지라도 그/그녀는 작가의 내적 원망의 발현체로서 '편린'이 아니라 '전부'다. 플로베르가 '마담 보바리는 나다'라고 토로한 것은 정직한 술회이지만, 좀더 기교적인 수사력을 발휘해서 '내가 바로 마담 보바리의 분신이다'라고 했더라면 더 좋았을 것이다.) 사소설처럼 전면적으로 공개될 수도 있고, 소설 속의 여러 주요 인물의 성격, 일상, 취향 따위에 부분적으로 반영되는 '모자이크' 형도 있을 수 있다. 어떤 작가는 '사소설'만큼은 죽어도 안 쓰고, 오로지 자신의 활달한 상상력으로 이야기를 조작해낸다고 큰소리치지만, 어폐가 많을 뿐더러 의도적으로 '자기 띄우기'와 같은 화제 증식용으로 분식(粉飾)한, 꿍꿍이 속내가 빤히 비치는 말에 지나지 않는다. 작가 자신의 전 신상은 어떤 식으로든 해체되어 그의 소설 전반에 짙게 깔려 있을 수밖에 없어서이다. 단적인 작례로 어떤 작품에서든 간단없이 등장하는 옷, 장신구, 스포츠, 음악/미술/영화 감상, 식성 등은 도대체 누구의 '관심벽'이자 '자기애'이겠는가. 그 주체는 말할 것도 없이 작가 자신이다. 다만 그것이 '모자이크' 형태를 띨 뿐임은 보는 바와 같다. 알다시피 모든 '모자이크'는 비록 동일한 형상일지라도 얼마든지 다르게 보일 수 있으며, 그런 분별까지 그때그때마다 재구성해낸 것이기도 하다.

한편으로 작가는 숙명적으로 공인(公人)일 수밖에 없다는 사실이 그의 공적 활동을 마지못해/흔쾌히 활성화시키지만, 어떤 작가는 그것이 싫어서 자기 얼굴을 가급적이면 감추려고 기를 쓰기도 한다. 자기 홍보 시대와는 겉도는 이런 '숨어 살기'는 남과의 소통, 공감대의 확산, 감정이입의 확인 등에 매진해야 하는 소설의 의의와 배치되는 것이므로 거론할 가치도 없다. 그런 은폐술은 어떤 신비화나 카리스마를 노리고 있다 할지라도 칠칠찮은 술수에 불과할 뿐이다. 그러나 거성은 천차만별이라서 사교와는 담을 쌓고 지내는 천성 탓에 작가로서의 공적 활동을 최대한으로 줄이고 살아가는 자중자애형 인사도 없지는 않다. 그런 유아독존은 스스로를 과보호 상태로 내버려두기를 타라므로, 사고(=말)와 처신(=실천)의 착종 상태를 웬만큼 용납하는 '현대성' 때문에라도 그대로 방치해둘 수밖에 없는 일이기도 하다.

알려져 있는 대로 작가의 공적 활동은 다양하다. 불규칙적인 수입원을 벌충하기 위한 나름의 '생활력' 발휘라고 할 수 있는 그 일거리에는 우선 각종의 작품 심사가 있다. 작가 지망생의 습작 감별, 신인상의 예심/본심, 기성 작가를 대상으로 삼는 각종의 문학상 심사 따위가 그것이다. 이 심사는 물론 돈벌이에 불과하지만, 자신의 지명도의 상향 조정에 제법 도움이 된다고 착각하므로 대개 그 의뢰에 응하게 마련이다. 심사를 통해 새로운 소설의 어떤 경향, 신인/기성 작가의 상대적 우열 정도, 시류의 민감한 반영 양상, 이야깃거리를 수집하는 안목, 이야기 전개의 변주 능력 등을 배운다기보다 감지할 수 있다는 과외의 소득이 있긴 하다. 그러나 그러려니 하고 짐작이나 할까 딱히 참고라도 해볼 만한 것은 아예 안 보이고, 오히려 반면교사 같은 실적물들이라서 대체로 눈씨름에 그친다. (앞서 강조했다시피 우리 소설은 하나같이 너무 재미없어서 한 편을 억지로 골라내느라고 공연히 쓸데없는 품앗이만 한다는 느꺼움이 지배적이다.)

그런데 여기서 특기해둘 만한 것은, 대개의 심사자는 당락의 결정권을 아무렇게나 행사하기 일쑤라는 사실이다. 더러는 심사 대상자와의 친소관계라는 정실에 얽매여, 출판사 쪽이나 무간하게 지내는 지인의 무언/유언의 청탁과 압력에 쫓겨, 선입관을 뿌리치기 어려워서 (세칭 '잘 쓴다'는 풍문, 전작前作의 강렬한 인상, 품성에 대한 호감/악감 등을 의식하지 않는 '무골호인'이 과연 심사자일 수 있을까), 어떤 피심사자의 딱한 사정이 눈앞에 얼쩡거려서, 그때까지의 수상 경력에 대한 나름의 공과(功過)를 따져보지 않을 수 없어서 같은 종작없는 이유와 주책없는 변덕을 앞세우며 극구 자신의 판단을 변호하느라고 진땀을 흘린다. 그런 독선은 모든 작가가 수시로 써먹는 명색 실리주의자의 한 단면이다. 모든 상의 심사가 그렇듯이 '사심 없는' 결정은 문학상에서도 전적으로 허구이거나 거짓말이라고 해도 막말일 수 없다. 그런 편파적 결정에 따라붙는 자기변호는 오로지 당선작/수상작이 '상대적으로' 다소 앞선다는 것인데, 실은 그 우열도 지극히 미미할뿐더러 막상 옳은 판단도 아니다. 매번 피심사자의 복불복을 결정하는 그 중대한 선고(選考) 행위에 어떤 회의도 없이 임하기는 어렵지 않나 싶은데, 대개의 기성/중견 작가는 그 공적 행위를 제2의 본업으로 능수능란하게 감당해낸다. 물론 저마다 가장 성의껏 읽고, 자신의 독후감만이 옳다는 소신 아래. 그러나 그런 소명(昭明)이 그때마다 얼마나 신뢰할 만한지는 당사자만이 알 것이며(감히 물어볼 수 없는 일이라서 짐작만 할 뿐이지만), 그런 공적 활동은 돈벌이와 이름 팔기에 종사하는 다른 여러 '직업'과 하등 다를 게 없음은 분명하다. 더욱이나 그들도 한때는 피심사자였던 만큼 모든 작가는 자신의 올챙이 시절을 까맣게 잊어버리고 지내는 개구리와 유사한 미물인 것이다. (대강이나마 본의를 짐작할 수 있는 지점인데, 기성 작가들을 대상으로 삼는 모든 문학상의 결정은 전적으로 우연에 기대고 있다는 점을 강조해둘 만하다. 작품의 질적 우열 때문이 아니라 그날의 일수와 무관하지 않다는 소리다. 그것만으로도 수상자는 최대한으로 또 진정으로 겸손해야 하지만, 허영을 조장하는 데 늘 앞장서는 매체인 '문학'이 당장 그 고만장을 부추긴다. 한편으로 모든 탈락자는 수상작의 상대적 우월성을 부정할 수 있고, 자신의 작품도 분명히 '쓸 만한 데가 있다'는 자부심을 기리면서 때를 기다리는 배포를 길러야 한다. 기가 죽을 것까지는 없다는 소리다. 그러므로 모든 작가는 제 자신만이 일가를 이룰 수 있는 그 별종의 '작업'에만 신명을 바치면서, 세속계를 향해서는 일관성 좋게 적절한 자존심과 마땅한 겸손으로 초지일관하여 훗날의 대성을 노려보는 게 최선이다. 어떤 작가라도 소설(=문학)이라는 신상(神像) 앞에서는 오로지 성경 속의 욥처럼 어떤 수모나 고통도 참아내고 세속계를 부정(否定)하지 않으며, '내일'을 기다리는 인내심을 발휘할 수밖에 없는 것이다.

그 밖에도 작가의 공적 활동은 하기에 따라 얼마든지 '눈이 부실 수' 있다. 아무에게나 다가가 악수부터 건네야 하는 각종의 공적/사적 모임, 시상식장, 출판기념회 같은 데 변죽 좋게 얼굴 내밀기, 자문위원/편집위원/고문 같은 명패에다 이름 붙이기, 이런저런 문학 단체의 임원/회원으로 궂은일을 마다하지 않는 두름성 발휘하기, 책이나 광고에다 엄범부렁한 덕담조의 칭송을 써주는 추천 행위 등등으로 하루해가 모자랄 지경이다. 아무리 따져봐도 그런 공적 활동은 비록 타의에 의해, 또 인정에 끌려서 마지못해 치러야 하는 귀찮은 잡사라지만 하등의 부질없는 처신임은 명백하다. 그런데도 대개의 작가는 그런 얼굴 알리기에 지치는 법이 없다. (물론 그런 '행사'가 현대성을 일정하게 대변하는 상수이자 변수이기도 하므로 잘잘못을 따질 계제도 아니다.) 그러고 보면 오늘의 작가가 불과 몇십 년 전의 의뭉하나 의젓했던 지식인들과는 판이하게 매명이라면, 조금이라도 낯이 날 수 있는 자리라면 부지런히 발품을 팔아대는, 죽을 때까지 철들 줄 모르는 발바리이자 애바리인 것도 같다. 제 본업을 언제라도 내팽개칠 수 있고, 어느 자리/분야에서나 아는 체하기로 되어 있는 벗쟁이인 동시에 지각망나니인가 하면 쓸데없는 말만 그럴싸하게 내두르는 말재기이기도 하고, 돈맛을 알자 푼돈 벌기에 신명을 바치는 쥐포수이자 재리임에는 의심의 여지가 없다.

그럼에도 불구하고 작가는 어떻게든 좋은 소설을 쓰기 위해서라면 그 작업의 책임윤리상 길바닥이나 전철 속에서도 맞춤한 문장을, 그럴듯한 이야깃거리의 수집과 그 얼개 짜기를, 이야기 풀어가기의 근간인 문단의 직조를 머릿속에다 쟁이는, 그처럼 아무리 낑낑거려봐야 제 재능으로는 지어내기가 벅찬 그 '신세계'의 건설자라는 허영심만으로도 제멋에 겨워 지낼 만한 숫사람인 것도 사실이다. 그를 그런 숫보기로 대하지 않는 여느 보통 사람들이야 마땅하게도 반치기 아니면 득보기라고 해야 하지 않을까. 여무진 생각을 맞춤한 말/글로, 더불어 문장/문맥으로 잘 풀어낸 소설은 여전히 나그네 세상의 지침서/필독서로서, 그러므로 여러 사람살이/세상살이의 안내서이자 참고서라고 일컫기에 나무랄 데가 없는 것이다.

꼬리말

오래전부터 내 나름의 소설론을 엉성하든 말든 정리해볼 생각은 쟁여두고 있었으나, 언제라도 내 앞가림에나 겨워서 허둥거리느라고 차일피일해왔다. 더듬어보니 그 핑곗거리들도 연대별로 비교적 선명하게 떠오른다. 그중에서도 특기해둘 만한 것은, 지난 세기 마지막 해부터 지방에서 학생들을 가르치느라고 했던 말을 또 하고 또 해대는 밥벌이/품팔이는 정말 할 짓이 아니라서 이차판에 벼르던 그 글에나 매달려보자며 덤볐던 일이다. 이러구러 200자 원고지로 200장쯤 써놓고 나니 방학 때마다 이런 속도로 보태가면 3, 4년 후에는 강의록 한 권은 묶어지지 않을까 싶었다. 두 번째 여름방학을 맞아 그 뒤를 이어가려던 참인데, 누가 등 뒤에서 시새움을 끼얹는다 싶게 주정꾼이 몰아대는 택시를 한밤중에 주워 탔다가 교통 상해를 된통 입었고, 그 후 꼬박 이태 동안 어기적거리느라고 제정신으로 살아가기도 힘든 곡경을 치렀다. 그러고도 그 써둔 원고에는 미련이 남아서 틈틈이 훑어보곤 했다. 곳곳에 나 혼자서만의 사색에 좋아라고 지껄여대는 '개인어/지방어'가 좀 심했다. 실은 틀린 말도 아니건만, 내 기분에 따라 아주 못마땅할 때도 자주 있었다. '사투리'는 원래 제대로 써야 정겨운 것이다. 그렇다고 해서 다른 목적으로 만들어진 '표준어'의 쓰임새까지 붙좇기는 내 기질상 당최 마땅찮았다. '표준말'은 잘 써봐야 소기의 목적에 겨우 다다를까 말까 하다가 의외의 반발을 불러일으키곤 한다. 하물며 사적인 자기 말과 글로서의 소설론에서야.

  그거야 어쨌거나 서술 형식을 달리해서 써야겠다고 마음을 잡는 데는 오랜 시간이 걸리지 않았다. 그 신바람에 놀아나서 이번에는 거의 500매 남짓을 두 차례에 나눠서 썼다. 죽이 되든 밥이 되든 그 '가락'으로 끝을 봤어야 했는데, 핑곗거리가 속속 불거졌다. 방학 때마다 번번이 보수공사를 한답시고 연구실 출입을 통제하는가 하면, 마침 쓸 거리가 불쑥 튀어나오기도 해서 길고 짧은 중편/장편소설을 써내기도 했다. 그러는 중에도 그 구고(舊稿)의 마무리 작업을 한시도 잊은 적은 없지만, 천성이 늦어빠져서 이리저리 견주기만 할 뿐 어떤 계기를 마련할 엄두를 일부러 잠재워두고 지냈다. 하기야 어릴 때부터 남이 시키는 숙제가 그렇게나 하기 싫고, 지금도 누가 뭘 하라 마라라는 소리에는 버럭 역정부터 내는 성미라서 내 심사를 덧들이기가 지레 겁이 난 것도 사실이다.

  이번에는 작정을 아주 단단히 했다. 역시 예전의 그 '가락'은 아무래도 시기상조다 싶은 생각이 달려들자 운김도 달아올랐다. 예전의 그 '가락'이란 소설의 형식과 내용에 대한 내 나름의 단상(斷想)을 적고, 거기에다 해설을 붙여가는, 딴에는 새로운 서술 기법이었다. (내 식의 '사투리'는 그래야 할 말의 뜻이 살아나지 싶었다.) 이 책의 1장, 2장, 3장에는 그 편린이 곳곳에 남아 있기도 하다. (나 혼자만 알아보는 요령부득의 문맥을 딴에는 구체적으로 설명하느라고 땀을 뻘뻘 흘리고 있는데 막상 찬찬히 새겨보니 점점 더 고담준론 투의 '설풀이'로 장황한가 하면, 일부러 갈래짓기를 어수선하니 헝클어놓은 것을 많이 지웠으나, 구고의 그 흔적을 차마 버리기가 아까워서 또 귀한 시간만 축내곤 했다. 시행착오는, 어떤 경우라도, 할 짓이 아니어서 그 당장에는 '심신을 두루 망가뜨리는 지겨운 도로徒勞'라며 한숨을 내쉬곤 하는 나날이었다.) 4장부터는 비로소 초고에 달려드는 셈이라서 수월하게 풀려가리라 예상했다. 학생들에게 일러주는 음색대로, 이렇게 쓰면 안 는다, 이야기 조작 강박증이 심하다, 전과 달라진 게 하나도 없다, 뭐든 심하면 사달이 난다, 순풍에 돛 단다는 말대로 글에, 문장에, 문맥-문투에 이야기를 맡겨라카이 그라네, 머리가 꽁꽁 털어막혔는지 어떤지 자가 진단을 한번 내려봐라와 같은 말씨를 문어로 옮길 작정이었고, 그동안 내 나름의 소설관은 제법 반듯한 모양새로 '품'에 어룽져 있었으므로 그것을 끄집어내기는 어렵지 않을 성싶었던 것이다. 차곡차곡 쌓인 그것을 차례대로 풀어가면서 나 혼자서 좋아하는 '발상'만 자제하면 될 일이었다. 소위 그 '표준말'(=일반론)만 알아듣기 쉽게 풀어놓는 것이야 뭣이 어려울까. 그런데 막상 달겨드니 그것이 생각대로, 말대로, 이론대로 움직여지지 않았다. 끊임없이 끼리끼리 삐꺽거리는가 하면, 여러 예외성이 한사코 찍자를 부리며 한 발짝도 물러설 기미를 보이지 않았다. 역시나 '방언'(=각자의 소설관)은 한계도 많지만, 그 세력과 영향 또한 막강했다. 그러니까 어떤 대목에서라도 내 '표준어' 실력과 내 식의 '사투리' 구사벽을 잘 구슬려서 '수위 조절'을 하는 것이 여간 어려운 작업이 아니라 그때마다 구체성, 구체적인 사실만이 할 말을 살려내고, 알아듣기 편하게 만든다며 화해를 붙였다. 어떤 선악, 시비라도 구체성만이 선명한 판정을, 확실한 암시를 들려줄 것이었다. (굳이 덧붙인다면 여기서의 '구체성'은 쉽게 풀어 쓰자이고, 미시적/본격적인 소설론/소설 작법론은 가급적 피해 가자는 것이다. 그래서 단편과 장편소설의 '다를 수밖에 없는' 개념 정의와 그에 따르는 일체의 이론/작법론도 한 묶음으로 처리하는 '조종술'에 신바람을 내곤 했다.) 흔히 쓰이는 비유대로 목마른 송아지를 우물가로 데려가 물이야 먹일 수 있겠지만, 그 후 젖소로 쓰든 일소로 부려먹든 그거야 각자가 알아서 할 일이 아니겠는가.

　논문을 몇 편 써본 경험 때문에 남의 글을 인용하기가 싫다기보다도 그 베끼는 작업이 지루해서 한사코 기피하는 생리이고, 또 애초의 그 '가락' 때문에라도 예문은 아예 사용하지 않을 작정이었다. 그러나 예의 그 '구체성'이 내 '방언'과의 싸움에서 이겼다. 그래도 되도록 일반적으로 인정할 만한 것을 골라내려고 애썼다는 점만은 토를 달아둬야 할 듯싶다. 그렇다고 해서 작례(=인용)를 가려내는 내 분별이 꼭 옳다는 것은 아니고, 더 맞춤한 예문들을 들춰내자면 품을 많이 들여야 하는데, 내게 그런 인내력도, 정열도 없는 것이 한탄스럽기도 했다. 하기야 그렇게 선별할 책도 내 수중에는 충분히 없었다. 나이가 차서 밥벌이를 작파하고 주거를 옮겨야 했으므로 (밑줄을 그어놓은) 책들까지 죄다 중고서적상에게 넘기고 온, 번번이 저지르는 나의 충동적인 '거치적거리는 물건 없애기' 행태가 후회스럽기 짝이 없었다. (미구에 나의 구작들도 반 이상은 폐기 처분하고, 나머지 반 정도만 마음에 들도록 고쳐볼 작정을 벼르고 있긴 하다.) 그나마 인용문으로 쓴 책들은 나중에 혹시 찾을 수도 있지 싶어서 간신히 따라온 것이고,

그중에서도 반 이상은 이즈막에 사서 다시 읽다가 써먹을 만했으므로 테두리를 둘러놓은 것이다.

역시 만용으로 비치겠지만, 문학 원론/소설 이론들도 일체 참고하지 않을 작정이었고, 그쪽 책들도 내 손에 없기는 마찬가지였다. 소설이든 이론서든 여러 책으로부터 많이 배운 그 '표준어'가 이제는 나잇살이 말하는 대로 내 식의 '사투리'로 육화되어 있을 터이므로 그것들을 다시 훑어보고, 제대로 이해하고 있는지 대조할 짬을 냈다가는 언제쯤에나 이 나름의 소설론/소설 작법론을 끝낼 수 있을지, 난감했다. 아마도 여러 용어의 해법, 용법에 더러 지나친 확대해석이, 그로 말미암은 오해/곡해가 자욱히 보이는 것도 내가 스스로 떠안은 그런 조격(阻隔)과 무관하지 않을 것이다. 그러나 마나 비록 '말'은 그럭저럭 통하는 '방언'일망정 '글'은 훨씬 더 정교했어야 옳았다는 후회도 없지 않으나, 그것은 역시 '음색'을 달리하여 그때는 내 식의 '사투리'로만 써야 되리라는 생각을 따로 챙겨두고 있다.

작년 3월부터 쓰기 시작해서 올해 1월 말께야 겨우 탈고했지만, 예정대로 컴퓨터 조작을 익히면서 화면에다 원고를 새기느라고 무려 5개월이나 허비했다. 어느 순간 무엇을 잘못 건드렸는지 한 문단이, 어떤 때는 서너 쪽씩이 훌러덩 날아가버려서 그때마다 '열을 받아' 진땀이 온몸을 뒤덮었던 기억이 생생하게 남아 있다. 놓친 물고기가 더 커 보인다는 말대로 다시 고쳐 쓴 대목이 아무래도 시원찮아서 엔간히도 짜증을 끓여올렸건만 용케도 참아냈다. 역시 컴퓨터로 화면에다 두드리며 글 쓰기는 손으로 원고지에다 적어가며 '말을 간추리는' 작업보다 그 공정만 세 배나 불려놓는 듯하고, 비록 초고를 베끼면서 조금씩 첨삭하는 정도였음에도 불구하고 여러 점에서 마뜩잖은 게 한두 가지가 아니어서 자주 쓸 도구는 아니지 싶은데, 아직 그 작동의 오묘한 비책을 제대로 모르는 만큼 여기서 더 이상 떠들어봐야 선무당이 마당 기울다는 소리와 다를 바 없을 것이다.

'말을 할 만큼 다 했으나, 말하고 싶은 뜻은 그대로 남아 있다'(사의부진辭盡意不盡)는 옛말이 제법 정곡을 찌르며 다가온다. 아무래도 알아듣든 말든 내 '사투리'를 그대로 옮겨놓지 못했기 때문이든지, '표준말'에 부대낄 게 지레 걱정스러워서 그런지 짐작이 잘 가지 않는다. 하기야 어떤 말이라도 새겨들으면 그 뜻이야 웬만큼 통하지 않을까 싶긴 하다.

↓

군소리 1 – 10년 전에 쓴 원고-책을 다시 가필-개작하게 되었다. 내 나름의 소설론/소설 작법론이고, 그 가락이 대체로 개설서답게 '일반론'에 해당하므로 가능한 한 살려 두었으나, 곳곳에 부족하고 미진한 데가 많아서 첨삭을 아끼지 않았다. 그렇다고 얼추 완성품에 가까워졌다는 소리는 아니고, 1년쯤 후에 다시 통독하면 미흡한 데가 또 속출할게 틀림없다. 그럴 수밖에 없는 것이 아직도 부족한 머리로나마 여전히 소설이 무엇인지에 대해서는 예의 그 '삼다(三多)' 귀신에 쫓기느라고 헉헉거리며 불면의 나날을 그냥저냥 버텨내고 있어서이다.

군소리 2 – 어떤 종류의 앎, 곧 지식을 기량껏 뽐내는 여러 '글'마다의 정체를, 곰곰이 따지며 읽는 버릇도 이제는 나이 탓으로 귀찮아지고 있다. 장르를 불문하고 그것의 실속이 부실한 문맥과 과장의 수사(修辭)로 반 이상 위증의 허울을 덮어쓰고 있다는 의심증은 결국 모든 기록물의 부실-미진이 워낙 두드러져 있다는 선입견/편견 때문이기도 할 테지만, 그 피상성이 문장/문투에 착실히 서려 있어서 그렇다는 내 소견은 역시 '누가 옳은지 알 수 없다(未知孰是)'는 말로 대신할 수밖에 없을 듯하다.

군소리 3- 우리 소설의 미비와 그 비천의 정도를 풍토성, 그 단적인 사례로는 인문학 전반의 저작물 수준과도 무관하지 않을 것이라는 거시적 관점이 과연 얼마나/어느 정도로 타당하고 또 쓸모가 있을지 알 수 없다. 그 작례를 예시할 수 없는 사정도 점점 더 그 낡은 풍토성에서 찾아야 하는 것이 아닌가 하고 속을 끓이고 있을 따름이다. 자기주장이라는 미명 아래 위증을 일삼는 어용 책자/문학도 넘쳐나고 있다.

군소리 4- 입에 발린 말을 못하는 근성 때문에 독자야 알아듣든 말든 개의치 않겠다는 일념을 자주 떠올리며 개작에 임했다는 췌언은 덧붙여두어야겠다. 소설이 특정 독자에게 아첨을 떠는 양식은 아니라는 소신이 시대착오적인 줄이야 잘 알면서도.

군소리 5- 지금/여기의 이 소설론/소설 작법론이 구닥다리와 흡사하다는 원성을 의식하지 않을 수야 없었다. 아무리 둔한 머리로나마. 그래도 로봇이 설치고 인공지능이 인간의 모든 수고와 수단을 대신하는 시대를 맞았긴 했을망정 여전히 밥먹고 때맞춰 잠자고 배설하는 일상성을 무시하며 살아갈 수는 없을 것이다. 이른바 판타지 소설/공상과학소설 등이 최첨단의 양식으로 떠올라 있는 시속을 머라칼 수는 없지만, 그 비실재적인 상상력의 근원도 실은 지금/여기/우리의 일상성에 기초해 있고, 그런 근거에 소홀한 일체의 장르소설은 허위고, 가짜이며, 오류라기 보다는 한시적 유행어 같은 양식의 변형/변용에 값한 다는 것이 이 책, 곧 '현대소설'이라는 형식의 정체를 밝히는 개설서의 논지다. 밥 대신에 다른 먹거리로 더 풍요롭게 잘 살 수 있는 시절이고, 땅도 제대로 못 살피는 주제가 하늘을 마냥 우러르는 그 마음의 동선, 그 생각의 동정, 그 사상누각 안팎의 동태 쯤이야 굳이 따따부따할 일도 아닐 것이다.

참고서적 목록

(각주/후주가 없는 것을 보더라도 이 책이 순수한 학술서의 경계를 감히 넘보고 있지는 않지만, 시대의 흐름을 뒤좇으며 당대의 풍속과 인심을 곧이곧대로 반영하는 현대소설의 위상과 그 작법의 실태에 대한 나름의 사유를 간추린 산록散錄인 것은 보는 바와 같다. 따라서 곳곳에 기왕의 명저/명작에서 따온 논지/구절이 숱하다. 예컨대 '전형성' '신념윤리 /작업윤리' 같은 용어의 출처는 웬만한 독서인에게는 널리 알려져 있다. 그것을 얼마나 정확하게 사용했느냐, 아니면 원용했느냐는 논의는 별개의 사안이고, 여기서는 그 축자적인(=표면적인) 뜻을 그대로 받아쓰기했으므로 그 근거를 밝히는 것이 현학으로 비칠까봐 자제, 생략했다. 또한 편의상 인용 부호조차 생략한 것도 있고, 개중에는 원문을 확인하지 않는 한 부실한 사용에 그친다는 재인용도 없지 않다. 어차피 오늘날의 모든 글쓰기는 선행 저작물의 복제판에 불과하다고 해도 과언이 아니다는 소신도 가지고 있어서이다. 그러므로 더욱이나 선행의 업적에 대한 감사의 념은 깊어질 수밖에 없다. 그런 뜻에서도 다음의 인용서적의 원저자는 물론이거니와 역자들에게 심심한 감사의 말씀을 드린다. 번역문대로 표기되어 있지 않다면 교정상의 실수이고, 그 모든 책임은 인용자의 불민한 소치이므로 양해를 바란다. 순서는 찾기 쉽도록 이 책에 인용한 차례를 좇았고, 같은 책자의 중복은 생략했다.)

1. 《밝은 모퉁이 집》, 헨리 제임스, 조애리 옮김, 문학과지성사; 2004, 이 단편 선집에는 〈진짜〉, 〈밀림의 야수〉, 〈밝은 모퉁이 집〉이 수록되어 있다.
2. 《베네치아에서의 죽음》, 토마스 만, 홍성광 옮김, 열린책들, 2008, 이 단편

소설집에는 〈트리스탄〉, 〈굶주리는 사람들〉, 《토니오 크뢰거》, 〈베네치아에서의 죽음〉 등이 수록되어 있다.
3. 《휴먼 스테인》 1 · 2권, 필립 로스, 박범수 옮김, 문학동네, 2009.
4. 《채털리 부인의 연인》 1권, D. H. 로렌스, 이인규 옮김, 민음사, 2007.
5. 《삼대》, 염상섭, 두산동아, 1999.
6. 《무기여 잘 있거라》, 어니스트 헤밍웨이, 이종인 옮김, 열린책들, 2012.
7. 《토요일》, 이언 매큐언, 이민아 옮김, 문학동네, 2013.
8. 《유리문 앞에서》, 나쓰메 소세키, 김정숙 옮김, 민음사, 2000.
9. 《둔황》, 이노우에 야스시, 임용택 옮김, 문학동네, 2012.
10. 《두 친구》, G. 모파상 이봉지 옮김, 문학과지성사, 2002. 이 단편선집에는 〈목걸이〉 외 13편의 단편이 실려 있다.
11. 《세 개의 짧은 이야기》, 귀스타브 플로베르, 김연권 옮김, 이 단편선집에는 〈순박한 마음〉외 두 편의 단편이 실려 있다.
12. 〈무진기행〉, 김승옥, 《한국대표단편57인선집》, 정호웅 외 편, 프레스21, 1998. 이 책에서 수용收用.
13. 《만세전》, 위의 《삼대》에서 수용.
14. 《마의 산》 1 · 2, 토마스 만, 홍성광 옮김, 을유문화사, 2009.
15. 《마담 보바리》, 귀스타브 플로베르, 김화영 옮김, 민음사, 2000.
16. 《소리와 분노》, 윌리엄 포크너, 공진호 옮김, 문학동네, 2013.
17. 《까라마조프씨네 형제들》 상 · 중 · 하 표도르 도스또예프스키, 이대우 옮김, 열린책들, 2011.
18. 《유령 퇴장》, 필립 로스, 박범수 옮김, 문학동네, 2014.
19. 《죄와 벌》 상 · 하, 표도르 도스또예프스끼, 홍대화 옮김, 열린책들, 2000.
20. 〈소설가 구보씨의 일일〉, 위의 《한국대표단편57인선집》에서 수용.
21. 《내가 죽어 누워 있을 때》, 윌리엄 포크너, 김명주 옮김, 민음사, 2005.

22. 《우리말 갈래사전》, 박용수 지음 서울대학교출판부, 2005. 별명 붙이기에 따른 우리말 따오기는 이 사전 164쪽에서 195쪽까지의 내용을 참조했다.
23. 〈명천유사〉, 이문구, 《아름다운 우리 소설 34》, 정호웅 외 편, 푸른사상, 2014. 이 책에서 수용.
24. 〈어떤 어머니〉, 〈두 건달〉, 《더블린 사람들》, 제임스 조이스, 이강훈 옮김, 열린책들, 2013. 이 책에서 수용.
25. 〈마리오와 마술사〉, 임홍배 옮김, 《토니오 크뢰거, 트뢰스탄》, 토마스 만, 안삼환 외 옮김, 민음사, 1998. 이 책에는 여덟 편의 단편이 수록되어 있다.
26. 《굿바이 콜럼버스》, 필립 로스, 정영목 옮김, 문학동네, 2014. 이 책에는 표제작 외 다섯 편의 단편이 수록되어 있다.
27. 〈광신자 엘리〉, 위의 책 《굿바이 콜럼버스》에서 수용.
28. 〈키 작은 프리데만씨〉, 안삼환 옮김, 위의 책 《토니오 크뢰거, 트리스탄》에서 수용.
29. 《마담 보바리》 중 438쪽, 본책의 614쪽.
30. 《그늘에 대하여》 95쪽, 다니자키 준이치로, 고운기 옮김, 눌와, 2005, 본책의 616쪽.
31. 위의 책 《행인》, 274쪽, 본책의 639~640쪽.
32. 《무화과》, 염상섭, 두산동아, 1996, 222~223쪽, 본책의 641~642쪽.
33. 위의 책 《채털리 부인의 연인》 1, 222~223쪽, 본책의 649~650쪽.
34. 위의 책 《무기여 잘 있거라》, 323~329쪽, 본책의 652~653쪽.
35. 위의 책 《토니오 크뢰거, 트리스탄》, 123~124쪽, 본책의 654~656쪽.
36. 《한 여인의 초상》, 헨리 제임스, 유명숙·유희석 옮김, 창비, 2013. 1권 65쪽, 72쪽, 73쪽, 93쪽, 95쪽, 112쪽, 139쪽, 145쪽, 279쪽, 2권 310쪽, 402쪽 본책의 658~659쪽.

37. 〈경영〉, 김남천, 196쪽, 211쪽. 위의 《한국대표단편57인선집》 중에서. 본책의 665쪽.
38. 《빙벽》, 이노우에 야스시, 김석희 옮김, 현대소설사, 1991, 395쪽. 본책의 666~667쪽.
39. 위의 책 《한 여인의 초상》 2권 중에서, 186쪽. 본책의 669쪽.

현대소설 잘쓰기 지침서

1쇄 발행일 | 2025년 12월 10일

지은이 | 김원우
펴낸이 | 정화숙
펴낸곳 | 개미

출판등록 | 제313-2001-61호 1992. 2. 18
주소 | (04175) 서울시 마포구 마포대로 12, B-103호(마포동, 한신빌딩)
전화 | (02)704-2546
팩스 | (02)714-2365
E-mail | lily12140@hanmail.net

ⓒ김원우, 2025
ISBN 979-11-993786-7-4 03810

값 30,000원

잘못된 책은 바꾸어 드립니다.
무단 전재 및 무단 복제를 금합니다.